西村式霊術叢書

西村大観

心源術秘書

西村大観

序

強《つよ》きものは勝《か》ち弱《よわ》きものは敗《やぶ》る、吾等《われら》の道念《だうねん》をして熾烈《しれつ》ならしめよ、人欲《じんよく》の私《わたくし》、何《なん》ぞ又我《またわれ》を昧《くら》まさん、外緣《ぐわいえん》を以《もつ》て培《つちか》ひ、內省《ないせい》を以《もつ》て養《やしな》ひ、終始其《しうしそ》の力《ちから》を大《だい》ならしめば心魔《しんま》も窺《うかゞ》ふ可《べ》きの隙《すき》なく、妄想《まうさう》の乘《じよう》ず可《べ》きの機《き》なく、所謂干戈《いはゆるかんくわ》を動《うご》かさずして太平《たいへい》を致《いた》すの理《り》想境《さうきやう》を現出《げんしゆつ》せんなり、強《つよ》くあれ、大《だい》なれ、釋迦《しやか》何人《なんぴと》ぞ、孔子《こうし》何人《なんぴと》ぞ、英雄《えいいう》豪傑《がうけつ》、偉《ゐ》人傑士《じんけつし》、我《わ》れと何《なん》の異《こと》なる所《ところ》かあらん、此氣宇《このきう》以《もつ》て心內《しんない》の敵《てき》を降服《かうふく》せしむ可《べ》し、心《こゝろ》の戰《たゝか》ひも畢竟優勝劣敗《けつきやういうしようれつはい》の通則《つうそく》を離《はな》れず、心《こゝろ》の戰爭《せんさう》は一擧敵《きよしき》の本營《ほんえい》を衝《つ》き、その主將《しゆしやう》を虜《とりこ》にせざる可《べ》からず、

本營《ほんえい》は人我《じんが》の山《やま》にあり、我執《がしう》を以《もつ》て將《しやう》とす、我執纔《がしうわづか》に起《おこ》れば貪《とん》となり、瞋《しん》となり、痴《ち》となり、百八煩惱此《はんなうこ》に萠し、八萬《まん》千の塵勞此に蜂起《ほうき》す、苟《いやしく》も我執《がしう》なからんか、一切平等《さいべうとう》所謂天地《いはゆるてんち》を家《いへ》とするの氣宇《きう》を生《しやう》じ、八紘悉《かうことごと》く我《わ》が仁《じん》に歸《き》す、此《こ》れ我《わ》が個性《こせい》

の小我《せうが》を棄《す》て丶普遍公明《ふへんこうめい》の大我《たいが》に合《がつ》し、皮相《ひさう》の假我《けが》を去《さ》つて內實《ないじつ》の眞我《しんが》を發揮《はつき》する所以《ゆえん》、我執《がしう》の打破《だは》は自己《じこ》を滅却《めつきやく》するにあらずして、自我《じが》を大《だい》ならしめ、强《きやう》ならしむるなり、中印土《ちういんど》の皇子《わうじ》は之《これ》によつて三界《かい》の大導師《だいだうし》となり、猶太《ゆだや》の大工《だいく》の子《こ》は之《こ》れによつて世界《せかい》の救主《きうしゆ》となり、魯《ろ》の小吏《せうり》は之《こ》れに依《よつ》て億兆《おくてう》の師父《しふ》と仰《あふ》がる、小我《せうが》なき所《ところ》に大我出現《たいがしゆつげん》し、個我《こが》なき所《ところ》に普遍我現《ふへんがあらは》れ、假我《けが》なき所《ところ》に眞我動《しんがうご》く、自我《じが》を超越《てうえつ》し得《とく》佛來《ぶつらい》する所《ところ》に心源《しんげん》の活躍瘉能力勃起《くわつやくゆのうりよくほつき》するなり。

大観しるす

心源術秘書目次

緒言……一
一　天下に眞實病氣の治る法ありや……七
二　醫術及び藥物に就て……九
三　西洋各國名醫の告白とトーマスヱヂソンのさけび……一一
四　日本醫師協會調査部の報告……一五
五　吾輩の研究したる諸療法術……一九
六　予の研究したる祈禱……二八
七　自然癒能力と自救力……三一
八　心身疾病概論に就て……三四
九　心源術の大意……三六

一〇 心源術傳習法秘訣……四一
一一 人格轉換の正邪を試研する法……四三
一 被術者が轉換の刹那……四三
二 轉換して後正邪を試す法……四三
三 眞個の轉換を知る秘法……四四
四 心源術實行者に就て……四四
五 覺醒の方法……四四
六 病者と無病者の轉換心得……四五
七 轉換の刹那に於ける事實に就て……四五
八 覺醒後の心得に就て……四六
九 釋尊の菩提樹下の大悟……四六
十 轉換に使用する聖典に就て……四六

一二　因果應報の恐ろしき實說……四八
一三　因果律の解除……五〇
一四　心源術治病範圍……五八
一五　心源術と健康者……六二
一六　心源術と豫言獨修法秘訣……六三
一七　心源術と靈魂問題……六九
一八　心源術と靈脈の秘訣に就て……七三
一九　心源術と日光療法、水療法、絕食療法……七五
二〇　心源術と腦力增進……七七
二一　心源に到達したる釋尊と日蓮上人……七九
二二　心源術と心理療法に就て……八二
二三　獨り判斷心源の光り……八九

二四　霊子と霊素に就て……九六
二五　心源術より観たる實在と自己……一〇三
二六　心源術より見たる人食人種……一〇七
二七　心源術と千里眼問題の解決……一一三
二八　心源術より観たる色情思想……一一七
二九　心源術より観たる宗敎の歸着點……一二〇
三〇　心源術より観たる人相と姓名斷……一二五
三一　心源術より観たる易斷……一二八
三二　心源術より観たる時代人心……一三一
三三　霊怪の研究に就て……一三六
三四　神宣とシャマイズム……一四五
三五　心源術と天下の眞諦……一五一

三六　心源術より觀たる株式期米數理に就て……一五七
三七　心源術より觀たる淫祠と邪教……一六一
三八　心源術より觀たる煩悶退治……一六八
三九　心源術より觀たる莊子……一七二
四〇　心源術を單獨にて行ふ法……一七九
四一　至大至妙の癒能力……一八二

目次　終

心源術秘書

西村大観著

◎緒　言

予《よ》が心源術《しんげんじゆつ》として公開《こうかい》する迄《まで》の苦心《くしん》を述《の》べて本書《ほんしよ》の緒言《ちよげん》と致《いた》さうと思《おも》ふ、予《よ》は十六歳《さい》の時《とき》脚氣病《かつけびやう》に罹《かゝ》り三四の醫師《いし》に投藥《とうやく》を請《う》けた、然《しか》るに何等《なんら》の功果《こうくわ》なかりし爲《ため》に母《はゝ》に導《みちび》かれ信仰《しんかう》の門《もん》に參《さん》じたのである、此書《このしよ》を篇《へん》する迄《まで》には二十餘《よ》ヶ年《ねん》の久《ひさ》しきに渉《わた》る、ソノ始《はじ》めが脚氣病《かつけびやう》にて信仰《しんかう》の門《もん》に入《い》つたのであつた、重症《ぢうしやう》の脚氣《かつけ》も廿二三日間《にちかん》にて快方《くわいはう》に赴《おもむ》いた、當時《たうじ》は何《なん》だかかんだか解《わか》らなかつたが今《いま》で考《かんが》へれば心源《しんげん》たる本《ほん》具《ぐ》靈性《れいせい》は南無《なむ》妙法蓮華經《めうはふれんげけう》の眞理《しんり》の叫《さけ》びに感起《かんき》して、靈癒《れいゆ》作用《さよう》を勃發《ぼつはつ》したのであつたされども當時《たうじ》は客觀的偶像《きやくくわんてきぐうざう》の利生《りしやう》と信《しん》じて居《ゐ》た、次《つい》で母《はゝ》の惡性胃癌《あくせいゐがん》が十三四人《にん》の醫《い》藥《やく》を受《う》けて更《さら》に効《かう》なき爲《ため》、各宗《かくしう》の祈禱《きたう》及《およ》び諸療法術《しよりやうはふじゆつ》に叅《さん》じて施術《せじゆつ》を受《う》けさせたが寸毫《すんがう》の効果《かうくわ》なかりし故《ゆゑ》に、予《よ》は自家《じか》の土藏《とざう》中《ちう》に齊壇《さいだん》を設《まう》けて十一月《ぐわつ》一日《にち》より向《むか》ふ一百ヶ日《にち》苦脩練行《くしふれんぎやう》をやつた、

予《よ》は元來《ぐわんらい》母《はゝ》の胃癌《ゐがん》を癒《いや》さんとして幾多《いくた》の療法《りやうはふ》を研究《けんきう》す可《べ》く沒頭《ぼつとう》したのであつた、否《いな》一心《しん》に母《はゝ》の病氣《びやうき》を治《なほ》したく思《おも》ふ計《ばか》りで研究《けんきう》は其内容《そのないよう》のみであつた爲《ため》に今《いま》で考《かんが》へれば實《じつ》に馬鹿氣《ばかげ》た研究《けんきう》をした事《こと》もあつた、胃癌《ゐがん》は醫術《いじゆつ》に於《おい》ては不治症《ふぢしやう》と斷《だん》ぜられたのを癒《いや》したいと云《い》ふのであるから、矛盾《むじゆん》して居《ゐ》たに違《ちが》ひないされども予《よ》の難症脚氣《なんしやうかつけ》が癒へたのであるから、予《よ》はどうしても母《はゝ》の胃癌《いがん》も治《なほ》したいと云《い》ふ決心《けつしん》をしたのである

予《よ》の苦修練行《くしふれんぎやう》を開始《かいし》したのは廿四歳《さい》の十一月《ぐわつ》一日《にち》である、而《しか》して一百ヶ日晝夜《にちちうや》六回《くわい》水行《すゐぎやう》して予《よ》の心源發動力《しんげんはつどうりよく》を實研《じつけん》した、將《まさ》に一百ヶ日終了《にちしうれう》せんとする四五日前《にちぜん》母《はゝ》の頭《あたま》に梅實大《うめのみだい》の腫物《しゆもつ》が五六ヶ所出來《しよでき》た、その當時《たうじ》は醫師《いし》には絶對關係《ぜつたいくわんけい》なくした爲《ため》に、何《なん》

の爲《ため》に出《で》た腫物《はれもの》だか一向不《かうめ》明《めい》であつた、百日終焉《にちしうえん》の當日《たうじつ》母《はゝ》を齊壇前《さいだんぜん》に招《まね》き端座合掌《たんざがつしやう》閉目《へいもく》せしめ、法華聖典中《ほつけせいてんちう》の如來神力偈《によらいじんりきげ》を轉讀《てんどく》する事《こと》四五回、母《はゝ》の人格《じんかく》は轉換《てんくわん》した、而《しか》して一言《ごん》「胃癌《ゐがん》は明日《めうにち》より治方《ちはう》に赴《おもむ》く可《べ》し」と云《い》ふてあとは無言《むごん》にて自然《しぜん》の常識《じやうしき》に復活《ふくくわつ》した、予《よ》の欣《よろこ》びなにゝたとへん、義父《ぎふ》と予《よ》と一心《しん》に稼《かせ》ぎつゝ母《はゝ》の病軀《びやうく》を氣《き》にして居《ゐ》た所《ところ》であるから大《おほ》ひに喜《よろこ》んだのである、其翌日《そのよくじつ》より三日目《かめ》に母《はゝ》は黑體物《こくたいぶつ》を三四個《こ》吐瀉《としや》した、それより少量《せうりやう》の酒《さけ》を吞《の》む可《べ》く自發的望《じはつてきのぞみ》が出《で》た、毎日《まいにち》杯《さかずき》に二はい食《しよく》事前必《じぜんかなら》ず吞《のん》だ、それから胃癌《ゐがん》は確實《かくじつ》に平癒《へいゆ》したのである、而《さう》して十二年間健全《ねんかんけんぜん》となつて死去《しきよ》した、母《はゝ》の病氣《びやうき》が難症《なんしやう》であつたのを、予《よ》の熱心《ねつしん》なる靈性發動力《れいれいはつどうりよく》で母《はゝ》の心靈《しんれい》に………靈波《れいは》を起《おこ》して心身《しん〳〵》が靈癒力《れいゆりよく》に依《よつ》て改造《かいぞう》されたのであつた、

予《よ》は母《はゝ》と予《よ》の難症《なんしやう》が醫藥《いやく》を離《はな》れてから強力《きやうりよく》なる靈能《れいのう》に依《よつ》て治《なほ》したのを人《ひと》にも傳《つた》ふ可《べ》く二十五歳《さい》の時自家《ときじか》を轉《てん》して敎會《けうくわい》となした、幾多《いくた》の人々《ひと〴〵》を吸集《きうしう》して靈癒力《ねいゆりよく》を研究《けんきう》したされども自活《じくわつ》して十ヶ年間《ねんかん》は人《ひこ》の世活《せわ》にならずに充分研究《じうぶんけんきう》した、研究《けんきう》した人々《ひと〴〵》

は四五千人以上《にんいじやう》である、卅二歳迄《さいまで》は無我夢中《むがむちう》に行《や》つて居《ゐ》た、當時《たうじ》は心源《しんげん》の活躍《くわつやく》なぞとは夢《ゆめ》にも知《し》らなかつた、今《いま》で考《かんが》へれば第《だい》七傳奏識《でんそうしき》の妄想妄念《もうざうもうねん》が四千人《にん》の人々《ひと〲》に轉換《てんくわん》したのであつた、各宗《かくしう》の祈禱中《きたうちう》で日蓮宗《にちれんしう》の祈禱法《きたうはふ》が合理的《がふりてき》であると云《い》ふので、一心《しん》に研究《けんきう》した、あらゆる書類《しよるゐ》を蒐集《しうしう》して實驗《じつけん》と理想《りさう》とを究明《きうめい》す可《べ》く努力《どりよく》した、

研究中《けんきうちう》にいかにして吾人本具《こじんほんぐ》の靈性《れいせい》には一切《さい》の疾患《しつくわん》を治《ぢ》す可《べ》き靈能《れいのう》が存《そん》して居《ゐ》るのであるか、

と云《い》ふ疑問《ぎもん》が予《よ》の心裡《しんり》に勃發《ぼつぱつ》して來《き》た爲《ため》に、中山行者連《なかやまぎやうじやれん》に愚書《ぐしよ》を寄《よ》せて返答《へんたふ》を求《もと》めたが何等《なんら》の回答《くわいたふ》もなかつた、後《のち》に松森靈運《まつもりれいうん》と云《い》ふ行者取締《ぎやうじやとりしまり》の人《ひと》が中山祈禱改良《なかやまきたうかいれう》を絶叫《ぜつきう》したから、愚見《ぐけん》を送《おく》つたら「西村式《にしむらしき》の祈禱《きたう》」だと云《い》ふて返《かへ》した予《よ》は日宗新聞《につしうしんぶん》を割愛《くわつあい》してもらつて愚見《ぐけん》を出《だ》した、が何等《なんら》の反響《はんきやう》もなかつた、

予《よ》は二十八歳《さい》の時《とき》身延《みのぶ》七面山下《めんさんした》の瀧堂《たきだう》に毎年《まいねん》十月《ぐわつ》二十八日《にち》より百ケ日瀧行《にちたきぎやう》を務《つと》めながら予《よ》の心源活躍力《しんげんくわつやくりよく》を實研《じつけん》した、八ケ年繼續《ねんけいぞく》した、研究《けんきう》す可《べ》く參考書《さんかうしよ》を持參《ぢさん》して

此間《このあひだ》に得《え》た心源力《しんげんりよく》は充分《じうぶん》に解釋《かいしやく》が出來《でき》た、種々《しゆ〲》なる奇蹟《きせき》が澤山《たくさん》あつた、それから四十歳《さい》の時遠洲金谷《ときゑんしうかねや》在松葉瀧堂《ざいまつはたきだう》に三百日計《にちはか》り冥想《めいさう》した、百二十日《にち》は水《みづ》ばかり呑《のん》で絶對《ぜつたい》絶食《ぜつしよく》であつた、此時《このとき》には病者《びやうしや》が群集《ぐんしう》して來《き》たから、予《よ》の心源力《しんげんりよく》を實研《じつけん》した、人《ひと》が予《よ》の前《まへ》に立《た》てばその人《ひと》の要求《えうきう》が予《よ》の口《くち》より確的《かくてき》に出《で》た、東京《とうけう》の出來事《できごと》も毎夜《まいよ》二時瀧行《じたきぎやう》の時確的《ときかくてき》に心眼《しんがん》に映寫《えいしや》した、予《よ》は投機界《とうきかい》の人《ひと》に郵船直《ゆうせんじき》の高低《かうてい》を通知《つうち》して大《おほ》いに利益《りえき》を得《え》させた、

予《よ》は心源力《しんげんりよく》を實研《じつけん》す可《べ》く教會所《けうくわいしよ》を八九軒開設《けんかいせつ》して群衆心理《ぐんしうしんり》と心源作用《しんげんさよう》とを究明《きうめい》した大森喜徳教會《おほもりきとくけうくわい》に教師《けうし》の任《にん》に就《つい》て居《ゐ》た時《とき》は毎日朝《まいにちあさ》六時《じ》より三四百人位《にんぐらゐ》研究者《けんきうしや》が來《き》た爲《ため》に非常《ひじやう》なる材料《ざいれう》を得《え》た餘《あま》り盛大《せいだい》なる爲《ため》に八方《はう》より苦情《くじやう》が出《で》て品川警察《しながはけいさつ》の刑事《けいじ》が内々《ない〱》研究《けんきう》に來《き》た、當時《たうじ》十五歳男子《さいだんし》の精神病者《せいしんびやうしや》を七日《か》間《かん》にて全快《ぜんくわい》させた、廿二歳男子《さいだんし》の男《なん》根不能《こんふのう》も廿一日間《にちかん》で癒《いや》した、毎日《まいにち》四百人位《にんぐらゐ》の群衆《ぐんしう》が來《く》るのであるから種々《しゆ〲》なる疾患《つくわん》者《しや》があつた、皆悉《みなことごと》く心源作用《しんげんさよう》に因《いん》した因果律《いんぐわりつ》の解除《かいぢよ》に依《よつ》て治《ち》したのである、

三十五歳《さい》より四十五六歳迄《さいまで》は既應《きおう》の研究《けんきう》を蒐集《しうしう》して心源力《しんげんりよく》の强烈《きやうれつ》なる作用《さよう》は必《かなら》ず日《にち》蓮上人《れんせうにん》の斷頭場裡《だんとうぢやうり》の活劇《くわつげき》を演《えん》ずる事《こと》は誰《たれ》にも出來《でき》ると云《い》ふ確乎《かくこ》たる印象《いんしやう》を予《よ》の心靈《しんれい》上《じやう》に與《あた》へたのである、吾《ご》人本具《じんほんぐ》の靈性《れいせい》が擴張《くわくちやう》すればいかなる仕事《しごと》も出來《でき》るとの觀《くわん》念《ねん》が確《たし》かとなつた、それは法華經《ほけけう》に「天人交接《てんにんかうせつ》して兩《ふた》つながら相觀《あひみ》る事《こと》を得《う》る」と斷《だん》言《げん》してある事《こと》を透《とほ》して自覺《じかく》した、

予《よ》は前後《ぜんご》二十有餘年《いうよねん》心源力《しんげんりよく》を實究《じつきう》す可《べ》く自分所有《じぶんしよいう》の田畑《たはた》を三町歩程《ちやうぶほど》犠牲《ぎせい》にして研究《けんきう》したのであつた、故《ゆゑ》に公開《こうかい》するに附《つい》ては一大責任《だいせきにん》を以《もつ》て居《ゐ》る、

●心源術研究《しんげんじゆつけんきう》の材料《ざいれう》

佛敎中《ぶつけうちう》の法華經《ほけけう》三部《ぶ》、キリスト敎典中《けうてんちう》の四福音書《ふくいんしよ》、文王周公旦孔子《ぶんわうしうこうたんこうし》の周易原書《しうえきげんしよ》、神道古事記《しんだうこじき》三卷《くわん》、本田九郎氏古事記神理解《ほんだくらうしこじきしんりかい》、催眠術及《さいみんじゆつおよ》び現代流行《げんだいりうかう》せる諸療法術《しよりやうほふじゆつ》佛敎八識論《ぶつけうしきろん》に於《おい》て述《の》べられたる一切《さい》の書類《しよるゐ》、並《ならび》に心理學《しんりがく》、生理學《せいりがく》等《とう》を題材《だいだい》として古代《こだい》の靈感作用者太田種子命等《れいかんさようしやおほたたねこのみことゝう》を通《つう》じて前後《ぜんご》のサニワ即《すなは》ち日本古式《ほんこしき》

の神宣術《しんせんじゆつ》を實究《じつきう》して心源能力《しんげんのうりよく》の活躍《くわつやく》を心得《しんとく》して、一切《さい》の人類《じんるゐ》に簡單明了《かんたんめいれう》に行《おこな》ふ事《こと》が出來《でき》る事《こと》を得《え》せしめ同病相憐《どうびやうあひあは》れむの情《じやう》より此書《このしよ》を公開《こうかい》する心《こゝろ》かくの如《ごと》きなり、

一　天下《てんか》に眞實病氣《しんじつびやうき》の治《なほ》る法《はふ》ありや

天下《てんか》に人類《じんるゐ》の健康《けんかう》を確證《かくしよう》する何等《なんら》かの方法《はうはふ》ありとすれば、吾々《われ〳〵》は之《これ》に對《たい》して多大《ただい》なる犠牲《ぎせい》を拂《はら》ふに躊躇《ちうちよ》せざるなり、輕症《けいしやう》は扱《さ》て措《お》き重症《ぢうしやう》、難症《なんしやう》、不具症《ふぐしやう》、等《とう》に陷《おちい》りし患者《くわんじや》が再《ふたゝ》び健康《けんかう》に於《お》けるが如《ごと》き身體《しんたい》に自由《じいう》を得《え》らるとせば、地上《ちじやう》のあらゆる權利《けんり》、財産《ざいさん》何《なに》をか惜《をし》しむ可《べ》き、健康《けんかう》ならば自《みづか》ら趣味《しゆみ》深《ふか》き業務《げふむ》も疾患《やまひ》に罹《か》からば一の苦役《くえき》と化《くわ》し去《さ》るの不幸《ふかう》も全《まつた》く疾患《やまひ》の結果《けつくわ》である、優勝劣敗《いうしようれつぱい》の現社會《げんしやくわい》に於《おい》て、可惜《あたら》病魔《びやうま》の虜《とりこ》とならば餘生《よせい》は空《むな》しく悶々《もん〳〵》の裡《うち》に葬《はうむ》り去《さ》られ、人生《じんせい》の意義《いぎ》は全《まつた》く沒却《ぼつきやく》せらるゝに至《いた》る可《べ》きは必然《ひつぜん》である、若《も》し是等《これら》の人々《ひと〴〵》が其健康《そのけんかう》を恢復《くわいふく》し、再《ふたゝ》び活動《くわつどう》するを得《え》ば眞《しん》に王《わう》侯《こう》の富《とみ》も代《か》へ難《がた》き感《かん》ある可《べ》し、實《じつ》に吾々《われ〳〵》の健否《けんぴ》は是《これ》を大《だい》にしては所謂《いはゆる》富國强兵《ふこくきやうへい》、之《これ》を小《せう》にしては一家《か》の繁榮等《はんえいとう》、其繋《そのかゝ》る所《ところ》極《きは》めて重大《じうだい》なり、故《ゆゑ》に本問題解決上適當《ほんもんだいかいけつじやうてきたう》なる

方策《はうさく》を講《かう》ずるは國家並《こくかならび》に個人《こじん》に取《と》りて最大《さいだい》なる急務《きうむ》と云《い》はねばならぬ、然《しか》るに文物盛《ぶんぶつさかん》なる現代此《げんだいこ》の問題《もんだい》を根本的《こんぽんてき》に解決《かいけつ》するの療法那邊《りやうはふなへん》にあるか、吾々《われわれ》は發《はつ》見《けん》せない醫術《いじゆつ》の如《ごと》き靈的治術《れいてきちじゆつ》の如《ごと》き、各自門《かくじもん》を構《かま》へ自己《じこ》の技術《ぎじゆつ》を誇稱《こしやう》すれども、未《ま》だ眞《しん》に人類救濟《じんるゐきうさい》の法《はふ》として認《みと》むる能《あた》はざる者《もの》が多《おほ》い、一切《さい》の疾患《しつくわん》が自然《しぜん》の大法則《だいはふそく》に背《そむ》きたるより出《いで》たる事《こと》を識《し》らざるが故《ゆゑ》に、醫術《いじゆつ》は肉《にく》の上《うへ》にのみその術《じゆつ》を致《いた》し人類《じんるゐ》の靈性《れいせい》を認《みと》めない、靈的療法術《れいてきりやうはふじゆつ》は靈性《れいせい》を認《みと》めて肉《にく》の上《うへ》の疾患《しつくわん》を無視《むし》して居《ゐ》る、爲《ため》に根本療能《こんぽんりやうのう》を致《いた》さしむる事《こと》が出來《でき》ないのである、大自然《だいしぜん》に密邇《みつじ》すれば心身《しんしん》は融合《ゆうがふ》し靈《れい》癒力起《りよくおこ》り、その大自然《だいしぜん》の法則中《はふそくちう》にきちんと定《さだま》つて居《ゐ》る因果律《いんぐわりつ》の嚴示《げんじ》を解除《かいぢよ》して根本《こんぽん》治方《ちはう》が成立《せいりつ》するのである事《こと》を認《みと》めないから眞《しん》の治方《ちはう》が發見《はつけん》されないのではないか、人爲《じんゐ》の法律《はふりつ》も原《もと》は大自然《だいしぜん》の嚴律《げんりつ》より出發《しゆつぱつ》して居《ゐ》るもので罪惡《ざいあく》を作《つく》れば、苦役《くえき》の刑法《けいはふ》がある況《いはん》や無形《むけい》の嚴律《げんりつ》の大法則《だいはふそく》に背戾《はいれい》したる者何《ものなん》ぞ因果應報《いんぐわおうはう》なからねばならぬ、肉《にく》の上《うへ》、血《ち》の上《うへ》、心靈《こころ》の上《うへ》に波及《はきう》し來《きた》る根本《こんぽん》を發見《はつけん》せずしては萬年《まんねん》を經《へ》るも根治《こんぢ》する事《こと》は斷《だん》じて出來《でき》ない事《こと》は吾輩《わがはい》廿年間《ねんかん》の研究《けんきう》に於《おい》て證明《しようめい》する處《ところ》である、心源術《しんげんじゆつ》はこの責任《せきにん》を果《はた》す可《べ》く眞個《しんこ》の療能法《りやうのうはふ》として天下《てんか》に公開《こうかい》する所以《ゆえん》なり、

二　醫術《いじゆつ》及《およ》び藥物《やくぶつ》に就《つい》て

醫術《いじゆつ》と衛生學《ゑいせいがく》の兩者《りやうしや》は方今《はうこん》百科學術中《くわがくじゆつちう》に於《おい》て最《もつと》も進歩《しんぽ》せるものなりとは、既《すで》に人《ひと》の認《みと》むる所《ところ》である、然《しか》るに事實《じじつ》は往々《わうわう》にして相反《あひはん》し日進月歩《につしんげつぽ》する醫術《いじゆつ》を以《もつ》てするも、吾人《ごじん》々類《じんるゐ》は一般《ぱん》に年《とし》と共《とも》に羸弱《るゐじやく》に赴《おもむ》き、依然《いぜん》として不治《ふぢ》とせらるゝのみならず極《きは》めて輕微《けいび》の疾患《しつくわん》も時《とき》としては治癒《ちゆ》の効果《かうくわ》を全《まつた》ふせざる事《こと》がある、而《しか》して病魔《びやうま》は跋扈跳《ばつこてう》梁《りやう》を擅《ほしいまゝ》にしつゝあるが如《ごと》き奇異《きい》なる現象《げんしやう》を呈《てい》しつゝあり、爲《ため》に病者《びやうしや》の不安《ふあん》と絶望《ぜつばう》とを誘致《いうち》するに致《いた》る、更《さら》に嚴密《げんみつ》に醫術《いじゆつ》を批判《ひはん》する時《とき》は極《きは》めて僅少《きんせう》なる種類《しゆるゐ》の疾患《しつくわん》に對《たい》する奏効《そうかう》を認《みと》むる以外《いぐわい》、絶對的根本治療《ぜつたいてきこんぽんちりやう》の方法《はうはふ》確立《かくりつ》されたるものあるを發見《はつけん》せない、蓋《けだ》し之《こ》れ醫術《いじゆつ》の缺點《けつてん》と云《い》ふよりは寧《むし》ろ現代物質文明《げんだいぶつしつぶんめい》の弊所《へいしよ》と見《み》ねばならぬ、之《こ》れ二十世紀文明《せいきぶんめい》の一大恨事《だいこんじ》と云《い》ふ可《べ》きではないか、殊《こと》に靈性的生物《れいせいてきせいぶつ》たる人類生命體《じんるゐせいめいたい》

を恰《あたか》も動物《どうぶつ》又《また》は器械《きかい》の如《ごと》く觀察《くゎんさつ》するに於《おい》て益々《ますます》その診定《しんてい》を愆《あやま》り療法《りやうはふ》に窮《きう》するにいたる、

醫術《いじゆつ》は實《じつ》に唯物萬能《ゆいぶつばんのう》の現代《げんだい》に於《おい》て物質科學綜合《ぶつしつくわがくそうがふ》の智識《ちしき》を以《もつ》て、僅《わづか》に五尺《しやく》の人體《じんたい》に臨《のぞ》む間接的療法《かんせつてきりやうはふ》である、されども人間智術《にんげんちじゆつ》の最高權威《さいかうけんゐ》を以《もつ》て稱《しやう》せらるゝは疑《うたが》ふ事《こと》は出《で》來《き》ぬ、動物界《どうぶつかい》の如《ごと》きは由來醫術《ゆらいいじゆつ》を要《えう》せず强健《きやうけん》を原則《げんそく》として居《ゐ》るのは則《すなは》ち物質《ぶつしつ》に捕《とら》はれず大自然《だいしぜん》と一致《ち》し活動《くわつどう》するが故《ゆゑ》なり、文明《ぶんめい》の弊所《へいしよ》は百事物質《じぶつしつ》に捕《とら》はれ却《かへつ》て天然《てんねん》の利用《りよう》を閑却《かんきやく》するの傾向《けいかう》がある、一切疾患《さいしつくわん》の治療《ちりやう》を物質療法《ぶつしつりやうはふ》のみによりて萬全《ばんぜん》の奏効《そうかう》を期《き》し難《がた》きを知《し》らざるの致《いた》す處《ところ》なり、故《ゆゑ》に西洋各國《せいやうかくこく》の名醫《めいい》は藥物《やくぶつ》に就《つい》てその効不効《かうふかう》を告白《こくはく》して居《ゐ》る立證《りつしやう》を示《しめ》せば、

米國《べいこく》ペンシルベニヤ洲々立大學敎授《しうくりつだいがくけうじゆ》ヒラデルヒヤ市醫會長《しいくわいちやう》チャンフマン氏《し》は其著《そのちよ》藥劑學第《やくざいがくだい》一卷《くわん》三ページに記《き》して『吾人《ごじん》は數千の迷想《めいさう》を以《もつ》て自《みづか》らを欺《あざむ》く者也《ものなり》』と、同書《どうしよ》三十三ページには『藥品《やくひん》と疾病《しつぺい》との關係《くわんけい》を探求《たんきう》せんとせば忽《たちま》ち臆想《おくさう》の伴《ともな》ひ來《きた》

るを免《まぬか》るゝ能《あた》はず恰《あたか》も迷堂《めいだう》に入《い》りて出口《でぐち》を知《し》らざるが如《ごと》し、四方《はう》暗黒《あんこく》何《なん》の方向《はうかう》に行《ゆ》く可《べ》きかを知《し》らざる也《なり》、吾人《ごじん》の是《これ》までなし來《きた》りし處《ところ》は彼《か》のホーマー、の詩中《しちう》にあるサイクロップス、が洞穴《どうけつ》の中《なか》にありて盲目《めくら》探《さが》しをなしたるにさも相似《あひに》たり」と同書《どうしよ》三十三ページに「吾人《こじん》は吾人《こじん》の與《あた》ふる薬品《やくひん》により斯《かく》の如《ごと》き結果《けつくわ》必《かなら》ず來《きた》る可《べ》しと確信《かくしん》する能《あた》はずと云《い》ふことは實際眞理《じつさいしんり》なり、吾人《こじん》は實行《じつかう》する處《ところ》其《その》間《あひだ》に多《おほ》くの矛盾《むじゆん》、衝突《しやうとつ》、詐僞《さぎ》、等《とう》の不面目《ふめんもく》なること行《おこな》はるゝことなくば或《あるひ》は吾人《ごじん》の虚榮心《きよえいしん》を満足《まんぞく》せしむるに足《た》らんも之《これ》ありて安《やす》んずる能《あた》はざる也《なり》」

三　西洋各國名醫《せいやうかくこくめいい》の告白《こくはく》とトーマスエヂソンのさけび

醫術《いじゆつ》の最《もつと》も進歩《しんぽ》したる國《くに》は獨逸國《どいつこく》たるは世界人類《せかいじんるゐ》の認《みと》むる處《ところ》である、然《しか》るに英米佛《えいべつふつ》の名醫《めいい》は醫術《いじゆつ》に就《つい》て徹底的《てつていてき》に斷言《だんげん》し居《ゐ》るを一見《けん》すれば醫術《いじゆつ》に就《つい》て不安《ふあん》を懐《いだ》かざるを得《え》ない、

欧洲大陸《おうしうたいりく》に於《おい》て有名《いうめい》なりし醫師《いし》にて又生理學者《またせいりがくしや》たるサーベンジヤミンダブリユー

ワチャードソン氏《し》が「醫學《いがく》と稱《しやう》するものは一種無智《しゆむち》なる贅言《ぜいげん》に外《ほか》ならず、吾人《ごじん》の使用《しよう》する醫藥《いやく》は最《もつと》も進歩《しんぽ》したるものにても其結果甚《そのけつくわはなは》だ不滿足《ふまんぞく》にして實《じつ》に戰爭《せんさう》、饑饉《きん》、疫病《やくびやう》、によりて死《し》する人《ひと》よりも多《おほ》くの人命《じんめい》を害《がい》したる効能《かうのう》を見《み》るに過ぎざるなり」

佛國大醫《ふつこくたいい》パリス醫科大學教授《いくわだいがくけうじゆ》にしてマツゲンジー氏《し》は學生《がくせい》に向《むか》ひ演説《えんぜつ》して「諸君《しよくん》醫術《いじゆつ》なる者《もの》は甚《はなは》だしき詐僞《さぎ》の術《じゆつ》なり、醫術《いじゆつ》を科學《くわがく》の一なりとあるは思《おも》ひも寄《よ》らざるなり、醫師《いし》なる者《もの》は詐僞師《さぎし》にあらずんば唯《たゞ》一の實研家《じつけんか》に過《す》ぎず、我等醫師《われらいし》程無學《ほどむがく》なる者《もの》は非《あら》ざるなり余《よ》は醫術《いじゆつ》に就《つい》て知《し》る所殆《ところほと》んどなしと正直《しやうぢき》に諸君《しよくん》に告白《こくはく》す、又世《またよ》に醫學《いがく》なるものなしと繰返《くりかへ》して諸君《しよくん》に告《つ》ぐ、余《よ》は元《もと》より人々《ひとびと》の癒《い》へたるを認《みと》む然《しか》れども如何《いか》にして癒《い》へたるかを知《し》らず」

合衆國《がつしうこく》ニユーヨーク市《し》の醫學博士《いがくはかせ》クラーク教授《けうじゆ》は「醫術《いじゆつ》の事實《じじつ》と稱《しやう》する者《もの》の百中《ちう》九十九は醫術上《いじゆつじやう》の僞言《ぎげん》なり所謂醫術《いはゆるいじゆつ》の學理《がくり》と稱《しやう》する者《もの》は明白《めいはく》なる痴語《ちご》なり」

多年《たねん》英國《えいこく》ヴイクトリヤ女皇陛下《ぢよわうへいか》の侍醫《じい》たりしサーアッスレークーパー氏《し》は「醫術なる者《もの》は憶測《おくそく》に始《はじま》り殺人《さつじん》によりて進歩《しんぽ》したるものなり」と

合衆國《がつしゆうこく》ロングアイランド大學病院教授《だいがくびやうゐんけうじゆ》アーモーア氏《し》は千八百八十三年《ねん》一月發行《ぐわつはつかう》のニユーヨークメデイカルジヨーナル雜誌上《ざつしじやう》に記載《きさい》せられたる論說中《ろんせつちう》に「藥品《やくひん》を病者《びやうしや》に與《あた》へて其病時《そのやまひどき》に癒《い》ゆる事《こと》あり、其時吾人《そのときごじん》は病人《びやうにん》を癒《いや》したりと思《おも》ふなり然《しか》れども實際吾人《じつさいごじん》の與《あた》へたる藥品《やくひん》は其《そ》の病《やまひ》の快得《くわいとく》には唯《た》だ少《すく》なし否殆《いなほと》んど何等《なんら》の關係《くわんけい》を有《いう》せざるなり、藥品《やくひん》を與《あた》ふると否《いな》とに關《かゝ》はらず其《そ》の病《やまひ》は癒《い》へたるならん」

英國《えいこく》ロンドン市《し》にて發行《はつかう》せらるゝ內科外科醫術評論記者《ないくわげくわいじゆつへうろんきしや》にして醫學博士《いがくはかせ》なるサージユムスジヨンソン氏《し》は『余《よ》は多年《たねん》の研究《けんきう》と經驗《けいけん》とに基《もとづ》きたる眞實《しんじつ》を確信《かくしん》す曰《いは》く「若《も》し地球上《ちきうじやう》に一人《にん》の醫師《いし》、外科醫《げくわい》、藥劑師《やくざいし》、藥種屋《やくしゆや》及《およ》び一の藥品《やくひん》なるものなくば現今《げんこん》あるよりも病《やまひ》も少《すく》なく死者《ししや》も少《すく》なかる可《べ》しと信《しん》ず」

英國《えいこく》エデレボルク大學教授《だいがくけうじゆ》にして裁判醫長《さいはんいちやう》なりしドーグラスアックラーガン氏《し》は

同大學校敎職員醫師《どうだいがくかうけうしよくゐんいし》、學生《がくせい》の面前《めんぜん》に於《おい》て演説《えんぜつ》して、紳士《しんし》諸君《しよくん》今日《こんにち》は學術《がくじゆつ》としての醫術《いじゆ》」との題《だい》にて一場《ぢやう》の演説《えんぜつ》せなせよとの御依賴《ごいらい》でありましたが今此處《いまこのところ》に御出《おいで》なさる此大學校《このだいがくかう》の敎職員學生諸君《けうしよくゐんがくせいしよくん》に向《むか》ひ、先《ま》づ私《わたくし》は正直者《しやうぢきもの》であると云《い》ふ事《こと》、又正直《またしやうぢき》なる人《ひと》は神《かみ》の御業《みわざ》の中《なか》で尤《もつと》も高貴《かうき》なるもの丶一であると云《い》ふ事《こと》を申上《まをしあ》げて置《お》きます、(此時會衆喝采す《このときくわいしうかつさい》) 一寸御待《ちよつとおまち》なさい諸君《しよくん》は今《いま》に私《わたくし》を御喝采《ごかつさい》なさらない樣《やう》になりますから、偖《さ》て劈頭第一《へきとうだいい》に申上《まをしあ》げます事《こと》は、醫術《いじゆつ》は學術《がくじゆつ》に非《あら》ず」と云《い》ふ事《こと》でありますヒツプクレーヅガレンの時代《じだい》より今日《こんにち》に至《いた》る迄我等醫師《までわれらいし》は診斷《しだん》より診斷《しんだん》に手術《しゆじゆつ》より手術《しゆじゆつ》に唯《た》だ暗黑《あんこく》の中《なか》を漂《たゞよ》ひつゝあるので、醫術《いじゆつ》は科學《くわがく》としての始《はじめ》の礎《と》石《だい》すら据《す》ゆるのが出來《でき》ないのであります、諸君醫學《しよくんいがく》と稱《しやう》す可《べ》きものは未《いま》だありませんぞ……… 私《わたくし》の申《まを》す所《ところ》は神《かみ》の眞理《しんり》であります、私《わたくし》は醫師《いし》として敎授《けうじゆ》として長《なが》き經驗《けいけん》を有《いう》して居《ゐ》る者《もの》で、眞《まこと》を云《い》はん事《こと》を欲《ほつ》して居《ゐ》るのであります、我等《われら》は唯《たゞ》暗黑《あんこく》の中《うち》にありて憶側《おくそく》する者《もの》で醫學《いがく》などゝ稱《しやう》する者《もの》は決《けつ》して世《よ》にありませんぞ」

レーウエンヘルド氏《し》は「今《いま》の醫學《いがく》の徒《と》細胞染色其他實地應用《さいはうせんしよくそのたじつちおうよう》に縁遠《えんとほ》き諸般《しよはん》の病理《びやうり》研究《けんきう》に腐心《ふしん》するは皆是《みなこれ》にして而《し》かも實地《じつち》に切要《せつえう》なる精神療法《せいしんりやうはふ》を省《かへり》みるもの殆《ほと》んど是《これ》なし、若今彼等《もしいまかれら》が學究《がくきう》に要《えう》する時間《じかん》の四分《ぶん》の一を割《さ》きて心理學及《しんりがくおよ》び精神療法《せいしんりやうはふ》の攻究《こうきう》に與《あた》へなば實地界《じつちかい》に於《おい》て益《えき》する處遙《ところはるか》に廣大《くわうだい》なるものあらん」

トーマスエヂソン氏《し》は、醫師《いし》は將來吾人《しやうらいごじん》に服藥《ふくやく》せしめずして、自然的方法《しぜんてきはうはふ》を以《もつ》て疾病《しつぺい》の治療《ちりやう》を試《こゝろ》むるに至《いた》る可《べ》く、寧《むし》ろ患者《くわんじや》に疾患《しつくわん》の原因及豫防法《げんいんおよびよはうはふ》を諭《さと》し、之《これ》を防《ばう》止《し》するを以《もつ》て其職務《そのしよくむ》と爲《な》すに至《いた》らん」

味《あぢは》ふ可《べ》き哉《かな》、日本《にほん》に於《おい》て逝《ゆ》ける近藤醫學士《こんどういがくし》が仰臥著書《あうぐわちよしよ》に「醫師《いし》はたゞ身體《しんたい》のみを治《ち》療《りやう》することを考《かんが》へて毫《がう》も精神《せいしん》の所在《しよざい》に考《かんが》へ及《およ》ばざるにより治療學上一大缺陷《ちりやうがくじやういちだいけつかん》を生《しやう》ずることゝなる也《なり》」

四　日本醫師協會調査部《にほんいしけふくわいてうさぶ》の報告《ほうこく》

日本醫師協會調査部《にほんいしけふくわいてうさぶ》は醫學博士《いがくはかせ》、文學博士富士川游《ぶんがくはかせふじかはゆう》、法學士山崎佐《はふがくしやまざきすけ》の兩氏《りやうし》を主査委《しゆさい》

員《ゐん》として「非醫者取締政策《ひいしやとりしまりせいさく》」に就《つ》き調査《てうさ》を進《すゝ》められたが攻究《こうきう》の結果《けつくわ》左記《さき》草案《さうあん》を報告《ほうこく》した、其《そ》の報告書中《はうこくしよちう》に所謂《いはゆる》「非醫者《ひしや》」存在《そんざい》の原因《げんいん》なるものを列擧《れつきよ》して

(一)吾人《ごじん》一たび疾病《しつぺい》に罹《かゝ》りて其原因不明《そのげんいんふめい》なるか、治療遷延《ちりやうせんえん》する時《とき》は漸《しばら》く自我觀念《じがくわんねん》の動搖《どうえう》を起《おこ》して精神不安《せいしんふあん》を感《かん》ずるものなり、非醫者《ひいしや》は直《たゞち》に其精神不安《そのせいしんふあん》の點《てん》を捉《とら》へ之《これ》に對《たい》して慰安《ゐあん》の道《みち》を講《かう》じ、特《とく》に明確斷定《めいかくだんてい》の言辭《げんじ》を用《もち》ふるが故《ゆゑ》に、斯《かゝ》る病者《びやうしや》の多數《たすう》をして其門《そのもん》に集《あつま》らしむるものとす。

(二)社會多數《しやくわいたすう》の人々《ひと〳〵》は疾病及治療《しつぺいおよびちりやう》に關《くわん》する適正《てきせい》の知識《ちしき》を缺《か》くが故《ゆゑ》に非醫者《ひいしや》の巧妙《こうめう》にして神秘的《しんぴてき》なる言論《げんろん》に籠絡《ろうらく》せらる者多《ものおほ》し、

(三)醫師《いし》の方術《はうじゆつ》が餘《あま》りに理論《りろん》に偏《へん》し、實際《じつさい》と齟齬《そご》する所多《ところおほ》きが故《ゆゑ》に、非醫者《ひいしや》の實際《じつさい》を主《しゆ》として理論《りろん》を言《い》はざる方面《はうめん》に走《はし》る病者少《びやうしやすく》なからず、

(四)醫師《いし》の方術《はうじゆつ》が餘《あま》りに物質的《ぶつしつてき》に偏《へん》し、病者《びやうしや》の精神上《せいしんじやう》の方面《はうめん》につきては粗略《そりやく》に取扱《とりあつか》はるゝが爲《ため》に病者《びやうしや》は益々《ます〳〵》不安《ふあん》に陥《おちい》りて非醫者《ひいしや》の門《もん》に走《はし》るを見《み》る、

(五)醫師《いし》の方術《はうじゆつ》及《および》其《その》思想《しさう》が科學的《くわがくてき》に偏《へん》するによりて、正當若《せいたうも》くは不正當《ふせいたう》に早《はや》く、其病《そのびやう》氣《き》の豫後《ご》を判定《はんてい》するが爲《ため》に、其判定《そのはんてい》を聞《き》きたる病者《びやうしや》は不安《ふあん》の念《ねん》に驅《か》られて方法《はうく》の如何《いかん》を問《と》はず、一圖《づ》に治療《ちりやう》の幸福《かうふく》を得《え》んとして非醫者《ひいしや》の門《もん》に集《あつま》るものとす、

(六)現代《げんだい》の醫師《いし》が病者《びやうしや》を試驗《しけん》するに動物視《どうぶつし》し、其人格《そのじんかく》を無視《むし》する事多《ことおほ》く、診斷《しんだん》の爲《ため》に多數《たすう》の日子《につし》を費《つひや》し、之《こ》れが爲《ため》に病者《びやうしや》をして苦痛《くつう》を忍《しの》ばしめ、而《しか》して診斷定《しんだんさだま》りて後《のち》に治療《りやう》の術《じゆつ》なしと云《い》ふに至《いた》りては病者《びやうしや》は呆然《あぜん》たらざるを得《え》ず、非醫者《ひいしや》が此缺點《このけつてん》に乘《じよう》じて多數《たすう》の病者《びやうしや》を吸收《きうしう》するは理《り》の當然《たうぜん》なり、

非醫者《ひいしや》とは催眠術《さいみんじゆつ》、靈子術《れいしじゆつ》、氣合術《きあひじゆつ》、祈禱療法《きたうりやうはふ》等《とう》の藥物《やくぶつ》を使用《しよう》せざる者《もの》を云《い》ふなり

調査會《てうさくわい》が云《い》ふ處《ところ》は未《いま》だ徹底《てつてい》して居《を》らぬけれども先《ま》づ自己《じこ》反省《はんせい》の期《き》が醫師《いし》に來《き》たと余《よ》は喜《よろこ》んで居《ゐ》る、大正年間《たいしやうねんかん》の一大出來事《だいできごと》ではないが、此《こ》の報告《はうこく》を一層明確《そうめいかく》ならしめたのは大正《たいしやう》八年《ねん》四月發行《ぐわつはつかう》の『醫學及醫政《いがくおよびいせい》であつた』左《さ》に示《しめ》す

醫師《いし》にして非醫者《ひいしや》を撲滅《ぼくめつ》せんと欲《ほつ》せば須《すべか》らく先《ま》づ醫藥萬能思想《いやくばんのうしさう》の囚《とら》はれより脫《だつ》し精《せい》

神方面《しんはうめん》よりも治療《ちりやう》の道《みち》を講《かう》ずるに努《つと》めざる可《べ》からず、靈智的生物《れいちてきせいぶつ》たる人間《にんげん》を動物《どうぶつ》同様《どうやう》に看《み》なし物質的療法《ぶつしつてきりやうはふ》に抱泥《かうでい》するが如《ごと》き行動《かうどう》を改革《かいかく》せざる限《かぎ》りは非醫者《ひいしや》を攻撃《こうげき》するの資格《かく》なく、又之《またこれ》を撲滅《はくめつ》すること能《あた》はざるなり、偶々《たま〳〵》日本醫師協會《にほんいしけふくわい》の報告《ほうこく》を見《み》て更《さら》に吾人《ごじん》の意見《いけん》を附《ふ》加し敢《あへ》て同業學者《どうげふがくしや》の反省《はんせい》を求《もと》むる事爾《ことしか》なり、

吾人《ごじん》は醫師《いし》も如是自巳反省《かくのごときじこはんせい》の時代《じだい》に進歩《しんぽ》して來《き》たのを喜《よろこ》ぶ事《こと》は前《まへ》に云《い》ふた、されど醫師《いし》と非醫者《ひいしや》との差別《さべつ》を擧《あ》げれば撲滅《はくめつ》どころか非醫者《ひいしや》に醫師《いし》が感謝《かんしや》せねばならぬ道理《だうり》がある、醫師《いし》は診《しん》して藥《くすり》を投《とう》ずるのであるが、祈禱《きたう》及《およ》び諸療 法術《しよりやうはふじゆつ》は、人生《じんせい》の意識中《いしきちう》に潜在《せんざい》しつゝある不安《ふあん》の念《ねん》を根本的《こんぽんてき》に（必《かなら》ず治《なを》してやる）と云《い》ふ強 力《きやうりよく》なる暗示《あんじ》に依《よつ》て一掃《とう》せしむるが爲《ため》に、癒能作用勃起《ゆのうさようぼつき》して難症《なんびやう》も治《ぢ》する事度々《ことたび〳〵》なり、………科學《くわがく》と宗教《しうけう》と戰《たゝか》ふ所《ところ》茲《こゝ》に存《そん》す……　……釋尊《しやくそん》は毎《つね》に云《い》ふ、醫師《いし》に三義《ぎ》あり上醫《じやうい》は色《いろ》を視《み》て斷《だん》じ」中醫《ちうい》は聲《こゑ》を聞《きい》て斷《だん》じ下醫《かい》は診脈《しんみやく》して斷《だん》ずと、良醫《りやうい》とは智慧聰達《ちえさうだつ》にして明《あき》らかに方藥《はうやく》に練《れん》し善《よ》く衆 病《もろ〳〵のやまひ》を治《ぢ》するのが良醫《りやうい》である一時《じ》に一切《さい》の病《やまひ》を治《ぢ》し即《すなは》ち能《よ》

く平復《へいふく》し、又本《またもと》よりも善《よ》からしむ、是《こ》れ即《すなは》ち世醫《せい》凡師《ぼんし》の療法《りやうはふ》に超越《てうえつ》したる如來《によらい》の靈《れい》癒力《ゆりよく》を云《い》ふもの心靈上《しんれいじやう》の大醫《だいい》博士《はかせ》は釋迦《しやか》如來《によらい》なり、

五　吾輩《わがはい》の研究《けんきう》したる諸療法術《しよりやうはふじゆつ》

吾輩《わがはい》は實母《じつぼ》の慢性《まんせい》胃癌《ゐがん》の治癒《ちゆ》をいたさんと苦心《くしん》して諸療法術《しよりやうはふじゆつ》に沒頭《ぼつとう》した、されども全治《ぜんぢ》する事《こと》を得《え》なかつた、全治《ぜんぢ》する事《こと》を得《え》なかつた爲《ため》に徹底《てつてい》する迄研究《までけんきう》を進《すゝ》めたツノ研究《けんきう》した療法術《りやうはふじゆつ》の種類《しゆるゐ》は左《さ》の通《とほ》りである、
催眠術《さいみんじゆつ》、壓迫療法《あつぱくりやうはふ》、紅療法《べにりやうはふ》、抵抗療法《ていかうりやうはふ》、玄米療法《げんまいりやうはふ》、調精術《てうせいじゆつ》、掌中《しやうちう》ラヂウム療法《りやうはふ》、自彊療法《じきやうりやうはふ》、哲理療法《てつりりやうはふ》、靜座法《せいざはふ》、養眞術《やうしんじゆつ》、薫習術《くんしふじゆつ》、氣合術《きあひじゆつ》、靈子術《れいしじゆつ》、宗敎上《しうけうじやう》の祈禱《きたう》
概《がい》して右《みぎ》の如《ごと》くの方術《はうじゆつ》を以《もつ》て實母《じつぼ》の胃癌《ゐがん》を全快《ぜんくわい》せんとしたけれども何等《なんら》の効果《かうくわ》を認《みと》むる事《こと》が出來《でき》なかつた、研究《けんきう》の仕樣《しやう》か惡《わる》かつたのであらうと思《おも》ふて居《ゐ》る今余《いまよ》の實研《じつけん》に得《え》た處《ところ》を擧《あげ》て見《み》やう、
(一)催眠術《さいみんじゆつ》は五官作用《くわんさよう》を閉止《へいし》させ自然療能力《しぜんりやうのうりよく》を感起《かんき》せしめて藥物《やくぶつ》は絶對《ぜつたい》に用《もち》ひざりし

ツノ方法種別《はうくしゆべつ》を示《しめ》さば(一)患者《くわんじや》の聯想作用《れんさうさよう》を應用《おうよう》する類似法《るゐじはふ》(二)、術者《じゆつしや》の疑念《ぎねん》を患者《くわんじや》に感應《かんおう》せしむる心力法《しんりよくはふ》(三)口頭《かうとう》にて「催眠狀態《さいみんじやうたい》に陷《おちい》つた患者《くわんじや》に對《たい》して「痛《いたみ》は取《と》れた」「健康《けんかう》になつた」と言語《ごんご》を以《もつ》てする口頭法《こうとうはふ》(四)豫告的暗示《よこくてきあんじ》をする合圖法《あひづはふ》(五)術者《じゆつしや》の氣《き》合《あひ》に依《よつ》て突如暗示《とつぜんあんじ》をする氣合法《きあひはふ》(六)患者《くわんじや》の局所《きよくしよ》に術者《じゆつしや》の手《て》を觸《ふ》れて精神的感應《せいしんてきかんおう》を與《あた》える觸手法《しよくしゆはふ》七金屬小板《きんぞくこいた》を以《もつ》て患部《くわんぶ》を輕擦《けいさつ》する波金法《はきんはふ》八精神《せいしん》に音樂《おんがく》の階級《かいてう》を傳《つた》へてその轉換法《てんくわんはふ》を執《と》る音樂法《おんがくはふ》(九)患者《くわんじや》に聲《こゑ》を發《はつ》せしめて暗示法《あんじはふ》を執《と》る發聲法《はつせい》(十)人格轉換《じんかくてんかん》を應用《おうよう》して治療《ちりやう》の暗示《あんじ》を行《おこな》ふ轉換法《てんくわんはふ》、

以上《いじやう》の內第十《うちだい》を實母《じつは》に行《おこな》うたされども大効《だいかう》はなかつた、今《いま》の人《ひと》は催眠術《さいみんじゆつ》が哲學《てつがく》と科《くわ》學《がく》との融合原理《ゆうがふげんり》の應用《おうよう》であると云《い》ふて居《ゐ》る、竟畢《ひつきやう》病氣《びやうき》となる可《べ》き潛在精神《せんざいせいしん》を催眠術《さいみんじゆつ》に依《よつ》て探《さぐ》り出《いだ》しその病源《びやうげん》を暗示法《あんじはふ》に據《よつ》て除去《じよきよ》するのであると云《い》ふて居《ゐ》るけれども余《よ》の究明《きうめい》した催眠術《さいみんじゆつ》は五官作用《くわんさよう》を閉止《へいし》する丈《だけ》で意識《いしき》には何等《なんら》深奥《しんおう》なる關係《くわんけい》なき事《こと》を認《みと》めた、

(二)壓迫療法《あつはくりやうはふ》は、脚氣患者《かつけくわんじや》に對《たい》して最初指端《さいしよしたん》を胃部《ゐぶ》にあて後《の》ち心臟《しんざう》を察診《さつしん》して急所《きうしよ》々壓迫《あつはく》を試《こゝろ》み、斯《か》くして急所《きうしよ》壓迫《あつはく》中患者《うくわんじや》の胃部及腸《ゐぶおよびちやう》の蠕動《だどう》が激《はげ》しくなるを俟《まつ》て漸時《ぜんじ》脚部《きやくぶ》に向《むか》つて動脈《どうみやく》に壓迫《あつはく》を加《くは》へ最後《さこ》に胃背《ゐはい》に壓迫《あつはく》を加《くは》へ鬱血停滯《うつけつていたい》を擦《さつ》して壓《あつ》力《りよく》を加《くは》へ血液《けつえき》の運行《うんかう》を促《うなが》すなり、

(三)山下氏紅療法《やましたしべにりやうはふ》、は患部《くわんぶ》に紅《べに》を附《つ》けて血管作用《けつくわんさよう》を變化《へんくわ》さする法《はふ》なり、元祿年間《げんろくねんかん》山《やま》下家《したけ》中興《ちうこう》の祖《そ》自《じ》樂院常與《らくゐんつねよ》なる典醫《てんい》が時《とき》の藩主島津《はんしゆしまづ》綱貴公《つなよしこう》に仕《つか》へ一種《しゆ》の紅素《べにそ》を以《もつ》て治療《ちりやう》に從事《じうじ》したのか濫觴《はじまり》である、

(四)抵抗療法《ていかうりやうはふ》は、人生《じんせい》が生命《せいめい》の完全《くわんぜん》を計《はか》るには天然《てんねん》の力《ちから》に順《したが》はねばならぬ、その天《てん》然《ねん》の力《ちから》に順《したが》ふには身體《しんたい》が外界《ぐわいかい》の刺《し》戟《げき》に堪《た》へる丈《だけ》の抵抗力《ていかうりよく》を養《やしな》はなくてはならぬ、腸胃《ちやうゐ》には茶漬飯《ちやづけめし》を勸《すゝ》め其上《そのうへ》牛蒡《ごはう》、澤庵《たくあん》、切干大根《きりぼしだいこん》の樣《やう》な抵抗力物《ていかうりよくぶつ》をすゝめるなり

(五)玄米療法《げんまいりやうはう》は、人間《にんげん》の身體《しんたい》は玄米《げんまい》と水《みづ》さへ飮食《いんしよく》すれば健康《けんかう》が保《たも》てると云《い》ふにあり日本民族《にほんみんぞく》が三百年前《ねんまへ》には槪《がい》して玄米《げんまい》を食《しよく》して居《ゐ》たから胃病《ゐびやう》が無《な》かつたのであると

云《い》ふのが此療法《このりやうはふ》の主眼《しゆがん》である、

(六)調精術《てうせいじゆつ》、は科學《くわがく》を題材《だいだい》として精神《せいしん》の調節《てうせつ》を致《いた》さしめ治癒《ちゆ》を計《はか》り自然癒能力《しぜんゆのうりよく》を勃《はつ》起《き》させるなり、

(七)掌中《しやうちう》にラジウムがあると云《い》ふ主張《しゆちやう》を致《いた》す鈴木美山流《すゞきびれんりう》の療法《りやうはふ》なり、之《こ》れは將來究《しやうらいきう》明《めい》す可《べ》き眞價《しんか》あり、

(八)自彊療法《じきやうりやうはふ》、は精神上《せいしんじやう》に存《そん》する力《ちから》と肉《にく》の上《うへ》に存《そん》する力《ちから》とを發現《はつげん》して治療法《ちりやうはふ》を成功《せいこう》せんとするなり天行《てんかう》は健《けん》なり君子《くんし》は自彊《じきやう》して息《や》まずの道理《だうり》なり、

(九)哲理療法《てつりりやうはふ》、は患者《くわんじや》に對《たい》して施術者《せじゆつしや》の心《こゝろ》の思念《しねん》を移《うつ》し、自巳《じこ》の心靈《しんれい》は宇宙《うちう》の大心《だいしん》靈《れい》に接《せつ》し交通《かうつう》して居《ゐ》る事實《じじつ》を自覺《じかく》せしめ、以《もつ》て病《やまひ》の爲《ため》に壓迫《あつはく》されて居《ゐ》る精神《せいしん》の自《じ》由《いう》を解放《かいはう》せんとするなり、

(十)岡田靜座法《をかだせいざはふ》、靜座《せいざ》に由《よつ》て心《こゝろ》の平和《へいわ》を保《たも》ち品性美《ひんせいび》と肉體美《にくたいび》とを平衡《へいかう》して發達助長《はつたつじよちやう》せしめ、以《もつ》て精神《せいしん》と精力《せいりよく》と共《とも》に充實《じうじつ》した人格《じんかく》を磨《みが》き上《あ》げんとするが目的《もくてき》なり、靜《せい》

座《ざ》の原理《げんり》は起《お》き上《あが》り小法師《こほつし》が中心《ちうしん》を得《え》て居《ゐ》る則《すなは》ち物《もの》の中庸《ちうよう》を掌《つかさど》る力《ちから》………重《ぢ》心の安定《あんてい》である體《たい》の主《しゆ》たる重心《ぢうしん》、心《こゝろ》の司《つかさ》なる重心《ぢうしん》が安定《あんてい》して始《はじ》めて食物《しよくもつ》も肉體《にくたい》の營《えい》養《やう》となり、教訓《けうくん》も精神《せいしん》の滋養《じやう》となり而《しか》して心身《しん〳〵》の健全《けんぜん》なる發達《はつたつ》が遂《と》げられる、此《こ》の重心《ぢうしん》の安定《あんてい》を計《はか》るのが靜座法《せいざはふ》の根本義《こんぽんぎ》である、………方法《はう〳〵》は先《ま》づ姿勢《しせい》を正《たゞ》し呼《こ》吸《きう》を節《せつ》するのが此法《このはう》の入門《にふもん》で、姿勢《しせい》の正定《せいてい》とは先《ま》づ端座《たんざ》して首《くび》を眞直《ますぐ》になし正面《しやうめん》を向《むき》て眼《め》を輕《かる》く閉《と》ぢて口《くち》は必《かなら》ず噤《つぐ》み、尻《しり》を出《だ》して鳩尾《みぞをち》下の處《ところ》を落《おと》し而《しか》して脊骨《せはね》を眞直《まつすぐ》に膝頭《ひざがしら》を少《すこ》し割《わ》つて足《あし》の甲《かう》を重《かさ》ね手《て》は一方《はう》で、他方《たはう》の四本指《ほんゆび》を輕《かる》く握《にぎ》り交叉《かうさ》して膝《ひざ》の上《うへ》に垂《た》れて置《お》く、而《しな》して此姿勢《このしせい》で靜座《せいざ》に就《つき》たなら最早何事《もはやなにごと》も思《おも》ひ勞《わづら》はず何物《なにもの》も欲求《よくきう》せず、靜座《せいざ》は吾《われ》を導《みちひ》きて必《かなら》ず到《いた》る可《べ》き處《ところ》に到《いた》らしむとの確信《かくしん》を以《もつ》て……必然的《ひつぜんてき》に無我《むが》の境《きやう》に落《お》ちて行《ゆ》かねばならぬ、斯《かく》くして正座《せいざ》は日《ひ》を重《かさ》ぬるに從《したが》つて自然《しぜん》と……身體《しんたい》が動搖《どうえう》して來《く》る事《こと》がある、その動搖《どうえう》の調子《てうし》と程度《ていど》とは各々《おの〳〵》人《ひと》に因《よつ》て異《ことな》るが之《こ》れは體内《たいない》に一種《しゆ》の………動力《どうりよく》が起《おこ》つて來《く》る自然《しぜん》の現象《げんしやう》である靜《せい》座《ざ》の時間《じかん》は最初《さいしよ》修養中《しうやうちう》は一日《にち》三十分《ぷん》乃至《ないし》一時間位《じかんぐらゐ》行《おこな》へば可《よ》いと云《い》ふなり、靈子術《れいしじゆつ》も此間《このかん》は同致《おなじ》ならんと思《おも》ふ、之《こ》れは非常《ひじやう》に研究《けんきう》したが釋尊《しやくそん》も說《と》いた、日蓮上人《にちれんしやうにん》も示《しめ》した小乘的調息法《せうじやうてきてうそくはふ》である、唯《たゞ》その動搖《どうえう》し來《きた》る自然《しぜん》の現象《げんしやう》……それが心源術《しんげんじゆつ》の權威《けんゐ》を以《もつ》て傳法公開《でんはふこうかい》せんとする境《きやう》なり、予《よ》は母《はゝ》に靜座法《せいざはふ》を熱心《ねつしん》に行《おこな》ひてから心源《しんげん》術《じゆつ》の活理《くわつり》を發見《はつけん》したのである、

(十一)養眞術《やうしんじゆつ》は、對天改悔《たいてんかいげ》、對人改悔《たいじんかいげ》、獨力改悔《どくりよくかいが》の、三大主義《だいしゆぎ》を中心《うしん》として療法《りやうはふ》を說《せい》て居《ゐ》る、之《こ》れ佛敎《ぶつけう》のサンゲ滅罪的療法《めつざいてきりやうはふ》に密邇《みつじ》して居《ゐ》る、余《よ》の母《はゝ》に行《おこな》はせて心源《しんけん》術《じゆつ》の根本《こんぽん》を發見《はつけん》した題材《だいざい》となつた、

(十二)氣合術《きあひじゆつ》は、江間式《えましき》を以《もつ》て最《もつと》も明確《めいかく》なる解釋《かいしやく》と予《よ》は信《しん》じて居《ゐ》る、此療法《このりやうはふ》は科學《くわがく》的說明《てきせつめい》が出來《でき》ぬ心靈作用《しんれいさよう》の療法《りやうはふ》であると主張《しゆちやう》して居《ゐ》る、根底《こんてい》は印度哲學《いんどてつがう》に據《よ》る治《ち》療《りやう》である、印度哲學《いんどてつがく》を胚胎《はいたい》し佛敎《ぶつけう》の所謂靈魂《いはゆりれいこん》八識論《しきろん》を肯定《かうてい》し……法力《はふりき》なるものの實在《じつざい》を信《しん》じソレを體得活現《たいとくくわつげん》せしめんと云《い》ふのである、先《ま》づ說明《せつめい》とする處《ところ》は靈魂《れいこん》を

分《わか》ちて八識《しき》とし眼耳鼻舌身《げんにびぜつしん》の五官能《くわんのう》を以《もつ》て前《ぜん》五識《しき》と稱《しやう》し、第《だい》六を意識《いしき》と稱《しやう》し之《こ》れは直接《ちよくせつ》五官《くわん》の訴《うつたへ》を聞《きい》て利害得失《りがいとくしつ》に活動《くわつどう》する顯在意識《げんざいいしき》で第《だい》七を摩耶識《まやしき》と稱《しやう》し常《つね》に第《だい》六識《しき》と共同《きやうどう》して自我《じが》なるものを認《みと》め、自己本位《じこほんゐ》を以《もつ》て種々《しゆじゆ》なる欲望《よくばう》と種々《しゆじゆ》なる念想《ねんさう》を有《いう》する所謂妄想妄念《いはゆるもうさうもうねん》の府《ふ》なる潜在意識《せんざいいしき》である、第《だい》八識《しき》は何賴耶《あらや》と稱《しやう》し是《これ》は不生不滅不增不變具足圓滿《ふしやうふめつふぞうふへんぐそくゑんまん》で自他《じた》の區別《くべつ》を認《みと》めず、直《たゞ》ちに、宇宙《うちう》の大眞理《だいしんり》に通《つう》ずる主《しゆ》の靈魂《れいこん》である、而《しか》して外界《ぐわいかい》の刺戟《しげき》に左右《さいう》される第《だい》六識《しき》と邪念妄想《じやねんもうさう》の府《ふ》である第《だい》七識《しき》とを脱却《だつきやく》して無念無想《むねんむさう》となり、第《だい》八識《しき》の上《うへ》に本我《ほんが》が發起《はつき》された場合《はあひ》が即《すなは》ち解脱《げだつ》・悟道《ごだう》、の境地《きやうち》に入《い》つたので覺《つま》り法力《はふりき》の體現《たいげん》されたのである、……ソコで病《やまひ》とは第《だい》六第《だい》七識《しき》が主《しゆ》として邪法《じやはふ》に活躍《くわつやく》した場合《はあひ》の狀態《じやうたい》であるから、惡意識《あくいしき》を奪《だつ》却《きやく》し常識靈魂《じやうしきれいこん》の作用《さよう》を休止《きうし》し第《だい》八識《しき》の上《うへ》に本我《ほんが》を發起《はつき》せしめ法性《ほつしやう》を活躍《くわつやく》せしむれば、……最早人格《もはやじんかく》は全然神格的《ぜんぜんしんかくてき》となり一切《さい》の妄執《もうしう》が取《と》り拂《はら》はれて了《しま》ふ、而《しか》してその第《だい》六七を奪却《だつきやく》する爲《ため》に氣合術《きあひじゆつ》を用《もち》ひ一喝《かつ》その靈魂《れいこん》を奪《うば》ふことが可能《でき》ると云《い》ふ、即《すなは》ち『五蘊皆空《をんかいくう》を照見《せうけん》すれば一切《さい》の苦役《くえき》を散《さん》す』と云《い》ふ般涅眞如《はんにやしんによ》の病苦《びやうく》を奪《うは》ふ原《げん》理《り》に通《つう》ずるのである、江間式《えましき》は多《おほ》くの經驗《けいけん》からして此《こ》の氣合術《きあひじゆつ》で心神《しん〳〵》の狀態《じやうたい》を分《ぶん》析《せき》もすれば組織《そしき》もする事《こと》が出來《でき》ると云《い》ふて居《ゐ》る、ソレは前《まへ》にも云《い》ふ如《ごと》く人間《にんげん》の八識靈魂《しきれいこん》を自由自在《じいうじざい》に奪《うは》ひもし、與《あた》へもする、又個々《またこゝ》特有《とくゆう》の作用《さよう》の實驗《じつけん》をも爲《な》し得《う》ると手張《しゆちやう》して居《ゐ》る、假令《たとへ》ば先《ま》づ第《だい》一識《しき》を奪《うは》へば盲目《めくら》同樣《どうやう》に肉眼《にくがん》を開《ひら》ひて居《ゐ》て何物《なにもの》も見《み》へず、第《だい》二識《しき》を奪《うは》へば聾者《つんぼ》となり、第《だい》三識《しき》を奪《うは》へば臭覺《しうかく》を失《うしな》ひ、第《だい》四を奪《うは》へば啞者《おうし》となり、第《だい》五を奪《うは》へば一切《さい》の感覺《かんかく》を失《うしな》ひ、第《だい》六識《しき》を奪《うは》へば自發的活動精神《じはつてきくわつどうせいしん》を滅却《めつきやく》して全然常識《ぜん〳〵じやうしき》を失《しつ》し、而《しか》して殘《のこ》る第《だい》七識《しき》と談話《だんわ》を交《まじ》へれば當人《たうにん》の有《ゆう》する妄《もう》想妄念《ざうもうねん》を明白《めいはく》に吐露《とろ》し、第《だい》七識《しき》を奪《うは》へば最早《もはや》意識《いしき》を全《まつた》く去《さ》りそして第《だい》八識《しき》の上《うへ》に……動力《どうりよく》即《すなは》ち法性《ほつしやう》を……活現《くわつげん》せしむると靈的人格《れいてきじんかく》に變《へん》じて了《しま》ふ、此《こ》の狀態《じやうたい》が即《すなは》ち観音經《くわんおんけう》で云《い》ふ五蘊皆空《おんかいくう》の時《とき》で一切《さい》の病苦《びやうく》を去《さ》つた態《たい》である、江間式《えましき》の說《せつ》に依《よ》れば法力《はふりき》と云《い》ふものは何人《なにびと》も之《これ》を有《ゆう》し決《けつ》して釋迦《しやか》やキリストや弘法《こうはふ》や日蓮等《にちれんとう》の專《せん》有物《ゆうぶつ》ではない、誰《だれ》でも其修養《そのしうやう》に因《よつ》て之《これ》を發揮活現《はつきくわつげん》する事《ここ》が出來《でき》ると云《い》ふのである此氣合術《このきあひじゆつ》と催眠術《さいみんじゆつ》との異《ここな》る重《おも》なる點《てん》は……催眠術《さいみんじゆつ》は佛教心理《ぶつけうしんり》で推釋《すいしやく》すると所謂第《いはゆるだい》六の現在意識《げんざいいしき》を睡眠《すいみん》さして他《た》の自力精神《じりきせいしん》に暗示《あんじ》を與《あた》へ術者《じゆつしや》の思念《しねん》を移《うつ》して苦惱《くのう》を去《さ》らしめるのであるが、元來第七識《ぐわんらいだいしき》が妄想《もうざう》の府《ふ》であるから此識《このしき》の活躍《くわつやく》が幻覺錯覺《げんかくさくかく》を起《おこ》し術者《じゆつしや》の目的《もくてき》を邪魔《じやま》することがある、……氣合術《きあひじゆつ》では第《だい》六七識《しき》を奪却《だつきやく》して第《だい》八識《しき》の主客靈魂《しゆかくれいこん》に法力即《はふりきすなは》ちヱネルギーの活現《くわつげん》を來《きた》すのであるから此《こゝ》に消極《せうきよく》と積極《せききよく》との差《さ》があると云《い》ふて居《ゐ》る、

予《よ》は氣合術《きあひじゆつ》を透《こを》して母《はゝ》の病氣《びやうき》を癒《いや》す可《べ》き第《だい》八識《しき》の上《うへ》に本我發現《ほんがはつげん》を認《みこ》めて全治《ぜんち》させた、ソレが心源術《しんげんじゆつ》の權威《けんゐ》を主張《しゆちやう》する處《こころ》である、

（十三）靈子術《れいしじゆつ》は、七妄《もう》三惑《わく》を滅《めつ》し超我《てうが》の境《きやう》に入《い》らしめ靈子作用《れいしさよう》は自然癒能力《しぜんゆのうりよく》を活動《くわつどう》せしめて一切《さい》の疾患《しつくわん》を除去《じよこ》せんとするなり、七妄《もう》三惑《わく》を滅《めつ》するは予《よ》の母《はゝ》に研究《けんきう》して判明《はんめい》した、けれども超我《てうが》の境《きやう》即《すなは》ち人格轉換《じんかくてんくわん》してソノ轉換《てんくわん》と同時《どうじ》に因果律解除《いんぐわりつかいじよ》

をせざれば一切《さい》の疾患《しつくわん》全治《ぜんち》せざる事《こと》を發見《はつけん》した心源術《しんげんじゆつ》は之《こ》れを發表《はつぺう》す可《べ》く篇《へん》したのである、

以上予《いじやうよ》が實母《じつぼ》を救《すく》はんとして實究《じつきう》して經《へ》たる報告《ほうこく》である、實母《じつぼ》の胃癌《ゐがん》が是等《これら》の療法《りやうはふ》にて全治《ぜんち》せなかつた爲《ため》に此《こ》の研究《けんきう》を題材《だいざい》として心源術《しんげんじゆつ》を記載《きさい》したのであるから諸療《しよりやう》法術《はふじゆつ》の長所《ちやうしよ》を集《あつ》めソノ上《うへ》に予《よ》の實感《じつかん》を發表《はつぺう》したに過《す》ぎないのである、

六　予《よ》の研究《けんきう》したる祈禱《きたう》

予《よ》は實母《じつぼ》の胃癌《ゐがん》を治《ぢ》せんとして各宗《かくしう》の行者《ぎやうじや》を招《まね》いで種々《しゆぐ》なる祈禱《きたう》をさせたが疾患《しつくわん》は全《ぜん》治《ぢ》せないで迷信《めいしん》が増々《ますく》深《ふか》くなつて肉體《にくたい》の疾病《しつぺい》と相共《あひとも》に精神上《せいしんじやう》の苦悶《くもん》が增發《ぞうはつ》した、今《いま》ソノ經《へ》たる祈禱《きたう》を擧《あ》ぐれば、

神道御嶽敎祈禱《しんだうみたけけうきたう》、眞言不動祈禱《しんごんふごうきたう》、天理敎催眠《てんりけうさいみん》、神道《しんだう》ゼークルゼークン祈禱《きたう》、神道《しんだう》神係禁厭《かんがゝりまじなひ》、法華罪障消滅祈禱《ほつけざいしやうせうめつきたう》、キリスト敎悔罪祈禱《けうかいざいきたう》、神道潔敎祈禱《しんだうみそぎけうきたう》、

概《がい》して右《みぎ》の如《ごと》くであつた如斯祈禱《かくのごときたう》は悉《ことごと》く人心《じんしん》をして迷信《めいしん》に落《おさ》し入《い》れる趣段《しゆだん》である

が、ソノ迷信中《めいしんちう》に自然癒《しぜんゆ》能作用《のうさよう》が勃起《はつき》して全治《ぜんぢ》する事《こゝ》は未《いま》だ行者《ぎやうじや》は認《みこ》めない神佛《しんぶつ》で治《なほ》つたと確信《かくしん》して居《ゐ》る神道《しんだう》の祈禱《きたう》は總《すべ》て因果律《いんぐわりつ》を無視《むし》して、惟神《かむながら》……即《すなは》ち神《かみ》に合《がふ》一して直靈《なをび》の活現《くわつげん》を致《いた》さんとするのが最《もつと》も神道中《しんだうちう》で優《すぐ》れた祈禱《きたう》である、直靈《なをび》は自然癒《しぜんゆ》能力《のうりよく》を指《さ》すもので、御嶽敎行者《みたけけうぎやうじや》の行《おこな》ふ中座《なかざ》祈禱《きたう》なぞとは天地《てんち》の相違《さうゐ》である、天理敎《てんりけう》の說敎催眠《せつけうさいみん》が最《もつと》も劣等《れつたう》なる聽覺催眠療法《ちようかくさいみんりやうはふ》である、下谷《したや》五條天滿宮《でうてんまんぐう》の神官《しんくわん》が行《や》つた神係禁厭《かんがゝりまじない》は人格轉換催眠療法《じんかくてんくわんさいみんりやうはふ》の初門《しよもん》である、トヲカミヱミタメの連發的《れんはつてき》祈禱《たう》は發《はつ》聲催眠療法《せいさいみんりやうはふ》である、ゼークルゼークン祈禱《きたう》も同《おな》じなり、凡兒式《ぼんじしき》の氣合調息方法《きあひてうそくはふはふ》も同《おな》じなり、キリスト悔罪祈禱《かいざいきたう》は自己催眠療法《じこさいみんりやうはふ》である、法華《ほつけ》罪障消滅《ざいせう〱めつ》祈禱《きたう》は劣等《れつこう》なる人《じん》格轉換催眠療法《かくてんくわんさいみんりやうはふ》である、予《よ》は實母《じつぼ》を癒《いや》さんとして以上《いじやう》の諸祈禱《しよきたう》を研究《けんきう》したけれども全快《ぜんくわい》を得《え》なかつた、予《よ》は每《つね》に思《おも》ふ祈禱《きたう》とは人力《じんりよく》を以《もつ》て天《てん》を動《うご》かさんとするもの又《また》破《やぶ》る可《べ》からざる運命《うんめい》の鐵條網《てつでうもう》を破《やぶ》らむとするものにして人間天禀《にんげんてんぴん》の靈性發揮《れいせいはつき》が祈禱《きたう》であるのに研究《けんきう》した各宗《かくしう》の祈禱《きたう》にはその偉大《いだい》なる力《ちから》を發起《はつき》させる方法《はう〱》がない、故《ゆゑ》に病氣《びやうき》を癒《いや》す可《べ》き活能作用《くわつのうさやう》なき事《こと》を發見《はつけん》したので予《よ》は斷然古《だんぜんふる》き祈禱《きたう》を中止《ちうし》して十一月《ぐわつ》一日《にち》より壹百ヶ日絶食冥想《じつぜつしよくめいさう》を行《おこな》ひ靈癒力《れいゆりよく》の那邊《なへん》にあるかを究明《きうめい》した、吾人《ごじん》の靈能《れいのう》は、人爲的《じんゐてき》の神佛《しんぶつ》に托《たく》せずとも大觀念《だいくわんねん》の實現《じつげん》を行《おこな》へば日蓮上人《にちれんせうにん》が斷頭活劇《だんごうくわつげき》の如《ごと》く天地《てんち》の理法《りはふ》を動《うご》かす事《こと》が出來《でき》るのである、予《よ》が壹百ヶ日冥想滿《にちめいさうまん》ぜんとする四日《か》前《まへ》寶母《じつは》の頭《あたま》に變化《へんくわ》が來《き》た百日目《にちめ》に黑體《こくたい》の物《もの》三個吐瀉《こさしや》して漸次病氣《ぜんじびやうき》は全快《ぜんくわい》した、祈禱《きたう》の徹底《てつてい》したのは自我《じが》を沒却《ほつきやく》してソコに大《だい》なる靈能力《れいゆりよく》が勃起《ほつき》するのであるから古《ふる》き祈禱《きたう》の如《ごと》きは反《かへ》つてその力《ちから》を發揮《はつき》させる道《みち》を塞《ふさ》ぐ方法《はう〳〵》である事《こと》を予《よ》は認《みと》めた、祈《き》禱《たう》はサンゲの大戒法《だいかいはふ》であるから夫《か》の鈴《すゞ》ヶ森死刑場《もりしけいぢやう》のお駒《こま》が刹那《せつな》に於《おい》てサンゲして自《じ》己《こ》の罪《つみ》を滅《めつ》し爲《ため》に死刑《しけい》を遁《のが》れたのは、祈禱上《きたうじやう》の人格轉換即《じんかくてんくわんすなは》ち個性《こせい》の沒却《ほつきやく》であつた予《よ》の母《はゝ》も祈禱《きたう》が一百ヶ日冥想《にちめいさう》の終《をは》りに於《おい》て眞個《しんこ》の人格轉換《じんかくてんくわん》を示《しめ》して治方《ぢはう》に向《むか》つたのである、蜀山人《しよくさんじん》が藁人形《わらにんぎやう》の祈《いの》りに對《たい》し迷信打破《めいしんだは》を叫《さけ》んだ、

稲荷山《いなりやま》きかぬ呪《のろ》ひに打《う》つ釘《くぎ》は

糠《ぬか》にゆかりの藁《わら》の人形《にんぎやう》
目《め》を耳《みゝ》に返《かへ》すぐ/\も打《う》つ釘《くぎ》は
聾《つんぼ》ほども聞《き》くものでなし

深刻《しんこく》な言《げん》味ふ可《べ》きなり「禱《いの》りても利益《りやく》なきこそ利益《りやく》なれ天下《てんか》の至誠《しせい》に祈《いの》らざる故《ゆゑ》」祈禱《きたう》は積極的向上《せつきよくてきかうじやう》の道《みち》である、人生《じんせい》は進取的向上《しんしゆてきかうじやう》を解《かい》せざれば迷信《めいしん》に陥《をちい》るなり、木佛金佛《きぶつかなぶつ》は空々寂々《くう/\ぢやく/\》である我《わ》れ日本《にほん》の柱《はしら》とならんとの大抱負《だいはうふ》は國民心理《こくみんしんり》を實行《じつかう》す可《べ》き即《すなは》ち正義《せいぎ》に復活《ふくくわつ》す可《べ》き進取向上《しんしゆかうじやう》を敎《をし》へたる眞體《しんたい》なり、火《ひ》に燃《も》ゆる熱中《ねつちう》、祈禱《きたう》の眞價《しんか》と人生《じんせい》の眞價《しんか》茲《こゝ》にありとす、予《よ》はかくして實母《じつぼ》の病體《びやうたい》を全治《ぜんぢ》せしめたり、

七　自然癒能力《しぜんゆのうりよく》と自救力《じきうりよく》

凡《およ》そ吾人生體《ごじんせいたい》にありては一と度《たび》自然《しぜん》の調和《てうわ》を失《うしな》ひ疾病《しつぺい》の狀態《じやうたい》に陷《をちゐ》る事《こゝ》ありと雖《いへぬ》も、亦《また》同時に自然癒能《しぜんゆのう》なる事行《こゝおこな》はるゝに由《よ》りて健康《けんかう》を全《まつた》ふし得《う》るものとす、即《すなは》ち吾人《ごじん》の體内《たいない》に一の障害發生《しやうがいはつせい》するか、又《また》は外部《ぐわいぶ》より病菌《びやうきん》の侵入《しんにふ》せる時《とき》、或《あるひ》は創傷等《さうしやうとう》を蒙《かうむ》る事《こと》

ありとも血液《けつえき》の循環組織《じゆんくわんそしき》の生活反應《せいくわつはんおう》の爲《ため》に不知《しらず》不識《しらず》の裡《うち》に治癒《ちゆ》するに至《いた》るものにして、其力實《そのちからじつ》に强大《きやうだい》なるものあり、此《こ》の機能《きのう》を自《し》然癒能力《ぜんゆのうりよく》と云《い》ふ、彼《か》の醫術等《いじゆつとう》に於《おい》て藥物療法《やくぶつりやうはふ》を用《もち》ゆるは畢竟此自然癒能力《ひつきやうこのしぜんゆのうりよく》の存在《そんざい》を認《みと》め其旺盛《そのわうせい》を期待《きたい》する間接的補助法《かんせつてきほじよはふ》に外《ほか》ならざるものにして、如何《いか》なる藥劑《やくざい》と雖《いへど》も自《し》然癒能力《ぜんゆのうりよく》を除外《ぢよぐわい》しては寸毫《すんごう》も奏効《そうかう》を期《き》し得可《うべ》きものではない、灸治《きうぢ》、針治《しんぢ》、按摩《あんま》、の類皆《るゐみなし》自然癒能力《ぜんゆのうりよく》の作用《さよう》を待《ま》つなり、然《しか》も現代醫學《げんだいいがく》の範圍《はんゐ》に在《あ》りては未《いま》だ自《し》然癒能力《ぜんゆのうりよく》の實質等《じつしつとう》に就《つ》き徹底的《てつていてき》なる研究《けんきう》の試《こゝろ》みられたる事《こと》あるを見《み》ず、諸療法術者《しよりやうはふじゆつしや》も未《いま》だ究明《きうめい》したる發表《はつぺう》を聞《き》かない、諸《しよ》療法術者《りやうはふじゆつしや》 自《みつか》らの術《じゆつ》を以《もつ》て癒《いや》すと誇稱《こしやう》するが故《ゆゑ》なり、自癒力《じゆりよく》が人體《じんたい》にあると同時《どうじ》に自救力《じきうりよく》が固有《こゆう》の靈性《れいせい》に具《そな》へて居《ゐ》る故《ゆゑ》に『自《みつか》ら身命《しんめい》を惜《をし》まず』と云《い》ひ『神《かみ》は汝《なんぢ》を救《すく》ふ力《ちから》を汝《なんぢ》の手《て》に授《さづ》けあり 汝自《なんぢみづか》ら救《すく》へ』と敎《をし》へ『所詮天《しよせんてん》も捨《す》て玉《たま》へ諸難《しよなん》にも値《あ》へ身命《しんめい》を期《ご》せん』との自覺《じかく》は本具靈性《ほんぐれいせい》の徹底《てつてい》したる自救力《じきうりよく》の活躍《くわつやく》を期待《きたい》するにあり、一切《さい》の療法術者《りやうはふじゆつしや》が絶對意志《ぜつたいいし》たる心源《しんげん》に着目《ちやくもく》せず智力的方面《ちりよくてきはうめん》より來《きた》る心身《しんしん》の疾患《しつくわん》にのみ注目《ちうもく》するが爲《ため》に、徹底的療法《てつていてきりやうはふ》を得《え》ざるなり、吾人《ごじん》の心源《しんげん》たる絶對意志《ぜつたいいし》は決《けつ》して時間上《じかんじやう》の制限《せいげん》を受《う》けざる唯我獨尊《ゆいがどくそん》である、時間《じかん》に支配《しはい》せられて居《ゐ》るのは個人意志《こじんいし》で宇宙《うちう》の實體《じつたい》たる絶對意志《ぜつたいいし》は日蓮上人《にちれんしやうにん》が斷頭《だんこう》に於《おい》て熱聲《ねつせい》を放《はな》ちたる『日蓮《にちれん》が頭《かうべ》には大《だい》覺世尊《かくせそん》代《かは》らせ給《たま》ふ昔《むかし》も今《いま》も一同《ごう》なり』との實證《じつしやう》は過去現在未來《くわこげんざいみらい》を一貫《くわん》して差別《さべつ》がないのである、此間《このかん》の消息《せうそく》は吾人《ごじん》の經驗《けいけん》の如《ごと》きを超越《てうえつ》して居《ゐ》る、故《ゆゑ》に平等《べうどう》である、健《けん》全《ぜん》であるは必然的《ひつぜんてき》の道理《だうり》ではないか、自然癒能力《しぜんゆのうりよく》も自救力《じきうりよく》も此《こ》の大實體《だいじつたい》より起《おこ》るのでなければ眞個《しんこ》の癒能作用《ゆのうさよう》ではない、自然癒能力《しぜんゆのうりよく》に依《よ》りて病源體《びやうげんたい》盡《ことごと》く芟除《せんぢよ》せらるるは吾人確認《ごじんかくにん》する處《ところ》である、又不治症《またふぢしやう》とせられたる予《よ》の實母《じつは》の癌腫《がんしゆ》が、予《よ》の冥想力《めいさうりよく》で治《ち》したると思《おも》ひしにさにはあらず、組織内《そしきない》に於《おい》て變性《へんせい》し吸收《きうしう》せられて全快《ぜんくわい》したる痕跡《こんせき》と化《くわ》したのである、故《ゆゑ》に病理解剖《びやうりかいはう》の結果《けつくわ》、自然癒能力《しぜんゆのうりよく》の偉大《いだい》なる事《こと》に一驚《きやう》するは屢々《しばしば》なり、又自然治癒《またしぜんちゆ》の一種《しゆ》として組織並《そしきならび》に臟器《ざうき》に損傷《そんしやう》を生《しやう》じたる場合《はあひ》には他《た》の健全《けんぜん》なる臓器《ざうき》代《かは》りて其用《そのよう》を辯《べん》ずるが如《ごと》き、自然的微妙《しぜんてきみめう》の作用《さよう》を有《ゆう》して居《ゐ》る、吾人《ごじん》の體内《たいない》には巧妙《こうめう》なる器管《きくわん》、不思議《ふしぎ》の組織《そしき》、奇《き》なる作用《さよう》の存《そん》するありて、飽《あく》まで強壮且《きやうさうかつ》健康《けんかう》たらしむ可《べ》き構造《かうぞう》を有《ゆう》せり、是則《これすなは》ち宇宙《うちう》の大意志《だいいし》たる自然《しぜん》の理法《りはふ》に適合《てきがふ》せる所《いは》謂合理的狀態《ゆるがふりてきじやうたい》とも稱《しやう》し得《う》可《べ》きものである、吾人生活體《ごじんせいくわつたい》には自然的《しぜんてき》に疾病《しつぺい》を防衛《はうゑい》する裝置《さうち》がある、是《これ》が爲《ため》に何等人工的《なんらじんこうてき》に助力《じよりよく》を加《くは》へずとも自然的治癒《しぜんてきちゆ》の轉機《てんき》を取《と》るに至《いた》る可《べ》きものなり。

總《すべ》て疾病《しつぺい》の治療《ちりやう》に於《おい》て最《もつと》も重《おも》んず可《べ》きは廢滅《はいめつ》せる體内《たいない》に於《お》ける、諸組織《しよそしき》の活動《くわつどう》を恢《かい》復《ふく》せんが爲《ため》、吾人《ごじん》がなし得《う》る範圍内《はんゐない》に於《おい》て體内《たいない》に於《お》ける自然的治癒力《しぜんてきちゆりよく》を補助《ほじよ》し亢進《こうしん》せねばならぬ、

八　心身疾病《しんくしつぺい》を概論《がいろん》す

健全《けんぜん》は吾々《われく》の身體《しんたい》を支配《しはい》する自然《しぜん》の法則《はふそく》と相《あひ》一致《ち》するに由《よ》りて全《まつた》ふせられ、疾病《しつぺい》は之《これ》に反《はん》し其法則《そのはふそく》と相背馳《あひはいち》するに由《よ》りて生《しやう》ずるのである、個體《こたい》は四大《だい》の集合《しうがふ》で細胞《さいはう》乙

が中《なか》に活躍《くわつやく》す、地《ち》水《すゐ》火《か》風《ふう》の不《ふ》調《てう》は諸病《しよびやう》の起《おこ》る因《いん》ではないか、之《こ》れ必然《ひつぜん》の理《り》である、造化《ざうくわ》の妙《めう》は吾人《ごじん》をして全《まつた》く健全《けんぜん》たらしめんとするものなれば、疾病《しつぺい》に罹《かゝ》りたる時《とき》は空氣《くうき》、温熱《をんねつ》、食物《しよくもつ》を始《はじ》め人體各器管《じんたいかくきくわん》の敵度《てきど》なる運動《うんどう》、休息《きうそく》、適度《てきど》の思慮《しりよ》、並《ならび》に諸般《しよはん》の自然力《しぜんりよく》、等《とう》は實《じつ》に吾々《われ〳〵》の生活《せいくわつ》を維持《いぢ》し健康《けんかう》を保全《ほぜん》せしむる要素《えうそ》にして、病者《びやうしや》は又《また》是等《これら》自然《しぜん》の補佐《ほさ》に由《よ》り、初《はじ》めて健康《けんかう》たるを得《う》るものなり、而《しか》して各種疾病《かくしゆしつぺい》の原因《げんいん》に就《つい》ては病理學上種々《びやうりがくじやうしゆ〳〵》なる區別《くべつ》を存《そん》するも其由《そのよつ》て來《きた》る所《こころ》を究《きは》むれば等《ひと》しく……血液《けつえき》………なる同《どう》一物《ぶつ》に歸着《きちやく》するのである、實《じつ》に血液《けつえき》は吾々《われ〳〵》の生命《せいめい》にして身體健否《しんたいけんひ》の岐《わか》るゝ所《こころ》は正《まさ》に此《こ》の血液《けつえき》の如何《いかん》に外《ほか》ならぬ、新陳代謝《しんちんたいしや》の作用《さよう》より外《ほか》にない、血液《けつえき》の作《さ》用《よう》を起《おこ》さしむるは酸化力《さんくわりよく》を最《もつと》も大《だい》とするのである、而《しか》してソノ吸收《きうしう》の力《ちから》を自由自在《じゆうじざい》になすは大觀念力《だいくわんねんりよく》あるのみ、大觀念力《だいくわんねんりよく》は人體諸機能器質等《じんたいしよきのうきしつとう》を調《とゝの》ひ潜在意識《せんざいいしき》を平《へい》均《きん》になし宇宙大氣《うちうだいき》と密邇《みつじ》して酸素《さんそ》を吸收《きうしう》する力《ちから》を大《だい》ならしむるのである、寒參《かんまゐ》り水《すゐ》行《ぎやう》の如《ごと》き酸素吸收《さんそきうしう》の善方法《ぜんはうはふ》とす、血液《けつえき》は人體諸組《じんたいしよそ》織《しき》に營養分《えいやうぶん》を供給《きやうきう》し、以《もつ》て身體諸部《しんたいしよぶ》を構成《こうせい》するの基《もごひ》となし、他《た》に於《おい》て分解作《ぶんかいさ》用《よう》を營《いとな》みて、體内《たいない》に於《お》ける老廢物或《らうはいぶつあるひ》は有毒物《ゆうごくぶつ》を、諸組《しよそ》織《しき》より分離《ぶんり》せしめ、更《さら》に肺《はい》、皮膚《ひふ》、腎臓等《じんざうとう》の排泄機《はいせつき》能《のう》に依《よ》りて之《これ》を體外《たいぐわい》に排出《はいしゆつ》す、新陳代謝《しんちんたいしや》の作《さ》用《よう》は血《けつ》液中《えきちう》に血清《けつせい》と稱《しやう》するものありて抗毒素《かうごくそ》を作《つく》る、此抗毒素《このかうごくそ》又《また》は白血球《はくけつきう》の食菌作用《しよくきんさよう》に依《よ》りて、總《すべ》ての病菌《びやうきん》は全《まつた》く撲滅《はくめつ》せらるゝのである、誠《まこご》に血液《けつえき》は吾々《われく》の生活《せいくわつ》並《ならび》に疾病《びやう》の治《ち》癒《ゆ》に對《たい》し緊要《きんえう》なる作《さ》用《よう》を有《ゆう》して居《ゐ》る事《ここ》は人皆識《ひごみなし》れる處《こころ》である、チブスの如き腸《ちやう》に惡菌《あくきん》が浸入《しんはふ》せんとする時熱《ごきねつ》を起《おこ》してその惡菌《あくきん》を撲滅《はくめつ》せんが爲《ため》の發熱《はつねつ》するは醫術《いじゆつ》の證《しやう》明《めい》する處《こころ》である、

注意《ちうい》を要《えう》するは緊要《きんえう》なる血液中《けつえきちう》に傳統的血液《でんごうてきけつえき》あるを自覺《じかく》せねばならぬ、一切疾病《さいしつぺい》の根本原因《こんほんげんいん》は所謂《いはゆる》、血波《ちのなみ》である、

九　心源術大意《しんげんじゆつたい》

吾人《こじん》の心靈《しんれい》の奥底《おくそこ》に横《よこ》たわれるを心源《しんげん》となす、吾人《こじん》の全眞生命《ぜんしんせいめい》である、釋迦《しやか》が華《はな》を

捻《ひね》つて滿座《まんざ》の聽衆《ちやうしう》はその意《い》を解《かい》せず、獨《ひと》り大迦葉《だいかせう》の微笑《びせう》するのみ、釋迦《しやか》此《こゝ》に於《おい》て云《い》ふ、我《わ》れに正法眼藏《しやうはふがんざう》、涅槃妙心《ねはんめうしん》、實相無相《じつさうむさう》、微妙《みめう》の法門《はふもん》あり、汝《なんじ》、大迦葉《だいかせう》に附屬《ふぞく》す」と心源《しんげん》に如初門《ゆくしよもん》なり、果《はた》して迦葉《かせう》は此間《このかん》に心源《しんげん》に到達《たうたつ》せしや否《いな》や、到達《たうたつ》せし者《もの》とすれば釋尊《しやくそん》の説教《せつけう》は中止《ちうし》せられたる譯《わけ》なり、然《しか》るに釋迦尊《しやかそん》最終《さいしう》に於《おい》て「一字《じ》も説《と》かず」と斷言《だんげん》せられたるは、大迦葉《だいかえう》の智解《ちげ》す可《べ》きでない事《こと》を證明《しやうめい》して居《ゐ》る、英雄英雄《えいいうえいいう》を知《し》り達人達者《たつじんたつしや》を觀《くわん》ず、しかも解《げ》、異《ことな》れるものは見《み》て以《もつ》て會《くわい》せず、境《きやう》、同《おな》じからざるものは聽《きい》て以《もつ》て其《そ》の何《なん》の意《い》たるを解《かい》せない、吾々《われ〳〵》の心源《しんげん》は見《み》て以《もつ》て解《かい》する事《こと》は出來《でき》ない故《ゆゑ》に本化上行《ほんげじやうぎやう》は常菩薩《じやうぼさつ》行《ぎやう》即《すなは》ち犧牲的實現《ぎせいてきじつげん》を示《しめ》す可《べ》く大地《だいち》の人類《じんるゐ》を的《まと》にして究明《きうめい》せらた・之《こ》れが日蓮上人《にちれんしやうにん》であつた、座禪面壁《ざぜんめんべき》九年《ねん》尚《なほ》心源《しんげん》に到達《たうたつ》せなかつた、曠野《くわうや》四十日《にち》の冥想《めいさう》は心源《しんげん》の表面的解釋《へうめんてきかいしやく》を識《し》つたキリストは心源《しんげん》の活能力《くわつのうりよく》を發揮《はつき》する事《こと》が出來《でき》なかつたのである、

之《これ》を探《さぐ》りて觸《ふる》る能《あた》はず、有乎《うか》、有《う》に非《あら》ず、無乎《むか》無《む》に非《あら》ず、有無《うむ》を判定《はんてい》するものは

我《わ》が心《こゝろ》、

學者之《かくしやこ》れを究《きは》めて微《び》に入《い》り細《さい》を穿《うが》ち、研讃《けんさんび》日に進《すゝ》みたりと雖《いへど》も、尙《な》ほ靈妙測《れいめうはか》り易《やす》からず終《つひ》に憮然《ぶぜん》として神妙《しんめう》の域《いき》に沒入《はつにふ》するを歎《たん》じて居《ゐ》る『奇《く》しきは海《うみ》、海《うみ》より奇《く》しきは空《そら》、空《そら》よりも奇《く》しきは人《ひと》の心《こゝろ》の奥《おく》に安住《あんじう》せる心源《しんげん》なり、心源《しんげん》は水《みづ》なり波動《はどう》は吾人《ごじん》の潜在靈性《せんざいれいせい》である、故《ゆゑ》に心《こゝろ》の波《なみ》は靑海原《あをうなはら》よりも其去來《そのきよらい》を激《はげ》しくし、心《こゝろ》の雲《くも》は大空《おほぞら》よりも其變轉《そのへんてん》を急《きう》にす、昨《さく》の心《こゝろ》、今《いま》の心《こゝろ》にあらず今《いま》の心《こゝろ》、亦當來《またたうらい》の心《こゝろ》たるやを知《し》らず刹那《せつな》に起滅《きめつ》し瞬時《しゆんじ》に移動《いどう》す、實《じつ》に怪《あや》しきは心波《こゝろのなみ》なり、人生《じんせい》は此《こ》の心波《しんは》の集團《しうだん》、過去《くわこ》の歴史《れきし》は此《こ》の心波《しんは》の發動《はつどう》、現在《げんざい》の世態《せたい》は此《こ》の心波《しんは》の葛藤《かつとう》、人生《じんせい》の謎《なぞ》を説《こ》かんとす、

先《ま》づ此《こ》の心波《こゝろのなみ》の謎《なぞ》を説《こ》かねばならない、

心源術《しんげんじゆつ》は心波《しんは》激《はげ》しき潜在團《せんざいだん》を統括《こうくわつ》しこれを題材《だいざい》として心身《しん〳〵》の混亂《こんらん》を靜《しづ》めんとするなり、

佛敎《ぶつけう》に説《こ》く心的解剖《しんてきかいはう》を示《しめ》して心源《しんげん》の大體《だい〳〵》を示《しめ》す佛敎《ぶつけう》にては吾々《われ〳〵》の心靈《しんれい》を四種《しゆ》に分類《ぶんるゐ》

した、
一肉團心《にくだんしん》之《こ》れは肉體《にくたい》と直接《ちよくせつ》に關係《くわんけい》せるものの英語《えいご》のハートと云《い》ふ又《また》マイドンとも云《い》ふ世間學《せけんがく》の精神《せいしん》である、
二緣慮心《えんりよしん》、之《こ》れは心《こゝろ》に起《おこ》る所《こころ》のもの英語《えいご》のシンキング又《また》はソートの如《ごと》き之《こ》れに當《あた》る、思《おも》ひ考《かんが》への如《ごと》き此《こ》の中《なか》に屬《ぞく》す、
三集起心《しうきしん》、之《こ》れは心象《しんしやう》の統卒者《こうそつしや》所謂《いはゆる》阿頼耶識《あらやしき》なり、善惡含藏《ぜんあくがんざう》の識《しき》である、
四賢實心《けんじつしん》、之《こ》れは宇宙《うちう》の本體《ほんたい》たる眞如《しんによ》と同《どう》一物《ぶつ》となし、我心《わがこゝろ》の秘奥《ぴおう》には天地《てんち》の大《たい》靈《れい》と脉絡貫通《みやくらくくわんつう》するものありとなす、
前《ぜん》三は心波《しんぱ》に屬《ぞく》す第《だい》四が大實體《だいじつたい》の心源《しんげん》である、此賢實心《このけんじつしん》を透して本體《ほんたい》たる天地《てんち》の心《こゝろ》に直覺《ちよくかく》し宇宙根本《うちうこんぽん》の大實體《だいじつたい》そのもの丶活現《くわつげん》を靈聲《れいせい》に依《よ》りて識《し》り、人生問題《じんせいもんだい》に對《たい》して之《これ》を闡明《せんめい》せんとするのが心源術《しんげんじゆつ》の目的《もくてき》である、直《たゞち》に人類生命《じんるゐせいめい》そのもの丶靈起《れいき》に觸《ふ》れ之《こ》れを形聲《ぎやうせい》二途の上《うへ》に運營具現《うんえいぐげん》し、之《これ》を日蓮上人實驗《にちれんしやうにんじつけん》の法華經《ほけけう》の活理《くわつり》に稽査究盡《けいさきうじん》し

遂《つひ》に繹《たづ》ねて宇宙眞生命《うちうしんせいめい》に契會《けいゑ》し、日蓮上人《にちれんしやうにん》が斷頭場《だんこうぢやう》に於《おい》て實驗《じつけん》したその本源《ほんげん》たる大《だい》實體《じつたい》を證悟《しやうご》し毎《つね》にその靈氣《れいき》靈聲《れいせい》靈驗《れいけん》を發動《はつどう》し吾々《われ〳〵》の心身《しん〳〵》を療能改造《りやうのうかいぞう》せんとせるのである、

心源術《しんげんじゆつ》の作用《さよう》は普遍的《ふへんてき》なると共《とも》に超越的《てうえつてき》なり、故《ゆゑ》に一と度《たび》心身《しん〳〵》に發現《はつげん》すれば能《よ》く物《ぶつ》質《しつ》を越《こ》へ、雜多《ざつた》紛然《ふんぜん》たる意識《いしき》を統《とう》一し因果律《いんぐわりつ》より波動《はどう》し來《きた》る各々《かく〳〵》の靈波《れいは》を靈聲《れいせい》に發《はつ》言《げん》せしめ、過現未《くわげんみ》の出來《でき》事《ごと》を示《しめ》す、此《こ》の靈聲《れいせい》を聞《き》く時《とき》、人々《ひと〴〵》は自《みつか》ら偉大《いだい》となり個々《ここ》は自《みつか》ら崇高《すうかう》となる、之《こ》れ天賦《てんぷ》の靈聲《れいせい》にして釋尊《しやくそん》に於《おい》ては獅子吼《しゝく》となり、日蓮上人《にちれんしやうにん》に於《おい》ては熱聲《ねつせい》のプロパガンダ即《すなは》ち宣傳《せんでん》となつた、之《こ》れ人類救濟《じんるゐきうさい》の第《だい》一議《ぎ》誠諦《せいたい》を發揮《はつき》せられたのである、ソノ尤《もつと》も的確《てきかく》なる靈能《れいのう》の實研證明《じつけんしやうめい》は日蓮上人《にちれんしやうにん》が斷頭法難《だんこうはふなん》の活劇《くわつげき》なり、世界宗敎史《せかいしうけうし》あつて以來《いらいかつ》曾てなき、賢實心《けんじつしん》の源髓《けんずゐ》發動啓發《はつどうけいはつ》と云《い》ふ可《べ》きなり、いかなる科學者《くわがくしや》もいかなる靈敎《れいけう》の實究《じつきう》を經《へ》るも日蓮上人實證《にちれんしやうにんじつしやう》の眞價《しんか》を沒却《はつきやく》せんとするの權威《けんゐ》ある者《もの》は斷《だん》じてない、

釋尊《しやくそん》が拈華《ねんげ》微笑《びせう》も日蓮上人《にちれんしやうにん》の『是程《これほど》の喜《よろこ》び笑《わら》へかし』と叫《さけ》ばれたる三尺敷皮《じやくじきがは》の上《うへ》に於《お》ける當身《たうしん》の大事《だいじ》は正法眼藏《しやうはふげんざう》の骨髓《こつずゐ》心源《しんげん》を發起《はつき》したのではないか、玆《こゝ》に到《いた》れば個我《こが》を罷脱《ひだつ》し全眞大我《ぜんしんたいが》を實現《じつげん》したのである、心源術《しんげんじゆつ》の大意《たい、》如斯《かくのごとし》

一〇　心源術傳習法秘訣《しんげんじゆつでんしふはふひけつ》

心源術《しんげんじゆつ》を實究《じつきう》するには理論《りろん》を要《えう》せない、又古《またふる》き宗敎《しうけう》の如《ごと》き偶像《ぐうざう》は無論必要《むろんひつえう》とせないのである、況《いはん》や水行斷食等《すゐぎやうだんじきごう》の苦修練行《くしうれんぎやう》も要《えう》せない各宗《かくしう》の行者《ぎやうじや》が舊來行《きうらいおこな》ふた如《ごと》き荒行《あらぎやう》は心源術《しんげんじゆつ》を實驗《じつけん》するの害《がい》となる、……先《ま》づ一室《しつ》を清《きよ》め被術者《ひじゆつしや》をして室《しつ》の中央《ちうわう》に座《ざ》せしめ閉目合掌《へいもくがつしやう》せしむ可《べ》し、椅子《いす》にても可《か》なり一人《にん》にても十人《にん》にても同《おた》じなり、此間《このかん》無念無想《むねんむさう》呼吸《こきう》の正調《せいてう》を致《いた》さしむ可《べ》し、術者《じゆつしや》は起《た》つて六尺離《しやくはな》れ直立《ちよくりつ》或《あるひ》は椅子可也《いすかなり》、被術者《ひじゆつしや》の呼吸正調《こきうせいてう》五分間《ふんかん》を見《み》て法華經如來神力品《ほけけうにょらいしんりきほん》の偈《げ》を音訓正《おんくんただ》しく讀誦《どくじゆ》す可《べ》し、或《あるひ》はピアノ又《また》は精神《せいしん》を統《ごう》一せしむ可《べ》き音樂可也此間約《おんがくかなりこのかんやく》三十分《ぷん》を極《きよく》とす、經偈《けうげ》は三十分《ぷん》間《かん》に五回位《くわいぐらゐ》を轉讀《てんどく》すべし、キリスト敎徒《けうと》はヨハネ詩篇《しへん》の一節《せつ》、佛敎徒《ぶつけうと》は觀音偈《くわんおんげ》の

一節《せつ》、神道者《しんだうしや》は禊祓詞《みそぎはらい》の一節《せつ》、又易經文言傳《またえきけうぶんげんでん》の一節《せつ》を、音訓《おんくん》正《たゞ》しく讀過《どくくわ》五六返《へん》す可《べ》し、ピヤノ音樂等《おんがくごう》は最初呼吸《さいしよこきう》を調《とゝの》ふる五分間《ふんかん》のみ行《おこな》ふ可《べ》し、その以後《いご》は極《きわ》めて靜肅《せいしゆく》なるを要《えう》とす、然《しか》らざれば心源活躍《しんげんくわつやく》せず故《ゆゑ》に實行《じつかう》する時間《じかん》は夜《よ》の九時過《じす》ぎを好時期《かうじき》となす、三十分間行《ぶんかんおこな》ひ毎日《まいにち》一回《くわい》三日《か》四日目位《かめぐらゐ》には必《かなら》ず肉《にく》と靈《れい》と合一《がふ》して人格《じんかく》は將《まさ》に轉換《てんくわん》し來《きた》るなり、轉換《てんくわん》し來《きた》れば常識人格《じやうしきじんかく》は神格佛格《しんかくぶつかく》と變化《へんくわ》し諸疾患《しよしつくわん》は大癒能力《だいゆのうりよく》に療《りやう》能《のう》せらるゝなり、釋尊《しやくそん》が菩提樹下《はだいじゆげ》の冥想頓悟《めいさうとんご》も、キリスト曠野《くわうや》四十日《にち》の冥想發憤《めいさうはつぷん》、も、日蓮上人斷頭場裡《にちれんしやうにんだんとうぢやうり》の大靈現《だいれいげん》も悉《こと〴〵》く人格轉換《じんかくてんくわん》の刹那境《せつなきやう》より來《きた》る處《ところ》であつた、寂《じやく》然不動遂《ねんふどうつひ》に天下《てんか》の故《もご》に通《つう》ずとは此間《このかん》を示《しめ》すものなり、大實體《だいじつたい》の出動《しゆつどう》なり世間在來《せかんざいらい》の療法術《りやうはふじゆつ》は此《こ》の大實體《だいじつたい》の用《はたらき》を認《みと》めて本源《ほんげん》の活躍《くわつやく》と誤認《ごにん》と誇稱《こしやう》して居《ゐ》るのである、大實體即《だいじつたいすなは》ち宇宙《うちう》の大意識《だいいしき》が毎日《まいにち》三十分間心源術《ぶんかんしんげんじゆつ》を行《おこな》へば七日間《かかん》に必《かなら》ず發現《はつげん》する事《こゝ》は予《よ》の責任公開《せきにんこうかい》する處《ごこて》である、氣合術《きあひじゆつ》、靈子術《れいしじゆつ》、哲理術《てつりじゆつ》、養眞術《やうしんじゆつ》、各宗《かくしう》の祈禱者等《きたうしやごう》が未《いま》だ曾《かつ》て發見《はつけん》せられざる眞境《しんきやう》である、疾患者《しつくわんしや》に非《あら》ずして此間《このかん》に到達《たうたつ》すれば大意識《だいいしき》の

發動靈聲《はつどうれいせい》に依《よつ》て天下《てんか》の出來事《できごと》を確證《かくしやう》するの發言《はつげん》あり、

二　人格轉換《じんかくてんくわん》の正邪《せいじや》を試驗《しけん》する法《はふ》

一　被術者《ひじゆつしや》が轉換《てんくわん》の刹那《せつな》に笑《わら》ふて閉目《へいもく》の眼《め》を少《すこ》し開《ひら》くは虛《きよ》なり、病《びやう》全快疑問也《ぜんくわいぎもんなり》、故《ゆゑ》に三日程《かほど》は唯聖典轉讀《たゞせいてんてんどく》のみに止《と》め置《お》く可《べ》し、癒能作用自然勃起《ゆのうさようぜんぼつき》するなり、怒《いか》つて轉換《てんくわん》する者《もの》は病氣變化《びやうきへんくわ》す三回後轉換《くわいごてんくわん》す可《べ》し、泣《ない》て轉換《てんくわん》するものは病氣沈滯《びやうきちんたい》す鬱《うつ》氣《き》を發散《はつさん》せしむ可《べ》し四回《くわい》行《おこな》ふ內《うち》に快氣《くわいき》を出《いだ》すものなり、七日間行《かかんおこな》ふも轉換《てんくわん》せざる者《もの》ありされども癒能作用勃起《ゆのうさようぼつき》しつゝあるものなり、

二　轉換《てんくわん》しても身體動搖《しんたいどうえう》する者《もの》は未《いま》だ精神統一《せいしんとういつ》せず、三十分後中止《ぶんごちうし》す可《べ》し每日《まいにち》二回《くわい》づゝ三日行《かおこな》へば、動搖《どうえう》止《や》む而《しか》して大實體《だいじつたい》の發動《はつどう》あり、轉換《てんくわん》して術者《じゆつしや》が問《さ》はさるにむやみに發言《はつげん》するは心源《しんげん》の活躍《くわつやく》にあらず、傳奏識《でんそうしき》の妄想妄念《もうぞうもうねん》が發言《はつげん》する者《もの》なれば不徹底《ふてつてい》と知《し》る可《べ》し、御嶽教《みたけけう》の中座《なかざ》、中山祈禱《なかやまきたう》の罪障消滅祈禱《ざいしやうしやうめつきたう》は悉《ことごと》く此《こ》の傳奏識《でんそうしき》の發言《はつげん》なり、即《すなは》ち劣等《れつとう》なる人格轉換《じんかくてんくわん》にて癒能作用《ゆのうさよう》は之《こ》れが爲《ため》に活躍《くわつやく》を中止《ちうし》し狂的《きやうてき》

轉換《てんくわん》と成《な》り終《をは》る者多《ものおほ》し、之《こ》れ予《よ》が究明斷言《きうめいだんげん》する處《ところ》なり、

三　眞個《しんこ》の轉換《てんくわん》はその轉換《てんくわん》する刹那《せつな》ピカリと百燭《しよく》電光《でんくわう》の如《ごと》き光《ひか》りあり、而《しか》して一秒時間身體動搖《びやうじかんしんたいどうえう》して轉換《てんくわん》し來《きた》り眼耳鼻舌身意《げんにびぜつしんい》の六根《こん》は活動中止《くわつどうちうし》するなり、嚴然《げんぜん》たる佛陀《ぶつだ》三昧《まい》の當相《たうさう》となり靈性充實《れいせいじうじつ》し寂《じやく》として心《こゝろ》たる宇宙《うちう》に一致《ち》せられたる境《きやう》を示《しめ》す、天地大同全眞大我《てんちだいどうぜんしんだいが》の實現《じつげん》せしなり、

四　心源術實行者《しんげんじゆつじつかうしや》は家長《かちやう》を可《か》とす、或《あるひ》は被術者《ひじゆつしや》が術者《じゆつしや》の人格《じんかく》を認《みと》め安心《あんしん》して身心《しんく》を託《たく》し何等疑《なんらうたが》ひなき者術者《ものじゆつしや》となる可《べ》し、而《しか》し轉換《てんくわん》を眞《しん》に認《みと》めたれば尊敬《そんけい》して物語《ものがた》りす可《べ》し吾人《ごじん》の生命《せいめい》たる全眞靈性《ぜんしんれいせい》の顯動示現《げんどうじげん》と知《し》る可《べ》し、言簡明了《げんかんめいれう》に病因《びやういん》、治方《ちはう》一切《さい》の因果關係《いんぐわくわんけい》を明示《めいじ》するなり

五　覺醒《かくせい》の方法《はうく》　轉換《てんくわん》して後覺醒《のちかくせい》せんとするには兩掌平《りやうてのひら》にて被術者《ひじゆつしや》の双肩《さうけん》を三つ輕《かるく》打《うた》つ可《べ》し、或《あるひ》は胸《むね》に右《みぎ》の母指《おやゆび》をあてゝ『圓頓止觀《ゑんとんしくわん》』と大喝《だいかつ》一聲氣合《せいきあひ》を掛《かけ》て覺醒《かくせい》させるなり、右《みぎ》の如《ごと》くして若《も》し覺醒《かくせい》せざれば五分間許《ふんかんばか》り横臥《よこにふ》さす可《べ》し直《たゞち》に覺醒《かくせい》する

なりピヤノを演奏《えんそう》するも可《か》なり、

六　病者《びやうしや》でも無病者《むびやうしや》でも轉換《てんくわん》したる刹那《せつな》の事《こと》を覺醒後《かくせいご》に問《と》ふ可《べ》し、耳《みゝ》に聞《きこ》ゆる轉換《てんくわん》は意識《いしき》の透明《とうめい》ならざる證《しやう》なり、覺醒《かくせい》して尚《なほ》も眼醒《めさめ》ざる者《もの》は意識《いしき》の劣等《れつとう》なる證《しやう》なり即《すなは》ち愚痴《ぐち》深《ぶか》き者《もの》なり、覺醒《かくせい》すれば轉換前《てんくわんまへ》に夢想《むさう》だもせざる事實《じじつ》が本人《ほんにん》の口《くち》より物《もの》語《がた》るものなり、覺醒《かくせい》せずして轉換《てんくわん》の儘《まゝ》をは自然《しぜん》と覺醒《かくせい》すれども本人《ほんにん》には轉換中間《てんくわんちうかん》はれたる事柄《ことがら》が第二回《だいくわい》を行《おこな》ふ迄《まで》心頭《しんとう》に連續《れんぞく》しつゝあるなり故《ゆゑ》に丁寧《ていねい》に覺醒《かくせい》せしむ可《べ》きである、

七　轉換《てんくわん》の刹那《せつな》に於《お》ける事實《じじつ》を本人《ほんにん》に問《と》ふ可《べ》し必《かなら》ず刹那《せつな》の事《こと》は本人識《ほんにんし》ればなり、光《ひか》りありて轉換《てんくわん》する者《もの》は正《せい》なり、紅黄《くわうくわう》を吉《きち》とす疾患《しつくわん》は治《ぢ》し目的事萬事《もくてきごこはんじ》吉《きち》なり、眞闇《まつくら》は病氣重患《びやうきぢうくわん》となる又無病者《またむびやうしや》に行《おこな》ひし時《とき》は一切《さい》の事實《じじつ》は破壞《はくわい》す可《べ》し、青《あを》、白等《しろごう》は病《びやう》氣《き》等愁《とううれ》ひあり、黑色《こくしよく》は病氣變化《びやうきへんくわ》す可《べ》し光《ひか》り更《さら》になき時《とき》は命注意或《いのちちういあるひ》は急變《きふへん》あり、一大事《だいじ》ある時《とき》の轉換《てんくわん》の刹那《せつな》は大光明出《だいくわうめうい》づるなり之《こ》れ人間本具《にんげんほんぐ》靈性《れいせい》は光明《くわうめう》の原《もと》たる太《たい》

陽《やう》に如同《によどう》しつゝあるを剎那《せつな》に示《しめ》すものなり、日蓮上人《にちれんしやうにん》が斷頭場《だんとうぢやう》に座《ざ》した時《とき》『江《え》の島《しま》の方《かた》より月《つき》の如《ごと》くなる光物《ひかりもの》、鞠《まり》の樣《やう》にて辰巳《たつみ》の方《かた》より戌亥《いぬゐ》の方《かた》へ光《ひか》り渡《わた》る』と書《か》き殘《のこ》されたるは本具《ほんぐ》靈性《れいせい》と宇宙《うちう》の大實體《だいじつたい》の光明《くわうめう》と一致活躍《ちくわつやく》した實證《じつしやう》であつた、キリスト・釋尊《しやくそん》の像《ざう》に後部光明《こうぶくわうめう》を畫《ゑが》けるは人格轉換《じんかくてんくわん》の剎那《せつな》に於《お》ける大光明《だいくわうめう》を示《しめ》すものである、

八 覺醒後身體《かくせいごしんたい》振《ふる》ひ寒《さむ》き事《こと》あり又熱氣《またねつき》を帶《お》ぶる事《こと》あり別《べつ》に支《つか》へなし六根《こん》を奪《うば》ひ心源《しんげん》の出動《しゆつどう》したるなれば五分《ふん》の後元《のちもと》に復《ふく》す、七情煩惱《じやうぼんのう》なき者《もの》は寒熱《かんねつ》の體變《たいへん》なきなり、

九 釋尊《しやくそん》が菩提樹下《ぼだいじゆげ》三七日《にち》の冥想《めいさう》は滅後《めつご》三千年《ねん》の豫言《よげん》をせらるゝ大意識《だいいしき》の靈聲《れいせい》である事《こと》は經典《けうてん》の證明《しやうめい》する處《ところ》なり、一切《さい》の豫言者《よげんしや》が徹底《てつてい》したる斷案《だんあん》を下《くだ》すは本具靈性《ほんぐせいせい》の心源《しんげん》に到達《たうたつ》したるにあり、

十 轉換《てんくわん》に各聖典《かくせいてん》を要《えう》するは吾人本具《ごじんほんぐ》の靈性《れいせい》は信仰《しんかう》に支配《しはい》せられつゝあるが爲《ため》にその聖典中優《けうてんちうすぐ》れたるものを選《えら》みて予《よ》が實研《じつけん》した事《こと》を示《しめ》すのみその

法華經神力品偈《ほけけうしんりきほんげ》とは『諸佛救世者《しよぶつぐせしや》、神通《じんつう》に住《じう》して(乃至《ないし》)決定《けつじやう》して疑《うたが》ひある事《こと》なけん』新約《しんやく》全書《ぜんしよ》ヨハネ傳福音書第《でんふくいんしよだい》一章《しやう》に『太初《たいしよ》に道《みち》あり道《みち》は神《かみ》と偕《とも》にあり乃至《ないし》惟《この》うみ給《たま》へる獨子《ひとりご》すなはち父《ちゝ》の懷《ふところ》に在者《あるもの》のみ之《これ》を彰《あきらか》せり』

觀音經偈《くわんおんけうげ》に『世尊《せそん》は妙相具《めうさうそな》はり玉《たま》へり(乃至《ないし》)三菩提心《ぼだいしん》』文言傳《ぶんげんでん》に『元者《げんは》善之《ぜんの》長也《ちやうなり》亨者《こをるは》嘉之《かの》會也《えなり》利者《りは》義《ぎ》の和也《わなり》(乃至《ないし》)夫玄黄者《それげんくわうは》天地《てんち》之雜也《のざつなり》天玄而《てんげんにして》地黄也《ちくわうなり》、』

身禊祓詞《みそぎはらいことば》に『高天《たかま》が原《はら》に(乃至《ないし》 恐《おそれ》み恐美母《おそれみも》白《を》須《す》』

迄《まで》を聖典中《せいてんちう》の精《せい》として予《よ》は研究《けんきう》に使用《しよう》したるが故《ゆゑ》に、實研者《じつけんしや》の辨理《べんり》の爲《ため》に擧《あ》ぐるのみ熟練《じゆくれん》すれば暗誦《あんじゆ》する事容易《ことようい》なり一句相違《くさうい》して亂《みだ》るれば心源活躍《しんげんくわつやく》せず、故《ゆゑ》に第《だい》一に稽古練習《けいこれんしふ》す可《べ》きは轉讀《てんどく》の句節《くせつ》である、天臺大師《てんだいだいし》が『聲佛事《こゑぶつじ》をなす』と云《い》ひ帝大研究《ていだいけんきう》室《しつ》に於《おい》ては『靈《れい》は聲《こゑ》なり』とも云《い》はれたるが故《ゆゑ》に正調明確《せいてうめいかく》の音聲《おんせい》は紛然雜然《ふんぜんざつぜん》たる潜《せん》在意識《ざいいしき》を統《とう》一して大意識《だいいしき》の發現《はつげん》を致《いた》すものなり、且又權威《かつまたけんい》ある聖典《せいてん》なれば何者《なにもの》が之《こ》れに抗《かう》せざるなり、日蓮上人《にちれんしやうにん》もたとひ等覺《とうがく》の菩薩《ぼさつ》たりとも手《て》に經典《けうてん》を握《にぎ》らずんば用《もち》

ひざれ、と云《い》はれてあるから最高《さいかう》の信仰《しんかう》に支配《しはい》せられて居《ゐ》る事《こと》を識《し》らねばならない

三　因果應報《いんぐわおうほう》の恐《おそろ》しき實說《じつせつ》

吾等《われら》が死後《しご》に遺《のこ》るものは物理學的《ぶつりがくてき》若《も》しくは生物學的《せいぶつがくてき》の繼續《けいぞく》のみにあらず、吾等《われら》が此《こ》の世《よ》に遺《のこ》せる足跡《そくせき》は天地《てんち》と俱《とも》に消《き》ゆることなく、吾等《われら》が此《こ》の世《よ》に行《おこな》へる一擧《きよ》一動《どう》も亦《また》無窮《むきう》に傳《つた》へられて因《いん》より果《くわ》を生《う》み、果《くわ》より因《いん》を產《さん》して終《つい》に斷《た》ゆる事《こと》なし、燃燒《ねんせう》せられたる石炭《せきたん》は灰《はい》となり了《をは》るも、其《そ》の間《ま》に起《おこ》されたる力《ちから》は能《よ》く水《みづ》をして湯《ゆ》となし湯《ゆ》をして蒸氣《じゅうき》たらしむ、水《みづ》は死《し》して湯《ゆ》となり湯《ゆ》は死《し》して蒸氣《じゃうき》となる、蒸氣《じゃうき》は消散《せうさん》し盡《つく》すも其《そ》の間《ま》に汽車《きしや》は幾《いく》百里《り》を走《はし》りたるにあらずや、氣《き》盡《つ》きて車《くるま》止《とゞま》るも乘《の》りたる客《きく》は旣《すで》に遠《とほ》きに達《たつ》せり、吾等《われら》の言動《げんどう》も猶且《なほか》つ此《こ》の如《ごと》く精到《せいたう》に因果關係《いんぐわくわんけい》を質《だゞ》さんか、一言《げん》の微《び》一行《かう》の細《さい》と云《い》へども形《かたち》は變《へん》じ姿《すがた》は異《ことな》るとも、斷《だん》じて滅《めつ》するものではない、誰《たれ》か之《こ》れを想《おも》ふて肅然《しゆくぜん》として襟《えり》を正《たゞ》さざるものあらむ、今《いま》その最《もつと》も嚴律《げんりつ》の恐《おそろ》しき實說《じつせつ》を擧《あ》げて證《しやう》となす、

兵庫縣揖保郡《へうごけんしうほごほり》大津村《おほつむら》の内天滿村《うちてんまんむら》に杉本《すぎもさ》とらと云《い》ふ者《もの》あり、とらは元《もごゐ》　村《むら》の舊家《きうか》にて何不自由《なにふじゆう》なき家柄《いへがら》なりしが不幸打《ふかううち》つゞき零落《れいらく》して明治《めいぢ》廿七年頃夫龜吉《ねんごろをつごかめきち》と共《とも》に美作國津山町字《みまさくのくにつやままちあざ》二階町《かいまち》に引越《ひきこ》せしが龜吉《かめきち》は三十八年中《ねんちう》十二歳《さい》を頭《かしら》に五人《にん》の子《こ》を殘《のこ》し死《し》せり、とらは貧窮《ひんきう》なる上《うへ》に夫《をつこ》に別《わか》れ如何《いかん》とも詮術《せんすべ》なく町使《まちつかひ》などして僅《わづか》に六人《にん》の口《くち》を潤《うるほ》し居《ゐ》た中同町《うちどうちやう》の盲按摩《めくらあんま》にて石田佐次郎《いしださじらう》（五十）と情《じやう》を通《つう》じて遂《つひ》にとらは姙《にん》娠《しん》した、此佐次郎《このさじらう》は若《わか》き時士方《ときごかた》を業《げふ》となし同業者《どうげふしや》を戀《こひ》の遺恨《いこん》より津山《つやま》の山中《さんちう》に連《つ》れ出《いだ》し麻繩《あさなわ》を以《もつ》て手足《てあし》を縛《はく》し松《まつ》の木《き》に逆《さかさ》に吊《つる》し大刀《だいごう》を引拔《ひきぬ》き百餘《よ》ヶ所《しよ》の傷《きづ》を負《お》はせしかば同業者《ごうげふしや》は齒嚙《はがみ》をなして死《しん》で此《こ》の恨《うらみ》を晴《はら》す可《べ》しと無念《むねん》の形相物凄《ぎやうさうものすご》く敢《あえ》なく絕命《ぜつめい》せしを更《さら》に眼球《がんきう》を抉《えぐ》り鼻《はな》を殺《そ》ぎ殘忍極《ざんにんきはま》るなぶり殺《ごろ》しの一幕《まく》を演《えん》じ逃亡後《こうはうご》津山《つやま》署《しよ》の手《て》に逮捕《たいほ》され重懲役《ぢうちうえき》十ヶ年間《ねんかん》の刑期滿《けいきみ》ちて出獄《しゆつごく》したるにその時兩眼全《ごきれうがんまつた》く盲目《もうもく》たれば按摩《あんま》となる、とらの前婦《ぜんぷ》も佐次郎《さじらう》の如《ごご》き盲目《もくら》を生《う》み、次《つぎ》は骨髓《こずゐ》なき畸形兒《きけいじ》なりしかば餘《あま》りの事《ここ》に母《はゝ》は產褥《さんじよく》の內《うち》に不婦《ふき》の客《きやく》となり、後妻《ごさい》とらが又々翌年《またくよくねんう》產みたる嬰兒《えいじ》は容貌《ようばう》人並《ひとなみ》優《すぐ》れたれど兩手《りやうて》は頸部《けいぶ》より生《は》へ臂《ひぢ》なく兩肩胛骨《りやうかたむこつ》を缺《か》き而《しか》して左手《さしゆ》の手首《てくび》より下《した》は人並《ひとなみ》の足先《あしさき》の如《ごと》くにして右手《みぎて》は背《せ》の方《はう》に曲《まが》りて自由《じゆう》にならず兩足《りやうあし》には指《ゆび》なく又右足《またうそく》は普通《ふつう》の如《ごと》く長《なが》けれども左足《さそく》はその半分位《はんぶんぐらゐ》の長《なが》さにて横腹《よこはら》より生《しやう》じたる、世《よ》にも珍《めづ》らしき畸形兒《きけいじ》にして聞《き》くも憐《あは》れなる者《もの》が而《しか》も肥立《ひだち》宜《よろ》しく當時《たうじ》健全《けんぜん》なりし、伯父《をぢ》に當《あた》る三宅梅次郎《やけうめじらう》夫婦《ふうふ》が可愛想《かあいさう》に思《おも》ひ親《おや》の罪亡《つみほろ》ぼしとして巡禮《じゆんれい》に出《い》で大阪市南區《おほさかしみなくに》本橋《ほんはし》二丁目《ちやうめ》鈴木德太郎《すゞきとくたらう》方《かた》に止宿《しゆく》し居《を》りし事《こと》あり、而《しか》して佐次郎《さじらう》は當時發狂《たうじはつきやう》しつゝありし、

看《み》よ看《み》よ因果律《いんぐわりつ》の恐《おそ》ろしきを如何《いか》なる醫術《いじゆつ》も此《こ》の間《かん》の消息《せうそく》を解決《かいけつ》する事能《ことあた》はざる可《べ》し、恐《おそ》る可《べ》きは因果應報《いんぐわおうほう》なり、儒敎《じゆけう》にも積善《せきぜん》の家《いへ》には必《かなら》ず餘慶《よけい》あり、積不善《せきふぜん》の家《いへ》には必《かなら》す餘映《あう》ありと云《い》ふて居《ゐ》る釋尊《しやくそん》も十二因緣法《いんねんはふ》を說《とい》て此間《このかん》の道程《だうてい》を明確《めいかく》にしてある、

一三　因果律《いんぐわりつ》の解除《かいぢよ》

春《はるま》き稲《いね》は秋刈取《あきかりと》らざる可《べ》からず、吾人《ごじん》が作《つく》りし因縁《いんねん》を吾人自《ごじんみつか》ら滅《めつ》せざる可《べ》からず、佛教《ぶっけう》の大宗教《だいしうけう》が出來《でき》したるその始《はじ》めは淨飯大王《じゅうはんだいわう》が二妃《き》を入《い》れ胎兒《たいじ》出來《でき》た者《もの》を本《ほん》妻《さい》となす、との多婦主義《たふしゅぎ》が因果律《いんぐわりつ》の出發點《しゅつはってん》となり姉妹《しまい》が心靈上《しんれいじゃう》に於《お》ける敵視《てきし》より釋《しゃく》尊《そん》の母摩耶夫人《はゝまやふじん》が姉《あね》に心靈的壓迫《しんれいてきあっぱく》を受《う》け、その心靈的波動《しんれいてきはどう》は母《はゝ》の胎內《たいない》の釋尊《しゃくそん》をして出生《しゅっしゃう》するに遲々《ちゝ》たらしめたので出生後母《しゅっしゃうごはゝ》は七日《か》にて死去《しきょ》した事《こと》は眞實《しんじつ》である、釋《しゃく》尊《そん》はそれを救《すく》ふ可《べ》く一夫《ぶ》多《た》妻《さい》の惡習《あくしふ》を打破《だは》せんとし因果應報《いんぐわおうほう》を說《と》いたのである、因果應報《いんぐわおうはう》の發現《はつげん》するのは吾等《われら》の本心即《ほんしんすなは》ち賢實心《けんじつしん》を覆蓋《ふくがい》し心海《しんかい》を攪亂《かくらん》する叛軍《はんぐん》の數限《かずかぎ》りなく暫《しばら》く數《すう》に約《やく》して百八の煩惱《ぼんのう》と云《い》ふ、天臺四教義集註《てんだいしけうぎしうちう》には
昏煩《こんぼん》の法《はふ》、心神《しんしん》を惱亂《のうらん》する故《ゆゑ》に煩惱《ぼんのう》と名《なづ》く、謂《いは》く眼耳鼻舌身意《げんにびぜっしんい》の六根色聲香味觸《こんしきせうかうみそく》法《はふ》の六塵《じん》に對《たい》して各々好惡平《おのおのかうあくへい》の三種《しゅ》の不同《ふごう》あり、即《すなは》ち十八煩惱《ぼんのう》となる、又《また》六根《こん》六塵《じん》に對《たい》して好惡平《かうあくへい》の三種《しゅ》に苦受《くじう》、樂受《らくじゅ》、不苦不樂受《ふくふらくじゅ》を起《おこ》す、故《ゆゑ》に十八煩惱《ぼんのう》となる共《とも》に三十六種《しゅ》となり更《さら》に過去《くわこ》、未來《みらい》、現在《げんざい》の三種《しゅ》に約《やく》して各々《おのおの》三十六種《しゅ》あり、總《すべ》

て百八煩惱《はんのう》となる、と、これただ其感覺《そのかんかく》より入《い》り來《きた》るもの、更《さら》に内《うち》より起《おこ》るものを算《さん》しては終《つひ》は八萬四千の塵勞《じんろう》を云《い》ふに至《いた》る、しかも之《こ》れ大數《たいすう》のみ更《さら》に算《さん》せば無《む》量《りやう》に達《たつ》す叛軍《はんぐん》の跳梁《てうりやう》終《つひ》に底止《ていし》する所《ところ》を知《し》らずと云《い》ふ可《べ》し、

恐《おそろ》しき因果應報《いんぐわおうはう》に擧《あ》げた石田《いしだ》佐次郎《さじらう》の實說《じつせつ》は百八煩惱《はんのう》の叛軍起《はんぐんおこ》り本心《ほんしん》の平穏海《へいおんかい》に動《どう》亂《らん》を生《しやう》じたるなり、差別《さべつ》の妄執《もうしう》之《こ》れに加《くは》はり人欲《じんよく》の私《わたくし》其《そ》の明《めい》を昧《くら》まさんとするが故《ゆゑ》なり、大乘起心論《だいじやうきしんろん》には

心性《しんしやう》は常《つね》に念《ねん》なし故《ゆゑ》に名《なつ》けて不變《ふへん》となす、一法界《はふかい》に達《たつ》せざるを以《もつ》ての故《ゆゑ》に心相應《しんさうおう》せず、忽然《こつねん》として念起《ねんおこ》るを無明《むめう》と爲《な》す、

と心性《しんしやう》はもと眞如《しんによ》に出《い》で清淨にして不變《ふへん》なり、唯《た》だ此《こ》の眞如法界平等《しんによはふかいべうどう》の一理《り》に通達《つうだつ》せざるが故《ゆゑ》に如是《によぜ》の相《さう》を如是《によぜ》に觀《くわん》ずる能《あた》はず、是《かく》の如《ごと》きの天地《てんち》人生《じんせい》を是《かく》の如《ごと》くに觀《くわん》せざるが故《ゆゑ》に、忽然《こねん》として差別《さべつ》の妄念《もうねん》を生《しやう》じ自他《じた》原《もと》一なる可《べ》き上《うへ》に自《みづか》らを重《おも》んじ、他《た》を輕《かろ》んずるの思想《しさう》を生《しやう》じ自己《じこ》を中心《ちうしん》として一切《さい》を處斷《しよだい》す、………是《こ》れ實《じつ》に無明《むめう》煩《はん》

惱《のう》の源泉《げんせん》……自他《じた》の差別《さべつ》を生《しやう》じ好惡《かうを》の心《こゝろ》となり、好惡《かうを》の心《こゝろ》は愛憎《あいぞう》の念《ねん》となり、愛《あい》憎《ぞう》の念《ねん》は貪瞋《こんしん》の執となり、迸《ほごはし》りて自讃毀他《じさんきた》の情《じやう》に驅《か》られ流《なが》れては痴慢《ちまん》の海《うみ》に入《い》る此《こ》の一念《ねん》僅《わつか》に動《うご》きたる所《ところ》を無明業相《むめうごうさう》と云《い》ひ、之《こ》れによりて主觀《しゆくわん》客觀《き、くくわん》の別《べつ》を生《しやう》ず、主《しゆ》は自《じ》、客《きやく》は他《た》、自《じ》を能見《のうけん》の相又轉相《さうまたてんさう》と云《い》ひ、他《た》を境界《きやうがい》の相又現相《さうまたげんさう》と云《い》ふ、此業《このごう》、轉《てん》、現《げん》の三相《さう》其働《そのはたら》き微細《びさい》にして知《し》り難《がた》し、之《こ》れを三細《さい》と名《なづ》く、此《こ》の働《はたら》きによつて外《ぐわい》界《かい》を分別《ふんべつ》する智相《ちさう》を生《しやう》じ、もと平等《べうこう》なる可《べ》きものを區別《くべつ》して愛憎好惡《あいぞうかうあく》を生《しやう》じ、此《こ》の心《こゝろ》一層堅《そうかた》くなりて愛好《あいかう》には樂《らく》を感《かん》じ、憎惡《ぞうを》には苦《く》を感《かん》じ、此《こ》の差別《さべつ》を持續《ぢぞく》するを相《さう》續心《ぞくしん》と云《い》ひ、其《その》苦樂《らく》に執着《しうぢやく》して心《こゝろ》に離《はな》す能《あた》はざるに至《いた》るを執取相《しうしゆさう》と云《い》ひ、終《つひ》に實《じつ》なきに名《な》に執《しう》し名《な》によつて迷《まよ》ふ、之《こ》れを計名字相《けうめうじさう》と云《い》ふ、之《こ》れに依《よ》つて決意《けつい》して身口《しんく》意《い》を動《うごか》して行爲《かうい》に現《げん》ずるに至《いた》るを起業相《きごうさう》と云《い》ふ、此業即《このごうすなは》ち行爲《かうゐ》によつて其《そ》の結果《けつくわ》を受《う》くるを業繫苦相《ごうけくさう》と云《い》ふ、

本心《ほんしい》一たび動《うご》いヾ三細《さい》となり、三細《さい》より智相《ちさう》、相續《さうぞく》、執取《しうしう》、計名字《けうめうじ》を出《いだ》し、これ

によつて決意《けつい》し行動《かうどう》し、終《つひ》に其《そ》の結果《けつくわ》を受《う》く、
吾等《われら》は實《じつ》に此《こ》の如《ごと》き心的過程《しんてきくわてい》を經《へ》て惡《あく》に惡《あく》を重《かさ》ね、罪《つみ》に罪《つみ》を重《かさ》ぬるに至《いた》れるなり、もとこれ差別《さべつ》一點《てん》の黒雲《こくうん》、性天《せいてん》を蔽《おほ》ひて、大雨《だいう》、車軸《しやじく》を流《なが》し、迅雷《じんらい》、屋宇《をくう》を震《ふる》ふに至《いた》らしむ、性天《せいてん》はもと一なり故《ゆゑ》に名《な》によつて迷《まよ》ひたる石田佐次郎《いしださじらう》をしてもとの本心《ほんしん》に歸《かへ》らしめざれば息《や》まざるなり惡《あく》に惡《あく》を重《かさ》ねたる佐次郎《さじらう》は自《みづか》ら性天《せいてん》を覆《おほ》ひ昏煩《こんはん》の罪《ざい》過波動《くわはどう》は心的系統《しんてきけいとう》より肉《にく》と血《ち》の上《うへ》に波及《はきう》し行《ゆ》きて畸形兒《きけいじ》を産《う》みたるなり、
今《いま》それ本心《ほんしん》に歸《かへ》らんとするは大《だい》なる戰《たゝか》ひを經《へ》ざる可《べ》からず、自我《じが》の一念心境《ねんしんきやう》の平和《へいわ》を破《やぶ》り、廣《ひろ》く徒黨《とたう》を集《あつ》め掠奪《りやくだつ》を逞《たくま》しふす、………心王奈何《しんわういかん》か之《こ》れを默過《もくくわ》せん、討伐《とうばつ》の義軍《ぎぐん》は起《おこ》らざる可《べ》からず、彼《か》れに八萬四千の塵勞《じんらう》あれば、我《わ》れに八萬四千の法門《はふもん》あり、彼《か》れに貪瞋痴《とんじんち》の三毒《どく》あれば、我《わ》れに智仁勇《ちじんゆう》の三徳《とく》あり、彼《か》れ我執《がしう》を標榜《へうばう》すれば、我《わ》れは無我《むが》を旗幟《きしよく》とす、彼《かれ》に若《も》し貪瞋痴慢疑《とんじんちまんぎ》を云《い》へば、我《わ》れに仁義禮智信《じんぎれいちしん》を説《と》く、人心之《じんしんこ》れに靡《なび》けば、道心之《だうしんこ》れを防《ふせ》ぐ、慳貪《けんどん》の要塞《えうさい》は之《こ》れを拔《ぬ》くに慈悲《じひ》の軍《ぐん》を以《もつ》

てし、瞋意《しんい》の城《しろ》は之《こ》れを攻《せ》むるに忍辱《にんにく》の師《し》を以《もつ》てす、愚痴《ぐち》の鐵條網《てつでうもう》は智惠《ちえ》の劍《つるぎ》を以《も》つて之《こ》れを斷《だん》ず、亂心《らんしん》の水雷艇《すゐらいてい》は靜慮《じやうりよ》の砲《はう》を以《もつ》て驅逐《くちく》す、無明《むめう》の暗夜《あんや》には眞如《しんによ》の探《たん》照燈《せうとう》あり、煩惱《はんのう》の伏兵《ふくへい》に先《ま》づ佛性《ぶつしやう》の斥候《せきかう》を走《はし》らす、陣容整《ぢんようとゝの》うて兵火既《へいくわすで》に開《ひら》かれ、兩《れう》陣相下《ぢんあひくだ》らずして干戈《かんか》相交《あひまじは》る是《こ》れ吾等《われら》が心内《しんない》の苦戰《くせん》にあらざるか、……勝敗《しやうはい》の失此《しつこ》の一擧《きよ》にあり道心勝《だうしんか》つか人心勝《じんしんか》つか吾等《われら》の運命《うんめい》は實《じつ》に此《こ》の戰闘《せんたう》に定《さだ》められるのである因果律《いんぐわりつ》の解除《かいぢよ》は唯《たゞ》それ犧牲《ぎせい》に在《あ》るのみ決死隊《けつしたい》にあるのみ日蓮上人毎《にちれんしやうにんつね》に云《い》ふ『一切《さい》衆生《しゆじやう》の異《い》の苦《く》を受《う》くるは日蓮《にちれん》一人《にん》の苦《く》なり』と、戰闘《せんたう》は苦痛《くつう》なり吾等《われら》が心身《しんぐ》に於《お》ける此《こ》の爭《あらそ》ひも其《そ》の繼續《けいぞく》する間《あひだ》は常《つね》に苦慮《くりよ》を離《はな》れざれど勝敗孰《しやうはいいづ》れにか決《けつ》しては却《かへつ》て心安《こゝろやす》く、偶《たま》ま敗軍《はいぐん》の機《き》に乘《じよう》じて捲土重來《けんどぢうらい》することあるも、決意《けつい》堅《かた》ければ之《こ》れを卻《しりぞ》くるに造作《ざうさ》なく、

罪惡《ざいあく》の自覺《じかく》

中宵人《ちうせうひと》なく四隣寂《りんせき》たるの時靜《ときしづか》に吾自《われみづか》ら我《わ》が心《こゝろ》を見《み》よ、果《はた》して自《みづか》ら疚《やま》しきことなき

か、果《はた》して自《みづか》ら過《あやま》てりと覺《さと》ることなきか、抑《そもそ》も亦《また》耻《はづか》しと感《かん》ずることなきか、疚《やま》しと見《み》、過《あやま》てりと覺《さと》り、耻《はづか》しと感《かん》ずる、これ心《こゝろ》の奥深《おくふか》く潜《ひそ》める一點《てん》の靈火《れいくわ》の闇《やみ》を破《やぶ》りて輝《かゞや》き出《いだ》せるなり……之《こ》れ此《こ》の反省《はんせい》、之《こ》れ此《こ》の靈覺《れいかく》、之《こ》れ實《じつ》に惡念討伐《あくねんごうはつ》の機《き》非因非果善惡《ひいんひくわぜんあく》一元極天空地《げんきよくてんくうち》の第《だい》一議妙諦《ぎみやうたい》に到達《たうたつ》するの刹那《せつな》なり、道心突入《だうしんとつにふ》の隙《すき》たり、鏡《かゞみ》の曇《くも》れると知《し》るは其《そ》の明《あきら》かなるを以《もつ》て性《せい》とするが故《ゆゑ》ならずや、吾等《われら》の心《こゝろ》は鏡《かゞみ》の曇《くも》れるが如《ごと》し、蓋《けだ》し罪惡《ざいあく》の自覺《じかく》は靈性發揮《れいせいはつき》の出發點《しゆつはつてん》なり、吾等《われら》は先《ま》づ之《こ》れによりて復《ふた》び太平《たいへい》を性天心地《せいてんしんち》に致《いた》さゝるを得《え》ず、

心源術《しんげんじゆつ》は吾《わ》が精神上《せいしんじやう》の班點《はんてん》を拭《ぬぐ》ひ明光《めいくわう》たる靈光《れいくわう》を放《はな》つに靈肉調和《れいにくてうわ》の犧牲的向上《ぎせいてきかうじやう》を教《をし》ふる靈術《れいじゆつ》なり靈教《れいけう》に云《い》ふあり『一心《しん》に佛《ほとけ》を見奉《みたてまつ》らんと欲《ほつ》せば身命《しんめう》を惜《おし》まざれ』と過《くわ》去《こ》永遠《ねいゑん》の我《が》を棄《す》つるの努力《どりよく》ありて心靈《しんれい》の閃《ひらめ》きは魔軍《まぐん》を倒《たほ》する靈力《れいりよく》となる、人《ひさ》の子《こ》よ心《しん》裡《り》秘奥《ひおう》の心源《しんげん》に到達《たうだつ》せよ、

因《いん》果《ぐわ》律《りつ》解《かい》除《ぢよ》の要《えう》

若《も》し吾人《ごじん》罪《つみ》を造《つく》り法廷《はふてい》に引出《ひきい》だされんか、裁判官《さいはんくわん》の面前《めんぜん》に於《おい》て白状《はくじやう》せねばならぬ、白状《はくじやう》の後《のち》はよろしく刑《けい》に服《ふく》せざる可《べ》からず、白状《はくじやう》せずして唯免罪《たゞめんざい》を願《ねが》ふ何《なん》ぞ許《ゆる》さるゝの理《り》あらんや、一切《さい》の宗教信者《しうけうしんじや》がサンゲサンゲ六根清浄《こんしやう〱》と叫《さけ》ぶと雖《いへど》も、何《なん》ぞサンゲ即《すなは》ち白状《はくじやう》して罪《つみ》の解除《かいぢよ》を得《う》るの道《みち》を盡《つく》さゞる、之《こ》れ神佛《しんぶつ》の面前《めんぜん》に於《おい》て僞《いつは》り云《い》ふにあり、罪惡《ざいあく》の因《いん》に依《よつ》て果報《くわはう》の刑《けい》あり人爲《じんゐ》の法律《はふりつ》尚《な》ほ嚴《げん》なり、況《いはん》や大自然《だいしぜん》の嚴律《げんりつ》背《そむ》く可《べ》からず、宇都宮《うつのみや》に大家《たいか》の伜《せがれ》が、

親《おや》を蹴飛《けこは》したる爲《ため》に母親《はゝおや》は即時《そくじ》に死《し》しその母《はゝ》の一週忌當日《しうきたうじつ》より寒冒《かんはう》の氣味《きみ》ありてそれより漸時《ざんじ》右足《うそく》曲《まが》り歩行《ほかう》叶《かな》はず故《ゆゑ》にサンゲ滅罪《めつざい》の爲《ため》に日本全國《にほんぜんこく》を廻《まは》り歩《ある》きたる男子《だんし》あり、之《こ》れ死《し》を自覺《じかく》し自我《じが》の沒却《ぼつきやく》である、

古昔《むかし》の語《ここは》に死《し》は衆罪《しうざい》を滅《めつ》す、とサンゲ即《すなは》ち白状《はくじやう》のみをなして沒我《ぼつが》の大教《だいけう》を實行《じつかう》せざればその因果律《いんぐわりつ》を解除《かいぢよ》する事能《ここあた》はず、退去《くわこ》永遠《ゑいゑん》の我《が》は社會我《しやくわいが》、國家我《こくかが》を實現《じつげん》したる釋迦《しやか》日蓮《にちれん》、キリスト等《ごう》が得《ゑ》られたる献身的大道《けんしんてきだいだう》に如《ゆ》くにあらざれば解除《かいぢよ》の眞諦《しんたい》を得《う》

る能《あた》はず、

世界各國《せかいかくこく》に起《おこ》れる宗敎上《しうけうじやう》の徹底《てってい》したる問題《もんだい》は犧牲《ぎせい》にあり正義《せいぎ》に參加《さんか》して犧牲《ぎせい》に安《あん》立《りつ》するなり、大自然《だいしぜん》の嚴律《げんりつ》は犧牲《ぎせい》に於《おい》て一切《さい》の罪《つみ》を解除《かいぢよ》するの一法《はふ》あるより外《ほか》に眞諦《しんたい》なきを示《しめ》す『義人《ぎじん》の患難《げんなん》は天與《てんよ》の賜《たまもの》なり』とは誰《たれ》が叫《さけ》びしぞ、

心源術《しんげんじゆつ》は此間《このあひだ》の消息《せうそく》を明確《めいかく》に敎《をし》ふる處《こゝろ》に眞價《しんか》ありとなす、

一四　心源術治病範圍《しんげんじゆつちりやうはんゐ》

心源術《しんげんじゆつ》を實行《じつかう》して成功《せいこう》するあらゆる病氣《びやうき》を列擧《れっきよ》せんとせば頗《すこぶ》る尨大《はうだい》となる册子《さっし》を要《えう》す可《べ》し、而《しか》して特筆《とくひつ》す可《べ》き心源術《しんげんじゆつ》の効驗《かうけん》は各種疾患《かくしゆしつくわん》の徵候《てうこう》を治癒《ちゆ》するに非《あら》ずして寧《むし》ろ其根源《そのこんげん》を除去《ぢよきよ》するにあり、即《すなは》ち對症的《たいしやうてき》に非《あら》ずして根本的《こんほんてき》なる點《てん》にありとす、如何《いかん》となれば心源術《しんげんじゆつ》は吾人生命《ごじんせいめい》の源泉《げんせん》にして心理機能《しんりきのう》、生理機能《せいりきのう》、血液作用《けつえきさよう》等の源《みなもと》に遡《さかのぼ》りて其力《そのちから》を致《いた》すを以《もつ》てなり、要《えう》するに物力《ぶつりよく》と精神力《せいしんりよく》とより發作《はつさ》する處《こゝろ》の諸疾患《しよしつかん》はその源髓《げんずゐ》の心源活躍《しんげんくわつやく》して心身《しんしん》を改造《かいぞう》するものなれば人工的療法《じんこうてきりやうはふ》を要《えう》せざるなり、

今《いま》その實研《じつけん》して得《え》たる證《しやう》を示《しめ》せば
十ケ年苦痛《ねんくつう》したる予《よ》が實母《じつぼ》の胃癌《ゐがん》も心源活躍《しんげんくわつやく》して人格轉格《じんかくてんかく》七八回《くわい》にして絶對的《ぜつたいてき》に醫藥《いやく》を要《もち》ひず全治《ぜんぢ》した、予《よ》は十六歳《さい》の時重《ときおも》き脚氣《かつけ》を患《うれ》ひ服藥効《ふくやくかう》を奏《そう》せず人格轉換《じんかくてんくわん》して治癒《ちゆ》した、十五歳男子《さいだんし》舞踏病《ぶたうびやう》及《およ》び十四歳女子《さいぢよし》の白痴病《はくちびやう》、並《ならび》に十五歳男子《さいだんし》精神《せいしん》病《びやう》は五回《くわい》の轉換《てんくわん》に於《おい》て癒能作用《ゆのうさよう》起《おこ》り治癒《ちゆ》した、二十三歳男子《さいだんし》男根不能症《なんこんふのうしやう》七日間《かかん》に十二回《くわい》の轉換《てんくわん》にて治癒《ちゆ》した、淺草橋塲町《あさくさはしばまち》に居住《きよじう》する鈴木正造《すゞきせうざう》と云《い》ふ者奇火足《ものきくわあし》に當《あた》り爲《ため》に、腰《こし》たゝず十二年《ねん》なり、予《よ》は心源術《しんげんじゆつ》にて人格轉換《じんかくてんくわん》を致《いた》さしむる事百《ここ》回《くわい》にて靈癒力勃起《れいゆりよくぼつき》して治癒《ちゆ》したり、十四歳女《さいおんな》白癩病《はくらいびやう》が二十三四回《くわい》人格轉換《じんかくてんくわん》して治癒《ちゆ》したり、
されど此《こ》の人格轉換《じんかくてんくわん》は催眠術者《さいみんじゆつしや》の行《おこな》へる單調《たんてう》なる轉換《てんくわん》にて治癒力《ちゆりよく》を誘發《いうはつ》せしむるとは大《だい》なる相違《さうゐ》ありとす、催眠術《さいみんじゆつ》は施術者《せじゆつしや》が被術者《ひじゆつしや》を眠《ねむ》らさんとするや先《ま》づ睡眠《すゐみん》の觀念《くわんねん》を起《おこ》さしめ「眠《ねむ》れ」との暗示《あんじ》を與《あた》ふることによつて睡眠狀態《すゐみんじやうたい》に入《い》るものにして

普通《ふつう》には被術者《ひじゆつしや》をして一の物體《ぶつたい》、殊《こと》に光輝《くわうき》あるもの赤色《せきしよく》なるものを、凝視《ぎようし》せしめ又《また》は單調《たんてう》なる音聲《おんせい》を聽《き》かしめ、若《も》しくはその皮膚《ひふ》を摩撫《まぶ》する等《とう》の物質的誘因《ぶつしつてきいういん》を以《もつ》て被術《ひじゆ》者《しや》の精神《せいしん》を一方《はう》に集注《しうちう》せしめて其他《そのた》の機能《きのう》を休止《きうし》せしめ、集注《しうちう》したる感官《かんくわん》も漸次《ぜんじ》に疲勞《ひらう》して、茲《こゝ》に全部《ぜんぶ》の機能《きのう》を休止《きうし》したる睡眠狀態《すゐみんじやうたい》に入《い》らしむ、

これ吾等《われら》が睡眠《すゐみん》に見《み》るに臥床《ぐわしやう》に入《い》りて自《みづか》ら睡《ねむ》らんとの自己暗示《じこあんじ》に基《もとづ》くものにして單調《たんてう》なる雨聲《うせい》、感興《かんきやう》を惹《ひ》かざる讀書等《どくしよとう》は常《つね》に其物質的誘因《そのぶつしつてきいういん》を爲《な》す、

されど催眠術《さいみんじゆつ》はもと外來暗示《ぐわいらいあんじ》の感應《かんのう》に基《もとづ》くが故《ゆゑ》に睡眠《すゐみん》の如《ごと》く自發的《じはつてき》にも、外來的《ぐわいらいてき》にも活動《くわつどう》せざるものと異《こと》なり自發的《じはつてき》にこそ活動《くわつどう》せざれ、心海平穩《しんかいへいおん》にして他《た》の觀念《くわんねん》の波《なみ》だつことなければ……………他《た》の暗示《あんじ》を感受《かんじゆ》する力強《ちからつよ》く、被術者《ひじゆつしや》の心《こゝろ》は全《まつた》く施術者《せじゆつしや》の心《こゝろ》に支配《しはい》せられて其命《そのめい》ずるがまゝに行動《かうどう》し、又其《またそ》の暗示《あんじ》によりて諸種《しよしゆ》の幻覺《げんかく》を生《しやう》じ　反古《ほこ》を示《しめ》して紙幣《しへい》なりと云《い》へば紙幣《しへい》なりと感《かん》ず、水《みづ》を與《あた》へて酒《さけ》なりと云《い》へば之《これ》を吞《のん》で微醺《びくん》を帶《お》び、燒火箸《やけひばし》を以《もつ》て棒《ぼう》なりと云《い》へば之《これ》を握《にぎ》りて痛《いた》まず、之《こ》れ劣《れつ》

等心理《とうしんり》の作用《さよう》なり、されども

心源術《しんげんじゆつ》は直覺的《ちよくかくてき》に肉體精神《にくたいせいしん》の源髓《げんずゐ》たる本具靈性《ほんぐれいせい》の活躍《くわつやく》を致《いた》さしむるが故《ゆゑ》に睡眠《すゐみん》、催眠《さいみん》にあらず且暗示《かつあんじ》は絶對《ぜつたい》に要《えう》せず、心源《しんげん》の靈性《れいせい》一と度發現《たびはつげん》すれば機能全部《きのうぜんぶ》は之《こ》れが活動《くわつどう》に從《したが》ひ自我《じが》の見《けん》を强動《きやうどう》する事《こと》が出來《でき》ない、擧國《きよこく》一致《ち》の狀態《じやうたい》となる故心身《ゆゑしんしん》中《ちう》の病魔《びやうま》附着《ふちやく》する處《ところ》なし、即《すなは》ち全智《ぜんち》、全能健全《ぜんのうけんぜん》なる、本具靈性《ほんぐれいせい》の癒能作用《ゆのうさよう》、勃起《ぼつき》して全身《ぜんしん》の疾患《しつくわん》を除去《ぢよきよ》するにあり

予《よ》の母《はゝ》が所有療法術《しよゆうりやうはふじゆつ》に行《ゆい》てその効驗《かうけん》なく遂《つひ》に心源術《しんげんじゆつ》に依《よつ》て重患《じうくわん》の胃癌《ゐがん》を治癒《ちゆ》したるも之《こ》れ直覺的靈癒力《ちよくかくてきれいゆりよく》の活躍《くわつやく》であつた『如何《いか》なる眞理《しんり》も人生《じんせい》と何《なん》の相渉《あひわた》るなくんば何等《なんら》の價値《かち》をも有《ゆう》せず』と云《い》へる實際主義者《じつさいしゆぎしや》の言《げん》は死生《しせい》の問題《もんだい》に於《おい》て大《おほい》に味《あぢあ》ふ可《べ》きものあり、いかなる療法術《りやうはふじゆつ》も治病《ちびやう》に効《かう》なければ何等《なんら》の價値《かち》なきなり、予《よ》は心源術《しんげんじゆつ》が一切《さい》の治病《ちびやう》に大効《だいかう》あるを絶叫《ぜつきう》すると同時《どうじ》に斯術《しじゆつ》を心得體現《しんとくたいげん》すれば腦力《のうりよく》、思索力《しさうりよく》、判斷力《はんだんりよく》、等人間《とうにんげん》のあらゆる諸機能《しよきのう》を愈《いよ〳〵》增進《ぞうしん》せしむるなり、幻覺《げんかく》、錯覺《さつかく》、透視《とうし》は勿《もち》

論禁酒《ろんきんしゆ》の如《ごと》きは朝飯前《あさめしまへ》の仕事《しごと》である、要《えう》するに心源術《しんげんじゆつ》は所謂人格轉換《いはゆるじんかくてんくわん》サンゲ療能《りやうのう》であるから根本的癒《こんぽんてきゆ》能法《のうはふ》である、

一五　心源術《しんげんじゆつ》と健康者《けんかうしや》

心源術《しんげんじゆつ》は心身《しん〱》の疾患《しつくわん》を癒《いや》さんとするが目的《もくてき》なれど、健康者《けんかうしや》が之《こ》れを行《おこな》へば非常《ひじやう》なる意思《いし》の强健《きやうけん》を得《う》る、時代思潮《じだいしてう》の怒濤《どたう》にも捲込《まきこ》まれず健全《けんぜん》なる思想信仰《しさうしんかう》にて時代《じだい》の惡《あく》思想《しさう》を併呑《へいどん》し消化《せうくわ》するの力《ちから》を發《はつ》す、又既應《またきおう》に於《お》ける一切《さい》の迷信《めいしん》を超越《てうゑつ》して將來《しやうらい》の光《こう》明《めう》を發揮《はつき》し、病患《びやうくわん》の如《ごと》きは未發《みはつ》に防《ふせ》ぐ疾患《しつくわん》のみならず一切《さい》の災難《さいなん》、人眚《じんせい》を豫防《よはう》し常《つね》に實行者自《じつかうしやみづか》ら大悟《だいご》徹底安心立命《てつていあんしんりつめい》を得《う》、心身强健《しん〱きやうけん》を持續《ぢぞく》す予《よ》の如《ごと》き十六歳《さい》の時難症《ごきなんせう》の脚氣《かつけ》を患《や》み心源術《しんげんじゆつ》にて治癒《ちゆ》してより四十八歳迄醫《さいまでい》藥《やく》の用《よう》なかりし、故《ゆゑ》に之《こ》れを心《しん》得體現《とくたいげん》すれば精力增進《せいりよくぞうしん》し四圍《ゐ》の惡影響《あくゑいきやう》に抵抗《ていかう》して敗《やぶ》れず、即《すなは》ち吾人《ごじん》の活力增進《くわつりよくぞうしん》し各機能《かくきのう》を調和《てうわ》し、商況《しやうけう》の秘密《ひみつ》を先覺《せんかく》し人後《じんご》に立《た》つの恐《おそ》れなくして進化向上發展《しんくわかうじやうはつてん》の一大珍寶《だいちんぽう》となる事吾輩實研《ことわがはいじつけん》する處《ところ》なり、寒冒《かんばう》なぞに罹《かゝ》り易《やす》き塲合《ばあひ》心源術《しんげんじゆつ》を行《おこな》へば强力《きやうりよく》

なる作用《さよう》起《おこ》り寒冒《かんはう》を退去《たいきよ》せしむ、一切疾患《さいしつくわん》を豫防《よはう》するの一大原動力《だいげんどうりよく》を續發《ぞくはつ》し毎《つね》に快《くわい》哉《さい》を叫《さけ》ぶなり、而《しか》して易斷《ゑきだん》、神宣等古《しんせんごうふる》き豫言《よげん》を超越《てうえつ》し空費《くうひ》と時間《じかん》を削減《さくげん》し、恐怖賴《きやうふらい》他《た》の弱念《じやくねん》を排除《はいぢよ》し、金剛的珍《こんごうてきちん》となす境《きやう》に到達《たうたつ》するなり、宇宙《うちう》の大靈格《だいれいかく》と毎《つね》に物語《ものがた》りするの妙感《めうかん》がある、之《こ》れ心源術《しんげんじゆつ》が他術《たじゆつ》より大特色《だいとくしよく》とする處《ところ》である、名譽《めいよ》、勳爵《くんしやく》、金《きん》權《けん》、等《とう》は心源術《しんげんじゆつ》の活躍後《くわつやくご》に價値《かち》がある而《しか》して徹入《てつにふ》したる者《もの》は正義《せいぎ》に參加《さんくわ》する上《うへ》にクラスを打破《だは》して人類最高《じんるゐさいかう》の權威《けんゐ》を握《にぎ》るに到《いた》るなり、

一六　心源術《しんげんじゆつ》と豫言獨修法秘訣《よげんどくしうはふひけつ》

豫言《よげん》には四通《ごほ》りの區別《くべつ》があるが詮《せん》する處《こころ》二通《ごほ》りの意味《いみ》である、

(一)神靈《しんれい》との契合《けいがふ》より發動《はつどう》する未來的豫言《みらいてきよげん》
(二)神感的敎誨及《しんかんてきけうかいおよ》び論議《ろんぎ》、

之《こ》れは古《ふる》き學説《がくせつ》が判定《はんてい》を下《くだ》した解譯《かいやく》である、昔《むかし》から豫言《よげん》は宗敎家《しうけうか》の專有《せんゆう》となり釋迦《しやか》もキリストも日蓮《にちれん》も悉《ことごと》く豫言的行動《よげんてきかうどう》を楯《たて》として自己發見《じこはつげん》の道《みち》を宣傳《せんでん》したのであつ

た聖人《せいじん》や靈人《れいじん》や偉人《いじん》の心地《しんち》と云《い》ふ者《もの》は淡然《たんぜん》として無《む》である、空《くう》である故《ゆゑ》に眞個《しんこ》の智《ち》惠《ゑ》、眞個《しんこ》の慈悲《じひ》眞個《しんこ》の忍辱《にんにく》が胚胎《はいたい》されるのである、此《こ》の靈明《れいめい》にして萬能《ばんのう》ある無心《むしん》の心地《こゝち》は昭々《せう〳〵》として天日《てんじつ》の如《ごご》く、周圍《しうゐ》を昭耀《せうやく》して其眞髓《そのしんずゐ》に契會《けいゑ》した其結果《そのけつくわ》爆然《はくぜん》として豫言《よげん》の響《ひゞき》を爲《な》すに至《いた》るものである、苟《いやしく》も自《みづか》ら起《た》つて一切《さい》人生《じんせい》の罪苦《ざいく》に更《かわ》り一切《さい》に智惠《ちゑ》を與《あた》へ、安樂《あんらく》を與《あた》へ樣《やう》とする程《ほご》の宗教家《しうけうか》、釋尊《しやくそん》、キリスト、マホメット、日蓮《にちれん》の如《ごご》きは各《をの〳〵》其胸奥《そのきやうおく》に超凡《てうぼん》の確信《かくしん》と明煌々《めいくわう〳〵》たる珠《たま》の如《ごご》き誠實心《せつじつしん》とが充實《じうじつ》して居《ゐ》る、それが時《ごき》に臨《のぞ》み機《き》に應《おう》じて侃々《かく〳〵》熱烈《ねつれつ》の豫言《よげん》とも敎誨《けうかい》ともなるのである、されども現《げん》代並起《だいへいき》する自稱豫言者《じしやうよげんしや》の如《ごご》きは同模型《ごうもけい》にして、一段立入《だんたちい》りて各《かく〳〵》の特徴動機《ごくてうごうき》趣旨《しゆし》等《ごう》を考覈《かうはく》して見《み》ると、純感情《じゆんかんじやう》の刺戟《しげき》から起《おこ》るのも、慈悲《じひ》と智惠《ちゑ》との發動《はつごう》より來《きた》るものである、

千里《り》眼《がん》、透視術《ごうしじゆつ》、及《およ》び現代流行《げんだいりうかう》の方式《はうしき》の一切《さい》及《およ》び易斷等《ゑきだんごう》より來《きた》る豫言《よげん》は概《がい》して凡俗《ぼんぞく》の遊戲的《いうぎてき》である、國家人生《こくかじんせい》の一大事《だいじ》を救濟《きうさい》せんとして發動《はつごう》する豫言《よげん》は百年《ねん》に一度《ご》か

千年《ねん》に一度《ご》しかない筈《はつ》だ、故《ゆゑ》に予《よ》は『豫言《よげん》は寧《むし》ろなきにしかず』と主張《しゆちやう》して居《ゐ》る、昔時《むかし》水戸《みと》に不吉先生《ふきつせんせい》と云《い》ふ人《ひこ》あり毎《つね》に『吉《きち》を見《み》て行《ゆ》くは小人《せうじん》の類《るゐ》のみ、予《よ》は國命《こくめい》なれば吉不吉《きちふきち》に關《くわん》せず突進《とつしん》す可《べ》きなり之《こ》れ大人君子《たいじんくんし》の道《みな》なり』と云《い》はれた、此意味《このいみ》は迷想《めいさう》の豫言《よげん》を超越《てうゑつ》したる行爲《かうゐ》であつた、佐久間象山《さくましやうざん》も毎《つね》に此義《このぎ》を確唱《かくせう》した、

心源術《しんげんじゆつ》を修得《しうとく》して發《はつ》する豫言《よげん》は教誨《けうかい》及《およ》び論議《ろんぎ》ではない、人間各自《にんげんかくじ》か具有《ぐいう》する本具靈《ほんぐれい》性《せい》より起《おこ》る一大靈聲《だいれいせい》が一切行爲《さいかうい》に表《あら》はれ人間各自《にんげんかくじ》の安心《あんしん》を得《ゑ》らるゝのである、先人《せんじん》が得《え》た無心《むしん》の心地《こゝち》を實現《じつげん》して曾《かつ》て神秘奇蹟《しんぴきせき》として取扱《とりあつか》はれた問題《もんだい》が家庭《かてい》に於《おい》て解決《かいけつ》するのである、宗教上《しうけうじやう》の迷信《めいしん》から來《きた》る豫言《よげん》と單純《たんじゆん》に誇大妄想《こだいもうさう》から來《きた》る豫言《よげん》もある、

心源術《しんげんじゆつ》は學術《がくじゆつ》を基礎《きそ》に識見《しきけん》と觀察《くわんさつ》を透《とう》して來《き》たのであるから、普通《ふつう》の人間《にんげん》が夢幻《むげん》の中《うち》に見《み》た奇異《きい》な現象《げんしやう》を覺《さ》めて居《ゐ》ながら之《こ》れを夢想《むさう》し、而《しか》も斷乎《だんこ》たる確信《かくしん》を以《もつ》て天來《てんらい》の聲《こゑ》なるが如《ごと》くに宣傳《せんでん》するのが釋尊日蓮上人《しやくそんにちれんしやうにん》以外《いぐわい》の心源術《しんげんじゆつ》に到達《たうたつ》せない連中《れんちう》である、故《ゆゑ》に心源術《しんげんじゆつ》は豫言法《よげんはふ》としては眞正全備《しんせいぜんび》の法《はふ》である事《こゝ》を予《よ》は斷言《だんげん》する、

幻覺《げんかく》について副島伯《そへじまはく》が觀念《くわんねん》を刺戟《しげき》して千里《り》相通《あひつう》じたる一節《せつ》を示《しめ》さば心源術《しんげんじゆつ》と他術《たじゆつ》との解決《かいけつ》を了承《りようしよう》す可《べ》し、副島種臣氏《そへじまたねおみし》『弔阿清文《おきよをとむらふぶん》』に

三月某夜《ぐわつばうや》、夢《ゆめ》に季子《すえこ》お清《きよ》を見《み》る、撫愛切至《ぶあいせつし》平日《へいじつ》に異《ことな》る、正《まさ》に知《し》る始《はじ》めて病《やまひ》を得《う》るの時《ごき》なり、厥《そ》の後復《のちま》たお清其姉《きよそのあね》おかたお直《なほ》と來《きた》り余《よ》を拜《はい》するを夢《ゆめ》む、四月八日夜《ぐわつかや》半《はん》、神異《しんゐ》眠《ねむ》る能《あた》はず、翌朝曉《よくてうあかつき》、天神地祇《てんじんちぎ》及《およ》び祖宗《そしう》の靈《れい》に默禱《もくたう》し、則《すなは》ち神《しん》お清《きよ》を携《たづさ》へて儼然《げんぜん》として前《まへ》にあるを見《み》る、尚甚《なほはなは》だ之《こ》れを異《い》とし、諸從士《しよじうし》に告《つ》ぐ既《すで》にして電報《でんはう》あり、昨夜《さくや》お清歿《きよはつ》すと、即《すなは》ち客館《かくくわん》に位《ゐ》を設《もう》け、清酌庶羞《せいしやくしやうさ》を奠《さだ》むるの時《ごき》お清前《きよまへ》に立《た》つを見《み》る、お堅《かた》お直側《なほそは》に立《た》ち來《きた》り享《う》くるものゝ如《ごと》し、嗚呼《あゝ》東京《とうけう》と上海《しやんはい》と相去《あひさ》る萬里《ばんり》、中間大海《ちうかんたいかい》、而《しか》して神氣《しんき》の通《つう》ずる一呼吸《こきう》を俟《ま》たず、神界《しんかい》の神界《しんかい》たるなり、何《なん》ぞ況《いはん》や事《こと》を前知《ぜんち》するをや……神爲《しんゐ》にあらざるよりは焉《いづくん》ぞ能《よ》く此《こ》の如《ごと》くならむ、唯《た》だ吾《わが》お清《きよ》と生別離《せいべつり》して其棺殮《そのくわんけん》を親《みづか》らする能《あた》はず、哭《こく》して餘《あま》りあり、禮《れい》に云《い》ふ所《ところ》、必《かなら》ずその形《かたち》を見《み》、必《かなら》ずその聲《こゑ》を聞《き》くもの、吾今其《われいまそ》の證人《しやうにん》なり……將《は》た何《なに》

を用《もち》ひてかその靈《れい》を慰《なぐさ》めん、亦《また》唯《ただ》生々世々《せい〳〵よゝ》人道《じんだう》を保護《ほご》せんのみ一切《さい》の豫言《よげん》的《てき》發言《はつげん》は副島氏《そへじまし》の幻覺《げんかく》の如《ごと》きを斷乎《だんこ》として表言《へうげん》するにあり、異郷《いきやう》に留學《りうがく》せる學生《がくせい》が髣髴《はうふつ》として父母《ふほ》の幻覺《げんかく》を生《しやう》じて、後《のち》、其訃言《そのふいん》に接《せつ》し、戰地《せんち》にある軍人《ぐんじん》の家族《かぞく》が夢《ゆめ》に其姿《そのすがた》を見《み》て、殆《ほとん》ど同時《どうじ》に死《し》せりとの報《はう》を受《う》けし如《ごと》きの例《れい》、單《たん》に偶合《ぐうがう》の事《じ》實《じつ》とのみ見《み》る可《べ》きか、一方《はう》の心的狀態《しんてきじやうたい》が感受的《かんじゆてき》となり、他《た》の心的狀態《しんてきじやうたい》が暗示的《あんじてき》となることは彼《か》の無線電信《むせんでんしん》の一方《はう》が發電狀態《はつでんじやうたい》となり、他方《たはう》が受電狀態《じゆでんじやうたい》となれる時《とき》、相感《あひかん》應《おう》するが如《ごと》きもののあるにあらざるか、普通《ふつう》の場合《ばあひ》には雜念跳梁《ざつねんてうりやう》して心海《しんかい》平《たひら》かなる能《あた》はず、且《か》つ感官《かんくわん》により掣縛《せいはく》せられ、自我《じが》の意識《いしき》によりて統一《とう》せらるゝが故《ゆゑ》に、彼他《ひた》此《こ》の區別《くべつ》に制限《せいげん》せられて感應《かんおう》することなきも、副島伯《そへじまはく》が初《はじ》めには夢裡《むり》に見《み》、後《のち》には神前《しんぜん》に見《み》たるが如《ごと》く心《こゝろ》の平靜《へいせい》なる時《とき》に相通《あひつう》ずるものにあらざるか、孔子《こうし》が夢《ゆめ》に周公《しうこう》を見《み》ざれば心氣《しんき》病《や》むと云《い》ひたるが如《ごと》きは悉《こと〴〵》く幻覺《げんかく》である、碧潭《へきたん》、澄《す》んで鏡《かゞみ》の如《ごと》く、沿岸《ねんがん》の風景《ふうけい》、落《お》ちて其《そ》の中《うち》にあり、空《そら》飛《と》ぶ雁《かり》も其《そ》の影《かげ》を宿《やど》し、淵《ふち》に住《す》む魚《うを》も點《てん》々《〳〵》算《さん》す可《べ》し、吾等《われら》の心《こゝろ》、若《も》し此《こ》の狀態《じやうたい》に入《い》るを得《ゑ》ば、彼我《ひが》の差《さ》別《べつ》、沒《ほつ》して千里《り》も亦寸心《またすんしん》の中《うち》に收《をさ》むるを得可《うべ》きにあらざるか、世《よ》の所謂《いはゆる》千里眼《りがん》なるもの、交無念無想《またむねんむさう》の域《ゐき》に入《い》る可《べ》きを云《い》ひ、菩薩《ぼさつ》の天眼通《てんがんつう》も亦天然《またてんねん》の慧性徹照無碍《けいせいてつせうむげ》なるを云《い》ふ、菅茶山《くわんさざん》の筆《ふで》のすさび、には

凡《およ》そ天地人《てんちじん》は一氣《き》にて、此《こゝ》に呼《よ》べば彼《か》れに應《こた》へ、感《かん》ずれば通《つう》ずる類《るゐ》にて一も驗《しるし》なきはあらず、

吾人《ごじん》は心靈上《しんれいじやう》にクラスを打破《だは》すると同時《どうじ》に天下《てんか》の故《もこ》に通《つう》ずるの心源作用《しんげんさよう》を備《そな》ふ、その秘訣《ひけつ》は…………

年《さし》十六七歳《さい》の女子《ぢよし》を選《ゑら》び四日《か》間心源術《かんしんげんじゆつ》を式《しき》し五日目《かめ》より心源活躍《しんげんくわつやく》を見《み》たる時丁寧《ごきでいねい》に目的《もくてき》の要件《ゑうけん》を問《こ》ふ可《べ》し、そは被術者《ひじゆつしや》が面相變調《めんさうへんでう》を示《しめ》したる後《のち》にあり、委細《ゐさい》は心《しん》源術《げんじゆつ》の如《ごと》し、若《も》し突發的《とつはつてき》に豫言《よげん》の言語《げんご》を發《はつ》したれば的中《てきちう》せざると知《し》る可《べ》し、被術《ひじゆつ》者《しや》の人格轉換《じんかくてんくわん》は面相青白《めんさうせいはく》となるを度《ご》とす可《べ》し、月經《げつけい》を見《み》ざる少女《せうぢよ》は豫言的實行的《よげんてきじつかうてき》

確《かく》なり、靈人偉人《れいじんいじん》の如《ごと》く無心《むしん》の心地《こゝち》なるが故《ゆゑ》なり、心靈《しんれい》の怪《くわい》、得《え》て知《し》る可《べ》きか、吾人《ごじん》は心源術《しんげんじゆつ》を公開《こうかい》して怪的現象《くわいてきげんしやう》を刻《こ、》一刻《こく》と明了《めいれう》ならしめ、靈怪《れいくわい》の域《いき》を縮少《しゆくせう》し日進月歩《につしんげつぽ》解説《かいせつ》の領土《れうど》を擴張《くわくちやう》せんとするにあり、心源發《しんげんはつ》動《どう》の豫言《よげん》に於《おい》て之《こ》れを識《し》る可《べ》きなり、

一七　心源術《しんげんじゆつ》と靈魂問題《れいこんもんだい》

幽靈《いうれい》と靈魂《れいこん》を混同《こんどう》するものあり、幽靈《いうれい》に關《くわん》する通俗《つうぞく》の信仰《しんかう》は死者《ししや》の靈魂《れいこん》が生者《せいしや》の面《めん》前《ぜん》に現《あら》はるゝものとして信《しん》ぜらる、靈魂果《れいこんはた》して身體《しんたい》を脱出《だつしゆつ》して能《よ》く遊離《いうり》し得《う》るものなるや、若《も》し之《こ》れありとするも能《よ》く身體死滅《しんたいしめつ》の役《のち》に於《おい》て存在《そんざい》し得《う》るものなるや、存《そん》在《ざい》し得《え》たりとするも、世《よ》に傳《つた》ふるが如《ごと》く吾等《われら》の感覺《かんかく》に入《い》り來《く》るが如《ごと》き形體《けいたい》を有《ゆう》するものなるや、これ頗《すこぶ》る興味《きやうみ》ある問題《もんだい》にして、しかも千古未決《こみけつ》の懸案《けんあん》である、よし多《おほ》くの幽靈現象《いうれいげんしやう》は觀念《くわんねん》より誘起《いうき》せる幻覺《げんかく》として説明《せつめい》し得《う》るも、死後《しご》の狀態《じやうたい》は生者《せいしや》の經《けい》驗以外《けんいぐわい》に投《な》げ出《だ》されて、靈魂其者《れいこんそのもの》の存否《ぞんひ》も容易《ようい》に決《けつ》せられざる難解《なんかい》の謎《なぞ》たり、

されど吾等《われら》の智識《ちしき》は現在《げんざい》の經驗《けいけん》に立脚《りつきやく》して其《そ》の所謂靈魂《いはゆるれいこん》なるもの丶通俗《つうぞく》の迷信《めいしん》せる如《ご》き個體的存在物《こたいてきそんざいぶつ》にあらざるを證明《しやうめい》し、幻覺以外《げんかくいぐわい》に死人《しにん》の靈《れい》の生者《せいじや》の如《ご》き狀態《じやうたい》に於《お》て來往《ちいわう》するものに非《あら》ざるを論定《ろんてい》するに於《おい》て支障《ししやう》なきに至《いた》れり、

原始民族《げんしみんぞく》は死《し》を以《もつ》て靈魂《れいこん》の身體《しんたい》より脫出《だつしゆつ》し去《さ》れるものとす、吾人《ごじん》は生時《せいじ》に於《おい》て善行《ぜんかう》する處《こころ》に天國《てんごく》あり極樂《ごくらく》があるので、死後《しご》に天國《てんごく》に往《ゆ》くにあらず、人類《じんるゐ》の富贍《ふせん》なる想像《さうざう》は苦《く》の極《きよく》を寫《うつ》して地獄《ぢごく》となし、樂《らく》の極《きよく》を寫《うつ》し天國《てんごく》とす、天國《てんごく》も地獄《ぢごく》も皆《みな》其《そ》の思想《しさう》の上《うへ》の幻影《げんえい》なりと雖《いへど》も、敬虔《けいけん》なる宗教的信念《しうけうてきしんねん》を有《ゆう》するものは、之《こ》れを實有《じつゆう》の境《きやう》として以《もつ》て自《みづか》ら戒飾《かいしよく》するなり、

心源術《しんげんじゆつ》を究明《きうめい》して人格轉換《じんかくてんくわん》すれば幽靈《いうれい》と靈魂《れいこん》の存否《ぞんぴ》は廓然《くわくぜん》として刻明《こくめい》する、ヘッケルが「若《も》し心靈《しんれい》、精靈又《せいれいまた》は魂魄《こんぱく》なる多樣《たやう》の概念《がいねん》を狹義《けうぎ》に解釋《かいしやく》し、之《こ》れを以《もつ》て高等《かうとう》なる精神《せいしん》の活動《くわつどう》なりとせば、吾等《われら》は我《わ》が人類及《じんるゐおよ》び他《た》の哺乳動物《ほにうどうぶつ》に於《お》ける心靈《しんれい》の器管《きくわん》を以《もつ》て大腦皮中《だいのうひちう》フロネーテンを包括《はうくわつ》しフロネマ細胞《さいほう》より構成《こうせい》せらる丶部分《ぶぶん》なりと認《みと》め

んとす』てふ言《げん》に傾聴《けいちやう》せざるを得《え》ない、然《しか》れども此《こ》の意味《いみ》の靈魂《れいこん》は死後《しご》に於《おい》て永續《ゑいぞ》せらる可《べ》きにあらず、ヘッケルは云《い》ふ『此《こ》のフロネマが思想《しさう》の器管《きくわん》たるは、眼《め》が視《し》力《りよく》の器管《きくわん》たり心臓《しんざう》が血液《けつえき》循環《じゆんくわん》の中樞器管《ちうすうきくわん》たると其《そ》の意義《いぎ》相同《あひおな》じく此《こ》の器管《きくわん》の破壞《はくわい》すると共《とも》に其《そ》の活動《くわつどう》も亦消《またせうめつ》するなりと、身心《しんく》もと不《ふ》二、内《うち》より見《み》れば皆心《みなこゝろ》ならざるはなけれど、外《そこ》より見《み》ればこれ皆身《みなしん》、身《しん》の生理的體制《せいりてきたいせい》ありて心《こゝろ》の活動《くわつどう》あり、此《こ》の身《み》を離《はな》れて此《こ》の心《こゝろ》なく、此《こ》の心《こゝろ》を離《はな》れて此《こ》の身《み》なし、此《こ》の二者《しや》もとより分離《ぶんり》す可《べ》からず、死後此《しごこ》の身體《しんたい》の壞滅《くわいめつ》して靈魂《れいこん》のみ存在《そんざい》せりとは推理《すいり》し能《あた》はざることにあらずや、

吾人《ごじん》が心波《しんは》靜《しづ》まればあらゆる幽靈現前《いうれいげんぜん》す之《こ》れ一念《ねん》三千の道理《だうり》に合《がつ》したる心源作用《しんげんさよう》あるが故《ゆゑ》なり、若《も》し心源術《しんげんじゆつ》を行《おこな》ひ人格轉換《じんかくてんくわん》すれば三千年以前《れんいぜん》の釋尊《しやくそん》の靈格《れいかく》と一致《ち》し物語《ものがた》りする事《こと》を得《う》、況《いは》んや其他《そのた》の人靈《じんれい》をや、人一《ひと》と度《た》び肉體《にくたい》を得《ね》て現象界《げんしやうかい》に實在《じつざい》したる者《もの》の心靈言行《しんれいげんかう》は心源《しんげん》に到達《たうたつ》すると同時《ごうじ》に同致《ごうち》一體《たい》となり吾人《ごじん》の心源《しんげん》に如同感格《によごうかんかく》す

るの妙《めう》は必然的《ひつぜんてき》に現示《げんじ》さる可《べ》きものなり、吾輩《わがはい》毎《つね》に心源術《しんげんじゆつ》を病者《びやうしや》に施行《せかう》する時《とき》その病因《びやういん》に由《よつ》て予《よ》の心眼《しんがん》に生存《せいぞん》せし病者《びやうしや》の系類《けいとう》現前《げんぜん》す、その姿《すがた》宛《あたか》も寫眞《しやしん》に現像《げんざう》せるが如《ごと》く的確《てきかく》なるものあり、儒教《じゆけう》にては『遊魂變《いうこんへん》を爲《な》す』と云《い》ふてあるが、之《こ》れは外的《ぐわいてき》判斷《はんだん》にて、内面的解譯《ないめんてきかいやく》を下《くだ》せば心靈的《しんれいてき》一脈《みやく》の波動《はどう》たる明《あきら》かなり、

若《も》し心源術《しんげんじゆつ》を究明《きうめい》して目的《もくてき》の靈《れい》に接觸《せつしよく》せんと欲《ほつ》せば三七日毎夜《にちまいよ》九時《じ》より午前《ごぜん》二時迄《じまで》心氣《しんき》を統《とう》一す可《べ》し必《かなら》ずその目的《もくてき》の靈者《れいしや》と物語《ものがた》りするか姿《すがた》を心象《しんしやう》に浮《うか》ぶの妙感《めうかん》ある可《べ》し、これ夢《ゆめ》にあらず目前《もくぜん》に現像《げんざう》するのである、予《よ》が深山《しんざん》にて苦修練行《くしうれんぎやう》する時予《ときよ》の主《しゆ》人《じん》が予《よ》の前《まへ》に現前《げんぜん》したり翌日《よくじつ》主人《しゆじん》の家族《かぞく》が深山《しんざん》に參詣《さんけい》に來《きた》り予《よ》に遇《あ》ひ予《よ》は右《みぎ》の話《はな》しをなしたるに主人《しゆじん》が死去《しきよ》して本月《ほんげつ》が七年目《ねんめ》の年忌《ねんき》にて本山《ほんざん》に、位牌《ゐはい》を納《おさ》むる爲《ため》に登《と》山《ざん》したるなりと、物語《ものがた》られて予《よ》は呆然《あぜん》たりし事あり、之《こ》れ幻覺《げんかく》にあらずして幽靈《いうれい》と予《よ》の靈魂《れいこん》との一致《ち》したる刹那《せつな》なりし、

一八　心源術《しんげんじゆつ》と靈脈《れいみやく》の秘諦《ひたい》に就《つい》て

予《よ》は心源術《しんげんじゆつ》を研究中《けんきうちう》霊脈《れいみやく》の秘諦《ひたい》を心得《しんとく》した、その實研《じつけん》する狀態《じやうたい》は假令《たと》へば吾人《ごじん》が百里《り》先《さき》の友人《いうじん》に遇《あ》ひたく思《おも》ふ時《とき》、必《かなら》ず先《ま》づ先方友人《せんはういうじん》の眼廓《がんくわく》に電通《でんつう》してピク〳〵波動《はどう》を起《おこ》すなり、次《つぎ》に無線電信《むせんでんしん》の如《ごと》くピカリ〳〵と眼中《がんちう》より光《ひか》り物《もの》出《い》づるなり、此刹那《このせつな》に於《お》ける心霊的感電《しんれいてきかんでん》は何等《なんら》か暗示《あんじ》を致《いた》すものなり故《ゆゑ》に一切《さい》を放棄《はうき》して心霊《しんれい》を靜《しつ》め安定《あんてい》ならしむ可《べ》し必《かなら》ず心源《しんげん》に印象的文字《いんしやうてきもんじ》現《あら》はるゝなり、若《も》し吾人《ごじん》が友人《いうじん》をして咒咀《じゆそ》せば友人《いうじん》の眼廓《がんくわく》にピカリと光《ひか》り閃々《せんく》たる可《べ》くそれより友人《ゆうじん》の肋骨《ろくこつ》に熱《ねつ》を生《しやう》じ肋膜病《ろくまくびやう》となる、又吾人《またごじん》がそれにて死《し》せば友人《ゆうじん》の肺部《はいぶ》に霊波《れいは》之《ゆ》きて友人《ゆうじん》は必《かなら》ず肺患《はいくわん》となる可《べ》し、又心源《またしんげん》は因果律《いんぐわりつ》を解除《かいぢよ》する前《まへ》に吾人《ごじん》の父母《ふぼ》死《し》の刹那《せつな》に於《お》ける心的波動《しんてきはどう》は胃部《いぶ》、眼病《がんびやう》脚氣《かくけ》、リウマチス、等《とう》に心波激動《しんはげきどう》す、醫術《いじゆつ》は未《いま》だ遺傳症《ゐでんしやう》として判明《はんめい》せず、心源《しんげん》の活動《くわつどう》は示《しめ》して以《もつ》て吾人《ごじん》にその因果律《いんぐわりつ》を嚴定《げんてい》す、而《しか》して又人指《またひとゆび》の脈動《みやくどう》は胃肺心臓脚氣眼《ゐはいしんざうかつけがん》病《びやう》を示《しめ》す、母指《をやゆび》の脈動《みやくどう》はせきずいを示《しめ》す、高指《たかゆび》の脈動《みやくどう》は腦病《のうびやう》を示《しめ》す、藥指《くすりゆび》の脈《みや》動《どう》は肋膜《ろくまく》を表示《へうじ》す、小指《こゆび》の脈動《みやくどう》は腸及《ちやうおよ》び下部《かぶ》の疾患《しつくわん》を表現《へうげん》するものなり、霊《れい》は聲《こゑ》なりとは識者《しきしや》の斷案《だんあん》なり肉《にく》の上《うへ》に脈動《みやくどう》せざる者《もの》は音聲《おんせい》に表示《へうじ》す、シヤガレたる音聲《おんせい》は肺患《はいくわん》多《おほ》し、腦病《のうびやう》ある者《もの》は音聲發《おんせいはつ》せず欝々《うつ〳〵》たる隱聲《いんせい》あり、梅毒《はいどく》ある者《もの》は音聲節々《おんせいふしぐゝ》調《の》はず、精神病《せいしんびやう》ある者《もの》は突發的音聲《とつはつてきおんせい》を有《な》す、心内《こゝろうち》に煩悶《はんもん》ある者《もの》は音聲矛盾《おんせいむじゆん》する者多《ものおほ》し、心源《しんげん》に到達《たうたつ》したる者《もの》は紫色《しゝよく》の聲《こゑ》あり、太《ふと》きどら聲《こゑ》は必《かなら》ず成金《なりきん》となる、カナきリ聲《こゑ》は下劣《げれつ》の者《もの》なり、聲《こゑ》にサビたる音《おん》ある者《もの》は藝術上達《げいじゆつじやうたつ》すドモリたる、音聲《おんせい》は最善《さいぜん》か極惡《ごくあく》の心性《しんせい》あり、俗《ぞく》に云《い》ふ猫《ねこ》なで聲《こゑ》は小人僞君子《せうじんぎくんし》多《おほ》し、快活《くわいくわつ》なる音聲《おんせい》は心性無邪氣《しんせいむじやき》也《なり》、釈尊《しやくそん》は四辨《べん》八音《おん》を表《へう》し獅子吼《しゝく》を示《しめ》した、虚言《きよげん》を云《い》ふ者《もの》は言語《げんご》にツヤありて人《ひと》をしてチヤームするの音聲《おんせい》を含《ふく》む、釈尊毎《しやくそんつね》に云《い》ふ中醫《ちうい》は聲《こゑ》を聞《きい》て斷《だん》ず」と病者《びやうしや》を診《しん》するに聲《こゑ》を第《だい》一とし靈脈《れいみやく》を第《だい》二とし器械《きかい》を使用《しよう》するを第《だい》三となす、予《よ》は毎《つね》に小兒《せうに》の恐怖病《きやうふびやう》を治《ぢ》するに母《はゝ》の人格轉換《じんかくてんくわん》を要《えう》し、男女《だんぢよ》のオコリを治《ぢ》するに人指《じんし》の脈動《みやくどう》を中止《ちうし》するに於《おい》て治《ぢ》するを究明《きうめい》した、心源術《しんげんじゆつ》を行《おこな》ひ人格轉換《じんかくてんくわん》する刹那《せつな》に人指《じんし》かゞむに於《おい》て知《し》り、之《こ》れをしてかゞましめざるにあり、人格轉換《じんかゝてんくわん》の物語《ものがれ》りしてその究理《きうり》を知《し》る可《べ》きなり

一九　心源術《しんげんじゅつ》と日光《につくわう》療法《りやうはふ》、水療法《みづりやうはふ》、絶食療法《ぜつしよくりやうはふ》

六韜《たう》に曰《いは》く

「鷙鳥《しうてう》の將《まさ》に擊《う》たんとするや、卑《ひく》く飛《ご》んで翼《つばさ》を斂《をさ》め、猛虎《もうこ》の將《まさ》に擊《う》たんとするや耳《みゝ》を弭《た》れて俯伏《ふふく》す、聖人《せいじん》の將《まね》に動《うご》かんとするや、必《かなら》ず愚色《ぐしよく》あり」

と靜《しづ》かなる所《ところ》に心機《しんき》實《そな》はる、鷹立《ようりう》睡《ねむ》るが如《ごと》く、虎行《こかう》病《や》むに似《に》たるもの、皆《みな》これ勢力《せいりよく》の蓄積《ちくせき》なり、蓄積《ちくせき》する所《ところ》、多《おほ》きが故《ゆゑ》に用《もち》ふる所《ところ》必《かな》らず功《こう》あり、人若《ひとも》し肺患《はいくわん》を得《え》たれば一切《さい》の事業《じげふ》を放棄《はうき》して空氣《くうき》流通《りうつう》終日《しうじつ》太陽《たいよう》の照々《せう〳〵》として陽氣《やうき》なる高地《かうち》に往《じう》す可《べ》し、然《しか》して毎日《まいにち》十時《じ》より二時《じ》迄《まで》二三回《くわい》心源術《しんげんじゅつ》を行《おこな》ひ人格轉換《じんかくてんくわん》を行《おこな》ひ、日光《につくわう》に向《むか》ひ呼吸《こきう》を調節《てうせつ》す可《べ》し肺《はい》の病菌《びやうきん》は漸時《ぜんじ》撲殺《ぼくさつ》さるゝなり、硝子《がらす》越《ごし》の日光《につくわう》は効力《かうりよく》なし一切《さい》の療法《りやうはふ》より非常《ひじやう》に効驗《かうけん》あり、

人若《ひとも》し腦病《のうびやう》、精神系《せいしんけい》の病氣《びやうき》ある者《もの》は水療法《みづりやうはふ》最《もつと》も効《かう》ありとなす、惡血《あくけつ》身體《しんたい》に滯る者《もの》殊《こと》に瀧浴《たきよく》を可《か》とす、水療法《みづりやうはふ》を行《おこな》へば大氣《たいき》中《ちう》の酸素《さんそ》を吸收《きうしう》して酸化力《さんくわりよく》を起《おこ》し疾病治癒《しつぺいちゆ》

するなり、
人《ひと》若し胃病等《ゐびやうとう》あれば絶食《ぜつしよく》廿一日《にち》を行《おこな》ふ可《べ》し、耐《た》へ得《う》る事能《ことあた》はざる者《もの》は人參《にんじん》を生《なま》にて毎日《まいにち》四本食《ほんしよく》す可《べ》し慢性胃病《まんせいゐびやう》も悉《ことく》く癒能《ゆのう》す可《べ》し、予《よ》は先祖《せんぞ》傳來《でんらい》の胃病《ゐびやう》を三七日間絶《にちかんぜつ》食《しよく》して癒能力《のうりよく》を起《おこ》して全治《ぜんち》した、
心源術《しんげんじゆつ》を行《おこな》ひ人格轉換中心機《じんかくてんくわんちうしんき》一轉《てん》せしむるを最上《さいじやう》となす、將《まさ》に社會《しやくわい》に活躍《くわつやく》せんとする者《もの》は一と先《ま》づ愠色《ぐしよく》を示《しめ》して心身《しんく》を健全《けんぜん》になせ、肺患何《はいくわんなん》ぞ恐《おそ》るゝに足《た》らんや、
眞境《しんきやう》に通達《つうだつ》すれば刀《たう》を用《もち》ひずして人《ひと》を殺《ころ》し、刀《たう》を用《もち》ひて人《ひと》を治《いか》す、之《こ》れ皆愠色《みなぐしよく》を通《つう》過《くわ》して來《く》る力《ちから》なり、我等《われら》は能《よ》く我《わ》が意識《いしき》によつて統《とう》一し得《う》るも時《とき》に二重人格《ちうじんかく》の如《ごと》き狀《じやう》を現《げん》じ、人格變《じんかくへん》換《わん》の如《ごと》き態《さま》を感《かん》ずる事《こと》なきにあらず、酒醒《さけさ》めて醉時《すいじ》の狀《じやう》を忘《わす》れ、醉《よ》ふて殆《ほと》んど人《ひと》の變《かは》りし如《ごと》き行動《かうとう》を敢《あへ》てす、醉時《すいじ》の我《が》、これ一か、これ二か、强烈《きやうれつ》なる精神病者《せいしんびやうしや》を以《もつ》て健全《けんぜん》の人《ひと》に比《ひ》す其《そ》の異《こと》なれる甚《はなはだ》しきも、小兒《せうに》が『お山《やま》の大將《たいしやう》おれ一人《ひとり》』と豪語《こうご》する痴態《ちたい》はもとより精神病者《せいしんびやうしや》として律《りつ》する能《あた》はざるも、眼中王侯《がんちうわうこう》な

き蘆原將軍《ろしよらしやうぐん》の擧動《きよどう》は誇大妄想狂《こだいもうさうきやう》の甚《はなはだ》しきものにあらずや、

吾人《ごじん》をして心源術《しんけんじゆつ》を究明《きうめい》すれば右《みぎ》の兩義《りやうぎ》立所《たちどころ》に解決《かいけつ》して心機《しんき》一轉將に强健《きやうけん》の心身《しんしん》となるを實現《じつげん》す、

二〇　心源術《しんげんじゆつ》と腦力增進《のうりよくぞうしん》

我以外《われいぐわい》に我《われ》なし、我豈《われあ》に漫《みだ》りに他《た》に累《るゐ》せらる可《べ》けんや、我自《われみづか》ら操持《さうぢ》する所《ところ》に立《た》つ、黃金何《わうごんなに》かあらむ、權貴何《けんきなに》かあらむ、殆《ほとん》ど知足安分《ちそくあんぶん》の宣傳者《せんでんしや》の如《ごと》くに見《み》らる、一茶《さ》も加州候《かしうこう》の權貴《けんき》に屈《くつ》せずして、……『何《なん》のその百萬石《まんごく》も笹《さゝ》の露《つゆ》』と喝破《かつぱ》せる所《ところ》、彼《か》れの人格《じんかく》に權威《けんゐ》あれ、現代《げんだい》の學者皆《がくしやみな》一茶《さ》の如《ごと》き權威《けんゐ》なく時代思潮《じだいしてう》の土左衛門《どざゑもん》となつて自己《じこ》の責任《せきにん》を忘《わす》る何《なん》ぞ腦力增進《のうりよくぞうしん》するの餘融《よゆう》あらんや、

技《ぎ》・妙《めう》に入《い》り、藝《げい》、神《かみ》に通《つう》じては、他《た》の奇《き》なし、奇《き》を弄《らう》し巧《こう》を悉《つ》くすは凡庸《ぼんよう》を距《さ》る未《いま》だ一歩《ぽ》なるのみ、

學問《がくもん》の獨立《どくりつ》を叫《さけ》ぶ學者《がくしや》は未《いま》だ沒我《ぼつが》の大敎《たいけう》を識《し》らず、沒我《ぼつが》の大敎《たいけう》を透《とほ》さゞる學問何《がくもんなん》ぞ

社會《しやくわい》を救濟《きうさい》するの價値《かち》あるか、人類《じんるゐ》は正義《せいぎ》に犧牲《ぎせい》たるの先天《せんてん》の契約《けいやく》あり、之《こ》れ沒我《ぼつが》の大敎《たいけう》を實行《じつかう》するに由《よつ》て眞價《しんか》發揮《はつき》す、腦力增進《のうりよくぞうしん》の極致《きよくち》は心王發揮《しんわうはつき》にあり、心王發揮《しんわうはつき》は下《か》等動物《とうどうぶつ》に具有《ぐゆう》せず、吾等《われら》は自發的沒我《じはつてきぼつが》を以《もつ》て生命《せいめい》とし理想的社會《りさうてきしやくわい》を實現《じつげん》せんとするなり、

蟻《あり》の女王《ぢよわう》が受胎後《じゆたいご》は雄《をす》を無用《むよう》の長物《ちやうぶつ》として、皆《みな》で寄《よつ》てたかつて殺《ころ》して仕舞《しま》ふ、が如《ごと》き強制的個性《きやうせいてきこせい》の沒却《ぼつきやく》には從《したが》はざるなり、時代的思潮《じだいてきしてう》は蟻《あり》が行《おこな》へる沒我《ぼつが》を敢《かえ》てせんとするなり、看《み》よ露帝《ろてい》に獨帝《どくてい》に……予《よ》は國家《こくか》の爲《ため》に自動的犧牲《じどうてきぎせい》を要求《えうきう》する即《すなは》ち義《ぎ》勇奉公《ゆうほうこう》である、腦力增進《のうりよくぞうしん》は此《こ》の要點《えうてん》の判明《はんめい》にあり、人間本具《にんげんほんぐ》の靈性《れいせい》は吾人《ごじん》を安全《あんぜん》ならしむる帝王《ていわう》なり、故《ゆゑ》に心身《しん〳〵》全部《ぜんぶ》此《こ》の靈性心源《れいせいしんげん》に絶對服從參加《ぜつたいふくじうさんか》す、若《も》し參加《さんか》せずとせば吾人《ごじん》の心身《しん〳〵》は一日《にち》の安全《あんぜん》を得《え》ざるなり、本具靈性《ほんぐれいせい》の帝王《ていわう》を無視《むし》し無政府主義《むせいふしゆぎ》、共產主義《きやうさんしゆぎ》を主張《しゆちやう》せば本具靈性《ほんぐれいせい》の光明《くわうめい》はその靈光《れいくわう》の門《もん》を閉塞《へいそく》するに到《いた》る可《べ》し、四方暗《はうあん》黑何《こくなん》の安樂《あんらく》か之《こ》れあらん、

現代《げんだい》は病者充満《びやうしやじうまん》の社會《しやくわい》なり、故《ゆゑ》に自《じ》發的沒我《はつてきはつか》を強制《きやうせい》するの眞理《しんり》たるを認《みと》むる、若《も》し吾人《ごじん》に病氣《びやうき》ありとせんか心源活躍《しんげんくわつやく》の自《じ》發的癒能力《はつてきゆのうりよく》を勃起《ぼつき》するを強《し》ゆると同《どう》一なる可《べ》し、予《よ》が心源術《しんげんじゆつ》の必要《ひつえう》と腦力增進《のうりよくぞうしん》の極致《きよくち》を茲《こゝ》に止《と》めて絶叫《ぜつきう》する處《ところ》である、

二　心源《しんげん》に到達《たうたつ》したる釋尊《しやくそん》と日蓮上人《にちれんしやうにん》

修養《しうやう》の極致《きよくち》は全自己《ぜんじこ》の顯現《けんげん》にあり、天地《てんち》と共鳴《きやうめい》し、宇宙《うちう》と靈觸《れいしよく》する眞我《しんが》を發揮《はつき》するにあり、如何《いかん》か全自己《ぜんじこ》を顯現《けんげん》し眞我《しんが》を發揮《はつき》すべき、先哲《せんてつ》云ふ

「佛法《ぶつはふ》を學《まな》ぶと云《い》ふは自己《じこ》を學《まな》ぶなり、自己《じこ》を學《まな》ぶと云《い》ふは自己《じこ》を忘《わす》るゝなり、自己《じこ》を忘《わす》るゝ時《とき》、自己《じこ》は萬法《ばんはふ》に證《しやう》せらる、

萬法自己《ばんぽふじこ》を證《しやう》す、これ自己《じこ》と萬法《ばんはふ》と二《に》にして不二《ふに》、天地《てんち》と我《わ》れと相離《あひはな》れず、宇宙《うちう》の大道《だいだう》と我《わ》が踏《ふ》む所《ところ》と合致《がつち》す、乾坤《けんこん》の妙用《めうよう》と自己《じこ》の動作《どうさ》と何《なん》の背《そむ》くなきを得《え》む、釋尊《しやくそん》毎《つね》に云《い》ふ『三界《がい》は我有《わがゆう》なりその中《うち》の衆生《しゆじやう》は悉《ことごと》く我《わ》が子《こ》なり』と之《こ》れ心《しん》たる宇宙《うちう》に連《つゝな》れる達觀《たつくわん》の言《げん》なり、

五尺《しやく》の短身《たんしん》小なりと雖《いへど》も、宇宙《うちう》の一部分《ぶぶん》これを欠《か》いては宇宙其完全《うちうそのくわんぜん》を云《い》ふ能《あた》はず、五十年《ねん》の生命《せいめい》、短《みぢか》なりと雖《いへど》も之《これ》を除いて天地《てんち》其《そ》の悠久《ゆうきう》を誇《ほこ》る能《あた》はず、五尺《しやく》の短身《たんしん》、直《たゞち》に宇宙《うちう》の完否《くわんぴ》に影響《えいきやう》し、五十年《ねん》の生命《せいめい》、直《たゞち》に天地《てんち》悠久《いうきう》に繋《つなが》る、之《こ》れを自得《じとく》する時吾等《われら》は自己《じこ》の大《だい》なるを知《し》ると共《とも》に、亦粛然《またしゆくぜん》として自重《じちやう》の念《ねん》なきを得《え》じ、故《ゆゑ》に日蓮上《にちれんせう》人《にん》は

我《わ》れ日本《にほん》の柱《はしら》とならん、吾《わ》れ日本《にほん》の眼目《がんもく》とならん、我《わ》れ日本《にほん》の大船《おほせん》とならんと誓《ちか》ひし願《がん》破《やぶ》る可《べ》からず、

と、吾人《ごじん》は日蓮上人《にちれんしやうにん》の如《ごと》く大《だい》なるを望《のぞ》む、又強《またきやう》なるを得《え》んと欲《ほつ》す、聞見覺知《もんけんかくち》によつてその心《こゝろ》を動《うご》かすものは、最《もつと》も弱《よわ》きものなり、人《ひと》を相手《あひて》として心《こゝろ》を動《うご》かすものも亦《また》其《そ》の弱《よわ》きものなり、人《ひと》を相手《あひて》とせずして天《てん》を相手《あひて》とし世《よ》を擧《あ》げて非《ひ》とするとも悲《かなし》まず、世《よ》を擧《あ》げて可《か》となるも喜《よろこ》ばず、吾《われ》、我《わ》が眞我《しんが》を頼《たの》む、これ其《そ》の大《だい》にして強《きやう》なるものなり、日蓮上人《にちれんしやうにん》毎《つね》に云《い》ふ

「父母《ふぼ》の頸《くび》をはねん、念佛申《ねんぶつまを》さずんばと種々《しゆ〳〵》の大難來《だいなんきた》る共風《ともかぜ》の前《まへ》の塵《ちり》なる可《べ》し、吾《わ》れ大願《だいぐわん》を立《た》てん日本《にほん》の位《くらゐ》を譲《ゆづ》らん、智者《ちしや》あつて我義破《がぎやぶ》られずんば用《もち》ひじとなり、

何《なん》ぞ心源《しんげん》の强《きやう》なる絶叫《ぜつきやう》よ何《なん》ぞ宇宙大《うちうだい》なる確信《かくしん》よ神性《しんせい》こゝに發露《はつろ》し佛性《ぶつせい》こゝに顯現《けんげん》す、心《こゝろ》の强《つよ》き者《もの》は自《みづか》ら能《よ》く心欲《しんよく》を蕩盡《たうじん》す可《べ》きも、心《こゝろ》の弱《よわ》きものは常《つね》に其《そ》の力《ちから》の足《た》らざるを煩悶《はんもん》し懊惱《あうなう》して自《みづか》ら意氣地《いきぢ》なきを喞《かこ》たざるを得《え》ざるか、否《いな》、内緣《ないえん》の力强《ちからつよ》き者《もの》は自力《じりき》を以《もつ》て征服《せいふく》の業《げふ》を遂《と》ぐ可《べ》きも、力弱《ちからよわ》きものには外緣《ぐわいえん》の之《こ》れを助《たす》くるあり、飄々《へう〳〵》として風《かぜ》に動《うご》く一片《ぺん》の紙《かみ》も、大盤石《だいばんじやく》に貼《は》りつけては動《うご》かざるが如《ごと》く、

「動《うご》き易《やす》き心《こゝろ》をも信仰《しんかう》の力《ちから》は能《よ》く之《こ》れを堅固《けんご》なる基礎《きそ》の上《うへ》に立《た》たしむ、……信《しん》を以《もつ》て入《い》る、信《しん》は力《ちから》なり

我《わ》れ痛切《つうせつ》に我《わ》が弱《よわ》きを感《かん》じ、偉大《いだい》なる靈格《れいかく》に一致《ち》したる釋迦《しやか》日蓮《にちれん》に參《さん》じて吾人《ごじん》を發《はつ》揮《き》せねばならぬ、孔子《こうし》は老子《らうし》に之《ゆ》きて自己《じこ》を實現《じつげん》した、一文不智《もんふち》の尼入道《あまにふだう》も心源《しんげん》に

到達《たうたつ》したる偉人《いじん》に接《せつ》してその心地《こゝち》を透《とう》して自己《じこ》を強《きやう》ならしむ、匹夫《ひつぷ》も亦其《またそ》の志《こゝろざし》を奪《うば》ふ可《べ》からざるの強烈《きやうれつ》を示《しめ》す、

二二　心源術《しんげんじゆつ》と心理療法《しんりりやうはふ》に就《つい》て

心《こゝろ》と物《もの》とは現象上《げんしやうじやう》に於《おい》ては全《まつた》く其性質《そのせいしつ》を異《こと》にして居《ゐ》る、そこで先《ま》づ物心《ぶつしん》の元々《げんぐ》を立《た》てゝ宇宙《うちう》の解釈《かいしやく》をして見《み》るが、併《しか》し二元論《にげんろん》では到底吾人《たうていごじん》の理性《りせい》を満足《まんぞく》せしむることが出來《でき》ないので、それから一元論《げんろん》と云《い》ふものが起《おこ》つて來《く》る、一元論《げんろく》に於《おい》ては物心《ぶつしん》両界《りやうかい》に通《つう》じて之《これ》を統《とう》一す可《べ》き唯《ゆ》一絶對《ぜつたい》の何《なに》ものかを假定《かてい》して宇宙《うちう》一切《さい》の現象《げんしやう》を説明《せつめい》せんとするのである、然《しか》るに之《これ》を爲《な》すに當《あた》つて哲學者《てつがくしや》が困難《こんなん》を感《かん》ずるのは、物心《ぶつしん》二元《げん》を如何《いか》に調和《てうわ》す可《べ》きかと云《い》ふことである、此調和《このてうわ》が都合《つがふ》よく出來《でき》なければ一元論《げんろん》は立《た》たない、

心源術《しんげんじゆつ》は物心《ぶつしん》二元《げん》の奥《おく》にある一元《げん》を主張《しゆちやう》するので、世《よ》の心理療法《しんりりやうはふ》は一元《げん》の前《まへ》に立《た》てる處《ところ》の心理《しんり》の調節《てうせつ》に依《よ》つて療法《りやうはふ》が成立《せいりつ》するのである、佛教《ぶつけう》では色心《しきしん》の二法《はふ》を立《た》てゝ

心源發露《しんげんはつろ》を成佛《じやうぶつ》として居《ゐ》る、ハルトマンは心物《しんぶつ》二元《げん》を能《よ》く調節《てうせつ》して居《ゐ》る、吾人《ごじん》が物質《ぶつしつ》と云《い》つて居《ゐ》るものは、物理學者《ぶつりがくしや》の説《せつ》に據《よ》れば原子的勢力《げんしてきせいりよく》に外《ほか》ならぬのであるが、その原子的勢力《げんしてきせいりよく》と云《い》ふものはハルトマンの説《せつ》に從《したが》へば、全《まつた》く吾人《ごじん》の意《い》志《し》と根本的性質《こんぽんてきせいしつ》を同《おなじ》うして居《ゐ》る知的渴求《ちてきかつきう》なのである、物《もの》と心《こゝろ》とは決《けつ》して根本的《こんぽんてき》に別種類《べつしゆるゐ》のものではないのである、物心兩界《ぶつしんりやうかい》の差別《さべつ》を超越《てうえつ》すれば、宇宙《うちう》は平等無差《べうどうむさ》別《べつ》の一體《たい》となる、その物質的《ぶつしつてき》たると精神的《せいしんてき》たるとを問《と》はず、宇宙《うちう》は一切《さい》の現象《げんしやう》は悉《ことゞ》く「無意識《むいしき》」の發現《はつげん》なのである、現象《げんしやう》の上《うへ》に於《おい》ては彼《かれ》と此《これ》と差別《さべつ》があるが、此《これ》は唯《た》だ現象上《げんしやうじやう》のことに過《す》ぎないので、其《そ》の實體《じつたい》に至《いた》つては何《な》んらの差別《さべつ》もなく一切平等《さいべうどう》なる唯《ゆ》一絶對《ぜつたい》の一元《げん》が心源術《しんげんじゆつ》の歸着點《きちやくてん》で、心理療法《しんりりやうはふ》と異《ことな》る點《てん》が茲《こゝ》にある事《こと》を知《しつ》てから心理療法《しんりりやうはふ》を究明《きうめい》せられよ、

古語《ごご》に曰《いは》く「聖人《せいじん》は已病《こびやう》を治《ぢ》せずして未病《みびやう》を治《ぢ》す、已亂《こらん》を治《ぢ》せずして未亂《みらん》を治《をさ》む」と、孟子《まうし》は「物《もの》その養《やしない》を得《う》れば長《ちやう》せざるなくその養《やしない》を失《うしな》へば消《せう》せざるなし」

小藥是《せうやくこ》れ草根木皮《さうこんぼくひ》、大藥是《たいやくこ》れ衣服飲食《いふくいんしよく》、藥原是《くすりもとこ》れ心《しん》を治《おさ》め身《み》を修《おさ》む、天狗《てんぐ》の威能《ゐよ》く外魔《がいま》を防《ふせ》ぐ、幽靈《いうれい》の精能《せいよ》く内鬼《ないき》を鎭《しづ》む、人外《じんぐわい》に天狗《てんぐ》なし心外《しんぐわい》に狐妖《こえう》なし、一切《さい》の病者《びやうしや》を大觀《たいくわん》するに十中《ちう》八九は心理上《しんりじやう》より出《い》でたる病氣《びやうき》である、古昔《むかし》壽養《じゆやう》叢書《さうしよ》に心理《しんり》作用《さよう》の一端《たん》を示《しめ》した

古《いにしへ》の神聖《しんせい》たる醫《い》はよく人《ひと》の心《こゝろ》を療《りやう》す、凡《およ》そ斯病《しびやう》を致《いた》すは皆心《みなこゝろ》に原《もと》づく、調養《てうやう》よろしきを失《うしな》ひ、風寒《ふうかん》の感《かん》ずる處《ところ》酒色《しゆしよく》の傷所《いたむところ》なり、七情《じやう》六慾内《よくうち》に生《しやう》じ陰陽《いんやう》二氣外《そと》に攻《せ》む、是《これ》を病《やま》ひ心《こゝろ》に生《しやう》じ、害體《がいたい》を攻《せ》むと謂《い》ふなり、今只人《いまたゞひと》の知《し》り易《やす》き見《み》易《やす》きものを以《もつ》て之《これ》を論《ろん》ぜん、悚《おそ》るゝときは髮立《かみた》ち、驚《おどろ》くときは汗出《あせい》で、懼《おそ》るゝときは内《にく》戰《おのゝ》く、酸《さん》を言《い》へば涎《よだれ》を垂《た》れ、臭《しう》を言《い》へば唾《つば》を吐《は》き、喜《よろこび》を言《い》へば笑《わら》ひ、哀《あはれ》を言《い》へば哭《こく》し、笑《わら》へば則《すなは》ち貌好《かほうる》はしく、哭《こく》すれば則《すなは》ち貌媸《かたちみに》くし、又日間見《またにちかんみ》る所《ところ》あれば夜《よ》に至《いた》つて魂夢《たましひゆめ》む、思《おも》ふ所《ところ》あれば夜間則《やかんすなは》ち語《こ》す、是皆心《これみなこゝろ》に因《よつ》て生《しやう》ずるなり、大白《たいはく》眞人曰《しんぐいは》く『其疾《そのやまひ》を治《ち》せんと欲《ほつ》せば先《ま》づその心《こゝろ》を治《ち》せよ」

心理狀態《しんりじやうたい》より起《おこ》る疾患《しつくわん》は八萬四千の數《すう》あり、肉體《にくたい》の病氣《びやうき》は僅《わづか》に四百四病《びやう》である、而《しか》して冷《れい》と熱《ねつ》を原《もと》とし血液《けつえき》の不順《ふじゆん》を以《もつ》てす、心理《しんり》の病氣《ひやうき》は貪瞋痴《とんぢんち》の三毒《どく》を根本《こんほん》とす、釋尊《しやくそん》の教說《けうせつ》五十年《ねん》悉《ことく》く心理《しんり》の病氣《びやうき》を治《ぢ》せんとするなり、その藥草《やくさう》五千七千の卷軸《くわんぢく》あり、根原《こんげん》とするは因果律《いんぐわりつ》を無視《むし》したる業因業果《ごういんごうくわ》の診脈《しんみやく》より外《ほか》になきを示《しめ》す一切《さ》の病原《びやうげん》を之《こ》れに依《よつ》て裁斷《さいだん》するなり、今《いま》その心理活現《しんりくわつげん》の境《きやう》を示《しめ》せば、

肉團心《にくだんしん》、緣慮心《えんりよしん》、集起心《しうきしん》、賢實心《けんじつしん》、の四つである賢實心《けんじつしん》とは一切有情《さいうじやう》の本心《ほんしん》で之《これ》を眞如心《しんによしん》とも如來藏心《によらいざうしん》とも菩提心《ぼだいしん》とも佛性《ぶつしやう》とも法性《ほつしやう》とも云《い》ふ、集起心《しうきしん》とは不覺心《ふかくしん》である、覺心《かくしん》と不《ふ》覺心《かくしん》と和合《わがふ》したのがあらや識《しき》で之《これ》を和合心《わがふしん》と云《い》ふ、或《あるひ》は之《これ》を心《しん》王《わう》とも云《い》ふ此《こ》の心王《しんわう》は眞如《しんによ》と無明《むめう》と合體《がつたい》したのであるから眞妄和合心《しんもうわがふしん》とも云《い》ふので、此《こ》の和合心《わがうしん》が物質界《ぶつしつかい》に對《たい》して働《はたらき》を起《おこ》す、之《こ》れを緣慮心《えんりよしん》と云《い》ふ、之《これ》を三つに區別《くべつ》して心意識《しんいしき》と云《い》ふ、この三識《しき》の働《にたらき》を念想觀《ねんさうくわん》と云《い》ふ、この三識《しき》が眼耳鼻舌身《めみ、はなしたみ》に現《あら》はるゝを前《ぜん》五識《しき》と云《い》ふ識《しき》と云《い》ふ時《とき》は了別《れうべつ》とし物《もの》の分別《ふんべつ》を致《いた》すときの働《はたらき》に名《なづ》

けたもの、未《いま》だ物《もの》に對《たい》せざる位《くらゐ》を根《こん》と云《い》ふ故《ゆゑ》に眼《め》耳《みゝ》鼻《はな》舌《した》身《み》を五根《こん》と云《い》ふ、意《い》を加《くは》へて六根《こん》と云《い》ふ、肉團心《にくだんしん》とは世間學《せけんがく》で云《い》ふ神經《しんけい》である、

凡《およ》そ世《よ》の中《なか》の事柄《ことがら》は眞妄《しんもう》の單獨《たんどく》にて成立《せいりつ》するものにあらず、必《かなら》ず眞妄和合《しんもうわがふ》して成《せい》立《りつ》するものなり、世界萬物《せかいばんぶつ》を因緣所生法《いんねんしよせうはふ》と云《い》ふて眞如《しんによ》の因《いん》と無明《むめう》の緣《えん》と相合《あひがつ》して或《あるひ》は佛《ぶつ》となり凡夫《ぼんぷ》となるのである、……悟《さと》りとは心如《しんによ》が無明《むめう》を併呑《へいどん》したる時《とき》の位《くらゐ》、凡夫《ぼんぷ》と名《なづ》く時は無明《むめう》が心如《しんによ》を呑噬した時《とき》の位《くらゐ》である、覺《かく》と不覺《ふかく》と明《めい》と無明《むめう》と兩立《りやうりつ》して權衡《けんこう》その宜《よろ》しきを得《え》た時《とき》が諸法《しよはふ》の本位《ほんゐ》にして寂靜無爲《じやくじやうむゐ》の當體《たうたい》である『此《こ》の法《はふ》は法位《はふゐ》に住《じう》して世間《せけん》の相常住《さうじやうじう》なり』とは法華經《ほけけう》に示《しめ》す處《ところ》である、これは諸法實相《しよはふじつさう》の當體《たうたい》から眺《なが》めたものである、

而《しか》して四大即《だいすなは》ち地水火風《ちすゐくわふう》の分子《ぶんし》がキチンと和合《わがふ》してその本位《ほんゐ》にさへあれば決《けつ》して病氣《びやうき》は起《おこ》らない、四大《だい》が不調《ふてう》となつたときに地大《ちだい》が增《ま》せば昏鬱《こんうつ》となり、水大《すゐだい》が增《ま》せば脹滿《ちやうまん》となり、火大《くわだい》が增《ま》せば熱病《ねつびやう》となり、風大《ふうだい》が增《ま》せば癲癇《てんかん》若《も》しくは亂心狂氣《らんしんきやうき》と

なるので此《こ》の增減《ぞうげん》は心理《しんり》から來《く》るのである、
心理《しんり》が都《すべ》て身體《しんたい》の諸病《しよびやう》たる四大增減《だいぞうげん》となつて來《く》るので、萬事《ばんじ》が眞妄善惡《しんもうぜんあく》の不平等《ふべうとう》より發《おこ》るのである、平和《へいわ》なれば本位《ほんゐ》に住《じう》したる時《とき》であるから何事《なにごと》もない、
而《しか》し茲《こゝ》に一大因《だいいん》とするものがあるそれは人《ひと》を苦《くるし》むれば人《ひと》がその苦《くるし》められた者《もの》を讎《あだ》むそこに心靈上《しんれいじやう》の所謂靈波《いはゆるれいは》と云《い》ふものがある事《こと》を忘《わす》れてはならぬ、その靈波《れいは》が先《せん》方《はう》の人體《じんたい》に害《がい》する事《こと》は將《まさ》に骨膜《こつまく》にその波動《はどう》が感電《かんでん》する事《こと》を醫師《いし》も心理學者《しんりがくしや》も祈禱《きたう》者《しや》も催眠術者《さいみんじゆつしや》もあらゆる靈的療法術者《れいてきりやうはふじゆつしや》も未《いま》だ了解《れうかい》せない、
之《これ》れ靈體《れいたい》に變化來《へんくわきた》り平和《へいわ》なる人心《じんしん》が急激《きうげき》に怒氣《どき》を發《はつ》す、而《しか》して人《ひと》に爭《あらそひ》を致《いた》さんとする變體心理《へんたいしんり》となるのである、所有病因《あらゆるびやういん》を究盡《きうじん》するに必《かな》らず此《こ》の靈波《れいは》あるのを發見《はつけん》する、此《こ》の先《さき》は心源術《しんげんじゆつ》の獨占境《どくせんきやう》である、……そこで不平等《ふべうとう》の心理《しんり》となり善《ぜん》が惡《あく》と見《み》へ惡《あく》が善《ぜん》と見《み》へ、顚倒妄想《てんだうもうさう》は無明即《むみやうすなは》ち心靈《しんれい》に波動《はどう》が來《きた》り混沌《こんとん》としたる爲《ため》に出《い》づる作《さ》用《よう》なり、たとへばヱスが十字架最終《じかさいしう》の怨靈《えんりやう》の波動《はどう》はキリスト偈仰者《かつかうしや》をチヤームしそ

の心波《しこは》が世界人心《せかいじんしん》を怨靈化《をんりやうくわ》せずんば息《や》まないのである、此《こ》の現象《げんしやう》はデモクラシーとなり、無政府主義《むせいふしゆぎ》となり、社會《しやくわい》を破壞《はくわい》する因《いん》となつて居《ゐ》るのではあるまいか、人心《じんしん》が本我《ほんが》の存在《そんざい》を認《みと》めずして無明《むみやう》の雲《くも》に抑《おほ》はれ一生《しやう》を終《をは》る人《ひと》は實《じつ》に哀《あは》れむ可《べ》きである、

雲晴《くもは》れて後《のち》の光《ひか》りと思《おも》ふなよ
何時《いつ》でも空《そら》にあり明《あけ》の月《つき》

で法性《ほふしやう》の靈體《れいたい》に無明《むみやう》の雲《くも》が浮《うい》た時《とき》が地獄《ぢごく》の業因《ごういん》の始《はじ》めで諸病《しよびやう》は之《こ》れから出《で》るのである、西洋《せいやう》の學者《がくしや》が罪《つみ》とは精神上《せいしんじやう》の班點《はんてん》なり、と云《い》ふた太陽《たいやう》それ自身《じしん》は何時《いつ》でも光明《くわうめう》赫々《くわくく》であるが月《つき》を隱《かく》す雲《くも》の如《ごと》きむら〳〵と貪慾《どんよく》、瞋恚《しんゐ》、愚痴《ぐち》の黒雲《くろくも》が起《おこ》つてその本《ほん》體《たい》の太陽《たいやう》たる「本我《ほんが》」を弊《おほ》ふて仕舞《しま》ふから諸病《しよびやう》となるので一切《さい》の病氣《びやうき》は他《た》より來《きた》るのでなく、自我即《じがすなは》ち己《おの》が己《おのれ》に己《おのれ》の、の我見《がけん》の擴張《くわくちやう》より來《きた》るもの多《おほ》し否《いな》、すべてがそれである、故《ゆゑ》に之《こ》れをよく知《し》つて心裡《しんり》の班點《はんてん》を一掃《さう》せねばいけない、心理療法《しんりりやうはふ》の例《れい》を示《しめ》す千住《じゆ》の接骨醫《せつこつい》は、

元來《ぐわんらい》名倉《なぐら》と云《い》ふ名《な》ではない千葉《ば》と云《い》ふ名《な》であるが、或《あ》る骨《ほね》を挫《くぢ》いた者《もの》が來《き》て治療《ちりやう》を頼《たの》むだ、その患者《くわんじや》をして折《を》りし手《て》を臺上《だいじやう》に出《いだ》さしめ鐵《てつ》のげんのをにて突然《とつぜん》その手《て》を打《う》ち折《お》らんとする刹那《せつな》、驚《おどろ》きて患者《くわんじや》が手《て》を引《ひ》きたる時《とき》に折《を》れたと思《おも》ひし手《て》が骨《ほね》の調節《てうせつ》を得《え》て全治《ぜんぢ》した、故《ゆゑ》になぐられんとしたる意味《いみ》を即《すなは》ち……名倉《なぐら》と附けたのである心裡《しんり》變化《へんくわ》の實説《じつせつ》がゲンノにて折《を》られての方便《はうべん》氣合《きあひ》が療法《りやうはふ》の眞理《しんり》であつた嗚呼《あゝ》、つまらない、故《ゆゑ》に心氣轉換《しんきてんくわん》に妙《めう》を得《え》た醫師《いし》は昔《むかし》から門前市《もんぜんいち》をなすのではないか、

二三　獨《ひと》り判斷《はんだん》心源《しんげん》の光《ひか》り、

神光護身法確論《しんこをごしんはふかくろん》

夫《そ》れ神光は一身《しん》の主宰《しゆさい》五藏《ざう》の精君《せいくん》、靈臺《れいたい》の中《うち》に根《ね》ざし月窟《げつくつ》の際《さい》に見《あら》はるゝ人力《じんりよく》を假《か》らず驗《しるし》を取《と》る神《かみ》の如《ごと》し、昔《むかし》季光《りくわう》弼《ひつ》野宿《あじゆく》して神光《しんくわう》を取《と》る不吉《ふきつ》にして高庭暉《かうていき》の謀《はかりごと》あるを知《し》り、急《きう》に營《えい》を移《うつ》し之《こ》れを避く即《すなは》ち禍《わざはい》を免《まぬ》るゝことを得《う》、蓋《けだ》し此法《このはふ》を得《え》たる也《なり》

孔子《こうし》十日神光《かしんくわう》を見《み》ずして死期《しき》將《まさ》に至《いた》るを知《し》る、遂《つひ》に泰山梁木《たいざんりやうぼく》の嘆《なげ》きあり、近世浮屠《きんせいふつと》死期《しき》を豫知《よち》する者《もの》あり、亦此法《またこのはふ》に本《もと》づく也《なり》、史書載《ししよのせ》ず、

事君篇《こくんへん》

君《きみ》に事《つか》へるに忠《ちう》を以《もつ》てす封事《ほうじ》を上《たてまつ》る或《あるひ》は面奏《めんそう》するに少《すこ》しく差謬《さびやう》あらば、禍《わざはひ》これより大《だい》なるはなし必《かなら》ず先《ま》づ午夜《ごや》に神光《しんくわう》を驗《あらた》す可《べ》し、若《も》し紅光輝焔《こうくわうきえん》を得《え》ば必《かなら》ず所言《しよげん》を嘉《か》納《のう》するに至《いた》る、黄色《わうしよく》にして光圓大《くわうゑんだい》なるは必《かなら》ず賞勞《しやうらう》或《あるひ》は酒食又《しゆしよくまた》は官爵《くわんしやく》の進陞《しんしやう》するの喜《よろこ》びあるを主《つかさど》る、青《あを》きは必《かなら》ず虛驚《きよきやう》を主《つかさど》る、白《しろ》きは所言納《しよげんいれ》られず威罰《ゐばつ》の恐《おそ》れあり、黑《くろ》きは大凶《だいきやう》、白《しろ》きは宜《よろ》しく驚《おどろ》き戒《いまし》む可《べ》きなり、

臨敵篇《りんてきへん》

凡《およ》そ敵《てき》に臨《のぞん》で罪《つみ》を討《う》つに須《すべか》らく神光《しんくわう》を驗《けん》せよ、色黄紅明《しきわうこうめい》にして且《か》つ輝《かゞやき》ある者《もの》は必《かなら》ず大《おほい》に勝《か》なり、縱《たと》ひ彼《か》れ千軍萬騎《ぐんはんき》を以《もつ》て之《こ》れを攻《せ》むるも我亦《われま》た虞《おそ》れなし、青黑色或《せいこくしよくあるひ》は神光見《しんくわうみ》えざれば急《いそい》で營《えい》を別《べつ》の處《ところ》に徙《うつ》すに可《か》なり、白色《はくしよく》は即《すなは》ち兵《へい》を進《すゝ》むる宜《よろ》しから

ず、必《かなら》ず破軍折將《はぐんせつしやう》の患《うれ》ひあり、

野宿篇《のじゆくへん》

凡《およ》そ夜野宿《よのじゆく》に遇《あ》へば又《また》は處《しよ》する所《ところ》疑《うたが》ひあれば心《こゝろ》を澄《すま》し慮《りよ》を靜《しづか》にして神光《しんくわう》を驗《けん》す可《べ》し、若《も》し青色《せいしよく》なれば即《すなは》ち姦人《かんじん》あり、黑色《こくしよく》は賊兵來《ぞくへいきた》る、白《しろ》きは親《まのあた》り近《ちか》く謀《はか》り事《こと》あり、紅貴色焔《こうきしきえん》は枕《まくら》を高《たか》くして虞《おそ》れなし、凡《およ》そ危地《きち》に處《しよ》して眼瞤《まなこまはた》きあれば一たび瞤《まはたき》ば即《すなは》ち一里《り》の遠《とほき》、二三瞤《まはたき》すれば即《すなは》ち二三里《り》の近《ちか》く、十瞤《まばたけ》は十里《り》の前面《ぜんめん》に必《かなら》ず姦人《かんじん》賊黨至《ぞくたういた》ることあり、吾《わ》れ先事《せんじ》を知《し》れば即《すなは》ち姦賊談笑《かんぞくだんせう》して擒《とりこ》とす可《べ》し、

遠征篇《えんせいへん》

凡《およ》そ遠遊《えんいう》して宿《やど》に止《とゞま》る。村落《そんらく》を去《さ》るに必《かなら》ず神光《しんくわう》を驗《けん》す可《べ》し、若《も》し差《さ》して在《あ》らざれば又心動《またこゝろうごい》て目瞤《めはた》けば急《きう》に遠《とほ》く避《さ》くに可《か》なり、入《い》る可《べ》からず、若《も》し岩石崖枯《がんせきがいこ》木壞墻《ぼくくわいせう》の下《もと》に居《を》れば、神光《しんくわう》を驗《けん》せよ、神光《しんくわう》あらざれば、崩石墜《ほうせきおち》、樹倒《きたほ》れ墻傾《かきかたむ》くの患《いん》あり、山林幽寂陳處《さんりんいうじやくちんしよ》に出入經過《しゆつにふけいくわ》するも神光見《しんくいうみ》えざる時切《ときせつ》に妄動《まうどう》す可《べ》からず、恐《おそ》れて謹愼《きんしん》し

て之《こ》れを防《ふせ》ぐ可《べ》し即《すなは》ち害無《がいな》し、

風雲震炮篇《ふうんしんはうへん》

凡《おほよ》そ外《そと》に在《あ》りて卒《にわか》に暴風驟雨《はうふうしう・》遭《あ》へば速《すみやか》に神光《しんくわう》を驗《けん》せよ、若《も》し見《み》へざれば洪水泛漲《こうずゐはうてう》地協城崩《ちけうじやうはう》の患《うれひ》あり、此《こゝ》に久《ひさ》しく居《ゐ》る可《べ》からず當《まさ》に高阜《かうふ》に遷《かへ》る可《べ》し乃《すなに》ち免《まぬか》る可《べ》き也《なり》、

過渡篇《くわどへん》

凡《おほよ》そ江海《こうかい》を渡《わた》るに或《あるひ》は水惡《みづあ》しく波險《なみけん》なれば處《ところ》を去《さ》り先《ま》づ一日《にち》神光《しんくわう》を驗《けん》せよ、紅黄色《こうわうしよく》は渡《わた》る可《べ》し青《あを》きは大風《たいふう》あり、白色《はくしよく》は大雨《たいう》あり、黒色《こくしよく》か又光《またひか》りなきときは即《すなは》ち船《ふね》翻《ひるがへ》り舵折《かぢを》れ波《なみ》に溺《おほ》るゝの禍《わざは》ひあり、身《み》を喪《ほろは》し命《めい》を殞《たは》す事《こと》須臾《すゆ》にあり注意《ちうい》す可《べ》し

飲食篇《いんしよくへん》

凡《おほよ》そ飲食會食《いんしよくくわいしよく》或《あるひ》は客居《かくゐ》、の招《まね》きに遇《あ》ひ場所《はしよ》を慮《おもんはか》れば神光《しんくわう》を見《み》よ若《も》し紅熖光明《こうえんこうみやう》にして黄圓且《わうゑんか》つ大《だい》なれば必《かなら》ず喜《よろこ》びあり、且《か》つ傷《いた》み損《そん》する處《ところ》なし、若《も》し青《あを》きか白《しろ》きは必《かなら》ず爭《あらそ》ひを主《つかさど》る、或《あるひ》は酒色佳《しゆしよくか》ならず意《い》を暢《のぶ》る能《あた》はず、黒《くろ》きは酒食傷《しゆしよくいた》む所《ところ》あり或《あるひ》は骨《こつ》

鯁《かう》となす害《がい》あり或《あるひ》は誤《あやま》つて毒物《どくぶつ》を食《しよく》する患《うれ》ひ出《い》づる事《こと》百端《たん》なり、

交會篇《かうくわいへん》

凡《およ》そ往來《わうらい》して朋友《ほうゆう》を探《たつ》ぬるに亦神光《またしんくわう》を心《こゝろ》みよ、その光《くわう》黄《く》赤《あか》はその人家《じんか》に在《あ》り喜《よろこ》んで迎《むか》へ接《せつ》す可《べ》し、酒食《しゆしよく》の喜《よろこ》びあり、靑白色《せいはくしよく》は或《あるひ》は家《いへ》に在《あ》つて忙《せわ》し或《あるひ》は他《た》の事《こと》に奔走《ほんそう》するか或《あるひ》は死去《しきよ》の凶事《きよじ》あり、黑《くろ》きは必《かなら》ず之《こ》れを去《さ》らざれば他《た》の故《ゆゑ》に横死《わうし》の諸事《しよじ》不吉《ふきつ》あり、

病症生死篇《びやうしやうしへん》

凡《およ》そ人々《ひとぐ》七日《か》間神光明《かんしんくわうあき》らかならざれば、或《あるひ》は形迹《けいせき》見えざれば大《おほ》ひに危《あやう》きを主《つかさ》どる、五日《か》間夜《かんよ》の中《うち》一夜《や》見《み》る事《こと》あれば妨《さまた》げず、常《つね》に夕刻《ゆうこく》に於《おい》て之《こ》れを試《ため》すに或《あるひ》はなくして再《ふたゝ》び夜半《やはん》の時《とき》に於《おい》て之《こ》れを驗《けん》するに若《も》しあらば即《すなは》ち是《こ》れ元氣《げんき》の不和《ふわ》なり、必《かなら》ず死亡《しばう》の患《うれひ》あり之《こ》れを驗《けん》して紅黄色《こうわうしよく》は旦夕《たんせき》に病治《びやうぢ》せん、靑白《せいはく》は但《たゞ》し沈滯《ちんたい》を主《つかさ》どる黑《くろ》きは或《あるひ》は時近《ときちか》きに死期《しご》將《まさ》に至《いた》る可《べ》し、

賣買篇《はいくへん》

凡《およ》そ賣買《はいく》をせんとせば前後《ぜんや》先《ま》づ神光《しんくわう》を驗《けん》せよ、黄紅色《わうこうしよく》あらば賣買《はいく》高騰《かうとう》せん、買入置《かいいれお》く可《べ》し、大《だい》なる光《ひか》りは大《おほ》ひに上《あが》り變動《へんどう》あり、青白《せいはく》は下落《げらく》を主《つかさ》どる、黒《くろ》さは失敗《しつはい》に終《をは》るなり見切大切《みきりたいせつ》とす、光《ひか》りなきは賣買中止《はいくちうし》す可《べ》し或《あるひ》は先方《せんはう》より破談《はだん》を申來《まをしきた》る可《べ》し、

◎驗を取《と》る法《はふ》に就《つい》て

凡《およ》そ驗《けん》を取《こ》るには靜夜《じやうや》に於《おい》て獨處《どくしよ》す可《べ》し人《ひと》に知《し》らしむる勿《なか》れ、又他人《まただにん》と談論《だんろん》するを禁《きん》ぜよ、精神《せいしん》一意《い》萬《まん》を求《もか》めて熱心《ねつしん》なる、輕擧妄動《けいきよもうどう》して塵私《ぢんし》百端《たん》して天氣《げんき》の精微《せいび》を欲《ほつ》して之《こ》れ驗《けん》せば有《み》り得《う》ること蓋《けだ》し亦難《またかた》し神光亦昏亂《しんくわうまたこんらん》す、術《じゆつ》の靈《れい》ならずして失敗《じつはい》にある可《べ》し、

◎神光《しんくわう》の解《かい》

神光《しんくわう》なる者《もの》は全身《ぜんしん》の主宰《しゆしやう》にして五藏《ざう》の精《せい》なり心源《しんげん》の活躍《くわつやく》にしてその根蔕《こんたい》は靈臺《れいたい》の中《なか》にあり、

靈臺《れいたい》は靈妙《れいめう》なる明臺《めいだい》の意《い》にして即《すなは》ち賢實心《けんじつしん》を云《い》ふなり「身《み》は是《こ》れ菩提樹《ぼだいじゆ》、心《こころ》は明鏡臺《めいきやうだい》の如《ごと》し」と解《かい》す可《べ》し、

その形《かたち》を現《げん》ずるや月窟《げつくつ》の際《さい》にありとす、兩眼《りやうがん》はこれ一身《しん》の日月《じつげつ》にして明處《めいしよ》にありては之《これ》を「日《じつ》」と云《い》ふ暗處《あんしよ》にありては之《これ》を「月《げつ》」と云《い》ふ眼窩《がんか》が日月《じつげつ》の窟《くつ》なり故《ゆゑ》に驗《けん》を取《と》る篇《へん》に曰《いは》く「暗《やみ》にして之《こ》れを取《と》れ」とあり、更《さら》に之《こ》れを反復《はんぷく》せば神光《しんくわう》なる者《もの》は心源《しんげん》に起《おこ》りて眼窩《がんくわ》に現《あら》はる他力《たりよく》を假《か》らず他物《たぶつ》を用《よう》せずして暗處《あんしよ》に於《おい》て之《これ》を解《かい》し得《う》可《べ》きなり黄紅青白《わうこうせいはく》を分《わか》ち明《あきら》かに見得《みう》るを考《かんが》うればそれ即《すなは》ち理學上《りがくじやう》の光《ひか》りの外《ほか》にあらざるを以《もつ》て知《し》り得《う》可《べ》し、試《こころみ》に暗處《あんしよ》に於《おい》て沈思《ちんし》瞑想閉目《めいさうへいもく》せよ、神光《しんくわう》なる者《もの》明《あきら》かに覺知《かくち》す可《べ》し、此境《このきやう》に至《いた》るは幾多《いくた》の熟練《じゆくれん》を要《えう》ず況《いはん》やその色《いろ》をや、

◎驗《けん》を取《と》る方法《はうほう》

先《ま》づ兩手《りやうて》の中指《なかゆび》を以《もつ》て瞑目《めいもく》せる左右《さいう》の眼尾《がんび》を輕打《けいだ》せよ、必《かなら》ず一種《しゆ》の光《ひか》り閃々《せん〳〵》たるを見《み》る可《べ》し之《こ》れ即《すなは》ち神光《しんくわう》なり、而《しか》して白《しろ》きは驚愕《きやうがく》あり、紅黄《こうわう》は慶喜《けいき》あり、青色《せいしよく》は憂愁《いうしう》

あり黒色《こくしよく》は大凶也《だいきよなり》、光見《ひかりみ》えざれば廿四時間《じかん》に絶命《ぜつめい》す可《べ》し、

二四　靈子《れいし》と靈素《れいそ》に就《つき》て

太靈道《たいれいだう》で宇宙《うちう》の本源《ほんげん》が靈子《れいし》であつて之《こ》れは釋迦《しやか》も孔子《こうし》もソクラテースもキリストも遂《つひ》に到達《たうたつ》し得《え》なかつた、宗敎《しうけう》や道德《だうとく》や哲學《て、がく》や科學《くわがく》に非《あら》ず、過去時代《くわこじだい》に現《あらは》れたる有《あら》ゆる思《し》想學術《さうがくじゆつ》を超越《てうえつ》し且抱擁《かつはうえう》するものであつて、是等《これら》の思《し》想學術《さうがくじゆつ》の總合大統本源《そうがふだいとうほんげん》たる可《べ》きものなり」と誇稱《こしやう》して居《ゐ》るが一體太靈道《たいたいれいだう》で認《みと》めたる靈子《れいし》と云《い》ふは如何《いか》なるものであるか彼《か》れは毎《つね》に云《い》ふ、

五臟《ざう》が働《はたら》くのは生命《せいめい》であるその生命《せいめい》は何《なん》に由《よつ》て出來《でき》て居《ゐ》るか、其《それ》が「靈子《れいし》」であると絶叫《ぜつけう》して居《ゐ》る而《しか》して千里眼《りがん》や透視《とうし》の作用《さよう》は皆靈子《みなれいし》あつて起《おこ》ると云《い》ふて居《ゐ》る、而《しか》して彼《かれ》は又靈子《またれいし》とは

精神物質《せいしんぶつしつ》の結合體《けつがふたい》たる生命《せいめい》の根源《こんげん》の實體《じつたい》で、その作用《さよう》は常《つね》に物質並《ぶつしつならび》に精神《せいしん》を支配《しはい》するの絶能《ぜつのう》を有《ゆう》しその絶對作用《ぜつたいさよう》は超我《てうが》の境《きやう》に入《い》るに及《およ》んで何人《なんびと》も體得《たいとく》する事《こと》が出《で》

來《き》る、
と云《い》ふた、彼《かれ》はキリスト、ソクラテース、孔子《こうし》を擧《あ》げて到達《たうだつ》せぬ境《きやう》と云《い》ふたのは予《よ》も同意《どうゐ》なり、されども釋迦《しやか》に到《いた》りては或《あるひ》は彼《かれ》の未《いま》だ認《みと》めざる最高權威《さいかうけんゐ》の境《きやう》にあるを知《し》らざる可《べ》し、前《まへ》の三人《にん》は未《いま》だ深刻《しんこく》に進《すゝ》む餘融《よゆう》は心裡《しんり》になかつた事《こと》は慥《たし》かである、靈子《れいし》作《さ》用《よう》を絶叫《ぜつけう》するは吾人《ごじん》の觀察《くわんさつ》に於《おい》て言《い》はしむれば佛敎《ぶつけう》の燒直《やきなほ》しにあらざるなきか「七妄《もう》三惑《わく》を廢《はい》し神我《しんが》の境《きやう》に到《いた》る」と云《い》ふは佛敎《ぶつけう》八識《しき》のアラヤを目的《もくてき》とするものなり、日蓮上人《にちれんしやうにん》も「七方便《はうべん》の山《やま》の頂《いたゞき》に登《のぼ》り九法界《はふかい》の雲《くも》を攘《はら》ひ無垢地《むくじ》の園《その》に花開《はひらけ》は法性《はふしやう》の空《そら》に月朗《つきほが》らかならん」と示《しめ》されたる法性《はふしやう》の不思議《ふしぎ》たる靈素《れいそ》を認《みと》めざるにあらざるか、法華《ほつけ》法師《はふし》功《く》德品《とくほん》の如《ごと》きは靈素《れいそ》より活躍《くわつやく》し來《きた》りたる叫《さけ》びにて、靈子《れいし》は叫《さけ》びを是認《ぜにん》して本體《ほんたい》を認《みと》めず、認《みと》めざるが故《ゆゑ》に奇跡《きせき》を奇跡《きせき》として見《み》るに非《あら》ざるなきか、靈《れい》子《し》が認《みと》めたる神我《しんが》の境《きやう》とは覺不覺《かくふかく》の和合《わがふ》したる耶賴含藏識《やらがんざうしき》を指《さ》すもの　此《こ》れ寂然不《じやくねんふ》動《どう》の靈素《れいそ》本體《ほんたい》より觀音妙智《くわんおんめうち》の力《ちから》の出《い》でたるを識《し》る耳《のみ》ならずや、釋尊《しやくそん》が滅後《めつご》二千年過《ねんす》ぎより思想界《しさうかい》の亂雑時代《らんざつじだい》を豫證《よしやう》しその時代《じだい》に、法華最上《はつけさいじやう》の經典《けうてん》を流布《るふ》する人《ひと》と處《ところ》と時迄《ときまで》を豫言《よげん》せられたるを、日蓮上人《にちれんしやうにん》がその豫言《よげん》に迎《むか》へられて實證《じつしやう》したなぞは靈子術《れいしじゆつ》者《しや》の如《ごと》き突發的問題《とつはつてきもんだい》を發見《はつけん》したと天淵《てんえん》の差《さ》なきか、

靈素《れいそ》は根本信《こんぽんしん》にありては活動《くわつどう》する最高至上《さいかうしじやう》の中心力《ちうしんりよく》で佛敎《ぶつけう》では法性《はつしやう》の不思議力《ふしぎりよく》と云《い》ふ、一切道義《さいだうぎ》の根本生命《こんぽんせいめい》たる因果律《いんぐわりつ》の正統《せいとう》を示《しめ》し、末世《まつせ》種々《しゆじゆ》なる變則的道系《へんそくてきだうけい》を以《もつ》て世人《せじん》を滿着《まんちやく》せむとする者《もの》を救濟《きうさい》し覺醒《かくせい》せんが爲《ため》に法華經《けう》に傳《つた》へて說《と》きしなり靈子術者《れいしじゆつしや》が食《しよく》を斷《た》ちたらば精神《せいしん》と肉體《にくたい》に如何《いか》なる影響《えいきやう》がある？、と考《かんが》へ九十日斷食《にちだんじき》したと云《い》ふ事《こと》であるが達磨《だるま》の九ケ年《ねん》より冥想期《めいさうき》が少《すこ》し短期《たんしゆく》であつた、人生《じんせい》の命數《めいすう》は水《みづ》さへ飮《のん》で居《を》れば百二十日位《にちぐらゐ》は健全《けんぜん》で命《いのち》がある、予《よ》は七面山下《めんざんした》の小舍《せうしや》で廿一日絕食《にちぜつしよく》して胃病《ゐびやう》を癒《いや》し、遠州松葉瀧堂《ゑんしうまつはたきどう》にて一百二十二日絕食《にちぜつしよく》した、されば廿一日《にち》の絕食《ぜつしよく》が精神統《せいしんとう》一には上策《じやうさく》の日數《につすう》である、此《こ》の間《あひだ》には必《かなら》ず自救力《じきうりよく》と目然《しぜん》癒能力《ゆのうりよく》が勃起《はつき》する、胃癌《ゐがん》なぞは最《もつと》も二十日位《かぐらゐ》の斷食《だんじき》が癒能力《ゆのうりよく》を出《いだ》し靈素《れいそ》の活現《くわつげん》を致《いた》すの適當《てきたう》とする、

吾人《ごじん》の生命《せいめい》は靈素《れいそ》に依《よつ》て維持《いぢ》されて居《ゐ》るので、靈素《れいそ》は生理作用《せいりさよう》を自由《じゆう》になす處《ところ》の本果《くわ》である、

靈子《れいし》とは釋尊《しやくそん》の修成《しうせい》の名即《なすなは》ち阿彌陀如來《あみだによらい》の如《ごと》きを認《みと》めて斷《だん》ずる名《な》と同《おな》じなり、釋《しやく》尊《そん》が修成《しうせい》の德相《とくさう》を無量壽如來《むりやうじゆによらい》と云《い》ふ名《な》を靈子《れいし》と名《なづ》けたと同《どう》一である、本體《ほんたい》の釋尊《しやくそん》を無視《むし》した見地《けんち》ならざるか、釋尊《しやくそん》の作用《さよう》を觀音《くわんおん》となし彌陀《みだ》の弟子《でし》と說《と》いてある、その觀音《くわんおん》の作用《さよう》は靈子《れいし》作用《さよう》で、その太靈《たいれい》は彌陀《みだ》で變則的人格《へんそくてきじんかく》を彌陀宗《みだしう》で本尊《ほんぞん》とすると同《おな》じである、宇宙《うちう》の大道理《だいだうり》と一致《ち》して出現《しゆつげん》した釋尊《しやくそん》と因果律《いんぐわりつ》を法權《はふけん》として活躍《くわつやく》する靈素《れいそ》に致《いた》つては未《いま》だ靈子術者《れいしじゆつしや》の認《みと》めざる處《ところ》なり、釋尊《しやくそん》は靈素《れいそ》の活現體《くわつげんたい》にして吾人又同體《ごじんまたどうたい》なり……彼《か》の觀音妙智《くわんおんめうち》の力《ちから》と示《しめ》されたる「彼《か》」の本體《ほんたい》たるを認《みと》めず觀音妙智《くわんおんめうち》の力丈《ちからだけ》を心得《しんとく》したるにあらざるか、靈子《れいし》の本據《ほんきよ》茲《こゝ》にありと吾人《ごじん》認《みと》めざるを得《え》ず、

靈子術者《れいしじゆつしや》が九十日間《にちかん》の斷食《だんじき》の時身體《ときしんたい》がふわりと上《あが》つたと云《い》ふたが法華經《ほつけきやう》の文義意《もんぎい》を

學究《がくきう》し實究《じつきう》して見《み》ると大《だい》なる奇蹟《きせき》が澤山《たくさん》ある、踊出品《ゆしゆつほん》には「三千大千國土《こくど》地《ら》皆震裂《みなしんれつ》して無數《むすう》の佛菩《ぶつぼさつ》が涌出《ゆしゆつ》したと說《とい》てある、空想《くうさう》と云《い》ふ勿《なか》れ、

絕對界《ぜつたいかい》の內容《ないよう》は釋尊《しやくそん》も「獨《ひと》り自《みづか》ら明了《めいれう》にして他人《たにん》の知《し》らざる處《ところ》なり」と云《い》ふて居《ゐ》る奇蹟《きせき》を驚《おどろ》いて居《ゐ》る者《もの》は達人《たつじん》より觀《み》れば愚人《ぐじん》である事《こと》を赤裸々《せきらら》にして居《ゐ》るのではないか、奇蹟《きせき》は宗教《しうけう》を毒《どく》する罪惡《ざいあく》である、予《よ》も七面山下《めんざんした》に七百日餘《にちよ》修養中《しうやうちう》に奇蹟《きせき》が澤山《たくさん》あつた、夜《よ》二時《じ》瀧行《たきぎやう》に行《ゆ》かんとする刹那《せつな》誰《たれ》とも知《し》れず……起《おき》ろ……と呼《よ》ぶ者毎夜《ものまいよ》なり、瀧行參《たきぎやうさん》する途中《とちう》は將《まさ》に法廷《はふてい》に引《ひ》き出《い》だされんとする罪人《ざいにん》の如《ごと》く心《しん》臓鼓《ざうこ》動《どう》する事非常《ことひじやう》であつた、瀧行後坊《たきぎやうごばう》に於《おい》て冥想中突然頭痛《めいさうちうとつぜんづつう》を感《かん》ずる時無想《ときむさう》となる刹那《せつな》東京《とうけう》の出來事《できごと》を目前《もくぜん》に實見《じつけん》する事度々《ことたび〳〵》なり、是等《これら》何《なに》も奇《き》とするに足《た》らす靈素《れいそ》即《すなは》ち……本我《ほんが》發揮《はつき》すれば最早《もはや》や

人格《じんかく》は全然神格的《ぜん〳〵しんかくてき》となり一切《さい》の妄想《もうさう》が靈化《れいくわ》されて仕《し》まふ故《ゆゑ》に心《しん》たる宇宙《うちう》に連《つらな》るな實證《じつしやう》するの境《きやう》なり、

此《こ》の間《かん》は顯動狀態《けんどうじやうたい》であつて夜《よ》二時《じ》起《おき》ろと呼《よ》ぶ聲《こゑ》は潜動狀態《せんどうじやうたい》であつた法華經《ほけきやう》に悉《ことごと》く敎《おし》へてある合理的心靈作用《がふりてきしんれいさよう》なり、そこで

靈素《れいそ》とは妙法蓮華經即《めうはふれんげけうすなは》ち地水火風空《ちすゐくわふうくう》の本體中《ほんたいちう》に安住《あんとう》する精靈《せいれい》なり、史的釋尊《してきしやくそん》が史《し》を脫却《だつきやく》してこの靈素《れいそ》に一致《ち》して吾人《ごじん》の踏《ふ》む可《べ》き道《みち》を開《ひら》けり、之《こ》れ本因妙《ほんゐんめう》なり絕對靈《ぜつたいれい》格《かく》……これより起《おこ》る閃々《せんせん》たる光《ひか》りと力《ちから》とが靈子《れいし》で本體《ほんたい》に非《あら》ず、日蓮上人《にちれんしやうにん》は靈素界《れいそかい》の釋尊《しやくそん》と人格轉換《じんかくてんくわん》の刹那直覺《せつなちよくかく》したり、……之《こ》れ妙法蓮華經《めうはふれんげけう》の五大《だい》を外廓《ぐわいくわく》として安住《あんじう》するなり、人《ひと》に取《と》つては五臟《ぞう》の精君《せいくん》、人類《じんるゐ》に取《と》つては聖人賢人《せいじんけんじん》の靈臺《れいだい》となるもの、

「五蘊皆空《うんかいくう》を照見《せうけん》すれば一切《さい》の苦役《くえき》を散《さ》ず」とは此《こ》の境《きやう》に到《いた》りて云《い》ふ語《ここは》なり、本果《ほんくわ》前《ぜん》に橫《よこた》はる觀音妙智《くわんおんめうち》を知《し》つてその原動力《げんどうりよく》たる釋尊本體靈素《しやくそんほんたいれいそ》を認《みと》めざれば品性《ひんせい》の向上《かうぜう》は勿論遮惡持《もちろんしやあくじ》善《ぜん》の法《はふ》何《いづ》れにかある、

因果律《いんぐわりつ》は一切血管《さいけつくわん》を妨害《ばうがい》し機能器質《きのうきしつ》を閉止《へいし》し、潜在意識《せんざいいしき》を攪亂《かくらん》す、我國現在《わがくにげんざい》の神《しん》

道者《だうしや》は靈素《れいそ》前《ぜん》にある自然癒能力《しぜんゆのうりよく》を認《みと》めて、直毘魂《なをびのみたま》と云《い》ふて居《ゐ》る、唯々《たゞ〳〵》認《みと》めたりと雖《いへど》も活現《くわつげん》せざれば無《む》に歸《き》す、法華經《ほけけう》に六種震動《しゆしんどう》を示《しめ》すもの顯動狀態《けんどうじやうたい》である、大地《だいち》震裂《しんれつ》もそれである、釋尊《しやくそん》が本果《ほんくわ》の靈素《れいそ》より活現《くわつげん》せしめた謦咳聲《きよがいのこゑ》、斷指《だんしの》聲《こゑ》は、十神力《しんりよく》の內《うち》で謦咳聲《きよがいのこゑ》は氣合術《きあひじゆつ》を云《い》ふもの、斷指聲《だんしのこゑ》は靈素活現《れいそくわつげん》の最《もつと》も進步《しんぽ》したる祈禱法式《きたうはふしき》にて一切療法術《さいりやうはふじゆつ》を超越《てつえつ》して居《ゐ》る、斷指的祈禱《だんしてききたう》は六根《こん》七八識《しき》を徹透《てつとう》して顯《あら》はれ來《きた》る靈素《れいそ》の力能《りきのう》である、靈素《れいそ》は斷食《だんじき》をせないでも眞理《しんり》と合致《がつち》すれば顯動《けんどう》し來《きた》る根本信《こんほんしん》の作用《さよう》なり、靈素《れいそ》は時《じ》間空間《かんくうかん》を一貫《くわん》して居《ゐ》る大《だい》なる道脈《だうみやく》である、鳥《とり》の空飛《たちと》ぶにも一線《せん》の道《みち》あり、況《いはん》や生物《せいぶつ》の長《おさ》たる人間樣《にんげんさま》が靈道《れいだう》なかる可《べ》からず、これ靈素《れいそ》より來《きた》る潜顯《せんげん》の律《りつ》である、ヨハオ哲學《てつがく》の劈頭《へきとう》に『元始《げんじ》にロゴスありこれ聖人賢人《せいじんけんじん》の靈臺《れいたい》なり』と云《い》ふも靈素《れいそ》を間接《かんせつ》に認《みと》めたるならん、

靈素《れいそ》が實現《じつげん》すれば日蓮上人《にちれんしやうにん》の斷頭活劇《だんとうくわつげき》の如き人爲《じんゐ》の刄《やひは》なぞは折《お》れるは必然的法爾《ひつぜんてきはふじ》なり日蓮上人《にちれんしやうにん》が斷頭塲裡《だんとうじやうり》に於《おい》て合掌《がつしやう》の印《いん》は靈素《れいそ》と直覺《ちよくかく》する刹那《せつな》觀念《くわねん》を實現《じつげん》したる

なり、即《すなは》ち漸有《ざんう》の涅槃境《ねはんきやう》なり、靈素《れいそ》と靈子《れいし》とは一にして二、二にして一なり、自《じ》然癒能力《ぜんゆのうりよく》、自救力《じきうりよく》、自裁決斷力《じさいけつだんりよく》、は靈素《れいそ》の活躍《くわつやく》する車《くるま》の兩輪《りやうりん》の如《ごと》くである、

二五　心源術《しんげんじゆつ》より觀《み》たる實在《じつざい》と自巳《じこ》

法華經《ほけけう》に『有《う》を破《は》する法王世間《ほふわうせけん》に出《い》でゝ人類《じんるゐ》の慾《よく》に隨《したが》つて種々《しゆ〴〵》に法《はふ》を說《と》く如來《によらい》は尊《そん》重《ぢう》にして智慧《ちゑ》深遠《じんゑん》なり久《ひさ》しく斯《こ》の要《えう》を默《もく》して務《いそ》ひで速《すみやか》に說《と》かず』と有《う》とは實在《じつざい》を云《い》ふものゝ現象《げんしやう》に執着《しうぢやく》して實在《じつざい》を破《は》するは淺智《せんち》の致《いた》す處《ところ》である、現象《げんしやう》の半面《はんめん》には必《かなら》ず實《じつ》在《ざい》の活動《くわつどう》して居《ゐ》る事《こと》を知《し》らねばならぬ『手《て》を打《う》てば魚《うを》は出《で》て來《く》る鳥《とり》さはぐ下女《げぢよ》は茶《ちや》を汲《く》む淺草《あさくさ》の池《いけ》』で此《こ》の歌《うた》は猿澤《さるさは》の池《いけ》の變歌《へんか》である此《こ》の歌《うた》の內面《ないめん》に各自《かくじ》の活動的方《くわつどうてきはう》面《めん》を赤裸々《せきら〳〵》にして居《ゐ》るのが現　象《げんしやう》即《すなは》ち實在《じつざい》と一致《ち》して居《ゐ》る點《てん》である、世相《せさう》は皆《みな》　如《かくの》是《ごとく》である看《み》よ彼《か》の蛆蟲《うじむし》は汚物中《をぶつちう》に棲息《せいそく》して悅《よろこ》び孑孑《ぼうふり》は惡水《あくすゐ》に生育《せいいく》し、糞蟲《ふんちう》は厠《かはや》に甘《あま》んじ蒼蠅《あをはひ》は惡臭《あくしう》に集中《しうちう》し黴菌《ばいきん》は痰膿《たんのう》に狎《な》れ、河魚《かはうを》は鹹水《かんすゐ》を忌《い》み海魚《かいぎよ》の淡水《たんすゐ》を嫌《きら》ふ、鮎《あゆ》の急流《きうりう》を好《この》み、鯉《こひ》の瀑水《ばくすゐ》に上《のぼ》らんことを樂《たのし》み、燕雀《えんじやく》の日中《につちう》を慕《した》ひ、梟鳥《ふくろ》の夜中《やちう》を

欣《よろこ》び獸物《けだもの》の土穴《どけつ》を好《この》む、猿《さる》の樹《き》の上《うへ》に攀《よ》ぢ登《のぼ》り狗犬《いぬ》の炎熱《えんねつ》を嫌《きら》ひ猫《ねこ》の寒氣《かんき》を忌《い》む、之《こ》れ等《ら》各自《かくじ》の修因感果《しういんかんくわ》で宿世善惡《しゆくせぜんあく》の業法《ごうはう》とは云《い》へ是《こ》れ即《すなは》ちて解《わか》らない、なりとなす、現象《げんしやう》の半面活動《はんめんくわつどう》の儘《まゝ》である、人類成佛《じんるゐじやうぶつ》の說敎《せつけう》なり、

物質《ぶつしつ》に執着《しうちやく》した者《もの》は此差別《このさべつ》の姿《すがた》に捕《とら》へられて水鳥《みづとり》が寒中氷《かんちうこほり》に遊《あそ》ぶを見《み》て悲觀《ひくわん》し、慘《さん》苦《く》の娑婆《しやば》と見《み》るものか澤山《たくさん》ある、物質慾《ぶつしつよく》を脫却《だつきやく》した者《もの》は現世《げんせ》を光明《くわうめう》と見《み》る者《もの》もある

元來現象界《ぐわんらいげんしやうかい》の姿《すがた》は實在《じつざい》の動的半面《どうてきはんめん》で、此半面《このはんめん》の外《ほか》に寂然不動《じやくぜんふどう》の半面《はんめん》があることを思《おも》はねばならぬ、此半面即《このはんめんすなは》ち實在《じつざい》なるものは吾人《ごじん》の認識以外《にんしきいぐわい》のものでこれこそ……平等《べうどう》で又無差別《またむさべつ》であり又實《またじつ》に絕對《ぜつたい》である、此《こ》の境《きやう》に達《たつ》すれば善惡不《ぜんあくふ》二である邪正《じやせい》一如《によ》である、現象《げんしやう》から見《み》れば善惡不《ぜんあくふ》二とは云《い》はれないけれども、それが認識《にんしき》の對象《たいしやう》として吾人《ごじん》の心《こゝろ》の中《なか》に入《い》り來《く》る內《うち》は最早平等無差別《もはやべうどうむさべつ》と云《い》へない、差別不平等《さべつふべうどう》の現象《げんしやう》と觀《み》られる、故《ゆゑ》に此《こ》の心識《しんしき》の動《うご》く時《とき》に實在《じつざい》は現象《げんしやう》として認識《にんしき》せられ此《こ》の心識靜澄《しんしきせいちやう》なる時《とき》、現象《げんしやう》は即實在《すなはちじつざい》と觀《み》られるので

此現象《このげんしやう》と實在《じつざい》とは別物《べつもの》でなく全《まつた》く圓融《ゑんゆう》したる一體《たい》である、此實在《このじつざい》を直《たゞち》に吾人《ごじん》が觀《くわん》することは至難《しなん》であるが現象《げんしやう》を捕《とら》へて之《こ》れより其現象《そのげんしやう》が物語《ものがた》る處《ところ》を辿《たど》つて行《ゆ》けば少《すく》なくとも何《なに》か現象《げんしやう》の向《むか》ふ側《がは》にあるものが在《あ》る樣《やう》な氣《き》がする、是《こ》れ即《すなは》ち――實在《じつざい》で其實在《そのじつざい》を唯《た》だ實在《じつざい》として觀《み》るばかりでは宗教《しうけう》とは云《い》はれない其《その》實在《じつざい》と我《わ》れとの關係《くわんけい》――日月大《じつげつだい》なりと雖《いへど》も眼《め》より小《せう》なり宇宙廣《うちうひろ》しと雖《いへど》も心《こゝろ》より狹《せま》し「月《つき》や我《わ》れ我《われ》や月《つき》やの分《わ》かぬまで心《こゝろ》も空《そら》にすめる秋《あき》の夜《よ》」と日月《じつげつ》の大《だい》も吾人《ごじん》の眼《め》で以《もつ》て小《せう》となすを得《え》、その月《つき》を眺《なが》めて居《ゐ》る間《ま》に此《こ》の下界《げかい》に住《すま》ふて居《ゐ》る我《われ》は我《わ》れを忘《わす》れ自分《じぶん》が月《つき》の世界《せかい》に往《い》つた樣《やう》な心《こゝろ》になつて月《つき》と我《われ》とは一つになつて了《しま》ふ、エスが「吾《われ》は神《かみ》より來《きた》れり、吾《わ》れと神《かみ》とは毎《つね》に一つなり」此時《このとき》は自分《じぶん》が神《かみ》だか神《かみ》が自分《じぶん》だか、自分《じぶん》が月《つき》だか月《つき》が自分《じぶん》だか殆《ほと》んど無我無心《むがむしん》で日頃《ひごろ》の世間苦《せけんく》は心《こゝろ》の中《うち》に一點《てん》もなく廣《ひろ》い〳〵美《うつく》しい月《つき》の如《ごと》き心《こゝろ》になり我《わ》れと月《つき》とはこゝに一如《によ》して了《しま》ふ、神《かみ》とは我意識《わがいしき》の表現《へうげん》、茲《こゝ》に宗教觀《しうけうくわん》が成立《せいりつ》する事《こと》を覺《さと》らねばならない、此現象界《このげんしやうかい》のすべてを觀察《くわんさつ》して之《こ》れから辿《たど》り入《い》つて實在《じつざい》に觸《ふ》ゝる事《こと》が能《で》きるのが心《しん》源《げん》に到達《たうたつ》してからである、それなれば我《われ》は立處《たちどころ》に天地《てんち》自然《しぜん》と融合《ゆうがふ》して何《なん》とも云《い》へぬ悦《よろこ》びと力《ちから》とに接《せつ》し住《じう》する故《ゆゑ》恍惚《くわうこつ》として天女《てんによ》に接《せつ》したかの如《ごと》く宇宙《うちう》を觀《み》る事《こと》が能《で》きるのである、

此境界《このきやうかい》に住《ぢう》せられたのは釋尊《しやくそん》で釋尊《しやくそん》は吾人《ごじん》に亦此《またこ》の法悦《はふえつ》を與《あた》へよふと思召《おぼしめ》され長《なが》い間《あひ》だ説敎《せつけう》せられたのである、キリストが神《かみ》と一致《ち》したなぞは釋尊《しやくそん》の前《まへ》には兒戯《じぎ》めきた觀察《くわんさつ》であつた、釋尊《しやくそん》の法悦《はふえつ》に吾人《ごじん》が接《せつ》すれば何時《いつ》か佛陀大覺者《ぶつだだいかくしや》と同《おな》じ樣《やう》な境界《きやうかい》に住《じう》する事《こと》が能《で》きるのである、その時《とき》は眼《め》に觸《ふ》れ耳《み》に入《い》るもの皆大實在《みなだいじつざい》たる佛陀《ぶつだ》の美《び》妙相好《めうさうかう》ならざるなく佛陀《ぶつだ》の美妙法音《びめうはふおん》と聞《きこ》へる「佛《ほとけ》の智慧《ちゑ》に依《よつ》て佛土《ぶつど》の清淨《しやうじやう》なることを知《し》る」と維摩經《ゆゐまきやう》に云《いつ》てある、佛陀《ぶつだ》の智慧《ちゑ》に一致《ち》した時《とき》は更《さら》に新《あたら》しき壽命《じゆみやう》、長《なが》き壽《じゆ》命《みやう》、限《かぎ》りなき力《ちから》を得《う》るのである人間《にんげん》としての目的《もくてき》は成金《なりきん》に非《あら》ず……此の限りなき力新《あたら》しき壽命《じゆみやう》を得《う》るのが大問題《だいもんだい》である、吾人毎《ごじんつね》に偉大《ゐだい》なる限《かぎ》りなき力《ちから》と一致《ち》しつゝあ

るなれども妄見《まうけん》に妨《さまた》げられ大覺者《だいかくしや》の光明《くわうみやう》を見《み》ず知《し》らず況《いはん》や壽命功德莊嚴《じゆみやうくどくしやうごん》を仰《あふ》ぎ奉《たてまつ》る事《こと》が出來《でき》ないのである、ビーコンスフィルドは『偉大《ゐだい》なる思想《しさう》を以《もつ》て汝《なんぢ》の精神《せいしん》を養《やしな》へ英雄《えいゆう》たらん欲《ほつ》とせば即《すなは》ち英雄《えいゆう》となるの階梯也《かいていなり》』とシヲペンホハエルの如《ごと》きもカントと釋迦《しやか》の像《ぞう》を机上《きじやう》に置《おい》てその人格《じんかく》に一致《ち》せんとせり『向上的精神《かうじやうてきせいしん》の示導者《しだうしや》』として熱心《ねつしん》に崇拜《すうはい》するに至《いた》りしものあり、蚯蚓《みゝず》の地《ち》を匍《は》ひ蝸牛《くわぎう》の角《つの》を張《は》る皆彼等《みなかれら》が有《いう》する一種《しゆ》の意識《いしき》の發作《はつさ》にして、その意識《いしき》の發作《はつさ》こそ實在《じつざい》の活動《くわつどう》なり、

我《わ》れに無限《むげん》の力《ちから》あり智慧《ちゑ》あり壽命《じゆみやう》あり功德《くどく》あり莊嚴《しやうごん》ある事《こと》を自覺《じかく》す、心源術《しんげんじゆつ》は實行《じつかう》して實在《じつざい》の力《ちから》を實證《じつしよう》するの眞法《しんはふ》なり、

二七　心源術《しんげんじゆつ》より見《み》たる人食人種《ひとくひじんしゆ》

佛敎《ぶつけう》に說《と》く鬼子母神《きしぼじん》は食人神《しよくじんかみ》を鎭《しづ》めたるもの印土內地《いんどないち》今《いま》も猶《な》ほ人食人種《ひとくひじんしゆ》あると聞《き》く近來歐洲《きんらいおうしう》に於《おい》て人骨《じんこつ》をスープにすると云《い》ふを聞《き》けりこは人間《にんげん》そのものを食《しよく》する者《もの》なり、現代《げんだい》を通《つう》じて古昔《こせき》より人《ひと》を食《く》ふて渡世《とせい》する者《もの》あるを知《し》らざる可《べ》からず、予《よ》が題《だい》

して人食人種《ひとくひじんしゆ》とするは古昔《こせき》を云《い》ふにあらず況《いは》んや鬼子母神《きしぼじん》の如《ごと》き野蠻民族《やはんみんぞく》が崇拜《すうはい》したる食人神《しよくじんかみ》を云云《うんぬん》するにあらざるなり、佛《ぶつ》は法《はふ》を賣《う》り、聖人《せいじん》は佛《ぶつ》を賣《う》り、末世《まつせ》の僧《そう》は佛《ぶつ》と法《はふ》を賣《う》るのである事《こと》は世人《せじん》の識《し》る處《ところ》なり、近來《きんらい》或る雜誌《ざつし》に人《ひと》を食《く》つて居《ゐ》る人《ひ》と題《だい》し左《さ》の通《とほ》り列擧《れつきよ》した誠《まこと》に痛快《つうくわい》に感《かん》じたから參考《さんかう》の爲《ため》に擧《あ》げて見《み》よう、

田中智學《たなかちがく》は日蓮上人《にちれんしやうにん》で食《くつ》て居《ゐ》る、

山室軍平《やまむろぐんぺい》はブースで食《くつ》て居《ゐ》る、

近角常觀《ちかずみじやうくわん》は蓮如上人《れんによしやうにん》で食《く》つて居《ゐ》る、

富士川游《ふじかはいう》は親鸞上人《しんらんしやうにん》で食《くつ》て居《ゐ》る、

柿崎正治《あねざきせいじ》は高山樗牛《たかやまちよぎう》で食《く》つて居《ゐ》る、

雲右衛門《くもゑもん》は赤垣源藏《あかがきげんざう》で食《く》つて居《ゐ》た、

井上哲次郎《ゐのうへてつじらう》は山鹿素行《やまがそかう》で食《く》つて居《ゐ》る、

伊藤痴遊《いとうちいう》は星亭《ほしこほる》で食《くつ》て居《ゐ》る、

北里柴《きたざとさい》三郎《らう》はコッポで食《くつ》て居《ゐ》る、舉《あ》げ來《きた》れば數萬《すうまん》を數《かぞ》ふ可《べ》しエスがパンのみにて人《ひと》は活《い》く可《べ》からずと云《い》はれたが食《く》ひ物《もの》にも物質的《ぶつしつてき》と精神的《せいしんてき》とあり、物質的食物《ぶつしつてきしよくもつ》を充實《じうじつ》せんが爲《ため》に精神的人類《せいしんてきじんるゐ》を食《しよく》する者《もの》多《おほ》し、古昔《こせき》より日蓮上人《にちれんしやうにん》や親鸞上人《しんらんしやうにん》を學《まなん》で日蓮上人《にちれんしやうにん》の宗教家《しうけうか》となりし者《もの》は多《おほ》けれども自己《じこ》を學《まなん》で自己《じこ》を擴張《くわくちやう》したる者少《ものすく》なし、多《おほ》くの人《ひと》に食《く》はれる人《ひと》は釋迦《しやか》や孔子《こうし》やキリスト、聖德太子《しやうとくたいし》、菅原道眞《すがはらみちざね》、等枚擧《とうまいきよ》に遑《いとま》なしおみき婆《ばあ》さんは天理教《てんりけう》の愚夫愚婦《ぐふぐふ》に食《く》はれて居《ゐ》る、豐川稻荷《とよかはいなり》を食《く》つて居《ゐ》る者《もの》や帝釋《たいしやく》、不動《ふとう》、金比羅《こんぴら》、川崎大師《かはさきだいし》等《とう》を食《く》つて居《ゐ》る者《もの》も澤山《たくさん》ある、キリストは天《てん》の神《かみ》を丸呑《まるのみ》にした人《ひと》であつた、釋尊《しやくそん》は自己《じこ》を擴《くわく》張《ちやう》する爲《ため》にお化《ばけ》を澤山使役《たくさんしえき》した人《ひと》で天上天下唯《てんじやうてんがゆ》我《が》獨尊《どくそん》と遁《に》げ、三界《かい》は我《わ》が有《いう》なりとほらを吹《ふい》たのである、

松平道別《まつもとだうべつ》は大町桂月《おほまちけいげつ》で食《くつ》て居《ゐ》た、

大町桂月《おほまちけいげつ》は後藤象次郎《ごとうしやうじらう》で食《く》つて居《ゐ》た、

德富蘇峰《とくとみそほう》は新島讓《にひじまじやう》で食《く》つて居《ゐ》た、
關露香《せきろかう》は大谷光瑞《おほたにくわうずゐ》で食《く》つて居《ゐ》た、
鎌田榮吉《かまだえいきち》は福澤諭吉《ふくざはゆきち》で食《く》つて居《ゐ》た、
宮崎滔天《みやざきたうてん》は孫逸仙《そんいつせん》で食《く》つて居《ゐ》た、
坪内逍遙《つぼうちせうえう》はセークスピアで食《く》つて居《ゐ》た、
長島隆二《ながしまりうじ》は桂太郎《かつらたらう》で食《く》つて居《ゐ》た、
島村抱月《しまむらはうげつ》は松井須磨子《まついすまこ》で食《く》つて居《ゐ》た、
本田日生《ほんだにつしやう》は釋迦如來《しやかにょらい》で食《く》つて居《ゐ》る、

吾人《ごじん》は古人《こじん》が習得《しふとく》した思想《しさう》を賣《う》つて渡世《とせい》をせねばならぬ弱點《じやくてん》に任《にん》するのが本位《ほんゐ》であらうか、孔子《こうし》は老子《らうし》に如《ゆ》きて自己《じこ》を發揮《はつき》したではないか、日蓮上人《にちれんしやうにん》を研究《けんきう》して何時《いつ》迄《まで》も日蓮上人《にちれんしやうにん》に低頭《ていとう》するは日蓮上人《にちれんしやうにん》を敬《けい》するのではなく、日蓮上人《にちれんしやうにん》を愚弄《ぐろう》するのではあるまいか、日蓮上人《にちれんしやうにん》は『釋尊《しやくそん》より尊《たふと》き行者日蓮《ぎやうじやにちれん》』と云《い》ふた、釋尊《しやくそん》に參《さん》じて自己《じこ》の責任《せきにん》を自覺《じかく》する事《こと》こそ佛教《ぶつけう》の眞諦《しんたい》ではあるまいか、山室軍平《やまむろぐんぺい》がブースに如《ゆ》き何故《なにゆゑ》キリストの眞價《しんか》を發見《はつけん》せないのであるかを吾人《ごじん》は毎《つね》に思《おも》ふ、

一切聖賢《さいせいけん》の道程《だうてい》を踏破《たふは》して自己《じこ》のフアンデシヨンとなし、自己《じこ》を實現《じつげん》せねばならぬ、賢實《けんじつ》なる思想《しさう》を傳《つた》ふる先哲《せんてつ》と雖《いへど》も缺陷《けつかん》なき能《あた》はず、故《ゆゑ》に長《ちやう》を取《と》つて短《たん》を棄《す》て自己《じこ》建設《けんせつ》の地盤《ぢばん》となし賢聖佛神《けんせいぶつしん》を賣《う》らずして、自己《じこ》は……犧牲的行動《ぎせいてきかうどう》に出發《しゆつぱつ》して自己《じこ》の力《ちから》、自己《じこ》の壽命《じゆみやう》、自己《じこ》の功德《くどく》、自己《じこ》の莊嚴《しやうごん》を示《しめ》さねばならぬ、賢聖《けんせい》と雖《いへど》も猶現在《なほげんざい》の自己《じこ》に劣《おと》る處《ところ》ありしや必然《ひつぜん》なり、吉田松陰《よしだしやういん》が、

来《き》て見《み》れば聞《き》くよりひくし富士《ふじ》の山《やま》
　　釋迦《しやか》や孔子《こうし》もかくやあるらん

と破說《せつぱ》したのは深刻《しんこく》なる意味《いみ》あるなり、故《ゆゑ》に予《よ》は人《ひと》を食《しよく》せず人《ひと》に食《く》はれず自己建設《じこけんせつ》の土臺《どだい》に先輩《せんぱい》の道義《だうぎ》を究明《きうめい》せんと欲《ほつ》するなり、心源術《しんげんじゆつ》は即《すなは》ち潜在意識《せんざいいしき》に捕《とら》われず宇《う》宙《ちう》の大生命《だいせいめい》たる大意思《だいいし》發現《はつげん》して一切《さい》を解決《かいけつ》し、超越的見地《てうえつてきけんち》に住《じう》して人食人類《ひとくひじんるゐ》の行《おこな》は

ざる犧牲《ぎせい》に活《い》きんとするにあり、古《ふる》くして新《あたら》しき犧牲的思想《ぎせいてきしさう》に活《い》きんと望《のぞ》む、

二七　心源術《しんげんじゆつ》と千里《り》眼《がん》問題《もんだい》の解決《かいけつ》

世《よ》に科學萬能《くわがくばんのう》と唱《とな》ふる者《もの》あり、又科學者《またくわがくしや》は科學萬能《くわがくばんのう》を叫《さけ》ぶ、と唱《とな》ふる者《もの》あり是《こ》れ其《その》に科學《くわがく》の眞相《しんさう》を知《し》らざる者《もの》の言《げん》にして彼《かれ》は些《いさゝ》か科學《くわがく》の門《もん》を窺《うかゞ》ひたるものゝ驚歎《きやうたん》の聲《こゑ》此《こ》の聲《こゑ》は科學《くわがく》を呪《のろ》ふものゝ誣罔《ぶまう》の言《げん》なり、吾人《ごじん》は之《これ》を聞《き》く毎《ごと》に孟子《まうし》の『聲聞《こうぶん》き情《じやう》を過《あやま》つ君子《くんし》之《こ》れを恥《は》づ』の語《ご》を念《おも》ふ事轉《ことうた》た切《せつ》なり、萬有引力《ばんいういんりよく》の定律《ていりつ》は科學之《くわがくこ》れを知《し》り之《こ》れを信《しん》じ因《よつ》て以《もつ》て千載《ざい》の後《のち》に於《お》ける日月星辰《じつげつせいしん》の位置《ゐち》を豫言《よげん》す、然《しか》りと雖《いへど》も此引力《このいんりよく》は如何《いか》にして起《おこ》るか、其作用《そのさよう》の眞相如何《しんさういかん》と問《と》はゞ科學者《くわがくしや》は未《いま》だ之《これ》を知《し》らざるなり、科學者《くわがくしや》は物體《ぶつたい》は分子《ぶんし》より成《な》り分子《ぶんし》は原子《げんし》より成《な》り原子《げんし》は更《さら》に電子《でんし》の集團《しふだん》なりとし其《その》大《おほき》さ、距離《きより》、運動《うんどう》の狀況等《じやうきやうとう》を說《と》くこと極《きは》めて精細《せいさい》なりと雖《いへど》も電子或《でんしあるひ》は原子《げんし》一粒《りう》の形《けい》狀《じやう》は如何《いかん》、鋼鐵《かうてつ》の如《ごと》く堅《かた》きか將《は》た又護謨《またごむ》の如《ごと》く柔《やはら》かきかと問《と》はゞ科學者《くわがくしや》は之《これ》に確答《かくたふ》する事能《ことあた》はざるなり、特《とく》に況《いはん》や『生命《せいめい》とは何《なん》ぞや』『記憶《きおく》は如何《いか》にして腦裡《なうり》に蓄《たくは》へら

る〻か」等《とう》の問題《もんだい》に至《いた》りては科學者《くわがくしや》の未《いま》だ全《まつた》く知《し》らざる所《ところ》なり、科學者《くわがくしや》の努力《どりよく》は諸《しよ》般《はん》の事實《じじつ》を研究《けんきう》して其間《そのかん》の關係《くわんけい》を明《あきらか》にすることを勉《つと》むるに在《あ》り、故《ゆゑ》に未知《みち》の新現《しんげん》象《しやう》に遭遇《さうぐう》すれば先《ま》づ其事實《そのじじつ》なりや否《いな》やを確《たし》かめ、若《も》し事實《じじつ》なりと決定《けつてい》すれば之《これ》と已《き》知《ち》の智識《ちしき》との連鎖《れんさ》を探《さぐ》らんとす、即《すなは》ち已知《きち》を以《もつ》て未知《みち》を説明《せつめい》せんとするにあり、零《れい》に達《たつ》する始《はじ》めの一を出發點《しゆつぱつてん》としインビニット即《すなは》ち絶對《ぜつたい》に達《たつ》せんとするにあり、千里眼問題《りがんもんだい》世《よ》に起《おこ》れるや最高學府《さいかうがくふ》に安住《あんじう》する大學者《だいがくしや》之《こ》れを究明《きうめい》せんとして諸方《しよはう》に參《さん》集《しふ》した、而《しか》して最《もつと》も有名《いうめい》なりし幾子《いくこ》、千鶴子《ちづこ》の兩人《りやうにん》は遂《つひ》に犧牲《ぎせい》となり終《をは》つた、之《これ》を否認《ひにん》する者《もの》も是認《ぜにん》する者《もの》も共《とも》に未《いま》だ解決《かいけつ》せずして終焉《しうえん》を告《つ》げたのである、佛典《ぶつてん》に依《よつ》て千里眼《りがん》なる者《もの》を解《かい》せんとせば是否《ぜひ》を問《と》ふの必要《ひつえう》を認《みと》めない、元來《ぐわんらい》千里眼《りがん》とは千里《り》遠《とほ》き出來事《できこと》及《およ》び物體等《ぶつたいとう》の有無《うむ》を透視《とうし》する者《もの》を云《い》ふなり、念寫《ねんしや》の如《ごと》きは心源《しんげん》の靈光《れいくわう》を放射《はうしや》せしめて宇宙《うちう》の大意思《だいいし》と接合《せつがふ》した刹那《せつな》の放光《はうくわう》に依《よつ》て完成《くわんせい》するものなれば科學萬《ばん》能《のう》を以《もつ》て之《これ》を否認《ひにん》する事《こと》は絶對《ぜつたい》に出來《でき》ぬ、釋尊《しやくそん》が法華經《ほけきやう》に示《しめ》す如《ごと》きは千里眼《りがん》に非《あ》ら

ず佛眼法眼《ぶつがんはふがん》、天眼《てんがん》、慧眼《けいがん》である吾人《ごじん》も悉《ことごと》く父母所生《ふぼしよしやう》の心身《しんしん》にて此《こ》の佛眼《ぶつがん》を有《いう》しつゝあるなり、

千里眼《りがん》の問題《もんだい》は重大《ぢうだい》の事件《じけん》なりと云《い》ふ學者《がくしや》あり、それは若《も》し虚僞《きよぎ》なりとせんか知《し》らずして之《これ》を世《よ》に跋扈《はつこ》せしめなば其害毒《そのがいどく》恐《おそ》る可《べ》きものあらん、と云《い》ふにあり又《また》一方《はう》には若《い》し事實《じじつ》なりとせんか或《あるひ》は之《これ》によりて精神界《せいしんかい》の現象《げんしやう》を科學的《くわがくてき》に解釋《かいしやく》するの端緒《たんちよ》とならんと云《い》ふにあり、予《よ》をして云《い》はしむれば虚實《きよじつ》は論《ろん》ずるの要《えう》なく心源術《しんげんじゆつ》を實行《じつかう》して見《み》るなれば目前《もくぜん》に判明《はんめい》するのである、

佛敎家《ぶつけうか》に佛《ぶつ》の實在《じつざい》を證《しよう》せよと云《い》へば釋尊《しやくそん》を透《とほ》さねばなるまい、キリスト敎徒《けうと》に神《かみ》の存在《そんざい》を證《しよう》せよと云《い》ふて責《せ》めるは愚《ぐ》の極《きよく》である、佛神《ぶつしん》の存在《そんざい》は證明《しようめい》す可《べ》きにあらずして無條件丸呑《むでうけんまるのみ》に信仰《しんこう》す可《べ》きが宗敎上《しうけうじやう》の歸着點《きちやくてん》である、千里眼《りがん》を研究《けんきう》せんとするに心源術《しんげんじゆつ》を透《とほ》さずして否認《ひにん》するは愚《ぐ》の頂點《ちやうてん》である、

精神物質《せいしんぶつしつ》の源髄《げんずゐ》に安住《あんぢう》する靈光《れいくわう》こそ念寫《ねんしや》を解決《かいけつ》するものなり、予《よ》が畏《おそ》れ多《おほ》い事《こと》であ

つたが、明治《めいぢ》大帝陛下《たいていへいか》の御《ご》大患《だいくわん》の時《とき》人格轉換者《じんかくてんくわんしや》に依《よつ》て究明《きうめい》した處《ところ》轉換《てんくわん》の刹那境《せつなきやう》に於《おい》て百燭電光《しよくでんくわう》の如《ごと》きを示《しめ》したる事《こと》を實研《じつけん》した、その時《とき》御《ご》命數《めいすう》の事《こと》を豫證《よしよう》された故《ゆゑ》或《あ》る當時《たうじ》の最高官《さいかうくわん》に恐書《ぐしよ》を寄《よ》せた事《こと》があつたが、人生《じんせい》の生命《せいめい》には一大光明《だいくわうみやう》がある故《ゆゑ》必《かなら》ず千里眼《りがん》の如《ごと》き寂然不動《じやくねんふどう》の刹那《せつな》に於《おい》ては念寫《ねんしや》の如《ごと》き絶對《ぜつたい》に認《みと》めねばならないのである。

眞理《しんり》は究《きは》めざる可《べか》らず、妖言《えうげん》は排《はい》せざる可《べ》からず、とは先輩《せんはい》の示《しめ》す處《ところ》なり、天地《てんち》は我《わ》れを圍繞《ゐにう》し諸種《しよしゆ》の訓誨《くんくわい》を不言《ふげん》の間《あひだ》に吾等《われら》に默示《もくじ》す、唯《た》だ吾等眼眩《われらまなこくら》くして之《こ》れを色讀《しきとく》する能《あた》はざるのみ、芭蕉《はせを》の耳《みゝ》なくして雷《らい》を聞《きい》て開《ひら》き、葵花《きくわ》の眼《まなこ》なくして日《ひ》に向《むか》つて轉《てん》ずる、風《かぜ》の斷雲《だんうん》を送《おく》つて嶺《みね》に歸《かへ》り去《さ》り、月《つき》の流水《りうすゐ》に和《わ》して橋《はし》を過《す》ぎ來《きた》る、青《せい》松《しやう》の人《ひと》の來往《らいわう》を礙《さ》へずして野水《のみづ》の心《こゝろ》なくして自《みづか》ら去留《きよりう》する……無心《むしん》の中《うち》に有心《いうしん》の興《きよう》あり……落霞《らくか》と孤鶩《こぼう》と齊《ひと》しく飛《と》び、秋水《しうすゐ》と長天《ちやうてん》と共《とも》に一色《しき》なる、異中《いちう》に同《どう》を存《そん》し、荷葉《かえふ》の團々《だん〳〵》として鏡《かゞみ》よりも圓《まどか》に、菱角《りようかく》の尖々《せん〳〵》として錐《きり》よりも尖《するど》き中《なか》に同中異《どうちうい》を語《かた》る山色《さんしよく》の清淨身《しやう〱しん》にして鷄聲《けいせい》の廣長舌《くわうちやうぜつ》なる、四時《じ》行《おこな》はれ、萬物《ばんぶつ》育《いく》する處《ところ》に甚深《じんしん》の意義《いぎ》を傳《つた》ふ、宇宙《うちう》の法身《はふしん》は十方《はう》に遍滿《へんまん》し、自然《しぜん》の說法《せつぽふ》は天地《てんち》を震駭《しんがい》す、見《み》よ無字《むじ》の經典《きやうてん》聽《き》け自然《しぜん》の說法《せつぽふ》、吾等《われら》は自然《しぜん》に對《たい》して心裏《しんり》に共鳴《きようめい》するものあるを感《かん》ず、

歳月《さいげつ》悠々《いう〱》無限《むげん》に通《つう》ず何《なん》ぞ彼《か》れを舊《きう》とし此《こ》れを新《しん》とせむ、しかも乾坤《けんこん》一轉《てん》して淑氣《しゆくき》新《あらた》に、人《ひと》も亦《また》其《そ》の間《かん》に處《しよ》して志《こゝろざし》を新《あらた》にす、旭日眞明《きよくじつしんめい》千古《こ》異《こと》らざるも、朝暾今曉《てうとんこんげう》祥光《しやうくわう》あるを覺《おぼ》ゆ、道《みち》に過現《くわげん》なきも人心《じんしん》之《これ》を去來《きよらい》にし、徒《いたづ》らに過去《くわこ》を追想《つゐさう》する者《もの》は模倣《もはう》に滿足《まんぞく》し、悔恨《くわいこん》に煩悶《はんもん》し、滿足《まんぞく》に發展《はつてん》なく、煩惱《ぼんなう》に懊惱《あうなう》あり、懊惱《あうなう》を慰《なぐさ》むるものは當來《たうらい》の希望《きばう》、發展《はつてん》を助《たす》くるものは親《しん》に生《い》くるの工夫《くふう》なり、日々《ひゞ》に新《あらた》にして又日《またひ》に新《あらた》なる、

眞理《しんり》を究《きは》めんとせば舊《きう》を探《さぐ》り新《しん》を究《きは》めざる可《べ》からず、吾人《ごじん》一と度心源活躍《たびしんげんくわつやく》せば新天《しんてん》地《ち》に立《た》つの準備《じゆんび》となる、されど心靈的活躍《しんれいてきくわつやく》は科學《くわがく》の捕《とらは》れより脫《だつ》する刹那《せつな》に完成《くわんせい》する事《こと》を知《し》る可《べ》きなり、

二八　心源術《しんげんじゆつ》より觀《み》たる色情思想《しきじやうしさう》

色情《しきじやう》は神聖《しんせい》なり色情《しきじやう》は神《かみ》が人類《じんるゐ》に賦與《ふよ》したる神聖《しんせい》にして且《か》つ絕大《ぜつだい》なる怪《あや》しき本能也《ほんのうなり》情《じやう》の靈火《れいくわ》に熱《ねつ》せられたる戀愛《れんあい》の鎔爐中《ようろちう》に「二」を融して「一」ならしめんとする奇氣《き》是色情也《これしきじやうなり》、故《ゆゑ》に色情《しきじやう》は生殖《せいしよく》を目的《もくてき》とす、生殖《せいしよく》には戀愛《れんあい》を必《ひつ》とす、戀愛《れんあい》とは肉慾《にくよく》の謂《いひ》に非《あら》ず、戀愛《れんあい》は天理《てんり》なり、肉慾《にくよく》は人慾《じんよく》なり、然《しか》も色情《しきじやう》は此《この》二つを保有《ほいう》せる一種《しゆ》の神秘的亢進慾也《しんぴてきこうしんよくなり》、然《しか》り肉慾《にくよく》のみありて戀愛《れんあい》なき生殖《せいしよく》は虛僞《きよぎ》の生殖《せいしよく》なりとす、生殖《せいしよく》を目的《もくてき》とせざる色情《しきじやう》は贋雜《がんざつ》の色情《しきじやう》である、即《すなは》ち、

賢實心《けんじつしん》の一致之《こ》れ眞《しん》の戀愛《れんあい》なり、兩性《りやうせい》の合體完了《がつたいくわんれう》して更《さら》に純然《じゆんぜん》たる化成《くわせい》の新體《しんたい》あり即《すなは》ち生殖《せいしよく》あり、即《すなは》ち蕃殖《はんしよく》あり、故《ゆゑ》に色情《しきじやう》は此蕃殖《このはんしよく》、此生殖《このせいしよく》の映憬《えいけい》である、之《こ》れ即《すなは》ち戀愛《れんあい》の理想《りさう》なり、色情《しきじやう》の目的《もくてき》なり、更《さら》に之《これ》を謂《い》はんか人類《じんるゐ》は唯眞正《たゞしんしやう》の色情《しきじやう》によれる兩性《りやうせい》の合《がふ》一に依《よ》りてのみ完全《くわんぜん》なる生殖《せいしよく》を逐行《すゐかう》し光《ひか》りある蕃殖《はんしよく》を實現《じつげん》し得可《うべ》きなり、色情《しきじやう》の眞意義《しんいぎ》に戀愛《れんあい》をして生殖《せいしよく》の上《うへ》に實現《じつげん》せしむるにあり、

愛情《あいじやう》の凝結《ぎやうけつ》する所《ところ》是《これ》即《すなは》ち色情《しきじやう》の發現《はつげん》する所《ところ》なり、重《おも》きを精神《せいしん》に置《お》くは心理學《しんりがく》なり重《おも》きを肉體《にくたい》に置《お》くは醫學《いがく》なり、重《おも》きを子孫《しそん》に置《お》くは生物學《せいぶつがく》なり、此《こ》の三個《こ》の愛《あい》の一團《だん》にして始《はじ》めて眞正《しんしやう》なる色情《しきじやう》を亢進《こうしん》せしむるを得《う》可《べ》し。此《この》三個《こ》の學問《がくもん》を融合統《ゆうがふとう》一するもの即《すなは》ち男女關係《だんぢよくわんけい》の正當《せいたう》なる見解《けんかい》を加《くは》ふる色情學《しきじやうがく》と云《い》ふなり、

心理觀《しんりくわん》は愛《あい》に高尚優美《かうしやういうび》なる精神的人格《せいしんてきじんかく》を附與《ふよ》し、醫學觀《いがくくわん》は愛《あい》に熱血旺盛《ねつけつをうせい》なる肉體《にくたい》的人格《てきじんかく》を加味《かみ》し、生物學觀《せいぶつがくくわん》は愛《あい》に永久不滅《えいきうふめつ》の種的人格《しゆてきじんかく》を傳承《でんしよう》せしむ

色情《しきじやう》の完成《くわんせい》は心源《しんげん》の發動《はつどう》たる愛《あい》の靈火《れいくわ》に二は融合《ゆうがふ》して一を生《しやう》せしむる唯《ゆゐ》一實在《じつざい》あり兩々《りやう〱》の神靈《しんれい》、靈火《れいくわ》に融合《ゆうがふ》せしめられて一なるものに成化《せいくわ》する也《なり》、色情《しきじやう》の健全《けんぜん》なる概《がい》念《ねん》は正《まさ》に斯《か》くあらざる可《べ》からざる也《なり》、

人類發達《じんるゐはつたつ》の過程中《くわていちう》その精神飛躍《せいしんひやく》しその脉搏鼓動《みやくはくこどう》して、人《ひと》をして興奮度《こうふんど》なからしむるもの二八の頃《ころ》を最《さい》とす可《べ》し、その生涯《しやうがい》を通《つう》じてそこに無限《むげん》の思想充實《しさうじうじつ》し、そこに新《しん》清《せい》の肉血張溢《にくけつちやういつ》して、豐艶《ほうえん》なる肉體美《にくたいび》の頂點《ちやうてん》に達《たつ》せしめ、純潔《じゆんけつ》なる精神美《せいしんび》を希望《きばう》に向《かう》

上《じやう》せしむるもの將《まさ》に此時代《このじだい》なりとす、

此《こ》の强《つよ》き精氣《せいき》、新《あたら》しき元氣《げんき》の根源《こんげん》は身體《しんたい》の重要機關《ぢうえうきくわん》たる生殖機能《せいしよくきのう》の完熟《くわんじゆく》に從《したが》つて發《はつ》するもの也《なり》、

故《ゆゑ》に秩序節度《ちつじよせつど》を得《え》たる倫理的色情《りんりてきしきじやう》は少《すくな》くとも人生福祉《じんせいふくし》の一分子《ぶんし》を形成《けいせい》するものと認《みと》めるに吝《やぶさか》ならず、社會《しやくわい》の俗情《ぞくじやう》は高妙《かうめう》なる理論《りろん》よりも多《おほ》くの眞理《しんり》を語《かた》るものなればなり、神聖《しんせい》なる戀愛《れんあい》は情《じやう》の粹《すゐ》なり、純血《じゆんけつ》なる性欲《せいよく》は意思《いし》の粹《すゐ》なり、此兩者《このりやうしや》の結合《けつがふ》は人《にん》間生活《げんせいくわつ》の尤《もつと》も完全《くわんぜん》なるものにして、その結合《けつがふ》を圓滿《ゑんまん》に遂行《すゐかう》せしむる者之《ものこ》れ色情《しきじやう》也《なり》、

法華經《ほけきやう》に、

唯《た》だ佛《ぶつ》と佛《ぶつ》といましよく諸法《しよほふ》の實相《じつさう》を究盡《きうじん》し給《たま》へり、と云《い》ふてあるのは、人欲《じんよく》の我《われ》を超越《てうゑつ》し本我《ほんが》發見《はつけん》してそこに同《どう》一なる實現《じつげん》あるを示《しめ》すもの、故《ゆゑ》に「咸《こと〴〵》く皆戀慕《みなれんぼ》を懷《いだ》いて」と云《い》ふもの戀愛《れんあい》の眞聖《しんせい》なる佛《ぶつ》を慕《した》ふ如《ごと》く最善《さいぜん》ならしむ可《べ》きを敎《をし》ふなり、

人《ひと》よ試《こゝろみ》に心源術《しんげんじゆつ》を行《おこな》ひ人格轉換《じんかくてんくわん》を親り見《み》ればその處《ところ》に吾人《ごじん》が慕《した》ふ可《べ》き偉大《ゐだい》なる佛《ぶつ》

陀《だ》在《ましま》すを自覺《じかく》す可《べ》しそこに戀慕《れんぼ》の念起《ねんき》る之《こ》れ神聖《しんせい》なる刹那《せつな》である、

二九　心源術《しんげんじゆつ》より觀《み》たる宗教上《しうけうじやう》の歸着點《きちやくてん》

神《かみ》の實在《じつざい》を認《みと》めて殿堂《でんだう》に安置《あんち》する偶像《ぐうざう》に祈禱《きたう》する信條《しんでう》は既《すで》に過去《くわこ》に屬《ぞく》した、あらゆる宗教《しうけう》が人間本具靈性《にんげんほんぐれいせい》の偉大《ゐだい》を放棄《はうき》して客觀的本尊《かくくわんてきほんぞん》に對向《たいかう》するは人心向上《じんしんかうじやう》の路《みち》を塞《ふさ》ぐの罪《つみ》あり、吾人《ごじん》は現在《げんざい》を通《つう》じて將來《しやうらい》に信《しん》ず可《べ》き問題《もんだい》を解決《かいけつ》せんと欲《ほつ》して茲《こゝ》に神佛《しんぶつ》耶《や》三教《けう》の根本信條《こんぽんしんでう》など擧《あ》げ心源術實究《しんげんじゆつじつきう》の對向《たいかう》となさん、

現代《げんだい》は享樂主義者《きやうらくしゆぎしや》甚《はなは》だ多《おほ》し金錢《きんせん》を蓄《たくは》へ、妾宅《せうたく》を構《かま》へ、色欲美食《しきよくびしよく》を漁《あさ》ること餓《う》へたる犬《いぬ》が肉《にく》に集《つど》ふが如《ごと》し、その善惡手段《ぜんあくしゆだん》を擇《えら》ばず、此《こ》の故《ゆゑ》に社會《しやくわい》は冷靜穩健《れいせいをんけん》を缺《か》き常《つね》に鬱勃《うつぼつ》たる不平《ふへい》に驅《か》られ人情險惡《にんじやうけんあく》など極《きは》む、燒打《やきうち》、殺人《さつじん》、强盜《がうたう》、强姦《がうかん》の兇暴踵《きやうぼうきびす》を接《せつ》して到《いた》る、此《こ》れ皆享樂主義《みなきやうらくしゆぎ》の結果《けつくわ》に外《ほか》ならず、今《いま》や互《たがひ》に修羅《しゆら》の慘劇《さんげき》を演《えん》じつゝあり、常《じやう》識以上《しきいじやう》の智識《ちしき》を有《いう》したる山田憲《やまだけん》の如《ごと》き鈴辨殺《すゞべんころ》しの一幕《まく》は時代人心《じだいじんしん》が皮相《ひさう》の享樂主義《きやうらくしゆぎ》に偏《へん》しつゝあるを示《しめ》したる權化《ごんげ》ならざるか、快樂《くわいらく》が人生最後《じんせいさいご》の目的《もくてき》ならば搏噬《はくぜい》も可《か》

なり、天地《てんち》をとつて阿鼻地獄《あびぢごく》の炎火《えんくわ》の裡《うち》に投《とう》ずるも亦可也《またかなり》、奈如《いかん》せん人間《にんげん》は單《たん》なる快樂《くわいらく》をのみ滿足《まんぞく》し得《う》るものに非《あら》ず、其消息《そのせうそく》に至《いた》りては之《これ》を浦島《うらしま》が子《こ》に問《と》へ、

金銀珊瑚珍寶山《きんぎんさんごちんぽうざん》をなし美女《びぢよ》傍《かたへ》に侍《じ》す、龍宮《りうぐう》は浦島《うらしま》にとりて苦痛《くつう》の境《きやう》には非《あら》ざりき然《しか》も浦島《うらしま》や永久此《えいきうこ》の歡樂世界《くわんらくせかい》に留《とゞ》まるを欲《ほつ》せず、此《こ》處に留《とゞま》る久《ひさ》しうして歸心矢《きしんや》の如《ごと》し、抑《をさ》へんとして抑《をさ》へられず、遂《つひ》に一寒漁村《かんぎよそん》には歸《かへ》り去《さ》りにき、

素《もと》より是《こ》れ一の童話《どうわ》に過《す》ぎずと雖《いへど》も享樂主義《きやうらくしゆぎ》が人生最後《じんせいさいご》の解決《かいけつ》に非《あら》ざるを語《かた》りて餘《あま》りあるにあらずや、あらゆる宗教上《しうけうじやう》の信仰《しんかう》がその向上《かうじやう》し歸着《きちやく》する處《こころ》を解剖《かいばう》すれば共《とも》に天國《てんこく》を地上《ちじやう》に實現《じつげん》するの理想《りさう》なる可《べ》し、之《こ》れ眞個《しんこ》の享樂主義《きやうらくしゆぎ》の實現《じつげん》なり、抑《そもそ》も快《くわい》樂《らく》と云《い》ひ苦痛《くつう》と云《い》ふ總《すべ》て感情《かんじやう》のみ、然《しか》れども人《ひと》の意識《いしき》は感情《かんじやう》のみに非《あら》ず、感情《かんじやう》のみに依《よ》りて人《ひと》は滿足《まんぞく》し得《う》るものに非《あら》ず感情《かんじやう》ある一方《はう》には理性《りせい》の權威《けんゐ》嚴然《げんぜん》として存《そん》するものあればなり、

理性《りせい》の最高權威《さいかうけんゐ》とは……犧牲的行動《ぎせいてきかうどう》にあらずや……眞個《しんこ》の享樂主義《きやうらくしゆぎ》は犧牲的理性《ぎせいてきりせい》

の權威《けんゐ》が實現《じつげん》せられたる時《とき》にあり、犧牲《ぎせい》を通過《つうくわ》し來《きた》らざる享樂主義《きやうらくしゆぎ》は虚僞《きよぎ》の享樂《きやうらく》主義《しゆぎ》なり快樂《くわいらく》をのみ追求《ついきう》して犧牲《ぎせい》を知《し》らざるものは必《かなら》ず悲觀《ひくわん》に終《をは》らざるを得《え》ず、

犧牲《ぎせい》の報償《はうしやう》は眞個《しんこ》の享樂《きやうらく》なり、

日蓮上人《にちれんしやうにん》及《およ》びキリスト共《とも》に犧牲《ぎせい》を通過《つうくわ》し來《きた》る享樂《きやうらく》にして宗教家《しうけうか》及《およ》び信徒《しんと》が唯々偶像《たゞ〳〵ぐうざう》に對向《たいかう》して心靈上《しんれいじやう》の享樂《きやうらく》を得《え》んとするは僞善《ぎぜん》なり、キリスト教《けう》が『美《び》は墮落《だらく》であつて快樂《くわいらく》は罪惡《ざいあく》である』とせられて古昔《こせき》のギリシヤ思想《しさう》の美男美女《びなんびじよ》を憧憬《どうけい》し戀《こひ》を思《おも》ひながら表面《へうめん》は之《これ》を僞《いつは》つて口《くち》には神聖《しんせい》を唱《とな》へた、思想《しさう》を破壞《はくわい》した……人《ひと》は何時迄《いつまで》も自己《じこ》を僞《いつは》りて居《ゐ》るに堪《た》へぬものである、肉的享樂《にくてききやうらく》は軈《やが》て覺醒《かくせい》して自己《じこ》の天職《てんしよく》を發揮《はつき》せんとするの反省《はんせい》を來《きた》すなり、

宗教《しうけう》の根本眞理《こんぽんしんり》は此《こ》の覆面《ふくめん》を抛《なげう》ち去《さ》らしめ、靈《れい》と肉《にく》とは同《どう》一のみ犧牲的美《ぎせいてきび》はその調和合流《てうわがふりう》を實現《じつげん》する我等《われら》が最後《さいご》の願《ねがひ》たりと云《い》ふ事《こと》を心《こゝろ》に刻《きざ》みこまなければならぬ

三大宗教《だいしうけう》の一致《ち》點《てん》茲《こゝ》にあり、

天國《てんこく》は近《ちか》けり悔《く》ひ改《あらた》めよと叫《さけ》びし聲《こゑ》は猶太《ゆだや》の野《の》より羅馬《ろーま》に行《ゆ》き全歐《ぜんおう》の民《たみ》をして此《こ》の語《ご》の前《まへ》にひれ伏《ふ》せしめたが、肉《にく》と靈《れい》との一致《ち》を徹底的《てつていてき》に實現《じつけん》したのは日本《にほん》の日蓮上人《にちれんしやうにん》であつた、日蓮上人《にちれんしやうにん》は斷頭場裡《だんとうぢやうり》の漸有《ざんう》の涅槃《ねはん》に於《おい》て、釋迦《しやか》キリスト及《およ》びマホメット並《ならび》に一切宗教家《さいしうけうか》が憧憬《だうけい》する眞個《しんこ》の天國《てんこく》を闢《ひら》ひた刄《やいば》の下《した》に於《おい》て今《いま》や頸《くび》はねられんとする刹那《せつな》「是《こ》れ程《ほど》の喜《よろこ》び笑《わら》へかし」と絶叫《ぜつけう》した天照太神《あまてらすおほかみ》が岩戸《いはと》に隱《かく》れ給《たま》ひし時《とき》八百萬神《やほよろづがみ》が大笑《おほわらひ》の式《しき》を擧行《きよかう》した爲《ため》に天祖《てんそ》は岩戸《いはと》を細目《ほそめ》に闢《ひら》ひて看玉《みたま》ひたる神話《しんわ》がある、悲《かな》しみの一刹那喜《せつなよろこ》びの大笑《おほわらひ》は天國《てんこく》の扉《とびら》を開《ひら》いたので、日蓮上人《にちれんしやうにん》は犧牲的實行裡《ぎせいてきじつかうり》に於《おい》てそれを實證《じつしよう》したのである、

自我《じが》を沒却《ぼつきやく》して生物《せいぶつ》の生命活動《せいめいくわつどう》の中心力《ちうしんりよく》となる之《こ》れ菩薩主義《ぼさつしゆぎ》にして現人神主義《げんじんしんしゆぎ》たり活《い》き神主義《がみしゆぎ》である、

法華經《ほけきやう》に『三千大千世界《だいせかい》を觀《み》るに悉《ことごと》く芥子《けし》の如《ごと》きばかりも之《こ》れ菩薩《ぼさつ》にして即《すなは》ち犧牲《ぎせい》にあらざる事《こと》なし之《こ》れ一切生物覺醒《さいせいぶつかくせい》の爲《ため》なり』と菩薩《ぼさつ》とは慈《じ》を以《もつ》て身《み》を修《をさ》むるもの

即《すなは》ち社會我《しやくわいが》の實現《じつげん》なり一切《さい》の宗教《しうけう》の教理《けうり》の根底《こんてい》に活躍《くわつやく》して居《を》るもの即《すなは》ち日蓮《にちれん》なり、

日蓮《にちれん》は之《こ》れを文底秘沈《もんていひぢん》と云《い》ふ、

身《み》は輕《かる》し法《はふ》は重《おも》し身《み》は死《し》しても法《はふ》を廣《ひろ》めよ

と之《こ》れなり個我《こが》を神我《しんが》たらしむる必《かなら》ず三大宗教《だいしうけう》の教理《けうり》を徹底的實現《てつていてきじつげん》したるなり享樂《きやうらく》は玆《こゝ》に眞正《しんしやう》を發揮《はつき》し永久的《えいきうてき》の享樂《きやうらく》となる、易經《えききやう》に『大君命《だいくんめい》あり國《くに》を開《ひら》いて家《いへ》を承《う》く小人用《せうじんもち》ふる勿《なか》れ』と地水師《ちすゐし》の上爻《じやうかう》の辭《じ》なり、戰爭《せんさう》は大《だい》なる犧牲《ぎせい》を經《へ》てその功《こう》ある者《もの》に大君《おほぎみ》より賞《しやう》を與《あた》へらるゝなり、ヱスが十字架上《じかじやう》の最終《さいしう》の叫《さけ》びは、我《わ》が神《かみ》の意識《いしき》を貫徹《くわんてつ》したるなり、莊嚴《しやうごん》なる犧牲《ぎせい》の精神《せいしん》よ

三大宗教《だいしうけう》がクラスを脱《だつ》し派別《はべつ》の門表《もんへう》を除去《じよきよ》して犧牲的《ぎせいてき》に於《おい》て結合《けつがふ》せば心源《しんげん》の靈光《れいくわう》閃々《せん〳〵》として光輝《くわうき》を放《はな》つなり

犧牲《ぎせい》、犧牲《ぎせい》、犧牲《ぎせい》！　一個人《こじん》の爲《ため》に犧牲《ぎせい》となる者《もの》後世《こうせい》之《これ》を譽《ほ》むる、一國《こく》の爲《ため》戰場《せんぢやう》に於《おい》て正義《せいぎ》の軍《ぐん》に參加《さんか》す、而《しか》して戰功《せんこう》ある者《もの》必《かなら》ず報賞《はうしやう》あり、況《いは》んや世界人類《せかいじんるゐ》の守《まも》る可《べ》

き正義《せいぎ》を破壞《はくわい》せんとする者《もの》の爲《ため》に正義《せいぎ》を絶叫《ぜつけう》して犧牲《ぎせい》となる何《なん》ぞ大《だい》なる報賞《はうしやう》なからざる可《べ》からず、誰《たれ》が云《い》ひしか……『義人《ぎじん》の患難《くわんなん》は天與《てんよ》の賜《たまもの》なり』と日蓮《にちれん》云《いは》く『三類《るゐ》の強敵《がうてき》を現《あら》はさずんば法華經《ほけきやう》の行者《ぎやうじや》に非《あら》ず法師《はふし》の皮《かは》を着《き》たる畜生《ちくしやう》なり、法師《はふし》の名《な》を盜《ぬす》める盜賊《たうぞく》なり』と何《なん》ぞ嚴《げん》なる哉《かな》正義《せいぎ》の舌頭《ぜつとう》よ、

日蓮《にちれん》を責《せ》めし北條《ほうでう》もエスを十字架《じか》にせしピラートも共《とも》に後代《こうだい》の者《もの》をして一文《もん》の價《か》値《ち》なきを云《い》はしむるならずや、然《しか》るに日蓮《にちれん》キリストは後代人心《こうだいじんしん》の大《だい》なる「力《ちから》」として否《いな》犧牲《ぎせい》が人生最終《じんせいさいしう》の光明《くわうみやう》なる事《こと》を表明《へうめい》して居《ゐ》る、

三〇　心源術《しんげんじゆつ》より觀《み》たる人相《にんさう》と姓名斷《せいめいだん》

人相《にんさう》は皮相《ひさう》の學門《がくもん》であるが心源《しんげん》の光明《くわうみやう》を放射《はうしや》して觀相《くわんじやう》せざればその眞相《しんさう》を判定《はんてい》する事《こと》は斷《だん》じて出來《でき》ぬ、殊《こと》に人相《にんさう》は時々《じゞ》刻々《こくこく》變化《へんくわ》する事《こと》は人相見《にんさうみ》その者《もの》も斷定《だんてい》して居《ゐ》る骨相《こつさう》でも姓名斷《せいめいだん》でも黑子《ほくろ》斷《だん》でも悉《ことごと》く皮相《ひさう》の判定《はんてい》である、南北相法《なんぼくさうはふ》を傳《つた》へたる本人《ほんにん》は人《ひと》の相《さう》を觀察《くわんさつ》せんとする時《ときま》先づ眼《め》を閉《と》ぢ氣息《きそく》を調節《てうせつ》し七八つ息《いき》を吐《は》きその刹那《せつな》に眼《め》

を開《ひら》き觀相《くわんさう》するに一も不的《ふてき》の事《こと》なしと云《い》ふ、故《ゆゑ》に觀相《くわんさう》は相《さう》その者《もの》を觀《くわん》ずるとは云《い》へ術者《じゆつしや》が心源《しんげん》に徹底《てつてい》する心眼《しんがん》を以《もつ》てするに非《あ》らざれば確然《かくぜん》たる豫證《よしよう》を與《あた》ふる事《こと》不可能《ふかのう》となすを必然《ひつぜん》の理《り》と認《みと》めざる可《べ》からず、

姓名判斷《せいめいはんだん》の如《ごと》きも改名《かいめい》して尙《な》ほ運命《うんめい》の悲境《ひきやう》に陷《おちい》りし者《もの》あるを認《みと》むる、姓名《せいめい》の何《なん》たるを知《し》らずして只改命《たゞかいめい》するは迷信《めいしん》と云《い》ふ可《べ》きなり日蓮上人《にちれんしやうにん》も『一切《さい》の中《うち》に名《な》の大切《たいせつ》なるを知《し》れ』と敎《をし》へられた、その名《な》の大切《たいせつ》なるはその者《もの》の性質《せいしつ》を認《みと》めて名《な》を改《あらた》めざれば何等《なんら》の功果《こうくわ》なきを知《し》る可《べ》し、人相觀《にんさうみ》が『頭《あたま》は一身《しん》の尊位《そんゐ》たり故《ゆゑ》に其骨《そのほね》ゆたかにして明《あき》らかなるは命長《いのちなが》し皮厚《かはあつ》きと中高《なかたか》きは富貴《ふうき》なり』と斷《だん》ずるは即《すなは》ち皮《ひ》相斷《さうだん》にしてその命長《いのちなが》き相貌《さうばう》は何《いづ》れより來《きた》りつゝあるかは認《みと》めずして判定《はんてい》するが故《ゆゑ》に、人《ひと》をして迷《めい》境《きやう》に陷入《おとしい》れるの罪惡《ざいあく》となる、一切《さい》の相法及《さうはふおよ》び黒子《こくし》、骨相等《こつさうとう》は心源《しんげん》の因果律《いんぐわりつ》より出發《しゆつぱつ》し來《きた》りつゝあるが故《ゆゑ》に心源《しんげん》に徹入《てつにふ》したる相法觀《さうはふくわん》は必《かなら》ず確然《かくぜん》たる豫證《よしよう》を與《あた》ふるなり、

法華經《ほけきやう》に『口《くち》の氣臭《きくさ》からず、舌常《したつね》に病《やま》ひなく口《くち》も亦病《またやまひ》なけん、齒垢《はあか》つき黒《くろ》からず、

黄《き》ならず疎《そ》ならず、亦缺落《またかけお》ちず差《たが》はず曲《まが》らず、唇下《くちびるした》に垂《た》れず、亦褰縮《またらゃみ》ならず、麤澁《そじふ》ならず、瘡胗《そしん》ならず亦缺壊《またけつえ》ならず亦唱《またか》邪《じゃ》ならず厚《あつ》からず、大《だい》ならず亦黧《またり》黑《こく》ならず、諸《もろ〳〵》の惡《にく》む可《べ》きなけん、鼻匾遞《はなへんたい》ならず亦曲《またまが》り戻《もど》らず、面色黑《めんしょくくろ》からず亦狹《たせま》り長《なが》からず亦窊《またく》曲《こく》ならず、一切《さい》の喜《よろこ》ぶ可《べ》からざる相有《そうあ》る事《こと》なけん、唇舌牙齒《しんぜつげし》、悉《こと〳〵》く皆嚴好《みなこんかう》ならん、鼻修《はなながほ》くして高直《たかくちょく》に、面貌圓滿《めんぼうゑんまん》し、眉高《まゆたか》くして長《なが》く、額廣《ひたいひろ》く平正《へいぜい》にして人相具足《にんさうぐそく》せん、世々《よ》に生《うま》れん所《ところ》には佛《ぶつ》を見上《みたてまつ》り法《のり》を聞《き》く」

之《こ》れ皮相《ひさう》の人相觀《にんさうくわん》を超越《てうえつ》したる因果律《いんぐわりつ》を透《とほ》して來《きた》りつゝある相法《さうはふ》なり、心源術《しんげんじゆつ》は此《この》間《かん》の消息《せうそく》を解決《かいけつ》す可《べ》き靈術《れいじゆつ》なり、心源術《しんげんじゆつ》を行《おこな》ひ人格轉換《じんかくてんくわん》したる刹那《せつな》はその相貌《さうはう》は佛《ぶつ》陀《だ》が三昧《まい》の當相《たうさう》の如《ごと》く、觀世音《くわんぜおん》が岩頭《がんとう》に座《ざ》し内觀《ないくわん》する姿勢《しせい》と徹底《てってい》したる相貌《さうはう》を實現《じつげん》するなり、釋尊《しゃくそん》が内觀《ないくわん》する相貌《さうはう》は天地大同個我《てんちだいどうこが》を罷脱《ひだつ》して宇宙大《うちうだい》なる心源《しんげん》の活躍《くわつやく》と一致《ち》したる當相《たうさう》なればその間《かん》に發現《はつげん》する作用《さよう》は骨相黑子《こつさうこくし》等《とう》の皮相觀《ひさうくわん》を超越《てうえつ》して居《ゐ》る世《よ》の相法觀《さうはふくわん》は心源《しんげん》より來《きた》る因果關係《いんぐわくわんけい》を識《し》らざるが爲《ため》に人相《にんさう》は時々《ときどき》變化《へんくわ》して一定《てい》せず

と斷《だん》ずるなり、

されども心源活躍《しんげんくわつやく》より來《きた》る處《ところ》の人相《にんさう》はたとひ本人《ほんにん》が内面善人福德《ないめんぜんにんふくとく》の者《もの》なりとも、眞《しん》理《り》を謗《はう》じ正義《せいぎ》を破壞《はくわい》したる者《もの》は法華經《ほけきやう》に示《しめ》す如《ごと》く、

若《も》しは實《じつ》にも不實《ふじつ》にもあれ此人《このひと》は現世《げんせ》に白癩《びやくらい》の病《やま》ひを得《え》ん、若《も》し之《これ》を輕笑《きやうせう》する者《もの》有《あ》らば世々《よゝ》に牙齒疎缺《げしたけつ》、醜脣平鼻《しうしんべうび》、手脚繚戻《しゆきやくれうるゐ》し眼目角睞《げんもくかくらい》に、身體臭穢《しんたいしうえ》にして、惡《あく》瘡膿血《さうのうけつ》、水腹短氣《すゐふくたんげ》、諸《もろ〳〵》の惡重病《あくぢうびやう》ある可《べ》し、

看《み》よ看《み》よ賢實心《けんじつしん》の嚴《げん》なる如斯《かくのごとく》實證《じつしよう》を示《しめ》す、世《よ》の人相觀《にんさうみ》は此《こ》の内面的發動《ないめんてきはつどう》を識《し》らずして唯々《たゞ》皮相《ひさう》を觀《み》て斷《だん》ずるは些《いさゝ》か輕擧《けいきよ》と云《い》はざるを得《え》ない、

三一　心源術《しんげんじゆつ》より觀《み》たる易斷《えきだん》

易《えき》は現象界《げんしやうかい》のありのまゝを捕《とら》へて作《つく》り上《あ》げたる物質的科學《ぶつしつてきくわがく》の一種《しゆ》である、天澤火雷《てんたくくわらい》風水山地《ふうすゐさんち》と八卦體《けいたい》を以《もつ》てその配合《はいがふ》を表準《へうじゆん》とし一切《さい》の吉凶《きちきよ》を斷《だん》ずる推理的哲學《すゐりてきてつがく》である故《ゆゑ》に積善《せきぜん》の家《いへ》には必《かなら》ず餘慶《よけい》あり、積不善《せきふぜん》の家《いへ》には必《かなら》ず映《わざは》ひあり、と示《しめ》すと雖《いへど》も唯々《たゞ》

六爻《かう》の爻父《かうしや》は八卦《くわ》の表《へう》を出《だ》すとも吾人本具《ごじんほんぐ》の心靈《しんれい》は六爻《かう》の裁斷以上《さいだんいじやう》の變化《へんくわ》をし、推《すゐ》理《り》的易斷《てきえきだん》を以《もつ》てすともその秘《ひ》を發見《はつけん》する事能《ことあた》はざるなり、易《えき》は唯天地《たゞてんち》人《じん》の三才《さい》を以《もつ》て萬象《ばんしやう》の變通《へんつう》を云《い》ふもの、繋辭《けいじ》傳《でん》には、

夫《そ》れ易《えき》は聖人《せいじん》の深《ふか》きを極《きは》め幾《き》を研《あき》らかにするゆえん也《なり》、唯々深《たゞ〳〵ふか》き也《なり》、故《ゆゑ》に天下《てんか》の志《こゝろざし》に通《つう》ず、唯《た》だ幾《き》なり故《ゆゑ》に能《よ》く天下《てんか》の務《つとめ》を成《じやう》ず、唯々神也故《たゞ〳〵かみなりゆゑ》に疾《と》くせずして速《すみやか》に行《おこな》はずして至《いた》る也《なり》、

文意誠《ぶんいまこと》に佳《か》なりされども吾人《ごじん》が因果關係《いんぐわくわんけい》の裁斷《さいだん》を解除《かいぢよ》する心源《しんげん》の偉大《ゐだい》なるを解《かい》する事能《ことあた》はざるなり、その心源《しんげん》を解《かい》すに山雷頤《さんらいい》の卦體《くわたい》を以《もつ》て大離《たいり》として推理《すゐり》せんとすれども、六爻《かう》の物質及《ぶつしつおよ》び八卦《くわ》の表準《へうじゆん》を離《はな》れてその斷《だん》を取《と》る事斷《ことだん》じて不可《ふか》とす、心源術《しんげんじゆつ》の如《ごと》きは一切《さい》の物質《ぶつしつ》を離《はな》れ直感的《ちよくかんてき》にその發現《はつけん》を認《みと》むる者《もの》なれば、高尚《かうしやう》なる文意推理《ぶんいすゐり》を要《えう》せざるなり、易斷《えきだん》の神聖中洲眞勢《しんせいちうしうませ》大人《だいじん》の傳《つた》へたる生卦《せいか》易《えき》の如《ごと》き面倒《めんだう》なる方法《はうほふ》を必要《ひつえう》となさず、唯吾人《たゞごじん》の紛然雜然《ふんぜんざつぜん》たる潜在意識《せんざいいしき》の統《とう》一を必要《ひつえう》とするのみ、今易《いまえき》に

就《つい》て予《よ》實研《じつけん》したる二三を擧《あ》げ推理《すゐり》哲學《てつがく》なるの證《しよう》を示《しめ》さん、
埼玉縣幸手在《さいたまけんさつてざい》に三四十人《にん》の者《もの》が人糞《じんふん》を衣類《いるゐ》につけられたるを狐狸《こり》の仕業《しわざ》となし、村内《そんない》の大騷《おほさわ》ぎとなり神官《しんくわん》は神前《しんぜん》に祈《いの》り警官《けいくわん》は八方《はう》に注意《ちうい》するの騷動《さうどう》たりし時《とき》、予《よ》は易《えき》を以《もつ》て斷《だん》じたり、占筮《せんぜい》は、

雷風恒《らいふうかう》の上爻變《じやうかうへん》なり故《ゆゑ》に精神《せいしん》に異狀《いじやう》ある者《もの》にして上爻變《じやうかうへん》じて中女《ちうぢよ》なれば十三四歳《さい》の女子《ぢよし》にして村外《むらはづ》れに居《を》る者《もの》と斷《だん》じたり、然《しか》るに他村《たそん》より子守《こもり》に雇入《やとひい》れたる十四歳《さい》の白痴者《はくちしや》なる事判明《ことはんめい》して速《すみや》かに放逐《はうちく》したり、上爻《じやうかう》の辭《じ》に恒《かう》を振《しん》ふ凶《きよ》とある故精神《ゆゑせいしん》に異狀《いじやう》ある者《もの》と斷《だん》じたるなり、
易《えき》は之《こ》れ以上應用的確《いじやうおうようてきかく》なる事能《ことあた》はざるにはなけれども非常《ひじやう》に推理《すゐり》に到達《たうたつ》したる者《もの》にあらざれば不可《ふか》なる仕事《しごと》なり、一步踏《ほふ》みはずせば人《ひと》をして迷境《めいきやう》に陥入《おとしい》れるは當然《たうぜん》の問題《もんだい》となす事《こと》は吾人《ごじん》が究明《きうめい》したる處《ところ》なり、
又《また》一切《さい》の疾病《しつぺい》を斷《だん》ずるに、

☷☰地天泰《ちてんたい》を以《もつ》て無病《むびやう》となし☷を坤《こん》の胃《ゐ》とし☰を乾《けん》の肺《はい》とし肺《はい》は皮毛《ひもう》を主《つかさど》り胃《ゐ》は氣血《きけつ》を滋養《じやう》す、外邪《ぐわいじや》皮毛《ひもう》を犯《をか》し☰乾《けん》は☴巽《そん》となり、☷坤《こん》は☳震《しん》となる☴巽《そん》を風《かぜ》とし☳震《しん》を上《のぼ》るとす、是《こゝ》に於《おい》て惡風《あくふう》☴《そん》頭痛《づつう》☳《しん》等《とう》を見《あら》はす、之《こ》れ肺胃《はいゐ》を犯《をか》すの象《かたち》とす又《また》☴進《すゝ》んで☲離《り》となり熱《ねつ》となる☳《しん》は進《すゝ》んで寒《かん》となる是《こゝ》に於《おい》て發熱惡寒《はつねつをかん》等《とう》を見《あら》はす又《また》進《すゝ》んで☱兌《だ》となり☶艮《こん》となる熱肺部《ねつはいぶ》を蒸《む》して咳嗽《がいそう》又《また》は口乾《くちかは》き下胃部《しもゐぶ》を蒸《む》して胃實《じつ》又《また》は不大便《ふだいべん》等《とう》の症《やまひ》を見《あら》はす也《なり》、

疾病斷《じつぺいだん》はかくの如《こと》しされどもその冷熱《れいねつ》の來《きた》る何處《いづく》より來《きた》るかは易《えき》に於《おい》ては不明《ふめい》となす、大正《たいしやう》八九年《ねん》の流行感冒《りうかうかんばう》の如《ごと》き空氣《くうき》の乾燥《かんさう》より來《きた》りしと世《よ》皆《みな》定評《ていひやう》すれども、その風《かぜ》たるや戰爭《せんさう》に於《おい》て慘虐《ざんぎやく》なる死《し》を遂《と》げた戰死者《せんししや》の靈波《れいは》より來《きた》りたるを知《し》らざるなり、易斷《えきだん》又《また》如斯《かくのごとく》變化《へんくわ》あるを何《なん》の卦《くわ》に於《おい》て之《これ》を斷《だん》ずるや不明《ふめい》なりとなす、

易《えき》と心源術《しんげんじゆつ》との相違點《さうゐてん》玆《こゝ》に存《そん》す、

三二　心源術《しんげんじゆつ》より觀《み》たる時代人心《じだいじんしん》

心源《しんげん》の大道《だいだう》は過去《くわこ》現在未來《げんざいみらい》を通《つう》じて一貫《くわん》して居《ゐ》る、若《も》し人類《じんるゐ》に物質《ぶつしつ》と精神《せいしん》の合《がふ》一したる源髓《げんずゐ》がなかりせば吾人《ごじん》は一日《にち》たりとも生命《せいめい》を維持《ゐぢ》する事《こと》は斷《だん》じて出來《でき》ぬ、哲學《てつがく》も科學《くわがく》も宗敎《しうけう》もあらゆる世界《せかい》の善論善敎《ぜんろんぜんけう》は成立《せいりつ》せないのである、然《しか》るに時代《じだい》の人心《じんしん》は種々《しゆじゆ》なる新思想《しんしさう》と云《い》ふ名稱《めいしよう》の爲《ため》にその渦捲《うずまき》にまき込《こ》まれ時々《じじ》刻々《こくこく》溺死《できし》せんとして居《ゐ》る者《もの》が澤山《たくさん》ある、智巧《ちこう》なる文明矯傷《ぶんめいけうしやう》なる進歩《しんぽ》は、人《ひと》をして自然《しぜん》に背《そむ》かしめ、人《ひと》をして早老《さうらう》し、夭死《えうし》せしめ、其兒孫《そのじそん》をして、同《どう》一の宿命《しゆくめい》をたどらしめて一代又《だいまた》一代《だい》、漸《やうや》く滅亡《めつばう》に近《ちか》づかしむ、現《げん》に視力《しりよく》は之《これ》を昔時《せきじ》に比《ひ》すれば更《さら》に衰《おとろ》えて眼鏡《めがね》を要《えう》するもの、年齡平均《ねんれいへいきん》五歳《さい》を早《はや》め、自殺《じさつ》の統計率《とうけいりつ》又《また》二十年《ねん》にして殆《ほと》んど二倍《ばい》に近《ちか》きものあるを見《み》る、齒牙《しが》の落《お》つることも、鬢髮《びんぱつ》の霜《しも》を加《くは》へ若《も》しくは禿頭《とくとう》となること亦之《またこれ》を昔時《せきじ》に比《ひ》して遙《はる》かに若《わか》きに於《おい》てす、三十歳《さい》にして既《すで》に髮毛數莖《はつもうすうけい》の白《しろ》を見《み》るものは、比々《ひひ》として然《しか》るに非《あら》ずや、死期《しご》も又昔古《またせきこ》に比《ひ》して更《さら》に短《みぢか》きもののあるは學者《がくしや》の證《しよう》する所《ところ》である、誤《あやま》れる思想《しさう》が若《わか》き男女《だんぢよ》の上《うへ》に悪影響《あくえいきやう》を來《きた》さしめたるか、心源《しんげん》の大道《だいだう》は一張《ちやう》の胡弓《こきう》の如《ごと》し現代思想《げんだいしさう》と人心《じんしん》を胡弓《こきう》に譬《たと》ふ、掉《さほ》に渡《わた》せる二絃《げん》の細大《さいだい》は時代精神《じだいせいしん》なり、弓《ゆみ》を張《に》る數條《すうでう》は不現《ふげん》の思想也《しさうなり》、彈《だん》ずる一人《にん》は歷史《れきし》なり、絃々《げん〳〵》彈《だん》じ合《あ》はして、高低緩急《かうていくわんきふ》の音《おん》は續發《ぞくはつ》し併發《へいはつ》するもの是《こ》れ時代思想也際限《じだいしさうなりさいげん》なきかんどこの一に、一條《すぢ》の音《おん》を發《はつ》するもの、即《すなは》ち出現《しゆつげん》の一思想《しさう》にして、其高低《そのかうてい》はその思想《しさう》の傳播《でんぱ》の度《ど》也《なり》、

若し胡弓《こきう》の中條《ちうでう》を最《もつと》も健全《けんぜん》なる未現《みげん》の思想《しさう》なりとすれば、其餘《そのよ》は多《おほ》く不健全的思想《ふけんぜんてきしさう》のみ、條《すぢ》の絃《いと》に觸《ふ》るゝ、その中條《ちうでう》のみなれば、吾人《ごじん》の思想《しさう》は最《もつと》も健全《けんぜん》を稱《しよう》し得《う》べくして、その餘《よ》の條《すぢ》の觸《ふ》るゝのみならば、世《よ》は擧《あ》げて不健全的思想《ふけんぜんてきしさう》に蔽《おほ》はるゝ也《なり》、然《しか》も彈《だん》ずる者常《ものつね》にその一條《すぢ》のみを以《もつ》てせず、豈況《あにいは》んやその中條《ちうでう》のみを選《えら》ぶに於《おい》てをや

若しそれ一條《でう》の一絃《げん》と一所《しよ》に接觸《せつしよく》せる音《おと》を唱《しやう》して、胡弓《こきう》の音《おと》なりと言《い》ふ者《もの》あらんか何人《なんぴと》か其愚《そのぐ》を笑《わら》はざらんや、此《こゝ》に於《おい》てか音《おん》に高低《かうてい》あり而《しか》してその音《おと》の來《きた》るや、緩急《くわんきふ》常《つね》ならず、是《こ》れ思想《しさう》が或《あるひ》は突如《とつぢよ》として來《きた》り、或《あるひ》は漸時《ざんじ》にして傳播《でんぱ》するあるに等《ひと》し、

二絃《げん》七條彈《てうだん》じ盡《つく》して、嘈々《さう〳〵》の音《おん》を成《な》すもの、是《こ》れ純然《じゆんぜん》たる當代《たうだい》の思想《しさう》にして人心《じんしん》悉《こと〴〵》く之《こ》れに觸《ふ》れ居《ゐ》る如《ごと》きなり、其時代《そのじだい》思想《しさう》の雜然《ざつぜん》たるは其音調《そのおんてう》の騷然《さうぜん》たるに對《たい》しその切々《せつ〳〵》微妙《びめう》の音調《おんてう》は思想界調和《しさうかいてうわ》奏合《そうがふ》の時《とき》に比《ひ》す可《べ》し、而《しか》して胡弓《こきう》の音調《おんてう》に諧律《かいりつ》が重《おも》きを成《な》すは思想《しさう》の統一《とういつ》に調和《てうわ》を主《しゆ》とする所以《ゆえん》にして、そこに神秘幽玄《しんぴいうげん》の一大音樂《だいおんがく》ありそこに醇化健全《じゆんくわけんぜん》の一大思想《だいしさう》あり、胡弓《こきう》が嘈々切々《さう〳〵せつ〳〵》の響《ひゞき》は思想《しさう》が民心《みんしん》を動《うご》かす偉力《ゐりよく》にして、人《ひと》の妙音《めうおん》に聽《き》き惚《ほ》るゝは民心《みんしん》が思想《しさう》に善感化《ぜんかんくわ》或《あるひ》は惡感化《あくかんくわ》さるゝ刹那《せつな》である、然《しか》しながら思《おも》へ胡弓《こきう》は其彈奏者《そのだんそうしや》の天才《てんさい》と凡能《ぼんのう》たるとに由《よ》つて常《つね》に其音調《そのおんてう》を異《こと》にす即《すなは》ち思想《しさう》がその時代《じだい》に依《よつ》てその傾向《けいかう》を異《こと》にする所以《ゆえん》である、

騷然《さうぜん》たる胡弓《こきう》の不調和《ふてうわ》なる音響《おんきやう》、之《こ》れ雜然《ざつぜん》として歸《き》一する處《ところ》なき現代《げんだい》の思想界《しさうかい》と人《じん》心《しん》なり、若《も》しもその思想《しさう》をして融合《ゆうがふ》せしめざる最大《さいだい》なる騷音《さうおん》が即《すなは》ち……物質上《ぶつしつじやう》より出《しゆつ》發《はつ》し來《きた》りし幾多《いくた》の破壞思想《はくわいしさう》なり…… とせば……先帝崩御後《せんていほうぎよご》の沈靜《ちんせい》なる思想界《しさうかい》に乃木《のぎ》大將《たいしやう》の死《し》は、如何《いか》に感動《かんどう》を與《あた》へたりしか、將軍欣慕《しやうぐんきんぼ》、將軍崇拜《しやうぐんすうはい》の聲《こゑ》は純《じゆん》なる武士道《ぶしだう》

の復活《ふくくわつ》、活《い》きたる武士道《ぶしだう》の現世的《げんせいてき》の叫《さけ》びと化《くわ》して、こゝに最善《さいぜん》の良訓《りやうくん》を眠《ねむ》れるが如《ごと》き、夢見《ゆめみ》るが如《ごと》き思想界《しさうかい》に一良劑《りやうざい》として齎《もたら》せり、

思《おも》ふに既往《きおう》に於《おい》て民心《みんしん》の歸趣《きしゆ》たる可《べ》き人物《じんぶつ》は常《つね》によく、その根本義《こんぽんぎ》の研究《けんきう》せらるゝありて、多《おほ》く善《ぜん》なる意味《いみ》に於《おい》ての崇拜《すうはい》に向《むか》ふを常《つね》とす、之《こ》れ國民道徳《こくみんだうとく》の未《いま》だ地《ち》に墜ちざるを明示《めいじ》するものにして、吾人《ごじん》は殊《こと》に深《ふか》く彼《か》の南北朝問題《なんぼくてうもんだい》の上《うへ》に喚起《くわんき》したりし熱誠《ねつせい》を籠《こ》めれる國民自衛《こくみんじゑい》の論議《ろんぎ》と、此將軍《このしやうぐん》が上《かみ》に忠良《ちうりやう》なる、且《か》つ下萬民《しもばんみん》に清涼劑《せいりやうざい》を與《あた》へたる、その最後《さいご》とに感謝《かんしや》す、而《しか》して心私《こゝろひそか》に民族的精神《みんぞくてきせいしん》の誤《あやま》られたる時代來《じだいきた》りしとせば將軍《しやうぐん》の示《しめ》せる活《いき》たる良訓《りやうくん》を回顧《くわいこ》して復活《ふくくわつ》す可《べ》きである、

心源《しんげん》に到達《たうたつ》せられたる將軍《しやうぐん》は個我《こが》を罷脱《ひだつ》して大《だい》なる國家我《こくかが》に合《がふ》一したるなり、時代人心《じだいじんしん》が物質慾《ぶつしつよく》に醒《さ》めて精神上《せいしんじやう》の力《ちから》を求《もと》めんとするを看《み》て、その弱點《じやくてん》につけ入《い》り種々《しゆじゆ》なる靈的教訓《れいてきけうくん》を開業《かいげふ》して未《いま》だ半覺狀態《はんかくじやうたい》の民心《みんしん》をして吸收《きふしう》し多大《ただい》の金錢《きんせん》を貪《むさは》り居《を》る者《もの》あり、人心《じんしん》はこれを覺《さと》らず彼等《かれら》の瞞着《まんちやく》に溺死《できし》して進化向上發展《しんくわかうじやうはつてん》に遲々《ちゝ》として居

るなり……醒《さめ》よ時代人心《じだいじんしん》……吾人《ごじん》は自覺發憤《じかくはつぷん》する處《ところ》に吾人《ごじん》の天職《てんしよく》と國家《こくか》の大使命《だいしめい》とが眼前《がんぜん》に吾人《ごじん》を迎《むか》へんとして待《ま》ちつゝあり行矣《ゆけい》、

三三　靈怪《れいくわい》の研究《けんきう》に就《つい》て

唯物說《ゆいぶつせつ》は人《ひと》の心靈《しんれい》を鉢裁《はちうへ》にするものではあるまいか、進化《しんくわ》は生活範圍《せいくわつはんゐ》の擴大《くわくだい》である、鑛物《くわうぶつ》は死物《しぶつ》であつて、空氣《くうき》や土壤《どぢやう》とさへ相關係《あひくわんれん》する神經《しんけい》を有《も》つて居《ゐ》ないが、植物《しよくぶつ》となれば既《すで》に一の神經《しんけい》を以《も》つて土壤《どぢやう》と相關係《あひくわんれん》し、他《た》の神經《しんけい》を以《もつ》て空氣《くうき》や日光《につくわう》と相關係《あいくわんけい》して居《を》る、更《さら》に上《のぼ》りて鳥《とり》や獸《けもの》となれば、其關係《そのくわんけい》を益々廣《ますくひろ》くなつて居《を》る。人類《じんるゐ》の中《なか》でも野蠻人《やばんじん》は、まだ其神經《そのしんけい》の關《くわん》する所《ところ》が多《おほ》くは物質世界《ぶつしつせかい》にのみあつて、無形《むけい》の事《こと》に關《くわん》しては其神經尙《そのしんけいな》ほ甚《はなは》だ微《かす》かである、然《しか》るに文明人《ぶんめいじん》となると道德《だうとく》に對《たい》する神經《しんけい》が出來《でき》、美術《びじゆつ》に對《たい》する神經《しんけい》があり、眞理《しんり》に對《たい》する神經《しんけい》が出來《でき》、其範圍《そのはんゐ》は益々廣《ますくひろ》く、其關係《そのくわんけい》は愈々複雜《いよくふくざつ》となり、更《さら》に高尙《かうしやう》となると、神《かみ》に對《たい》する神經《しんけい》、見《み》へざる靈《れい》の國《くに》に對《たい》する神《しん》經《けい》をも有《いう》するに至《いた》るのである、亭々雲漢《ていくうんかん》と摩《ま》するに至《いた》る可《べ》き樹木《じゆもく》でも、之《これ》を鉢裁《はちうへ》にして置《お》けば、根蔕《ねせ》まり技縮《えだちゞ》み大《おほ》きく展《の》びることが出來《でき》ない、無碍自在《むげじざい》なる靈界《れいかい》に發《はつ》展《てん》す可《べ》き人間《にんげん》が、徒《いたづ》らに目《め》に見《み》ゆる現世《げんせ》にのみ局束《きよくそく》して居《を》るのは、恰《あたか》も杉《すぎ》や檜《ひのき》を鉢《はち》栽《うへ》にした樣《やう》なものではあるまいか、

豈《あ》に啻《たゞ》五官《くわん》の窓《まど》のみならんや、羅馬《らうま》の碩學《せきがく》シセロは云《い》ふた、若《も》し此《こゝ》に此時《えうじ》より一室《しつ》に閉《と》ぢ籠《こ》められて居《ゐ》て窓《まど》の小孔《こあな》よりするの外《ほか》、少《すこ》しも外界《げかい》を窺《うかゞ》ふ機會《きくわい》のない人《ひと》があつたならば、其人《そのひと》は恐《おそら》くば此《こ》の小孔《こあな》を以《もつ》て其視力《そのしりよく》の一要素《えうそ》と認《みと》め、其室《そのしつ》の四壁《へき》が取《と》り除《のぞ》かれたならば其視界《そのしかい》が更《さら》に擴大《くわくだい》すると說《と》かれても、容易《ようい》に之《これ》を信《しん》じないであろう。

と云《い》ふた唯物論者《ゆいぶつろんしや》が五官《くわん》を經由《けいゆ》せる感覺以外《かんかくいぐわい》のものを全然虛無視《ぜんぜんきよむし》するのは、此《こ》れ亦《また》幼時《えうじ》より、五官《くわん》の窓《まど》にのみ由《よ》りて見來《みきた》りたる習慣《しふくわん》に惑《こと》はされて居《を》るのではあるまいか。

靈魂《れいこん》を閉《と》ぢ籠《こ》め居《を》る肉體《にくたい》の四壁《へき》を撤去《てつきよ》したならば、心靈《しんれい》の眼界《がんかい》は更《さら》に濶大《くわつだい》となる

であらう。

芝居《しばゐ》で有名《いうめい》な「播州皿屋敷《ばんしうさらやしき》」の實說《じつせつ》が『諸事實事錄《しよじじつじろく》』と云《い》ふ本《ほん》の中《なか》に書《か》いてある靈《れい》怪研究《くわいけんきう》として面白《おもしろ》い唯物論者《ゆいぶつろんしや》には斷《だん》じて解《わか》らない、其《そ》の大要《たいえう》は江戸旗本《えどはたもと》の士《さむらひ》に大久《おほく》保彦《ひこ》六と云《い》ふ書院組《しよゐんぐみ》を勤《つと》め千石《こく》を領《りやう》し牛込門《うしごめもん》の中《なか》に住《ぢう》して居《ゐ》た、彦《ひこ》六は亂暴《らんばう》な男《をとこ》であつた、其頃流行《そのころりうかう》の俠客《けうかく》の仲間入《なかまい》りをして、白柄組《しらつかぐみ》の巨魁水野《きよかいみづの》十郎左衛門《らうざゑもん》とは莫逆《ばくぎやく》の友《とも》であつた、或日《あるひ》彦《ひこ》六方《かた》で旗本《はたもと》六方組《はうぐみ》の大寄合《おほよりあひ》があつた時《とき》、彦《ひこ》六は馳走《ちそう》の爲《ため》婢女《めしつかひ》五六人《にん》を美《うつく》しく着飾《きんかざ》らせて酒席《しゆせき》に侍《はべ》らせた。其内《そのうち》に相州藤澤生《さうしうふじさはうま》れで名《な》をお藤《ふじ》と云《い》ふもの、當時《たうじ》十九歳《さい》の花盛《はなざか》り際立《きはだ》つて縹緻《きりやう》がよい、十郎左衛門《らうざゑもん》の眼《め》に留《と》まつて、其酌《そのしやく》十二分《ぶん》に歡《くわん》を悉《つく》した、其夜宴會《そのよえんくわい》が終《をは》つてから主人《しゆじん》の彦《ひこ》六は此《こ》お藤《ふじ》を樣々《さまざま》に口說《くど》いた併《しか》しお藤《ふじ》は藤澤《ふじさは》に馴染《なじみ》の辰三郎《たつらう》と云《い》ふものがある、二世《せ》と契《ちぎ》りし中《なか》であるから、彦《ひこ》六に對《たい》して斷然《だんぜん》ことわつてその場《ば》を脫《ぬ》けた、彦《ひこ》六の執心《しうしん》は愈々強《いよいよつよ》い、日毎《ひごと》に美《うつく》しい衣類《きるゐ》など買《か》ひ與《あた》へて手懷《てなづ》けやうとしたが更《さら》に効目《きゝめ》がない。果《はて》は可愛《かあい》さ餘《あま》りて憎《にく》さが百倍《はい》と云《い》ふ事《こと》になつた……秘藏《ひざう》の南京皿《なんきんざら》の十枚《まい》一組《くみ》あるのをワザと一枚隱《まいかく》して置《お》きお藤《ふぢ》に向《むか》つて納戸《なんど》からその皿《さら》を出《だ》して來《こ》いと命《めい》じた。その時《とき》は宵《よひ》に六方組《はつぽうぐみ》の大集會《だいしふくわい》があつたその天明頃《あけだかごろ》である、命令《めいれい》に依《よ》つてお藤《ふぢ》は皿《さら》を出《だ》し數《かぞ》へて見《み》ると一枚足《まいた》りない、彥六《ひこ》は嚇《くわつ》として怒《いか》り『主人《しゆじん》の品《しな》を預《あづか》り不足《ふそく》として濟《す》むと思《おも》ふか、其《その》一枚《まい》の出《い》でざる間《あひ》だは何時迄《なんどきまで》も數《かぞ》へて居《を》れ』と罵《のゝし》つた。ソシて責《せ》めつけ〳〵朝《あさ》四ッから夜《よ》九ッ過《す》ぎ、即《すなは》ち午前《ごぜん》十時頃《じごろ》より夜《よ》十二時《じ》迄同《までおな》じ事《こと》をさせた。終《つひ》には手《て》もすくみ、一ッ二ッの聲《こゑ》さへも絕《た》え入《い》るやうであつた。軈《やが》て八ッ即《すなは》ち午前《ごぜん》二時《じ》の鐘《かね》が聞《きこ》える頃彥《ころひこ》六も睡氣《ねむけ》を催《もよふ》して肱枕《ひぢまくら》をして居眠《ゐねむ》りを始《はじ》めた其隙《そのすき》を伺《うかゞ》つたお藤《ふぢ》は庭《には》に駈《か》け出《だ》し、井《ゐど》の中《なか》に飛《と》び込《こ》んで、可惜《あたら》盛《さか》りの花《はな》を散《ち》らした。暫《しばら》くして彥六《ひこ》これを氣着《きづ》いて、探《さが》し出《だ》し、亂心《らんしん》の體《てい》にして死體《したい》は請人《うけびと》に引《ひ》き渡《わた》した。然《しか》るにその夜《よ》から何處《どこ》となく皿《さら》を數《かぞ》ふる聲《こゑ》がする、下男下女《げなんげぢよ》が怖《こは》がつて皆《み》な暇《いとま》を取《と》り彥六《ひこ》一人《にん》となつた、親類《しんるゐ》も彥六《ひこ》の日頃《ひごろ》に愛想《あいそ》を盡《つ》かして居《ゐ》るから構《かま》はない、遂《つひ》に水野《みづの》十郎左衞門《らうざゑもん》の屋敷《やしき》に引移《ひきうつ》つた一兩日後《りやうじつご》彦《ひこ》六は亂心《らんしん》して在らぬ事《こと》を口走《くちはし》る、水野《みづの》は云《い》ふた、男達《をとこだて》とも云《い》はるゝものが此《こ》の位《くらゐ》の事《こと》で亂心《らんしん》するとは以《もつ》ての外《ほか》だ、死《し》ぬなら其儘死《そのまゝし》ね、

と一間《ま》の中《なか》に押込《をしこ》めた、彦《ひこ》六益々狂《ますくくる》ひ夜《よ》となく晝《ひる》となく叫《さけ》び廻《まは》る、二十日許《かばかり》過《す》ぎて遂《つひ》に狂《くる》ひ死《じに》に死《し》んで了《しま》つた、この事《こと》が世《よ》に聞《きこ》えると彦《ひこ》六の屋敷《やしき》を皿屋敷《さらやしき》と云《い》ひ又《また》は化物屋敷《ばけものやしき》と名《な》づけ、拜領《はいりやう》するものが一人《ひとり》もない、結句《けつく》元祿《げんろく》十一年《ねん》十月《ぐわつ》音羽《おとは》から出火《しゆつくわ》の時《とき》に燒かれてしまつた、これが皿屋敷《さらやしき》の實說錄《じつせつろく》でお藤《ふぢ》をお菊《きく》と作《つく》り直《なほ》したとの事《こと》である、

唯《ゆ》物論者《ぶつろんしや》は之《こ》れを何《なん》と斷案《だんあん》を下《くだ》すか、唯物論者《ゆいぶつろんしや》の議論《ぎろん》は唯眼《たゞめ》を開《ひら》けば物質《ぶつしつ》を見《み》るが靈魂《れいこん》を見《み》ない、眼《め》を開《ひら》けば「我《わ》れ」宇宙《うちう》の中《なか》に在《あ》り、眼《め》を閉《と》づれば宇宙《うちう》「我《わ》れが」中《なか》に在《あ》る、物質的《ぶつしつてき》宇宙《ちう》が大《だい》であるか、將《は》た心靈的《しんれいてき》の「我《わ》れ」が大《だい》であるか閉目瞑想《へいもくめいさう》內觀《ないくわん》し來《きたつ》て唯《ゆ》心《しん》を見《み》たならば如何《どう》であらう、

お藤《ふぢ》は物質的失敗《ぶつしつてきじつはい》をしても心靈的《しんれいてき》「我《わ》れ」を擴張《くわくちやう》して物質的《ぶつしつてき》にて壓迫《あつはく》を加《くは》へた彥《ひこ》六に勝《か》つたのではないか、

物質的肉體《ぶつしつてきにくたい》は心靈的實驗《しんれいてきじつけん》に支配《しはい》せられて現象界《げんしやうかい》の波動《はどう》を起《おこ》さしめたのである、唯物《ゆいぶつ》論者《ろんしや》は單《たん》に感覺上《かんかくじやう》の實驗《じつけん》のみを信《しん》じ、其以外《それいぐわい》の物《もの》は總《すべ》て空想《くうそう》に過《す》ぎずと做《な》し、神佛《しんぶつ》は勿論《もちろん》地《ぢ》獄極樂《ごくごくらく》を無視《むし》し幽靈《いうれい》なぞは斷《だん》じて話《はな》さない、

彥《ひこ》六は狂氣《きやうき》した佐倉《さくら》の堀田《ほつた》も惣吾郎《そうごらう》を十字架《じか》にかけてから發狂《はつきやう》した……唯物論者《ゆいぶつろんしや》は唯心《ゆいしん》の所造《しよざう》であると云《い》ふであらうが彥《ひこ》六自心《じしん》の唯心《ゆいしん》ではない、お藤《ふぢ》の心《こゝろ》の波動《はどう》が死《し》の一念《ねん》に起《おこ》つて彥《ひこ》六を滅亡致《めつはういた》さずんば息《や》まないのであつた……くやしい……と云《い》ふ凝《こつ》た大《だい》なる心《こゝろ》の石《いし》は靜《しづ》かなる心靈《しんれい》の海《うみ》に波動《はどう》を起《おこ》す可《べ》く投《な》げ込《こ》まれたのである、

宇宙萬有《うちうばんいう》は一切不滅也《さいふめつなり》、との考《かんが》へは現時《げんじ》の學術上動《がくじゆつじやううご》かす可《べ》からざる原則《げんそく》である一指《し》の彈《はぢ》く所《ところ》三千世界《せかい》を動《うご》かすとは、能《よ》く勢力恒存《せいりよくかうぞん》の理法《りはふ》を云《い》ひ顯《あら》はしたではないか古來《こらい》

に卓越《たくえつ》した人物《じんぶつ》は此理法《このりはふ》を皆主観的《みなしゆくわんてき》に會得《ゑとく》して居《ゐ》た。

松村介石氏等《まつむらかいせきしら》の研究《けんきう》による水戸市裏《みとしうら》五軒町《けんちやう》の古屋敷《ふるやしき》に長谷川祐《はせがはいう》と云《い》ふ人《ひと》が移《うつ》つた時《とき》翌月土藏《よくげつどざう》の中《なか》に書物《しよもつ》を取《と》り出《だ》そうとして同氏《どうし》が土藏《どざう》の中《なか》に入《はい》ると火《ひ》の氣《き》もない板《いた》の間《あひだ》から……ポーッ……一團《だん》の白煙《はくえん》が上《あが》つた事《こと》がある、ソノ家族《かぞく》が郷里《きやうり》に歸《かへ》つて不在中留寄番《ざいちうるすばん》をして居《ゐ》たら、俄《にはか》に夜中《やちう》八疊《でう》の間《あひだ》に暴風雨《ばうふうう》の音《おと》がした家《いへ》も搖《ゆる》ぎ出《だ》した樣《やう》な氣持《きもち》がした、戸外《こぐわい》は明月皎々《めいげつかうかう》として、ソヨとも風《かぜ》もなかつた、不思議《ふしぎ》と思《おも》ふて又《また》床《とこ》にはいるとまた暴風雨《ばうふうう》が起《おこ》り屋内《をくない》が震動《しんどう》する、また雨戸《あまど》を開《あ》けて見《み》ると最前《さいぜん》の通《とほ》り何《なん》ともない三度《ど》迄《まで》斯《こ》んな事《こと》が繰《く》り返《かへ》されたとの事《こと》である、同氏《どうし》の不在中《ふざいちう》十九歳《さい》になる二女《じよ》の榮子《えいこ》と云《い》ふのが東京《とうきやう》から歸宅《きたく》して居《ゐ》た或夜《あるよ》の十時頃《じごろ》便所《べんじよ》に行《ゆ》かうと、眞暗《まつくら》な炊事場《すゐじば》の傍《そば》を通《とほ》つたところ白衣《びやくえ》をつけた坊主《ばうず》の姿《すがた》が眼前《がんぜん》に現《あらは》れた榮子《えいこ》は非常《ひじやう》に驚《おどろ》いて此事《このこと》を母《はゝ》に告《つ》げて共《とも》に怖《おそろ》しき一夜《や》を明《あ》かしたとの事《こと》だ、其《そ》の前後《ぜんご》轉々《こんこん》して何人《なんにん》も變《かは》り同市《どうし》大工町《だいくまち》料理店《れうりてん》山口樓《やまぐちろう》に女中奉公《ぢよちうほうこう》をして居《ゐ》た、お磯《いそ》と云《い》ふ女《をんな》が此空屋《このあきや》の間數《まかず》あるを認《みと》め待合《まちあひ》になさんとて借《か》り受《う》けて、引越《ひつこし》そば迄配《までくは》つて其夜《そのよ》枕《まくら》につく〲夜《よ》の更《ふ》け行《ゆ》くにつれ何《なん》となく一種《しゆ》の陰氣《いんき》な氣味《きみ》の惡《わる》い物凄《ものすご》い心地《こゝち》に襲《おそ》はれて、まんじりともせず一夜《や》を明《あ》かした、翌日《よくじつ》は匆々《そこ〱》引ッ越《こ》した、

此《こ》の化物屋敷《ばけものやしき》の由來《ゆらい》は明治《めいぢ》十七年頃《ねんころ》内藤濟《ないとうさい》と云《い》ふ人《ひと》の居宅《きよたく》であつた、重《かさ》ね〱事《じ》業《げふ》に失敗《しつぱい》の揚句《あげく》、此家《このいへ》を抵當《ていたう》に長谷川祐《はせがはいう》と云《い》ふ人《ひと》が住《すん》だ前《まへ》の人《ひと》で菅秀俊《くわんひでとし》と云《い》ふ人《ひと》から金《かね》を借《か》りた、家《いへ》は右《みぎ》の債主《さいしゆ》に取《と》られたことゝなつた、内藤《ないとう》の母《はゝ》は祖先傳來《そせんでんらい》の此家屋《このかをく》は決《けつ》して他人《たにん》の手《て》に渡《わた》してはならぬ立退《たちの》きなどは以《もつ》ての外《ほか》である假令《たとへ》死《し》んでも動《うご》かぬと叫《さけ》んで深《ふか》く秀俊《ひでとし》氏を怨《うら》み床《とこ》に就《つ》き病《や》んで居《ゐ》る非常《ひじやう》に囈語《うはごと》を言《い》ひつゞけて世《よ》を去《さ》つた、又《また》これと前後《ぜんご》して内藤《ないたう》の妻《つま》は咽喉《のど》を突《つ》いて自害《じがい》したと云《い》ふ悲劇《ひげき》があつたのである、

肉體《にくたい》を犧牲《ぎせい》として心靈《しんれい》より起《おこ》る力《ちから》は偉大《ゐだい》なる力《ちから》がある事《こと》を唯物論者《ゆいぶつろんしや》は認《みと》めない五官《くわん》の窓《まど》を開放《かいはう》された内藤濟《ないとうさい》の母《はゝ》は宇宙《うちう》「我《わ》が」中《なか》に在《あ》る事實《じじつ》を證明《しようめい》したのである、肉《にく》

體棄《たいす》てた母《はゝ》は閉目瞑想《へいもくめいさう》して波動《はどう》を起《おこ》したと同《おな》じである、物質的現象《ぶつしつてきげんしやう》は心靈的實《しんれいてきじ》質《じつ》に併存《へいぞん》されたのである、鉢裁《はちうえ》の心靈《しんれい》は一切《さい》を超越《てうえつ》して大《だい》なる潛勢力《せんせいりよく》を發動《はつどう》したのであつた、五官《くわん》の窓外《さうぐわい》に大空海濶《たんくうかいくわつ》の天地《てんち》あることを知《し》らざる唯物論者《ゆいぶつろんしや》は呆然《ばうぜん》たらざるを得《え》ざる可《べ》し、

予《よ》は心源術《しんげんじゆつ》を予《よ》の舎弟《しやてい》の雇人《やとひにん》に銚子《てうし》の漁子《れうし》の悴《せがれ》が第《だい》二期位《きぐらゐ》の肺患《はいくわん》であつた時《とき》、施術《せじゆつ》した病者《びやうしや》の枕《まくら》もとで閉目《へいもく》して施術《せじゆつ》して居《ゐ》たら足《あし》の方《はう》に水《みづ》より半身出《はんしんだ》して豆《まめ》しぼりの手拭《てぬぐひ》にて鉢《はち》まきをして胸《むね》に龜吉《かめきち》と記《しる》し額《ひたへ》に七年父《ねんちゝ》と書《かい》てあるのを閉目中《へいもくちう》に觀《み》たから母《はゝ》と親類《しんるゐ》三四人《にん》の同席者《どうせきしや》に問《と》ふたら母《はゝ》は左《さ》の通《とほ》り答《こたへ》た、

源公《げんこう》（悴《せがれ》の名《な》）の父《ちゝ》は濱《はま》に漁《れう》に行《い》つて沈沒《ちんぼつ》して了《しま》つた時源公《ときげんこう》を救《すく》はんとして父《ちゝ》が海《うみ》にもぐつた刹那《せつな》岩《いは》に鼻《はな》を打《う》つけて死《し》んだのです、名《な》は龜吉本年《かめきちほんねん》十一月《ぐわつ》十三日《にち》が命日《めいにち》です、常《つね》に豆《まめ》しぼりの手拭《てぬぐひ》にて鉢巻《はちまき》をして居《ゐ》ました、

と云《い》ふたそれより肺病《はいびやう》は全快《ぜんくわい》した今現《いまげん》に活動《くわつどう》して居《ゐ》る、父《ちゝ》の死《し》が一念凝《ねんこ》つて源公《げんこう》の

忰《せがれ》に波動《はどう》し來《きた》つたのでそれが肺患《はいくわん》になつたのである、それは本人《ほんにん》の母《はゝ》が多少《たせう》不義《ふぎ》の事《こと》があつた爲《ため》に來《きた》つた靈的波動《れいてきはどう》である事《こと》を確《たし》かに證明《しようめい》する事《こと》が出來《でき》る、
輓近《ばんきん》の事《こと》であるが獨逸《どいつ》の一門閥家《もんばつか》であるベリー、ホメロイ家《け》の執事《しつじ》某《ぼう》の妻《つま》が病氣《びやうき》に罹《かゝ》つたのでホメロイ城内《じやうない》の醫師《いし》フウルワハルなる者《もの》を呼《よ》び迎《むか》へて診察《しんさつ》して貰《もら》つたがほんの微恙《びやう》であつた、然《しか》るに醫師《いし》は不審《ふしん》の眉《まゆ》を寄《よ》せて執事《しつじ》に問《と》ふて云《い》ふには、今私《いまわたし》か來《く》る時控室《ときひかへしつ》で立派《りつぱ》に着飾《きかざ》つた夫人《ふじん》を見《み》たが、不思議《ふしぎ》にも此部屋《このへや》に這入《はい》つて見《み》れば夫人《ふじん》は就褥《しうじよく》して御座《ござ》るが一體《たいど》何う云《い》ふ譯《わけ》かと、
執事《しつじ》は非常《ひじやう》に驚《おどろ》いた何《な》んとなれば此《かく》の如《ごと》き怪現象《くわいげんしやう》が起《おこ》つた時《とき》には必《かなら》ず家族《かぞく》の一人《にん》が死《し》ぬるからである、其夜《そのよ》果《はた》して夫人《ふじん》は逝去《なくな》つた、
靈怪《れいくわい》の研究《けんきう》はいまだなか／＼その謎《なぞ》が解《とけ》ない、けれども心源術《しんけんじゆつ》を徹底《てつてい》すれば萬事《ばんじ》解《かい》決《けつ》する事《こと》は予《よ》の確信《かくしん》する處《ところ》である、記《しる》して以《もつ》て識者《しきしや》の指導《しだう》を仰《あふ》がんとす、

三四　神宣《しんせん》とシヤマイズム

現代《げんだい》の或《あ》る學者《がくしや》が日本《にほん》の宗教《しうけう》は始《はじ》め女巫《みこ》の宗教國《しうけうこく》であつたと斷言《だんげん》して居《ゐ》る一面《めん》より看《み》ればサウである樣《やう》に思《おも》はねばならないが深《ふか》く考《かんが》へて見《み》れば、女巫《みこ》の宗教國《しうけうこく》ではなかつた事《こと》が瞭然《はつきり》と解《わか》る、女巫《みこ》の宗教《しうけう》と云《い》ふのを日本《にほん》、朝鮮《てうせん》、滿州《まんしう》、蒙古《もうこ》、と同《どう》一であると斷《だん》じて居《ゐ》る、日本現代流行《にほんげんだいりうかう》する、神道《しんだう》の内面《ないめん》を大觀《たいくわん》すると概《がい》して神宣宗《しんせんしう》と云《い》ふ可《べ》き點《てん》がある、天理教《てんりけう》もおみき婆《はあ》さんの神宣《しんせん》から起《おこ》つた、蓮門教《れんもんけう》もさうである、
日月教會《じつげつけうくわい》も御嶽教會《おんたけけうくわい》も皆《み》んな神宣《しんせん》が出發點《しゆつはつてん》であると云《い》はれても仕方《しかた》がない、
エウロツパ人《じん》もシヤマイズム即《すなは》ち女巫《しやま》の教《をしへ》と云《い》ふので滿洲邊《まんしうへん》の教《をしへ》が行《おこな》つたのである
神《かみ》に事《つか》へる方法《はうはふ》がシヤマイズムで、印土《いんど》婆羅門教《はらもんけう》の行《おこな》へる阿尾闍法《あびしやはふ》もソレである、
日本《にほん》では……神係《かんがゝり》と云《い》ひ又《また》は太占《ふとまに》と云《い》ふて居《ゐ》る、ソノ神係《かんがゝり》と云《い》ふのは神《かみ》が人間《にんげん》に憑《のりうつ》ると云《い》ふので即《すなは》ち神《かみ》の心《こゝろ》を人間《にんげん》に言《い》はせると云《い》ふに過《す》ぎない、極劣等《ごくれつとう》な仕方《しかた》は例《たと》へば、

女巫《みこ》が襷《たすき》をかけ鬘《かつら》を附《つ》け、或《あ》る一定《てい》の身形《みなり》をして中《なか》の空《から》の桶《をけ》を伏《ふ》せて、其《そ》の桶《をけ》の

上《うへ》に乘《の》つてドン〱踏鳴《ふみな》らして、何《なに》か演伎《しはい》のやうなことをして居《ゐ》る間《あひだ》に、ポーツとして自分《じぶん》を忘《わす》れると云《い》ふ精神的狀態《せいしんてきじやうたい》になる、ソウ云《い》ふ時《とき》に神《かみ》がソコに憑《のりうつ》ていろ〱な事《こと》をさせるのもある、また三味線《しやみせん》を彈《ひ》て舞《ま》ひさして居《ゐ》る中《うち》に自分《じぶん》の精神《せいしん》を忘《わす》れさす仕方《しかた》もある、琴《こと》を彈《ひい》て自分《じぶん》を忘《わす》れさするのもある、岩笛《いはぶえ》を吹《ふい》て自分《じぶん》を忘《わす》れさするのもある、中座《なかざ》と稱《しよう》して四方《はう》で何《なに》やら怒號《どがう》するのもある、

また神《かみ》の告《つ》げを求《もと》めるときに三人《にん》ソコに立《たつ》て一人《ひとり》は琴《こと》を彈《ひ》く者《もの》、一人《ひとり》は審神者《さにわ》と云《い》ふ者《もの》、一人《ひとり》は神主《かんぬし》、此神主《このかんぬし》は勿論女性《もちろんぢよせい》である、ソコで一人《ひとり》が琴《こと》を美《うつく》しく彈《ひ》いて神《かみ》を招《まね》ぐ、ソーシて女神主《をんなかんぬし》が眞中《まんなか》に居《ゐ》る、審神者《さには》が神主《かんぬし》に向《むか》つて、

「どうか御告《おつ》げを願《ねが》ひます、まだ神樣《かみさま》が憑《のりうつ》ては下《くだ》さいませぬか」

と云《い》ふて、琴《こと》が段々段々美《だんだんだんだんうつく》しい音《ね》を發《はつ》し、審神者《さにわ》が懇《ねんご》ろに神託《しんたく》を求《もと》める中《うち》に神主《かんぬし》がポーツとして、自我《じが》を失《うしな》つて仕舞《しま》ふ、ソコで神《かみ》は神主《かんぬし》に憑《うつ》つていろ〱なことを答《こた》へる、ソノ答《こた》へるときには神主自身《かんぬしじしん》が答《こた》へるのでなくて、神主《かんぬし》は我《われ》を忘《わす》れた境界《きやうかい》に

なつて來《き》て、神《かみ》が答《こた》へると云《い》ふのであるとなつて居《ゐ》る、これが日本《にほん》で神《かみ》の託宣《たくせん》を求《もと》める方法《はうはふ》の尤《もつと》も進《すゝ》んだ仕方《しかた》である、

昔時《むかし》、蒙古《もうこ》、滿洲《まんしう》の到《いた》る處《ところ》に女巫《みこ》を用ひて神《かみ》の託宣《たくせん》を求《もと》める方法《はうはふ》も、丁度《ちやうど》これを能《よ》く似《に》て居《を》ります、方法《はうはふ》は違《ちが》つて居《ゐ》るが失神《しつしん》の境涯《きやうがい》に陷《おちい》らしむるは同《おな》じである、佛敎《ぶつけう》の日蓮宗中山《にちれんしうなかやま》祈禱《きたう》や眞言宗《しんごんしう》の祈禱《きたう》なども悉《ことごと》く寄代《よりだい》と云《い》ふて失神《しつしん》の境界《きやうかい》に到《いた》らしめいろ〳〵の物語《ものがた》りや障《さは》りものを聞《き》く事《こと》になつて居《ゐ》る恐《くわ》しくは心源術《しんげんじゆつ》に出《だ》してあるが、概《がい》して同《どう》一であると云《い》ふ事《こと》を斷言《だんげん》する事《こと》が出來《でき》る、

ソレから太占《ふとまに》と云《い》ふのは日本《にほん》の昔《むかし》の占《うらなひ》の法《はふ》で、昔《むかし》の神話《しんわ》に據《よ》ると、鹿《しか》の肩《かた》の骨《ほね》を燒《や》きソノ燒《やい》た割《わ》れ目《め》を見《み》て、ソノ割目《われめ》の格好《かくかう》で、神《かみ》の御告《おつ》げが善《い》いとか惡《わる》いとか云《い》ふことを判斷《はんだん》するのである、

太占《うらなひ》のやり方《かた》は最初《さいしよ》に天《てん》の神《かみ》に向《むか》つて『斯《か》う云《い》ふ分《わか》らないことがありますからどうか御示《おしめ》しを願《ねが》ひます』と云《い》ふて祈《いの》るのである、これは蒙古《もうこ》、滿洲《まんしう》の方面《はうめん》でも行《おこな》つて

居《ゐ》る、日本《にほん》の昔鹿《むかししか》の澤山《たくさん》居《ゐ》た武藏野《むさしの》などでは此占《このうらなひ》を專門《せんもん》にする占部《うらべ》と云《い》ふ者《もの》が居《ゐ》て専《もつぱ》ら斯《か》う云《い》ふ占《うらなひ》をした事《こと》は萬葉集《まんえふしふ》の歌《うた》に出《で》て居《ゐ》る、滿洲《まんしう》の古《ふる》い人民《じんみん》であつた夫餘《ふよ》と云《い》ふ人種《じんしゆ》も、牛《うし》を殺《ころ》して牛《うし》の蹄《ひづめ》の格好《かつかう》で吉凶《きちきよ》を卜《ぼく》して居《ゐ》た、蒙古人《もうこじん》は羊《ひつじ》の骨《ほね》を用《もち》いて占《うらな》つた樣《やう》である、滿洲《まんしう》でも矢張《やは》り羊《ひつじ》の骨《ほね》を以《もつ》て占《うらな》つたらしい、故《ゆゑ》に骨《ほね》で占《うらな》つたと云《い》ふ事《こと》はシヤマイズムの行《おこな》はれる後《ところ》は何處《とこ》にでも有《あ》つたこと、で骨《ほね》が或《あるひ》は羊《ひつじ》となり或《あるひ》は鹿《しか》となり動物崇拜《どうぶつすうはい》を赤裸々《せきらゝ》になつて居《ゐ》た、

日本《にほん》でもコツクリ即《すなは》ち狐狗狸《こくり》と云《い》ふて三本《ぼん》の竹《たけ》を麻《あさ》を結《むす》び附《つ》けおはちの葢《ふた》をかぶせ貳人《ふたり》が片手《かたて》が輕《かる》くをさへ叉味線《しやみせん》をひき種々《しゆ〲》に陽氣《やうき》にさわぎ竹《たけ》の動《うご》くを以《もつ》て何等《なんら》か聞《き》くのである、之《こ》れもシヤマイズムと同《おな》じであるけれども、未《ま》だ行《おこな》ふものも行《おこな》はれる者《もの》も其何《そのなん》たるを知《し》らずして大切《たいせつ》な心身《しん〱》を遊戯的《いうぎてき》にされるのである、骨《ほね》で占《うらな》ふもコツクリでもフランセツトなるものでも悉《こと〲》く吾人本具《ごじんほんぐ》の靈性《れいせい》が發揮《はつき》しての斷案《だんあん》でなければならないのを天《てん》の神《かみ》の託宣《たくせん》だの地《ち》の神《かみ》の憑《のりうつ》りだのと云《い》ふて不知不識《しらずしらず》の中《うち》に迷《まよ》ふて

居るのではないか、

ソレで日本《にほん》の宗敎《しうけう》が女巫《みこ》の宗敎《しうけう》であると云《い》ふた學者《がくしや》は未《ま》だ宗敎《しうけう》の何者《なにもの》たるを識《し》らないのである宗敎《しうけう》は偶像崇拜《ぐうぞうすうはい》でも造物主崇拜《ぞうぶつしゆすうはい》でも、女巫《みこ》崇拜《すうはい》でも何《な》んでもよい只《たゞ》ソノ宗敎上《しうけうじやう》の義式《ぎしき》に依《よつ》て執着《しうちやく》せないで、

海行《うみゆ》かば水《みづ》つく屍《かばね》、山行《やまゆ》かば苔《こけ》むす屍《かばね》、

大君《おほぎみ》の邊《へ》にこそ死《し》なめ、あだには死《し》なじ、

の讃美歌《さんびか》を唱《とな》へ愛國心《あいこくしん》を犠牲的《ぎせいてき》に發揮《はつき》すれば可《よ》いのである、予《よ》は毎《つね》に確信《かくしん》す即《すなは》ち、日本國民《にほんこくみん》七千萬同胞《まんどうはう》は總《そう》じて大君《おほぎみ》を中心《ちうしん》としたる大信者《だいしんじや》である二千五百年《ねん》の歴史《れきし》は日本國民《にほんこくみん》の聖書《せいしよ》である、經典《きやうてん》であり信仰《しんこう》の鼓吹力《こすゐりよく》である、億兆《おくてう》を打《うつ》て一人《にん》となし、太平洋《たいへいやう》を以《もつ》て四圍城濠《ゐじやうがう》と爲《な》し、花《はな》は香《かんば》し一目《め》千樹《じゆ》の春月《はるつき》は高《たか》し八百八島《たう》の秋《あき》と、白扇倒《はくせんさかしま》に懸《か》る富士《ふじ》の山《やま》、碧波萬古《へきはばんこ》流《なが》れて盡《つ》きざる琵琶《びは》の湖《みづうみ》とを以《もつ》て飾《かざ》られた東洋《とうやう》の花園《はなぞの》は一大敎會所《だいけうくわいじよ》である、正成《まさしげ》、日蓮《にちれん》、西郷《さいがう》、乃木大將等《のぎたいしやうとう》は七千萬信者《まんしんじや》

の表本《へうほん》である……大君《おほぎみ》はこの犠牲的信仰《ぎせいてきしんかう》を確守實行《かくしゆじつかう》する國民統御《こくみんとうぎよ》の大權《たいけん》を握《にぎ》られ世界人類《せかいじんるゐ》の爲《ため》に正々堂々《せいせいだうだう》、犠牲《ぎせい》の陳容《ぢんよう》を實現《じつげん》せしむ可《べ》く吾人《ごじん》は大君《おほぎみ》に參《さん》じて愛國《あいこく》の眞髓《しんずゐ》を發揮《はつき》する事《こと》が眞個《しんこ》の宗教《しうけう》である事《こと》を自覺《じかく》して居《ゐ》る、此《こ》の目的《もくてき》を遂行《すゐかう》する爲《ため》には神佛耶儒《しんぶつやじゆ》哲藝術等《てつげいじゆつとう》あらゆる方法《はうはふ》を發現《はつげん》するを必要《ひつえう》と感《かん》ずるなり、

三五　心源術《しんげんじゆつ》と天下《てんか》の眞諦《しんたい》

歴史《れきし》は反覆《くりかへ》すと云《い》ふ諺《ことわざ》がある、予《よ》は今更《いまさら》に手近《てぢか》く、人間《にんげん》は反覆《くりかへさ》ねばならぬと云《い》ふ事《こと》……世《よ》に隱《かく》れたる書《しよ》がある、記《しる》して曰《いは》く、

世《よ》は去《さ》り世《よ》は來《きた》る、地《ち》は永久《えいきう》に保《たも》つ、日《ひ》は出《い》で月《つき》は入《い》り、又其《またそ》の出《い》た處《ところ》に喘《あへ》ぎ往《ゆ》く、風《かぜ》は南《みなみ》に行《ゆ》き、又轉《またかへ》りて北《きた》に向《むか》ひ、轉《めぐ》り巡《めぐ》りて風復《かぜま》たソノ巡《めぐ》り出《で》し處《ところ》に反《かへ》る川《かは》は皆海《みなうみ》に流《なが》れ入《い》る、海《うみ》は盈《みつ》ることなし、川又其《かはまたそ》の出《い》で來《きた》りし處《ところ》に反《かへ》り往《ゆ》く、昔《むかし》在《あり》し者《もの》は又後《またのち》に在《あ》る可《べ》し、先《さき》に成《な》りし事《こと》は後《あと》に成《な》る可《べ》し、日《ひ》の下《した》に新《あたら》しき者《もの》在《あ》る

ことなく、之《こ》れ天下《てんか》の眞諦《しんたい》ではあるまいか、

と然《さ》うだ日《ひ》は晝夜《ちうや》を繰返《くりかへ》し、年《とし》は四時《じ》を繰返《くりかへ》し、人《ひと》は歴史《れきし》を繰返《くりかへ》し、神《かみ》は世々《よゝ》を繰《く》り返《かへ》すので、天《あま》が下《した》、日《ひ》の下《した》には新《あたら》しき事有《ことあ》ることなしだ、

頃者《このころ》世間《せけん》で神《かみ》を見《み》た、活神《いきがみ》に成《なつ》た、所有宗教《あらゆるしうけう》、哲學《てつがく》、科學《くわがく》を超越《てうえつ》したと云《い》ふて一切《さい》を破壞《はくわい》する者《もの》が澤山《たくさん》俄《にわか》に起《おこ》つた、時代《じだい》は將《まさ》に靈的賣買者《れいてきはい〳〵しや》の繁盛期《はんせいき》であると云《い》ふても可《い》い、何々《なに〳〵》新療法《しんれうはふ》云々《うんぬん》と大看板《おほかんばん》を懸《か》けて世人《せじん》を瞞着《まんちやく》して居《ゐ》るが天下《てんか》には決《けつ》して新《あたら》しき者《もの》はない筈《はず》だ、悉《こと〴〵》く昔《むかし》より行《おこな》ひつゝあつた事《こと》を燒直《やきなほ》して出《だ》したもの計《はか》りである、唯物質上《たゞぶつしつじやう》の進化發展《しんくわはつてん》は見《み》る可《べ》き者《もの》あれども心靈上《しんれいじやう》の問題《もんだい》に於《つい》ては決《けつ》して新《あたら》しいと云《い》ふ可《べ》き事《こと》一つもなしと予《よ》は斷言《だんげん》するなり、

昔歐羅巴《むかしよーろつぱ》の中世紀《ちうせいき》に當《あた》つて自《みづか》ら神《かみ》の代官《だいくわん》と稱《しよう》した、羅馬法皇《ろーまはふわう》を元首《げんしゆ》として居《ゐ》た天主《てんしゆ》教《けう》ソノ物《もの》が、天下《てんか》の精神界《せいしんかい》を統率《とうそつ》する處《ところ》の獨《どく》一の主權者《しゆけんしや》であつた、文藝復興《ぶんげいふくこう》の一擊《げき》果然《くわぜん》として天主教《てんしゆけう》の口實《こうじつ》を破碎《はさい》し、宗教改革《しうけうかいかく》の再擊《さいげき》、突然《とつぜん》として羅馬法皇《ろーまはふわう》の教權《けうけん》を

撤去《てつきよ》して了《しま》つたので、爾來信仰《じらいしんかう》の自由《じいう》、個人《こじん》の自覺《じかく》と云《い》ふ者《もの》が、法皇《はふわう》の敎權《けうけん》に取《と》つて代《かは》つた、是《こ》の事實《じじつ》が敎會歷史《けうくわいれきし》の本編《ほんぺん》を塡塞《てんそく》する、宗派《しうは》の勃興瓜分《ぼつこうくわぶん》と云《い》ふ事實《じじ》である、

曰《いは》くルーテル、曰《いは》くツキングリ、曰《いは》くカルギン、曰《いは》くヱスレー、曰《いは》くフホックス曰《いは》くブース、

是等《これら》は皆宗派《みなしうは》の作者《さくしや》である、宗《しう》より派《は》を生《しやう》じ派《は》より流《なが》れ分《わか》れ、異《い》を立《た》て名《な》を別《わか》つて互《たがひ》に分《わか》れ爭《あらそ》ふもの丶百《ひやく》を以《もつ》て數《かぞ》ふるに至《いた》つて居《ゐ》る、宗敎改革《しうけうかいかく》の弊害《へいがい》も、是《こゝ》に至《いた》つて極《きは》まつて居《ゐ》る、而《しか》も之《これ》を如何《いか》んとすることが能《でき》ない、飜《ひるがへ》つて日本國《にほんこく》の中世紀《ちうせいき》の精神《せいしん》界《かい》を統卒《とうそつ》して居《ゐ》た、天主敎《てんしゆけう》たるものは何物《なにもの》であつたと問《とう》と、無論儒敎《むろんじゆけう》と佛敎《ぶつけう》であつた、而《しか》も儒佛均《じゆぶつひと》しく王政維新《わうせいゐしん》の大業《たいげふ》を鼓吹《こすゐ》した、西洋《せいやう》の新學問《しんがくもん》の壓倒《あつたう》する所《ところ》となつた、特《とく》に佛敎其物《ぶつけうそのもの》の如《ごと》き維新政府《ゐしんせいふ》の爲《ため》に一《ひと》たび廢佛《はいぶつ》の打擊《だげき》をさへ受《う》けて、頓《とみ》に其《そ》の生命《せいめい》を失《うしな》つた、歐米《おうべい》のキリスト敎《けう》は此《こ》の舊敎權《きうけうけん》の失墜《しつつゐ》の機會《きくわい》に乘《じよう》じて、新學問《しんがくもん》の流《なが》

れに伴《ともな》ふて潮水《てうすゐ》の海門《かいもん》に注入《ちうにふ》するが如《ごと》き勢力《せいりよく》を以《もつ》て、猛然《もうぜん》として我《わ》が精神界《せいしんかい》の空虚《くうきよ》を盈《みた》しかけた、而《しか》もその勇壯《ゆうさう》にして權威《けんゐ》あるキリスト敎《けう》が、又之《またこれ》と追跡《つゐせき》し來《きた》る高等《かうこう》批評《ひへう》の爲《ため》に腰《こし》を打《う》つて了《しま》つたのである、恰《あたか》も歐羅巴《よーろつぱ》の天主敎《てんしゆけう》が文藝復興《ぶんげいふくこう》の打擊《だげき》に會《くわい》した如《ごと》く之《これ》について來《き》た者《もの》は……自由《じいう》討究《とうきう》宗派《しうは》分立《ぶんりつ》……の時代《じだい》である、

自稱豫言者《じしようよげんしや》宮崎虎《みやざきとら》の助《すけ》と神《かみ》の人《ひと》末廣《すゑひろ》幸《かう》三郎《らう》、無我愛者《むがあいしや》伊藤證信《いとうしようしん》、綱島氏《つなしまし》、などの研究者《けんきうしや》であつた、だが大《だい》なる思想《しさう》の包容《はうやう》して居《ゐ》る佛敎《ぶつけう》に反抗《はんこう》して自由討究《じいうとうきう》をした者《もの》は一人《にん》もなかつた、神主心敎《しんしゆしんけう》の川島氏《かはしまし》も、大靈道《たいれいだう》の田中氏《たなかし》も悉《ことごと》く佛敎《ぶつけう》の大圈《だいけん》內《ない》を脫出《だつしゆつ》して居《ゐ》る者《もの》はなかつた、江間氏《えまし》の如《ごと》きは勿論佛敎哲學《もちろんぶつけうてつがく》を利用《りよう》して居《ゐ》るのである、

佛敎原《ぶつけうもと》より新《あたら》しき思想《しさう》にあらず天地自然大法《てんちしぜんたいはふ》を五十年《ねん》に演暢《えんちやう》した迄《まで》であるから、釋《しや》迦尊自《かそんみづか》ら我道《わがみち》と云《い》はない、孔子《こうし》又我道《またわがみち》と云《い》はなかつた、普遍常住《ふへんじやうぢう》なるを道《みち》と云《い》ふので、時々《じゞ》刻々《こく〳〵》變化《へんくわ》するのは眞諦《しんたい》ではない、

ヨハネが元始《げんし》にロゴスありと云《い》ふたのも、元始佛教《げんしぶつけう》が妙法蓮華經《めうはふれんげきやう》の地《ち》水火風空《すいくわふうくう》を題材《だいざい》としたのと大差《たいさ》はない、神《かみ》を見《み》た、佛《ぶつ》を觀《み》たと云《い》ふのも畢竟元始《ひつきやうげんし》に直覺《ちよくかく》したに過《す》ぎないのである、

釋尊《しやくそん》が發見《はつけん》して說《と》かなくとも五大《だい》は原《もと》より存在《そんざい》して居《ゐ》る、神《かみ》とは吾人《ごじん》々類《ゞるゐ》以外《いぐわい》になき筈《はず》なるに自《みづか》ら稱《しよう》して新《あたら》しがるは普遍常住《ふへんじやうぢう》の大道《だいだう》を識《し》らざる者《もの》の致《いた》す處《ところ》、佛《ぶつ》が發見《はつけん》したから佛敎《ぶつけう》と云《い》ふのみ佛敎專有《ぶつけうせんいう》は普遍《ふへん》の大道《だいだう》にあらず、況《いはん》や自稱豫言者《じしようよげんしや》が動物神《どうぶつがみ》を唱《とな》ふと雖《いへど》も、日蓮《にちれん》が上行《じやうぎやう》の再誕《さいたん》即《すなは》ち我《わ》れ神《かみ》なりとの自覺自證《じかくじしよう》に依《よつ》て打《う》ち消《け》されて仕舞《しま》ふのである、宇宙《うちう》一貫《くわん》の道《みち》が眞諦《しんたい》たるを知《し》らねばならぬ、心源《しんげん》に到達《たうたつ》すれば宇《う》宙《ちう》と人《ひと》と接合《せつがふ》した刹那《せつな》にして何等《なんら》心外《しんぐわい》に神《かみ》を求《もと》め佛《ぶつ》を觀《くわん》ずる必要《ひつえう》なし、只實行《たゞじつかう》に於《おい》て始《はじ》めて神《かみ》たり佛《ぶつ》たるの本義《ほんぎ》を現《あら》はすのである、キリスト日蓮共《にちれんとも》に實行《じつかう》に於《おい》て權威《けんゐ》あるを知《し》れり、

佛敎《ぶつけう》五十年《ねん》事々無碍《じゞむげ》を說《と》き眞理《しんり》の本體同一物《ほんたいどういつぶつ》なるを示《しめ》す、然《しか》るをキリスト敎《けう》は八九

派《は》に分《わか》れ佛敎《ぶつけう》十三宗《しう》五十六派《は》の多《おほ》きに到《いた》る、一佛境界《ぶつきやうかい》を分《わ》けて互《たがひ》に爭《あらそ》ふ小兒《せうに》の食物《しよくもつ》を爭《あらそ》ふに似《に》たり、八萬《まん》四千の煩惱《ぼんなう》の狗《いぬ》となつて日々《ひゞ》夜々《よゝ》小我《せうが》を滿足《まんぞく》せんと努力《どりよく》するのみ、

我《わ》れを離《はな》れて神《かみ》なく佛《ぶつ》なく、釋尊《しやくそん》說《と》けりキ°リ°ス°ト°示《しめ》せり日蓮《にちれん》實研《じつけん》して證《しよう》を擧《あ》げたり、

何《なん》ぞ末世《まつせ》の小輩《せうはい》口服《こうふく》の爲《ため》爭論《さうろん》する淺薄《せんはく》と云《い》はずして何《なん》ぞや、

宇宙《うちう》には汝《なんぢ》を救《すく》ふ力《ちから》は絕無《ぜつむ》なる事《こと》を知《し》る可《べ》し、

天然《てんねん》は總《すべ》て我々《われ〳〵》を打毀《うちこは》し我々《われ〳〵》を殺《ころ》して居《ゐ》るのに、何故《なにゆゑ》か吾々《われ〳〵》は未《いま》だ死《しに》もせぬ、何《なん》の力《ちから》に助《たす》けられて居《ゐ》るのであらうか、何處《どこ》を見《み》ても其樣《そのやう》な力《ちから》は見《み》へぬ、誰《たれ》も此世《このよ》に吾《われ》く々を救《すく》ふ力《ちから》を神《かみ》から委托《ゐたく》されて來《き》て居《ゐ》る樣《やう》に見《み》えぬ、

汝《なんぢ》の救主《きうしゆ》は何《いづ》れにありや、

悲《かな》しい事《こと》には吾人《ごじん》の救主《きうしゆ》を見出《みいだ》さぬ、宇宙《うちう》にある力《ちから》は何人《なんぴと》にも與《あた》へざる一の力《ちから》ある

力《ちから》がある、現代《げんだい》の先輩《せんぱい》が観《み》た神《かみ》なるか、否《いな》、

神《かみ》は汝《なんぢ》を救《すく》ふ力《ちから》を唯《た》だ汝《なんぢ》の手《て》にのみ托《たく》し置《お》けり汝己《なんぢおのれ》の力《ちから》を以《もつ》て自《みづか》ら救《すく》へ……即《すなは》ち之《こ》れが、宇宙普遍《うちうふへん》の力也《ちからなり》、

三六　心源術《しんげんじゆつ》より観《み》たる株式期米数理豫言法《かぶしききまいすうりよげんはふ》

株式期米等《かぶしききまいとう》には一線《せん》の道脈《だうみやく》がある、その道脈《だうみやく》を發見《はつけん》せないでむやみに賣買《ばいばい》するから損害《そんがい》に了《をは》るのである、西洋《せいやう》では物《もの》に熱中《ねつちう》の研究者多《けんきうしやおほ》く從《したが》つて六ケ敷《しい》もの程根掘《ほどねほ》り葉《は》掘《ほり》すれど、投機即《とうきすなは》ち相場《さうば》の高低《かうてい》する動機許《どうきばか》りは心《こゝろ》と同《おな》じく、有《あ》るは慥《たしか》に有《あ》ると知《し》れど何處《どこ》に寢轉《ねころ》んで居《ゐ》る者《もの》やらさつ張《ぱ》り見當《けんたう》つかず、僅《わづか》に投機《とうき》は統計學《とうけいがく》を必要《ひつえう》とし兼《かね》て政治及《せいぢおよ》び商業《しやうげふ》の變化《へんくわ》に注意《ちうい》し一年間中最《ねんかんちうもつと》も高《たか》き相場《さうば》と最《もつと》も低《ひく》き相場《さうば》の中心《ちうしん》を水平《すゐへい》線《せん》とし是《こ》れより時《とき》の事情《じじやう》に隨《したが》つて、賣買方針《ばいばいはうしん》を建《た》つ可《べ》しなどとお茶《ちや》を濁《にご》して居《ゐ》る、そんな事《こと》は立《たち》ん坊先生《ばうせんせい》や罫線《けいせん》引きの先生《せんせい》と雖《いへど》も先刻早既《せんこくはやすで》に御承知《ごしようち》なり、只茲《たゞこゝ》に見逃《みのが》す可《べ》からざるはリ。カ。ー。ド。の語《ご》に……

總《すべ》ての商業《しやうげふ》に智力《ちりよく》を要《えう》せぬものはなけれども投機《とうき》は特《とく》に……奇才《きさい》を要《えう》す、と云《い》へる言也《げんなり》、奇方《きはう》、方《はう》を要《えう》すと思《おも》へる心理《しんり》作理《きよう》には一を聞《きい》て十を知《し》る平凡《へいぼん》にあらずして老子《らうし》の所謂《いはゆる》、

道《みち》は一を生《しやう》ず一は二を生《しやう》ず二は三を生《しやう》ず三は萬物《ばんぶつ》を生《しやう》ず萬物《ばんもつ》は陰《いん》を負《お》ふて陽《やう》を抱《いだ》く、

此《こ》の沖氣《ちうき》より和《わ》を生《しやう》じ和動《わうこい》て不可解《ふかかいふ》不可識《かしき》の變化中《へんくわちう》に一定《てい》の機軸《きぢく》あるを知《し》るの明《めい》あらん、例《たと》へば一世《せい》のナポレオンがエレバを逃《のが》れてカンに上陸《じやうりく》するや佛《ぶつ》の士民《しみん》は擧《こぞ》て歡迎《くわんげい》し新帝《しんてい》は驚《おどろ》き走《はし》り、人皆帝業回復《ひとみなていげふくわいふく》を疑《うたが》はず、四隣亦歐洲《りんまたおうしう》の天地《てんち》を席捲《せきくわん》せらるゝものと思惟《しゐ》せりしに、獨《ひと》りロスチヤイルドは此人爲的活動《このじんゐてきくわつどう》遂《つひ》に天爲的《てんゐてき》制抑《せいよく》を享《う》けんと斷《だん》じ、拿翁《なをう》を買《か》ふものに對《たい》して之《これ》を賣《う》り、王統《わうとう》を得《う》るものに對《たい》して之《これ》を買《か》ひウオーターロー《ウオーターロー》の戰《たゝかひ》までに五百萬弗《まんどる》を利喰《りぐひ》して當時《たうじ》の株式界《かぶしきかい》を震愕《しんがく》せしむ、蓋《けだ》しロ氏《し》の胸中此機《きようちうこのき》を見《み》るの奇《き》ありて然《しか》なり、

されど投機《とうき》は斷然《だんぜん》止めてからでなければ眞《しん》の利益成功《りえきせいこう》と云《い》ふ事《こと》は出來《でき》ない、夫《か》の松《まつ》辰將軍《たつしやうぐん》の如《ごと》き鈴久將軍《すゞきうしやうぐん》の如《ごと》き消《き》えてあとなき白雪《しらゆき》の如《ごと》くの投機師《とうきし》は澤山《たくさん》あれど、眞《しん》の成功者《せいこうしや》は少《すく》ないと云《い》ふ譯《わけ》はナポレオンの如《ごと》き不可能《ふかのう》と云《い》ふ字《じ》を佛國《ふつこく》の字書《じしよ》より引《ひ》き拔《ぬ》け、と云《い》ふ傲慢心《がうまんしん》が出《い》づる爲《ため》に失敗《しつぱい》して仕舞《しま》ふのである、

予《よ》は株式期米《かぶしききまい》の投機《とうき》に於《おい》ては十年間許《ねんかんばか》り苦心《くしん》して深山《しんざん》に登《のぼ》り心思《しんし》を凝《こら》し研究《けんきう》に研究《けんきう》を重《かさ》ねた、其間《そのかん》一の眞理《しんり》を發見《はつけん》したその眞理《しんり》とは別《べつ》にあらず冷靜《れいせい》な頭惱《づなう》を致《いた》すのが第一《だいいち》にて無我《むが》の境《きやう》に到《いた》れば相場《さうば》の線《せん》に觸《ふ》るゝ事《こと》が出來《でき》るなり、研究中《けんきうちう》に得《え》たその數《すう》理《り》を示《しめ》して實研者《じつけんしや》の資料《しれう》となさん、

期米《きまい》寄附《よりつき》數《すう》押目《おしめ》買方針《かひはうしん》

圓飛臺《ゑんとびだい》三、四、五、六、八、十一、十二、十三、十四、十九、二〇、二一、二二

二七、二八、二九、三〇、三五、三六、三七、三八、四三、四四、四五、

四六、五一、五二、五三、五四、五九、六〇、六一、六二、六七、六八、六九、

七〇、七四、七五、七六、七七、七八、八三、八四、八五、八六、九一、九二、九三、九四、

例證《れいしよう》 大正《たいしやう》九年《ねん》五月《ぐわつ》七日《か》期米《きまい》寄附直《よりつきね》四十一圓《えん》二十錢《せん》と寄附前日《よりつきぜんじつ》引直《ひきね》より五錢高《せんだか》にてそれより四十圓《えん》八十一錢《せん》と暴落《ぼうらく》したれど後場《ごば》には四十一圓《えん》四十錢《せん》と沸騰《ふつとう》して大引《おほびき》となりたり、寄附直《よりつけね》二十錢《せん》は極力押目買方針《きよくりよくをしめかひはうしん》の證右《しようみぎ》の如《ごと》し、

期米寄附數戻《きまいよりつきすうもど》り待賣方針《まちうりはうしん》

大正《たいしやう》九年《ねん》五月《ぐわつ》八日《か》期米《きまい》が前日大引《ぜんじつおほびけ》より五十九錢方上放《せんがたうへはな》れの九十九錢《せん》と寄附往來《よりつきわうらい》ありて、四十一圓《えん》十一錢《せん》と暴落《はうらく》し六十一錢《せん》にて大引《おほひけ》せり、寄附直《よりつきね》九十九錢《せん》は極　力賣方《きよくりよくうりはう》針《しん》を取《と》る可《べ》し但《たゞ》し前日大引《ぜんじつおほびき》より五十九丁《ちやう》も大上放《おほうへはな》れは目《め》をつぶつて賣《う》るなり、

圓飛臺《えんとびだい》、一、二、七、九、十、十五、一六、一八、二三、二四、二五、三一、三二、三三、三四、三九、四〇、四一、四二、四七、四八、四九、五〇、五五、五六、五七、五八、六三、六四、六五、六六、七一、七二、七四、七九、八〇、八

一、八二、八七、八八、八九、九〇、九五、九六、九七、九九、

例證《れいしやう》 大正《たいしよう》九年《ねん》五月《ぐわつ》十日《か》郵船株先物寄附直《いうせんかぶさきものよりつきね》百五十九圓《えん》九十錢《せん》なり、百五十八圓《えん》五十錢《せん》と下落《げらく》したり、九圓《えん》九十錢《せん》の數極力賣《すうきよくりよくうり》なり、

大正《たいしやう》九年《ねん》五月《ぐわつ》十日《か》東洋汽船先物《とうやうきせんさきもの》五十三圓寄附《えんよりつき》五十三圓《えん》六十錢引《せんひき》なり、之《こ》れは買方針《かひにうしん》を示《しめ》したるものなり、

予《よ》は毎日午前《まいにちごぜん》二時起床《じきしよう》し水行《すゐぎやう》に清《きよ》め神前《しんぜん》にて瞑想《めいさう》し二十分間《ぷんかん》の中翌日《うちよくじつ》の諸相場《しよさうば》高低《かつてい》を豫知《よち》する事《こと》を感得《かんとく》したり、あらゆる豫言方法《よげんはうはふ》を超越《てうえつ》したる心源作用《しんげんさよう》なる事《こと》を確實《かくじつ》に心得《しんとく》したのである、兜町《かぶとちやう》の失敗者《しつぱいしや》の或《あ》る一人《ひとり》を郵船直《いうせんぢき》の格言《かくげん》に依《よつ》て大《だい》なる復活成《ふくくわつせい》功《こう》せしめた、

三七　心源術《しんげんじゆつ》より觀《み》たる淫祠《いんし》と邪敎《じやけう》

淫祠《いんし》とはその祭《まつ》る可《べ》き所《ところ》に非《あ》らざるを祭《まつ》る謂《いひ》で、禮記《れいき》に淫祠《いんし》福《ふく》なし、と出《で》て居《ゐ》る、尊敬《そんけい》の對象《たいしやう》として無價値《むかち》なる神《かみ》を祭《まつ》ることを淫祠《いんし》と云《い》ふのである、世界《せかい》のあらゆる

民族《みんぞく》は、その文化《ぶんくわ》の程度《ていど》に相應《さうおう》した宗教《しうけう》を持《もつ》ている、宗教《しうけう》のあつた處《ところ》には何等《なんら》かの形式《けいしき》に於《おい》て迷信《めいしん》を持《もつ》ていた、その内《うち》に感覺《かんかく》に起《おこ》つた幻影《げんえい》に基《もと》づいたものや、沈思《ちんし》の末《すゑ》に成《な》つた想像《さうざう》の産物《さんぶつ》もあるであらうが　一度《ど》迷信《めいしん》に因《とら》はれた心《こゝろ》は更《さら》に新《あたら》しい迷信《めいしん》を構成《かうせい》して、不覺《ふかく》のうちに恐《おそろ》しき迷蒙《めいもう》に沈淪《ちんりん》するものである、迷信者《めいしんしや》の急激《きふげき》な墮落《だらく》は、心理學的《しんりがくてき》に考察《かうさつ》したならば好箇《かうこ》の研究《けんきう》に値《あたひ》するのであらうと思《おも》ふ、新聞《しんぶん》に出《で》て居《ゐ》る九星《せい》で一切《さい》の行爲《かうゐ》に於《おい》て絶《た》へず不成功《ふせいこう》を豫期《よき》する者《もの》があるのも迷信《めいしん》だ、社會《しやくわい》の木鐸《もくたく》を以《もつ》て任《にん》ずる新聞紙《しんぶんし》が知《し》らず識《し》らずの間《あひだ》に迷信《めいしん》の傳播《でんぱ》を努力《どりよく》して居《ゐ》る……人間《にんげん》の力《ちから》には際限《さいげん》がある、人間《にんげん》の慾望《よくばう》には際限《さいげん》がない、人《ひと》は叶《かな》はぬ時《とき》の神賴《かみだの》みを始《はじ》める、

その多《おほ》くの場合《ばあひ》は神《かみ》が人間《にんげん》を援《たす》けるのでなくて、援《たす》けられていると思《おも》ふ心《こゝろ》に自《みづか》ら援《たす》けられているのである、

生活《せいくわつ》が困難《こんなん》になればなる程《ほど》人々《ひと〴〵》は現實《げんじつ》の利益《りえき》に飢《う》へ、群集《ぐんしふ》に誘《さそ》はれて迷信《めいしん》に走《はし》り、

淫祠《いんし》を祭《まつ》る、世《よ》の中《なか》には或《あ》る心的《しんてき》作用《よう》によつて病氣《びやうき》の快癒《くわいゆ》したことを直《たゞち》に神《かみ》の功《こう》に歸《き》して迷信《めいしん》を唆《そゝ》る者《もの》があれば、一方《ぱう》には神異《しんい》に托《たく》して奇怪《きくわい》な事《こと》を構《かま》へ、以《もつ》て口腹《こうふく》の糧《かて》とする行者《ぎやうじや》もある、かくして日本《にほん》に天理教《てんりけう》が起《おこ》ると西洋《せいやう》にクリスチヤン、サイエンスが勃興《ぼつこう》する、

無智《むち》な人々《ひと〳〵》の利己心《りこしん》や恐怖心《きようふしん》に乗《じよう》じて、惡者《わるもの》が故意《こい》に又《また》は不知《ふち》の間《あひだ》に作出《さくしゆつ》した迷《めい》信《しん》が、如何《いか》ばかり人生《じんせい》の進歩《しんぽ》を阻害《そがい》し且《か》つ現《げん》に阻害《そがい》しつゝあることであらう、

奸僧《かんそう》や神官《しんくわん》が外道《げだう》の神《かみ》や空想《くうさう》の神《かみ》を作《つく》り出《だ》して、手段《しゆだん》を盡《つく》してその神《かみ》の功徳《くどく》を吹聽《ふいちやう》すると、此《こ》處でも彼處《かしこ》でも敗《ま》けぬ氣《き》になつてこれに習《なら》つたものであらう、

火難《くわなん》と云《い》へば天狗《てんぐ》の變化《へんくわ》の秋葉《あきは》三尺坊《じやくばう》、長命《ちやうめい》と云《い》へば近江《あふみ》の多賀《たが》神社《じんじや》に願《ねが》ひ、祈《あま》雨《こひ》と云《い》へば伊勢《いせ》の多度《たど》一目龍《もくりよう》、縁結《えんむす》びには出雲《いづも》の大社《おほやしろ》と云《い》ふた風《ふう》に、

何《なん》でもかでも神棚《かみだな》にその護符《ごふ》を祭《まつ》り込《こ》んで、富山《とやま》の藥屋《くすりや》の紙袋《かみぶくろ》から風邪《ふうじや》には實母散《じつぼさん》腹痛《ふくつう》には熊膽丸《くまのゐくわん》を出《だ》すやうに、時《とき》に應《おう》じて神棚《かみだな》の八百萬《やほよろづ》の神《かみ》にそれぞれ得手《えて》勝手《がつて》な

お願《ねがひ》をすると思《おも》ふと、今度《こんど》は神佛《しんぶつ》に眼疾地藏《めやみぢざう》、とげぬき地藏《ぢざう》、乳離藥師《ちゝはなれやくし》、目赤不動《めあかふどう》足《あし》には妙法日荷上人《めうほふにつかしやうにん》、安產《あんざん》には日審上人《につしんしやうにん》、などと種々勝手《しゆ〴〵かつて》な名《な》をつけ、目赤《めあか》と目明《めあき》しと結付《むすびつ》けて、失物《うせもの》を尋《たづ》ねる時《とき》の神《かみ》としたなどは、寧《むし》ろ噴飯《ふんぱん》に類《るゐ》するものである、川柳子《せんりうし》をして『目《め》の色《いろ》をかへて不動《ふどう》は名《な》を廣《ひろ》め』と罵《のゝし》らしめたのは奸僧《かんそう》の重罪《ちうざい》と云《い》ふ可《べ》きである、

備前名君新太郎少將《びぜんめいくんしんたらうせうしやう》は領內《りやうない》の淫祠《いんし》を毀《こぼ》ち、水戶《みと》の藩《はん》では領內《りやうない》の淫祠《いんし》三千八十八を廢《はい》した、草茅危言と云《い》ふ書《しよ》には『王室《わうしつ》の衰《おとろ》へより巫祝家《ぶしうか》の說追々盛《せつおひ〳〵さかん》になり、樣々《さま〴〵》の淫《いん》祠《し》天下《てんか》に滿《み》ちたり』

出雲大社《いづもたいしや》の龍燈《りうとう》、備中吉備津《びつちうきびつ》の宮《みや》の釜鳴《かまなり》などゝ鬼神《きじん》の威令《ゐれい》に託《たく》して巫覡輩《ふげきはい》の愚民《ぐみん》を欺《あざむ》き、錢《ぜに》を求《もと》むる術《じゆつ》とす、大工町《だいくまち》の道分稻荷《みちわけいなり》にて祭典《さいてん》に人《ひと》を集《あつ》め釜《かま》を鳴《な》らすと云《い》ふて鳴《な》らなかつたので大笑《おほわら》ひ……又草茅危言《またさうばうきげん》に、蛭子大黑《えびすだいこく》を祀《まつ》て强慾姦利《がうよくかんり》の根據《こんきよ》とし、天滿宮《てんまんぐう》を淫奔《いんぽん》の媒《なかだち》とし、觀音《くわんのん》を產婆《さんば》の代《かは》りと

し、狐狸《こり》の妄談《もうだん》、天狗《てんぐ》の虛誕《きよたん》、聊《いさゝか》の辻神辻佛《つじがみつじほとけ》に種《しゆ〲》の靈驗《れいげん》を猥《みだり》に云《い》ひ觸《ふ》らし、佛神《ぶつしん》の夢想《むさう》に託《たく》して妄藥粗劑《もうやくそざい》を賣弘《うりひろ》め、男女《だんぢよ》の相性《あひしやう》、人相《にんさう》、劍相《けんさう》、家相《かさう》の類《るゐ》、邪說橫流《じやせつわうりう》し愚民《ぐみん》を眩惑矯誣《げんわくけうぶ》する術《じゆつ》に非《あら》ざるはなし、斯《かゝ》る怪妄《くわいもう》、世界頑鈍《せかいがんどん》にして風俗《ふうぞく》誠《まこと》に歎《なげ》かはし、憫《あはれ》むべきの甚《はなはだ》しき者《もの》なり……と草茅危言《さうばうきげん》に誡《いまし》めたり、淫祠論《いんしろん》には、

ともかく諸國《しよこく》に淫祠夥《いんしおびたゞ》しく相成《あひな》りしは往古《わうこ》にては最澄空海《さいちようくうかい》の邪說《じやせつ》より始《はじ》まり、今《いま》の世《よ》にては兼倶兼右《かねともかねすけ》の奸計《かんけい》より起《おこ》り申候《まをしそろ》、

之《こ》れは奸邪《かんじや》の僧《そう》が最澄空海《さいちようくうかい》の名《な》を借《か》りて虛妄《こもう》を流布《るふ》したまでゞある、神道《しんだう》にも新作《しんさく》の怪《あや》しげな神社《じんじや》が俗信《ぞくしん》や權勢《けんせい》の被護《ひご》によつて堂々《だう〲》たる神社《じんじや》となつたものもある、江戸《えど》業平天神《なりひらてんじん》は業平《なりひら》と云《い》ふ剛力《がうりき》の男《をとこ》の墓《はか》に小祠《せうし》を建《た》てたのか在五中將《ざいごちうじやう》の祠《し》と稱《しよう》せられ、小《こ》六明神《みやうじん》は小《こ》六と云《い》ふ馬丁《はてい》を祭《まつ》り、根津權現《ねづごんげん》は根津右衛門《ねづうゑもん》が刑《けい》に逢《あ》つて祟《たゝり》をしたと云《い》ふので建《た》てた社《やしろ》が、今《いま》では大山祇《おほやますみ》とか何《なん》とか云《い》ふ神《かみ》を祭《まつ》つた社《やしろ》になつた、

神官《しんくわん》の惡計《あくけい》が赤裸《せきら》々・に判《わか》るは多度《たど》の一目龍《もくりう》である、之《こ》れは佛敎《ぶつけう》の神道第《しんつうだい》一たる目連《もくれん》が龍《りよう》を使役《しえき》して雨《あめ》を降《ふ》らせたとか云《い》ふ誤謬《こべう》を盜取《ぬすみと》つて一目龍《もくりう》と云《い》ふ名《な》を作《つく》り、燊名《くはな》の香具師《やし》の元締《もとじめ》と結託《けつたく》して諸國《しよこく》に散在《さんざい》する香具師《やし》をして、雨乞《あまごひ》の靈驗《れいげん》を吹聽《ふいちやう》させ、その報酬《はうしう》として香具師《やし》の元締《もとじめ》の家《いへ》からは祈禱《きたう》に使用《しよう》する供物《くもつ》を買《か》はせることにした

この香具師《やし》の家《いへ》は井口屋《ゐぐちや》と云《い》ふて兩者《りやうしや》の關係《くわんけい》は今《いま》も尙《な》ほ持續《ぢぞく》し必《かなら》ず井口屋《ゐぐちや》の供物《くもつ》を買《か》はせる事《こと》となつて居《ゐ》る、

動物崇拜《どうぶつすうはい》には老狐《らうこ》の稻荷《いなり》、白蛇《はくじや》を辨財天《べざいてん》、熊《くま》、猿《さる》、鷲《わし》、鯰《なまづ》、鰻《うなぎ》、鼈《すつぽん》、蛇等《へびとう》が歲《とし》を歷《へ》た物《もの》を山川沼澤《さんせんせうたく》の主《ぬし》と云《い》ひ、鳩《はと》の八幡《まん》、山王《さんのう》の猿《さる》、蛇《へび》の辨天《べんてん》、鼠《ねずみ》の大黑《だいこく》、毘《び》沙門《しやもん》の蜈蚣《むかで》、春日大明神《かすがだいみやうじん》の鹿《しか》、等動物《とうどうぶつ》を神《かみ》の使《つかひ》としたなぞは迷信《めいしん》の表現《へうげん》である、それから植物《しよくぶつ》の崇拜《すうはい》には乳貰《ちゝもら》ひ榎《えのき》板橋《いたばし》の緣切榎《えんきりえのき》、中山《なかやま》の鬼子母《きしぼ》神境內《じんけいだい》にある銀杏《いてふ》に抱付《だきつ》くと子《こ》を授《さづ》かると云《い》ひ、枚擧《まいきよ》に逞《いとま》なき程《ほど》淫祠《いんし》と迷信《めいしん》が澤山《たくさん》ある、それから明治時代《めいぢじだい》と大正時代《たいしやうじだい》の產物《さんぶつ》は太靈道《たいれいだう》、

大本教《おほもとけう》、巣鴨《すがも》の御殿《ごてん》、隱田《おんでん》の行者《ぎやうじや》、池袋《いけぶくろ》の神樣《かみさま》を初《はじ》め幾多《いくた》無名《むめい》の修法者行者《しゆはふじやぎやうじや》が簇出《ぞくしゆつ》したのである、斯《かく》の如《ごと》き産物《さんぶつ》は明治《めいぢ》大正《たいしやう》の世《よ》に於《お》ける不自然極《ふしぜんきは》まる存在《そんざい》の如《ごと》く思《おも》はれるが、現代《げんだい》の我國《わがくに》の思想界又事情《しさうかいまたじじやう》を考察《かうさつ》しその依《よつ》て來《きた》る所以《ゆえん》のものを尋《たづ》ぬれば、これもまた現代《げんだい》の社會《しやくわい》が作《つく》つた自然《しぜん》の半面《はんめん》であることを首肯《しゆかう》しなければならない、天理教《てんりけう》が病氣《びやうき》を癒《いや》すことを賣物《うりもの》にして幾多《いくた》の信者《しんじや》の財産《ざいさん》を蕩盡《とうじん》せしめた故智《こち》に習《なら》つて各自《かくじ》おみき婆《ばあ》さんたらんとして居《ゐ》る現代《げんだい》の自稱宗教家《じしようしうけうか》は、池袋《いけぶくろ》の神樣《かみさま》も獄《ごく》に投《とう》ぜられ、阿吽婆羅縛《あうんはらばく》も消《き》へてなくなつた、如何《いか》に迷《まよ》うて居《ゐ》る人々《ひとびと》とても幾分《いくぶん》は夢《ゆめ》も覺《さ》めるであらう、

國民《こくみん》の向上《かうじやう》を願《ねが》ふ上《うへ》に於《おい》て吾人《ごじん》は極力迷信《きよくりよくめいしん》を排《はい》し、淫祠《いんし》を却《しりぞ》けなければならないと共《とも》に、古來各時代《こらいかくじだい》を通《つう》じて一世《せい》の燈明《とうみやう》となつて國民《こくみん》の發開《につかい》に任《にん》じた賢明《けんめい》な人々《ひとびと》に感《かん》謝《しや》しなければならぬ、

昔《むかし》し大聖釋迦尊《だいせいしやかそん》は樹下石上《じゆげせきじやう》に端坐《たんざ》して、惡俗《あくぞく》の念《ねん》を靜《しづ》むる事幾歳《ことといくさい》、遂《つひ》に正覺《せいかく》を得《え》し

とあるが、吾人々類《ごじんじんるゐ》は宜《よろ》しく良書《りやうしよ》を繙《ひもと》きて惡俗《あくぞく》の念《ねん》を靜《しづ》むるに如《し》くはない、若《も》し一切《さい》の惡慾《あくよく》襲《おそ》ひ來《きた》らば圖書館《としよくわん》あらば圖書館《としよくわん》に入《い》り、書齊《しよさい》あらば書齊《しよさい》に入《い》りて最《もつと》も良書《りやうしよ》を繙《ひもと》く可《べ》し、これ心機轉換《しんきてんくわん》の法《はふ》にて最《もつと》も迅速《じんそく》に効果《かうくわ》のある者《もの》なり、殊《こと》に圖書館《としよくわん》に入《い》りて自由《じいう》に多《おほ》くの書《しよ》を見《み》るに至《いた》つては大概《たいがい》の俗念迷信邪念《ぞくねんめいしんじやねん》、皆消滅《みなせうめつ》して向上發展《かうじやうはつてん》の汝《なんぢ》を作《つく》り出《だ》すなり矣《い》

三八　心源術《しんげんじゆつ》より煩悶退治《はんもんたいぢ》の法《はふ》を出《だ》す

煩悶《はんもん》ある時《とき》は發表《はつぺう》して愉快《ゆくわい》を得《え》べし、煩悶《はんもん》と云《い》ふ者《もの》は誰《たれ》の所《ところ》にもある者《もの》であるが、此煩悶《このはんもん》を除《のぞ》くの一法《はふ》は、自己《じこ》の忍耐《にんたい》と悟《さと》りにもあるが、發表《はつぺう》して愉快《ゆくわい》な場合《はあひ》がある、例令《たとへ》ば自己《じこ》の行動《かうどう》が良心《りやうしん》の咎《とが》むる所《ところ》となつて、非常《ひじやう》に苦痛《くつう》なる場合《はあひ》、之《これ》を公表《こうへう》し又人《またひと》に告《つ》げて悔悟《くわいご》をすれば、其惱《そのなや》みは解《と》けるが如《ごと》くである、即《すなは》ち煩悶《はんもん》は胸《むね》の中《うち》に藏《ざう》し置《お》くが爲《ため》に苦痛《くつう》なのであるが、之《これ》を發表《はつぺう》すれば煙散霧消《えんさんむせう》するのである、人《ひと》は正直《しやうぢき》な者《もの》で、人《ひと》を殺《ころ》したならば殺《ころ》したと云《い》ふ責任《せきにん》を負《お》ひさえすればそれで心《こゝろ》が安《あん》

樂《らく》になるのである、何事《なにごと》も責任《せきにん》を負《お》ふ可《べ》し、此位愉快《このくらゐゆくわい》な事《こと》はない、

心源術《しんげんじゆつ》を行《おこな》へば因果律《いんぐわりつ》がサンゲに依《よつ》て發露《はつろ》せられ根本的愉快《こんぽんてきゆくわい》となるのである、

萬事《ばんじ》感情《かんじやう》にて決《けつ》する勿《なか》れ、理性《りせい》の判斷《はんだん》を經《へ》て愉快《ゆくわい》となれ、人間《にんげん》の弱點《じやくてん》は物事《ものごと》を感情《かんじやう》によりて決《けつ》する事《こと》である、感情《かんじやう》と云《い》ふ者《もの》は、我儘勝手《わがまゝかつて》の者《もの》で、自己《じこ》の都合《つがふ》良《よ》く、又《また》自己《じこ》の機嫌《きげん》を損《そん》せざる事《こと》であれば、大《おほ》ひに歡迎圓滿《くわんげいゑんまん》にゆくのであるが、感情《かんじやう》が衝突《しようとつ》逆撃《ぎやくげき》する事《こと》ありとせば、阿修羅《あしゆら》の狂躍《きやうやく》せる如《ごと》く中々始末《なかなかしまつ》に了《を》へぬ者《もの》である、

感情《かんじやう》は心源《しんげん》を抑《おさ》へ隱《かく》す魔雲《まうん》で理性《りせい》のあるなしにかゝはらず突發《とつぱつ》する、事物《じぶつ》の辨別《べんべつ》力《りよく》を失《うしな》ひ、只大河《たゞたいが》の水《みづ》の決《けつ》して堤防《ていばう》を崩壞《ほうくわい》せるが如《ごと》く、或《あるひ》は狂瀾怒濤《きやうらんどたう》の船舶《せんぱく》を破《は》壞《くわい》するが如《ごと》きに止《とゞ》まる、

感情《かんじやう》は破壞力《はくわいりよく》のみで物《もの》を纏《まと》めるには餘《あま》り功力《こうりよく》がない、理性《りせい》の判斷《はんだん》を經《へ》たる程確實《ほどかくじつ》な事《こと》はない、自己損《じこそん》をなす事《こと》あるもそは他人《たにん》の利益《りえき》なり……度量《どりやう》は此位大《このくらゐおほ》きく持《も》たねばいけない、自分《じぶん》が損《そん》をしてもそれは他人《たにん》の利益《りえき》である、青砥藤綱《あをとふぢつな》は水中《すゐちう》に落《お》ちた

金《かね》、これ國家《こくか》の財寶《たから》なりとして人《ひと》を集《あつ》めて捜索《さうさく》したとあるが、一度《た》び地中《ちちう》に埋《うも》れ又《また》空中《くうちう》に酸化《さんくわ》して活用《くわつよう》を缺《か》く者《もの》ならば格別《かくべつ》、人間界《にんげんかい》に於《おい》ての損益勘定《そんえきかんぢやう》は決《けつ》して患ふ可《べ》からざる者《もの》である、

心源《しんげん》に徹底《てつてい》すれば火《ひ》は熱《あつ》き者《もの》、水《みづ》は冷《つめた》き者《もの》、春《はる》はあたたかきもの、冬《ふゆ》は寒《さむ》きものと心得《こゝろえ》て居《を》らば、火《ひ》熱《あつ》きとて不思議《ふしぎ》にあらず、水冷《みづつめた》きとて驚《おどろ》くにも當《あた》らず、天下自然《てんかしぜん》の道理《だうり》に背《そむ》かざる様《やう》になる、

失敗《しつぱい》も疾病《しつぺい》も必《かなら》ず因《よつ》て來《きた》る處《ところ》がなければならぬ、突然《とつぜん》と起《おこ》るものではない、自分《じぶん》の生命《せいめい》の本源《ほんげん》に背《そむ》くから本源以外《ほんげんいぐわい》の潜在意識《せんざいいしき》が合同《がふどう》してあばれ出《だ》して遂《つひ》に肉體迄犠牲《にくたいまでぎせい》にして煩悶《はんもん》の表現感情《へうげんかんじやう》の因《よりこ》となして仕舞《しま》ふのである、

冷静《れいせい》なる頭《あたま》を以《もつ》て大集《たいしふ》の中《うち》に突入《とつにふ》すれば、人類《じんるゐ》の全般《ぜんぱん》が悉《ことごと》く感情的煩悶者《かんじやうてきはんもんしや》である事《こと》が瞭然《はつきり》と解《わか》る、何《な》んでも煩悶《はんもん》を胸《むね》の中《うち》に蓄《たくはへ》てをかないで自分《じぶん》の極《ご》く信《しん》ずる者《もの》に話《はな》すと同時《どうじ》に自分《じぶん》の本源生命《ほんげんせいめい》に契《ちか》つてその煩悶《はんもん》の出發《しゆつぱつ》したる原《もと》を責任解除《せきにんかいぢよ》する覺悟《かくご》す可《べ》

し、

金錢上《きんせんじやう》の缺陷煩悶《けつかんはんもん》は必《かなら》ず返《かへ》すと心約《しんやく》すれば可《か》なり、他《た》の一切《さい》の煩悶《はんもん》は自己《じこ》の地位《ちゐ》と頭惱《づなう》と、識見《しきけん》と研究力《けんきうりよく》の如何《いかん》と打《う》ち勝《か》つ丈《だけ》の身體努力《しんたいどりよく》の精力《せいりよく》とを研究《けんきう》して分《ぶん》に應《おう》じたる決斷《けつだん》をなせ、

心源作用《しんげんさよう》は確然《かくぜん》として勃起《ぼつき》し自己《じこ》を救《すく》ふ力《ちから》を與《あた》ふ、他《た》の力《ちから》を吸引《きふいん》し來《きた》りてソコに實《じつ》現《げん》するなり、之《こ》れ予《よ》が積年研究《せきねんけんきう》する處《ところ》である、然《しか》れども煩悶苦惱《はんもんくなう》を變化《へんくわ》をするには自己《じこ》の慾望《よくばう》を他人《たにん》の犠牲《ぎせい》とせねばならない、それが返《かへ》つて、

煩悶退去《はんもんたいきよ》の方法《はうはふ》の秘訣《ひけつ》である、自己《じこ》の事業《じげふ》自己《こ》の努力《どりよく》一切《さい》を放棄《はうき》して他人《たにん》の意中《いちう》に突入《とつにふ》し、他人《たにん》に懷《いだ》かれてから自己《じこ》を發揮《はつき》するのである、易經《えききやう》には『君子《くんし》は虚《きよ》にして物《もの》を入《い》れる』と云《い》ふのも自己《じこ》を空虚《くうきよ》にして人《ひと》を容《い》れ人《ひと》に容れらるゝのでなければ煩悶解脱《はんもんげだつ》の眞諦《しんたい》とは云《い》へない、

先《さき》に反抗《はんこう》されると感情《かんじやう》に訴《うつた》へあく迄個《までこ》意《い》を徹底《てつてい》せんとするのは、心源力《しんげんりよく》を活躍《くわつやく》する

のでなく閉塞《へいそく》して仕舞《しま》ふのである、孔子《こうし》でさへも、
君子《くんし》は世《よ》を遁《のが》れて悶《もん》する事更《ことさら》になし、
と云《い》ふた、山《やま》の中《なか》に隱遁《いんとん》しようが海《うみ》の生活《せいくわつ》をしようが、天下《てんか》の狀勢《じやうせい》は君子《くんし》には一目《もく》瞭然《れうぜん》として解《わか》るから、平凡《へいぼん》な人間《にんげん》の如《ごと》く何等《なんら》煩悶《はんもん》なぞない、
華嚴《けごん》小僧《こぞう》が大《おほ》ひなる悲觀《ひくわん》と大《おほ》ひなる樂觀《らくくわん》と一致《ち》して居《ゐ》ると叫《さけ》んで投身《とうしん》した、けれども悲樂《ひらく》は學問《がくもん》の上《うへ》では解《わか》らない實社會《じつしやくわい》に於《おい》て、メートルに懸《か》けて試《こゝろ》みなければ眞價《しんか》は出《で》ないのである、哲學《てつがく》は理智《りち》の學問《がくもん》で宗敎《しうけう》は實行《じつかう》の道《みち》であるから理智《りち》を蓄《たくは》へ實行《じつかう》に於《おい》て合理的《がふりてき》に致《いた》せば眞《しん》の悲樂《ひらく》が解《わか》るのである、

三九　心源術《しんげんじゆつ》より觀《み》たる莊子《さうし》

心源術《しんげんじゆつ》はあらゆる神佛《しんぶつ》を離《はな》れ、あらゆる療法術《れうはふじゆつ》を離《はな》れ、あらゆる物質療法《ぶつしつれうはふ》を離《はな》れ、あらゆる思想《しさう》の壓迫《あつぱく》を離《はな》れて人間生命《にんげんせいめい》の根本《こんぽん》に突入《とつにふ》してその活動《くわつどう》をいたさんとするにあり、故《ゆゑ》に自由療法術《じいうれうはふじゆつ》であるされども莊子《さうし》が云《い》へるが如《ごと》き自由《じいう》ではない、莊子《さうし》は

毎《つね》に云《い》ふた、

私《わたし》は楚《そ》の重《おも》き役人《やくにん》に用《もち》ひられるは結構《けつかう》であるけれども丁度《ちやうど》、龜《かめ》のやうなものであるから、そんな窮屈《きうくつ》な思《おも》ひをすることは御免《ごめん》を蒙《かふむ》る、私《わたし》の一人自由《にんじいう》な命《いのち》は、楚《そ》の國全體《くにぜんたい》よりも私《わたし》に取《と》つては大切《たいせつ》だから、

と云《い》ふて斷《ことわ》つて仕舞《しま》つた矢《や》つ張《は》り野放《のはな》しで沼《ぬま》の中《なか》で尾《を》を曳《ひい》て遊《あそ》んで居《ゐ》た方《はう》が愉快《ゆくわい》であらうと云《い》ふので、則《すなは》ち楚國《そこく》と云《い》ふ國家《こくか》世界《せかい》の爲《ため》に身《み》を捧《さゝ》げて其犠牲《そのぎせい》となるよりも寧《むし》ろ功名《こうみやう》を抛《なげう》ち、一人《ひとり》の天然《てんねん》の命《めい》を全《まつた》うした方《はう》が得《とく》だ、と云《い》ふのが莊子《さうし》の根本思想《こんほんしさう》である、

心源術《しんげんじゆつ》は人生《じんせい》の本然《ほんぜん》の生命《せいめい》の活躍《くわつやく》をいたすに於《おい》て一切《さい》の事《こと》は認《みと》めないので、天然《てんねん》の靈癒力《れいゆりよく》を出《だ》すのであるから、超越主義《てうゑつしゆぎ》である、莊子《さうし》のは社會主義《しやくわいしゆぎ》、或《あるひ》は集合主義《しふがふしゆぎ》と個人主義《こじんしゆぎ》との爭點《さつてん》で、心源術《しんげんじゆつ》は潜在意識《せんざいいしき》の全部《ぜんぶ》を本然靈化《ほんねんれいくわ》せしめざれば息《や》まないのであるが、莊子《さうし》のは社會主義《しやくわいしゆぎ》も離《はな》れ、集合主義《しふがふしゆぎ》も離《はな》れ只單《たゞたん》なる個人《こじん》を尊重《そんちよう》するの主《しゆ》

義《ぎ》なれば、國家《こくか》も社會《しやくわい》も人生《じんせい》の眞價《しんか》も藝術《げいじゆつ》も宗教《しうけう》も哲學《てつがく》も科學《くわがく》も何《なに》もかも無視《むし》した極《ご》くの蠻的思想《ばんてきしさう》である、動物的主義《どうぶつてきしゆぎ》である、一人《にん》を絶對《ぜつたい》に守《ま》つて社會《しやくわい》にも國家《こくか》にも自分《じぶん》を使《つか》はない様《やう》にすべきかゞ、現代《げんだい》の思想《しさう》界《かい》の底《そこ》に横《よこた》はつて居《ゐ》る暗《くら》き流《なが》れであるのが莊子《さうし》に於《おい》て數《すう》千年前《ねんぜん》言現《ひいあら》はしたのである莊子《さうし》は道徳《だうとく》を無視《むし》し法律《はふりつ》を無視《むし》した、法律《はふりつ》や道徳《だうとく》は盜賊《たうぞく》の手傳《てつだひ》をするものであると云《い》ふて居《ゐ》る、それは、

盜賊《たうぞく》を防《ふせ》ぐに箱《はこ》に物《もの》を入《い》れて、盜賊《たうぞく》の容易《ようい》に持《も》つて行《ゆ》かれない様《やう》にする、其時《そのとき》は箱《はこ》の鍵《かぎ》を嚴重《げんぢう》にして開《ひら》かぬ様《やう》にする、さうすると盜賊《たうぞく》は鍵《かぎ》がなければ箱《はこ》を開《あ》けることが出來《でき》ないから、中《なか》の物《もの》を持《も》つて行《ゆ》くことは出來《でき》ない、至極安全《しごくあんぜん》であるやらだが、それは唯《た》だ小盜賊《せうたうぞく》を防《ふせ》ぐだけの道《みち》であつて、若《も》し大《おほ》きな盜賊《たうぞく》があつて、その箱《はこ》ごと盜《ぬす》んで行《い》つたらどうする、箱《はこ》ごと盜《ぬす》んで行《ゆ》く〳〵場合《ばあひ》には、鍵《かぎ》の丈夫《じやうぶ》な方《はう》が却《かへ》つて宜《い》いと思《おも》ふ、鍵《かぎ》が嚴重《げんぢう》な方《はう》が持出《もちだ》すのに都合《つがふ》が宜《い》い、さうして見《み》ると箱《はこ》の

鍵《かぎ》の嚴重《げんぢう》なのは小盜賊《せうたうぞく》を防《ふせ》ぐ爲《た》めに過《す》ぎぬもので、大盜《だいたう》を防《ふせ》ぐ爲《ため》にはならぬではないか……今齊《いませい》と云《い》ふ國《くに》は方《はう》二千里《り》もある大國《たいこく》である、其國《そのくに》には、立派《りつぱ》な制度《せいど》があり、立派《りつぱ》な道德《だうとく》があつて、國民《こくみん》は治《をさ》まつて行《ゆ》く、丁度《ちやうど》、箱《はこ》の錠《ぢやう》がピシンと支《か》つてあつて誰《たれ》も手《て》を出《だ》す事《こと》が出來《でき》ないと同《おな》じやうに、巧《うま》く治《をさ》まつて行《ゆ》く、併《しか》しながら其齊《そのせい》の國《くに》を田子成《でんしせい》と云《い》ふ奴《やつ》がそつくり其《その》まゝ盜《ぬす》んで仕舞《しま》つたではないか、若《も》し齊《せい》の國《くに》に、法律《はふりつ》も道德《だうとく》と云《い》ふものもなかつたら、田子成《でんしせい》は奪《うば》はうと思《おも》つても奪《うば》ふことは出來《でき》なかつたらう、なぜならば方々《はう〴〵》に暴《あば》れ者《もの》が澤山《たくさん》居《を》て騷《さわ》ぎ出《だ》せば、田子《でんし》成一人《せいひとり》が旨《うま》い汁《しる》を吸《す》ふ譯《わけ》には行《ゆ》かないからである、併《しか》しながら制度《せいど》がチヤンと決《き》まつて、法律《はふりつ》が整《とゝの》つて、國《くに》の組織《そしき》が十分《ぶん》出來《でき》て居《を》つたから、其國《そのくに》を奪《うば》ふ奴《やつ》は其《その》まゝ丸取《まるど》りにして、體《てい》の好《い》いことを言《い》つて、皇室《くわうしつ》の權《けん》さへ奪《うば》ふて仕舞《しま》へば、誰《たれ》も小言《こごと》を云《い》ふことは出來《でき》ない、で實權《じつけん》は田子成《でんしせい》に歸《き》して仕舞《しま》つた、丁度《ちやうど》、斯《か》う云《い》ふ風《ふう》であつて、法律《はふりつ》が堅固《けんご》だけで、道德《だうとく》が能《よ》く行《おこな》はれて居《ゐ》る丈《だけ》に、それが却《かへ》つて國《くに》を奪《うば》

ふ者《もの》に都合《つがふ》が好《い》いことになるのだから、詰《つま》り道徳《だうこく》と云《い》ふものは、大盜《だいとう》に加勢《かせい》をする樣《やう》な格構《かくこう》になるではないか、

斯《か》う言《い》つて居《ゐ》る、之《これ》を現代《げんだい》の意味《いみ》に直《なほ》して見《み》ると國《くに》に制度《せいど》があり、法律《はふりつ》がある、そうして一定《てい》の秩序《ちつじよ》が立《た》つて居《ゐ》る、其《その》一定《てい》の秩序《ちつじよ》、一定《てい》の法律《はふりつ》を利用《りよう》して自分《じぶん》の利益《りえき》を圖《はか》る強《つよ》い力《ちから》を有《も》つて居《ゐ》るものがあると假定《かてい》せるときは、

其道徳《そのだうとく》、其法律《そのはふりつ》も強《つよ》い者《もの》の道具《だうぐ》になつて仕舞《しま》ふと云《い》ふことに歸《き》する、

故《ゆゑ》に莊子《さうし》の理想《りさう》の社會《しやくわい》と云《い》ふものは……無意識《むいしき》の社會《しやくわい》である、その譬喩《ひゆ》は、魚《うを》が水《みづ》の少《すく》ない所《ところ》に澤山《たくさん》居《ゐ》るときは、段々《だんだん》自分《じぶん》たちの呑《の》んだり吐《は》いたりする水《みづ》が乏《とぼ》しくなるから魚同士相談《さかなどうしさうだん》して『お前《まへ》の水《みづ》が少《すく》なければ遣《や》らう』と言《い》つて遣《や》る向《むか》ふの魚《さかな》が有難《ありがた》うと言《い》つて又吹《またふ》き返《かへ》すと云《い》ふやうなことをして助《たす》け合《あ》はなければならない、貧乏同士《びんぼふどうし》の朋友《ほういう》は財産《ざいさん》の共通《きようつう》をしなければならぬやうに、水《みづ》が少《すく》ない所《ところ》の魚《さかな》は互《たがひ》に助《たす》け合《あ》はなければならぬ樣《やう》に、水《みづ》の少《すく》ない所《ところ》の魚《さかな》は互《たがひ》に助《たす》け合《あ》はなけ

ればならぬのである、さうすると『私《わたし》が助《たす》けた』のあなたが助《たす》けて貰《もら》つたのと云《い》ふ自他《じた》の差別《さべつ》が出來《でき》、多《おほ》く持《も》つて居《ゐ》る者《もの》は、それを榮譽《えいよ》とし、少《すく》なく持《も》つて居《ゐ》る者《もの》は、それを恥《はづ》かしいことゝ考《かんが》へることになつて、榮譽《えいよ》の感《かん》も起《おこ》り、物《もの》が乏《とぼ》しいから盗賊《たうぞく》も起《おこ》るところが、若《も》し水《みづ》が澤山《たくさん》あつたらどうする、水《みづ》が澤山《たくさん》あれば他《た》の魚《さかな》の水《みづ》を奪《うば》ふ必要《ひつえう》もなく、互《たがひ》に他《た》の魚《さかな》を羨《うらや》まず、互《たがひ》に他《た》の魚《さかな》を憎《にく》まずして、揚々《やうやう》として自得《じとく》することが出來《でき》るではないか則《すなは》ち魚《さかな》は江湖《こうこ》に相忘《あひわす》るゝと云《い》ふ事《こと》が此事《このこと》であつて、國家《こくか》とか社會《しやくわい》とか云《い》ふ樣《やう》な考《かんが》へは、水《みづ》の少《すく》ない處《ところ》に居《ゐ》る魚《さかな》と同《おな》じやうな境遇《きやうぐう》にのみ起《おこ》るものであつて、物《もの》に限《かぎ》りがあるから、差別《さべつ》を附《つ》けるのである、差別《さべつ》を離《はな》れて我《われ》もなく彼《かれ》もない廣《ひろ》い心《こころ》になつて見《み》ると、魚《さかな》と水《みづ》の澤山《たくさん》ある處《ところ》と同《おな》じ道理《だうり》である……莊子《さうし》が云《い》うて居《ゐ》る、

莊子《さうし》は天然自然《てんねんしぜん》の生活《せいくわつ》に還《かへ》らうとして居《ゐ》る、併《しか》しながら實《じつ》は事實《じじつ》の基礎《きそ》の立《た》たない空想《くうさう》である、ルッソーや何《なに》かは斯《か》う云《い》ふ考《かんが》へ

を以《もつ》て「自然《しぜん》に還《かへ》れ」と主張《しゆちやう》して居《を》つたけれども、併《しか》しながら實《じつ》は夢《ゆめ》の如《ごと》き空論《くうろん》と云《い》ふ可《べ》きである、人間《にんげん》の自然《しぜん》の狀態《じやうたい》と云《い》ふものは莊子《さうし》などの想像《さうぞう》するやうな氣樂《きらく》なものではない、無差別《むさべつ》の渾沌《こんとん》たる生活《せいくわつ》をする魚《さかな》の樣《やう》なものではない、國家社會《こくかしやくわい》の出來《でき》ない前《まへ》の人類《じんるゐ》と云《い》ふものは、國家社會《こくかしやくわい》の出來《でき》た後《のち》の人類《じんるゐ》よりも自由《じいう》でない、禽獸《きんぢう》の生活《せいくわつ》は、脇《わき》から見《み》ると非常《ひじやう》に自由《じいう》で、天然自然自得《てんねんしぜんじとく》して居《ゐ》る樣《やう》に見《み》へて、鳥《とり》の歌《うた》ひ、獸《けもの》の遊《あそ》ぶ有樣《ありさま》を見《み》ると、如何《いか》にも莊子《さうし》の說《と》いた趣《おもむ》きに合《あ》つて居《ゐ》る樣《やう》にあるけれども、それは歌人《かじん》や詩人《しじん》の興味《きようみ》を催《もよほ》ずだけのことであつて、生物學《せいぶつがく》から云《い》へば彼等《かれら》は人間《にんげん》よりも、もつと激烈《げきれつ》な生存競爭《せいぞんきやうそう》に從事《じうじ》して居《ゐ》るものである、國家《こくか》もない社會《しやくわい》もない彼等《かれら》は、國家《こくか》の有《あ》り社會《しやくわい》のある人類《じんるゐ》よりも、多《おほ》くの敵《てき》をもち、多《おほ》くの我《わ》が命《めい》を奪《うば》はむとする者《もの》を有《も》つて居《ゐ》るではないか、そを云《い》ふ事實《じじつ》を莊子《さうし》は見逃《みのが》して居《ゐ》るが故《ゆゑ》に、國家《こくか》とか社會《しやくわい》とかを非常《ひじやう》に窮屈《きうくつ》なものの樣《やう》に考《かんが》へて、國家社會《こくかしやくわい》を悉《ことごと》く破壞《はくわい》して仕舞《しま》つたら、さぞ宜《よ》からうと云《い》ふ風《ふう》に考《かんが》へた

だけである、

現代《げんだい》の日本民族《にほんみんぞく》の或《あ》る者《もの》が荘子《さうし》の如《ごと》き不徹底《ふてつてい》な思想《しさう》と同《どう》一の思想《しさう》を新思想《しんしさう》だの新發見《しんはつけん》だのと云《い》ふて、自國《じこく》にもつとづつと權威《けんゐ》のある犠牲的向上思想《ぎせいてきかうじやうしさう》の在《あ》るのを忘《わす》れて仕舞《しま》つて居《ゐ》るから、心源術《しんげんじゆつ》に依《よつ》て予《よ》はその誤謬《ごびゆう》を正《たゞ》さんとするのである、

心源《しんげん》は吾人《ごじん》の帝王《ていわう》で六根《こん》七識《しき》八識《しき》は五體《たい》を統合《とうがふ》せしめて心源《しんげん》の帝王《ていわう》を擁護《えうご》するのである群衆心理《ぐんしうしんり》を勝手《かつて》に發揮《はつき》して帝王心源《ていわうしんげん》を無視《むし》すれば五體《たい》は破壊《はくわい》せられ人間《にんげん》として眞價《しんか》なく自由《じいう》を得《う》る能《あた》はざるなり、

四〇　心源術《しんげんじゆつ》を單獨《ひとり》で行《おこな》ふ法《はふ》

前《まへ》に述《の》べた心源術《しんげんじゆつ》は術者《じゆつしや》が被術者《ひじゆつしや》に行《おこな》ふ法《はふ》を傳《つた》へたのであるが、今玆《いまこゝ》に述《の》ぶるのは誰《た》れの手《て》もかりずに單獨《ひとり》でやれる方法《はうはふ》を傳《つた》ふるのである、

先《ま》づ靜《しづ》かなる一室《しつ》に安座《あんざ》して心《こゝろ》を靜《しづ》むる事十《こゝ》分間《ぶんかん》ばかりすべし、閉目合掌《へいもくがつしやう》して左《さ》の句《く》を唱《とな》ふるなり、

（ゼーコーリヨーヤク、コンル、ザイ、シー）

と小音《せうおん》にて數回《すうくわい》唱《とな》ふるなり、始《はじ》め十分間《ぶんかん》ばかり心《こゝろ》を靜《しづ》める内《うら》は唱《とな》へずとも漸時《ぜんじ》唱《とな》へて行《ゆ》けば自我《じが》を超越《てうえつ》して何事《なにごと》も知《し》らざる境《きやう》に入《い》らんとする刹那《せつな》に、自己《じこ》の望《のぞ》み、願《ねが》ひ事《こと》、目前《もくぜん》に可否《かひ》が浮《うか》び來《きた》るなり、病氣《びやうき》は治不治《ぢふち》が解《わか》り、又靈癒力《またれいゆりよく》が勃起《ぼつき》す可《べ》し、毎日略《まいにちほゞ》一時間位《じかんぐらゐ》づゝ行《おこな》へば七日《か》間《かん》に成功《せいこう》す可《べ》し、諸相場《しよさうば》の氣配《きはい》なぞはその刹那《せつな》に心頭《しんとう》に浮《うか》び來《きた》るなり、されど雜念《ざふねん》の波浪《なみ》が心頭《しんこう》にありては斷《だん》じて出來《でき》ない、待人《まちびと》、勝負《しようぶ》及び入氣《にんき》、掛合事《かけあひごと》の可否等《かひとう》は目前《もくぜん》に白紙《はくし》にその用件《ようけん》をかいてそれに對《たい》して統《とう》一したる心源力《しんげんりよく》を注入《ちうにふ》する刹那《せつな》にふいと目前《もくぜん》に出現《しゆつげん》するなり、二回三回《くわいくわい》すれば誤《あやま》りとなる始《はじ》めの第《だい》一回《くわい》が證《しよう》になる可《べ》し、覺醒《かくせい》せんとする時《とき》には合掌《がつしやう》したる手《て》が離《はな》れぬ事《こと》ありその時《とき》には……現無量神力《げんむりやうしんりき》……と大《だい》るる心力《しんりき》を出《だ》して手《て》を兩方《りやうはう》に別《わ》ける可《べ》し直《たゞち》に離《はな》れて快《くわい》なる心地《こゝち》となる可《べ》し、だんだん熟練《じゆくれん》すれば讀心術《どくしんじゆつ》が出來《でき》千里《り》先《さき》の出來事《できごと》も目前《もくぜん》に判明《はんめい》する、家内《かない》に盗賊《たうぞく》なぞ

ありたる時《とき》は直《たゞ》に行《おこな》ふ可《べ》し、罪人《ざいにん》の名《な》が心頭《しんとう》に浮《うか》び來《きた》るなり、失物等《うせものとう》の存在場所《あるはしよ》が心頭《しんとう》に見《み》へるなり、

若《も》し多《なほ》くの人《ひと》を使用《しよう》する家庭《かてい》にてその者《もの》の性質《せいしつ》を看破《かんぱ》せんと慾《ほつ》せば夜《よる》九時《じ》すぎ一室《しつ》に於《おい》て各使用《かくしよう》する者《もの》の名《な》を列記《れつき》して目前《もくぜん》に置《お》き閉目合掌《へいもくがつしやう》それに向《むか》ふて統《とう》一したる心《しん》源力《げんりよく》にて統視《とうし》す可《べ》し、一人《ひとり》も漏《も》れず看破《かんぱ》するなり、京都中學《きやうとちうがく》の中島教師《なかじまけうし》が行《おこな》ふて學《がく》生《せい》の中《なか》から罪《つみ》を行《おこな》ひし者《もの》を指適《してき》したのも心源力《しんげんりよく》の統《とう》一發揮《はつき》であつた、

それから病氣《びやうき》の時單獨心源術《ときたんどくしんげんじゆつ》を行《おこな》ふと三十分間位《ぷんかんぐらゐ》にて身體《しんたい》が動搖《どうえう》して來《く》るけれども別《べつ》に心配《しんぱい》はない、動搖《どうえう》して來《く》ると病氣《びやうき》が漸時《ぜんじ》能《よ》い方《はう》に向《むか》ふのである、六種震動《じゆしんどう》と云《い》ふて釋尊《しやくそん》も研究《けんきう》した刹那《せつな》である、發明物《はつめいもの》なぞ致《いた》さんとするにはその目的《もくてき》の機械類《きかいるゐ》を目前《もくぜん》に備《そな》へ置《お》き、閉目合掌《へいもくがつしやう》して行《おこな》へば自我《じが》が超越《てうえつ》せんとする刹那《せつな》にその機械《きかい》の缺陷《けつかん》が心頭《しんとう》に浮《うか》び來《きた》る事確實《ことかくじつ》なり、

萬物《ばんぶつ》の心《こゝろ》は既《すで》に一體《たい》たる事《こと》を述《の》べた天地《てんち》の心豈《こゝろあ》に心《こゝろ》と通《つう》ぜざらんやだ、人心《じんしん》の秘奥《ひあう》

に潜在《せんざい》して居《ゐ》る靈光《れいくわう》が時《とき》に閃《ひらめ》くときは、妄念《まうねん》の雲《くも》消散《せうさん》し心源《しんげん》の太陽《たいやう》赫々《かくかく》として光輝《くわうき》を放《はな》つなり、多大《ただい》の傳習料《でんしようれう》を拂《はら》ふて傳授《でんじゆ》してもらはずとも單獨心源術《たんどくしんげんじゆつ》が熟練《じゆくれん》すれば、無限《むげん》の大神通力《だいしんつうりき》を示現《じげん》するのである、暴風《あらし》に散《ち》る瀧《たき》の水玉《みづたま》に太陽《たいやう》の光明《くわうみやう》がうつるが如《ごと》く、天心《てんしん》に直覺《ちよくかく》する刹那《せつな》に不可思議《ふかしぎ》の靈能《れいのう》を發現《はつげん》するなり、昔《むかし》の人《ひと》が行《おこな》ひたる神道力《じんつうりき》は誰《た》れにでも出來《でき》るなり、

四一　至大微妙《しだいびめう》な癒《ゆ》能力《のうりよく》

大正《たいしやう》九年《ねん》六月《ぐわつ》發行《はつかう》の或大雜誌《あるだいざつし》、上《じやう》に强健術《きやうけんじゆつ》と云《い》ふ自然《しぜん》癒能力《ゆのうりよく》の廣告的發表《くわうこくてきはつぺう》があつた予《よ》は心源術《しんげんじゆつ》と比較《ひかく》して見《み》る、人間《にんげん》には誰《たれ》にも病氣《びやうき》を自然《しぜん》に癒《いや》す靈妙不可思議《れいめうふかしぎ》な力《ちから》が備《そなは》つて居《ゐ》る……と云《い》ふ古《ふる》くさい、發表《はつぺう》があつた、が全論《ぜんろん》を讀過《どくくわ》して見《み》ると、自然療能《しぜんれうのう》をワクチン注《ちう》射《しや》やベ゜リ゜ク゜リ゜ン゜注射《ちうしや》なその近世《きんせい》に流行《りうかう》する醫學《いがく》に合意《がふい》させて居《ゐ》るが、ベルクリン注《ちう》射《しや》の如《ごと》きは獨逸《どいつ》のコッポ博士《はくし》の發明《はつめい》で池田病院長《いけだびやうゐんちやう》が千人《にん》に試研《しけん》して効果《かうくわ》がなかつた

ではないか、死菌《しきん》を注射《ちうしや》すれば抗毒素《こうどくそ》が發生《はつせい》して免疫性《めんえきせい》となつてコレラの豫防注射《よばうちうしや》となる、又《また》チフテリヤに死菌《しきん》を注射《ちうしや》すると抗毒素《こうどくそ》が發生《はつせい》して病氣《びやうき》が癒《なほ》る、なぞと云《い》ふて居《ゐ》る樣《やう》なありふれた實事《じつじ》を引證《いんしよう》したり、タゴールの云《い》へる、

おゝ僧《そう》よ讀經《どくきやう》を廢《や》めよ、珠數《じゆず》を揉《も》む勿《なか》れ、寂《さび》しき寺院《じゐん》の片隅《かたすみ》でお前《まへ》は拜《はい》するか農《のう》夫《ふ》の堅《かた》き土《つち》を耕《たがや》す處《ところ》、工夫《こうふう》が石《いし》を割《わ》る處《ところ》、其處《そこ》に眞《しん》の神《かみ》の在《い》まし給《たま》ふ神《かみ》は日《ひ》に晒《さら》され雨《あめ》に打《う》たるゝ者《もの》と共《とも》にましましその衣《ころも》は塵埃《ちんあい》に蔽《おほ》はれ給《たま》ふと知《し》らずや、

こんな事《こと》を引證《いんしよう》したりして自然癒能力《しぜんゆのうりよく》を説明《せつめい》して居《ゐ》るのは百年《ねん》も昔《むかし》の事《こと》である、人《にん》間《げん》の活動《くわつどう》が神《かみ》と與《とも》にあるなぞと云《い》ふ事《こと》は、キリストも弘法《くわうはふ》も孔子《こうし》もソクラテースも誰《たれ》も實證《じつしよう》した者《もの》は一人《にん》もない眞《しん》に實證《じつしよう》したのは、日蓮偉聖《にちれんゐせい》のみである、日蓮上人《にちれんしやうにん》は自然癒能力《しぜんゆのうりよく》が起《おこ》る根蔕《こんたい》たる靈癒力《れいゆりよく》を實研《じつけん》したのである予《よ》の心源術《しんげんじゆつ》は强健術者《きやうけんじゆつしや》の云《い》へる至大微妙《しだいびめう》な癒能力《ゆのうりよく》の根本《こんほん》を傳法《でんぽふ》するのである、なぜなれば自然癒能力《しぜんゆのうりよく》には病菌《びやうきん》及《およ》び細胞《さいはう》の上《うへ》及《およ》び血管並《けつくわんならび》に靈波《れいは》の上《うへ》に一大因果律《だいいんぐわりつ》のあるを認《みと》めないで唯《た》だ、

萬有《ばんいう》は力《ちから》の變化《へんくわ》したもの自然《しぜん》の法則《はふそく》は力《ちから》の發現《はつげん》したものである力《ちから》の根元《こんげん》は大生命《だいせいめい》で無涯《むがい》の宇宙間《うちうかん》に滂礴《はうはく》として充《み》ちて居《ゐ》る、一は擴散的作用《くわくさんてきさよう》であつて一は凝集的作用《ぎやうしふてきさよう》である物質界《ぶつしつかい》は無論《むろん》の事精神界《ことせいしんかい》にも此《こ》の働《はたら》きがある潑々《はつ〳〵》たる宇宙《うちう》の生命力《せいめいりよく》、凝《こ》つて森羅萬象《しんらばんしやう》となる要《えう》するに宇宙《うちう》は有形無形《いうけいむけい》の活動《くわつどう》と靜止《せいし》とから成《な》り立《た》つて居《ゐ》る宇宙《うちう》の生命力之《せいめいりよくこ》れ即《すなは》ち自療力《じれうりよく》である、

と斷案《だんあん》を下《くだ》して居《ゐ》るが森然《しんぜん》たる萬象《ばんしやう》はキチンとしたる因果律《いんぐわりつ》の圈内《けんない》を脫《だつ》する事《こゝ》は出來《でき》ないのである、自然癒能力《しぜんゆのうりよく》は此《こ》の因果律《いんぐわりつ》を無視《むし》しては絕對《ぜつたい》に効果《かうくわ》のないと云《い》ふ事《こと》が未《いま》だ實質的《じつしつてき》に究明《きうめい》された事《こと》はないではないか、

此《こ》の因果律《いんぐわりつ》を研究徹底《けんきうてつてい》せないで至大微妙《しだいびめう》な癒能力《ゆのうりよく》が人間《にんげん》にあるなぞとは餘《あま》り不徹底《ふてつてい》な強健術者《きやうけんじゆつしや》の發表《はつぺう》である、太靈道《たいれいだう》が靈子作用《れいしさよう》を絕叫《ぜつけう》するも江間式氣合術《えましききあひじゆつ》が宣傳《せんでん》せようが因果律《いんぐわりつ》を無視《むし》したる療法《れうはふ》は根本的《こんぽんてき》に治療《ちれう》を致《いた》す事《こと》は出來《でき》ないのである、

大《だい》なる自然《しぜん》に歸《かへ》るのは因果律《いんぐわりつ》の制裁《せいさい》をくゞり拔《ぬ》けざれば歸《かへ》れない、汝《なんぢ》を癒《いや》すものは

汝《なんぢ》なり汝《なんぢ》の生命力《せいめいりよく》なり療治《れうぢ》の神《かみ》アスクレピオスは各人《かくじん》の中心《ちうしん》に宿《やど》らせ給《たま》ふ……なぞと云《い》ふ文《ぶん》を引證《いんしよう》して、强健術《きやうけんじゆつ》に出《だ》して居《ゐ》るが、餘《あま》り權威《けんゐ》がないらしい、ソレは人《ひと》が病氣《びやうき》にかゝればそれを撲滅《ぼくめつ》しようとする抗毒素《こうどくそ》が血液中《けつえきちう》に生《しやう》ずる、こんな機能《きのう》であるから什麽《どんな》病氣《びやうき》に罹《かゝ》つても體軀《たいく》さえ壯健《きやうけん》であれば藥《くすり》は服《の》まなくとも自然《しぜん》に癒《なほ》る事《こと》かある……

　强健術《きやうけんじゆつ》はこんな輕忽《けいこつ》な事《こと》を發表《はつぺう》して居《ゐ》るが、一切《さい》の病氣《びやうき》の全治《ぜんち》するのは因果律解《いんぐわりつかい》除《ぢよ》と靈療力《れいれうりよく》の勃起《ぼつき》より外《ほか》には斷《だん》じて何物《なにもの》もないのである、

予《よ》か廿年間研究《ねんかんけんきう》して癩病《らいびやう》、肺病《はいびやう》、舞踏病《ぶたふびやう》、奇病《きびやう》、男根不能《だんこんふのう》、小便《せうべん》より石出《いしで》る病《やまひ》、一切梅毒《さいばいどく》、眼病《がんびやう》、リウマチス病《びやう》、ロク膜《まく》、胃癌《ゐがん》、睡遊病《すゐいうびやう》、精神病《せいしんびやう》、色情狂《しきじやうきやう》、熱病《ねつびやう》、顚死病《けんしびやう》、テンカン、ツンボ、ドモリ、イザリ、破財病《はざいびやう》、等《とう》を治《ち》したが悉《こゝ》く因果律解除《いんぐわりつかいぢよ》に依《よ》りて全治《ぜんち》したのである……不可思議至大至妙《ふかしぎしだいしめう》な力《ちから》は……徹底《てつてい》たる信仰《しんこう》より來《きた》るのでなければだめである、强健術者《きやうけんじゆつしや》は、

エジプトのピラミットから三千年前《ねんぜん》の木乃伊《みいら》の腹中《ふくちう》から木苺《きいちご》が出《で》てそれが地上《ちじやう》に播《まい》たら實《み》を結《むす》んで生存力《せいぞんりよく》を擴張《くわくちやう》した、と云《い》ふ事《こと》を引證《いんしよう》して生活能力《せいくわつのうりよく》を强大《きやうだい》として居《ゐ》るが、人間《にんげん》の因果律《いんぐわりつ》が心靈《しんれい》の上《うへ》に傳統《でんとう》して三千年《ねん》は扨《さ》て置《お》き一億萬年《おくまんねん》の今日迄《こんにちまで》轉々《てん〳〵》波動《はどう》が起《おこ》つて居《ゐ》る事《こと》を知《し》らないのである、木苺《きいちご》の種子《たね》が三千年木乃伊《ねんみいら》の腹中《ふくちう》に居《ゐ》たのは冷《つめ》たい地《ち》の底《そこ》に居《ゐ》て太陽《たいやう》の温度《をんど》に値《あわ》れない爲《ため》である如《ごと》く、吾人《ごじん》の心靈上《しんれいじやう》の因果律《いんぐわりつ》が、社會《しやくわい》の生存競爭《せいぞんきやうさう》の怒濤《どたう》に遭遇《さうぐう》してその種子《たね》が開《ひら》けて善《ぜん》となり惡《あく》となり、成功《せいこう》したり失敗《しつぱい》したり、する事《こと》には氣《き》が附《つ》かないで肉《にく》の上《うへ》より概觀《がいくわん》して自然療能《しぜんれうのう》を認《みと》めたなぞと云《い》ふのは未《ま》だ兒戯的《じぎてき》である、

一切《さい》の人間《にんげん》が最高《さいかう》の信仰《しんかう》に支配《しはい》せられて居《ゐ》ると云《い》ふ事《こと》を認《みと》めない者《もの》は、科學《くわがく》を題材《だいざい》として種々《しゆ〴〵》なる方法《はうはふ》を考《かんが》へ世《よ》の薄志弱漢《はくしじやくかん》や、病弱者《びやうじやくしや》を瞞着《まんちやく》して居《ゐ》るが、心源術《しんげんじゆつ》を研究《けんきう》すると世《よ》を瞞着《まんちやく》する療法術《れうはふじゆつ》なぞは絶對《ぜつたい》に不信用《ふしんよう》となるのである、一生《しやう》懸命《けんめい》に勞働《らうどう》すると寒中《かんちう》でも汗《あせ》が出《で》る、此《こ》の汗《わせ》は肉《にく》の上《うへ》から出《で》るのか心靈《しんれい》の上《うへ》から出《で》

るのかと云《い》へば吾人《ごじん》は心靈《しんれい》の上《へ》から出《で》ると答《こた》へん、手《て》を寒中水《かんちうみづ》の中《なか》に入《い》るれば始《はじ》めは冷《つ》めたいと云《い》ふ感《かん》じがすれば拾分間以上入《ぶんかんいじやうい》れて置《お》けば總身《そうしん》の身血《しんけつ》が注入《ちうにふ》して來《く》る爲《ため》に最後《さいしう》にはあたゝかくなる。若《も》し死人《しにん》なれば此《こ》の現象《げんしやう》は絶對《ぜつたい》にないが生命《せいめい》ある者《もの》は肉體《にくたい》を支配《しはい》して居《ゐ》るから、冷《つめ》たいと云《い》ふ統《とう》一したる心靈《しんれい》は一切《さい》の血液《けつえき》の中心靈働《ちうしんれいどう》となりて手先《てさき》に活躍《くわつやく》す可《べ》く命令《めいれい》するのである、ソノ命令中父母《めいれいちうふぼ》の因果《いんぐわ》ある血脈《けつみやく》は手《て》先《さき》を助《たす》けつゝ凍氷《とうひやう》になる者《もの》と單《たん》に溫《あた》かくなつて手先《てさき》を助《たす》ける者《もの》とが血流《けつりう》の上《うへ》にある之《こ》れを因果律《いんぐわりつ》と云《い》ふのである、

日《に》本橋附近《ほんはしふきん》の有力《いうりよく》な資産家《しさんか》の主人《しゆじん》が女中《ぢよちう》を孕《はら》ませた女中《ぢよちう》は主婦《しゆふ》に話《はな》した、主婦《しゆふ》は斷然退去《だんぜんたいきよ》させた女中《ぢよちう》は比丘尼橋《びくにはし》に飛《とび》こんで死《し》んだ、主人《しゆじん》の悴《せがれ》が外國洋行歸《ぐわいこくやうかうがへ》り橫濱《よこはま》波止場《はとば》に於《おい》て女中《ぢよちう》が死《し》んだ命日《めいにち》しかも同《おな》じ時間《じかん》にデッキの上《うへ》から落《おち》て死《し》んだ、因果律《いんぐわりつ》は實《じつ》に嚴格《げんかく》ではないか靈癒力《れいゆりよく》は之《これ》を解決《かいけつ》する、それから靈癒力《れいゆりよく》の根本《こんほん》は我《わが》日《に》本帝國《ほんていこく》に本《お》ける、維新《ゐしん》の出來事《できこと》たる改造論者《かいぞうろんしや》の如《こよ》くテキパキ斷行《だんかう》するにあり、眞劍《しんけん》

に行《や》るのである日蓮上人《にちれんしやうにん》のそれの如《ごと》く議論《ぎろん》より實行《じつかう》である、
今《いま》の人々《ひとぐ》は宗教《しうけう》でも政治《せいぢ》でも一切《さい》の事業《じげふ》及《およ》び理想《りそう》でも斷行《だんかう》の力《ちから》が乏《とぼ》しい、科學的《くわがくてき》に壓迫《あつぱく》せられて居《ゐ》るから議論《ぎろん》の條《こと》は立《た》つて居《ゐ》ても實行《じつかう》になるとあやふやだ……現代流行《げんだいりうかう》して居《ゐ》る諸療法術《しよれうはふじゆつ》は悉《ことぐ》く舊物《きうぶつ》である、此《こ》に舊物《きうぶつ》を破壞《はくわい》してそこに眞《しん》の療《れう》法《はふ》が成立《せいりつ》するのである予《よ》はなぼれをんが門出《かどで》の祝《いは》ひに……獅身女面像《すふいんくす》を大砲《たいはう》の打《う》ち試《ため》しの的《まと》としたり、日蓮《にちれん》が鎌倉中《かまくらちう》の寺《てら》を燒《やい》て坊主《ばうず》を由井《ゆゐ》ケ濱《はま》で頸《くび》を刎《はね》て仕舞《しま》へと斷《だん》言《げん》して執催《しつけん》にやつた書類《しよるゐ》は、
新《あた》らしい建設《けつせつ》をするには是非必要《ぜひひつえう》の破壞力《はくわいりよく》であつたのを、非常《ひじやう》に面白《おもしろ》く思《おも》ふて心《しん》源術《げんじゆつ》を發表《はつぺう》するには舊物《きうぶつ》の一切《さい》を破壞《はくわい》し去《さ》つて、各自特有《かくじとくいう》の根本靈性《こんぽんれいせい》の活躍《くわつやく》を致《いた》させたく一切《さい》の方術《はうじゆつ》を研究《けんきう》したのである、依《よつ》て予《よ》の發表《はつぺう》する心源術《しんげんじゆつ》を破壞《はくわい》する方術《はうじゆつ》があつたら予《よ》はその門《もん》に降參《かうさん》して、門下《もんか》となる決心《けつしん》を持《ぢ》して此書《このしよ》を編《あん》だのである、
眞劍《しんけん》になると總身《そうしん》に汗《あせ》が出《で》るは膚《はだ》が紅色《こうしよく》となる汗《あせ》は食鹽《しよくえん》、尿素《にうそ》、揮發性脂肪酸《きはつせいしばうさん》な

どを含《ふく》んで居《ゐ》るからアルカリ性《せい》を好《この》む處《ところ》の傳染病菌《でんせんびやうきん》に對《たい》して豫防《よばう》、殺菌《さつきん》の働《はたら》きを持《も》つて居《ゐ》る、結核菌《けつかくきん》は嫌酸性《けんさんせい》のものであるから、新鮮《しんせん》な空氣《くうき》中《ちう》でも深呼吸《しんこきよ》はその侵入《しんにふ》を防止《ばうし》に大《だい》なる力《ちから》がある、眼《め》の涙液《るゐえき》、耳《みゝ》の外聽道《ぐわいちやうだう》中の聽聹《ちやうねい》、胃《ゐ》の鹽酸《えんさん》など何《いづ》れも殺菌力《さつきんりよく》を持《も》つて居《ゐ》る、呼吸器道《こきふきだう》の粘膜《ねんまく》の細胞《さいはう》には纖毛上皮《せんもうじやうひ》があつて結核菌《けつかくきん》や煤煙《ばいえん》や塵埃《ちんあい》などを内部《ないぶ》に入《い》れない樣《やう》にする、此粘膜鋭敏《このねんまくえいびん》であるから異物《いぶつ》が這入《はい》つて來《く》ると、反財的《はんしやてき》に噴嚏《くさみ》や咳嗽《がいそう》を起《おこ》し咯痰《かくたん》と共《とも》に吐《は》き出《だ》して仕舞《しま》ふ、人間《にんげん》の身體《からだ》中《ちう》に在《あ》る自然癒力《しぜんゆりよく》の議論《ぎろん》はこんなものである、此《こ》の癒能《ゆのう》の根帶《こんたい》が靈性《れいせい》の癒能《ゆのう》でなければならない、予《よ》が拾七歳《さい》の癩病《らいびやう》を癒《いや》したその實研《じつけん》は患者《くわんじや》の伯父《をぢ》が或《ある》大名《だいみやう》の馬《うま》を澤山番《たくさんはん》をする役《やく》であつたのを、自分《じぶん》が番《はん》して馬《うま》に豆《まめ》を與《あた》へる可《べ》きの處《ところ》その豆《まめ》を悉《ことごと》く盗《ぬす》んで勝負事《しようぶごと》に使用《しよう》して、馬《うま》には一粒《つぶ》の豆《まめ》さえやらなかつた因果律《いんぐわりつ》の制《せい》裁《さい》をうけて孫《まご》は白癩病《はくらいびやう》になつた、それが予《よ》の心源術《しんげんじゆつ》の發見《はつけん》で全治《ぜんち》した、之《こ》れをしも自然癒能力《しぜんゆのうりよく》と云《い》ふのであろうか、人間《にんげん》には慥《たしか》に癒能作用《ゆのうさよう》はあるが唯《たゞ》それを認《みと》めて……

……至《し》大《だい》至妙《びめう》な癒《ゆ》能力《のうりよく》……と云《い》ふのは餘《あま》り科學的《くわがくてき》であると思《おも》ふ、岡田式靜座法《をかだしきせいざはふ》中《ちう》に祈《き》禱者《たうしや》の敎《をし》へた呼吸《こきふ》を數《かぞ》へる事《こと》から病氣《びやうき》が治《なほ》つたと云《い》ふ事《こと》を發表《はつぺう》してあるが、呼吸《こきふ》を敎《をし》へた爲《ため》に治《なほ》つたのではない、靈癒力《れいゆりよく》が勃起《はつき》したのを知《し》らなかつたのである、

時々刻々《じゞこく〵》に萬物《ばんぶつ》は發生《はつせい》し創造《さうざう》される……此《こ》の靈妙《れいめう》な力《ちから》は人間《にんげん》の內《うち》に絕《た》へず働《はたらい》て居《ゐ》る新《あたら》しい血《ち》は絕《た》へず環《めぐ》つて居《ゐ》る新《あたら》しい空氣《くうき》は始終《しじう》肺《はい》に這入《はい》つて來《く》る、細胞《さいはう》は潑溂《はつらつ》として交換《かうくわん》して居《ゐ》る病的分子《びやうてきぶんし》や不用物質《ふようぶつしつ》は何時《いつ》でも體外《たいぐわい》に排泄《はいせつ》されて居《ゐ》る、宇《う》宙《ちう》の原動力《げんどうりよく》と生物《せいぶつ》の生存能力《せいぞんのうりよく》とは常《つね》に相提携《あひていけい》して働《はたら》いて居《ゐ》る……否《いな》、生存能力《せいぞんのうりよく》は宇《う》宙《ちう》の原動力《げんどうりよく》とは素是同《もとこれどう》一の力《ちから》であつて、等《ひと》しく生命力《せいめいりよく》の發現《はつげん》したものである、故《ゆゑ》に萬物《ばんぶつ》は悉《ことごと》く動《うご》いて居《ゐ》る、生物《せいぶつ》も無生物《むせいぶつ》も日《ひ》も地球《ちきう》も太陽《たいやう》も皆動《みなうご》いて居《ゐ》る流水《りうすゐ》は腐敗《ふはい》せぬが溜水《りうすゐ》は腐敗《ふはい》する、然《しか》し腐敗《ふはい》する中《うち》にも活動《くわつどう》がある固《かた》い鐵《てつ》や石《いし》でも分子《ぶんし》は絕《た》へず振動《しんどう》して居《ゐ》る、

之《こ》れも皆《みな》一道《だう》の靈脈《れいみやく》が一貫《くわん》して居《ゐ》るからである故《ゆゑ》に釋迦尊《しやかそん》はメキシコ發見《はつけん》の靈豫《れいよ》も

あつた日本國《にほんこく》に大乘佛子《だいじようぶつし》即《すなは》ち犧牲的《ぎせいてき》……莊嚴《さうごん》な精神《せいしん》が開國《かいこく》の初《はじめ》より無終《むしう》に傳《つた》へられて居《ゐ》る事《ここ》を發見《はつけん》して法華經《ほけきやう》の上《うへ》に傳持《でんち》されたのも、靈脈《れいみやく》一貫《くわん》して居《ゐ》るからである。人間《にんげん》及《およ》び動物《どうぶつ》並《ならび》に國家《こくか》乃至《ないし》世界《せかい》には悉《ことごと》く物質上《ぶつしつじやう》に自然癒《しぜんゆ》能作用《のうさよう》はあるが……注意《ちうい》す可《べ》きは内面《ないめん》に流《なが》れて居《ゐ》る奇妙《しめう》な靈癒力《れいゆりよく》である事《こと》を人間《にんげん》は忘《わす》れてはならない。

露國《ろこく》が滅亡《めつはう》したのも六十種以上《しゆいじやう》の各人種《かくじんしゆ》に壓迫《あつぱく》を加《くは》へたり、日本國《にほんこく》を馬鹿《はか》にして津《つ》田三藏《だざう》を狂的《きちがひに》して仕舞《しま》ふたりしたのが因果律《いんぐわりつ》の根蔕《こんたい》で滅亡《めつはう》したのである、過激派《くわげきに》なぞが活動《くわつどう》して居《ゐ》る内《うち》に眞《しん》の靈能力《れいゆりよく》が起《おこ》つて來《き》て何時《とこ》かに統《とう》一されて復活《ふくくわつ》するのである、尼港《にかう》の犧牲《ぎせい》がソレヲ暗示《あんじ》して居《ゐ》るのである。

獨逸《どいつ》が瓦《ぐわ》かいしたのもゲルマン民族《みんぞく》が世界統《せかいとう》一をなさんとの肉《にく》の上《うへ》の癒能作用《ゆのうさよう》のみ認《みと》めて靈的統《れいてきとう》一の根蔕《こんたい》を知《し》らなかつた爲《ため》である、支那《しな》も印度《いんど》も悉《ことごと》く靈的發現《れいてきはつげん》を無視《むし》した爲《ため》である……國《くに》の上《うへ》の靈的發動力《れいてきはつどうりよく》が至大至强至妙《しだいしきやうしめう》に具備《ぐび》して居《ゐ》るのは日本國《にほんこく》を最大《さいだい》となすと心源術《しんげんじゆつ》は信《しん》ず。

心源術秘書 抄

大正九年七月廿五日印刷
大正九年七月三十日初版發行
大正九年九月一日再版發行
大正九年九月十五日三版發行
大正九年十一月一日四版發行
大正九年十一月十五日五版發行

定價壹圓五拾錢

心源術秘書奥附

著作者　西村大觀

發行者　西村睿正
東京府北豐島郡西巣町
字庚申塚三百二十番地

印刷者　櫻井作藏
東京府豐多摩郡澁谷町字
下澁谷四九三番地

印刷所　櫻井印刷所
東京府豐多摩郡澁谷町字
下澁谷一〇二二番地

發賣元　東京巣鴨町一七六八番地
振替東京四〇〇七〇番
心友社

霊脈判定術

西村大観

圖示解說

靈脈判定術

自序

頭《あたま》の圓《まる》きを以《もつ》て天《てん》に象《かたど》り、足《あし》の方《しかく》なるを以《もつ》て地《ち》に象《かたど》り、毛髮《まうはつ》の百四十四萬有餘《まんいうよ》本《ほん》あるは天《てん》の星《ほし》になぞらへ、肩《かた》より上《うへ》に七穴《げつ》あるは天《てん》の七曜星《えうせい》に主《のつさ》り、兩眼《りやうがん》は日月《じつげつ》を象《かたど》り其開閉《そのかいへい》するは晝夜及生死《ちうやおよびせいし》に主《のつさ》り、鼻《はな》の息《いき》は溪間《けいかん》の風《かぜ》に、口《くち》の息《いき》は虛空《こくう》の風《かぜ》に主《のつさ》る、又《また》眉毛《まゆげ》に北辰《ほくしん》の星《ほし》を主《のつさ》り、手足《てあし》に十二節《ふし》あるは一年《ねん》十二ケ月《げつ》に主《のつさ》り、脈《みやく》は上《あ》げ潮引《しほひ》き潮《しほ》に、血《ち》は大海《たいかい》の潮《うしほ》に主《のつさ》り、筋骨《きんこつ》は金銀玉石《きんぎんぎよくせき》に主《のつさ》り、大小《だいせう》の三百有餘《いうよ》筋《すぢ》は一年《ねん》三百六十五日《にち》に主《のつさ》り、五臟《ざう》は地《ち》の五行《ぎやう》に主《のつさ》り、背《せ》の剛《かた》きは秋冬《しうとう》に主《のつさ》り、腹《はら》の溫《あたゝ》く柔《やは》らかきは春《しゆん》夏《か》に主《のつさ》り、皮膚《ひふ》の毛髮《まうはつ》は大地《だいち》の草木《さうもく》に主《のつさ》る。

かくの如《ごと》く人體《じんたい》は、宇宙《うちう》を縮寫《しゆくしや》したる實現體《じつげんたい》たる事《こと》は、識《し》る者《もの》は知《し》るが、多《おほ》くは之《こ》れを識《し》らぬのである、人間《にんげん》の體中《からだちう》に脈搏《みやくはく》なく 血《ち》が通《かよ》はなければ、一時《いちじ》間《かん》はさておき分時《ぷじ》も生《せい》を保《たも》つて活動《くわつどう》することの出來《でき》ない事《こと》は、皆人《みなひと》の知《し》る所《ところ》であるが、脈《みやく》が心王靈《しんわうれい》性《せい》たる天地《てんち》一貫《いつくわん》の生命保存《せいめいほぞん》の呼吸《こきふ》であつて、病氣災難其他《びやうきさいなんそのた》人事《じんじ》萬般《ばんぱん》の禍福《くわふく》を知《し》る羅針《らしん》盤《ばん》であると云《い》ふことは知《し》らぬのである、然《しか》し何《なに》も不思議《ふしぎ》はない、靈性《れいせい》たる天地《てんち》一貫《いつくわん》の呼吸《こきふ》であつて見《み》れば、其呼吸《そのこきふ》の狀態《じやうたい》に依《よ》つて、禍福吉凶《くわふくきちきよう》を知《し》り得《う》ることは、當然《たうぜん》な事《こと》であつて、敢《あへ》て驚《おどろ》くことはないのである。

今日神占《こんにちしんせん》だ、易斷《えきだん》だ、千里眼《せんりがん》だ、シヤマイズムだと云《い》つて、種々《しゆじゆ》なる方法《はうはふ》を用《もち》ひて、人間《にんげん》の生死《せいし》禍福《くわふく》を豫斷《よだん》せられて居《ゐ》るが、未《いま》だ的確《てきかく》なる實際的《じつさいてき》な方法《はうはふ》は發見《はつけん》されないのである、然《しか》るに心王生命《しんわうせいめい》の自由活動《じいうくわつどう》は脈《みやく》であるから。之《こ》れに依《よ》つて凡《すべ》てを感知《かんち》する事《こと》は、實《じつ》に掌《たなごころ》を指《さ》すが如《ごと》く間違《まちがひ》なき所《ところ》である。

物質療法《ぶつしつれうはふ》に於《お》ける脈診《みやくしん》は、如何《いか》なる感覺《かんかく》を以《もつ》て病者《びやうしや》を診《み》て居《ゐ》るのであるか、未《いま》だ其《その》根元《こんげん》が判《わ》からぬから、只遲速强弱《ただちそくきやうじやく》等《とう》に依《よ》つて、病狀《びやうじやう》の增進《ぞうしん》、減退《げんたい》、轉歸《てんき》等《とう》を豫斷《よだん》するのみであつて、人體《じんたい》は靈體《れいたい》であることに研究《けんきう》が積《つ》まれて居《ゐ》ないのである、殊《こと》に解《かい》剖《はう》、手術《しゆじゆつ》等《とう》に於《おい》ては、人體《じんたい》を魚《さかな》同樣《どうやう》に切《き》りこまざいて、恬《てん》として吾不關焉《われくわんせずえん》であるのは霊尊《れいそん》を無視《むし》する非道《ひだう》の行爲《かうゐ》と云《い》はねばならぬ。

又霊術者《またれいじゆつしや》を以《もつ》て任《にん》ずる有《あら》ゆる人達《ひとたち》が、腕《うで》に針《はり》を差《さ》し通《とほ》したり、刄渡《はわた》りをさせたりするのは、是又醫師《これまたいし》同様霊體《どうやうれいたい》の何物《なにもの》なるかを覺知《かくち》しない、天道《てんだう》の背犯者《はいはんしや》である、然《しか》るに我心王霊醫學《わがしんわうれいいがく》は、是等《これら》物質的療法《ぶつしつてきれうはふ》を超越《てうゑつ》したる、眞《しん》に宇宙《うちう》に目覺《めざ》めたる療法《れうはふ》であつて、人類救濟《じんるゐきうざい》のために、皷《こ》を鳴《な》らして霊光《れいくわう》の恩惠《おんけい》に浴《よく》せしめんと、茲《こゝ》に讀者《どくしや》に見《まみ》えるのである、諸君迷《しよくんまよ》はず、悛《なめ》らはず奮起《ふんき》されんことを。

大正十三年三月

大観志るす

■本書各頁上部に讀者が必要參考事項記入の爲め餘白を廣くなし置けり。

序

心靈醫學《しんれいいがく》の方《はう》より觀《み》れば、疾病《しつぺい》は非實在《ひじつざい》である。妄想《まうさう》である。であるから一切《いつさい》の疾病《しつぺい》は、其種類《そのしゆるゐ》如何《いかん》を問《と》はず治《なほ》るが原則《げんそく》にして、恐《おそ》らく治《なほ》らぬ病《やまひ》のあるべき筈《はず》はないのである。

何故《なにゆゑ》に病《やまひ》は治《なほ》るのが原則《げんそく》であるかと云《い》へば、人間《にんげん》は健全《けんぜん》が本則《ほんそく》にして、病《やまひ》は卽《すなは》ち變態《へんたい》であるからである。自然生活《しぜんせいくわつ》をする禽獸《きんじう》は、幾《ほと》んど疾病《しつぺい》は無《な》い。獨《ひと》り人間《にんげん》にのみ疾病《しつぺい》のあるは何故《なにゆゑ》か、そは智情意《ちじやうい》から起《おこ》る我儘《わがまゝ》の爲《た》めに、眞理《しんり》の流行《りうかう》に反對《はんたい》するが爲《た》めに起《おこ》るのである。

病《やまひ》の起《おこ》つた時《とき》に、サアしまつた、と直《たゞ》ちに心《こゝろ》を正《たゞ》しくし、一切《いつさい》の妄念《まうねん》を打拂《うちはら》つて仕《し》舞《ま》へば、ズン／＼快《よ》くなるものである。されども普通凡夫《ふつうぼんぷ》の常《つね》として、妄念妄想《まうねんまうさう》を打《う》ち拂《はら》ふことは中々《なか／＼》至難《しなん》の事《こと》であるから、病氣《びやうき》を治《なほ》すには靈醫《れいい》の術《じゆつ》が能《よ》く奏効《そうかう》するのである。

霊醫《れいい》を施《ほどこ》すに於《おい》ても、先《ま》づ診察《しんさつ》をせねばならぬ。此《こ》の診察法《しんさつはふ》に就《つい》て、西村大觀師《にしむらたいくわんし》は極《きは》めて不思議《ふしぎ》なる、霊脈《れいみやく》の發見法《はつけんはふ》を發表《はつぺう》せられた。霊醫法《れいいはふ》から云《い》へば此《こ》の診脈法《しんみやくはふ》は最《もつと》も理想《りさう》と思《おも》はれる。

師《し》は約《やく》三十年間《ねんかん》斯道《しだう》に沒頭《ぼつとう》して研究《けんきう》せられた、斯道《しだう》の一大恩師《いちだいおんし》とも云《い》ふべき乎《か》。人體中第一番《じんたいちうだいいちばん》に神經過敏《しんけいくわびん》なる指頭《しこう》で、診脈《しんみやく》することは實《じつ》に合理的《がふりてき》であると思《おも》ふ。殊《こと》に病氣《びやうき》のみでなく、諸種《しよしゆ》の判定《はんてい》まで出來《でき》ると聞《き》いては、師《し》の研究力《けんきうりよく》と霊的方面《れいてきはうめん》の知識《ちしき》に敬服《けいふく》せねばならぬ。

斯道學者《しだうがくしや》は一應《いちおう》研究《けんきう》の要《えう》ありと認《みと》むるが故《ゆゑ》に、聊《いさゝ》か述《の》べて以《もつ》て之《これ》を序《じよ》と爲《な》す。

甲子年晩春の頃

滴水

圖示解說 靈脈判定術

目次

第一章 靈脈發見に就て……一
第二章 靈脈發見の實例……八
第三章 靈脈發見の方法……一四
第四章 靈脈の分類……二〇
第一 病因脈……二四
第二 病氣治不治脈……二五
第三 因果靈脈……二六
第四 合指脈秘訣……二七
第五 罪惡發見脈……二九
第六 方針確定脈……三〇
第七 思想發見脈……三一

第八　運氣脈……三二
第九　性質脈……三三
第十　手甲脈……三四
第十一　人心看破脈……三五
第十二　災難豫知脈……三六
第十三　天候晴雨豫知脈……三七
第十四　緣談吉凶判定脈……三八
第十五　雇傭吉凶判定脈……三九
第十六　商況豫知決斷脈……四〇
第十七　家庭和合調査脈……四一
第十八　就學吉凶脈……四二
第十九　聯合獨立脈……四三

第二十　迷信正信脈……四四
第廿一　古物鑑定脈……四五
第廿二　宗敎鑑定脈……四六
第廿三　交際吉凶脈……四七
第廿四　難産安産脈……四八
第廿五　紛失物發見脈……四九
第廿六　商業盛衰豫知脈……五〇
第廿七　音信來否脈……五一
第廿八　航海吉凶脈……五二
第廿九　神佛加護脈……五三
第三十　裁判勝敗脈……五四
第卅一　衆人愛敬脈……五五

第卅二　出産男女判定脈……五六
第卅三　掛合成否脈……五七
第卅四　競爭事勝敗脈……五八
第卅五　仕官吉凶脈……五九
第卅六　藥効有無判定脈……六〇
第卅七　奇病業病脈……六一
第卅八　手術吉凶脈……六二
第卅九　生死判斷脈……六三
第四十　小兒病診脈……六四
第四十一　神光法秘傳……六五
第五章　病脈系統と醫脈の合致點……六六
第六章　病脈發見後の治療法……七二

第七章　治療上の奥傳……七六
第八章　心王靈醫學の發表……七九
第九章　診脈の根本原理……八二

第壹圖
施術ノ準備
男ハ左ノ如ク左手ヲ上側ニ組マシム

第貳圖
女ハ男ノ反対ニ右手ヲ上側ニ組マシム

第参圖
氣合

第四圖

圖

中指外ニ曲ル

第拾圖

人指藥指ヲ運動

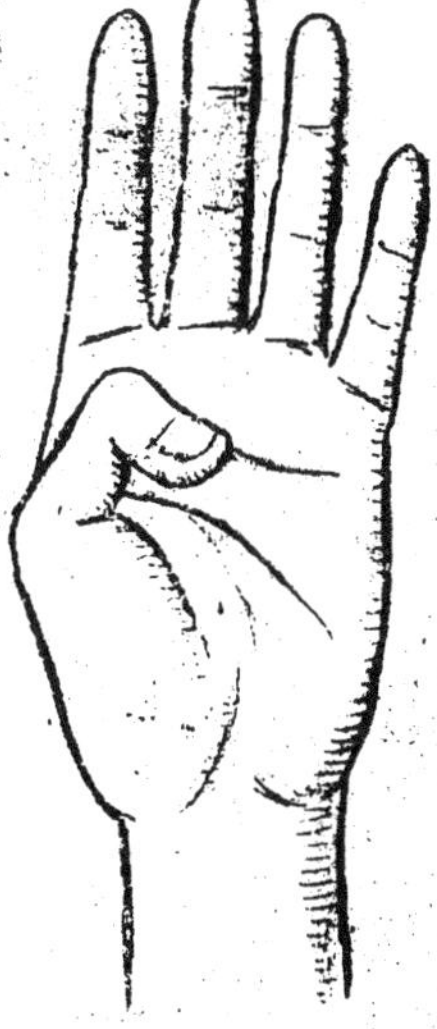

第九圖

拇指内ニ曲ル

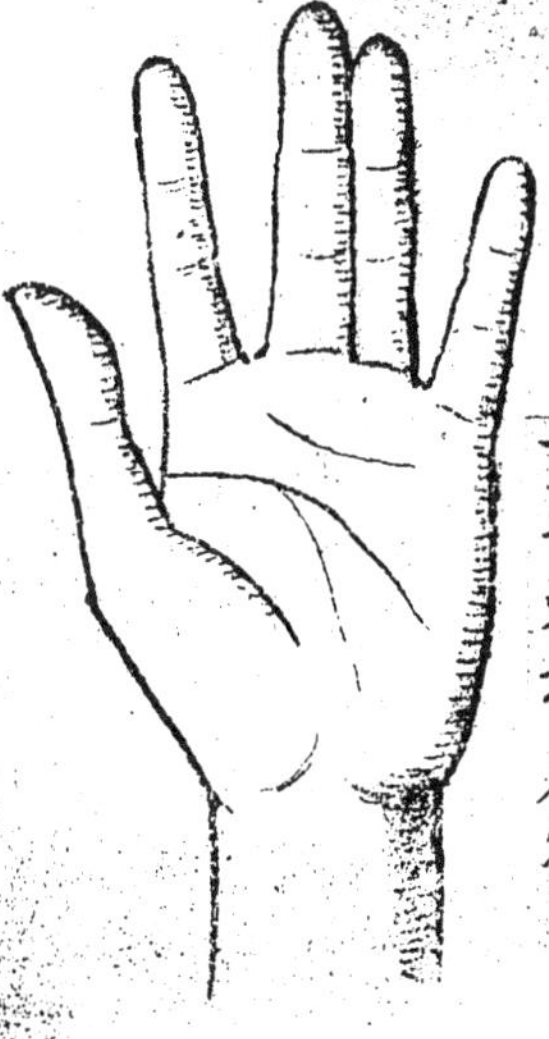

第拾壹圖

中指藥指ノ合指

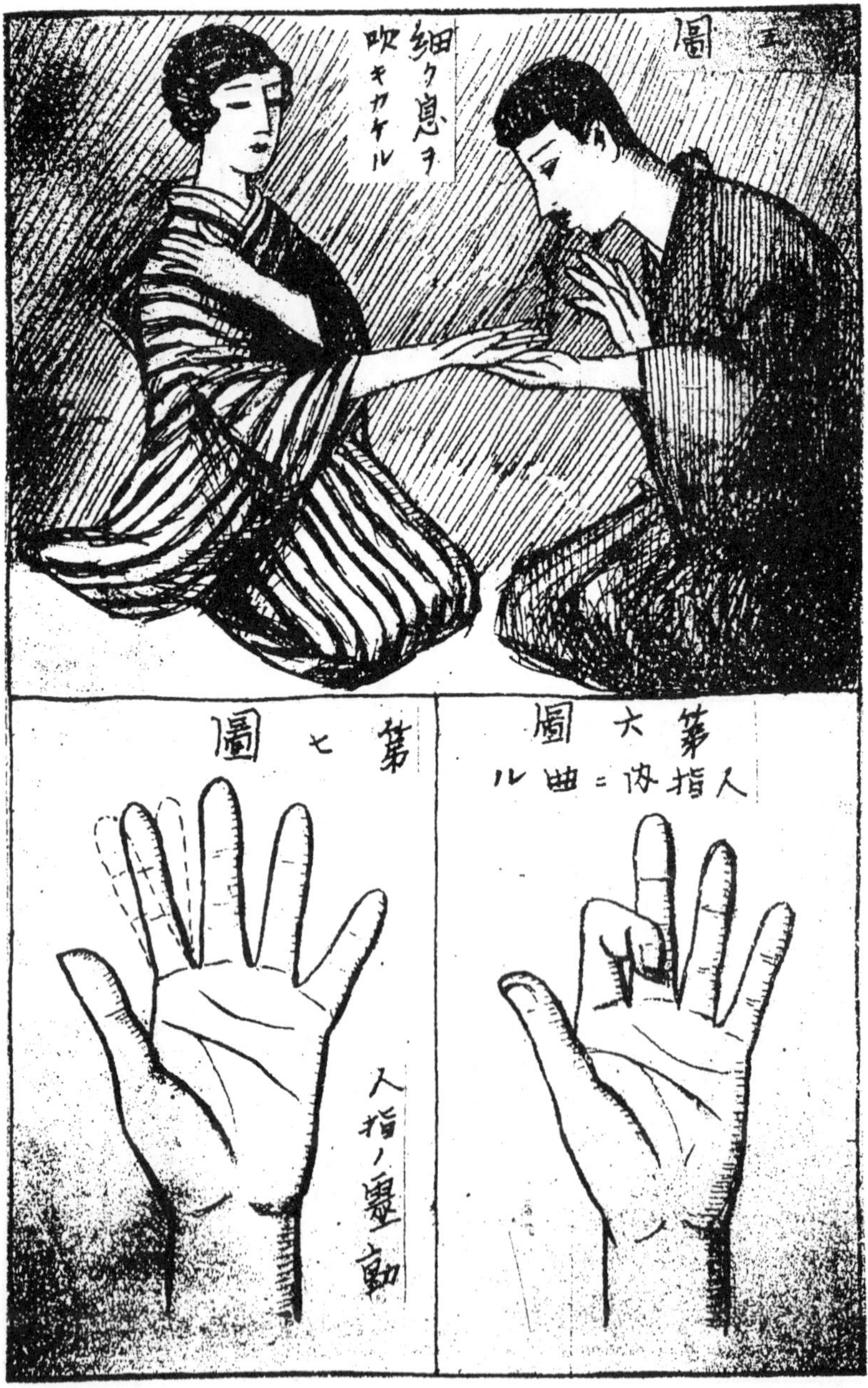
五図
細ク息ヲ吹キカケル
第六図
人指内ニ曲ル
第七図
人指ノ靈動

圖示解說 靈脈判定術

西村大觀著

第一章 靈脈發見《れいみやくはつけん》に就《つい》て

地震《ちしん》には地震脈《ちしんみやく》があつて、其脈《そのみやく》に變化《へんくわ》を生《しやう》じた時《とき》に、震動《しんどう》を起《おこ》すものであると云《い》ふことは、這般《しやはん》の關東大震《くわんとうだいしん》に依《よ》つて、誰《た》れでもが承知《しようち》して居《ゐ》る如《ごと》く、人間《にんげん》も病氣《びやうき》があれば、それに關聯《くわんれん》した脈《みやく》に、異常《いじやう》を來《き》たして居《ゐ》ると云《い》ふことは、容易《たやす》く首肯《しゆかう》し得《え》らるゝ所《ところ》である。醫師《いし》も亦脈搏《またみやくはく》によつて病狀《びやうじやう》を診斷《しんだん》して居《ゐ》るが、然《しか》し醫師《いし》の診斷《しんだん》は、病者《びやうしや》の脈搏《みやくはく》の、强《つよ》いとか、弱《よわ》いとか又《また》は早《はや》いとか遲《おそ》いとか欠滯《けつたい》あるとかによつて、病氣《びやうき》の輕重《けいちよう》、危險《きけん》の程度《ていど》、轉歸《てんき》の時期《じき》等《とう》を豫斷《そだん》するに止《とゞ》まつて、脈診《みやくしん》によつて宇宙《うちう》一切《さい》の事柄《ことがら》を認識《にんしき》し得《う》ることは出來《でき》ぬのである。殊《こと》に診察《しんさつ》の巧拙《こうせつ》は、飛《と》んだ誤診《ごしん》をして、病者《びやうしや》を不幸《ふかう》に陷入《おちい》らしむることが尠《すく》なくないのである。然《しか》るに予《よ》が研究發見《けんきうはつけん》にかゝる靈脈判《れいみやくはん》定法《ていはふ》は、僅《わづ》かに五本《ほん》の指《ゆび》に現《あら》はれる現象《げんしやう》に依《よ》つて、一切《さい》を認識《にんしき》し得《う》る妙法《めうはふ》であるから、誤診《ごしん》もなければ危險《きけん》もないのである。

物質萬能《ぶつしつばんのう》の醫學者《いがくしや》が、苦學幾年《くがくいくねん》かの後《のち》、研究《けんきう》の論文《ろんぶん》を提出《ていしゆつ》して博士《はかせ》の學位《がくゐ》を贏《か》ち得《う》るには、並大抵《なみたいてい》の骨折《ほねを》りではないのである、然《しか》して未《いま》だに其眞理《そのしんり》の根抵《こんてい》を究《きは》めることは出來《でき》ずに居《ゐ》るのであつて、全《まつた》く安心《あんしん》して身體《しんたい》を托《たく》するには、餘《あま》りに貧弱《ひんじやく》である、然《しか》るに予《よ》が研究發見《けんきうはつけん》に係《かゝ》る靈脈判定《れいみやくはんてい》は、百日《ひやくにち》も研究《けんきう》を積《つ》めば、自由自在《じいうじざい》に百發百中《ひやくはつぴやくちう》の妙技《めうぎ》を現《あら》はすことが出來《でき》るのである、別《べつ》に生理學《せいりがく》も、解剖學《かいはうがく》も、診斷學《しんだんがく》も、何々先生《なに〳〵せんせい》に就《つ》いて講義《かうぎ》を學《まな》ぶ必要《ひつえう》もなく、內務省《ないむしやう》の檢定試驗《けんていしけん》を受《う》ける手數《てすう》も要《えう》せず、研究《けんきう》と共《とも》に大博士《だいはかせ》である、予《よ》が過去《くわこ》二十有餘年《いうよねん》の歲月《さいげつ》を費《つひ》やして、五六千有餘《いうよ》の患者《くわんじや》や不幸《ふかう》な人々《ひと〳〵》に就《つい》て、實驗成功《じつけんせいこう》した方法《はうはふ》であるから、決《けつ》して過《あやま》ちもなく危險《きけん》もなく誰《た》れにも容《よう》易《い》に修得《しうとく》し得《う》る妙法《めうはふ》である、確《たし》かに人類救濟《じんるゐきうざい》の天與《てんよ》であると竊《ひそ》かに誇《ほこ》りとする所《ところ》である。

乃《そこ》で此《こ》の大發見《だいはつけん》をするに至《いた》つた動機《どうき》を少《すこ》し述《の》べて見《み》やう、それは予《よ》の實母《じつぼ》が胃癌《ゐがん》に苦《くる》しめられて居《ゐ》たからである、母《はゝ》は至《いた》つて丈夫《ぢやうぶ》な人《ひと》であつたが、二三年來《ねんらい》胃部《ゐぶ》が痛《いた》むと云《い》つて、時々《ときぐ》胃散位《ゐさんぐらゐ》を服《の》んで居《ゐ》たが、一向《かう》に癒《なほ》る模樣《もやう》もなく、だん〳〵痛《いた》みも増《ま》せば、後《のち》には何《な》んだか腹《はら》に固《かたま》りの樣《やう》なものがあると云《い》ふ樣《やう》になつたから、醫師《いし》に診察《しんさつ》を乞《こ》ふて見《み》ると、胃癌《ゐがん》であると云《い》ふことが分《わ》かつた、サアそれから母《はゝ》は死《し》の宣告《せんこく》でも受《う》けたかの樣《やう》に、病氣《びやうき》を苦《く》に病《や》む樣《やう》になつたから、豫《かね》て靈象《れいしやう》を研究《けんきう》して居《ゐ》た予《よ》は、此《こ》の方面《はうめん》の實驗治療《じつけんちれう》に心《こゝろ》を決《けつ》し、母《はゝ》に向《むか》つて數日《すうじつ》の治療《ちれう》を試《こゝろ》みた、所《ところ》が不思議《ふしぎ》にも、腹《はら》の凝《かたま》りは漸次《ぜんじ》小《ちひ》さくなつて、後《のち》には認識《にんしき》することが出來《でき》なくなり、遂《つひ》に消散《せうさん》して了《しま》ふたのであつた、それから一層《そう》興味《きようみ》と確信《かくしん》が伴《とも》なつて來《き》たから、爾來《じらい》二十八九年間《ねんかん》に渉《わた》りて研究《けんきう》を重《かさ》ね、實驗《じつけん》は實驗《じつけん》を生《う》んで、その確証《かくしよう》を得《え》たのであつた。

以上《いじやう》の研究《けんきう》は心源術《しんげんじゆつ》の靈脈發見《れいみやくはつけん》となり、曩《さき》に發表《はつぺう》して今《いま》や全國各地《ぜんこくかくち》に數萬《すうまん》の會員《くわいゐん》を得《う》るに至《いた》つたのである、然《しか》るに物《もの》は簡單《かんたん》にして其凡《そのすべ》てを盡《つく》すことの出來《でき》るのが最善《さいぜん》の方法《はうはふ》であるから、尙《な》ほも研究《けんきう》を進《すゝ》めて指頭《しとう》だけで發見《はつけん》することを實驗《じつけん》し、既《すで》に千數百《せんすうひやく》名《めい》の多《おほ》きに涉《わ》たつたのである、中《なか》にも醫師《いし》が誤診《ごしん》して神經痛《しんけいつう》なりとして注射《ちうしや》を毎日《まいにち》一回《くわい》づゝ行《おこな》つて居《ゐ》た婦人《ふじん》を、これはリウマチスより來《き》たりたる痛《いた》みであることを靈脈《れいみやく》にて發見《はつけん》し、四五回《くわい》の施術《せじゆつ》を以《もつ》て見事《みごと》に全癒《ぜんゆ》させてやつた、又《また》二年程腰《ねんほどこし》の立《た》たぬ少年《せうねん》を、指頭脈《しとうみやく》に依《よ》て靈波《れいは》なることを認《みと》め、七日間《かかん》にて全癒《ぜんゆ》の喜《よろこ》びを與《あた》へてやつた、其他《そのた》神經系統《しんけいけいとう》より來《き》た肋膜疾患《ろくまくしつくわん》を七日間《かかん》に治癒《ちゆ》さした事《こと》も澤山《たくさん》にある。

如上《じよじやう》の如《ごと》く其靈効《そのれいかう》の確《たし》かなることは、予《よ》が實驗《じつけん》の證《しよう》する所《ところ》であるが、之《こ》れが研究《けんきう》を進《すゝ》めるには、往時醫師《わうじいし》に三義《ぎ》あることを聞《き》いたから、之《こ》れを中心《ちうしん》として、人間《にんげん》の病《びやう》脈《みやく》は凡《すべ》て器械的《きかいてき》では徹底的《てつていてき》に判明《はんめい》するものでないと云《い》ふことの信念《しんねん》を固《かた》め、靈的研究《れいてきけんきう》に沒頭《ぼつとう》した結果《けつくわ》、遂《つひ》に其確證《そのかくしよう》を摑《つか》むことが出來《でき》たのである、卽《すなは》ち人間本具《にんげんほんぐ》の心王靈性《しんわうれいせい》が統合《とうがふ》すると、無意識《むいしき》の中《うち》に、五本《ほん》の指《ゆび》にピクピクと靈脈《れいみやく》が實現《じつげん》し來《く》るものである、其實現《そのじつげん》が心靈裁判《しんれいさいばん》の權威《けんゐ》であるのであつて、決《けつ》して遊戯的發動《いうぎてきはつどう》ではないと云《い》ふことが實証《じつしよう》されるのである。

醫師《いし》が患者《くわんじや》の手《て》を取《と》つて脈診《みやくしん》する時《とき》には、單《たん》に脈搏《みやくはく》を診《み》るのみであつて、靈《れい》については何等《なんら》の認識《にんしき》はないのであるが、靈脈發見法《れいみやくはつけんはふ》は、靈《れい》を先《さ》きに認《みと》めてから、壓搾《あつさく》した靈氣《れいき》にて五本《ほん》の指《ゆび》を吹《ふ》くのであるから、其刹那《そのせつな》の氣持《きもち》は何《なん》とも云《い》へぬ權威《けんゐ》あるものである、故《ゆゑ》に根本《こんぽん》より其方法《そのはうはふ》が異《こと》なつて居《ゐ》るから、人間《にんげん》を器械視《きかいし》する醫術《いじゆつ》と、靈物視《れいぶつし》する心王靈醫學《しんわうれいいがく》とは、天地《てんち》の差《さ》あることは爭そはれぬ事實《じじつ》である、又隨《またしたが》つて誤診《ごしん》もないのである。

今試《いまこころ》みに五本《ほん》の指《ゆび》を、普通一般《ふつういつぱん》の狀態《じやうたい》に於《おい》て、單《たん》に息《いき》を吹《ふ》きかけて觀《み》るがよい、決《けつ》して靈動《れいどう》は起《おこ》さぬのである、靈脈法《れいみやくはふ》は患者《くわんじや》の靈性《れいせい》と、術者《じゆつしや》の靈性《れいせい》とが、刹那《せつな》に合致《がつち》したときに、ピク〳〵と靈動《れいどう》を起《おこ》すのであるから、全《まつた》く科學《くわがく》を超越《てうゑつ》した獨特《どくとく》の方法《はうはふ》である。

エヂソン氏《し》が、交靈電話《かうれいでんわ》を發明《はつめい》したと云《い》ふが、エヂソン氏《し》の交靈電話《かうれいでんわ》の主眼《しゆがん》とする所《ところ》は、心王靈醫學《しんわうれいいがく》で主張《しゆちやう》する、最高權威《さいかうけんゐ》の靈性《れいせい》たる心王《しんわう》が、發揮《はつき》した人《ひと》でなければ出《で》來《き》ぬと云《い》ふて居《ゐ》るのは、誠《まこと》に符合《ふがふ》した所《ところ》があるのである。

靈脈《れいみやく》を發見《はつけん》するときと、交靈電話《かうれいでんわ》をかける時《とき》とは同《どう》一現象《げんしやう》であつて、患者《くわんじや》の最高心《さいかうしん》靈《れい》さ、術者《じゆつしや》の最高心靈《さいかうしんれい》とが……刹那合致《せつながつち》……に於《おい》て現《あら》はれる現象《げんしやう》である、其靈動《そのれいどう》は、五本《ほん》の指《ゆび》の指許《ゆびばか》りではなく、顔面《がんめん》や耳《み》或《あるひ》は足等《あしとう》にも振動《しんどう》が來《く》るのであるが、然《しか》し五本《ほん》の指《ゆび》が非常《ひじやう》に發見《はつけん》し易《やす》いのであるから、五指《し》で研究《けんきう》するが最《もつと》も簡《かん》にして容易《ようい》である、曩《さき》に述《の》べた母《はゝ》の胃癌《ゐがん》は、繼母《けいぼ》の酷《こく》に遇《あ》ふた爲《た》めであるが、實《じつ》は先祖《せんぞ》の因果律《いんぐわりつ》の波動《はどう》であつて、その波動《はどう》を消滅《せうめつ》さしたから全治《ぜんち》したのである、即《すなは》ち心王《しんわう》の制裁《せいさい》から解除《かいぢよ》されたからである。

以上《いじやう》述《の》べた如《ごと》く、母《はゝ》の病氣《びやうき》に基因《きいん》して發奮《はつぷん》した予《よ》は、爾來東奔西走研究《じらいとうほんせいそうけんきう》に實驗《じつけん》に歳《さい》月《げつ》を費《つひ》やして、遂《つひ》に其確証《そのかくしやう》を得《え》、茲《こゝ》に此著《このちよ》を公《おほやけ》にして讀者《どくしや》に見《まみ》ゆるに至《いた》つたことを欣《きん》幸《かう》とすると共《とも》に、尚《なほ》一層進《そうすゝ》んで予《よ》の研究《けんきう》より以上《いじやう》に勝《すぐ》れたる發見《はつけん》をされて、世界人類《せかいじんるゐ》の爲《ため》め貢献《こうけん》せられんことを、此《こ》の機會《きくわい》に於《おい》て特《とく》に希《こひねが》ふのである。

第二章　靈脈發見《れいみやくはつけん》の實例《じつれい》

前章《ぜんしやう》に於《おい》て述《の》べた如《ごと》く、人間《にんげん》の身體《しんたい》は物質的療法《ぶつしつてきれうはふ》にのみ任《まか》せて、醫師《いし》の器械視的《きかいしてき》取扱《とりあつか》ひに任《ま》かせてよいものであるか、それで吾事足《わがことた》れりとして滿足安心《まんぞくあんしん》して居《を》られるであらうか余《よ》が多年《たねん》の研究《けんきう》は、どうしても靈《れい》の力《ちから》を認《みと》めぬ譯《わ》けに行《い》かない、さうして其靈力《そのれいりよく》を藉《か》らねば、一個《こ》の動物視《どうぶつし》することの出來《でき》ない人體即《じんたいすなは》ち靈體《れいたい》は、完全《くわんぜん》に所期《しよき》の目的《もくてき》を達成《たつせい》することは至難《しなん》であると云《い》ふことを、益々《ますます》信念《しんねん》するに至《いた》つたので、母《はゝ》の病氣《びやうき》を快癒《くわいゆ》せしめ得《え》た余《よ》は、其後專心靈《そのごせんしんれい》の研究《けんきう》に沒頭《ぼつとう》したのである、それから逐次諸《ちくじしよ》種《しゆ》の實驗治療《じつけんちれう》を試《こゝろ》みて、愈々我信念《いよいよわがしんねん》の誤《あやま》らざることの確証《かくしよう》を得《え》たのである、左《さ》に實驗《じつけん》効果《かうくわ》の著《いちじる》しきものを記《しる》して讀者《どくしや》の參考《さんかう》に供《きよう》することゝする。

大正《たいしやう》十二年《ねん》二月《ぐわつ》二十二日《にち》、石川縣金澤市《いしかはけんかなざはし》の市會堂《しくわいだう》に於《おい》て講演會《かうえんくわい》を開催《かいさい》した翌日《よくじつ》、白《はく》山町《さんまち》の病院前《びやうゐんまへ》の支部《しぶ》に於《おい》て、五指《し》の靈脈《れいみやく》を數人《すうにん》に實驗《じつけん》した時《とき》、吃音患者《さつおんくわんじや》が中指《なかゆび》がピクピク動《うご》いたから、之《こ》れは心王《しんわう》の制裁《せいさい》より來《く》る、父母及祖先《ふぼおよびそせん》の靈的波動《れいてきはどう》であると云《い》ふことを認《みと》めた、それから漸次數人《ぜんじすうにん》を實驗《じつけん》したが、皆其結果《みなそのけつくわ》は良好《りやうかう》であつた、爾來各地《じらいかくち》に實驗《じつけん》を試《こゝろ》みて悉《こと〴〵》く的中《てきちう》し、最後《さいご》に北海道宣傳《ほくかいだうせんでん》の途《と》に上《のぼ》つたのである。

北海道《ほくかいだう》に滯在《たいざい》すること八拾餘《じふよ》日《じつ》、遂《つひ》に確實《かくじつ》に靈脈《れいみやく》の發動《はつどう》によつて、凡《すべ》てを發見《はつけん》し得《う》ると云《い》ふ證《しよう》を得《え》たのである、それは心王靈醫學總本院《しんわうれいいがくそうほんゐん》の顧問《こもん》と仰《あふ》ぐ、陸軍々醫正《りくぐん〳〵いせい》喜多《きた》村愼吾《むらしんご》氏が心王靈醫學《しんわうれいいがく》を研究《けんきう》に來《こ》られた時《とき》、氏《し》を椅子《いす》に倚《よ》らしめて余《よ》が實驗《じつけん》を試《こゝろ》みた所《ところ》が、五指中《しちう》に靈脈活躍《れいみやくくわつやく》して氏《し》を感嘆措《かんたんを》かざらしめたのである、又氏《またし》の中指《なかゆび》が特《どく》に曲《ま》がつたので、之《こ》れは腦《なう》をいためて居《ゐ》ると明示《めいし》した、圍碁《ゐご》を非常《ひじやう》に好《この》む所《こゝろ》から、餘《あま》り頭《あたま》を使《つか》ひ過《す》ぎて腦病《なうびやう》を患《わづら》つたのだと云《い》つて居《を》られた。

それから方針脈《はうしんみやく》の實驗《じつけん》を試《こゝろ》みて見《み》るに、中指《なかゆび》と藥指《くすりゆび》に直感《ちよくかん》したから、獨立《どくりつ》を以《もつ》て起《た》つには後援者《こうえんしや》を求《もと》むるがよいと活斷《くわつだん》して的中《てきちう》したのである、又或《またあ》る患者《くわんじや》は、肋骨間《ろくこつかん》に二錢銅貨大《せんどうくわだい》の腫物《しゆもつ》が、內部《ないぶ》に出來《でき》て居《ゐ》たのを實驗《じつけん》すると、人指《ひとさしゆび》と藥指《くすりゆび》との靈脈《れいみやく》に依《よ》つて、切開《せつかい》はせぬ方《はう》が宜《よろ》しいと判定《はんてい》して快復《くわいふく》することが出來《でき》た、又右《またみぎ》の人指《ひとさしゆび》の靈脈《れいみやく》によつて、母親《はゝおや》より遺傳《ゐでん》して來《き》た胃痛《ゐつう》と斷《だん》じた、それから小指《こゆび》と藥指《くすりゆび》の靈脈《れいみやく》によつて、睾丸炎《かうぐわんえん》と斷《だん》じて、内面《ないめん》の靈的制裁《れいてきせいさい》を解除《かいぢよ》してやつた、それは七十餘人《よにん》と云《い》ふ多《おほ》くの婦女子《ふぢよし》を弄《もてあそ》んで、不倫《ふりん》の快樂《くわいらく》に耽《ふけ》り、自己《じこ》は勿論相手方《もちろんあひてがた》をして墮落《だらく》の淵《ふち》に陷《おと》し入《い》れた惡因《あくいん》が、心靈上《しんれいじやう》の制裁《せいさい》による報《むく》ひであると發見《はつけん》したからである。

北海道《ほくかいだう》の歸途《きと》青森驛《あをもりえき》に汽車《きしや》を待《ま》ち合《あ》はせて居《ゐ》るとき、松尾善藏《まつをぜんざう》と云《い》ふ靈的研究者《れいてきけんきうしや》に出會《しゆつくわい》した、種々《しゆ〳〵》の話《はなし》の末同氏《すゑどうし》の靈脈《れいみやく》を實驗《じつけん》して見《み》た所《ところ》が、小指《こゆび》がピク〳〵と靈動《れいどう》するから、之《こ》れは可笑《をかし》いな、色情關係《しきじやうくわんけい》であるが、氏《し》にしてそんなことがあるかしらんと思《おも》つて質問《しつもん》を試《こゝろ》みるに、矢張《やは》り戀人《こひびと》の關係《くわんけい》であることが判《わ》かつた。

又同縣《またどうけん》で講習會《かうしふくわい》を開《ひら》いた時《とき》、或《あ》る有名《いうめい》なる資産家《しさんか》の五指《し》を實驗《じつけん》して見《み》た所《ところ》が、小指《こゆび》が非常《ひじやう》に曲《まが》つて了《しま》ふので、之《こ》れは梅毒《ばいどく》から來《き》たリウマチスであるなど直感《ちよくかん》したから、其事《そのこと》を告《つ》げると寸毫《すんがう》の相違《さうゐ》もなかつた、本來《ほんらい》リウマチスは人指《ひとさしゆび》であるけれども、色《しき》情關係《じやうくわんけい》にある小指《こゆび》が非常《ひじやう》に曲《まが》つたのであるから、之《こ》れに基因《きいん》したリウマチスであることを直感《ちよくかん》し、即《すなは》ち梅毒性《ばいどくせい》であると活斷《くわつだん》したのである。

又《また》二十一歳《さい》の女子《ぢよし》が、殆《ほと》んど一舛《しやう》もあろうかと云《い》ふ程多量《ほどたりやう》の血《ち》を吐《は》いたので、家族《かぞく》は吃驚《びつくり》して余《よ》の許《ところ》へ診斷《しんだん》を乞《こ》ひに來《き》た、それで早速指頭靈脈《さつそくしこうれいみやく》を實驗《じつけん》して見《み》るに、拇指《ぼし》がピク〳〵動《うご》く故《ゆゑ》、尚愼重《なほしんちよう》に檢査《けんさ》して、之《こ》れは外緣《ぐわいえん》に當《あた》る老人《らうじん》を慘酷《ざんこく》にした因果律《いんぐわりつ》であつて、それが此《こ》の方《かた》に障《さは》つて來《き》て居《ゐ》るのであると說《と》き示《しめ》した、所《ところ》が本人《ほんにん》に附《つ》き添《そ》つて居《ゐ》た母親《はゝおや》は、驚《おどろ》きの目《め》をみはりながら左《さ》の如《ごと》き物語《ものがた》りをした。

「私《わたし》の妹《いもうと》が他に嫁《か》しました時《とき》、其家《そのいへ》の姑《しうとめ》さんが妹《いもうと》を慘酷《ざんこく》に取《と》り扱《あつか》ひましたので、妹《いもうと》は精神上《せいしんじやう》の安定《あんてい》を得《う》ることが出來《でき》ず、始終不快《しじうふくわい》な悶々《もん〳〵》の日《ひ》を送《おく》つて居《を》りましたが、それでは死《し》んでから波動《はどう》が來《き》たのでありませう、然《しか》し首《こび》を縊《くゝ》つて死《し》んだのです」

との話《はなし》であつた、而《しか》して余《よ》の所《ところ》に來《く》る前《まへ》に、醫者《いしや》に行《い》つて診《み》て貰《もら》つた所《ところ》が、肺病《はいびやう》でないと云《い》はれたから、本人《ほんにん》は稍々《やゝ》安心《あんしん》はして居《ゐ》るけれども、まだ多少《たせう》の疑念《ぎねん》もあるやうであつた。

肺病《はいびやう》なる一種《しゆ》の精神病《せいしんびやう》は、悉《ことごと》く死《し》の刹那《せつな》の波動《はどう》であるのが、十中《ちう》の八九である、さうして人指《ひとさしゆび》と藥指《くすりゆび》が靈動《れいどう》しなければ、決《けつ》して肺病《はいびやう》ではないのである、拇指《おやゆび》は肺病《はいびやう》脉《みやく》に何等關係《なんらくわんけい》がないから、右《みぎ》の女性《によせい》も七日間《かかん》を出《い》でずして快癒《くわいゆ》したのであつた。

余《よ》は常《つね》に五指《し》の靈動《れいどう》を見詰《みつ》めて居《ゐ》るとき、拇指《おやゆび》ばかりピク〳〵動《うご》くときは、ハハア之《こ》れは心王脉《しんわうみやく》の波動《はどう》であるなど考《かんが》へて、種々《しゆ〴〵》なることに應用《おうよう》して見《み》たが皆《みな》百發《はつ》百中《ちう》の好果《かうくわ》を收《をさ》めたのである、諸君《しよくん》も能《よ》く注意《ちうい》して實驗《じつけん》せられよ、實《じつ》に物《もの》を袋《ふくろ》に探《さ》ぐるが如《ごと》しである。

以上實驗例《いじやうじつけんれい》の外《ほか》、余《よ》が今日迄《こんにちまで》實驗治療《じつけんちれう》を試《こゝろ》みた者《もの》は、實《じつ》に千數百名《せんすうひやくめい》に上《のぼ》つて居《ゐ》るが、殆《ほと》んど悉《こと〴〵》くが命中快復《めいちうくわいふく》して、悅《よろこ》びの光《ひか》りに浴《よく》して居《ゐ》る、之《こ》れを一々例《いち〳〵れい》を擧《あ》げて讀《どく》者《しや》に報告《はうこく》するも、却《かへ》つて倦怠《けんたい》を生《う》む丈《だ》けであつて、繁雜《はんざつ》を增《ま》すのみであるから、適例《てきれい》は右《みぎ》の數種《すうしゆ》に止《とゞ》めて、其僞《そのいつは》らざる確證《かくしよう》であることを承知《しようち》して貰《もら》ひたい、實際《じつさい》に諸氏《しよし》が以上《いじやう》の如《ごと》き實驗《じつけん》をされる時《とき》は、今迄《いままで》宿因《しゆくいん》が指頭《しとう》に靈現《れいげん》するなど、、夢《ゆめ》にも思《おも》はなかつた人々《ひと〴〵》に、一々《いち〳〵》的確《てきかく》に活斷《くわつだん》を與《あた》へられると、皆《みな》驚異《きやうい》を以《もつ》て感嘆《かんたん》するのみである、以下《いか》章《しやう》を趁《お》ふて發見法《はつけんはふ》其他《そのた》の要項《えうこう》を說述《せつじゆつ》することにしやう。

第三章　靈脈《れいみやく》發見《はつけん》の方法《はうはふ》

靈脈《れいみやく》によつて諸種《しよしゆ》の病氣《びやうき》や、災難《さいなん》を覺知《かくち》することが出來《でき》ると云《い》ふ事《こと》は前《まへ》に述《の》べた通《とほ》りであるが、これより靈脈《れいみやく》を發見《はつけん》するには如何《いか》なる方法《はうはふ》を以《もつ》てするかと云《い》ふことを述《の》ぶることにする、これは最《もつと》も大切《たいせつ》なことであるから、十二分《ぶん》の注意《ちうい》を以《もつ》て研究《けんきう》せられんことを希望《きばう》する。

靈脈《れいみやく》を發見《はつけん》するには二つの方法《はうはふ》がある、即《すなは》ち

第《だい》一は自分《じぶん》の靈脈《れいみやく》を自分《じぶん》で發見《はつけん》する方法《はうはふ》

第《だい》二は他人《たにん》の靈脈《れいみやく》を、自分《じぶん》が術者《じゆつしや》となつて發見《はつけん》する方法《はうはふ》

である、乃《そこ》で第《だい》一の方法《はうはふ》より説《と》くことにするが、何《いづ》れの場合《ばあひ》に於《おい》ても、左手《ひだりて》は男子、右手《みぎて》は女子《ぢよし》として見《み》なければならぬ、即《すなは》ち男《をとこ》を見《み》るときは左手《ひだりて》、女子《ぢよし》を見《み》るときは右手《みぎて》である。

先《ま》づ第《だい》一の自己《じこ》の靈脈《れいみやく》を發見《はつけん》するには、暫時《ざんじ》閉目《へいもく》合掌《がつしやう》して心《こゝろ》靜《しづ》かに雜念《ざうねん》を去《さ》り、心《こゝろ》の落《お》ち着《つ》きたる頃《ころ》兩眼《りやうがん》を開《ひら》き、直《たゞ》ちに合掌《がつしやう》せし手《て》を解《と》いて、平手《ひらて》のまゝ掌《てのひら》を上《うへ》に、手《て》甲《かふ》を下《した》に向《む》く樣《やう》にして、自己《じこ》の胸《むね》の邊《へん》に出《だ》し（乳《ち》の高《たか》さ位《ぐらゐ》にて指先《ゆびさき》は斜前方《なゝめぜんぱう》に向《む》く樣《やう》にする）「圓頓止觀《エントンシカン》」と一聲力強《せいちからづよ》く叫《さ》けんで、直《たゞ》ちに差出《さしだ》して居《ゐ》る手指《しゆし》を、拇指《おやゆび》より順《じゆん》次《じ》に小指《こゆび》まで靜《しづ》かに吹《ふ》くのである、さうすると何《ど》の指《ゆび》かビク〳〵靈動《れいどう》するを發見《はつけん》する、或《あるひ》は指《ゆび》が曲《まが》ることもあるから能《よ》く注意《ちうい》して見《み》て居《を》ればよい、其動《そのうご》いた指又《ゆびまた》は曲《まが》つた指《ゆび》によつて、因果律《いんぐわりつ》を發見《はつけん》するのである。

茲《こゝ》に注意《ちうい》すべきは指《ゆび》を吹《ふ》く方法《はうはふ》である、それは眼《め》を開《ひら》く前《まへ》に、充分深《じうぶんふか》く息《いき》を吸《す》ひ込《こ》み、臍下丹田《せいかたんでん》に吸《す》ひ込《こ》みたる息《いき》を壓搾貯藏《あつさくちよざう》して置《お》いて、開眼《かいがん》の後《のち》「圓頓止觀《エントンシカン》」と叫《さけ》んだならば、前《まへ》に開《ひら》いた指《ゆび》に向《むか》つて靜《しづ》かに、細《ほそ》く長《なが》く、冷《つめ》たく吹《ふ》きかけるのである、決《けつ》してフウと一息《いき》に吹《ふ》いて了《しま》つてはいけない、自己《じこ》で行《おこな》ふのは初《はじ》めは失敗《しつぱい》があるが、數囘熱心《すうくわいねつしん》に研究《けんきう》すれば必《かなら》ず成功《せいこう》するのである、然《しか》し慰《なぐさ》み半分好奇心《はんぶんかうきしん》にかられて一寸《ちよつと》やつて見《み》やう位《くらゐ》では、何事《なにごと》も成功《せいこう》するものでないと云《い》ふことを知《し》らねばならぬ。

第《だい》二は術者《じゆつしや》となつて他人《たにん》を行《おこな》ふのであるが、先《ま》づ患者《くわんじや》なり、要求者《えうきうしや》なりを、椅子《いす》に倚《よ》らしむるか、座《ざ》せしむるか、或《あるひ》は直立《ちよくりつ》のまゝにても宜《よろ》しく、又《また》は仰臥《あふぐわ》さしてもよろしい、病人《びやうにん》などで臥床中《ぐわしやうちう》のものは、臥床《ぐわしやう》のまゝ施術《せじゆつ》するがよい。

さて被術者《ひじゆつしや》を正《たゞ》しく座《ざ》せしめたる後《のち》（或《あるひ》は其他《そのた》の姿勢《しせい》）両手《りやうて》を胸《むね》の處《ところ》に十文字《もんじ》に組《く》ましむる、平手《ひらて》の掌《てのひら》が胸《むね》に着《つ》いて、手甲《てかふ》が外《そと》になる様《やう》にして、指先《ゆびさき》は肩《かた》に届《とゞ》く位《くらゐ》の程《てい》度《ど》でよろしい、而《しか》して男《をとこ》は左手《ひだりて》が上《うへ》に右手《みぎて》が下《した》になる様《やう》に組《く》み、女《をんな》は左手《ひだりて》が下《した》に右手《みぎて》が上《うへ》になる様《やう》に組《く》む、さうして靜《しづ》かに眼《め》を閉《と》ぢさして、心《こゝろ》を落《お》ちつかせ、暫時《ざんじ》にして開眼《かいがん》せしむるのである、此《こ》の時術者《ときじゆつしや》は第《だい》一の時《とき》と同《おな》じ様《やう》に、息《いき》を充分臍下《じうぶんせいか》丹田《たんでん》に吸《す》ひ込《こ》み壓搾保有《あつさくほいう》して置《お》く、被術者《ひじゆつしや》に開眼《かいがん》を命《めい》ずると共《とも》に、力《ちから》ある聲《こゑ》を以《もつ》て「圓頓止觀《エントンシカン》」と一聲強《ひとこゑつよ》く發《はつ》して、術者《じゆつしや》の右手《みぎて》を以《もつ》て被術者《ひじゆつしや》の胃部《ゐぶ》の所《ところ》を輕《かる》く壓《あ》し附《つ》け、直《たゞ》ちに其手《そのて》を放《はな》して被術者《ひじゆつしや》の手《て》を平手《ひらて》のまゝ、自己《じこ》の手《て》にて引《ひ》き起《おこ》して、靜《しづ》かに被術者《ひじゆつしや》の胸《むね》の前《まへ》に開《ひら》かせ、術者《じゆつしや》の掌《てのひら》の上《うへ》に彼《か》れの手中《てかふ》が乘《の》る樣《やう》に支《さゝ》へて、第《だい》一の塲合《ばあひ》の樣《やう》に、吸《す》ひ込《こ》んで居《ゐ》た息《いき》を、細《ほそ》く長《なが》く冷《つめ》たく被術者《ひじゆつしや》の指《ゆび》に向《むか》つて順次《じゆんじ》に吹《ふ》き掛《か》けるのである、斯《か》くて術者《じゆつしや》の息《いき》が吹《ふ》き掛《か》けられると、彼《か》れの指《ゆび》は靈動《れいどう》を起して脈《みやく》が振《ふる》ふから、それによつて判斷《はんだん》を下《くだ》すのである。

斯《か》樣《やう》に其方法《そのはうはふ》を書《か》き立《たて》ると、餘《よ》程時間《ほどじかん》がかゝる樣《やう》に思《おも》はれるが、開眼《かいがん》を命《めい》じてから術者《じゆつしや》の力《ちから》ある息《いき》を細《ほそ》く吹《ふ》きかけ始《はじ》める迄《まで》には十秒位《べうぐらゐ》なものである、而《しか》して初《はじ》めて動《うご》いた指《ゆび》から判斷《はんだん》を進《すゝ》めるのである。

斯樣《かやう》にして息《いき》を吹《ふ》き掛《か》けて居《ゐ》ると、二本《ほん》三本《ぼん》と順次《じゆんじ》に靈《れいどう》を起《おこ》す者《もの》もあるが、それは病氣《びやうき》が種々《しゆ〳〵》混亂《こんらん》して居《ゐ》るのであるから、餘程注意《よほどちうい》して其因果律《そのいんぐわりつ》を調《しら》べないと、判定《はんてい》を仕損《しそん》ずることがあるから、研究《けんきう》を續《つゞ》けて早《はや》く熟練《じゆくれん》する樣《やう》にならねばならぬ、殊《こと》に術《じゆつ》者《しや》の方法中《はうはふちう》、最《もつと》も六ヶ敷《し》く思《おも》ふのは、脈中《みやくちう》の因果律脈《いんぐわりつみやく》と、罪惡因《ざいあくいん》の脈《みやく》である、之《こ》れは研究《けんきう》の上《うへ》にも研究《けんきう》を積《つ》まねば、輕忽《けいこつ》に判定《はんてい》すると、飛《と》んだ失敗《しつぱい》を招《まね》くから、百人位《にんぐらゐ》は實驗應用《じつけんおうよう》を經《へ》た上《うへ》に、自信《じしん》を得《え》て漸次判定《ぜんじはんてい》に入《い》るが安全《あんぜん》であらう。

前《まへ》にも云《い》つた如《ごと》く、座《すわ》るとか、椅子《いす》に寄《よ》るとかの出來《でき》ないものは寢《ね》たまゝ行《おこな》ふてよろしい、殊《こと》に大病人《たいびやうにん》などは其儘《そのまゝ》にして施術《せじゆつ》せねばならぬ、又小兒《またせうに》や乳兒《にうじ》などにて、手《て》を動《うご》かして見《み》ることの困難《こんなん》なものは、睡眠中《すゐみんちう》に於《おい》て施術するがよい、一回行《くわいおこな》ふて脈《みやく》現はれない者《もの》には二回三回《くわいくわい》と行《おこ》なつて脈《みやく》を調《しら》べて見《み》ねばならぬ、さうすると段々《だんだん》に發《はつ》見されて來《く》るものである。

其他動物類《いどうぶつるゐ》にても、彼《か》れの手《て》を術者《じゆつしや》の平手《ひらて》に乘《の》せて見《み》れば、矢張脈《やはりみやく》は指頭《しとう》に現《あら》はれ出るものである、苟《いやしく》も心王《しんわう》の生命《せいめい》ある者《もの》ならば、獨《ひと》り人類《じんるゐ》にのみ止《とゞ》まる譯《わけ》ではない、必《かなら》ず五指《し》に脈《みやく》が出《で》て明《あき》らかに示《しめ》さるから、實驗《じつけん》して見《み》るがよい、余《よ》が公宣《こうせん》した心《しん》源術《げんじゆつ》で、或《あ》る牛乳搾取所《ぎうにうさくしゆじよ》の主人《しゆじん》が、牛《うし》の病氣《びやうき》を癒《なほ》したことがあるが、それは脈《みやく》を調《しら》べて見《み》たのではないが、牛《うし》の喉《のど》に平手《ひらて》を觸《ふ》れて動《どう》の直感《ちよくかん》によつて快復《くわいふく》さしたのである、斯《か》くの如《ごと》く術者《じゆつしや》の平手《ひらて》を以《もつ》て、觸手《しよくしゆ》して居《ゐ》ると、動物《どうぶつ》の脈《みやく》は自然《しぜん》と術者《じゆつしや》に直感《ちよかん》を與《あた》へて來《く》るから、動物《どうぶつ》は其身體内《そのしんたいない》に浪《なみ》を打《う》つ樣《やう》な震動《しんどう》が度々起《たび〳〵おこ》つて來《く》るものである、それを注意《ちうい》して居《ゐ》るとよく判《わ》かつて來《く》る、治癒《ちゆ》する動物《どうぶつ》ならば眠《ねむ》りを催《もよほ》すから妙《めう》である

第四章　靈《れい》脈《やく》の分《ぶん》類《るゐ》

靈脈《れいみやく》は五本《ほん》の指《ゆび》と肩及手等《かたおよびてとう》にて萬事《ばんじ》判明《はんめい》する事《こと》も出來《でき》るが、指《ゆび》の脈丈《みやくだ》けを以《もつ》て確實《かくじつ》に發見《はつけん》さへすれば、それで先《ま》づ充分《じうぶん》であるから、外《ほか》に何等《なんら》判定法《はんていはふ》を求《もと》むる必要《ひつえう》はないのである、然《しか》し人間萬事《にんげんばんじ》が、系統的因果計數《けいとうてきいんぐわけいすう》に支配《しはい》されて居《ゐ》るのであるから、有《あら》ゆる方法《はうはふ》に擴大《くわくだい》して決斷《けつだん》の妙《めう》を實驗《じつけん》に求《もと》むる方《はう》が、實際《じつさい》であつて迷信《めいしん》に陷入《おちい》らぬと思《おも》ふのである、それで種々《しゆ／＼》に實驗應用《じつけんおうよう》を試《こゝろ》みたのであつて、其結果左《そのけつくわさ》の如《ごと》き現象分類《げんしやうぶんるゐ》を示《しめ》した譯《わけ》である。

乃《そこ》で一度《ど》靈醫學《れいいがく》の門《もん》を叩《たゝ》いて、之《これ》を實修《じつしう》されたならば有《あら》ゆる世界《せかい》の出來事《できごと》に向《むか》つて應用《おうよう》し、一切萬事《さいばんじ》靈脈《れいみやく》の力《ちから》に依《よ》つて解決《かいけつ》し得《う》る樣研究《やうけんきう》を積《つ》まれたいのである、心王《しんわう》は一身《しん》の主宰《しゆさい》、五臟《ざう》の精《せい》であつて、人《ひと》の力《ちから》を藉《か》らずに其驗《そのしるし》を受《う》け得《え》らるゝのであるから、誠心誠意《せいしんせいい》に研究《けんきう》さへすれば、必《かなら》ず充分《じうぶん》に其妙諦《そのめうてい》を摑《つか》むことが出來《でき》るのである。

病脈《びやうみやく》と靈脈《れいみやく》の事丈《ことだけ》は余《よ》が多年《たねん》實驗應用《じつけんおうよう》して其確證《そのかくしよう》を認《みと》めて居《ゐ》るから、茲《ここ》に其誤《そのあやま》りなきを斷言《だんげん》し得《う》るも、其他萬般《そのたはんぱん》の事柄《ことがら》に就《つい》ては余《よ》も研究中《けんきうちう》にして未《いま》だ發表《はつぺう》の時期《じき》に達《たつ》せざるが、其凡《そのすべ》てに向《むか》つて的確《てきかく》に判定《はんてい》し得《う》る事《こと》は間違《まちが》ひないのである、諸君《しよくん》は益々《ますます》熱心《しん》に實驗研究《じつけんけんきう》を進《すゝ》められて余《よ》が發表《はつぺう》より以上《いじやう》の秘諦《ひてい》を發見《はつけん》されて、社會人類《しやくわいじんるゐ》の爲《た》め貢《こう》献《けん》せられんことを希望《きばう》する。

靈脈《れいみやく》を分類《ぶんるゐ》して左《さ》の四十一脈《みやく》に分《わか》つ。

一、病因脈《びやういんみやく》　二、病氣治不治脈《びやうきちふちみやく》
三、因果靈脈《いんぐわれいみやく》　四、合指脈秘訣《がつしみやくひけつ》
五、罪惡發見脈《ざいあくはつけんみやく》　六、方針確定脈《はうしんかくていみやく》
七、思想發見脈《しさうはつけんみやく》　八、運氣脈《うんきみやく》
九、性質脈《せいしつみやく》　十、手甲脈《しゆかふみやく》
十一、人心觀破脈《じんしんくわんはみやく》　十二、災難豫知脈《さいなんよちみやく》

十三、天候《てんこう》晴雨《せいう》豫《よ》知《ち》脈《みやく》
十五、雇傭《こよう》吉《きつ》凶《きよう》判定《はんてい》脈《みやく》
十七、家庭《かてい》和合《わがふ》調査《てうさ》脈《みやく》
十九、聯合《れんがふ》獨立《どくりつ》脈《みやく》
二十一、古物《こぶつ》鑑定《かんてい》脈《みやく》
二十三、交際《かうさい》吉《きつ》凶《きよう》脈《みやく》
二十五、紛失《ふんしつ》發見《はつけん》脈《みやく》
二十七、音信《をんしん》來否《らいひ》脈《みやく》
二十九、神佛《しんぶつ》加護《かご》脈《みやく》
三十一、衆人《しうじん》愛敬《あいけい》脈《みやく》
三十三、掛合《かけあひ》成否《せいひ》脈《みやく》
三十五、仕官《しくわん》吉凶《きつきよう》脈《みやく》

十四、緣談《えんだん》吉《きつ》凶《きよう》判定《はんてい》脈《みやく》
十六、商況《しやうきやう》豫《よ》知《ち》決斷《けつだん》脈《みやく》
十八、就學《しうがく》吉凶《きちきよう》脈《みやく》
二十、迷信《めいしん》正信《せうしん》脈《みやく》
二十二、宗教《しうけう》鑑定《かんてい》脈《みやく》
二十四、難產《なんざん》安產《あんざん》脈《みやく》
二十六、商況《しやうきやう》盛衰《せいすゐ》豫《よ》知《ち》脈《みやく》
二十八、航海《かうかい》吉《きつ》凶《きよう》脈《みやく》
三十、裁判《さいはん》勝《しよう》敗《はい》脈《みやく》
三十二、出產《しゆつさん》男女《だんぢよ》判定《はんてい》脈《みやく》
三十四、競爭事《きやうさうごと》勝《しよう》敗《はい》脈《みやく》
三十六、藥効《やくかう》有《う》無《む》判定《はんてい》脈《みやく》

三十七、奇病《きびやう》業病《ごうびやう》脈《みやく》　　三十八、手術《しゆじゆつ》吉凶《きつきよう》脈《みやく》
三十九、生死《せいし》判定《はんてい》脈《みやく》　　四　十、小兒病《せうにびやう》診脈《しんみやく》
四十一、神光法秘傳《しんくわうはふひでん》

以上《いじやう》の如《ごと》く分類《ぶんるゐ》すと雖《いへど》も、尚其他《なほそのた》の吉凶禍福《きつきようくわふく》に就《つい》ては研究《けんきう》と實驗《じつけん》に伴《ともな》ふて益々《ます〳〵》靈効《れいかう》を現出《げんしゆつ》し得《う》るであろうと思《おも》ふから、諸君《しよくん》は熱心《ねつしん》に研究《けんきう》を進《すゝ》められて、より以上《いじやう》の發見《はつけん》をなされんことを希望《きばう》する、左《さ》に各脈《かくみやく》に就《つい》ての吉凶《きつきよう》を記《き》することにしよう。

因《ちなみ》に指頭《しとう》がピク〳〵と振動《しんどう》するを脈《みやく》とす。

指《ゆび》が内《うち》に外《そと》に曲《ま》がる場合《ばあい》は特《とく》に其旨《そのむね》を明記《めいき》す。

特《とく》に明記《めいき》なきは普通脈《ふつうみやく》とす。又内《またうち》に曲《まが》りたるを振動脈《しんどうみやく》と見《み》て可《か》なり。

第一病因脈

【拇《おや》指《ゆび》】

遺傳症《ゐでんしやう》、脊髓病《せきずゐびやう》。神經系統《しんけいけいとう》。吐血病《とけつびやう》。老人《らうじん》を酷《こく》にしたる因果律《いんぐわりつ》。親《おや》に背《そむ》きたる爲《た》めに起《おこ》る一切《さい》の病氣《びやうき》。

【人《ひとさし》指《ゆび》】

腎臟病《じんぞうびやう》。心臟病《しんぞうびやう》。黃疸《わうだん》。無名腫物《むめいしゆもつ》。胃病《ゐびやう》。胃癌《ゐがん》。リウマチス。脚氣病《かつけびやう》。眼病《がんびやう》一切《さい》。手足《てあし》の病氣《びやうき》。

【中《なか》指《ゆび》】

腦病《なうびやう》。神經病《しんけいびやう》。頭《あたま》の腫物《しゆもつ》。禿頭病《とくとうびやう》。亂心病《らんしんびやう》。慢心病《まんしんびやう》。ヒポコンドル。人《ひと》を恐《おそ》れる病《やまひ》。

【藥《くすり》指《ゆび》】

色情狂《しきじやうきやう》。呼吸器病《こきふきびやう》。皮膚病《ひふびやう》。肋膜《ろくまく》。淫亂症《いんらんしやう》。色情《しきじやう》に關《くわん》する一切《さい》の病《やまひ》。

【小《こ》指《ゆび》】

長血《ながち》白血《しらち》。痳病《りんびやう》。子宮病《しきうびやう》。冷症《ひへしやう》。腸《ちやう》の病《やまひ》。下《しも》の病《やまひ》一切《さい》。遺精早漏《ゐせいさうろう》。男根《だんこん》不能《ふのう》。消渇《せうかち》。卵巢病《らんそうびやう》。子供寢小便《こどもねせうべん》。

第二 病氣治不治脈

（指頭靈動のみの場合は輕症と見るべし）

【拇《おや》指《ゆび》】此指《このゆび》内方《いはう》に曲《まが》れば病氣《びやうき》治《ち》するも永引《ながび》く。外方《ぐわいはう》に曲《まが》れば老醫《らうい》に就《つ》けば治《ち》す。心靈療法《しんれいれうはふ》吉《きち》。

【人《ひとさし》指《ゆび》】此指《このゆび》内《うち》に曲《まが》れば兩親《りやうしん》看護《かんご》にて治《ち》す。靈《れい》を祭《まつ》れば名分《めいぶん》を知《し》つて治《ち》す。外《そと》に曲《まが》れば醫師《いし》を撰《えら》むべし。

【中《なか》指《ゆび》】此指《このゆび》内《うち》に曲《まが》れば内觀《ないくわん》にて治《ち》す、自分《じぶん》の好《この》む醫師《いし》に就《つ》け。外《そと》に曲《まが》れば自分《じぶん》の力《ちから》足《た》らず同意《どうい》の看護《かんご》吉《きち》。

【藥《くすり》指《ゆび》】此指《このゆび》内《うち》に曲《まが》れば精神的散亂《せいしんてきさんらん》あれば精神統一《せいしんとういつ》を圖《はか》らねば治《ち》せず、病氣變化《びやうきへんくわ》あり。心靈療法《しんれいれうふ》にて治《ぢ》す。

【小《こ》指《ゆび》】此指《このゆび》内《うち》に曲《まが》れば女醫《ぢよい》を賴《たの》むべし水藥《みづぐすり》を可《か》とす。外《そと》に曲《まが》れば病氣輕《びやうきかる》し。

第三因果靈脈

【拇《おや》指《ゆび》】先祖《せんぞ》の刹那《せつな》の波動《はどう》。坊主《ばうず》神官等《しんくわんとう》の刹那《せつな》波動《はどう》。家長等《かちやうら》の波動《はどう》。内《うち》に曲《まが》れば血縁《けつえん》の波動《はどう》。外《そと》に曲《まが》れば外縁《ぐわいえん》なりと知《し》るべし。

【人《ひとさし》指《ゆび》】父母《ふぼ》が死《し》の刹那《せつな》の波動《はどう》。内《うち》に曲《まが》れば再縁《さいえん》なり。外《そと》に曲《まが》れば外縁《ぐわいえん》の波動《はどう》なり。一切死《さいし》の刹那《せつな》波動《どう》も之《これ》なり。

【中《なか》指《ゆび》】對者《たいしや》の心靈《しんれい》波動《はどう》。高名《かうめい》ある人《ひと》の波動《はどう》。學問上《がくもんじやう》の中傷《ちうしやう》の波動《はどう》。

【藥《くすり》指《ゆび》】商業上《しやうげふじやう》の掛引《かけひき》の衝突《しようとつ》。感情衝突《かんじやうしようとつ》一切《さい》の波動《はどう》。色情的《しきじやうてき》一切《さい》の惡感《あくかん》。

【小《こ》指《ゆび》】子供《こども》の死《し》の刹那《せつな》の波動《はどう》。婦人《ふじん》に關係《くわんけい》ある波動《はどう》。

第四合指脈秘訣（其一）

【拇《おや》指《ゆび》】

此指《このゆび》より振動《しんどう》すれば祖父母系《そふぼけい》より來《きた》りし諸病《しよびやう》。藥指《くすりゆび》と合《がつ》すれば祖父母《そふぼ》の遺傳皮膚病《ゐでんひふびやう》。中指《なかゆび》と合《がつ》すれば腦脊髓《なうせきずゐ》。小指《こゆび》と合《がつ》すれば腸《ちよう》と腦《なう》。藥指《くすりゆび》と合《がつ》すれば腦神經《なうしんけい》。人指《ひとさしゆび》と合《がつ》すれば祖父母《そふぼ》、父母《ふぼ》の遺傳病《ゐでんびやう》。人指《ひとさしゆび》、中指《なかゆび》、小指《こゆび》と合《がつ》すれば病氣大暗闘《びやうきだいあんとう》せり。

【人《ひとさし》指《ゆび》】

中指《なかゆび》と合《がつ》すれば胃《ゐ》から出《で》た腦《なう》。人指《ひとさしゆび》藥指《くすりゆび》と合《がつ》すれば肺病《はいびやう》。小指《こゆび》と合《がつ》すれば胃腸《ゐちやう》。中指拇指《なかゆびおやゆび》と合《がつ》すればルイレキ。小指《こゆび》と合《がつ》すれば梅毒性《ばいどくせい》のリウマチス。藥指《くすりゆび》と合《がつ》すれば客嗇狂《りんしよくきやう》。此指《このゆび》をクル〳〵廻《まよ》せば無名腫《むめいしゆ》或《あるひ》は甲狀線腫《かふじやうせんしゆ》。心臓《しんざう》より來《きた》りし腫物《しゆもつ》。

第四合指脈秘訣（其二）

【中《なか》指《ゆび》】

拇指《おやゆび》と人指《ひとさしゆび》と小指《こゆび》と合《がつ》すれば毒《どく》と酒《さけ》よりの腦《なう》。癌腫《がんしゆ》は概《おほむ》ね此《こ》の指《ゆび》に多《おほ》し。藥指《くすりゆび》と合《がつ》すれば發作的精神病《ほつさてきせいしんびやう》。小指《こゆび》と合《がつ》すれば梅毒《ばいどく》の腦病《なうびやう》。拇指《おやゆび》と合《がつ》すれば多《おほ》く頭上《づじやう》の瘤及腫物《こぶおよびはれもの》。

【藥《くすり》指《ゆび》】

母指《ぼし》中指《なかゆび》と合《がつ》すれば奇病《きびやう》。小指《こゆび》と合《がつ》すれば子宮痙攣《しきうけいれん》。中指小指《なかゆびこゆび》と合《がつ》すれば梅毒《ばいどく》より出《で》た狂者《きやうしや》。中指《なかゆび》と人指《ひとさしゆび》と拇指《おやゆび》と合《がつ》すれば狂者《きやうしや》でヒボコンドル。小指《こゆび》と合《がつ》していんきん田虫《たむし》。

【小《こ》指《ゆび》】

藥指及人指《くすりゆびおよびひとさしゆび》と合《がつ》すれば酒《さけ》の爲《た》めに胃膓《ゐちやう》を患《わづら》ふ。拇指《おやゆび》と中指《なかゆび》と合《がつ》すれば膓癌《ちやうがん》。拇指藥指《おやゆびくすりゆび》と合《がつ》すれば子供《こども》より感染《かんせん》した腫物《はれもの》なり。人指藥指《ひとさしゆびくすりゆび》と合《がつ》してシッ、ヒゼン多《おほ》し。拇指《おやゆび》と人指《ひとさしゆび》と合《がつ》すれば祖先《そせん》と父母《ふぼ》とより遺傳《ゐでん》した痳病《りんびやう》。

第五罪惡發見脈

【拇《おや》指《ゆび》】祖《そ》父《ふ》系《けい》の背景《はいけい》ありと見《み》る。或《あるひ》は一切《さい》の老人《らうじん》の背景《はいけい》ありと見《み》るべし。此指《このゆび》内《うち》に曲《まが》れば肉身《にくしん》なり。外《そと》に曲《まが》れば一切《さい》の波動《はどう》なり。

【人《ひとさし》指《ゆび》】父《ふ》母及《ほおよび》目上《めうへ》の背景《はいけい》あり。内《うち》に曲《まが》れば父母《ふぼ》、外《そと》に曲《まが》れば友人《いうじん》か知人《ちじん》の爲《た》めになしたる罪惡《ざいあく》なり。

【中《なか》指《ゆび》】我見《がけん》及《および》慢心《まんしん》より出《で》た罪《つみ》。虚榮心《きよえいしん》より出《で》た罪惡《ざいあく》、主義《しゆぎ》に溺《おぼ》れて國家《こくか》を無視《むし》した罪《つみ》。

【藥《くすり》指《ゆび》】友人知人《いうじんちじん》の背景《はいけい》ありと見《み》る。又背後《またはいご》に同類《どうるゐ》あると見《み》る。

【小《こ》指《ゆび》】婦人《ふじん》の背景《はいけい》あると見《み》る。子供《こども》に執着《しふちやく》より出《で》た罪惡《ざいあく》と見《み》る。罪惡《ざいあく》は内《うち》に秘《ひ》して發《はつ》せず。

第六方針確定脈

【拇《おや》指《ゆび》】

賢實《けんじつ》なる事業吉《じけふきち》。内勤事務吉《ないきんじむきち》。金庫《きんこ》の番人吉《ばんにんきち》。筆《ふで》を以《もつ》て起《た》つ事《こと》に吉《きち》。祖《そ》父母《ふぼ》の家《いへ》を繼《つ》ぐ吉《きち》。

【人《ひとさし》指《ゆび》】

目上《めうへ》の者《もの》の後援吉《こうえんきち》。目上及父母等《めうへおよびふぼとう》と合併《がつぺい》する事吉《こときち》。親《おや》の業《げふ》を繼《つ》ぐ吉《きち》。目《め》的事《てきごと》は親《おや》に相談吉《さうだんきち》。

【中《なか》指《ゆび》】

獨立事業吉《どくりつじげふきち》。高尚《かうしやう》なる事《こと》に吉《きち》。人《ひと》を頼《たの》むは大損《おほぞん》あり。心靈研究吉《しんれいけんきうきち》。宗教《しうけう》家吉《かきち》。

【藥《くすり》指《ゆび》】

友人知人《いうじんちじん》と合資吉《がふしきち》。男《をとこ》は女吉《をんなきち》。女《をんな》は男吉《をとこきち》。萬事合資吉《ばんじがふしきち》なり。

【小《こ》指《ゆび》】

婦人《ふじん》を使用《しよう》する事吉《こときち》。料理店《れうりてん》。藝妓屋《げいぎや》。花柳界《くわりうかい》の事業《じげふ》に吉《きち》。

第七思想發見脈

【拇《おや》指《ゆび》】

純國家《じゆんこくか》思想《しさう》。皇室中心《くわうしつちうしん》思思《しさう》。大明心王《たいめいしんわう》思想《しさう》。祖先敎《そせんけう》。大家庭《だいかてい》主義《しゆぎ》。物心《ぶつしん》二元調和《げんてうわ》一元《げん》思想《しさう》。

【人《ひとさし》指《ゆび》】

單平等《たんびやうどう》思想《しさう》。常識《じやうしき》思想《しさう》。催眠的《さいみんてき》思想《しさう》。平和《へいわ》思想《しさう》の端緒《たんちよ》。舊皇室中心主義《きうくわうしつちうしんしゆぎ》十九世紀《せいき》思想《しさう》。

【中《なか》指《ゆび》】

單《たん》なる普通《ふつう》思想《しさう》。僞社會主義《にせしやくわいしゆぎ》。英雄崇拜《えいゆうすうはい》思想《しさう》。共產《きようさん》思想《しさう》。無國家《むこくか》主義《しゆぎ》。無賴漢《ぶらいかん》思想《しさう》。

【藥《くすり》指《ゆび》】

時々《ときどき》變化《へんくわ》する思想《しさう》。賴他《らいた》思想《しさう》。厭世《えんせい》思想《しさう》。流行《りうかう》思想《しさう》。時代《じだい》思想《しさう》。

【小《こ》指《ゆび》】

兒戲的《じぎてき》思想《しさう》。デモクラシー不現《ふげん》思想《しさう》。雷同《らいどう》思想《しさう》。

第八運氣脈

【拇《おや》指《ゆび》】（南吉）

開運《かいうん》するも急《きふ》に事《こと》を運《はこ》ぶも成《な》らず。自然《しぜん》に發展《はつてん》するを可《か》とす。實直《じつちよく》なる業務《げふむ》に就《つ》くを可《か》とす。山師《やまし》的《てき》仕事《しごと》は遂《と》げず。

【人《ひとさし》指《ゆび》】（西吉）

常識《じやうしき》的《てき》仕事《しごと》は開運《かいうん》す。投機《とうき》的《てき》仕事《しごと》は不可《ふか》なり。西方《せいはう》の年長者《ねんちやうしや》に就《つ》くは可《か》なり。

【中《なか》指《ゆび》】（東吉）

獨立《どくりつ》經營《けいえい》は成就《じやうじゆ》す。共同《きようどう》事業《じげふ》は成《な》し遂《と》げられず。東方《とうはう》に往《ゆ》けば成《な》る。

【藥《くすり》指《ゆび》】（巽吉）

相場《さうば》事及《ごとおよび》興行事《こうぎやうごと》吉《きち》開運《かいうん》す。成《な》つても變《かは》る事《こと》あり。成《な》れば非常《ひじやう》に利益《りえき》あり。季節《きせつ》向《むき》商業《しやうげふ》開運《かいうん》す。

【小《こ》指《ゆび》】（北吉）

衆人《しうじん》を集《あつ》める事《こと》に吉《きち》。單獨《たんどく》事業《じげふ》は成《な》らず。

第九　性質脈

【拇《おや》指《ゆび》】賢實《けんじつ》なるも奮起心《ふんきしん》なき性質《せいしつ》。家屋《かをく》より地所《ちしよ》を求《もと》むる性質《せいしつ》。着實《ちやくじつ》なる性《せい》質《しつ》。

【人《ひとさし》指《ゆび》】目上《めうへ》を背景《はいけい》にせんとする性質《せいしつ》なるも中心《ちうしん》に力《ちから》はある質《しつ》なり。

【中《なか》指《ゆび》】獨立的氣慨《どくりつてききがい》あり。破壞的性《はくわいてきせい》を含《ふく》む。

【藥《くすり》指《ゆび》】依賴心《いらいしん》を有《いう》する性質《せいしつ》。共同事業《きようどうじげふ》は吉《きち》。時々刻々變化《じじこくこくへんくわ》する性質《せいしつ》。

【小《こ》指《ゆび》】男《をとこ》にして女《をんな》らしき性質《せいしつ》。獨立心《どくりつしん》に乏《とぼ》しき性質《せいしつ》。

第十　手甲脈

【拇《おや》指《ゆび》】
此甲《このかふ》に振動《しんどう》あれば病氣深《びやうきふか》き症兆《しやうてう》なり。

【人《ひとさし》指《ゆび》】
此《こ》の甲《かふ》に振動《しんどう》あれば病氣《びやうき》三四種《しゆ》あり。

【中《なか》指《ゆび》】
此《こ》の甲《かふ》に振動《しんどう》あれば病氣《びやうき》逆《ぎやく》上《じやう》して居《ゐ》る。

【藥《くすり》指《ゆび》】
此《こ》の甲《かふ》に振動《しんどう》あれば病氣變化《びやうきへんくわ》あり。

【小《こ》指《ゆび》】
此《こ》の甲《かふ》に振動《しんどう》あるは病氣沈滯《びやうきちんたい》する症狀《しやうじやう》にて三日《か》施行《せぎやう》すれば發見《はつけん》す。罪惡《ざいあく》は内《うち》に秘《ひ》して發《はつ》せず。

〇手甲《てかふ》の中央部《ちうあうぶ》に振動《しんどう》あるを注意《ちうい》すべし。

第十一 人心看破脈

【拇《おや》指《ゆび》】内《うち》に曲《まが》れば虚言《きよげん》なき人《ひと》なり。又實行主義《またじつかうしゆぎ》の人《ひと》とす。祖先《そせん》の徳《とく》を大切《たいせつ》にする人《ひと》。

【人《ひとさし》指《ゆび》】内《うち》に曲《まが》れば父母《ふぼ》に依賴心《いらいしん》ありて獨立出來《どくりつでき》ざる人《ひと》と觀《み》るべし。

【中《なか》指《ゆび》】内《うち》に曲《まが》れば自分勝手《じぶんがつて》なる人《ひと》なるも他人《たにん》に對《たい》しては禮儀《れいぎ》ある者《もの》とす。外《そと》に曲《まが》れば無禮者《ぶれいもの》なり。

【藥《くすり》指《ゆび》】内《うち》に曲《まが》れば時潮《じてう》の變化《へんくわ》に處《しよ》して活躍《くわつやく》する人《ひと》なり。外《そと》に曲《まが》れば外交的手腕《ぐわいかうてきしゆわん》ある者《もの》と見《み》るべし。

【小《こ》指《ゆび》】内《うち》に曲《まが》れば大事業《だいじげふ》を成《な》し得《え》ぬ人《ひと》なり。小心慾々《せうしんよくよく》として哀《あは》れむ可《べ》き心《こゝろ》なり

第二十　災難豫知脈

【拇《おや》指《ゆび》】

思想賢實《しさうけんじつ》なる爲《ため》に人《ひと》に疑《うたが》はれて災難《さいなん》あり、祖父母《そふぼ》の意見《いけん》を聞《きい》て止《と》まれば吉《きち》にして無難《ぶなん》なり。神光《しんくわう》が紅色《こうしよく》なれば無事《ぶじ》。

【人《ひとさし》指《ゆび》】

父母《ふぼ》の縁《えん》ある人《ひと》の爲《ため》に災難《さいなん》あり注意《ちうい》。神光青《しんくわうあを》なれば驚《おどろ》きあり。紅黄《こうわう》なれは吉《きち》。

【中《なか》指《ゆび》】

剛情《がうじやう》を矯《た》めれば遁《のが》れる。主義《しゆぎ》の爲《ため》に人《ひと》に恨《うら》まれる。神光紫色《しんくわうむらさきいろ》なれば吉《きち》。

【藥《くすり》指《ゆび》】

人《ひと》を馬鹿《はか》にする爲《た》めに災難《さいなん》あり注意《ちうい》。神光青《しんくわうあを》なれば注意《ちうい》。

【小《こ》指《ゆび》】

途《と》中《ちう》にて突然災難《とつぜんさいなん》あり注意《ちうい》。小兒同伴《せうにどうはん》なれば遁《のが》れる。

第十三　天候晴雨豫知脈

【拇《おや》指《ゆび》】（曇《くも》）

内《うち》に曲《まが》れば曇《くも》ること十中《ちう》八九なるも、外《そと》に曲《まが》れば曇の極晴天《くもりきよくせいてん》となること十中《ちう》四五あり。

【人《ひとさし》指《ゆび》】（半日雨）

此指内《このゆびうち》に曲《まが》れば半日《はんにち》降《ふ》るなり。外《そと》に曲《まが》れば一日《にち》降《ふ》るなり。

【中《なか》指《ゆび》】（バラ〱雨）

内《うち》に曲《まが》ればバラ〱雨降《あめふ》る。外《そと》に曲《まが》れば直《たゞち》に止《や》む。

【薬《くすり》指《ゆび》】（晴天）

内《うち》に曲《まが》れば晴天《せいてん》。外《そと》に曲《まが》れば風《かぜ》が加《くは》はる。

【小《こ》指《ゆび》】（永雨）

内《うち》に曲《まが》れば永雨《ながあめ》。外《そと》に曲《まが》れば暴風《ぼうふう》となる。

第十四　縁談吉凶判定脈

【拇《おや》指《ゆび》】

内《うち》に曲《まが》れば祖父《そふ》系《けい》に縁談《えんだん》あり、精神堅固《せいしんけんご》の縁談《えんだん》なりとす代々《だい〳〵》系統《けいとう》正《たゞ》しき家系《かけい》なり。外《そと》に曲《まが》れば知人《ちじん》の老父母《らうふぼ》の世話《せわ》を吉《きち》とす。

【人《ひとさし》指《ゆび》】

内《うち》に曲《まが》れば父母《ふぼ》系《けい》の縁《えん》あり。小指《こゆび》と合《がつ》すれば良縁《りやうえん》。外《そと》に曲《まが》れば知人《ちじん》に良《よ》き世話人《せわにん》あり・中指《なかゆび》と合《がつ》すれば性質強《せいしつつよ》きなり。拇指《おやゆび》と合《がつ》すれば堅固《けんご》の縁《えん》なり。

【中《なか》指《ゆび》】

内《うち》に曲《まが》れば自由結婚《じいうけつこん》。對者《たいしや》は剛情《がうじやう》の性《せい》あり。人指《ひとさしゆび》と合《がつ》せば父母《ふぼ》と談《だん》せよ。外《そと》に曲《まが》れば中止《ちうし》せよ。拇指《おやゆび》と合《がつ》すれば良縁《りやうえん》。

【藥《くすり》指《ゆび》】

内《うち》に曲《まが》れば縁成《えんな》つて變《かは》る。夫妻《ふさい》の内一方《うちいつぱう》負《ま》けるなり。拇指《おやゆび》と合《がつ》すれば年上《としうへ》の縁《えん》あり。

【小《こ》指《ゆび》】

内《うち》に曲《まが》れば良縁《りやうえん》にして子供《こども》多《おほ》く持《も》つ。外《そと》に曲《まが》れば花柳界《くわりうかい》に良縁《りやうえん》あり。拇《おや》指《ゆび》と合《がつ》すれば良縁談《りやうえんだん》あり。藥指《くすりゆび》と合《がつ》すれば女《をんな》は痙攣持《けいれんもち》なり。

第十五　雇傭吉凶判定脈

【拇《おや》指《ゆび》】内《うち》に曲《まが》れば祖父母系《そふぼけい》より雇入《やとひい》れるを吉《きち》とす。雇人《やとひにん》は年《とし》を數《かぞ》へ使用者《しようしや》の希《き》望《ばう》より年多《としおほ》き者《もの》を吉《きち》とす。無口者吉《むくちものきち》。口輕《くちかる》きは始吉後凶《はじめきちのちきやう》

【人《ひとさし》指《ゆび》】内《うち》に曲《まが》れば兩親《りやうしん》ある者《もの》を雇入《やとひい》れる吉《きち》。兩親《りやうしん》なき者《もの》は末遂《すゑと》げ難《がた》し。外《そと》に曲《まが》れば片親《かたおや》にても吉《きつ》。

【中《なか》指《ゆび》】獨立心《どくりつしん》ある者《もの》を雇入《やとひい》れる吉《きち》。注意《ちうい》せぬと主人《しゆじん》を馬鹿《ばか》にする者《もの》なり。外《そと》に曲《まが》れば外交手腕家《ぐわいかうしゆわんか》。

【藥《くすり》指《ゆび》】内《うち》に曲《まが》れば外交手腕家《ぐわいかうしゆわんか》。外《そと》に曲《まが》れば雇《やと》ふは差支《さしつかへ》なきも變化《へんくわ》あり。

【小《こ》指《ゆび》】内《うち》に曲《まが》れば小慾《せうよく》の雇人《やとひにん》なり。外《そと》に曲《まが》れば婦人《ふじん》の如《ごと》き心《こころ》なり。

第十六　商况豫知決斷脈

〔拇《おや》指《ゆび》〕
内《うち》に曲《まが》れば期米《きまい》は保合《もちあひ》。株式《かぶしき》は上《あが》りて高《たか》し。

〔人《ひとさし》指《ゆび》〕
内《うち》に曲《まが》れば上《あが》るなれども節《ふし》あり注意《ちうい》。外《そこ》に曲《まが》れば下《さが》る。

〔中《なか》指《ゆび》〕
内《うち》に曲《まが》れば高《たか》し。外《そこ》に曲《まが》れば押《お》して高《たか》し。曲《まが》り切《き》りなれば寄附高《よりつきだゝ》。

〔藥《くすり》指《ゆび》〕
内《うち》に曲《まが》れば保合高《もちあひたか》し。外《そこ》に曲《まが》れば保合安《もちあひやす》し。

〔小《こ》指《ゆび》〕
相場《さうば》は小相場《こさうば》なり。多《おほ》く安含《やすふく》み。

第十七　家庭和合調査脈

【拇《おや》指《ゆび》】内《うら》に曲《まが》れば祖《そ》父《ふ》母《ぼ》に和《わ》合《がふ》の脈《みやく》。外《そと》に曲《まが》れば祖《そ》父《ふ》母《ぼ》と不《ふ》和《わ》合《がふ》。理《り》性《せい》判《はん》明《めい》すれば和《わ》合《がふ》す。

【人《ひとさし》指《ゆび》】内《うち》に曲《まが》れば父《ふ》母《ぼ》と和《わ》す。外《そと》に曲《まが》れば不《ふ》和《わ》なるも金《きん》錢《せん》上《じやう》にて和《わ》合《がふ》す。然《しか》し再《ふたゝ》び内《うら》に曲《まが》れば父《ふ》母《は》の心《こゝろ》舊《きう》式《しき》故《ゆゑ》和《わ》合《がふ》せず。

【中《なか》指《ゆび》】微《び》動《ごう》を起《おこ》せば自《じ》己《こ》中《ちう》心《しん》。舊《きう》式《しき》心《しん》象《せう》故《ゆゑ》に和《わ》せず。剛《がう》情《じやう》我《が》慢《まん》故《ゆゑ》に誰《たれ》にも和《わ》せず。内《うち》に曲《まが》れば合《がつ》致《ち》する。

【藥《くすり》指《ゆび》】微《び》動《ごう》を起《おこ》せば人《ひと》を馬《ば》鹿《か》にして家《か》庭《てい》和《わ》合《がふ》せず。又《また》外《ぐわい》面《めん》は好《よ》き人《にん》間《げん》なるも内《ない》心《しん》惡《あ》しき人《ひと》なり。

【小《こ》指《ゆび》】微《び》動《ごう》を起《おこ》せば小《せう》心《しん》慾《よく》。吝《りん》嗇《しよく》にして家《か》庭《てい》和《わ》合《がふ》せず。共《きよう》同《どう》精《せい》神《しん》を養《やしな》ふ者《もの》は和《わ》す。

第十八　就學吉凶脈

【拇《おや》指《ゆび》】此指微動《このゆびびどう》を起《おこ》せば國家《こくか》及《および》研究的學問吉《けんきうてきがくもんきち》。試驗《しけん》は上吉《じやうきち》なり。

【人《ひとさし》指《ゆび》】此指微動《このゆびびどう》すれば經濟學校吉《けいざいがくかうきち》。農學校吉《のうがくかうきち》。

【中《なか》指《ゆび》】此指微動《このゆびびどう》すれば專門學校吉《せんもんがくかうきち》。注意《ちうい》せぬと落第《らくだい》する。

【藥《くすり》指《ゆび》】此指微動《このゆびびどう》すれば外國語學校吉《ぐわいこくごがくかうきち》。心理學研究吉《しんりがくけんきうきち》。試驗《しけん》は變化《へんくわ》あり。

【小《こ》指《ゆび》】此指微動《このゆびびどう》すれば兒童教育學吉《じどうけういくがくきち》。師範學校吉《しはんがくかうきち》。

注意《ちうい》　就學脈《しうがくみやく》は手甲《てかふ》に現《あら》はるゝ事多《ことおほ》きを以《もつ》て、能《よ》く注意《ちうい》して手甲《てかふ》の振動《しんどう》にて判斷《はんだん》を誤《あや》まらぬ樣《やう》にせねばならぬ、手甲《てかふ》の中央部《ちうあうぶ》に起《おこ》りたる靈動《れいどう》が指《ゆび》の甲《かふ》を傳《つた》はつて現《あらは》るゝものである。

第十九　聯合獨立脈

〔拇《おや》指《ゆび》〕内《うち》に曲《まが》れば聯合《れんがふ》と獨立《どくりつ》とを調和《てうわ》して絶對大慈悲《ぜつたいだいじひ》の獨立《どくりつ》なり。民本《みんほん》にして民衆《みんしう》の本義《ほんぎ》現《あら》はるゝなり。

〔人《ひとさし》指《ゆび》〕内《うち》に曲《まが》れば聯合《れんがふ》なり。仲人《ちうにん》なくして聯合可《れんがふか》。外《そと》に曲《まが》れば聯合《れんがふ》を疑《うたが》ふなりざる性《せい》。

〔中《なか》指《ゆび》〕此指微《このゆびひ》動《ごう》すれば獨逸《ドイツ》のカイゼル思想《しさう》なり。内《うち》に曲《まが》れば獨立《どくりつ》して他《た》を顧《かへり》みざる性《せい》。外《そと》に曲《まが》れば獨立出來《どくりつでき》ず人《ひと》の世話《せわ》になる。

〔藥《くすり》指《ゆび》〕此指微《このゆびび》動《ごう》すれば聯合《れんがふ》の眞《しん》を得《え》たる脈《みやく》なれども野心《やしん》あれば對手《あひて》を注意《ちうい》すべし。聯合成《れんがふな》つて後《のち》禍《わざはひ》あり故《ゆゑ》に聯合《れんがふ》のとき注意《ちうい》せよ。

〔小《こ》指《ゆび》〕此指微《このゆびび》動《ごう》せば婦人團等《ふじんだんとう》の聯合吉《れんがふきち》。男子《だんし》の聯合不可《れんがふふか》なり。然《しか》れども婦人交《ふじんまじ》らば吉《きち》。

第二十　迷信正信脈

【拇《おや》指《ゆび》】

内《うち》に曲《まが》れば祖《そ》先敎《せんけう》を信《しん》ずる人《ひと》は正《せい》なり。祖《そ》先《せん》を靈物視《れいぶつし》するは迷信也《めいしんなり》。心《しん》王敎《わうけう》を信《しん》ずる脈《みやく》なり。


【人《ひとさし》指《ゆび》】

内《うち》に曲《まが》れば父母《ふぼ》の信仰《しんかう》せる宗敎《しうけう》を繼承《けいしよう》するが吉《きち》なり。外《そと》に曲《まが》れば父母《ふぼ》と相談《さうだん》して信仰《しんかう》を選《えら》むべし。


【中《なか》指《ゆび》】

此指《このゆび》微《び》動《ごう》せば絶對《ぜつたい》他力信仰《たりきしんかう》は不可《ふか》なり。自力信仰《じりきしんかう》を求《もと》めよ。外《そと》に曲《まが》れば自力信仰《じりきしんかう》が變化《へんくわ》した邪禪《じやぜん》の如《ごと》きは不可《ふか》。


【藥《くすり》指《ゆび》】

内《うち》に曲《まが》れば流行信仰《りうかうしんかう》即《すなは》ち大本敎《おほもとけう》及《および》穴守神《あなもりがみ》の如《ごと》き二ツも三ツも信仰《しんかう》する故《ゆゑ》正《せい》に就《つい》て道《みち》を得《え》がたし。


【小《こ》指《ゆび》】

此指《このゆび》微《ひ》動《ごう》せば子供《こども》の爲《ため》に信仰《しんかう》する人《ひと》祖《そ》先敎《せんけう》を子供《こども》の爲《ため》に信《しん》じた赤染衞《あかそめゑ》門《もん》の如《ごと》きなれば吉《きち》。

第二十一　古物鑑定脈

【拇《おや》指《ゆび》】

内《うち》に曲《まが》れば純古物《じゆんこぶつ》。外《そと》に曲《まが》れば古物《こぶつ》なれども疑物多《まがひものおほ》し。熟練《じゆくれん》した鑑定者《かんていしや》に判定《はんてい》を求《もと》めよ。祖先《そせん》の遺物《ゐぶつ》なれば本物《ほんもの》なり。中古《ちうこ》なれば疑物多《まがひものおほ》し。

【人《ひとさし》指《ゆび》】

内《うち》に曲《まが》れば夫婦《ふうふ》して鑑定《かんてい》し居《を》る者《もの》に頼《たの》め。拇指合《おやゆびがつ》すれば眞物《ほんもの》なり。此指《このゆび》多《おほ》く動《うご》けば疑物《うたがひもの》なり。外《そと》に曲《まが》れば時《とき》を經《へ》て判明《はんめい》す。中指《なかゆび》と合《がつ》すれば名作《めいさく》と見《み》る。

【中《なか》指《ゆび》】

内《うち》に曲《まが》れば有名《いうめい》なる人《ひと》の作物《さくぶつ》及《およ》び歴史《れきし》ある古物《こぶつ》故輕忽《ゆゑけいこつ》にすべからず。外《そと》に曲《まが》れば決斷力《けつだんりよく》ある鑑定者《かんていしや》に見《み》せよ。

【藥《くすり》指《ゆび》】

内《うち》に曲《まが》れば古物《こぶつ》にあらず。刀《かたな》の如《ごと》きは新刀《しんたう》とす、されども鑑定者《かんていしや》に依《よ》つて變化《へんくわ》す。外《そと》に曲《まが》れば新古《しんこ》共大《ともおほい》に賣口多《うれくちおほ》し。

【小《こ》指《ゆび》】

内《うち》に曲《まが》れば婦人《ふじん》の鑑定者吉《かんていしやきち》。母指《おやゆび》と合《がつ》すれば鑑識正《かんしきせい》なり。

第二十　宗教鑑定脈

【拇《おや》指《ゆび》】内《うち》に曲《まが》れば佛教《ぶつけう》の如《ごと》き唯心論《ゆいしんろん》にして祖先教《そせんけう》に國家主義《こくかしゆぎ》の宗教《しうけう》なり。心王《しんわう》教《けう》の如《ごと》き類似《るゐじ》の教《をしへ》なり。

【人《ひとさし》指《ゆび》】内《うち》に曲《まが》れば天理教《てんりけう》、金光教《こんくわうけう》、月讀教等《げつとくけうとう》の教祖崇拝教《けうそすうはいけう》なり。外《そと》に曲《まが》れば天理教《てんりけう》、大本教等《おほもとけうら》の脱退者《だつたいしや》。

【中《なか》指《ゆび》】内《うち》に曲《まが》ればマホメット教《けう》の如《ごと》き獨一神《どくいつしん》の命《めい》に伏《ふく》して勝手《しようしゆ》の戰《たゝかひ》をする宗教《しうけう》。盗賊的宗教《たうぞくてきしうけう》。野心教《やしんけう》。外《そと》に曲《まが》れば社會主義教《しやくわいしゆぎけう》。

【藥《くすり》指《ゆび》】内《うち》に曲《まが》れば流行神教《りうかうしんけう》より轉化《てんくわ》した迷信《めいしん》。外《そと》に曲《まが》れば相場豫言《さうばよげん》の宗教《しうけう》。僞《にせ》物教《ぶつけう》。頼他教《らいたけう》。キリスト教《けう》のデモクラシー教《けう》。

【小《こ》指《ゆび》】内《うち》に曲《まが》る者《もの》は婦人小兒等《ふじんせうにとう》が信《しん》ずる狗狐狸教《こつくりけう》。外《そと》に曲《まか》れば婦人《ふじん》を中心《ちうしん》とする迷教《めいけう》。

第二十三　交際吉凶脈

【拇指《おやゆび》】

内《うち》に曲《まが》れば年上《としうへ》の者《もの》と交際《かうさい》すべし。外《そと》に曲《まが》れば識者《しきしや》と交際《かうさい》すべし。國家《こくか》主義《しゆぎ》を主張《しゆちやう》する老人《らうじん》と交際《かうさい》すべし。


【人《ひとさし》指《ゆび》】

内《うち》に曲《まが》れば夫婦和合《ふうふわがふ》の家庭《かてい》と交際《かうさい》すべし。必《かなら》ず將來《しやうらい》の爲《た》めに大《おほい》に徳《とく》あり外《そと》に曲《まが》れば夫婦《ふうふ》デモ吉《きち》。拇指《おやゆび》と合《がつ》すれば老人吉《らうじんきち》。


【中《なか》指《ゆび》】

内《うち》に曲《まが》れば主人《しゆじん》のみに交際吉《かうさいきち》、其他《そのた》の者《もの》とは交際《かうさい》を忌《い》む。外《そと》に曲《まが》れば支《し》配人《はいにん》と交際《かうさい》して徳益《とくえき》あり。


【藥《くすり》指《ゆび》】

内《うち》に曲《まが》れば交際上手《かうさいじやうづ》にすれば大《おほい》に發展《はつてん》す。外《そと》に曲《まが》れば交際巧《かうさいたく》み過《す》ぎて失《しつ》敗《はい》あり。


【小《こ》指《ゆび》】

内《うち》に曲《まが》れば子供《こども》より手《て》馴附《なづ》けてから主人《しゆじん》や主婦《しゆふ》と交際《かうさい》せよ。

第二十四　難産安産脈

【拇《おや》指《ゆび》】内《うち》に曲《まが》れば安産《あんざん》にして長子《ちやうし》を産《う》むなり。外《そと》に曲《まが》れば人《ひと》の上《うへ》に立《た》つ健實《けんじつ》なる子《こ》を産《う》む。

【人《ひとさし》指《ゆび》】内《うち》に曲《まが》れば親孝行《おやかうかう》の子《こ》を産《う》む、而《しか》して産輕《さんかる》し。外《そと》に曲《まが》れば安産《あんざん》なるも親《おや》の爲《た》めにならず。

【中《なか》指《ゆび》】内《うち》に曲《まが》れば産患《さんわづら》ひす。されども養生《やうじやう》する者《もの》は安産《あんざん》す。外《そと》に曲《まが》れば産輕《さんかる》し

【藥《くすり》指《ゆび》】内《うち》に曲《まが》れば産重《さんおも》し。外《そと》に曲《まが》れば産輕《さんかる》くして日立《ひだ》ちよし。

【小《こ》指《ゆび》】内《うち》に曲《まが》れば死産多《しさんおほ》し。常《つね》に冷《ひ》へざる樣《やう》にすれば安産《あんざん》す。

第二十五　紛失物發見脈

【拇《おや》指《ゆび》】内《うち》に曲《まが》れば老人《らうじん》に就《つい》て尋《たづ》ぬれば發見《はつけん》す。外《そと》に曲《まが》れば知人《ちじん》の老人《らうじん》の手《て》に依《よ》つて發見《はつけん》される。

【人指《ひとさし》指《ゆび》】内《うち》に曲《まが》れば父母《ふほ》に尋《たづ》ねて出《で》る。外《そと》に曲《まが》れば父母《ふぼ》に問《と》ふて見《み》れば大概《たいがい》判明《はんめい》する。

【中《なか》指《ゆび》】内《うち》に曲《まが》れば紛失物《ふんしつぶつ》は高貴《かうき》の者《もの》の手《て》に渡《わた》つて居《ゐ》るか、高《たか》き所《ところ》にある。外《そと》に曲《まが》れば手《て》より手《で》に渡《わた》り高貴《かうき》の人《ひと》より出《で》る。

【藥《くすり》指《ゆび》】内《うち》に曲《まが》れば色情關係《しきじやうくわんけい》の人《ひと》より出《で》る。色情關係者《しきじやうくわんけいしや》を調《しら》べれば手《て》がゝりを得《う》る。

【小《こ》指《ゆび》】子供《こども》の手《て》より出《で》る。女《をんな》の手《て》より出《で》る。

第二十六 商業盛衰豫知脈

【拇指《おやゆび》】内《うち》に曲《まが》れば商業盛大《しやうげふせいだい》となる。外《そと》に曲《まが》れば商業不況《しやうげふふきやう》に見《み》へて後盛大《のちせいだい》となる。老人《らうじん》の云《い》ふ事《こと》を聞《きい》て吉《きち》なり。

【人指《ひとさしゆび》】内《うち》に曲《まが》れば父母《ふぼ》と和合《わがふ》して盛大《せいだい》なり。外《そと》に曲《まが》れば知人友人《ちじんいうじん》の夫婦者《ふうふもの》に相談《さうだん》してなせば盛大《せいだい》なり。

【中指《なかゆび》】内《うち》に曲《まが》れば獨立《どくりつ》して奮闘《ふんとう》すれば盛大《せいだい》となる。外《そと》に曲《まが》れば獨立中《どくりつちう》に人《ひと》の後援《こうえん》を得《う》る。

【藥指《くすりゆび》】内《うち》に曲《まが》れば商業盛大《しやうげふせいだい》にして人《ひと》より利《り》三倍《ばい》あり。外《そと》に曲《まが》れば變化《へんくわ》する商業《しやうげふ》吉《きち》。

【小指《こゆび》】子供《こども》を集《あつ》める事吉《こときち》。婦人連《ふじんづ》れの仕事吉《しごときち》。

第二十七　音信來否脈

【拇《おや》指《ゆび》】

内《うち》に曲《まが》れば音信《おんしん》あり。外《そと》に曲《まが》れば音信《おんしん》あるも日延《ひの》びる。祖父母《そふぼ》よりの來《らい》信《しん》なれば早《はや》し。老人《らうじん》の交際《かうさい》なれば音信《おんしん》あるも遲《おそ》し。

【人《ひとさし》指《ゆび》】

内《うち》に曲《まが》れば父母《ふぼ》の名宛《なあて》で來《く》る。外《そと》に曲《まが》れば父母《ふぼ》の友人《いうじん》か知人《ちじん》に托《たく》して音《おん》信《しん》あり。

【中《なか》指《ゆび》】

内《うち》に曲《まが》れば遠方《ゑんぱう》の音信《おんしん》は來《く》る。近《ちか》き音信《おんしん》は遲《おそ》くなる。外《そと》に曲《まが》れば虚僞《きよぎ》の音信《おんしん》あり。

【藥《くすり》指《ゆび》】

内《うち》に曲《まが》れば音信早《おんしんはや》し。外《そと》に曲《まが》れば音信《おんしん》なし。

【小《こ》指《ゆび》】

内《うち》に曲《まが》れば子供《こども》に托《たく》して來《く》る。外《そと》に曲《まが》れば婦人《ふじん》に托《たく》して來《く》る。

第二十八　航海吉凶脈

【拇《おや》指《ゆび》】

内《うち》に曲《まが》れば陸行吉《りくかうきち》。海路《かいろ》も安全《あんぜん》なれども老人同伴《らうじんどうはん》すれば尚吉《なほきち》。外《そと》に曲《まが》ればば海路注意《かいろちうい》を要《えう》す。

【人《ひとさし》指《ゆび》】

内《うち》に曲《まが》れば父母同行吉《ふぼどうかうきち》。單獨《たんどく》にて航海《かうかい》すれば病氣《びやうき》の兆《てう》あり注意《ちうい》。

【中《なか》指《ゆび》】

内《うち》に曲《まが》れば單獨航海吉《たんどくかうかいきち》。近海《きんかい》は大《おほい》に注意《ちうい》を要《えう》す。外《そと》に曲《まが》れば遠洋航海《ゑんやうかうかい》吉《きち》。

【藥《くすり》指《ゆび》】

内《うち》に曲《まが》れば商業上《しやうげふじやう》の航海《かうかい》は吉《きち》なり。外《そと》に曲《まが》れば風雨《ふうう》の難《なん》あり。

【小《こ》指《ゆび》】

内《うち》に曲《まが》れば近海吉《きんかいきち》。外《そと》に曲《まが》れば内海《ないかい》より出《い》づるべからず。

第二十九　神佛加護脈

【拇《おや》指《ゆび》】

内《うち》に曲《まが》れば祖先《そせん》の靈加護《れいかご》あり。外《そこ》に曲《まが》れば國家《こくか》の爲《た》めに殉死《じゅんし》したる者《もの》の靈《れい》の加護《かご》あり。

【人《ひとさし》指《ゆび》】

内《うち》に曲《まが》れば父母《ふぼ》の靈《れい》の加護《かご》あり。外《そこ》に曲《まが》れば友人知人《いうじんちじん》の靈護《れいご》あり。

【中《なか》指《ゆび》】

内《うち》に曲《まが》れば獨一神《どくいつしん》の加護《かご》あり。汎神的靈《はんしんてきれい》に合一《がふいつ》せよ。

【藥《くすり》指《ゆび》】

内《うち》に曲《まが》れば流行神《りうかうしん》と合一《がふいつ》す。外《そこ》に曲《まが》れば外道邪教神《げだうじやけうしん》。

【小《こ》指《ゆび》】

内《うち》に曲《まが》れば實迷神《じつめいしん》。稲荷《いなり》、辨天《べんてん》との迷信加護《めいしんかご》の意味《いみ》。

第三十　裁判勝敗脈

【拇《おや》指《ゆび》】内《うち》に曲《まが》れば着實《ちやくじつ》なる裁判《さいはん》は勝利《しようり》。邪訴《じやそ》は敗《やぶ》る。老人《らうじん》に相談《さうだん》してすれば示《じ》談《だん》となる。外《そと》に曲《まが》れば先《まづ》勝利《しようり》なり。

【人《ひとさし》指《ゆび》】内《うち》に曲《まが》れば父母《ふぼ》と合意《がふい》の訴訟《そしよう》は勝《か》つ。父母《ふぼ》の云《い》ふことを用《もち》ひざれば敗《はい》訴《そ》。

【中《なか》指《ゆび》】内《うち》に曲《まが》れば自己《じこ》が正義《せいぎ》なれば勝《か》つが、邪義《じやぎ》なれば大敗《たいはい》となる。外《そと》に曲《まが》れば辯護《べんご》次第《しだい》にて勝《か》つ。

【藥《くすり》指《ゆび》】内《うち》に曲《まが》れば商業上《しやうげふじやう》の事《こと》は勝《か》つ。其他《そのた》は勝訴《しようそ》が敗訴《はいそ》になる。外《そと》に曲《まが》れば中《ちう》止《し》せよ。

【小《こ》指《ゆび》】内《うち》に曲《まが》れば中止《ちうし》せよ。外《そと》に曲《まが》れば婦人《ふじん》のことは勝《か》つ。

第三十一　衆人愛敬脈

【拇《おや》指《ゆび》】内《うち》に曲《まが》れば老人《らうじん》に愛敬《あいけい》せらる。外《そこ》に曲《まが》れば他家《たけ》に出《で》たる老人《らうじん》に愛敬《あいけい》せらる。

【人《ひとさし》指《ゆび》】内《うち》に曲《まが》れば父母《ふぼ》及《およ》び父母《ふぼ》の知人《ちじん》に愛敬《あいけい》せらる。外《そこ》に曲《まが》れば世間《せけん》より愛敬《あいけい》せらる。

【中《なか》指《ゆび》】内《うち》に曲《まが》れば自分《じぶん》の働《はた》らき次第《しだい》にて人《ひと》に可愛《かあい》がらる。外《そこ》に曲《まが》れば出過《です》ぎて人《ひと》に嫌《きら》はるゝ事《こと》あり。

【藥《くすり》指《ゆび》】内《うち》に曲《まが》れば太《おほい》に愛敬《あいけい》を受《う》く。外《そこ》に曲《まが》れば可愛《かあい》がられたり惡《にく》まれたりする。

【小《こ》指《ゆび》】子供《こども》に愛敬《あいけい》せられる。又女子《またぢよし》にも可愛《かあい》がられるなり。

第三十二　出産男女判定脈

【拇《おや》指《ゆび》】
内《うち》に曲《まが》れば祖父母《そふぼ》の性《せい》に似《に》た男子出生《だんししゆつしやう》す。然《しか》し指《ゆび》がピクピクすれば女子《ぢよし》を生《う》む。外《そと》に曲《まが》れば他家《たけ》相續者出産《さうぞくしやしゆつさん》。

【人《ひとさし》指《ゆび》】
内《うち》に曲《まが》れば男子《だんし》、外《そと》に曲《まが》れば女子《ぢよし》。父母《ふぼ》を無視《むし》すれば産重《さんおも》し。

【中《なか》指《ゆび》】
内《うち》に曲《まが》れば出産無事《しゆつさんぶじ》。外《そと》に曲《まが》れば逆上注意《のぼせちうい》、性質剛情《せいしつがうじやう》の者《もの》を生《う》む。

【藥《くすり》指《ゆび》】
内《うち》に曲《まが》れば美男子《びだんし》を生《う》む。外《そと》に曲《まが》れば美女《びぢよ》を生《う》む。

【小《こ》指《ゆび》】
内《うち》に曲《まが》れば女兒《ぢよじ》なるも冷性《ひえしやう》の者《もの》は流産《りうざん》。女子《ぢよし》は大概《おほむね》此《こ》の指《ゆび》に現《あら》はる。

第三十三　掛合成否脈

【拇《おや》　指《ゆび》】

内《うち》に曲《が》れば掛合事成《かけあひごとな》る。外《そと》に曲《まが》れば掛合事永引《かけあひごとながび》く。手甲《しゆかふ》に振動《しんどう》あれば老《らう》辯護士《べんごし》に委《い》托《たく》す可《べ》し。

【人《ひとさし》　指《ゆび》】

内《うち》に曲《まが》れば掛合事成《かけあひごとな》る。外《そと》に曲《まが》れば掛合事不調《かけあひごとふてう》。父母《ふぼ》に頼《たの》めば成《な》る。

【中《なか》　指《ゆび》】

内《うち》に曲《まが》れば掛合事熱心《かけあひごとねつしん》なれば成《な》る。外《そと》に曲《まが》れば熱心《ねつしん》にして人《ひと》に依頼《いらい》せば成《な》る。

【藥《くすり》　指《ゆび》】

内《うち》に曲《まが》れば掛合事成《かけあひごとな》つて大《おほい》に喜《よろこ》びあり。外《そと》に曲《まが》れば成《な》る様《やう》で成《な》らず。

【小《こ》　指《ゆび》】

内《うち》に曲《まが》れば子供《こども》を大切《たいせつ》にして成《な》る。女子《ぢよし》を大切《たいせつ》にして掛合事成《かけあひごとな》る。

第三十四　競争事勝敗脈

〔拇《おや》指《ゆび》〕

内《うち》に曲《まが》れば勝《か》つて老人達《らうじんたち》を喜《よろこ》ばせる。外《そと》に曲《まが》れば再度《さいど》にして勝《か》つ。

〔人《ひとさし》指《ゆび》〕

内《うち》に曲《まが》れば父母《ふぼ》の云《い》ふ事《こと》を聞《き》いて勝《か》つ。外《そと》に曲《まが》れば年上《としうへ》の者《もの》の云《い》ふことを聞《き》いて勝《か》つ。

〔中《なか》指《ゆび》〕

内《うち》に曲《まが》れば一心《いつしん》にして必《かなら》ず勝《か》つ。外《そと》に曲《まが》れば勝《か》つても敗《ま》ける。

〔薬《くすり》指《ゆび》〕

内《うち》に曲《まが》れば大《おほい》に勝《か》つて人《ひと》に喜《よろこ》ばれる。外《そと》に曲《まが》れば勝《か》つても敗《ま》ける。

〔小《こ》指《ゆび》〕

内《うち》に曲《まが》れば年下《としした》の者《もの》が勝《か》つ。女子《ぢよし》と競争《きやうそう》は女子《ぢよし》が勝《が》つ。

第三十五　仕官吉凶脈

〔拇《おや》指《ゆび》〕

内《うち》に曲《まが》れば仕官吉《しくわんきち》。外《そと》に曲《まが》れば老主人吉《らうしゆじんきち》。老人《らうじん》の長官《ちやうくわん》に仕《つ》かへよ。

〔人《ひとさし》指《ゆび》〕

内《うち》に曲《まが》れば父母《ふぼ》の云《い》ふことを聞《き》いて吉《きち》。外《そと》に曲《まが》れば中止《ちし》せよ。

〔中《なか》指《ゆび》〕

内《うち》に曲《まが》れば獨立《どくりつ》して進《すゝ》めば成《な》る。外《そと》に曲《まが》れば仕官吉《しくわんきち》。

〔藥《くすり》指《ゆび》〕

内《うち》に曲《まが》れば仕官吉《しくわんきち》。大《おほい》に昇進《しやうしん》する。外《そと》に曲《まが》れば成《な》るも人《ひと》に惡《にく》まれる。

〔小《こ》指《ゆび》〕

内《うち》に曲《まが》れば小官吉《せうくわんきち》。大官凶《たいくわんきよう》。女子《ぢよし》は萬事吉《ばんじきち》。

第三十六　藥効有無判定脈

【拇《おや》指《ゆび》】

内《うち》に曲《まが》れば藥物《やくぶつ》大《おほ》いに効《かう》を奏《そう》す。外《そこ》に曲《まが》れば患者《くわんじや》が醫師《いし》を信《しん》じ居《を》らざる徴《ちよう》にして、爲《た》めに効驗《かうけん》少《すくな》なし。

【人《ひとさし》指《ゆび》】

内《うち》に曲《まが》れば二人《ふたり》の醫師《いし》立會處方《たちあひしよはう》すれば効《かう》あり。外《そこ》に曲《まが》れば二人《ふたり》以上《いじやう》の醫《い》師《し》に診斷《しんだん》を受《う》け、それが同診《どうしん》なれば藥物効《やくぶつかう》を奏《そう》す。

【中《なか》指《ゆび》】

内《うち》に曲《まが》れば名望《めいはう》ある醫師《いし》につけ、さすれば大《おほ》いに藥効《やくかう》あり。外《そこ》に曲《まが》れば外人《ぐわいじん》の醫師《いし》に就《つ》け。

【藥《くすり》指《ゆび》】

内《うち》に曲《まが》れば愛敬《あいけい》ある醫師《いし》に就《つ》けば効《かう》あり。外《そこ》に曲《まが》れば効《かう》あつて後《のち》無効《むかう》の如《ごと》き傾《かたむ》きを生《しやう》ず。

【小《こ》指《ゆび》】

内《うち》に曲《まが》れば女醫《ぢよい》の藥効《やくかう》あり。看護人《かんごにん》の世話次第《せわしだい》なり。

第三十七　奇病業病脈

【拇《おや》指《ゆび》】内《うち》に曲《まが》れば祖先傳來《そせんでんらい》の奇病《きびやう》と業病《ごふびやう》あり。外《そと》に曲《まが》れば患者《くわんじや》の心王《しんわう》を無視《むし》した爲《た》めの奇病業病《きびやうごふびやう》なり。

【人《ひとさし》指《ゆび》】内《うち》に曲《まが》れば父母《ふぼ》惡逆無道《あくぎやくむだう》の爲《ため》に來《く》る因果律《いんぐわりつ》の奇病《きびやう》と業病《ごふびやう》多《おほ》し。外《そと》に曲《まが》れば患者《くわんじや》が人《ひと》を害《がい》した因果律《いんぐわりつ》の奇病業病《きびやうごふびやう》なり。

【中《なか》指《ゆび》】内《うち》に曲《まが》れば餘《あま》り傲慢《がうまん》であつた爲《ため》に心王《しんわう》が隱《かく》れて奇病業病《きびやうごふびやう》になつた者《もの》多《おほ》し。外《そと》に曲《まが》れば魔性《ませい》と神性《しんせい》との暗闘病《あんとうびやう》。阿闍太子《あじやたいし》の如《ごと》し。

【藥《くすり》指《ゆび》】内《うち》に曲《まが》れば餘《あま》り美味《びみ》美食及《びしよくおよび》女子《ぢよし》を弄《もてあそ》びたるに因《よ》る奇病業病《きびやうごふびやう》。外《そと》に曲《まが》れば色情關係《しきじやうくわんけい》より來《きた》りし傳心《でんしん》の奇病《きびやう》。

【小《こ》指《ゆび》】子供《こども》を慘酷《ざんこく》にした爲《ため》に來《きた》りし奇病業病《きびやうごふびやう》。毒性《どくせい》より來《きた》りし奇病《きびやう》。

第三十八　手術吉凶脈

【拇《おや》指《ゆび》】内《うち》に曲《まが》れば老練者《らうれんしや》の手術《しゆじゆつ》は吉《きち》なるも、熟練《じゆくれん》ならざる者《もの》なれば害《がい》來《きた》る故《ゆゑ》中《ちう》止《し》可《か》。

【人《ひとさし》指《ゆび》】内《うち》に曲《まが》れば二人《ふたり》以上《いじやう》立會《たちあひ》手術《しゆじゆつ》可《か》なり。學理《がくり》より實驗《じつけん》に富《さ》む醫師《いし》に就《つ》くを吉《きち》とす。外《そと》に曲《まが》れば中止《ちうし》。

【中《なか》指《ゆび》】内《うち》に曲《まが》れば專門醫《せんもんい》なれば吉《きち》。萬屋式《よろづやしき》醫師《いし》は危《あやふ》し。外《そと》に曲《まが》れば外人《ぐわいじん》の專門《せんもん》醫《い》なれば吉《きち》。

【藥《くすり》指《ゆび》】内《うち》に曲《まが》れば花柳病《くわりうびやう》專門醫《せんもんい》なれば吉《きち》。外《そと》に曲《まが》れば中止《ちうし》。

【小《こ》指《ゆび》】内《うち》に曲《まが》れば小兒科《せうにくわ》專門醫《せんもんい》なれば吉《きち》。女醫《ぢよい》にても老練《らうれん》なれば吉《きち》。名《な》を衒《てら》ふ女醫《ぢよい》は害《がい》あり。

第三十九　生死判斷脈

【拇《おや》指《ゆび》】

內《うち》に曲《まが》れは十中《ちう》七八は生命《せいめい》に別條《べつでう》なし。外《そと》に曲《まが》れば十中《ちう》八九は危險《きけん》多《おほ》し。老醫《らうい》と老看婦《らうかんごふ》を賴《たの》め。


【人《ひとさし》指《ゆび》】

內《うち》に曲《まが》れば危否《きひ》半《なかば》す靈脈《れいみやく》を診《しん》して七日《か》間《かん》無事《ぶじ》なれば吉《きち》。神光《しんくわう》黒色《こくしよく》を呈《てい》すれば大《おほい》に注意《ちうい》。


【中《なか》指《ゆび》】

內《うち》に曲《まが》れば患者《くわんじや》剛情《がうじやう》の爲《た》め却《かへ》つて危《あやふ》くす。外《そと》に曲《まが》れば醫《い》の脈次第《みやくしだい》。


【藥《くすり》指《ゆび》】

內《うち》に曲《まが》れば時々《ときどき》變化《へんくわ》起《おこ》る故《ゆゑ》斷定《だんてい》し難《がた》し。外《そと》に曲《まが》れば三、五、六、八の日《ひ》注意《ちうい》。


【小《こ》指《ゆび》】

內《うち》に曲《まが》れば小兒《せうに》は看護次第《かんごしだい》にて吉《きち》。女子《ぢよし》は大《おほい》に注意《ちうい》すべし。然《しか》し腰《こし》より下《しも》の病《やまひ》は生命《せいめい》に別條《べつでう》なし。

第四十　小兒病診脈

【拇《おや》指《ゆび》】内《うち》に曲《まが》れば脊髓《せきずゐ》多《おほ》し。外《そと》に曲《まが》れば遺傳《ゐでん》と見《み》よ。此《こ》の指外《ゆびはな》れたら不治《ふぢ》と知《し》るべし。

【人《ひとさし》指《ゆび》】内《うち》に曲《まが》れば腸《ちやう》の病《やまひ》なるも胃《ゐ》より治療《ちれう》すべし。外《そと》に曲《まが》れば胃病《ゐびやう》なるも腸《ちやう》より先《さき》に治《ち》する觀念《くわんねん》必要《ひつえう》なり。

【中《なか》指《ゆび》】内《うち》に曲《まが》れば虫氣《むしけ》あり恐怖病《きようふびやう》の如《ごと》く時々痙攣《ときどきけいれん》を起《おこ》す病氣《びやうき》なり。外《そと》に曲《まが》れば腦膜炎《なうまくえん》。

【藥《くすり》指《ゆび》】内《うち》に曲《まが》れば虫一切《むしいつさい》の病《やまひ》。外《そと》に曲《まが》れば恐怖《きようふ》より出《で》た虫《むし》。又壓迫《またあつぱく》より出《で》た病《びやう》氣《き》。

【小《こ》指《ゆび》】内《うち》に曲《まが》れば子供《こども》の持病《ぢびやう》。胎内《たいない》にある時母親《ときはゝおや》が惡意《あくい》を起《おこ》した爲《た》めの因果病《いんぐわびやう》と見《み》るべし。

第四十一　神光法秘傳

神光《しんくわう》は一身《いつしん》の主宰《しゆさい》、五臓《ざう》の精君《せいくん》たる心王《しんわう》の放光作用《はうくわうさよう》にして靈格《れいかく》の根本《こんぽん》なり。

取《しゆ》驗《けん》法《はふ》

先《ま》づ人《ひと》なき靜《しづ》かなる處《ところ》にて瞑目《めいもく》し、眼尾《がんび》を中指《なかゆび》にて輕打《けいだ》せよ、さすれば光波《くわうは》閃々《せん〳〵》輪廓《りんくわく》をなして放光《はうくわう》するを見《み》る、之《こ》れを神光《しんくわう》と云《い》ふ。光色《くわうしよく》の區別《くべつ》は左《さ》の如《ごと》し。

△紅《こう》黄《わう》……吉《きち》にして萬事《ばんじ》故障《こしやう》なし。

△紫《し》色《しよく》……吉《きち》。病氣全快《びやうきぜんくわい》す。

△青《せい》色《しよく》……驚《おどろ》きあり病氣變化《びやうきへんくわ》す。

△白《はく》色《しよく》……病氣沈滯《びやうきちんたい》しあり陽氣《やうき》にせよ。

△光《ひか》り見《み》へざれば二十四時間内《じかんない》に命危《いのちあや》ふし、然《しか》れども七日間《かかん》に一遍見《いつぺんみ》ることを得《う》れば心配《しんぱい》なし……別《べつ》に口傳《くでん》あり。

又種々《またしゆ〳〵》なる靈脈《れいみやく》に發見應用《はつけんおうよう》するも右《みぎ》と同斷《どうだん》なり。

第五章　病脈系統《びやうみやくけいとう》と醫脈《いみやく》の合致點《がつちてん》

醫脈《いみやく》は人《ひと》の知《し》る所《ところ》の如《ごと》く、手首《てくび》の動脈《どうみやく》の鼓動《こどう》を檢《けん》して病狀《びやうじやう》を診斷《しんだん》するのであるが、靈脈《れいみやく》は五本《ほん》の指《ゆび》に現《あら》はるゝ靈波《れいは》の振動《しんどう》によつて、病因《びやういん》病名《びやうめい》其他《そのた》を檢診《けんしん》するのであるから、醫脈《いみやく》と根本《こんぽん》に於《おい》て相違《さうゐ》しあることは明《あきら》かである、靈脈《れいみやく》はピク／＼動《うご》く指《ゆび》に依つて種々なる病名を發見し得るが、醫脈は脈搏のみに依《よ》つて病名《びやうめい》の一切《いつさい》を知《し》ることは困難《こんなん》であり、又脈《またみやく》も緩急常《くわんきふつね》ならずで、其上投藥《そのうへとうやく》を俟《ま》つて病氣《びやうき》を治療《ちれう》すると云《い》ふ風《ふう》で、復雜《ふくざつ》である許《ばか》りでなく病名《びやうめい》を知《し》ることも至《いた》つて容易《ようい》ではないのである。

斯様《かやう》に醫脈《いみやく》と靈脈《れいみやく》は異《こと》なつては居《ゐ》るが、又合致點《またがつちてん》がないのではない、余《よ》が實驗《じつけん》せし者《もの》で其顯著《そのけんちよ》なりし實例《じつれい》を擧《あ》ぐれば、山形縣《やまがたけん》の會員《くわいゐん》にて、相場《さうば》で失敗後《しつぱいご》腦病《なうびやう》を惹《ひ》き起《おこ》し、非常《ひじやう》に煩悶《はんもん》に落《お》ち入《い》つて居《ゐ》た者《もの》を、僅《わづ》か三日《か》間《かん》の施術《せじゆつ》にて全治《ぜんち》さした事《こと》である。

其方法《そのはうはふ》は本人《ほんにん》が火《ひ》鉢《ばち》にて手《て》を溫《あたゝ》めて居《ゐ》る時《とき》、左《ひだり》の肩《かた》から氷《こほり》の様《やう》に冷《つめ》たき脈《みやく》が下《さ》がつて來《き》たが、その下《さ》がつた冷《つめ》たき脈《みやく》は腕《うで》を傳《つた》はつて中指《なかゆび》に現《あら》はれ、中指《なかゆび》が自然《しぜん》と曲《まが》つたのである、其曲《そのまが》つた時《とき》より腦《なう》は輕《かる》くなり、今迄《いままで》憂鬱《いううつ》であつた頭腦《づなう》は清快《せいくわい》の氣持《きもち》となつて、全《まつた》く治癒《ちゆ》して了《しま》つたのであつた。

故《ゆゑ》に余《よ》は相場《さうは》を絶對《ぜつたい》に中止《ちうし》すべく勸告《くわんこく》し、相場《さうは》と云《い》ふ一種《いつしゆ》の賭博的罪惡を説いて、反省《はんせい》を促《うな》がした結果《けつくわ》、本人《ほんにん》は全《まつた》く誤《あやま》りたる行爲であつた事《こと》が分《わ》かり、茲《こゝ》に眼醒《めざ》めて心機《き》一轉《いつてん》したから、腦病《なうびやう》も全治《ぜんち》したのである。即《すなは》ち血管《けつくわん》の中《なか》に心王靈性《しんわうれいせい》が一貫《いつくわん》したから實現《じつげん》された眞《しん》　靈脈である。

そこで醫脈《いみやく》と合致《がつち》せんとするには如何《いか》にすればよいか、それには先《ま》づ醫脈《いみやく》を檢診したる儘《まゝ》、患者《くわんじや》の五本《ほん》の指《ゆび》を前《まへ》に述《の》べた方法《はうはふ》によつて靜《しづ》かに長《なが》く吹《ふ》くのである、さうすると指《ゆび》に波動《はどう》を起《おこ》して來《く》るが、其波動《そのはどう》する刹那《せつな》に醫脈《いみやく》の診脈《しんみやく》も合致《がつち》するのである、而《しか》して肩《かた》より上《うへ》の病氣《びやうき》には靈脈　診脈はホッソリと感《かん》ずるが、肩《かた》より下腰《したごし》迄《まで》の病氣《びやうき》にはピクピクが急激《きふげき》に來《く》ることを感《かん》ずる、又腰《またこし》より足迄《あしまで》の病氣《びやうき》にはピクピクして一寸《ちよつと》一秒《べう》位《ぐらゐ》止まつたかと思《おも》はれる樣《やう》で再《ふたゝ》びピクピクと感《かん》ずるのであるから能《よ》く注意《ちうい》して研究《けんきう》するがよい。

以上述《いじやうの》ぶる如《ごと》く、五指《し》によつて病因《びやういん》を發見《はつけん》して、心靈療法《しんれいれうはふ》と藥物療法《やくぶつれうはふ》とを適當《てきたう》に應用《おうよう》したならば、大《おほい》に人《じん》類濟《るゐきうざい》に貢献《こうけん》することが出來《でき》やうと思《おも》ふが、未《いま》だ茲《こゝ》に研究《けんきう》が到達《たうたつ》されないのは眞《しん》に遺憾《かん》なことである、故《ゆゑ》に余《よ》は余《よ》が實驗《じつけん》と研究《けんきう》とを發表《はつぺう》して識者《しきしや》の反省《はんせい》を促《うな》がす次第《しだい》である、トムソン氏《し》が「智識《ちしき》は征服《せいふく》なり」と云《い》はれたが、法華經《ほけけう》の觀音經《くわんおんけう》に

「慧日《えにち》諸《もろ〳〵》の暗《やみ》を破《は》し、能《よ》く災《わざはひ》の風火《ふうくわ》を伏《ふく》し、普《あまね》く明《あきらか》に世間《せけん》を照《てら》す」

とあるが、心王《しんわう》の大智《だいち》の光《ひかり》は諸《もろ〳〵》の暗《やみ》を破《は》して、心靈內面《しんれいないめん》の統一《とういつ》を計《はか》るから、その光波《くわうは》に依《よ》つて五指《し》にピク〳〵動《うご》いて來《く》るのである、之《こ》れが即《すなは》ちハルトマン氏《し》が云《い》へる、無《む》意識《いしき》の智力《ちりよく》である。

無意識《むいしき》の智力《ちりよく》とは、術者《じゆつしや》の心王《しんわう》が、患者《くわんじや》の心王《しんわう》に直感《ちよくかん》する刹那《せつな》に現象《げんしやう》する絕對《ぜつたい》の靈《れい》

力《りよく》……である、絶對《ぜつたい》の靈力《れいりよく》は指《ゆび》を動《うご》かす許《ばか》りではない、日蓮偉聖《にちれんゐせい》の斷頭場裡《だんとうぢやうり》の大活劇《だいくわつげき》が歷史《れきし》あつて以來《いらい》の出來事《できごと》である。

慧日大聖尊《ゑにちだいせうそん》……と云《い》ふのは智識《ちしき》の最高權威《さいかうけんゐ》の智力《ちりよく》である。

如上《によじやう》說《さ》き來《きた》つた事柄《ことがら》によつて、靈脈醫脈《れいみやくいみやく》の合致點《がつちてん》は了解《れうかい》されたであらうから左《さ》に靈《れい》脈《みやく》による各指《かくし》の病脈系統《びやうみやくけいとう》を示《しめ》すことにせう。

拇指《おやゆび》の系統《けいとう》

遺傳《ゐでん》、脊髓《せきずゐ》、神經系統《しんけいけいとう》、吐血《とけつ》。

人指《ひとさしゆび》の系統《けいとう》

胃病《ゐびやう》、リウマチス、眼病《がんびやう》、黃疸《わうだん》、胃癌《ゐがん》、心臟《しんざう》、腎臟《じんざう》、無名腫物《むめいしゆもつ》、手足病氣《てあしびやうき》。

中指《なかゆび》の系統《けいとう》

腦病《なうびやう》、神經病《しんけいびやう》、ヒポコンドル、拇指《おやゆび》と合《がつ》すれば腦脊髓《なうせきずゐ》。

藥指《くすりゆび》の系統《けいとう》

肋膜《ろくまく》、呼吸器病《こきふきびやう》、皮膚病《ひふびやう》、色情狂《しきじやうきやう》、流行病《りうかうびやう》、痙攣《けいれん》、小指《こゆび》と合《がつ》すれは子宮痙攣《しきうけいれん》、人指《ひとさしゆび》と合《がつ》すれば肺病《はいびやう》。

小指《こゆび》の系統《けいとう》。

下《しも》の病氣《びやうき》、子宮《しきう》、痳病《りんびやう》、下血《しもち》、消渇《せうかち》、色情狂《しきじやうきやう》、藥指《くすりゆび》と合《がつ》すれば痳毒《りんどく》でない睪丸《かうぐわん》炎《えん》。

以上《いじやう》五指《し》系統《けいとう》の他《ほか》に。

□拇指《おやゆび》と藥指《くすりゆび》と合《がつ》すれば祖父母《そふぼ》の遺傳《ゐでん》皮膚病《ひふびやう》。

□拇指《おやゆび》と人指《ひとさしゆび》と合《がつ》すれば祖父母及父母《そふぼおよびふぼ》等《こう》の遺傳病《ゐでんびやう》。

□人指《ひとさしゆび》と中指《なかゆび》と合《がつ》すれば毒《どく》を含《ふく》む脳病《なうびやう》。

□人指《ひとさしゆび》と小指《こゆび》と合《がつ》すれば梅毒《ばいどく》より來《きた》りしリウマチス。

□人指《ひとさしゆび》の右《みぎ》（右手《みぎて》の人指《ひとさしゆび》・が振動《しんどう》すれば母《はゝ》の遺傳《ゐでん》なり。

□拇指《おやゆびうご》動いて吐血《とけつ》した者《もの》は老父母《らうふぼ》を慘酷《ざんこく》にした因果《いんぐわ》の制裁《せいさい》あり。

□藥指《くすりゆび》ピク〳〵振動《しんどう》して眼瞼《がんけん》の上瞼《うはまぶた》に痙攣《けいれん》を起《おこ》すは感情衝突《かんじやうしようとつ》の波動《はどう》なり。

□婦人《ふじん》にて夫《をつと》に對《たい》し我儘《わがまゝ》を云《い》ふは系統的病氣《けいとうてきびやうき》あるなり、然《しか》らざれば靈波《れいは》あり。

大畧右《たいりやくみぎ》の如《ごと》く分類《ぶんるゐ》する事《こと》を得《う》るが、之《こ》れが判定《はんてい》を誤《あやま》らぬ樣《やう》にするには熱心研究《ねつしんけんきう》熟練《じゆくれん》が大切《たいせつ》なる事《こと》である、凡《すべ》て何事《なにごと》によらず、駄目《だめ》だとして顧《かへり》みなければ、奥義《おくぎ》を極《きは》めることは困難《こんなん》である、余《よ》が研究實驗《けんきうじつけん》による凡《すべ》てを基礎《きそ》として益々《ますます》其蘊奥《そのうんおう》を極《きは》められんことを希望《きばう》する、回一回《くわいいつくわい》と其妙諦《そのめうてい》を會得《ゑとく》し得《え》られるであらう。

第六章　病脈發見後《びやうみやくはつけんご》の治療法《ちれうはふ》

病脈《びやうみやく》を發見《はつけん》する事《こと》は前《まへ》に説述《せつじゆつ》したから讀者《どくしや》は既《すで》に了解《れうかい》せられてあると思《おも》ふが、愈々《いよ／＼》病脈《びやうみやく》の何《な》んであるかを確かめたならば、早速其治療《さつそくそのちれう》を施《ほどこ》さねばならぬ、病氣《びやうき》を知《し》り得《え》た丈《だ》けで治療《ちれう》を加《くは》へなければ何《なん》にもならぬのであるから、其治療法《そのちれうはふ》を述《の》ぶることにする。

所《ところ》が初《はじ》めて靈脈《れいみやく》を診《み》て貰《もら》ふ者《もの》は、之《こ》れが何病《なにびやう》である、如何《いか》なる因果律《いんぐわりつ》より來《き》たりたるものであると云《い》つて聞《き》かせても、多《おほ》くの人《ひと》の中《なか》には之《こ》れを信《しん》じない者《もの》もあるであらう、例《たと》へば眞《しん》の胃病《ゐびやう》であつても、之《こ》れを疑《うたが》ふ者《もの》は醫師《いし》に診《み》て貰《もら》つて、再《ふたゝ》び胃病《ゐびやう》であると宣告《せんこく》さるれば始《はじ》めて安心《あんしん》するのであるが、若《も》し醫師《いし》の診斷《しんだん》が、之《こ》れと反對《はんたい》であつ場合《はあひ》は、安心《あんしん》が出來《でき》ない許《ばか》りでなく、却《かへ》つて精神上《せいしんじやう》に大《だい》なる煩悶《はんもん》が起《おこ》るのでら、斯《か》る場合《はあひ》は靈脈《れいみやく》の事《こと》を醫師《いし》にも話《はな》して見《み》るがよい、然《しか》し醫師《いし》にして靈脈《れいみやく》い者《もの》であれば、反省《はんせい》を求《もと》むることが出來《でき》ないから、さう云《い》ふ時《とき》には自《みづか》ら信《しん》ずる事《こと》に向《むか》つて治療《ちれう》を進《すゝ》めるが安全《あんぜん》である。

今日《こんにち》醫師《いし》が治療《ちれう》を施《ほどこ》して居《ゐ》る事《こと》は、病氣其物《びやうきそのもの》を直接《ちよくせつ》治癒《ちゆ》させる方法《はうはふ》でなく、對症療法《たいしやうれうはふ》と云《い》つて、病氣《びやうき》に對立《たいりつ》せしむる藥石《やくせき》を投《とう》じて身體《しんたい》を保護《ほご》し、病勢《びやうせい》の減退《げんたい》するのを待《ま》つのである、然《しか》して又現在《またげんざい》の病氣《びやうき》を認《みと》めることは出來《でき》るが、病氣《びやうき》の前《まへ》にあつた原因《げんいん》を檢診《けんしん》することは甚《はなは》だ困難《こんなん》であつて、容易《ようい》に前因《ぜんいん》を知《し》り得《う》る醫師《いし》は至《いた》つて稀《まれ》である、それも病氣《びやうき》によつては、如何《いか》なる原因《げんいん》で此《こ》の病氣《びやう》になつたかを認《みと》め得《う》るも、因果律《いんぐわりつ》より來《く》る原因《げんいん》に至《いた》つては醫診《いしん》は絶對不可能《ぜつたいふかのう》と云《い》つても過言《くわごん》ではあるまい。

それで醫師《いし》の診察《しんさつ》と靈脈診《れいみやくしん》と合致《がつち》せない時《とき》は、一應《いちおう》醫師《いし》に靈脈《れいみやく》の事《こと》を話《はな》し、若《も》し醫師《いし》が承認《しようにん》しない場合《ばあひ》は、醫師《いし》の見立《みた》ては醫師《いし》に任《ま》かせ、靈脈《れいみやく》の發見《はつけん》は靈脈《れいみやく》で治療《ちれう》するがよろしい、靈的治療《れいてきちれう》は根本的《こんぽんてき》に治癒《ちゆ》するのであるから、充分確信《じうぶんかくしん》を以《もつ》て行《おこな》ふがよい、左《さ》に治療法《ちれうはふ》を述《の》ぶることにする。

先《ま》づ靜《しづ》かなる一室《いつしつ》に座《ざ》して、眼《め》を閉《と》ぢ合掌《がつしやう》する、或《あるひ》は合掌《がつしやう》の替《かは》りに兩手《りやうて》を開《ひら》いた儘《まゝ》、胸《むね》の所《ところ》で十字《じふじ》に組《く》み重《かさ》ね（×この樣《やう》にする）兩手《りやうて》の指先《ゆびさき》は肩《かた》の所《ところ》に届《とゞ》く樣《やう》にして、掌《たなごゝろ》は身體《しんたい》にピタと當《あ》てる、斯《か》くして五分間位《ふんかんぐらゐ》の後《のち》心《こゝろ》の靜《しづ》まりたらば、數回《すうくわい》靜《しづ》かに深呼吸《しんこきふ》をなし、次《つぎ》に左《さ》の句《く》を默誦《もくしよう》するのである。

「眞《しん》　觀《くわん》　淸《しやう》　淨《じやう》　觀《くわん》」

右《みぎ》の句《く》を毎日《まいにち》三十分乃至《ぶんないし》一時間位《じかんぐらゐ》默誦《もくしよう》して居《ゐ》ると、合掌《がつしやう》せし手《て》に震動《しんどう》が起《おこ》つて來《く》るから、其震動《そのしんどう》を覺《おぼ》へたならば、今度《こんど》は其手《そのて》が自分《じぶん》の患部《くわんぶ》に附着《ふちやく》する樣《やう》に思念《しねん》するのである、即《すなは》ち

「此手《このて》が病氣《びやうき》の所《ところ》へ自然《しぜん》に附着《ふちやく》する、屹度《きつと》附着《ふちやく》する、さうして病氣《びやうき》が癒《なほ》る」

と心《こゝろ》の中《うち》に思念《しねん》を繰《く》り返《かへ》すのである、斯《か》くして居《ゐ》ると何時《いつ》とはなしに患者《くわんじや》の手《て》は患《くわん》部《ぶ》の所《ところ》へ附着《ふちやく》するものである、これを毎日一回《まいにちいつくわい》づゝ施行《せぎやう》して居《ゐ》ると病氣《びやうき》は全快《ぜんくわい》するに至《いた》るのである。

斯様《かやう》に簡單《かんたん》なる方法《はうはふ》で必《かなら》ず全治《ぜんぢ》することは、實驗《じつけん》が確實《かくじつ》に證明《しようめい》して居《ゐ》るから、決《けつ》して疑問視《ぎもんし》する必要《ひつえう》はない、別《べつ》に六ケ敷《し》い事《こと》はないのである。然《しか》し靈動《れいどう》が身體《しんたい》に出《で》ることを知《し》らぬ者《もの》は、或《あるひ》は驚《おどろ》くかも知《し》れないが、それは一つも心配《しんぱい》はいらないのである、人間《にんげん》の心靈《しんれい》には病氣《びやうき》させる心靈《しんれい》と、病氣《びやうき》を治《なほ》す心靈《しんれい》とがあるのであつて、それが暗闘《あんごう》を起《おこ》すから、靈動《れいどう》が出《で》るのであつて、最善《さいぜん》の心靈《しんれい》が勝《か》てば病氣《びやうき》は治《なほ》るのである。是等《これら》の原理《げんり》や其他《そのた》の事《こと》を研究《けんきう》せられたき諸君《しよくん》は靈醫學講座《れいいがくこうざ》に入會《にふくわい》して研修《けんしう》せられたい、本《ほん》書《しよ》は其方法《そのはうはふ》のみを教授《けうじゆ》するが目的《もくてき》であるから、初學者《しよがくしや》に必要《ひつえう》なしと思《おも》ふ事《こと》は省畧《しやうりやく》したのである。

第七章　治療上《ちれうじやう》の奧傳《おくでん》

靈脈發見後《れいみやくはつけんご》の治療《ちれう》に就《つい》ては前章《ぜんしやう》に於《おい》て其方法《そのはうはふ》を述《の》べたが、尚奧傳《なほおくでん》とも云《い》ふべき秘傳《ひでん》が澤山《たくさん》にあるが、之《こ》れは初心者《しよしんしや》には却《かへ》つて不可解《ふかかい》となることがあるから、諸氏《しよし》が靈脈《れいみやく》發見後《はつけんご》種々《しゆ〴〵》なる症狀等《しやうじやうとう》に遭遇《そうぐう》せられた時《とき》、不明《ふめい》の點《てん》は其順序《そのじゆんじよ》を記載《きさい》して、返信劵封入《へんしんけんふうにふ》の上著者《うへちよしや》に質問《しつもん》を發《はつ》せられたい、さすれば一々《いち〳〵》明細《めいさい》に返答《へんたふ》するから之《こ》れを諒《れう》として研《けん》究《きう》を進《すゝ》められたいのである。

然《しか》し奧傳《おくでん》の一節《いつせつ》だけを示《しめ》して施術上《せじゆつじやう》の實驗《じつけん》に供《きよう》することにせう、此《こ》の虎《とら》の卷《まき》は余《よ》が五千人《にん》からの人々《ひと〴〵》に施術《せじゆつ》して得《え》た實驗上《じつけんじやう》の秘法《ひはふ》であるから、初心者《しよしんしや》には解《かい》し難《がた》いであらうと思《おも》ふ故《ゆゑ》、比較的簡單《ひかくてきかんたん》な部分《ぶぶん》丈《だ》けを示《しめ》す事《こと》にする。

□合掌《がつしやう》して身體《しんたい》に震動《しんどう》が出《で》るのは、男女共下《だんぢよともしも》の病氣《びやうき》は腰部震動《えうぶしんどう》があれば治《ぢ》す。

□腦病等《なうびやうとう》は頭《あたま》の震動《しんどう》が出《で》る、然《しか》して首《くび》を振《ふ》ることがあるから注意《ちうい》すべし、決《けつ》して心配《しんぱい》する事《こと》はいらぬ。

□肺病《はいびやう》、肋膜《ろくまく》等《とう》は直《たゞち》に身體中《しんたいぢう》に震動《しんどう》が出《で》るから、注意《ちうい》せずとも直《す》ぐ分《わか》る、三十分位《ぶんぐらゐ》にて合掌《がつしやう》に向《むか》つて「圓頓止觀《ゑんとんしくわん》」と一聲《ひとこゑ》すれば、震動《しんどう》は止《と》まつて合掌《がつしやう》の手《て》は離《はな》れて患部《くわんぶ》に附着《ふちやく》する。

□子供《こども》の病氣《びやうき》は下腹部《かふくぶ》に母親《はゝおや》が觸手《しよくしゆ》と云《い》ふて、平手《ひらて》をピタと附着《ふちやく》して居《を》ればよいのである。

凡《すべ》て合掌《がつしやう》が解《と》けて身體《しんたい》の患部《くわんぶ》の何處《どこ》かに附着《ふちやく》したら、それが全快《ぜんくわい》の順序《じゆんじよ》である。

□合掌《がつしやう》に向《むか》つて「圓頓止觀《ゑんとんしくわん》」と一聲《ひとこゑ》して震動《しんどう》が止《や》みた後《のち》觸手《しよくしゆ》すれば誰《だ》れの病氣《びやうき》でも治《なほ》るものである。

□齒痛《しつう》の時《とき》右《みぎ》の法《はふ》を行《おこな》へば、手《て》がピタと附着《ふちやく》すると共《とも》に直《たゞ》ちに治《なほ》るものである。

□眼病《がんびやう》は毎朝《まいあさ》清《きよ》き口《くち》にて、清《きよ》き息《いき》を以《もつ》て、眼《め》を細《ほそ》く開《あ》けて吹《ふ》いてやれば治《なほ》る。

□トラホーム或《あるひ》は齰眼《ざくがん》は茶《ちや》の中《なか》に少《すこ》し鹽《しほ》を入《い》れてガーゼで冷《ひや》せばよい。

□吃音患者《きつおんくわんじや》は家長《かちやう》たる者《もの》が毎日觸手《まいにちしよくしゆ》してやれば、段々《だん〳〵》と快方《くわいはう》に赴《おもむ》くのである。此《こ》の觸手《しよくしゆ》をする時《とき》には、術者《じゆつしや》の右《みぎ》の平手《ひらて》を喉《のど》にピタと當《あ》てゝ輕《かる》く押《おさ》へ、左《さ》の句《く》を小音《こごゑ》にて百遍誦《ひやくぺんしよう》すべし。

「是好良藥今留在此《ゼーコーリヤウヤクコンルーザイシー》」

毎日行《まいにちおこな》ひ百日位繼續《にちぐらゐけいぞく》すれば効驗《かうけん》があるから、飽《あ》かずに行《おこな》はねばならぬ。

□靈動《れいどう》が身體に起《お》きたらば、四日目位迄《かめぐらゐまで》はそのまゝにして置《おい》て、四日目《かめ》には大喝一聲《だいかついつせい》「圓頓止観《ゑんとんしかん》」と云《い》ふ氣合《きあひ》をかければ直《たゞ》ちに止《とま》るのである、一度《いちど》で止《や》まぬときは二度《ど》も三度《ど》も發聲《はつせい》すればよいのである。

其他種々奥傳《そのたしゆ〴〵おくでん》もあるなれど諸氏《しよし》の研究《けんきう》により疑問《ぎもん》を生《しやう》せし時質疑《ときしつぎ》を發《はつ》せられよ、尚《なほ》直接講座《ちよくせつこうざ》に入會《にふくわい》せらるれば一層便利《いつそうべんり》である。

第八章　心王靈醫學《しんわうれいいがく》の發表《はつぺう》

此《こ》の靈脈發見《れいみやくはつけん》は、心王靈醫學《しんわうれいいがく》の特別秘傳《とくべつひでん》として、特殊《とくしゆ》の會員《くわいゐん》ならざれば傳授《でんじゆ》せぬ事《こと》になつて居《ゐ》るが、今回靈醫學發表《こんくわいれいいがくはつぺう》の記念《きねん》として公開《こうかい》する次第《しだい》である。

元來心王靈醫學《ぐわんらいしんわうれいいがく》は、靈術《れいじゆつ》ではなく、靈的《れいてき》の醫術《いじゆつ》であるから、靈醫《れいい》となる積《つも》りで研究《けんきう》せねばならぬ、醫師《いし》は脈《みやく》を診《み》ることが上手《じやうず》なれば、それで充分飯《じうぶんめし》も食《く》へる譯《わけ》で、後《あ》とは藥劑師《やくざいし》が處方《しよはう》によつて調劑《てうざい》すればよいのである、それで心王靈醫學《しんわうれいいがく》も、脈《みやく》を發見《はつけん》することが熟練《じゆくれん》すれば、施術《せじゆつ》はせなくとも安心《あんしん》して飯《めし》は食《く》へるのである、否《いな》食《く》へる食《く》へぬは問題《もんだい》ではない、人類《じんるゐ》を不幸《ふかう》より救濟《きうざい》して、福壽圓滿如意成就《ふくじゆゑんまんにょいじやうじゆ》に導《みちび》くことが出來《でき》れば、人生《じんせい》の幸福《かうふく》之れより大《だい》なるはなしである、茲《こゝ》に始《はじ》めて靈醫學《れいいがく》の目的《もくてき》も達《たつ》し、其《その》權威《けんゐ》も認《みと》められるのである、されば諸氏《しよし》は心王靈醫學《しんわうれいいがく》を研究《けんきう》するに當《あた》り、其前提《そのぜんてい》として靈脈發見法《れいみやくはつけんはふ》を充分研究《じうぶんけんきう》して置《お》かねばならぬ。

心王靈醫學《しんわうれいいがく》は、有《あら》ゆる療法《れうはふ》の權威《けんゐ》である事《こと》は、單《たん》に自讃《じさん》に止《とゞ》まるのではない、日本《にほん》全國《ぜんこく》に靈術家《れいじゆつか》が澤山《たくさん》にあるけれども、是等《これら》の門弟《もんてい》が皆 悉《みなこと〴〵》く心源術《しんげんじゆつ》に集《あつま》り、靈《れい》の價値《かち》ある事《こと》と、心靈上《しんれいじやう》の大義《たいぎ》名分《めいぶん》を了解《れうかい》するのであるから、靈術《れいじゆつ》とすれば日本一《にほんいち》である、否人類《いなじんるゐ》の大義《たいぎ》名分《めいぶん》と大家《だいか》庭主義《ていしゆぎ》を敎《をし》へるのであるから、世界一《かいいち》の靈道《れいだう》である。

今日靈術《こんにちれいじゆつ》なる一種《いつしゆ》の方法《はうはふ》は凋落《てうらく》して來《き》たのであつて、一時《いちじ》盛《さか》んであつた太靈道《たいれいだう》の内《ない》幕《まく》で證據立《しようこだ》てられるのである、又手《またて》品師《じなし》等《こう》も眼醒《めざ》めて來《き》たのであつて、何物《なにもの》か意義《いぎ》ある靈道《れいだう》の起《おこ》るのを要求《えうきう》して居《ゐ》る、此《こ》の時《とき》に當《あた》り其一切《そのいつさい》の代表的《だいへうてき》とも云《い》ふべき、心王靈《しんわうれい》醫學《いがく》の發表《はつぺう》は、世《よ》を驚《おどろ》かすと共《とも》に、其使命《そのしめい》の重且大《ちゆうかつだい》なるを記憶《きおく》して居《ゐ》て貰《もら》ひたいのである。

宗敎的《しうけうてき》の祈禱《きたう》は愚夫愚婦《ぐふぐふ》の遊戯的《いうぎてき》施行《せきやう》に惡化《あくくわ》されて仕舞《しま》つた樣《やう》なものゝ、未《いま》だ靈術《れいじゆつ》の樣《やう》には凋落《てうらく》しないのである、それは祈《いの》りと云《い》ふ力強《ちからづよ》い一つの武器《ぶき》を認《みと》めて居《ゐ》るからである、破《やぶ》ることの出來《でき》ぬ運命《うんめい》の鐵條網《てつでうまう》を破《やぶ》らんとするものは祈禱《きたう》であるから、其力《そのちから》は縱《たと》へ迷信《めいしん》は迷信《めいしん》であつても、雜多《ざつた》紛然《ふんぜん》たる靈術《れいじゆつ》に超然《てうぜん》とした所《ところ》があるから已むを得ぬ次第《しだい》である、殊《こと》に祈禱《きたう》は靈術者《れいじゆつしや》の如《ごと》く、金錢《きんせん》に執着《しふちやく》なく、大慈悲《だいじひ》の觀念《くわんねん》を具有《ぐいう》して居《ゐ》るから其權威《そのけんゐ》を認《みと》めねばならぬ。

心王靈醫學《しんわうれいいがく》は實《じつ》に是等《これら》の祈禱《きたう》と靈術《れいじゆつ》との調和性《てうわせい》を以《もつ》て生《うま》れたものであつて、祈《いのり》の力《ちから》と靈《れい》の働《はた》らきにより、回生起死《くわいせいきし》、轉禍爲福《てんくわゐふく》の實《じつ》を擧《あ》げ得《う》るのである、故《ゆゑ》に一切《いつさい》の權威《けんゐ》であると共《とも》に其責任《そのせきにん》も亦大《まただい》なりである、乞《こ》ふ諸氏《しよし》奮起《ふんき》されよ。

第九章　診脈《しんみやく》の根本原理《こんぽんげんり》

心王《しんわう》

- 脈《みやく》の起《おこ》る原《もと》
  - 血管中《けつくわんちう》に流《なが》れ通《つう》ずる靈水《れいする》。
  - 白淨正血《はくじやうせいけつ》五色血《しきけつ》の内《うち》の精《せい》。
  - 大動脈《だいどうみやく》の原《もと》。
  - 此脈系《このみやくけい》なければ人間《にんげん》は生命《せいめい》なし
  - 細胞我《さいはうが》の邪熱《じやねつ》が此《こ》の脈素《みやくそ》に値《したが》ひて正熱《せいねつ》となりチプス熱《ねつ》の如《ごと》く正式《せいしき》に活動《くわつどう》する。
- 大生命《だいせいめい》の原《もと》
  - 生命《せいめい》の源《みなもと》にして五體中《たいちう》の原動力《げんどうりよく》。
  - 温暖《をんだん》の原《もと》にして光明《くわうみやう》の原《もと》なり。
  - 排泄作用《はいせつさよう》を起《おこ》させる大元締《おほもとじめ》。
  - 手術《しゆじゆつ》をしても生命《せいめい》の有無《うむ》を確定《かくてい》する原動力《げんどうりよく》。

- 脈《みやく》の原《もと》に到《いた》る受附《うけつけ》
  - あらゆる意識《いしき》を統帥《こうすゐ》する原《もと》。
  - 待命識《たいめいしき》に命《めい》を下《くだ》す役《やく》をする故正格《ゆゑせいかく》にして平均《へいきん》を守《まも》る。
  - 分《ぶん》を守《まも》つて食事萬端中節《しよくじばんたんちうせつ》をされば吉《きち》、分《ぶん》を外《はづ》すと熱《ねつ》が出《で》て病氣《びやうき》となる。
  - 受附《うけつけ》が餘《あま》り多忙《たばう》で消化出來《せうくわでき》ねば凶《きよう》。
- 常《じやう》識《しき》素《そ》
  - 此《こ》の識《しき》が心王靈脈《しんわうれいみやく》より來《きた》る脈《みやく》を判別《はんべつ》する。
  - 臭覺味覺《しうかくみかく》を判別《はんべつ》する。
  - 分量《ぶんりやう》を定《さだ》める嚴格《げんかく》の役《やく》。
  - 一切常識《いつさいじやうしき》を免《めん》してから天下《てんか》の騷動及家庭《さうどうおよびかてい》、個人《こじん》、身體《しんたい》、靈肉《れいにく》の事《こと》が出來《でき》る。
- 排泄作用《はいせつさよう》を起《おこ》す原《もと》。

- 記憶識《あらやしき》
  - 一切《いつさい》を調和《てうわ》し排泄《はいせつ》して正血《せいけつ》に送《おく》る役《やく》。
  - 毒血《どくけつ》に混交《こんがう》すれば生命《せいめい》を滅《めつ》す。
  - あらゆる物《もの》を含有《がんいう》して整理《せいり》する。
- 集合待命識（眼耳鼻舌身）
  - 脈《みやく》を變化《へんくわ》させる原《もと》。
  - 常習《じやうしふ》を作《つく》る。
  - 恐怖觀念《きようふくわんねん》。
  - 雷同《らいどう》される。
  - 求食觀念《きうしよくくわんねん》。
  - 氣候感染《きこうかんせん》。
- 活《くわつ》動《どう》識《しき》
  - 邪熱《じやねつ》と正熱《せいねつ》との爭鬪《さうとう》。
  - 正熱《せいねつ》は身體《しんたい》を改造《かいざう》する原《もと》となる。
  - 汚熱《おねつ》は毒素《どくそ》より來《きた》り或《あるひ》は變《へん》じて冷熱爭鬪《れいねつさうとう》とな

る。

細胞《さいはう》の中《なか》にモグリ込《こ》んで居《ゐ》て自由活動《じいうくわつどう》するからいけない。

電子《でんし》の先立《さきだち》になつて正式《せいしき》に活動《くわつどう》するなれば吉《きち》。

待命識《たいめいしき》を心王《しんわう》の假面《かめん》を被《かぶ》つて雷同《らいどう》するから快《よ》くなる。

身體《しんたい》の門番《もんばん》として善惡《ぜんあく》を識別《しきべつ》せず爲《ため》に大心王《だいしんわう》に責《せ》められる故《ゆゑ》病氣《びやうき》となる、依《よつ》て平脈《へいみやく》を變化《へんくわ》さするなり。

小兒《せうに》は多《おほ》く恐怖《きようふ》より病氣起《びやうきおこ》る。

大人《おとな》の病者《びやうしや》も此門番《このもんばん》を傷《いた》めらるゝと混沌《こんとん》として心王《しんわう》も常識《じやうしき》も活動《くわつどう》を休止《きうし》する事《こと》あり。

「一切《いつさい》病氣《びやうき》は待命識《たいめいしき》より起《おこ》る故《ゆゑ》に、口《くち》は禍《わざはひ》の門《かど》舌は禍《わざはひ》の根《ね》なり。人《ひと》の口《くち》には戸《と》が建《た》てられぬ。

大正十三年五月十五日印刷
大正十三年五月二十日發行
昭和四年十月廿五日八版發行

著作者　西村大觀
東京府北豐島郡巢鴨町巢鴨千七百六拾八番地
發行者　吉村藤作
東京市本郷區駒込坂下町百三十六番地
印刷者　齋藤得二

發行所
東京巢鴨町一七六八
振替東京四六八四〇番
心友社

神通自在

霊狐使用の口伝

西村大観

序

我國《わがくに》には古來《こらい》より憑依《ひようい》の信仰《しんかう》があつて、其遺弊《そのゐへい》は今日《こんにち》に於《おい》ても依然《いぜん》として迷夢《めいむ》に醉《よは》されて居《ゐ》るものが多《おほ》い、彼《か》の天狗憑《てんぐつき》、狐憑《きつねつき》、犬神憑《いぬかみつき》、飯綱憑《いひつなつき》、蛇靈憑等《じやれいつきとう》がそれである、然《しか》して是等《これら》の傳說《でんせつ》は盛《さか》んに行《おこな》はれて居《ゐ》るが、未《いま》だ靈狐《れいこ》の使《つか》ひ方《かた》を說《と》き示《しめ》した者《もの》は一人《にん》もない樣《やう》である。

神官《しんくわん》や坊《ばう》さん達《たち》が人心《じんしん》を迷《まよ》はせ人世《じんせい》の向上《かうじやう》を妨《さまた》げるやうな、僞瞞的著述《ぎまんてきちよじゆつ》を振《ふ》りまわして、人間《にんげん》の心靈以外《しんれいいぐわい》に一個體《こたい》の神靈《しんれい》が別個《べつこ》に活躍《くわつやく》して居《ゐ》て、之《こ》れが人間《にんげん》に乘《の》り移《うつ》つて、神占《しんせん》だとか、豫言《よげん》とかを行《おこな》ふものと說《と》き、愚夫愚婦《ぐうふぐうふ》を迷《まよ》はせ來《きた》つたのである。

これがため日本全國《にほんぜんこく》には外國《ぐわいこく》にその現象《けんしやう》を見《み》られざる程《ほど》の稻荷神社《いなりじんじや》があつて、座食《ざしよく》空談《くうだん》の神官僧侶《しんくわんそうりよ》を生活《せいくわつ》さして居《ゐ》るではないか、是等《これら》憑依《ひようい》の信仰《しんかう》は、意識的《いしきてき》に又《また》は無意《むい》識的《しきてき》に其人々《そのひとびと》の心《こゝろ》に浸染《しんぜん》して、何等《なんら》かの機會《きくわい》に於《おい》て益々《ますます》其信仰《そのしんかう》は强烈《きやうれつ》となり、其人格《そのじんかく》を變換《へんくわん》して全然《ぜん〱》別人《べつじん》の如《ごと》き言動《げんこう》を敢《あへ》てする樣《やう》になるのである、之《これ》を憑依《ひようい》と誤信《ごしん》して居《ゐ》るが、それは憑依《ひようい》ではなく實際《じつさい》は心《こゝろ》の作用《さよう》である。

靈狐《れいこ》と云《い》ふのは心《こゝろ》に潜《ひそ》んで居《ゐ》る意識《いしき》や、心《こゝろ》の外《そと》に顯《あら》はれて居《ゐ》る意識等《いしきとう》の凡《すべ》てを使《つか》ひ、靈《れい》の本體《ほんたい》を活躍《くわつやく》させる前人未發《ぜんじんみはつ》の不可思議《ふかしぎ》な……否《い》な絶妙《ぜつめう》な靈《れい》の働《はた》らきである、人《ひと》の病氣《びやうき》を治《なほ》すとか、人《ひと》の心《こゝろ》を讀《よ》むとか、商況《しやうきやう》を先見《せんけん》するとか云《い》ふ樣《やう》な問題《もんだい》は、實《じつ》に小《ちいさ》なる問題《もんだい》であつて能《よ》く靈狐《れいこ》を使《つか》へば惡人《あくにん》を善化《ぜんくわ》させる權威《けんゐ》を有《いう》するのである、故《ゆゑ》に迷《まよ》はされたる古來《こらい》の風習《ふうしう》を打破《だは》して、眞《しん》に靈狐《れいこ》の權威《けんゐ》を示《しめ》すべく、茲《こゝ》に空前《くうぜん》の公開《こうかい》をするのであるから、此《こ》の機に於《おい》て讀者《どくしや》は熱心研究心得《ねつしんけんきうしんとく》せられて、其期待《そのきたい》を全《まつた》ふせられんことを。

大正十三年七月

大觀しるす

神通自在 靈狐使用の口傳 目次

一、緒　言……一
二、靈狐とは何ぞや……一〇
三、狐の種類と荼枳尼天……一七
四、稻荷と狐の出所……二七
五、狐の活動振り……三六
六、昔の狐使ひと今の狐使ひ……四五
七、誤れる狐明神の勸請……五四
八、狐の善惡見分け方……六三
九、狐憑退散法の原理……七三
十、科學上より觀たる靈狐……八一

十一、靈狐の口傳……九三
十二、靈狐は概して惡人を退ずる力あり……一〇九
十三、靈狐の口傳の奥傳……一一八
十四、奥傳の雜錄……一三九
一、靈個單修研の要義
二、他人と單獨の秘諦
三、單獨法秘諦
四、體現後の要義
五、單獨先方直感
六、靈狐研究の秘密
七、口傳の奥傳要義
八、靈狐とシャマイズ

九、靈狐と神の人
十、心王の靈個

附録

靈狐はんだん家庭の樂み……一五九
願望、進退、賣買、病氣、醫方、緣談、運命、讀心、方角、失物、勝負、人氣、姓名、天氣、走人、職業、待人、訴訟、試驗、旅行、人相、住居、食物、數理、色彩、物體、貴賤、體質、有無、あてもの、
眼はんだん……一八八
病者の顏を見て生死を知る事……一九〇
神光獨りはんだん……一九一

自在神通靈狐使用の口傳目次終

神通自在 霊狐使用の口傳

西村大観　著

一　緒言

禮記《れいき》と云《い》ふ書物《しよもつ》に「淫祠《いんし》福《ふく》なし」と云《い》ふことがあるが、淫祠《いんし》とは何《な》んであるか、祭《まつ》るべからざるものを祭《まつ》るの謂《いゝ》である、世界《せかい》のあらゆる民族《みんぞく》は、その文化《ぶんくわ》の程度《ていど》に相應《さうおう》した宗教《しうけう》を有《いう》して居《ゐ》る、宗教《しうけう》のある所《ところ》には必《かなら》ず何等《なんら》かの形式《けいしき》に於《おい》て迷信《めいしん》が伴《ともな》ふて居《ゐ》る、そのうちに感覺《かんかく》に起《おこ》つた幻影《げんえい》とか、沈思《ちんし》の末《すゑ》に成《な》つた想像《さう〴〵》の產物《さんぶつ》とかが迷信《めいしん》に導《みち》びくものである、人間《にんげん》は一度《ど》迷信《めいしん》に囚《とら》はれるとなか／＼醒《さ》めないもので、迷信《めいしん》は迷信《めいしん》を生《う》んで遂《つひ》には不覺《ふかく》のうちに恐《おそ》ろしい迷信《めいしん》の奈落《ならく》に沈淪《ちんりん》するものである。

迷信者《めいしんじや》の急激《きうげき》な墮落《だらく》は、心理學的《しんりがくてき》に考察《かうさつ》したならば好箇《かうこ》の研究《けんきう》に値《あたひ》するものがあるであらうと思《おも》ふが、それは他日《たじつ》の研究《けんきう》に讓《ゆづ》ることゝして淫祠《いんし》に就《つい》ての說《せつ》をなすことにする。

大本敎《おほもとけう》の鎭魂歸神《ちんこんきしん》に迷《まよ》ふた淺野《あさの》文學士《ぶんがくし》は、心靈科學《しんれいくわがく》と云《い》ふ迷信《めいしん》の會合《くわいがふ》を產み、馬賊《ばぞく》の一團《だん》をチャームして大本敎《おほもとけう》が世界統一《せかいとう》を夢見《ゆめみ》たり、自分《じぶん》の立替《たてかへ》も出來《でき》なかつたお直《なほ》婆《はあ》さんが、國《くに》も世界《せかい》も建直《たてなほ》しをするなど云《い》ふことは、少《すこ》しく常識眼《じやうしきがん》で見《み》ても眉唾《まゆつは》ものでなければと自警《じけい》せなくては置《お》かれまい、斯《か》る妄想《もうさう》を云《い》ひ出《だ》して世《よ》の善男善女《ぜんなんぜんによ》を迷《まよ》はせる之《こ》れ淫祠《いんし》でなくてなんであらう、………まつたお直婆《なほはあ》さんのみであるであらうか、昔《むかし》からの坊《はう》さん達《たち》は心《こゝろ》に愧《は》づる所《ところ》はなかつたか………

人間《にんけん》には慾望《ようほう》がある、然《しか》してこれには際限《さいげん》がない、その限《かぎ》りなき慾望《よくはう》を滿足《まんぞく》させ得《う》るであらうか、今更《いまさら》喋々《てふ〳〵》說《と》くまでもなく世人《せじん》は先刻承知《せんこくしやうち》の筈《はず》である、俗語《ぞくご》に云《い》ふてある如《ごと》く、叶《かな》はぬ時《とき》の神賴《かみだの》みとあるが、人《ひと》は難儀《なんぎ》な境遇《きやうぐう》に陷入《おちい》るとか、望《のぞ》み事《ごと》が叶《かな》はぬとか云《い》ふやうな場合《ばあひ》には、神《かみ》の力《ちから》に縋《すが》るのであるが、神《かみ》や佛《ほとけ》は果《はた》して人間《にんげん》を救《たす》けて居《ゐ》るであらうか、その多《おほ》くの場合《ばあひ》は、神《かみ》が人間《にんげん》を援《たす》け佛《ほとけ》が衆生《しゆじやう》を濟度《さいど》するのではなくて援《たす》けられて居《ゐ》ると思《おも》ふ心《こゝろ》に、自《みづ》から救《すく》はれて居《ゐ》るのである。

佛敎《ぶつけう》五十八派《は》の坊《ばう》さん達《たち》が、我《わ》が宗派《しうは》を維持《ゐじ》して行《ゆ》くためには、信者《しんじや》を救《たす》けるのでなく、自《みづか》らを援《たす》けるために有《あら》ゆる手段《しゆだん》を講《かう》じて迷信《めいしん》の傳播《でんぱ》に努力《どりよく》し、信者《しんじや》の吸集《きふしう》僞《ぎ》瞞《まん》に日夜《にちや》腐心《ふしん》して居《ゐ》るではないか、先《ま》づ濟度《さいど》ずべきは是等《これら》假面《かめん》の坊《ばう》さん達《たち》である。

斯樣《かやう》に各派《かくは》の迷信勸誘《めいしんくわんいう》から、備中《びつちう》の最上稻荷販賣人《さいじやういなりはんばいにん》が出來《でき》たり、笠森稻荷賣捌人《かさもりいなりうりさばきにん》が出《で》たり、穴守稻荷《あなもりいなり》や紋《もん》三郎稻荷《らうゐなり》や東《とう》六稻荷《いなり》や、伏見《ふしみ》の稻荷《いなり》や、豐川稻荷《とよかはいなり》や、被官稻荷《ひくわんいなり》や、其他《そのた》鬼子母神《きしもじん》に、辨才天《べんさいてん》に、摩利支天《まりしてん》に、毘沙門天等雜多《びしやもんてんとうざつた》の神佛賣捌所《しんぶつうりさばきじよ》が出來《でき》て居《ゐ》るのである。

然《しか》るに是等《これら》の神佛《しんぶつ》が曾《かつ》て一人《ひとり》だも人《ひと》を援《たす》けた事《こと》はないのである、不動《ふどう》に斷食《だんじき》をした祐天上人《いうてんじやうにん》と云《い》ふ坊《ばう》さんは、夢《ゆめ》に不動尊《ふどうそん》が大劍《だいけん》か小劍《せうけん》かと質問《しつもん》したら、大劍《だいけん》を望《のぞ》むと答《こた》へたら、大劍《だいけん》を以《もつ》て祐天《いうてん》の口中《こうちう》に突《つ》き通《とほ》した、それで祐天坊《いうてんばう》が血《ち》を吐《は》いたとて眞實《ほんと》の出來事《できごと》として傳說《でんせつ》してあるが、祐天《いうてん》は自心《じしん》の本能《ほんのう》が夢《ゆめ》を見《み》さした位《くらゐ》のことは識《し》つて居《ゐ》た坊《ばう》さんであつたから、それを不動《ふどう》の虛佛《きよぶつ》を借《か》りて、劇的《げきてき》に噓構《きよかう》の說《せつ》を設《まう》けて、さも眞實《ほんと》の樣《やう》に言《い》ひふらすのは、如何《いか》にも迷信《めいしん》を鼓吹《こすゐ》するもので、其罪惡《そのざいあく》は決《けつ》して輕《かる》からぬのである。

松葉《まつは》ケ谷《やつ》の白猿《はくえん》が日蓮《にちれん》を援《たす》けた樣《やう》に傳說《でんせつ》すれども、日蓮《にちれん》は燒打《やきうち》に大勢《たいぜい》が來《く》る位《くらゐ》の事《こと》は豫知《よち》されないであつたらうか……生活《せいくわつ》が困難《こんなん》になればなる程《ほど》、人々《ひと〴〵》は現實《げんじつ》の利益《りえき》に飢《う》え、群衆《ぐんしう》に誘《さそ》はれて迷信《めいしん》に走《はし》り淫祠《いんし》を祭《まつ》る事《こと》になるのである、世《よ》の中《なか》は或《あ》る心的《しんてき》作用《さよう》によつて病氣《びやうき》の快癒《くわいゆ》した事《こと》を直《たゞち》に神《かみ》の功德《くどく》に歸《き》して迷信《めいしん》を唆《そゝ》る者《もの》があれば、一方《はう》には神異《しんい》に託《たく》して奇怪《きくわい》なる事《こと》を構《かま》へ、以《もつ》て口腹《こうふく》の糧《かて》とする行者《ぎやうじや》もあるのである、斯《か》くて日本《にほん》に天理敎《てんりけう》が起《おこ》ると西洋《せいやう》にクリスチヤンやサイエンスが勃興《ぼつこう》した、無智《むち》な人々《ひと〴〵》の利己心《りこしん》や、慾望《よくばう》や、恐怖心《きやうふしん》に乘《じよう》じて、惡者《わるもの》が故意《こい》に又《また》は不知《しらず》の間《ま》に作《つく》り出《だ》した迷信《めいしん》が、如何《いか》ばかりか人生《じんせい》の進步《しんぽ》發達《はつたつ》を阻害《そがい》して來《た》たか、又現《またげん》に阻害《そがい》しつゝあるのである。

彼《か》の首《くび》なし地藏《ぢざう》を祭《まつ》つて安產《あんざん》を祈《いの》り、生殖器《せいしよくき》を祭《まつ》りて緣談《えんだん》の神《かみ》となし、榎木《えのき》を祭《まつ》りて緣切《えんき》りの願《がん》をかけ、大黑《だいこく》は原印度《もといんど》の生殖神《せいしよくじん》であつたことを識《し》らずに、各家々《かくいへ〳〵》に祭《まつ》つて之《これ》を崇拜《すうはい》し、虛構《きよこう》の七面明神《めんみやうじん》を祭《まつ》つて座食遊民《ざしよくいうみん》の巢窟《さうくつ》となして居《ゐ》る、淺草《あさくさ》の觀音《くわんおん》も、成田《なりた》の不動《ふどう》も悉《こと〴〵》く劇的虛構《げきてききよこう》の有樣《ありさま》が窺《うかゞ》ひ知《し》られるのである、大阪《おほさか》の聖天《しやうてん》は一日《にち》に一萬人《にん》の參詣人《さんけいにん》があり、待乳山《まつちやま》の聖天《しやうてん》にも花柳界《くわりうかい》や相場師《さうはし》が參詣《さんけい》して我慾《がよく》を祈《いの》り、賽錢《さいせん》が澤山出來《たくさんでき》ると、坊主《ばうず》が又花柳界《またくわりうかい》に步《あし》を踏《ふ》み出《だ》し、相場界《さうはかい》に勝負《しやうぶ》を爭《あらそ》ふなど、實《じつ》に世《よ》は悉《こと〴〵》く虛構《きよこう》の權化《ごんげ》である。

佛敎《ぶつけう》が始《はじ》めて我國《わがくに》に渡來《とらい》して來《き》た時《とき》、會《たまた》ま惡疫《あくえき》が流行《りうかう》したからと云《い》ふて、之《こ》れを佛敎《ぶつけう》の罪《つみ》となし、敏達天皇《びんたつてんわう》の十四年《ねん》物部守屋《もののべのもりや》は佛殿《ぶつでん》を燒《や》き佛像《ぶつざう》を捨《す》てたが、當時《たうじ》の人心《じんしん》には此《こ》の行爲《かうゐ》が何等《なんら》の矛盾《むじゆん》をも呼《よ》び起《おこ》さなかつたのである、又皇極天皇《またくわうきよくてんわう》の三年《ねん》、東國《とうごく》不盡河《ふじかは》の邊《へん》で大生部多《おほふべおうし》と云《い》ふ者《もの》が、橘《たちばな》や曼椒《さんしよ》の樹《き》に附《つ》く芋蟲《いもむし》を祭《まつ》つて常世《とこよ》の神《かみ》と稱《しよう》しこの蟲《むし》を祭《まつ》るものは富貴長壽《ふつきちやうじゆ》を得《う》ると云《い》ひ、巫祝《ふしゆく》の徒《と》が之《こ》れに雷同《らいどう》して、常世《とこよ》の神《かみ》を祭《まつ》れば、貧乏人《びんばうにん》は金持《かねも》ちになり、老人《らうじん》は直《たゞち》に若返《わかがへ》ると云《い》ひふらしたので、愚民等《ぐみんら》は家《いへ》にある財寶《ざいはう》を捨《す》て、酒《さけ》や野菜《やさい》や家畜等《かちくとう》を路傍《ろばう》に陳《なら》べて、ひたすら新《あた》らしい福《ふく》の來《く》るのを待《ま》つのであつた、又或者《またあるもの》は常世《とこよ》の蟲《むし》を取《と》つて來《き》て家中《かない》を清《きよ》め祭禮《さいれい》を行《おこな》ふ等實《とうじつ》に滑稽《こつけい》な時《とき》もあつたのである。

現代《げんだい》では毎歳稻荷《まいとしいなり》の初午《はつうま》、節分《せつぶん》の豆《まめ》まき等《とう》に、有職者蓮《いうしきしやれん》が魔性《ましやう》の女《をんな》を同伴《ごうはん》して往《ゆ》き、男女《だんぢよ》の象《ざう》が抱《だ》き合《あ》つて居《ゐ》る偶像《ぐうざう》を安置《あんち》する聖天《しやうてん》や、淫祠《いんし》外道《げだう》の神《かみ》である帝釋天《たいしやくてん》を祭《まつ》つた柴又《しばまた》に參詣《さんけい》し、増上慢《ぞうじやうまん》の坊主《はうず》たりし半僧坊《はんそうはう》に詣《まゐ》り、毎年酉《まいねんとり》の市《いち》は天孫人種《てんそんじんしゆ》が一葉《えふ》の輕舟《けいしう》に乘《の》つて來《き》た時《とき》の船頭《せんどう》、即《すなは》ち波師《はし》を鷲《わし》の宮《みや》と誤鎭《ごちん》したのを誤信《ごしん》して神官共《しんくわんども》の口腹《こふく》を充《み》たして居《ゐ》るのである。

往古《わうこ》の一般人民《はんじんみん》は未開《みかい》であつたには違《ちが》ひないが、佛教《ぶつけう》が渡來《とらい》しない前迄《ぜんまで》は多少《たせう》堅固《けんご》な處《ところ》があつたやうだ、然《しか》し佛教《ぶつけう》が渡來《とらい》してからは堅固《けんご》な思想《しさう》は悉《ことごと》く佛教化《ぶつけうくわ》され雜亂觀《ざうらんくわん》請《じやう》されて仕舞《しま》ふたのである。殊《こと》に奈良朝時代《ならてうじだい》は全然佛教化《ぜん／＼ぶつけうくわ》せられて行基《ぎやうき》のやうな高僧《かうそう》も出《い》で、社會事業《しやくわいじげふ》にも極力《きよくりよく》努《つと》めたけれども、又迷信鼓吹《またいしんこすゐ》も隨分行《ずゐぶんおこな》つて居《ゐ》る。

平安朝《へいあんてう》は淫祠迷信《いんしめいしん》は佛教《ぶつけう》と道教《だうけう》とを混入《こんにふ》して一層複雜《そうふくざつ》な形式《けいしき》を執《と》り、上流社會《じやうりうしやくわい》をさへも風靡《ふうび》して世《よ》を賊《ぞく》するに至《いた》つたのである、その尤《もつと》も害毒《がいどく》を齎《もた》らしたものは陰陽道《いんやうだう》であつた、その陰陽道《いんやうだう》が現代《げんだい》に殘《のこ》されて神社佛閣《じんじやぶつかく》の神官坊僧《しんくわんばうそう》の生活《せいくわつ》の補助《ほじよ》とされて居《ゐ》るのである、高島流《たかしまりう》の易《えき》占、或《あるひ》は干支學《かんしがく》より推命《すゐめい》二十有餘種《いうよしゆ》の陰陽的迷信《いんやうてきめいしん》の助勢《じよせい》を釀《じやう》成《せい》して居《ゐ》るのは全《まつた》く誤信《ごしん》の結果《けつくわ》である。

陰陽道《いんやうだう》の源《もと》は支那古來《しなこらい》の道教《だうけう》の惡說《あくせつ》で、年《とし》に就《つい》ては干支《かんし》を繰《あやつ》つて吉凶《きつきよう》を說《と》き、甲子《かうし》。辛酉《しんゆう》の歳《とし》を革命革令《かくめいかくれい》の年《とし》と云《い》ひ傳《つた》へて居《ゐ》る、又陰陽道《またいんやうだう》に似《に》たもので宿曜說《しゆくえうせつ》がある、又《また》運命《うんめい》を判斷《はんだん》するに曆法《れきはふ》がある、鎌倉時代《かまくらじだい》より室町乃至《むろまちないし》徳川時代《とくがはじだい》及明治《およびめいぢ》を經《へ》て大正《たいしやう》の今《こん》日《にち》まで其《そ》の迷信雜亂《めいしんざうらん》は淘汰《とうた》されないで益々《ますます》盛大《せいだい》になつて居《ゐ》る、現代《げんだい》の如《ごと》きは個人主義《こじんしゆぎ》を擴張《くわくちやう》せんために、偶像《ぐうざう》を利用《りよう》して親鸞《しんらん》の何《なん》百恩忌《をんき》と云《い》ひ、日蓮《にちれん》の七百恩忌《をんき》と云《じ》ひて信徒《しんと》より淨財《じやうざい》を吸集《きふしう》するのみにて、その向上《かうじやう》を致《いた》させる道《みち》は教《をし》へないのである。

斯様《かやう》に淫祠《いんし》を拜《はい》する程《ほど》の屈辱《くつじよく》をも敢《あへ》てして恥《はづ》かしくもない現代《げんだい》の有識者階級《いうしきしやかいきふ》は、愚《ぐ》夫愚婦《ふぐふ》に對《たい》して迷信《めいしん》と云《い》ふことは出來《でき》ないであらう、釋尊《しやくそん》の教《をし》へは佛教渡來《ぶつけうとらい》より現代《げんだい》に到《いた》るが如《ごと》き雜亂迷信《ざうらんめいしん》は決《けつ》して教《をし》へないのであつた、況《いは》んや狐《きつね》の化物《ばけもの》、變名《へんめい》たる荼枳《だき》尼天《にてん》を日本《にほん》の稻荷《いなり》の如《ごと》きに祭《まつ》るべく斷《だん》じて教《をし》へなかつたのである。

釋尊《しやくそん》の教《おし》へは天上天下唯我獨尊《てんじやうてんかゆゐがどくそん》の自我《じが》の擴張《くわくちやう》、個性《こせい》の放釋《はうしやく》であつた、文明思想《ぶんめいしさう》の體《たい》現者《げんしや》である、而《しか》して靈狐《れいこ》の秘諦《ひてい》を内證《ないしよ》に傳《つた》えて、その正境《せいきやう》を大正《たいしやう》の今日發表《こんにちはつぺう》すべく茲《こゝ》に本書《ほんしよ》を公《おほやけ》にするに至《いた》つたのである。

個性《こせい》の放釋《はうしやく》……天上天下唯我獨尊《てんじやうてんかゆゐがどくそん》。

靈《れい》とは法華《ほつけ》……個性《こせい》と靈法華合致《れいほつけがつち》。

靈個《れいこ》……即《すなは》ち靈狐《れいこ》は人間《にんげん》の靈《れい》の本體活動《ほんたいくわつどう》を説《と》くものにして、之《こ》れを法華經《ほけきやう》壽量品《じゆりやうほん》に「常在靈鷲山《じやうざいりやうじゆせん》」と云《い》ひ、靈《れい》とは法華經《ほけきやう》なり、鷲《じゆ》とは凡夫《ぼんぷ》なり、我等《われら》の凡心《ぼんじん》を法華經《けきやう》に、如同《によごう》する境《さかひ》を靈鷲山《れいじゆせん》とは云《い》ふなり、とは聖日蓮《しやうにちれん》が教《をし》へたのである。

僞我《ぎが》、妄我《もうが》、獸我《じうが》、分裂我《ぶんれつが》、狐我《こが》等《とう》の種々《しゆぐ》なる我《が》は、狐疑心《こぎしん》を主義《しゆぎ》とする心理作用《しんりさよう》であつて、邪狐《じやこ》、野狐《やこ》、九尾狐《びこ》等《とう》の活躍《くわつやく》を意味《いみ》したのである、而《しか》して之《こ》れは靈狐《れいこ》の活《くわつ》動振《ごうぶ》りを眞似《まね》る二重人格《じつじんかく》の致《いた》す處《ところ》であつて、安倍《あべ》晴明《せいめい》の葛子《かつらこ》も人間《にんげん》で、狐《きつね》ではないのである、それを後世狐《こうせいきつね》の傳説《でんせつ》にしたのであるが、安倍《あべ》の安親《やすちか》の九尾《び》退治《たいぢ》や、玄能和尚《げんのうをしやう》の法子《ほつす》にて那須野《なすの》ヶ原《はら》の殺生石《せつしやうせき》のローマンスは僞作《ぎさく》の僞作《ぎさく》であつた。

那須《なす》八郎《らう》と云《い》ふ領主《りやうしゆ》の妻《つま》や女中《ぢよちう》が、二人《ふたり》に見《み》へたのは那須《なす》八郎《らう》が狐憑的《こひようてき》二重人格《じうじんかく》になつたのであらう、玄能和尚《げんのうをしやう》が「汝畜生菩提《なんぢちくしやうぼだい》の心《こゝろ》を起《おこ》せ」と云《い》ふて九狐《こ》の化《くわ》した殺生《せつしやう》石《せき》を法子《ほつす》で打《う》つたら石《いし》が二ッに割《わ》れて玉藻前《たまものまへ》が十二一重《ひとゑ》で現《あらは》れて得度《とくど》した、などゝ云《い》ふのは眞赤《まつか》な僞作《ぎさく》である、況《いは》んや元亨釋書中《げんきやうしやくしよちう》の狐憑的《こひようてき》奇蹟談《せきだん》が、靈狐《れいこ》の發展《はつてん》を抑《おさ》え隱《かく》す妨害《はうがい》である、何《な》んぞ靈狐《れいこ》の意義《いぎ》を識《し》るの明《めい》あらんやである。

現代《げんだい》に於《おい》ても未《いま》だ靈狐《れいこ》の發展《はつてん》を妨害《はうがい》して居《ゐ》るものは、十三派《は》神道《しんだう》の心學的雜亂《しんがくてきざつらん》と五十八宗《しう》の佛教的偶像教《ぶつけうてきぐうぞうけう》を胚胎《はいたい》した全國《ぜんこく》の稻荷《いなり》の狐《きつね》である、此《こ》の狐《きつね》に魅化《はか》されて居《ゐ》る者《もの》がザット四千萬人《にん》も我國《わがくに》にある、狐迷信《きつねめいしん》は日本《にほん》の特産物《とくさんぶつ》なりとは西洋人《せいやうじん》が大《おほ》ひに嘲笑《てうせう》して居《ゐ》るから、玆《こゝ》に靈狐《れいこ》使《づか》ひを公開《こうかい》して一切《さい》の迷《まよ》ひを說《と》き、全國《ぜんこく》の稻荷《いなり》と狐《きつね》を全滅《ぜんめつ》させて眞《しん》の靈狐《れいこ》の權威《けんゐ》を示《しめ》すのは、人生救濟《じんせいきうさい》の使命《しめい》であり福音《ふくいん》であらねばならぬ、「淫祠《いんし》福《ふく》なし」それ解《かい》せりや、以《もつ》て緖言《ちよげん》となす。

二　靈狐とは何ぞや

靈狐《れいこ》を說明《せつめい》するに當《あた》り讀者《どくしや》の參考《さんかう》までに、外國人《ぐわいこくじん》が我日本《わがにほん》に於《お》ける狐憑《こひよう》に就《つい》て批判《ひはん》を下《くだ》して居《ゐ》るから少《すこ》しく記述《きじゆつ》することにする。

發明界《はつめいかい》の大達者《だいたてもの》エヂソンが「人《ひと》は一個《こ》のものではない何《なん》千萬《まん》と云《い》ふ細胞《さいはう》の集團《しうだん》である、從《したが》つて人《ひと》の智能《ちのう》も是等《これら》細胞《さいはう》の智能《ちのう》の集合《しがふ》に過《す》ぎぬ、靈魂《れいこん》は不滅所《ふめつごころ》が其存在《そのそんざい》さへ認《みと》められない、若《も》し神《かみ》なるものがあるとすれば、それは畢竟精神《ひつきやうせいしん》（マインド）の事《こと》であらう、宇宙《うちう》には二つの界《かい》がある、精神界《せいしんかい》と物質界《ぶつしつかい》がそれで、釋迦《しやか》、孔子《こうし》、基督《きりすと》は前者《ぜんしや》の先驅者《せんくしや》であつて、ダーウインは後者《こうしや》の一開拓者《かいたくしや》である、余《よ》は此《こ》の精神《せいしん》の存在《そんざい》を認《みと》むるけれども靈魂《れいこん》の存在《そんざい》は如何《いか》にしても認《みと》め得《え》ない、精神《せいしん》ば心理學上《しんりがくじやう》其實在《そのじつざい》を究《きは》め得《う》べきも、靈魂《れいこん》に到《いた》つては有名無實《いうめいむじつ》の集合《しうがふ》なれば、そこに天國《てんごく》も地獄《ぢごく》もあり得《え》ない、世人《せじん》の所謂靈魂《いはゆるれいこん》なるものは全《まつた》く細胞《さいはう》の集合裏《しうがふり》より生《しやう》ずる集合作用《しうがふさよう》に外《ほか》ならない」と云《い》ふて居《ゐ》る。

米國人《べいこくじん》は物質主義《ぶつしつしゆぎ》に捉《とら》はれて居《ゐ》るから、エヂソンの主張《しゆちやう》する靈的問題《れいてきもんだい》を識《し》らぬのであるが、曾《かつ》てベルツ博士《はかせ》が狐憑《こひよう》に關《くわん》して精細《せいさい》なる研究《けんきう》を公《おほやけ》にしたから、今研究《いまけんきう》の要點《えうてん》を左《さ》に摘錄《てきろく》することにする、然《しか》し靈狐《れいこ》など云《い》ふ深遠《しんゑん》なる問題《もんだい》には觸《ふ》れて居《ゐ》ない。

第《だい》一　此《こ》の病《やまひ》を以《もつ》て日本國《にほんこく》の固有病《こいうびやう》と信《しん》ずるは誤《あやま》れり、蓋《けだ》し之《こ》れと同《おな》じき病狀《びやうじやう》は亞《あ》細亞《じあ》全洲《ぜんしう》に散在《さんざい》し、唯國《たゞくに》によりて其名稱《そのめいしよう》を異《こと》にするのみ、是故《これゆゑ》に人《ひと》若し此《こ》の病氣《びやうき》が鬼類《きるゐ》の所爲《しよゐ》なることを信認《しんにん》する印度人《いんどじん》に向《むか》ひ、これ狐狸《こり》の所爲《しよゐ》なりと云《い》はゞ、彼《か》れ必《かなち》ず笑《わら》はん、又日本人《またにほんじん》に向《むか》ひて此《こ》の病《あまひ》は人體《じんたい》に類似《るゐじ》したる鬼《おに》の所爲《しよゐ》なりと云《い》はゞ亦《また》必《かなら》ず笑《わら》ふなるべし。

第《だい》二　狐憑《こひよう》は唯《た》だ此《こ》の病《あまひ》を信《しん》ずる人《ひと》のみを侵《をか》して此《こ》の病《やまひ》を信《しん》ぜざる人《ひと》を侵《をか》すことなし。

第《だい》三　狐憑《こひよう》は魯《ろ》鈍蒙昧《どんもうまい》なる者《もの》、或《あるひ》は病患《びやうくわん》により若《も》しくは劇烈《げきれつ》なる恐怖《きやうふ》によりて一時《じ》精神《せいしん》の衰弱《すゐじやく》したる人《ひと》のみを侵《をか》す。

第《だい》四　本病《ほんびやう》は狐憑《こひよう》と信《しん》ずるものは概《おほむ》ね婦女子《ふぢよし》少年輩《せうねんはい》なりとす。

第《だい》五　此《こ》の病《やまし》に罹《かゝ》るものゝ自《みづか》ら以《もつ》て病因《びやういん》なりと信《しん》ずる所《ところ》の獸類《じうるゐ》は土地《とち》によりて同《おな》じからず、或《あるひ》は以《もつ》て狐《きつね》とし、或《あるひ》は以《もつ》て犬《いぬ》とし、或《あるひ》は以《もつ》て狸《たぬき》となすの類《るゐ》これなり。

第《だい》六　此《こ》の病《やまひ》は患者《くわんじや》の思慮《しりよ》平生《へいぜい》に復《ふく》するに於《おい》て治癒《ちゆ》す、これ或《あるひ》は本源《ほんげん》なりし疾患《しつくわん》の治癒《ちゆ》するにより、或《あるひ》は某人《ほうじん》神佛《しんぶつ》を請《しやう》する人《ひと》の力《ちから》に頼《よ》るなり。

以上《いじやう》はベルツ博士《はかせ》の研究《けんきう》の結果《けつくわ》下《くだ》した斷案《だんあん》であるが、是位《これくらゐ》の事《こと》は博士《はかせ》の説《せつ》を聞《き》くまでもなく、日本人《にほんじん》は先刻御承知《せんこくごしやうち》の筈《はず》である、西洋人《せいやうじん》が日本《にほん》の狐憑病《こひようびやう》などゝ云《い》ふて居《ゐ》るが、それは眞《しん》の狐憑病《こひようびやう》ではなく、神道《しんだう》や佛敎《ぶつけう》の誤《あやま》れる敎化《けうげ》が產《う》み出《だ》した心靈上《しんれいじやう》の二重《じう》人格《じんかく》であるから、ベルツ博士《はかせ》などには幾年經《いくねんた》つても判《わか》りつこはないのである。

又前《またさきへ》に述《の》べたエヂソンが「精神《せいしん》は心理學上《しんりがくじやう》其實在《そのじつざい》を究《きは》め得《う》べきも、靈魂《れいこん》に到《いた》りては有名無實《いうめいむじつ》の集合《しうがふ》なれば、そこに天國《てんごく》も地獄《ぢごく》もあり得《え》ない」

と云《い》つたのは、氏《し》の悟《さと》りたるマインド即《すなは》ち精神《せいしん》は、物質上《ぶつしつじやう》の……力……をさへ解釋《かいしやく》する事《こと》は出來《でき》ぬのである、彼《か》のワットが鐵瓶《てつびん》の蓋《ふた》が湯氣《ゆげ》のために動《うご》くを見《み》て蒸汽汽鑵《じやうき・くわん》車《しや》を發明《はつめい》したが、其《そ》の發明《はつめい》の知識《ちしき》はマインド即《すなは》ち精神《せいしん》の働《はた》らきと思《おも》ふであらうが、それは其奥《そのおく》に存《いま》す……宇宙大《うちうだい》なる靈性《れいせい》であり本體《ほんたい》であるのである。

日本《にほん》の天狗憑《てんぐつき》、狐憑《きつねつき》、犬神憑《いぬがみつき》、飯綱憑等《いひづなつきとう》は彼等《かれら》洋人《やうじん》などが、眞《しん》の解釋《かいしやく》は出來得《できえ》ないのである、即《すなは》ち是等《これら》不可思議《ふかしぎ》の靈個《れいこ》なる靈力《れいりよく》は余《よ》が說《と》かんとする、純粹《じゆんすい》なる境智妙合《きやうちめうがふ》の大偉力《だいゐりよく》、金剛不《こんがうふ》壞《え》の妙體《めうたい》を得《う》る眞髓《しんずゐ》によつて研究知得《けんきうちとく》せられたいのである。

日本人《にほんじん》が一部《ぶ》の迷信《めいしん》より來《きた》る憑依的靈性《ひよういてきれいせい》は憑依《ひようい》の信仰《しんかう》の意識的《いしきてき》に又《また》は無意識的《むいしきてき》に其《その》人《ひと》の心《こゝろ》に浸染《しんせん》し、何等《なんら》かの機會《きくわい》に於《おい》て、其觀念《そのくわんねん》が强烈《きやうれつ》となりて曾《かつ》て潜在的《せんざいてき》であつた意《い》識《しき》が段々明《だんだんあきら》かに勢《いきほひ》を増《ま》し來《き》たつて、從來繼續《じうらいけいぞく》し來《き》たつた意識《いしき》の中心點《ちうしんてん》を侵《をか》して其人格《そのじんかく》を變換《へんくわん》し、全然別人《ぜんぜんべつじん》の如《ごと》き言動《げんどう》を敢《あへ》てし、若《も》しくは從來《じうらい》の中心點《ちうしんてん》の外《ほか》に別個《べつこ》の中心點《ちうしんてん》を造《つく》り、平常《へいじやう》の我《われ》の外《ほか》に、異常《いじやう》の我《われ》を生《しやう》じ、第《だい》一人格以外《じんかくいぐわい》に第《だい》二人格《じんかく》を出《いだ》し、時《とき》に第《だい》二人格《じんかく》の爲《ため》に第《だい》一人格《じんかく》の壓迫《あつぱく》せらるゝが如《ごと》きの奇態《きたい》を生《しやう》ずるに至《いた》るのである。

靈狐《れいこ》と云《い》ふ名稱《めいしよう》は從來《じうらい》に於《お》ける第《だい》二人格者《じんかくしや》ではないのである、第《だい》一人格《じんかく》のその奥《おく》に潜《ひそ》んで、第《だい》一人格《じんかく》を發動《はつどう》せしめる眞如《しんによ》、佛性《ぶつせう》の本體《ほんたい》、融通無礙《ゆうづうむげ》の活動《くわつどう》を有《いう》する眞體《しんたい》にして、個々《こゝ》の上《うへ》に君臨《くんりん》して個々《こゝ》の活動《くわつどう》をも……事々無礙《じじむげ》界々互融《かいくごゆう》……をさせて居《ゐ》る本《ほん》體《たい》である。

一方《はう》には理々無礙界々互融《りゝむげかいくごゆう》と云《い》ふて、あらゆる理想《りさう》の中心點《ちうしんてん》になつて、狐疑心《こぎしん》、狐《こ》才子《さいし》、猿族漢等《えんぞくかんとう》の不具的心靈《ふぐてきしんれい》の發靈《はつれい》を靈狐《れいこ》に化《くわ》せしむる實現體《じつげんたい》である、古來狐憑《こらいこひよう》を治《なほ》すと云《い》ふ祈《き》禱《たう》も、精神療法《せいしんりやうはふ》の一部分《ぶぶん》であるが、譬《たと》へて云《い》へば彼《か》れの偏執《へんしう》を打破《だは》して第《だい》二人格《じんかく》をして第《だい》一人格《じんかく》に復歸《ふくき》せしむるのである。

然《しか》しながら彼《か》れの心《こゝろ》を服《ふく》するだけの力《ちから》がなければ、之《こ》れを治《なほ》すことは出來《でき》ないが、かゝる疾患《しつくわん》を生《しやう》ずるものゝ常《つね》として、祈禱等《きたうとう》を信《しん》ずるの念《ねん》も亦篤《またあつ》いのであるから、其《その》功《こう》を奏《そう》する事《こと》が多《おほ》いのである。

靈狐《れいこ》の權威《けんゐ》は憑依《ひようい》の魔心《ましん》を明《あきら》かにして、之《こ》れをして魔精《ませい》を脫却《だつきやく》せしむるに大功《たいこう》を奏《そう》するものである、魔《ま》は外《そと》より來《きた》らずして內《うち》より來《きた》るものであるから、心《こゝろ》の強《つよ》きものは、決《けつ》して魔《ま》の入《い》るべき餘地《よち》はないのである「心《こゝろ》」生《しやう》ずれば種々《しゆ〲》なる法生《はふしやう》ずると云《い》ふ事《こと》は自然《しぜん》の理法《りはふ》である。

然《しか》して心《こゝろ》は迷悟《めいご》の根本《こんほん》である、恐《おそ》ろしいと思《おも》ふ一念《ねん》は枯尾花《かれをはな》をも幽靈《いうれい》と誤認《ごにん》したり、落葉《おちは》の窓《まど》を打《う》つのも怨靈妖怪《をんれいえうくわい》の來《きた》るにはあらざるやと疑《うたが》ふ、時計《とけい》の鳴《な》る音《おと》を聞《き》くにもチン〱と聞《きこ》えたり或《あるひ》はチク〱と聞《きこ》えたり又《また》はコツ〱と響《ひゞ》いたり、同《おな》じき一個《こ》の時計《とけい》の音《おと》も様々《さまざま》に聞《きこ》ゆるのである、又《また》天井《てんじやう》に現《あら》はれし染汚《しみ》の形《かたち》も人《ひと》の顔《かほ》の様《やう》に見《み》えたり、花《はな》の形《かたち》と見《み》えたりして心《こゝろ》の作用《さよう》で如何様《いかやう》にも見《み》えたり聞《きこ》えたりする事實《じじつ》は既《すで》に吾《ご》人《じん》は經驗《けいけん》に明《あきら》かなる所《ところ》である、斯様《かやう》に其觀念《そのくわんねん》によつて感覺《かんかく》に錯誤《さくご》を來《き》たすのであるから。

「觀念《くわんねん》の力《ちから》は有中《いうちう》に無《む》を現《あら》はして幻想《げんさう》を生《しやう》ぜしむ」

との決論《けつろん》を得《う》ることになる、狐憑《こひよう》と體現《たいげん》し飯綱狐《いひづなきつね》と現出《げんしゆつ》するのも心《こゝろ》に魔《ま》を生《しやう》ずるからである、「超日朋三昧經《てうにちほつさんまいきやう》」には吾々《われ〳〵》に左《さ》の如《ごと》く敎《をし》へて居《ゐ》る。

「魔《ま》に四事《じ》あり、一に身魔《しんま》、二に慾塵魔《よくじんま》、三に死魔《しま》、四に天魔《てんま》」である、たとへば兩木《りやうぼく》の相階《さつかい》なれば則《すなは》ち火《ひ》を生《しやう》じ、還《かへ》つて其木《そのき》を燒《や》くが如《ごと》し、火《ひ》は水《みづ》より出《い》でず、風《かぜ》より出《い》でず、地《ち》より出《い》でざるなり、四魔《ま》も亦此《またかく》の如《ごと》し、皆心《みなこゝろ》より生《しやう》じて、他《た》より來《きた》るにあらざるなり、譬《たと》へば畫師《ゑし》の像《ざう》を作《つく》るに當《あた》り、手《て》に隨《したが》つて大小《だいせう》なるが如《ごと》きも、手《て》が勝手《かつて》に畫《か》くにあらずして心《こゝろ》の作用《さよう》を手《て》に命《めい》ずるのである、四魔《ま》も亦此《またかく》の如《ごと》く、心堅《こゝろけん》固《こ》にして起《おこ》る所《ところ》なければ則《すなは》ち四魔《ま》なき也《なり》」である。

幻覺《げんかく》は實際上何等外《じつさいじやうなんらげ》界《かい》の事物《じぶつ》はないのであるが、それを有《あ》る如《ごと》く知覺《ちかく》するのは心《こゝろ》の變態《へんたい》にして即《すなは》ち迷《まよ》ひである、東京《とうきやう》深川《ふかゞは》區《く》西《にし》六間堀《けんぼり》の或車夫《あるしやふ》が、羽田《はねだ》穴守稲荷《あなもりいなり》に七日《か》間《かん》籠居《ろうきよ》して、支那人《しなじん》のチーハーを以《もつ》て金《かね》を得《え》んとの心願《しんぐわん》をかけ、遂《つひ》に狐憑《こひよう》となり「吾《わ》れはおさき狐《きつね》である」と云《い》ふて諸所《しよ〳〵》を漂流《へうりう》したが。

是等《これら》は觀念《くわんねん》の力《ちから》によりて、神經興奮《しんけいこうふん》を起《おこ》し、それが腦髓《のうずゐ》に傳《つた》はりて感覺現象《かんかくげんしやう》を生《しやう》ずるなりと説明《せつめい》し得《え》らるゝも、凡俗《はんぞく》の徒《やから》は之《こ》れを外界《げかい》より來《きた》る異様《いやう》の現象《げんしやう》とするのである、余《よ》が手《て》にかけた者《もの》で大森《おほもり》の魚屋《さかなや》の悴《せがれ》は「狐《きつね》が眼先《めさき》に歩行《ほかう》して居《ゐ》る、合掌《がつしやう》の指先《ゆびさき》にも狐《きつね》が居《ゐ》る、六郷《ごう》の神主《かんぬし》が憑《つ》けたのだ」と云《い》ふて狂者《きちがひ》になつたが、余《よ》は拭《ぬぐ》ひ取《と》つた紙《かみ》を火《ひ》に投《とう》じて其燃《そのもゆ》るに依《よ》つて本心《ほんしん》に復《ふく》させたが、世《よ》に傳《つた》ふる幽靈談《いうれいだん》なども、多《おほ》くは此《この》幻覺《げんかく》と同《おな》じく彼等《かれら》は其觀念《そのくわんねん》を強烈《きやうれつ》ならしめるのである。

心理學者《しんりがくしや》の云《い》ふ幻覺《げんかく》も亦記憶《またきおく》に因《いん》するものにして、心裡《しんり》に何《なん》の記憶《きおく》なき事《こと》の幻覺《げんかく》を生《しやう》ずるなしと說《と》いてある、……靈狐《れいこ》は實《じつ》に是等《これら》の邪觀念《じやくわんねん》を吸集《きふしう》し統《とう》一して、純眞無垢《じゆんしんむく》の活躍振《くわつやくぶ》りを致《いた》し、人類個々《じんるゐこゝ》の責任《せきにん》を果《はた》させる助勢《じよせい》をするのである、靈狐《れいこ》とは何《なん》ぞや……又以《またもつ》て此《こ》の理《り》に極《きよく》す。

三　狐の種類と茶枳尼天《ダキニテン》

靈狐《れいこ》を敎《をし》へるには是非《ぜひ》……狐《きつね》……と云《い》ふものが人間《にんげん》に對《たい》して奇態《きたい》なる現象《げんしやう》（假《か》りに）をなしたと云《い》ふ事《こと》について、その狐《きつね》の種類《しゆるゐ》を出《だ》さなければならぬ順序《じゆんじよ》となるのであるから、今《いま》それを述《の》ぶることにする、而《しか》し凡《すべ》てを靈性《れいせい》のバロメーターで判《はん》じて貰《もら》はぬと狐《きつね》の種類《しゆるゐ》を見《み》て居《ゐ》る内《うち》に、自《みづか》ら狐《きつね》に魅化《はか》されて仕舞《しま》ふから迷《まよ》ふてはならぬ。

彼《か》のコツクリやフランセツトで高倉稻荷《たかくらいなり》と云《い》ふ名稱《めいしよう》を紙《かみ》に書《か》いたと云《い》ふので、高倉《たかくら》稻荷《いなり》は何處《ごこ》にあるかと探《さが》し歩《ある》いて、遂《つゐ》に狐憑《こひよう》になつて了《しま》つた學者《がくしや》さへあるのであるから、特《とく》に迷《まよ》ふなと注意《ちうい》した譯《わけ》であるが、其學者《そのがくしや》は心理學者《しんりがくしや》であると云《い》ふことだから驚《おどろ》くではないか。

現代《げんだい》の日本《にほん》は外來思想《ぐわいらいしさう》の動搖《どうえう》より眼醒《めさ》めて眞《しん》の人間性《にんげんせい》を認《みと》めねばならぬ時《とき》である、否日本人《いなにほんじん》としての立脚地《りつきやくち》を本元的《ほんげんてき》に復《ふく》さねばならぬ時代《じだい》となつて居《ゐ》るのである、古《ふる》い思想《しさう》の誤《あやま》れる方向《はうかう》を脱《だつ》して「根本的《こんぽんてき》基調《てう》へ歸《かへ》る」と云《い》ふ事《こと》が尤《もつと》も肝要《かんえう》であるから、フランセットなどに賴《たよ》り、精神混亂《せいしんこんらん》を救《すく》ふて貰《もら》ふなどゝ慾求《よくきう》して居《ゐ》る一部《ぶ》の學者《がくしや》や……模《も》造文明《ぞうぶんめい》の惡戲《あくぎ》に墮落《だらく》して向上《かうじやう》する事《こと》が出來《でき》ない糞壺《ふんつぼ》の中《なか》のウジの如《ごと》き連中《れんちう》では仕方《しかた》がないのである。

日本人《にほんじん》として現人神《げんじんゝ》としては、餘《あま》りに墮落《だらく》し過《す》ぎる次第《しだい》であるから、その墮落《だらく》を救《すく》ふべく、高倉稻荷《たかくらいなり》などに魅化《はか》されて居《ゐ》る所《ところ》の精神上《せいしんじやう》の分類《ぶんるゐ》や、その現《あらは》れんとする狐《きつね》の種類《しゆるゐ》を擧《あ》げる事《こと》にせう、祈禱上《きたうじやう》では左《さ》の如《ごと》く記《しる》されてある。

七 狐《こ》の居所《きよしよ》

(一) 肝魂狐《かんこんこ》―腹《はら》にあり胸《むね》を見《み》る事《こと》を好《この》む。

(二) 逢難狐《ほうなんこ》—左脇《さわき》に居《ゐ》て物《もの》を破損《はそん》する事《こと》を好《この》む。

(三) 魂魄狐《こんはくこ》—股《また》にあり寢《ね》たがる事《こと》を好《この》む。

(四) 胞身狐《はうしんこ》—右《みぎ》の脇《わき》にありて面《かな》を破《やぶ》る事《こと》を好《この》む。

(五) 天《てん》狐《こ》—頭《あたま》にありて天《てん》を知《し》る事《こと》

(六) 中《ちう》狐《こ》—背《せ》にありて虛言《きよげん》を云《い》ふ。

(七) 地《ち》狐《こ》—腰《こし》より下《しも》にあり走《はし》りたがる。

以上《いじやう》は祈《き》禱《たう》をすると體現《たいげん》して來《く》るので、信者《しんじや》も祈《き》禱者《たうしや》も之《こ》れを眞實《まこと》の狐憑《こひよう》と思《おも》ひて取扱《とりあつか》ひ、左《さ》の如《ごと》き敎《をし》へをも爲《な》して居《ゐ》るから參考《さんかう》のために記述《きじゆつ》して見《み》やう。

「狐《きつね》に位《くらゐ》あれば敎化《けうげ》第《だい》一也《なり》、最《もつと》も何《いづ》れの狐《きつね》とあなどること勿《なか》れ、あなどれば却《かへ》つて立退《たちのか》ずして言《い》はず、又愛着《またあいじやく》にて憑《つ》きたるあり放《はな》れがたし。口傳《くでん》に言《いは》く、高神《たかどみ》にて幣《へい》を上《あげ》るならば言《い》ふべし、幣《へい》を拔《ぬ》き(×)此《かく》の如《ごと》く組《く》みて見《み》せるなり、此時組《このときくみ》たる幣《へい》の中《なか》へ行者《ぎやうじや》の顏《かほ》を入《い》れて問《と》ふ可《べ》し、「何處《いづこ》の行者《ぎやうじや》の勸請《くわんじやう》と實名《じつみやう》とを名乘《なの》り給《たま》へ」

と、問《と》ふ處《ところ》は隨分敬《ずゐぶんうやま》ふ事《こと》が肝要《かんえう》なり、多分狐也《たぶんきつねなり》、先々神《まづ〳〵かみ》と云《い》ふもの也《なり》、必《かなら》ず輕賤《けいせん》す可《べ》からず、幣《へい》を高《たか》く上《あ》ぐるならば行者《ぎやうじや》も敬《うやま》ひ法味《はふみ》を上《あぐ》る可《べ》し、又狐精《またこせい》が死靈《しれう》となる事《こと》あり、敎化《けうげ》第《だい》一也《なり》」

之《こ》れは心象《しんしやう》が狐精《こせい》になつて居《ゐ》るのを識《し》らずに丸呑《まるのみ》にして信者《しんじや》を敎化《けうげ》して居《ゐ》るのである、斯樣《かやう》なだらしのない祈禱上《きたうじやう》の思想《しさう》が、各信者《かくしんじや》に印象《いんしやう》して居《ゐ》るから、靈狐《れいこ》などを敎《をし》へても困難《こんなん》である、故《ゆゑ》に先《ま》づ七狐《こ》と云《い》ふ心理作用《しんりさよう》を解決《かいけつ》し、そして決論《けつろん》に荼枳尼天《だきにてん》の事《こと》を出《だ》す事《こと》にせう。

(一)肝魂狐《かんこんこ》—腹《はら》にあり胸《むね》を見《み》る事《こと》を好《この》む、と云《い》ふのは吾々人間《われ〳〵にんげん》の肉團心《にくだんしん》、即《すなは》ち世間學《せけんがく》の精神《せいしん》と云《い》ふ一部《ぶ》の心理狀態《しんりじやうたい》に、外部《ぐわいぶ》の五官能《くわんのう》から侵入《しんにふ》して來《く》る二重活動《じうくわつどう》があるから之《こ》れが問《と》ひつ答《こた》へつ人《ひと》の胸《むね》も見《み》れば自分《じぶん》の胸《むね》も見《み》るのである、五官能《くわんのう》と常識《じやうしき》との間《あひだ》にあるチヨツピリしたる精神上《せいしんじやう》の作用《さよう》である無籍者《むせきもの》の樣《やう》な心靈《しんれい》が活動《くわつごう》するからである。

(二)逢難狐《はうなんこ》―左《さ》脇《わき》に居《ゐ》て物《もの》を破《は》損《そん》する事《こと》を好《この》む、と云《い》ふのは、祈《き》禱《たう》をすると患者《くわんじや》は兩手《りやうて》を肱共《ひぢとも》に脇腹《わきはら》に着《つ》けて放《はな》さずに居《ゐ》るから、行者《ぎやうじや》が中指《なかゆび》を以《もつ》て押《お》し壓《あつ》すれば、ニコニコ笑《わら》ひ出《だ》すのである、此《こ》の心理《しんり》作《さ》用《よう》は外部《ぐわいぶ》に現《あら》はれざる意識《いしき》で、自《じ》分《ぶん》で認識《にんしき》し得《え》ざる潜在《せんざい》・意識《しき》の分裂《ぶんれつ》作《さ》用中《ようちう》の一現象《げんしやう》である、感情《かんじやう》の衝突《しやうとつ》より來《きた》るのであつて、内面《ないめん》より來《きた》る衝動《しやうごう》ではないのである。

(三)魂魬狐《こんはくこ》―股《また》にあり寢《ね》たがる事《こと》を好《この》む、と云《い》ふのは、易經《えきけう》の澤山咸《たくさんかん》と云《い》ふ卦《くわ》の辭《じ》に「其《その》股《また》に咸《かん》ず其《その》隨《したが》つて執《と》る往《ゆけ》ば吝《りん》」とある如《ごと》く、男女肉感《だんぢよにくかん》の刹那《せつな》は、恍惚《くわうこつ》として魂魬《こんはく》を奪《うば》はれたる如《ごと》き心理狀態《しんりじやうたい》である瞬間《しゆんかん》であるから、之《これ》を淫狐《いんこ》とも云《い》ふのである、即《すなは》ち色情的狐精《しきじやうてきこせい》と化《くわ》したのを云《い》ふ也《なり》。

(四)胞身狐《はうしんこ》―右《みぎ》の脇《わき》にありて面《かを》を破《やぶ》ることを好《この》む、と云《い》ふのは、之《これ》は女性《ぢよせい》が常《つね》に人體《じんたい》の裝身具《さうしんぐ》及《およ》び人《ひと》の身體《しんたい》一切《さい》に就《つい》て批《ひ》評《やう》し評價《ひやうか》する狐精《こせい》の心理狀態《しんりじやうたい》を云《い》ふものにして、劣等《れつとう》なる心靈發見《しんれいはつけん》の意義《いぎ》である、此《こ》の心理《しんり》作《さ》用《よう》は婦《ふ》人月經時及懷妊時《じんげつけいじおよびくわいにんじ》に盗心《たうしん》が出《で》る時《とき》の心理狀態《しんりじやうたい》と同《おな》じである。

(五)天狐《てんこ》—頭《あたま》にありて天《てん》を知《し》る事《こと》を好《この》む、と云《い》ふのは、之《こ》れは由井《ゆゐ》の正雪《しやうせつ》の如《ごと》く、人《ひと》を謀《はか》らんとする心理狀態《しんりじやうたい》であつて、增上慢《ぞうじやうまん》の心理《しんり》を云《い》ふものである、或《あるひ》は慢心氣狂《まんしんきちがひ》さ云《い》ふが如《ごと》きであるから、此《こ》の例《れい》を引證《いんしよう》すれば、蘆原將軍《あしはらしやうぐん》、レニン、ガンヂ、ケマルパーシヤ、奈翁《なをう》、太閤等《たいこうとう》を推《お》してよいのである、天狐《てんこ》は癲個《てんこ》である、癲倒《てんたう》した心理《しんり》である。

(六)中狐《ちうこ》—背《せ》にありて虛言《きよけん》を云《い》ふ事《こと》を好《この》む、と云《い》ふのは、之《こ》れは狐才子《こさいし》、猿族漢《えんぞくかん》である、人《ひと》の面色《かほいろ》を見《み》て物《もの》を言《い》ふ卑劣《ひれつ》なる心理狀態《しんりじやうたい》であつて、人《ひと》を謀《はか》らんとして人《ひと》に謀《はか》られ、常《つね》に人《ひと》の爲《ため》に馬《うま》の足《あし》となる心象體現《しんしやうたいけん》を云《い》ふのである、即《すなは》ち中《ちう》ブラリンと云《い》ふので、善惡兩途《ぜんあくりやうみち》に運動《うんどう》する心理《しんり》である。

(七)地狐《ちこ》—腰《こし》より下《した》にあり走《はし》りたがる、と云《い》ふのは、劣等人種《れつとうじんしゆ》の權化《ごんげ》であつて、酒乞食《さけこじき》と云《い》ふのも此《こ》の心理《しんり》の表現《へうげん》である、人《ひと》の用《よう》を辨《べん》じては飲食《いんしよく》をして喜《よろこ》び樂《たの》しむ心靈上《しんれいじやう》の缺陷者《けつかんしや》である、雷同《らいどう》せられる小人《せうじん》である愚人《ぐじん》である。

先《ま》づざつと斯様《かやう》に評《ひやう》を下《くだ》して置《お》けば祈禱者《きたうしや》に魅化《はか》されることはないであらう、七狐《こ》の内《うち》一より四までは小乘的個人主義者《せうじようてきこじんしゆぎしや》の心象發現《しんしやうはつげん》であつて、五より七迄《まで》の三つは大乘《だいじよう》的共同精神《てききようどうせいしん》に充《み》ちて居《ゐ》るのである。

總《そう》じて狐《きつね》は……氣《き》が常識《じやうしき》を脱《だつ》して居《ゐ》ると云《い》ふのである、獨逸《どいつ》の個人主義者《こじんしゆぎしや》であるニイチヱと云《い》ふ哲學者《てつがくしや》は、氣狂《きちがひ》にならなければ著作《ちよさく》が出來《でき》ないと云《い》つたのであるから、常《つね》に狐憑《こひよう》の様《やう》に常識《じやうしき》を逸《いつ》して居《ゐ》たのである、何《いづ》れも七狐《こ》の狐精《こせい》を發揮《はつき》して居《ゐ》る不具者《ふぐしや》であつた。

七狐《こ》の外《ほか》に白狐《びやくこ》がある、又其外《またそのほか》に金毛《きんもう》九尾《び》の狐《きつね》がある、それから佛教《ぶつけう》が渡來《とらい》してから狐《きつね》が茶枳尼《だきに》となり、豊川茶枳尼天《とよかはだきにてん》となつたのである、茶枳尼《だきに》は梵語《ぼんご》の…DAKINI…の音譯《おんやく》で……拏吉儞《なきに》、茶枳尾《だきび》、とも書《か》き、密教《みつけう》では天部《てんぶ》に屬《ぞく》する神《かみ》であるから陀天《だてん》とも呼《よ》び、印度《いんど》では暴惡《ばうあく》の女神《めがみ》カーリー KALI の侍女《じぢよ》で常《つね》に人肉《じんにく》を啗《くら》い、一名《めい》飲血鬼《いんけつき》と云《い》ふて居《ゐ》る、大日經疏《ないにちきやうそ》七に最《もつと》も詳細《しやうさい》にその性質《せいしつ》を擧《あ》げてある。

世間《せけん》にこの茶枳尼《だきに》の法術《はふじゆつ》を行《おこな》ふ者《もの》があるが、茶枳尼《だきに》の法術《はふじゆつ》とは自在《じざい》を得《う》るの呪術《じゆじゆつ》である、茶枳尼《だきに》は人《ひと》が命終《めうしう》する六ケ月前《げつぜん》にこれを知《し》つて法術《はふじゆつ》を行《おこな》ひ、その人《ひと》の心《こゝろ》を取《と》つて食《くら》ふのである、それを食《くら》へば法術《はふじゆつ》を成就《じやうじゆ》して一日間《にちかん》に世界中《せかいぢう》を馳《か》け廻《まは》ることも出來《でき》、意《い》の欲《ほつ》するところ叶《かな》はぬと云《い》ふ事《こと》がない樣《やう》になる、又茶枳尼《まただきに》は自分《じぶん》の好《この》まぬものは、術《じゆつ》を以《もつ》て病《や》ましめることも出來《でき》るが、人《ひと》を殺《ころ》すことは出來《でき》ないから、人《ひと》の死《し》ぬ六ケ月《げつ》以前《いぜん》に心《こゝろ》を取《と》り、他物《たぶつ》を以《もつ》てその代《かは》りに置《お》き換《か》へて行《ゆ》く、然《しか》して心《こゝろ》を取《と》られた人《ひと》は、壽命《じゆみやう》の盡《つ》きるまでは存命《ぞんめい》して居《ゐ》るのである。

然《しか》し茶枳尼《だきに》は初《はじ》めの内《うち》は人《ひと》を殺《ころ》してその心《こゝろ》を食《く》ふて居《ゐ》たのであつたが、毘盧遮那如來《びるしやなによらい》が惡魔降伏《あくまこうふく》の降三世明王《こうさんせみやうわう》の法門《はふもん》に住《じう》し、大黑神《だいこくじん》を化作《けさく》して大威力《だいゐりよく》を具《そな》へ、灰《はい》を身《み》に塗《ぬ》り曠野《くわうや》に行《い》つて法術《はふじゆつ》を行《おこな》ひ、茶枳尼《だきに》の輩《やから》を集《あつ》めて、汝等《なんぢら》は常《つね》に人《ひと》を殺《ころ》すから、我今《われいま》汝等《なんぢら》を呑《の》み盡《つく》して了《しま》ふと云《い》つて呵責《かしやく》した所《ところ》が、茶枳尼共《だきにども》は佛《ぶつ》の威光《ゐくわう》に恐怖《きやうふ》して遂《つひ》に佛《ぶつ》に歸依《きえい》してしまつたのである。

荼枳尼《だきに》は佛《ぶつ》に肉《にく》を食《くら》ふ事《こと》を禁《きん》ぜられたので、困《こま》つて佛《ぶつ》の慈悲《じひ》をお願《ねがひ》すると、以後《いご》は死人《しにん》の心《こゝろ》を食《くら》へと云《い》はれたのであるが、人《ひと》が死《し》ぬ時迄《ときまで》待つて居《ゐ》ては、夜叉《やしや》の大將共《たいしやうども》が、先《さき》を爭《あらそ》ふて死人《しにん》を食《く》ひに來《く》る故《ゆゑ》、とても私共《わたしども》は死人《しにん》に近寄《ちかよ》る事《こと》が出來《でき》ないと云《い》ひ出《だ》したので……人《ひと》の死《し》ぬ六ケ月以《げつい》前《ぜん》に人《ひと》の心《こゝろ》を食《く》ふことを許《ゆる》されたのである。

以上《いじやう》は大日經疏《だいにちきやうそ》の説明《せつめい》の大意《たい》であるが、この荼枳尼《だきに》の法《はふ》を修《しう》するものは、又荼枳尼《まただきに》と等《ひと》しい通力《つうりよく》を得《う》ると云《い》ふのである。然《しか》して此《こ》の荼枳尼衆《だきにしう》は末那識《まなしき》を中心《ちうしん》とした、潜《せん》在識《さいしき》の團體《だんたい》を言《い》ふのであつて、末那識《まなしき》と云《い》ふのは、自我《じが》の強《つよ》い貪慾《どんよく》の強《つよ》い自己中心《じこちうしん》、即《すなは》ち利己主義《りこしゆぎ》の賣笑婦《はいせうふ》の如《ごと》きを云《い》ふのである、此頃日本《このごろにほん》の婦人《ふじん》や子供《こども》が頸《くび》に眞珠《しんじゆ》の樣《やう》な輪《わ》をかけて居《ゐ》るが、あれは西藏《ちべつと》の荼枳尼天《だきにてん》が頸《くび》にかけて居《ゐ》る珠數《じゆず》の眞似《まね》である、珠《じゆ》數輪《ずわ》をかけて居《ゐ》る者《もの》は必《かなら》ず利己主義《りこしゆぎ》の權化《ごんげ》であると觀《み》て差支《さしつかへ》ない……米國人《べいこくじん》の如《ごと》きがそうである。

そこで狐《きつね》の種類《しゆるゐ》は荼枳尼《だきに》に來《き》てまとまりがついた樣《やう》であるが、七狐《こ》も金毛《きんまう》九尾《び》も荼《だ》枳尼《きに》もその本體《ほんたい》は、吾々《われ〳〵》の心靈狀態《しんれいじやうたい》に起《おこ》る處《ところ》の幻映《げんえい》を畫《ゑが》いたものであるから、潜在意《せんざいい》識《しき》の方《はう》に着眼《ちやくがん》せないで、狐《きつね》や荼枳尼天《だきにてん》に誤迷信《ごめいしん》しては人間《にんげん》の眞價《しんか》を認《みと》めることは出來《でき》ない事《こと》になるのである。

狐《きつね》なる動物《どうぶつ》の一種《しゆ》は、人間《にんげん》とは何等《なんら》の關係《くわんけい》もあるべき筈《はず》のものではないのであるがそれを人間《にんげん》の方《はう》で、無理《むり》から狐《きつね》を祭《まつ》つて人間《にんげん》の心靈《しんれい》の上《うへ》に、その觀念《くわんねん》を釀成《じやうせい》するのであるから、遂《つひ》に醱酵《はつかう》することになるのである、人間自《にんげんみづか》らが作《つく》る罪《つみ》である。

四　稻荷と狐の出所

稻荷神社《いなりじんじや》は、もとは立派《りつぱ》な純粹《じゆんすい》なる神道《しんだう》の社《やしろ》であつたかと思《おも》はれるが、これも亦後《またこう》世《せ》の種々《しゆ〴〵》なる傳說《でんせつ》や迷信《めいしん》やらが加《くは》はつて、豐川《とよかは》の稻荷《いなり》などになつたときは、全然印度《ぜん〳〵いんど》敎的《けうてき》の淫祠《いんし》になつた樣《やう》に思《おも》はれる、豐川稻荷《とよかはいなり》が三河《かは》で一廓《くわく》をなして、日本人《にほんじん》を魅化《はか》して居《ゐ》るが、あんな無用《むよう》の神社《じんじや》は先《ま》づ一掃《さう》して仕舞《しま》はなければ日本人《にほんじん》の恥《はぢ》である、文明《ぶんめい》を誇《ほこ》る國民《こくみん》として實《じつ》に恥《はづ》かしい事《こと》ではないか。

豊川稲荷《とよかはいなり》ばかりでなく、何處《いづこ》の神社《じんじや》でもその建立《こんりふ》の因縁《いんねん》とか緣起《えんき》とかは、多《おほ》くは神《かん》主《ぬし》が勝手《かつて》に作《つく》つたもので、荒唐無稽《こうとうむけい》のものゝみである、稲荷神社《いなりじんじや》の總本家《そうほんけ》の觀《くわん》ある伏《ふし》見《み》の稲荷《いなり》に就《つい》ては、神道的《しんだうてき》の傳説《でんせつ》と佛教的《ぶつけうてき》の傳説《でんせつ》との二つがあるが、餘《あま》り技巧《ぎこう》は弄《ろう》してない様《やう》である、何《いづ》れかと云《い》へば野趣《やしう》を帶《お》びたものであつて、其《その》一つは元明天皇《げんめいてんわう》の和《わ》銅年間《どうねんかん》に、山城《やましろ》の伊奈利山《いなりやま》に秦氏《はたうじ》の長者《ちやうじや》が居《ゐ》て、其富貴《そのふつき》に任《まか》せて次第《しだい》に増長《ぞうちやう》し、一日《にち》餅《もち》を的《まと》にして弓《ゆみ》の稽古《けいこ》をした所《ところ》が、箭《や》が餅《もち》の的《まと》に當《あた》ると、その餅《もち》は忽《たちま》ち白鳥《はくてう》に化《くわ》して空高《そらたか》く飛《と》び去《さ》つたと云《い》ふのである、茲《こゝ》に於《おい》て始《はじ》めて其罪《そのつみ》を後悔《こうかい》して稲《いね》の神《かみ》を祀《まつ》つたと云《い》ふのが其説《そのせつ》である。

他《た》の佛教的《ぶつけうてき》の說《せつ》は、智證大師《ちしようだいし》が弘安《こうあん》十二年《ねん》に熊野《くまの》へ參詣《さんけい》した還向《かへり》の途中《とちう》、紀伊國石《きいのくにいし》田河下稲羽《だがはしもいなは》の里《さと》を通《とほ》る時《とき》に一人《ひとり》の老人《らうじん》と二人《ふたり》の女《をんな》とが居《ゐ》て稲《いね》を苅《か》つて居《ゐ》るのに逢《あ》ふた

「此《こ》の三人《にん》の者《もの》は即《すなは》ち化人《げにん》であつたので。これを稲荊大明神《いねかりだいみやうじん》」としたと云《い》ふのである。

又稲荷大明神流記《またいなりだいみやうじんりうき》にこの二説《せつ》を混《こん》一して、和銅年間《わどうねんかん》の創始《さうし》と弘法大師《こうはふだいし》とを強《しひ》て結《むす》び付《つ》けやうとした様《やう》な説《せつ》を擧《あ》げて、和銅年間《わどうねんかん》から百年許《ねんばか》りの間《あひだ》、龍頭太《りうとうた》と云《い》ふ不思議《ふしぎ》な男《をとこ》が居《ゐ》た、その顔《かほ》は龍《りう》の如《ごと》くにして顔面《がんめん》から光明《くわうみやう》を放《はな》ち、夜《よる》でもあたりを晝《ひる》の様《やう》に照《てら》して居《ゐ》たが、此《こ》の男《をとこ》の姓《せい》は荷田《かた》と云《い》ふのであつた、或日《あるひ》稲《いね》を荷《にな》つて居《ゐ》る時《とき》に弘法《こうはふ》に出《で》會《あ》つて、稲荷《いなり》として祀《まつ》られたのであると云《い》ふてある。

稲荷《いなり》の神《かみ》は五穀《こく》の神《かみ》で、その本尊《ほんぞん》は……倉稲魂命《うけいなたまのみこと》……を祀《まつ》つたものであらう、倉《うけ》稲魂命《いなたまのみこと》は伊勢《いせ》の外宮《げぐう》の豊受大神《とようけだいじん》と同《ごう》一の神《かみ》である、秦中家忌寸《はだなかけいすみ》等《とう》の遠祖《をんそ》にあたる伊《い》侶具《ろぐ》秦公《はだきみ》が……五穀《こく》の豊熟《ほうじゆく》を祈《いの》るために倉稲魂命《うけいなたまのみこと》を祀《まつ》り、合《あは》せてその神《かみ》の父母《ふぼ》の素《す》盞嗚命尊《さなうのみこと》と大市姫命《おほいちひめのみこと》とを祠《まつ》つたもので、爾來《じらい》農業《のうげふ》を以《もつ》て建國《けんこく》の基礎《きそ》として居《ゐ》る國《くに》だけに非常《ひじやう》な尊崇《そんそう》をうけ、都近《みやこちか》いために行幸《ぎやうこう》なども仰《おほ》せ出《いだ》されたるものと見《み》える、稲荷《いなり》神社考上《じんじやかうじやう》には……。

「此《こ》の鳥神《てうじん》は田穀《でんこく》を成幸給《なりさちたま》ふ宇賀之御魂神《うがのみたまのかみ》にて、食津物《みけつもの》を麁忽《そこつ》に射戯《いたはむ》れしを怒《いか》らせ給《たま》ひ斯在奇異状《かゝるあやしきさま》を示《しめ》して神靈《しんれい》の顯 坐《あらたかにおはす》るにこそあらめとて、御親神《ごしんく》(素盞嗚 大市姫)と共《とも》に三座《ざ》の社《やしろ》を營建《いとなみた》て齋祀《さいし》したるなるべし」

稻荷《いなり》を造《つく》り上《あ》げる爲《ため》に、伊侶具秦公《いろぐはだぎみ》が餅《もち》を的《まと》に射《い》た爲《た》めに惡者《わるもの》として稻荷《いなり》に位《くらゐ》と力《ちから》とをつけたのであつて、倉稻魂《うけいなたま》を白鳥《はくてう》にしたのである。而《しか》して左《さ》の三社《しや》。

倉稻魂《うけいなたま》、素盞嗚《すさなう》、大市姫《おほいちひめ》を稻荷《いなり》の三柱《みはしら》の神《かみ》とは或《あるひ》は異説《ゐせつ》があるが、本社《ほんしや》の倉稻魂《うけいなたま》だけは異説《ゐせつ》はない樣《やう》であるから、是等《これら》のことはあまり詮索《せんさく》する必要《ひつえう》もなからうと思《おも》ふ、この稻荷《いなり》の三社《しや》に、本地垂跡《ほんちすゐせき》の説《せつ》が加《くは》はり、稻荷《いなり》と云《い》ふ字義《じぎ》から附會《ふくわい》して今度《こんど》は弘法《こうほふ》だとか、智證《ちしよう》だとか、と因緣《いんねん》をつけかけて來《き》たので、第《だい》二第《だい》三の傳説《でんせつ》が出《で》て來《き》たのではなからうか、弘法大師《こうほふだいし》や智證大師《ちしようだいし》の時《とき》と云《い》へば、平安朝《へいあんてう》の初期《しよき》で、日本《にほん》は可《か》なりよく開《ひら》けて居《ゐ》たのであるから、稻《いね》を荷《にな》つて居《ゐ》る三人連《にんづ》れの百姓位《しやうぐらゐ》は、數多《かずおほ》いことであつたらうと思《おも》はれる。

類聚國史《るゐしうこくし》三十四に、「天長四年正月《てんちやうねんしやうぐわつ》には淳和天皇《じゆんわてんわう》の御不例《ごふれい》を稱《しよう》して稲荷《いなり》の神木《しんぼく》を伐《き》つた故《ゆへ》だとして、其平癒《そのへいゆ》を祈《いの》つたとき、忽《たちま》ち驗《しるし》があつたので稲荷《いなり》に位階《ゐかい》をお授《さづ》けになつた」と記《しる》してある、それから下《くだ》つて源平時代《げんぺいじだい》には、高博《たかひろ》と云《い》ふ者《もの》が母《はゝ》の重病《ぢうびやう》に手《て》を盡《つく》したけれども、一向療治《かうりやうぢ》の効《きゝめ》がなかつたので、稲荷《いなり》の社《やしろ》に七ケ日參籠《にちさんろう》して居《ゐ》たが、第七日《だいか》の夜《よ》琵琶《びは》を執《と》つて上玄石象《じやうげんせきざう》の曲《きよく》を彈《ひ》くと、御寶殿《ごほうでん》の中《なか》から金《きん》の扉《とびら》を押開《おしひら》いて、みづらの童《わらべ》が一人《ひとり》出《で》で來《き》たので、高博《たかひろ》も神慮《しんりよ》の御受納《ごじゆなふ》を憑《たの》もしく覺《おぼ》えて即《すなは》ち下向《げかう》してみると、母《はゝ》の重病《ぢうびやう》はたちどころに平癒《へいゆ》して更《さら》に恙《つゝが》なくなつたと云《い》ふことである（盛衰記）頼朝《よりとも》が天下安全《てんかあんぜん》、武運長久《ぶうんちやうきう》、兇徒平定《きようとへいてい》を祈《いの》つたことは國史《こくし》にも出《で》て居《ゐ》るが、又元亨《またげんけう》釋書《しやくしよ》に桓舜《かんしゆん》が貧《ひん》を苦《く》にして居《ゐ》て山王《さんわう》を祈《いの》つてみたが驗《みしるし》がなかつたので今度《こんど》は稲荷明神《いなりみやうじん》に祈願《きぐわん》を込《こ》めて居《ゐ》ると、七日目《かめ》の滿願《まんぐわん》の日《ひ》の夜《よ》になつて、明神《みやうじん》は美女《びぢよ》に現《あら》はれて桓舜《かんしゆん》の胸《むね》を開《ひら》いて紙《かみ》に千石《ごく》と書《か》いたものを入《い》れたと思《おも》ふと、其處《そこ》へ山王《さんわう》の權現《ごんげん》が現《あら》はれて思《おも》ふ仔細《しさい》があるからと云《い》つてその紙片《がみきれ》を取《と》つてしまつたので、桓舜《かんしゆん》は利慾《りよく》の念《ねん》を捨《す》てゝ高僧《かうそう》となつたとしてある。

高博《たかひろ》と頼朝《よりとも》の場合《はあひ》と同《おな》じ時代《じだい》ではあるが、清盛《きよもり》の祈《いの》り方《かた》には別種《べつしゆ》の信仰《しんかう》があつた樣《やう》にも見《み》られる、この時《とき》は稲荷《いなり》はその性質《せいしつ》に變化《へんくわ》を生《しやう》じて、荼枳尼《だきに》とか狐《きつね》とかの信仰《しんかう》が混《まじ》つて居《ゐ》たらしく思《おも》はれるからである。

身延山下《みのぶさんか》に住《い》くと石割《いしわ》り稲荷《いなり》と云《い》ふのがある、之《こ》れは往昔《むかし》日蓮《にちれん》が身延山《みのぶさん》に往《い》つた時《とき》、道案内《みちあんない》をしたと云《い》ふので有名《いうめい》な傳説《でんせつ》がある、池上《いけがみ》にも長榮稲荷《ちやうえいいなり》と云《い》ふのがあるが、之《こ》れも池上《いけがみ》の守護神《しゆごじん》として鎭《しづ》めてあるが、歴史《れきし》は坊《はう》さん達《たち》の勝手《かつて》の作《さく》である、備中高松《びつちうたかまつ》の最上稲荷《さいじやういなり》も七十七社《しや》の末社《まつしや》を設《もう》けて天下《てんか》の愚夫愚婦《ぐふぐふ》を僞瞞《ぎまん》して居《ゐ》るのである。

佛教《ぶつけう》の各宗《かくしう》は悉《こと〴〵》く稲荷《いなり》を勸請《くわんじやう》せないものはないのであるから、文明主義《ぶんめいしゆぎ》を體現《たいげん》すべく敎《をし》へられた釋尊《しやくそん》は、嘸《さぞ》かし泣《な》いて居《ゐ》ることであらう、……余《よ》が大正《たいしやう》十二年《ねん》十月《ぐわつ》二十三日埼玉縣大宮《にちさいたまけんおほみや》に往《い》つた時《とき》、某醫師《ばういし》の娘《むすめ》が肺炎加答兒《はいせんかたる》に罹《か》ゝつて居《ゐ》たが、日蓮宗《にちれんしう》祈禱者《きとうじや》に祈禱《きとう》をして貰《もら》つたら、附近《ふきん》の稲荷《いなり》の眷屬《けんぞく》が憑《つ》いて居《ゐ》るとて、……正福稲荷大善神《しやうふくいなりだいぜんじん》……

と勸請《くわんじやう》して貰《もら》つたと云《い》ふことであつた、その狐憑《きつねつき》の娘《むすめ》を心源術《しんげんじゆつ》で施法《せはふ》を行《おこな》つたら面《おも》白《しろ》い問答《もんだふ》があつたから參考迄《さんかうまで》に左《さ》に擧《あ》げることにしやう。

余《よ》と某醫師《はういし》との問答《もんだふ》

問　先生此《せんせいこ》の床《とこ》の間《ま》に勸請《くわんじやう》したのは何《なん》ですか。

答　これは私《わたし》の娘《むすめ》が肺炎《はいせん》カタルを患《わづら》つた時《とき》、附近《ふきん》の稻荷《いなり》に祈《いの》つたとかで、人《ひと》より勸《すゝ》められて日蓮宗《にちれんしう》の祈禱《きとう》をしたら、眷屬《けんぞく》の野狐《やこ》だと云《い》ふので祭《まつ》つて貰《もら》つたのです。

問　それで其肺炎《そのはいせん》カタルが治《なほ》つたのですか。

答　癒《なほ》らないのですが體現《たいげん》した爲《た》めに祭《まつ》つた丈《だけ》です。

問　それてはその守護神《しゆごじん》を娘《むすめ》さんの體現《たいげん》にて拜見致《はいけんいた》しませうか。

答　何分願《なにぶんねが》ひます、直《す》ぐに娘《むすめ》を法座《ほふざ》に据《す》へませう。

以後《いご》は娘《むすめ》との體現問答《たいげんもんだふ》となるのであるが、醫師《いし》たるものが、祈禱者《きとうじや》に賴《たの》んで肺炎《はいせん》カタルを祈禱《きとう》して貰《もら》ふと云《い》ふ事《こと》は、如何《いか》に解決《かいけつ》すべきであるか、大《おほ》いに靈肉調和《れいにくてうわ》をせねばならぬ現證《げんしよう》ではないか、藥物療法《やくぶつりやうはふ》と祈禱《きとう》……之《こ》れが結論《けつろん》である。

さて余《よ》は娘《むすめ》の守護神《しゆごじん》たる正福稻荷大善神《しやうふくいなりだいぜんじん》を體現《たいげん》させて問答《もんだふ》を開始《かいし》したのであるが、先《ま》づ此所《こゝ》にお座《すわ》んなさいと娘《むすめ》を座《すわ》らせたのである、而《しか》して心源術《しんげんじゆつ》の施法《せはふ》を行《おこな》つたら、飛動狀態《ひごうじやうたい》になつて動物的《どうぶつてき》にフー、フー、フーと吹《ふ》くのであつた、依《よ》つて余《よ》は體現《たいげん》の娘《むすめ》に對《たい》して靜止《せいし》を明示《めいじ》した所《ところ》が直《たゞ》ちに明示《めいじ》の如《ごと》く靜止狀態《せいしじやうたい》になつたから質問《しつもん》を試《こゝろ》みた。

問　守護神《しゆごじん》たるべきものが、その飛動《ひごう》、その動物的狀態《どうぶつてきじやうたい》は、守護神《しゆごじん》としての威儀《ゐぎ》を缺《か》いて居《ゐ》るではないか。

答　吾《わ》れは本人《ほんにん》の守護神《しゆごじん》たる正神大善神《しやうふくだいぜんじん》であるが、本人《ほんにん》の心《こゝろ》の修行《しゆぎやう》が足《た》りないから此《こ》の狀態《じやうたい》である。

問　心《こゝろ》の修行《しゆぎやう》が足《た》りて向上《かうじやう》すれば守護神《しゆごじん》の名義《めいぎ》は無《む》になるがよろしきや。

答　本日《はんじつ》より飛動《ひごう》及《およ》び動物行爲《どうぶつかうゐ》は斷然中止《だんぜんちうし》す。

問　然《しか》らば中止《ちうし》の上《うへ》は心王《しんわう》一元《げん》の靈體《れいたい》となつて交靈《かうれい》及《およ》び靈覺《れいかく》の一切《さい》が可能《かのう》なるや否《いな》や。

答　明日《みやうにち》より五十日間《にちかん》に萬事《はんじ》可能《かのう》なり。

以上《いじやう》の問答《もんだふ》により五十日後《にちご》實驗《じつけん》したるに萬事《はんじ》正確《せいかく》であつた、中《なか》にも清浦内閣《きようらないかく》の崩壞《ほうくわい》を二月《ぐわつ》十四日の靈覺發聲《れいかくはつせい》にて「來月《らいげつ》より三ヶ月《げつ》の後崩壞《のちほうくわい》」と云《い》はれたので、其的中《そのてきちう》の有《う》無《む》を試驗中《しけんちう》加藤内閣《かとうないかく》の成立《せいりつ》にて的中《てきちう》した。

故《ゆゑ》に狐憑《きつねつき》たる心理狀態《しんりじやうたい》は、潜在意識《せんざいいしき》の分裂作用《ぶんれつさよう》たることは動《うごか》すべからざる確證《かくしよう》がある、靈狐《れいこ》とは此《こ》の正福稻荷大善神《しやうふくいなりだいぜんじん》が、心《こゝろ》の修行《しゆぎやう》を向上《かうじやう》して守護神《しゆごじん》の名《な》が無《な》くなり、一靈元《れいげん》に全精神《ぜんせいしん》が統《とう》一した境《きやう》が即《すなは》ち靈狐《れいこ》である。

然《しか》るに日蓮宗祈禱《にちれんしうきとう》などで勸請《くわんじやう》された稻荷《いなり》は、本心《ほんしん》の靈體《れいたい》を認《みと》めない幻覺《げんかく》、錯覺《さくかく》の境《きやう》域故《いきゆゑ》に、勸請《くわんじやう》のあとが何時《いつ》でも跳《おど》り子《こ》になつて頭《あたま》を痛《いた》め、腹《はら》を痛《いた》め、身體中《からだぢう》を患《いた》めて居《ゐ》るのであつて、心理狀態《しんりじやうたい》が統《とう》一せないでキヨロ、キヨロして落附《おちつ》かないのである。

それで稻荷《いなり》と狐《きつね》の結《むす》び附《つ》いたのは、佛教《ぶつけう》と結《むす》び附《つ》いてから荼枳尼《だきに》の思想《しさう》に魅化《はか》されれて、稻荷《いなり》か狐《きつね》か、狐《きつね》か稻荷《いなり》かと見分《みわ》けの出來《でき》ないことになつたのであるが、元來《ぐわんらい》狐《きつね》と稻荷《いなり》とは何等《なんら》の關係《くわんけい》がないのである、恰《あだか》も油《あぶら》と水《みづ》との如《ごと》きものであるのを、それを識《し》らずに稻荷《いなり》と云《い》へば狐《きつね》を祭《まつ》つてある樣《やう》に思《おも》つて居《ゐ》るのは誠《まこと》に哀《あは》れむべきである。

五　狐の活動振り

昔《むかし》から狐《きつね》の嫁入《よめい》りだとか、狐《きつね》が人《ひと》を魅化《はか》すとか云《い》ふて種々《いろく》と恐《おそ》るべき傳說《でんせつ》が澤山《たくさん》にあるが、日本歷史《にほんれきし》の一半《はん》は狐物語《きつねものがた》りが占領《せんりやう》して居《ゐ》るの觀《くわん》がある。

中山《なかやま》に六浦妙法日荷《むつうらみやうはふにつか》と云《い》ふ坊《はう》さんがあつて、その坊《はう》さんが祀《まつ》つて居《ゐ》る古堂《こだう》があるが、此《こ》の堂《だう》に居《ゐ》た道樂坊主《だうらくばうず》で山本日諦《やまもとにつてい》と云《い》ふ武士《ぶし》あがりの半僧半俗《はんそうはんぞく》があつた、その日諦《につてい》が常《つね》に人々《ひとぐ》に說敎《せつけう》して狐《きつね》の活動振《くわつどうぶ》りの虛搆《きよこう》を傳說《でんせつ》して居《ゐ》たから左《さ》に示《しめ》して置《お》かう。

「身延山《みのぶさん》に滿行院卽《まんげうゐんすなは》ち積善坊日勇《せきぜんばうにちゆう》と云《い》ふ行者《ぎやうじや》があつて波木井川《はきゐがは》の邊《ほとり》に小屋《こや》を建《た》て、一千日間水行《にちかんすゐぎやう》したが行《ぎやう》を滿了《まんれう》してから諸國《しよこく》に腕試《うでだめ》しにと出《だ》かけた、ところが伊勢《いせ》の松《まつ》坂《ざか》に油屋《あぶらや》と云《い》ふ千人《にん》も泊《とま》れると云《い》はれた大《おほ》きな旅宿《りよしゆく》があつたが、その旅宿《りよしゆく》の妻女《さいぢよ》が玉藻前《たまものまへ》の如《ごと》き古狐《こぎつね》が憑《つ》いて居《ゐ》たから、内宮下宮《ないぐうげぐう》の神官《しんくわん》が二十人《にん》、眞言坊《しんごんばう》さんが十人《にん》、都合《つがふ》三十人《にん》で祈禱《きとう》をして居《ゐ》たが、三年《ねん》もかゝつて居《ゐ》ても更《さら》に効果《かうくわ》がなく、狐《きつね》は一向《かう》に退散《たいさん》せないのであつた、或日《あるひ》積善坊《せきぜんばう》が油屋旅宿《あぶらやりよしゆく》の附近《ふきん》の理髪所《りはつじよ》にて頭《あたま》を剃《そ》らんと這入《はい》つて待《ま》つて居《ゐ》ると、油屋《あぶらや》の妻女《さいぢよ》の話《はなし》を耳《み》にしたから、頭《あたま》も剃《そ》らずに急《いそ》いで出《で》て行《ゆ》き油屋旅宿《あぶらやりよしゆく》に泊《とま》りを賴《たの》み入《い》れた、然《しか》るに油屋《あぶらや》では上《うへ》を下《した》への大騷動《おほさうどう》で客《きやく》などを泊《と》める事《こと》は出來《でき》ないと斷《こと》はられた、けれども積善坊《せきぜんばう》は、臺所《だいどころ》の隅《すみ》でもよいからと無理《むり》に賴《たの》んで泊《と》めて貰《もら》ふことにしたのである、而《しか》して其日《そのひ》の夕飯時《ゆふはんどき》に給仕《きうじ》に出《だ》た女中《ぢよちう》に家《うち》の樣子《やうす》を聞《き》いてみたら、理髮所《りはつじよ》で耳《み》にした如《ごと》く三ケ年《ねん》も行者《ぎやうしや》が掛《か》つて居《ゐ》るが治《なほ》らぬと云《い》つたので、積善坊《せきぜんばう》は斷言《だんげん》した「そんな木葉《こつは》神主《かんねし》やウジ虫法印《むしはふいん》等が何年《なんねん》かゝつても治《なほ》るものか、吾輩《わがはい》なら彈指《つまはじき》で退散《たいさん》させて仕舞《しま》ふと云《い》つたので、女中《ぢよちう》が直《たゞ》ちに此《こ》の事《こと》を主人《しゆじん》に話《はな》した、すると主人《しゆじん》は直《す》ぐに來《きた》りて祈禱《きとう》を乞《こ》ふたのである。

そこで積善坊《せきぜんはう》は翌朝早《よくてうはや》く起《お》き出《い》でゝ、伊勢《いせ》の市中《しちう》を歩行《ほかう》しながら右手《めて》の五指《し》に陀羅《だら》尼呪《にじゆ》を封《ふう》じ込《こ》んで晝頃《ひるころ》に歸宿《きしゆく》し、それより身體《しんたい》を調《とゝの》へて妻女《さいなよ》の病間《びやうま》へ這入《はい》つて行《い》つた、所《ところ》が妻女《さいぢよ》は突然眼《とつぜんめ》をさかだてゝ怒《おこ》つた……誰《たれ》だ人《ひと》の病間《びやうま》に無斷《むだん》で這入《はい》つて來《き》たのは……積善坊《せきぜんはう》は……默《だま》れ余《よ》は如來《によらい》の使《つひ》ひであるぞ……一念《ねん》の迷《まよ》ひ我儘《わがまゝ》によつて魔心《しん》に變化《へんげ》し家人《かじん》を惱《なや》め居《ゐ》るこの業報人奴《ごうはうにんめ》、我《わ》が打《う》ち出《だ》す彈指《だんし》の靈力《れいりよく》を觀《み》よ、と云《い》ひながら拇指《おやゆび》と中指《なかゆび》とで妙法蓮華經序品第一《みやうはふれんげきやうじよほんだい》、と大喝一聲強《だいかつせいつよ》く彈《はぢ》いたら、今迄《いまゝで》三十人《にん》の行者《ぎやうじや》に對《たい》しては勝手《かつて》な事《こと》を云《い》つて居《ゐ》た此《こ》の狐憑《きつねつき》者は、忽《たちま》ち身振《みぶる》ひして立《た》ち上《あが》りドタンと仰向《あふむ》けに倒《たふ》れたまゝ七日七夜寢《かよね》たきりであつたが、八日目《かめ》の朝起《あさお》きて覺醒《かくせい》して本氣《ほんき》に復《ふく》したのである」

積善坊日勇坊《せきぜんはうにちゆうはう》さんはその時天狗《ときてんぐ》の鼻高々《はなたかく》として歸《かへ》つて來《き》たのであつたが、三十人《にん》の行者《ぎやうじや》は自分《じぶん》の行力《ぎやうりよく》の足《た》らないことを思《おも》はずに、積善坊《せきぜんはう》を恨《うら》んで逆祈《さかいの》りをなしたのである、積善坊《せきぜんはう》は身延《みのぶ》に歸《かへ》り師僧《しそう》の日遠《にちをん》と云《い》ふ坊《ばう》さんに種々《いろく》なる話《はな》しをして居《ゐ》ると、身體《からだ》がだん／＼動《うご》かなくなつたと云《い》ふことである。

以上《いじやう》は山本日諦《やまもとにつてい》と云《い》ふ坊《ばう》さんの談道《だんだう》であるが、其取捨《そのしゆしや》は見《み》る人《ひと》の自由《じいう》である、靈狐《れいこ》の解釋《かいしやく》から判斷《はんだん》すると、全部《ぜんぶ》の形式《けいしき》は虛構即《きよこうすなは》ち說敎者《せつけうじや》の……舌《した》……と云《い》ふ事《こと》になるのである、「旅行者《りよかうしや》は常《つね》に虛言《きよげん》を以《もつ》てす」とスペンサーと云《い》ふ人《ひと》が云《い》つた如《ごと》く、山本坊《やまもとばう》さんも此《こ》の格言《かくげん》の人《ひと》であらう。

然《しか》し積善坊《せきぜんばう》が彈指《だんし》の刹那旅館《せつなりよくわん》の妻《つま》が立上《たちあが》つて倒《たふ》れたのは、積善坊《せきぜんばう》の靈性《れいせい》の壓迫《あつはく》の力《ちから》であるので、靈狐發現《れいこはつげん》に對《たい》して此間丈《このかんだ》けは共通《きようつう》して居《ゐ》ると云《い》ふ事《こと》になるのである、即《すなは》ち靈狐《れいこ》の背景《はいけい》に眞《しん》の靈性《れいせい》の閃《ひらめ》きがあつて、その靈性《れいせい》が妻《つま》の靈性《れいせい》と共通《きようつう》したのである。

狐《きつね》の活動振《くわつどうぶ》りがこんな現象《げんしやう》を來《き》たして居《ゐ》ると云《い》ふことは、單《たん》なる狐《きつね》として觀《み》れば三文《もん》の價値《ねうち》もないのであるが、狐精研究《こせいけんきう》から見《み》ると一切《さい》の形式及《けいしきおよ》び外廓《ぐわいくわく》は捨《す》てなければならぬ。

余《よ》が祈禱術研究時代《きとうじゆつけんきうじだい》に、金港堂《きんかうだう》と云《い》ふ書籍店《しよせきてん》に出入《でいり》する人《ひと》の親類《しんるゐ》の婦人《ふじん》に、氣狂《きちがひ》の悴《せがれ》があつて、巣鴨病院《すがもびやうゐん》に九年《ねん》も入院《にふゐん》して居《ゐ》たのであつた、其悴《そのせがれ》の病氣《びやうき》を癒《なほ》す様《やう》にと依《い》頼《らい》されたから、悴《せがれ》の實母《じつぼ》に就《つい》て祈禱《きとう》をしたら狐憑《きつねつき》の狀態《じやうたい》となつた、それで心靈的內面《しんれいてきないめん》をよく審判《しんぱん》して見《み》たらば、その婦人《ふじん》は嫁《よめ》に往《い》つた先《さ》きの姑《しうと》を慘酷《ざんこく》に取扱《とりあつか》ひ、時《とき》としては姑《しうと》に馬乘《うまの》りとなつて咽喉《のど》を締《し》めた事《こと》もあつたと云《い》ふのである、又嫁《またよめ》に往《い》かぬ前《まへ》にも、或者《あるもの》と肉的關係《にくてきくわんけい》をして懷妊《くわいにん》したのを、出產《しゆつさん》の時《とき》締《し》め殺《ころ》したとの事《こと》である、こんな具合《ぐあひ》に非道《ふだう》な事《こと》をした因果律《いんぐわりつ》によつて、一人《ひとり》しかない悴《せがれ》に其報《そのむく》ひが現《あら》はれて氣狂《きちがひ》となつたのであつて、祈禱《きとう》の時《とき》にこの貪慾心《どんよくしん》が……狐憑狀態《きつねつきじやうたい》になつたのである、俗《ぞく》に云《い》ふヲサキ狐《ぎつね》の様《やう》にチヨコチヨコして隅《すみ》の方《はう》に往《い》つて隱《かく》れたり、人《ひと》の眼《め》を盜《ぬす》んだりして一生《しやう》涯無意味《がいむいみ》な日《ひ》を送《おく》つたのである。

余《よ》は之《こ》れを氣毒《きのどく》に思《おも》つたから審判《しんぱん》してやつたら狐精《こせい》が解除《かいじよ》して精神病院《せいしんびやうゐん》から退院《たいゐん》したのであつたが、後《のち》三、四年《ねん》にして死去《しきよ》して了《しま》つた、又余《またよ》が心源術《しんげんじゆつ》を公開《こうかい》する少《すこ》し前《まへ》に使用《しよう》した質《たち》のよい婦人《ふじん》の靈覺者《れいかくしや》があつたが、その婦人《ふじん》が惡性《あくせう》の夫《をつと》を持《も》つたので、それと縁《えん》を切《き》るために迷信《めいしん》を起《おこ》して、板橋《いたはし》の縁切榎《えんきりゑのき》に參詣《さんけい》した、其歸途《そのきと》便所《べんじよ》に這入《はい》つたら、此《こ》の時《とき》……野狐《やこ》が憑《つ》いた……と云《い》ふので本所表町《ほんじよおもてちやう》の長榮講《ちやうえいこう》の行者《ぎやうじや》に祈禱《きとう》して貰《もら》つた所《ところ》が、その野狐《やこ》が出《で》て體現《たいげん》したのであつた。

余《よ》は之《こ》れを靈狐養成的《れいこやうせいてき》に仕上《しあ》げたら、實《じつ》に善良《ぜんりやう》な靈狐體現者《れいこたいげんじや》になつたのであつた、普通世間《ふつうせけん》の人々《ひと〴〵》が傳說《でんせつ》して居《ゐ》る狐《きつね》の話《はな》しは概《がい》して虛構《きよこう》の說《せつ》である、埼玉縣《さいたまけん》の蕨在《わらびざい》に梅《うめ》木稻荷《のきいなり》と云《い》ふのがある、そこに七歲《さい》になる大畑《おほはた》こう女と云《い》ふ少女《せうぢよ》が居《ゐ》たが、其少女《そのせうぢよ》に狐《きつね》が乘《の》り移《うつ》つて豫言《よげん》をすると云《い》ふので、それが大評判《おほひやうばん》となつた。

ところが、大畑《おほはた》こう子《こ》の豫言云々《よけんうんぬん》と云《い》ふのは眞赤《まつか》な僞《いつは》りであつて、蕨附近《わらびふきん》が水害《すゐがい》のため大損害《だいそんがい》をしたので、其發展策《そのはつてんさく》のために、百姓《しとう》に日給《につきふ》を拂《はら》ひ、無賴漢《ぶらいかん》を賴《たの》んで虛構《きよこう》の說《せつ》を爲《な》し、人《ひと》を僞瞞《ぎまん》して四方八方《はうはう》から迷信者《めいしんじや》を吸集《きふしう》したのであつた、こんな風《ふう》で元《もと》より根底《こんてい》のない狐《きつね》の活動振《くわつどうぶ》りであるから、短日時《たんにちじ》の間《あひだ》に立消《たちぎえ》ドロンとなつて了《しま》つたのである。

又《また》練馬《ねりま》村《むら》に龍神樣《りうじんさま》と云《い》ふて、藝者上《げいしやあが》り風《ふう》の老婆《らうは》が黑猫《くろねこ》を二十疋《ぴき》も飼養《しやう》し、御宮《おみや》をトントンと叩《たゝ》いて龍神樣《りうじんさま》の御告《おつ》けを聞《き》くと云《い》ふて大衆《だいしう》を吸集《きふしう》し、毎月《まいげつ》二十三四日《か》は殊《こと》に大繁昌《だいはんじやう》であつたが、これも狐憑《きつねつき》より來《きた》る心理狀態《しんりじやうたい》であつたので立消《たちぎえ》となつて了《しま》つた。

備中高松《びつちうたかまつ》の最上稻荷《さいじやういなり》に老婆《らうは》が居《ゐ》て狐憑《きつねつき》の僞瞞的豫言《ぎまんてきよげん》をしたが、これを又澤山《また、くさん》の坊主《ばうず》共《ども》が虛搆《きよこう》の宣傳《せんでん》をして、世人《せじん》を欺《あざむ》いて居《ゐ》るのは實《じつ》に不都合《ふつがふ》な話《はな》しで、人道上重罪犯《じんだうじやうぢうざいはん》と云《い》つて差支《さしつか》へはなからふ、日本全國《にほんぜんこく》の稻荷《いなり》なるものは、多《おほ》くは虛搆的僞瞞《ぎよこうてきぎまん》、心靈的詐《しんれいてきさ》僞《ぎ》であるから、宜《よろ》しく法律《はふりつ》を以《もつ》て一掃《さう》すべきである。

狐憑《きつねつき》……人《ひと》に狐《きつね》が憑《つ》くと云《い》ふことは斷《だん》じてあり得《え》ざることであつて、殊《こと》に狐《きつね》が人《ひと》の病氣《びやうき》を治《なほ》すなど〻云《い》ふ事《こと》は絶對《ぜつたい》にあるべき筈《はず》はないのである、三條小鍛冶宗親《でうこかぢむねちか》が稻荷《いなり》山《やま》に籠《こも》つて刀《かたな》を鍊《きた》へたら、その時狐《ときつね》が合槌《あひづち》を打《う》つたなど〻傳說《でんせつ》されて居《ゐ》るが、是等《これら》も亦眞赤《またまつか》な虛搆《きよこう》の說《せつ》であつて、狐《きつね》に合槌《あひづち》など打《う》てるものでない、又若《またも》し左樣《さやう》なことが眞《しん》實《じつ》あつたとすれば、それは狐《きつね》の合槌《あひづち》ではなくて、宗親《むねちか》の靈性《れいせい》の二重活動《ぢうくわつどう》であつて、鍊《きた》へて居《ゐ》る時《とき》に幻覺作《げんかくさ》用《よう》を起《おこ》したのてある。

余《よ》が易經研究時《えきけうけんきうじ》代身《だいみ》延山《のぶさん》に瀧行《たきぎやう》をしたが、其時天雷飛《そのときてんらいひ》妄《もう》と云《い》ふ易《えき》の卦意《くわい》が判明《はんめい》せぬので、精神統《せいしんとう》一をなして寢《しん》に就《つ》いた所《ところ》が、八十歳位《さいぐらゐ》の昔《むかし》の易者風《えきしやふう》の老人《らうじん》が枕元《まくらもと》に座《ざ》して、易意《えきい》の解釋《かいしやく》をして吳《く》れたのてある、これは余《よ》が靈性《れいせい》の二重活動《ぢうくわつどう》であつて、實際何《じつさいなん》の不思議《ふしぎ》もないのであるが、こんな事《こと》がさも大仰《たいぎやう》らしく世間《せけん》に云《い》ひ觸《ふ》らされるのである、三條小《でうこ》鍛冶《かぢ》が稻荷山《いなりやま》で狐《きつね》が合槌打《あひづちう》つたと傳說《でんせつ》されて居《ゐ》るも、劇的虛構《けきてききよこう》……の說《せつ》だと判《わか》れば何等《なんら》のいさくさもないのであるが、之《こ》れを狐《きつね》の活動振《くわつどうぶ》りの樣《やう》に傳《つた》へるから罪《ざい》惡《あく》を醸《かも》すやうになるのである。

往古《むかし》命婦《みやうぶ》の社《やしろ》に　陛下《へいか》から御幣《ごへい》をお供《そな》へになつた事《こと》があるが、東寺《とうじ》執行日記《しつかうにつき》私《し》用集《ようしう》二……に命婦《みやうぶ》の事《こと》を記《しる》して、船岡山《ふなをかやま》に白狐《びやくこ》の夫婦《ふうふ》があつて「夫《をつと》の身《み》は毛《け》白《しろ》くして銀針《ぎんばり》をならべたる如《ごと》く、尾《を》の端上《はしあが》りて秘密《ひみつ》の五古《ごこ》をさしはさみたるに似《に》たり、婦《なんな》は鹿《しか》の首《くび》にして身《み》は狐《きつね》なり」とある、畜類《ちくるゐ》の身《み》ではあるが天然《てんねん》の靈智《れいち》を得《え》てゐたので神《かみ》の眷屬《けんぞく》として戴《いただ》きたいと願《ねが》つたので、明神《みやうじん》の使者《ししや》となつたと云《い》ふ、夫《をつと》は上《かみ》の宮《みや》に仕《つか》へて小芋《おす》と呼《よ》び、婦《をんな》は下宮《しものみや》に仕《つか》へて阿古町《あこまち》と呼《よ》んだとある、又稲荷鎮座記《またいなりちんざき》にも同様《ざうやう》の説《せつ》を出《だ》した後《のち》……至徳《しとく》三年《ねん》五月《ぐわつ》の日附《ひづけ》があるから……建永元年《けんえいぐわんねん》八月《ぐわつ》十六日《にち》に陛下《へいか》が命婦《みやうふ》の社《やしろ》に御幣《ごへい》をお供《そな》へになつた事《こと》が、明月記《めいげつき》に記《しる》してあると靈獣雑記《れいじうざつき》の所《ところ》に出《で》て居《ゐ》る。

命婦《みやうぶ》の社《やしろ》と云《い》ふのは阿古町《あこまち》の狐《きつね》の異名《いみやう》で、此《こ》の起源《きげん》は一條院《でうゐん》の御宇《ぎよう》に、進《しん》の命婦《みやうふ》が七日間明神《かかんみやうじん》の社《やしろ》に参籠《さんろう》して神《かみ》を祈《いの》り、其加護《そのかご》によつて立身《りつしん》して宇治殿《うぢでん》の妾《めかけ》となり、次《つい》で北《きた》の政所《まんどころ》となつたので命婦《みやうふ》と云《い》ふ舊《もと》の自分《じぶん》の稱號《しようがう》を阿古町《あこまち》の狐《きつね》に讓《ゆづ》つたのである。狐《きつね》の活動振《くわつどうぶ》りと思《おも》ふて妾《めかけ》の名《な》を附《ふ》したのであるが、愚夫愚婦《ぐふぐふ》の迷信《めいしん》の道具《だうぐ》で、狐《きつね》とは何等《なんら》の關係《くわんけい》がないのである、命婦自身《みやうふじしん》が狐化《こくわ》して居《ゐ》るのであつて、阿古町狐社《あこまちこしや》に祈《いの》つても祈《いの》らなくても、自分《じぶん》の身《み》の上《あが》り下《さが》りはあるのである、唯自分《たゞじぶん》を空虚《くうきよ》にして狐《きつね》の守護《しゆご》を得《え》たと云《い》ふて、虚構《きよこう》たる事《こと》が理解《りかい》し得《え》ないのである。

靈狐《れいこ》……から觀察《ぐわんさつ》すれば、こんな狐《きつね》に魅化《はか》された人々《ひとぐ》は、實《じつ》に哀《あは》れむべきものであ

つて、自分《じぶん》の眞價《しんか》の靈《れい》を認《みと》め得《え》ないで、動物崇拜《どうぶつすうはい》に墮落《だらく》して死《し》んで仕舞《しま》ふのである、だから釋尊《しやくそん》も

「一切衆生《さいしゆじやう》が異《い》の苦《く》を受《う》くるは如來《によらい》一人《にん》の苦《く》なり」

と人心《じん〳〵》の愚迷《ぐめい》を悲《かな》しんだのである。

六　昔の狐使ひと今の狐使ひ

倭訓栞集《わくんしほりしう》に「鄙俗《ひぞく》は狐《きつね》を直《たゞち》に神《かみ》とし祭《まつ》りて福《ふく》を祈《いの》る事天下《ことてんか》の風《ふう》を爲《な》せり」とあるが、狐《きつね》を祭《まつ》りて人《ひと》を魅化《はか》す道具《だうぐ》としたのである、又茅窓漫錄《またちそうまんろく》に「いつの頃《ころ》より何者《なにもの》の云《い》ひ出《い》だしゝか、野狐《やこ》を稻荷《いなり》の神使《しんし》と稱《しよう》し、初午《はつうま》の日《ひ》は天下《てんか》一統貴賤《とうきせん》押《お》しなべて家々《いへ〳〵》に持《も》て囃《はや》し、赤小豆飯《あかめし》、油煮等《あぶらにとう》の供物《くもつ》種々《しゆ〴〵》とゝのへ、町家士民《ちやうかしみん》の中《うち》にても其格式定例《そのかくしきぢやうれい》ある家《いへ》は、居宅《きよたく》内《うち》に鎭守《ちんじゆ》の小祠《せうし》稻荷《いなり》を勸請《くわんしやう》し、正一位大明神《しやうゐだいみやうじん》の幟《のぼり》を立《たて》て、徃來群聚《わうらいぐんしう》いはんかたなし(中略)野狐《やこ》はもと淫獸妖魔《いんじうえうま》の物《もの》、北方陰地《ほくはういんち》に多《おほ》く居《ゐ》て白晝《はくちう》の中《うち》は幽闇《いうあん》の間《あひだ》に

隠《かく》れ、夜中《やちう》のみ出《いで》て物《もの》を掠《かす》め取《と》り、人《ひと》を惑《わく》し寃《えん》をなす(中略)此等《これら》の妖魔次第《えうましだい》に行《おこな》はるゝにより、貴賤上下《きせんじやうげ》押《お》しなべて野狐《やこ》を尊恐《そんきやう》する事《こと》鬼神《きじん》の如《ごと》し、妖巫邪覡《えうふじやげき》は流行《りうかう》の時勢《じせい》に乗《じやう》じ種々《しゆ〴〵》の奸惡《かんあく》をめぐらし、一の獸《けもの》を見出《みいだ》す時《とき》は稲荷《いなり》の來現《らいげん》と稱《しよう》し、又狐惑《またこわく》の人《ひと》あれば神降《かみくだ》りたまうなど云《い》ひ觸《ふ》らし、神職《しんしよく》掌《つかさど》る家《いへ》に授位《じゆゐ》を請《こ》へば、直《たゞ》ちに正一位大明《しやうゐだいみやう》神《じん》を賜《たま》はる、それより己《おの》が居宅《きよたく》に社壇《しやだん》を構《かま》へて、鳥井瑞垣《とりゐみづがき》等《とう》を飾《かざ》り、木綿繦《しでゆう》をかけ、幣《へい》を持《も》ちて人《ひと》の吉凶禍福《きつきようくわふく》、物《もの》の得失出入《とくしつでいり》、或《あるひ》は病《やまひ》の治不治《ぢふぢ》、方角《はうがく》の良否《りやうひ》を云《い》ふ、これを窺《うかゞ》ひ又《また》は御指圖《おさしづ》など稱《しよう》し、所々《しよ〴〵》に數多《あまた》あり、故《ゆゑ》に近歳新造《きんねんしんぞう》の社《やしろ》に稲荷《いなり》ほど流行《りうかう》するは外《ほか》になし、畢竟《ひつきやう》は愚昧文盲《ぐまいもんもう》の鄙俗《ひぞく》おの〳〵淫獸妖魔《いんじうえうま》の智《ち》を假《か》りて、福《ふく》を求《もと》め利《り》を得《え》むとするより、次第《しだい》に行《おこな》はるゝなり」と。

昔《むかし》の狐使《きつねつか》ひは斯《か》くして人心《じん〳〵》を狐惑《こわく》したのであるが、現今《げんこん》にても昔《むかし》の迷習《めいしう》が殘《のこ》り傳《つた》へられて、日本全國《にほんぜんこく》で人心《じん〳〵》を魅化《はか》して居《ゐ》るのは……私娼《しやう》が青年《せいねん》の肉《にく》を腐敗《ふはい》さして居《ゐ》るのと少《すこ》しも違《ちが》ひはないのである、元來信仰《ぐわんらいしんかう》は安心立命《あんしんりつめい》が究極《きうきよく》である、心靈上《しんれいじやう》の内面《ないめん》の觀《くわん》察《さつ》であるのを、客觀《きやくくわん》の動物《どうぶつ》に祈《いの》り、自己《じこ》を空虚《くうきよ》にして迷執《めいしう》するのは實《じつ》に亡國《ぼうこく》の因《もと》である。

一體《たい》狐《きつね》は昔《むかし》から不可思議《ふかしぎ》な獸《けもの》として考《かんが》へられて居《ゐ》たのであるが、其起源《そのきげん》は支那《しな》ではないかと思《おも》はれるのである、西陽雜爼《さいやうざつそ》に「野狐《やこ》を紫《し》と名《なづ》く、夜尾《よるを》を撃《う》つて火《ひ》を出《いだ》す、怪《くわい》を爲《な》さんとすれば必《かなら》ず髑髏《どくろ》を戴《いただ》いて北斗《ほくと》を拜《はい》し、墜《お》ちざれば則《すなは》ち化《くわ》して人《ひと》となる」と云《い》ひ

又抱朴子《またはうぼくし》に「狐狸豺狼《こりさいらう》皆壽八百歲《みなよはいさい》、五百歲《さい》に滿《みち》れば即《すなは》ち善《よ》く變《へん》じて人形《ひとのかたち》となる」とあり（谷響集《やきやうしう》七）……同八には「狐《きつね》千歲《ざい》にして始《はじ》めて天《てん》と通《つう》じて魅《み》をなさず、その魅《み》するものは多《おほ》く人《ひと》の精氣《せいき》を取《と》りて以《もつ》て內丹《ないたん》となす」とある。

日本《にほん》では平安朝《へいあんてう》の初期《しよき》の傳說《でんせつ》を集《あつ》めた靈異記《れいいき》などにも話《はな》しが出《で》て居《ゐ》る、尤《もつと》も靈異記《れいいき》には何《な》んでもかんでも不可思議《ふかしぎ》なものとして取扱《とりあつか》はれて居《ゐ》る、……百練抄等《れんせうとう》に延久《えんきう》四年《ねん》に藤原仲季《ふぢはらなかすゑ》が、白專女《しろたうめ》を殺《ころ》したので土佐《とさ》に流《なが》されたとあるのは、多分白狐《たぶんびやくこ》であらう

と思《おも》はれる、奪女《たうめ》と云《い》ふ言葉《ことは》は、土佐日記《とさにつき》には老女《らうぢよ》の意味《いみ》に使《つか》つてあるが、宇治拾遺《うぢしふゐ》には明《あきら》かに老狐《らうこ》の意味《いみ》であるから、白奪女《はくとうぢよ》と云《い》ふてわざ〳〵白《しろ》とことわつた所《ところ》を見《み》れば、百練抄《れんせう》も多分《たぶん》奪女《とうぢよ》を老狐《らつこ》の意味《いみ》に使《つか》つてゐたのでは無《な》いかと思《おも》はれる、白狐《びやくこ》を殺《ころ》して流罪《るざい》に逢《あ》ふと云《い》ふのは、今日《こんにち》から見《み》れば變《へん》なことであるが、迷信《めいしん》の力《ちから》の強《つよ》い昔《むかし》では全然《ぜん〳〵》有《あ》り得《う》べからずとは云《い》はれない事《こと》と考《かんが》へられるのである。

而《しか》して平安朝時代《へいあんてうじだい》には、狐《きつね》は妖術者《えうじゆつしや》として畏怖《ゐふ》せられ、その怒《いか》りと復讎《ふくしう》とを恐《おそ》れるのあまり神聖視《しんせいし》せられた傾《かたむ》きさへあつた、妖術者《えうじゆつしや》としての狐《きつね》は、佛教《ぶつけう》で云《い》ふ六神通《じんつう》即《すなは》ち他人《たにん》の心《こゝろ》を知《し》り、空中《くうちう》を飛行《ひかう》し、一切《さい》のものを見《み》、變現自在《へんげんじざい》の通力《つうりき》を待《も》つて居《ゐ》るかに考《かんが》へられて居《ゐ》た、此等《これら》の惡迷執《あくめいしう》が……信州《しんしう》の松本稻荷《まつもといなり》が拍手《かしはで》を打《う》つと同時《どうじ》に何《なん》千里《り》でも飛《と》び行《ゆ》くと云《い》ふ傳說《でんせつ》を誤《あやま》り信《しん》じて居《ゐ》るのである。

淺草觀音《あさくさくわんおん》の境内《けいだい》に被官稻荷《ひくわんいなり》と云《い》ふのがある、そこに行者《ぎやうじや》だか坊主《ばうず》だか居《ゐ》るが、被官《ひくわん》稻荷《いなり》に願《ぐわん》をかけると、藝者《げいしや》は良《い》い旦那《だんな》が出來《でき》る、雇人《やとひにん》は良《い》い主人《しゆじん》に雇《やと》はれる、勤人《つとめにん》は良《い》い所《ところ》に仕官《しくわん》すると、云《い》ふて神道《しんだう》の祝詞《のりと》を讀《よ》み、念佛《ねんぶつ》を唱《とな》へ、妙法《みやうはふ》を唱《とな》へて中心力《ちうしんりよく》のない祈《いの》りをして居《ゐ》るが、人間《にんげん》が狐《きつね》だか狐《きつね》が人間《にんげん》だかさつぱり譯《わ》けの判《わか》らぬのである。

過去《くわこ》七八年前《ねんぜん》に流行《りうかう》した千里《り》眼《がん》の心理的《しんりてき》狐使《きつねつか》ひである催眠術《さいみんじゆつ》も亦同《またおな》じである、大本《おほもと》敎《けう》の珍狐鬼神《ちんこんきしん》も劣等《れつとう》なる狐使《きつねつか》ひである、友淸天行《ともきよてんかう》もそうである、加藤確治式《かとうかくぢしき》もさうである、コツクリさんも劣等《れつとう》なる狐使《きつねつか》ひである、フランセツトもさうである、佛敎《ぶつけう》の茶《だ》枳尼栴陀利經《きにぜんたりきやう》には、茶枳尼《だきに》を、白辰狐王菩薩《びやくしんこわうぼさつ》としてあるところを見《み》ると、狐《きつね》が夜中《よなか》に彷徨《はうくわう》して怪《くわい》を爲《な》すものであると云《い》ふ點《てん》を取《と》つて、昔《むかし》も今《いま》も人心《じんしん》に怖畏《ふゐ》の念《ねん》を懷《いだ》かせて、人《ひと》を僞瞞《ぎまん》して居《ゐ》るのである。

稻荷《いなり》と茶枳尼《だきに》と狐《きつね》との三者《しや》が混合《こんがふ》して遂《つゐ》に最後《さいご》に茶枳尼天豊川稻荷《だきにてんとよかはいなり》と云《い》ふ樣《やう》なものが出來《でき》たのであらうと推定《すゐてい》することが出來《でき》るのである、外道《げだう》の食人鬼《しよくじんき》を麗々《れい〳〵》しく名乘《なの》つて、豊川稻荷茶枳尼天《とよかはいなりだきにてん》などゝ云《い》つて、浮氣商賣《うはきしやうばい》の連中《れんちう》の金《かね》をせしめて居《ゐ》る禪宗坊主《ぜんしっはっす》は…………

亡國《ばうこく》の罪人《ざいにん》たる足利直義《あしがゞなほよし》が、夢窻國師《むそうこくし》の弟子《でし》になつて荼枳尼天《だきにてん》を祭《まつ》り、大《おほ》ひに榮《さか》へたのを見《み》て、妙吉侍者《みやうきつじゝや》の眞似《まね》をする亡國《ばうこく》の罪人《ざいにん》である。

要《えう》するに荼枳尼《だきに》は惡魔《あくま》である、墟尻《しほじり》四十六には「佛敎《ぶつけう》の荼枳尼《だきに》は、地藏菩薩《ぢざうぼさつ》の化現《くわげん》て、地藏《ぢざう》はその相《さう》を鬼類《きるゐ》に現《げん》じて悉伽羅野干《しつからやかん》となり、季《すゑ》の世《よ》この野干《やかん》を祠《まつ》りて荼枳《だき》尼《に》と稱《しよう》して福《ふく》を求《もと》め幸《さち》を祈《いの》り、或《あるひ》は稻荷《いなり》と呼《よ》んで幣帛《へいはく》を捧《さゝ》ぐる族多《やからおほ》し」と記《しる》してある。

こんな風《ふう》に都合《つがふ》よく物事《ものごと》が運《はこ》べは何事《なにごと》も云《い》ふ事《こと》はないが、これは著者《ちよしや》が、狡猾《かうかつ》な坊主共《ばうずども》の虛構《きよこう》を聞《き》いたから、それを其儘《そのまゝ》書《か》いたに過《す》ぎないのである。

又《また》三十二社徵考中《しやちようかうちう》に「諸書《しよ〱》にくさ〲沙汰《さた》すれど、皆俗巫《みなぞくふ》の說《せつ》、或《あるひ》は浮屠氏《ふとし》のさたにて、更《さら》にとるに足《た》らず」とあるが、誠《まこと》に至言《しげん》であると謂《い》はねばならぬ。

こんな强固《きやうこ》な說《せつ》で破《やぶ》られて居《ゐ》ても、所謂蛙《いはゆるかわず》の面《つら》に小便《せつべん》で、禪宗坊主《ぜんしうばうず》でも、法華坊主《ほつけばうず》でも、眞言坊主《しんごんばうず》でも、其他《そのた》各宗《かくしう》の坊主《ばうず》が、人心《じんしん》を僞瞞《ぎまん》して虛構《きよこう》の邪精狐《じやせいこ》を賣《う》つたり使《つか》つたりして居《ゐ》るのである、宜《よろ》しく覺醒《かくせい》して邪《じや》より正《せい》に進《すゝ》むやうせなくてはならぬ。

東京《とうきやう》に氣狂病院《きちがひびやうゐん》を出《だ》して個人《こじん》で盛大《せいだい》にやつて居《ゐ》る我利《がり》〳〵亡者《もうじや》があるが、拾萬圓金《ゑんかね》が出來《でき》たら鳥居《とりゐ》の額《がく》を文錢《ぶんせん》であげると云《い》ふ心願《しんぐわん》をして穴守稻荷《あなもりいなり》に祈願《きぐわん》をこめたところが、穴守稻荷《あなもりいなり》から狐《きつね》を使《つか》ふ秘法《ひはふ》を敎《をし》へて貰《もら》つたとか云《い》ふことで、金《かね》も出來《でき》鳥居《とりゐ》の額《がく》もあげたが、種々《しゆ〳〵》なる災害《さいがい》があつて出來《でき》た身代《しんだい》も過半《くわはん》失《な》くしてしまうたのである、……がそれは餘《あま》りに金《かね》を蓄《た》めることにのみ心《こゝろ》くらんで、親子《しんし》間《かん》の情愛《じやうあい》も無視《むし》して、たゞ吝《りん》嗇《しよく》にのみ走《はし》り、一錢《せん》の金《かね》も親《おや》に與《あた》へるが惜《お》しく、金《かね》の前《まへ》には何物《なにもの》もないと云《い》ふ心理狀《しんりじやう》態《たい》であつたから、世間《せけん》からは鬼權高利貸《おにごんかうりかし》のやうに惡《わる》く云《い》はれても恬《てん》として我不關焉《われくわんせすえん》で居《ゐ》たのである、其不德義《そのふとくぎ》な不條理《ふでうり》な行爲《かうゐ》には何《な》んぞ天《てん》が見《み》のがして置《お》くべきで、種々《しゆ〳〵》なる災害《さいがい》を受《う》けるのは當然《たうぜん》の事《こと》である。

元來狐《ぐわんらいきつね》は貪慾盛《どんよくさか》んなる者《もの》の祈《いの》るべきもので、又使用者《またしようしや》も貪慾飽《どんよくあ》くなき者《もの》が多《おほ》いのである、即《すなは》ち花柳界《くわりうかい》の如《ごと》きがさうであつて、殆《ほと》んど凡《すべ》てが慾《よく》の外《ほか》には義理《ぎり》も人情《にんじやう》もないものである。

清盛《きよもり》は荼枳尼《だきに》の法《はふ》を修《しう》して一世《せ》の榮華《えいぐわ》を極《きは》めたことを盛衰記《せいすいき》に載《の》せてあるが、清盛《きよもり》或時《あるとき》蓮臺野《れんだいの》で、大《おほ》きな狐《きつね》を追《お》ひ出《だ》して、既《すで》に射殺《いころ》さんとした時《とき》に、狐《きつね》は忽《たちま》ち黄女《こうぢよ》に變《へん》じ莞爾《につこり》として笑《わら》ふて曰《いは》く、今我《いまわれ》を射《い》る事《こと》を止《や》め助命《じよめい》してくれるならば、汝《なんぢ》の所望《しよまう》を叶《かな》へさせてやると云《い》つたので、清盛《きよもり》が汝《なんぢ》は誰《た》れであるぞと尋《たづ》ねると、我《われ》は七十四道中《だうちう》の王《わう》であると云《い》つたから、さては貴狐天王《きこてんわう》であるかと思《おも》ふて馬《うま》から下《お》りて敬意《けいい》を表《へう》すると、黄女《こうぢよ》はもとの狐《きつね》にかへりて彼方《あなた》へと行《い》つてしまつた、それで清盛《きよもり》はつく〴〵と思《し》案《あん》して。

「我財寶《わがざいほう》に飢《う》へたる事《こと》は荒神《こうじん》の所爲《しよゐ》にぞ、荒神《こうじん》を鎭《しづ》め財寶《ざいほう》を得《え》んには、辨才妙音《べんざいみやうおん》には不如《しかず》、今《いま》の貴狐《きこ》は妙音《みやうおん》のその一なり、さては我陀天《わがだてん》の法《はふ》を成就《じやうじゆ》すべきものにこそとて、彼《か》の法《はふ》を行《おこな》ひける程《ほど》に、又返《またかへ》して案《あん》じけるは、實《じつ》に外法成就《げはふじやうじゆ》の者《もの》は子孫《しそん》に傳《つた》へずと云《い》ふものを、いかゞあるべきと思《おも》はれけるが、よしよし、當時《たうじ》の如《ごと》く貧者《ひんしや》にてながらへんよりは、一時《じ》の富《とみ》をみて名《な》を揚《あ》げんにはさて、行《おこな》はれけれども、さすが後世《こうせ》いぶせく思《おも》ふて、豫々清水寺《かれ〴〵きよみづでら》の觀音《くわんおん》を憑《たの》み奉《たてまつ》りて御利生《ごりしやう》を蒙《かうむ》らむとて、千日詣《にんまうで》を始《はじ》めたり」

以上《いじやう》の話《はな》しを讀者《どくしや》は何《な》んと見《み》られるか、若《も》し之《こ》れが虛構《きよこう》であるとしても、最《もつと》も要領《えうりやう》を得《え》た虛構《きよこう》である、それは清盛《きよもり》の榮達《えいたつ》が餘《あま》りに奇蹟《きせき》であつて、又其末路《またそのまつろ》が餘《あま》りに早《はや》かつたからである、……故《ゆゑ》に外道《げだう》の法《はふ》を修《しう》したとでも云《い》はなければ、當時《たうじ》の人《ひと》の理解心《りかいしん》を滿足《まんぞく》させる事《こと》は出來《でき》なかつたのであらう。

皇室《くわうしつ》を無視《むし》して勝手《かつて》な振舞《ふるまひ》をした無禮《ぶれい》の清盛《きよもり》でさへも、外道《げだう》の法《はふ》を行《おこな》ふに躊躇《ちうちよ》したのであるから、其迷信《そのめいしん》を觀《み》ても愚物《ぐつぶ》であつた事《こと》が解《わか》るのである。

恐《おそ》れられて居《ゐ》た茶枳尼使《だきにづか》ひよりも、清盛《きよもり》の方《はう》が罪惡《ざいあく》であり外道《げだう》であつた、大納言成親《だいなごんなりちか》も茶枳尼《だきに》の法《はふ》を修《しう》したが遂《つひ》に失敗《しつぱい》した、之《これ》を要《えう》するに、人間《にんげん》が狐《きつね》を使《つか》ふと云《い》ふことは、斷《だん》じて出來《でき》る事《こと》ではないのである、神主《かんぬし》や坊主《ばうず》が人心《じんしん》を攪亂《かくらん》させる法《ほふ》として催眠《さいみん》術《じゆつ》をかけるのである、即《すなは》ち催眠状態《さいみんじやうたい》となれば、思《おも》ふ事《こと》が必《かなら》ず心靈上《しんれいじやう》に狐《きつね》のやうになつて體現《たいげん》するのである。

大阪《おほさか》で石岡《いしをか》と云《い》ふ人《ひと》の妻《つま》が、ナポレオンを聯想《れんさう》したら奈翁《なをう》に似《に》た赤子《あかご》を産《う》んだではないか、頭《あたま》の毛《け》迄《まで》奈翁《なをう》と同《おな》じであつたと云《い》ふことである、況《いは》んや迷信《めいしん》に耽《ふけ》れば二重人《ぢうじん》格《かく》になつて、狐《きつね》の體現《たいげん》となり、行者《ぎやうじや》が狐《きつね》を使《つか》ふと云《い》ふことに引《ひ》き附《つ》けられて、行者《ぎやうじや》の自由《じいう》になるのである、靈狐《れいこ》は實《じつ》に此《こ》の間《かん》の消息《せうそく》を眞《しん》によく解決《かいけつ》するのである。

七　誤れる狐明神の勸請

豊太閤《ほうたいこう》が木下藤吉郎《きのしたとうきちらう》と云《い》つて居《ゐ》た時《とき》、織田信長《をだのぶなが》と共《とも》に熱田大明神《あつたどいみやうじん》に參詣《さんけい》した。信長《のぶなが》始《はじ》め其他《そのた》の家臣《かしん》が各出世安泰《かくしゆつせあんたい》を祈《いの》つた中《なか》に、藤吉郎《とうきちらう》だけは左《さ》の如《ごと》く合掌《がつしやう》して祈《いの》りを捧《さゝ》げたとの事《こと》である。

「天下大亂《てんかだいらん》、國土大變《こくざたいへん》、萬民大苦痛《ばんみんだいくつう》ヲ祈《いの》リ奉《たてまつ》ル」

と熱心《ねつしん》に祈《いの》つた後《のち》、十度手《たびて》を拍《たゝ》きそして雀躍《じやくやく》して退《りぞ》いたとの事《こと》であるが、其《そ》の後《ご》十年目《ねんめ》に天下《てんか》を執《と》つたとの事《こと》である、織田信長《をだのぶなが》は寺《てら》を焼《や》き坊主《ばうず》を殺《ころ》して有《あら》ゆる罪悪《ざいあく》を作《つく》つたのであるから、それを援《たす》ける支配役《しはいやく》は太閤《たいこう》の如《ごと》き奇抜《きばつ》の者《もの》でなくてはならぬ、此《こ》の大亂《だいらん》の中《うち》に天下《てんか》を執《と》らふと云《い》ふ心《こゝろ》の祈《いの》りであつたらう、誠《まこと》に快哉《くわいさい》な話《はな》しではないか。

今《いま》の坊《ばう》さんや神官《しんくわん》などは、太閤《たいこう》の如《ごと》き快哉《くわいさい》を叫《さけ》ばせ得《う》る程《ほど》の勇氣《ゆうき》はないのであるから、虚構《きよこう》の稲荷《いなり》などを祀《まつ》りて御經料《おきやうれう》などをせしめて居《ゐ》るのである、誠《まこと》に罪《つみ》な話《はな》しではないか、日蓮宗《にちれんしう》の祈禱《きとう》の上《うへ》にも何々《なに〳〵》稲荷《いなり》大善神《だいぜんじん》などゝ勸請《くわんじやう》して、家内安全《かないあんぜん》、五穀成就《こくじやうじゆ》などを祈《いの》つて居《ゐ》るが實《じつ》に笑止《せうし》な話《はな》しである。

信者《しんじや》の二重人格《ぢうじんかく》の煩惱《ぼんのう》の迷執《めいしう》から、狐憑的躰現《きつねつきてきたいげん》になつた、煩惱《ぼんのう》の玉子《たまご》とも云《い》ふべき、野狐勸請守護神《やこくわんじやうしゆごじん》を各家々《かくいへ〳〵》に鎭《しづ》めて、之《こ》れに毎月命日《まいげつめいにち》とか緣日《えんにち》だとか云《い》つて供物《くもつ》を備《そな》へ、眞面目《まじめ》くさつて祈念《きねん》をこめて居《ゐ》るが。

雜亂勸請《ざうらんくわんじやう》は佛敎《ぶつけう》にも戒《いまし》めてある、即《すなは》ち「一タビ一切《さい》ノ諸惡神《しよあくじん》ヲ禮《れい》セバ現世《げんせ》ニハ微《び》妙《あやう》ノ法《はふ》ヲ聞《きか》ズ、後生《ごせう》ニハ必《かなら》ズ三惡道《あくだう》ニ墮《お》チ或《あるひ》ハ蛇身《だしん》ヲ受《う》クル事《こと》五百生《せう》ナラン」とある、其本文《そのほんぶん》の虚實《きよじつ》は兎《と》も角《かく》として、其戒《そのいまし》めの心《こゝろ》を取《と》つて研究《けんきう》すべきである、寶《ほう》基本紀《きほんき》には。

「心《こゝろ》は乃《すなは》ち神明《みやうじん》の本主《ほんしゆ》なり」

と敎《おし》へられてある、あらゆる神明《しんめい》も心靈《しんれい》を中心《ちうしん》にせざればならぬ事《こと》を斷言《だんげん》せられたのである。又呑事書《またごんじしよ》には。

「神人心《しんじんごゝろ》ノ外《ほか》ニ別請《べつしやう》ヲ好《この》ミ而《しか》シテ不淨《ふじやう》ノ實執《じつしう》ニ從《したが》フ時《とき》ハ神地《しんち》ノ上《うへ》ニ踐《ふ》ム事《こと》ヲ得《え》ズ神《しん》地《ち》ノ水《みづ》ヲ飲《の》ム事《こと》ヲ許《ゆる》サズ而《しか》シテ五千ノ大鬼《だいき》常《つね》ニ大賊《だいぞく》ト罵《のゝし》ル」

とある（以上《いじやう》は神國決疑編《しんこくけつぎへん》の中卷《ちうくわん》に之《これ》を引《ひ》く）…………儒敎《じゆけう》にも、祭《まつ》るべからざるものを祀《まつ》るは罪惡《ざいあく》にして稟《う》けざる事《こと》を云《い》ふてある、而《しか》して祭《まつ》るに道理《だうり》あるものを祀《まつ》るには。

「神《かみ》を祭《まつ》るに神在《かみいま》すが如《ごと》し」と云《い》ふてある、日蓮《にちれん》は又云《またい》ふ。

「神《かみ》とは國主國王《こくしゆこくわう》の崩御《ほうぎよ》し給《たま》へるを生身《いきみ》の儘《まゝ》で祭《まつ》るを神《かみ》と云《い》ふなり」と。神國王書《しんこくわうしよ》に出《い》づ。

然《しか》るに狐明神《きつねみやうじん》として虚構《きよこう》の神躰《しんたい》を祭《まつ》り、人《ひと》を惑《まど》はすことは如何《いか》なるものであらうか、余《よ》も亦祈禱《またきとう》研究時代《けんきうじだい》には二三百の守護神《しゆごじん》を勸請《くわんじやう》した事《こと》があるが、或時石田《あるときいしだ》兼《かね》五郎《らう》と云《い》ふ桶屋《おけや》の家内《かない》の勸請問題《くわんじやうもんだい》から、勸請《くわんじやう》が罪惡《ざいあく》である事《こと》を自覺《じかく》して、二三百の勸請《くわんじやう》札《ふだ》を悉《こと〴〵》く燒《や》いて仕舞《しま》ふた事《こと》がある。

元來人間《ぐわんらいにんげん》を祈禱《きとう》して、其祈禱《そのきとう》された人間《にんげん》が二重人格《ちうじんかく》で言《い》ふた事《こと》を、狐《きつね》の障碍《しやうげ》だと云《い》ふて神樣《かみさま》に勸請《くわんじやう》するなどは、實《じつ》に滑稽以上《こつけい・じやう》の氣狂《きちがひ》である、行者《ぎやうじや》が氣狂《きちがひ》で患者《くわんじや》が精神病《せいしんびやう》である、字《じ》は異《こと》なつても結局《けつきよく》は同《おな》じである。

既成宗教《きせいしうけう》の行者《ぎやうじや》などは、心理學《しんりがく》も知《し》らなければ靈性《れいせい》の活動《くわつどう》も識《し》らないのであるから、狐《きつね》が生靈《いきりやう》になつたり死靈《しれう》になつたりする樣《やう》に云《い》ふて、之《こ》れを勸請《くわんじやう》したり施餓鬼《せがき》をしたりするのであるから、根本《こんほん》の活動《くわつどう》が判《わか》らないのである、或《あるひ》は幽靈《いうれい》なども天地間《てんちかん》に浮遊《ふいう》して居《ゐ》る位《くらゐ》に思《おも》ふて居《ゐ》るのであるから、狐《きつね》を明神《みやうじん》と勸請《くわんじやう》する位《くらゐ》は何《なん》とも思《おも》はぬのは無理《むり》もないことであらう。

野狐《やこ》を明神《みやうじん》に勸請《くわんじやう》するには、先《ま》づ心靈《しんれい》の解剖《かいばう》と即《すなは》ち靈魂《れいこん》の解釋如何《かいしやくいかん》に立脚《りつきやく》するのであるが、若《も》し靈性《れいせい》を、原始人類《げんしじんるゐ》の想像《さうざう》したるが如《ごと》く、劣等《れつとう》なる思索《しさく》に依《よ》つて解釋《かいしやく》すれば正《たゞ》しき勸請《くわんじやう》は出來《でき》ない、野狐《やこ》が身外《しんぐわい》より來《き》たり或《あるひ》は身外《しんぐわい》に脫出《だつしゆつ》して退散《たいさん》し往《い》くなどゝ考《かんが》へて居《ゐ》る行者《ぎやうじや》や信者《しんじや》が勸請《くわんじやう》した野狐《やこ》は全《まつた》く屁《へ》のやうなものである。

若《も》し身外《しんぐわい》より侵入《しんにふ》し來《きた》るとか、身内《しんない》より出《い》で行《ゆ》くとかする事《こと》が、事實《じじつ》なりとするならば、先《ま》づ現代《げんだい》の心理學者《しんりがくしや》に問《と》ふて見《み》るがよい、必《かなら》ず否定《ひてい》するに決《きま》つて居《ゐ》る。ヘツケルが「若《も》し心靈《しんれい》、精靈又《せいれいまた》は魂魄《こんはく》なる多樣《たやう》の概念《がいねん》を狹義《きやうぎ》に解釋《かいしやく》し、之《これ》を以《もつ》て高等《かうとう》なる精神《せいしん》の活動《くわつどう》なりとせば、吾等《われら》は我《わ》が人類及《じんるゐおよ》び他《た》の哺乳動物《ほにうどうぶつ》に於《お》ける心靈《しんれい》の器官《きくわん》を以《もつ》て、大腦皮中《だいのうひちう》フロネーテンを包括《はうくわつ》し、フロネマ細胞《さいはう》より構成《こうせい》せらるゝ部分《ぶぶん》なりと認《みと》めんとす」

こんな解釋《かいしやく》は既成《きせい》の行者《ぎやうじや》や信者《しんじや》に解《わか》るであらうか、心靈《しんれい》は人間《にんげん》の身躰中《からだちう》に一つしかないのである、その心靈《しんれい》が眼耳鼻舌身意《げんにびぜつしんい》の六根《こん》から這入《はい》る他《た》の侵入意識《しんにふいしき》があるとして祈禱上躰現《きとうじやうたいげん》した心靈《しんれい》がある様《やう》に云《い》ふて、之《こ》れを勸請《くわんじやう》するなどは何《なん》と云《い》ふても解《わか》らないことではないか。

然《しか》しヘッケルの云《い》ふ意味《いみ》の靈魂《れいこん》は、死後《しご》に於《おい》て永續《えいぞく》せらるべきではない、ヘッケルは云《い》ふ「此《こ》のフロネマが思想《しさう》の器官《きくわん》たるは、眼《め》が視力《しりよく》の器官《きくわん》たり、心臟《しんざう》が血液循環《けつえきじゆんくわん》の中樞器官《ちうすうきくわん》たると其意義《そのいぎ》相同《あひおな》じく、此《こ》の器官《きくわん》の破壞《はくわい》すると共《とも》に其活動《そのくわつどう》も亦消滅《またせうめつ》するなり」と……

心身《しんく》はもと不二《ふに》である、内《うち》より見《み》れば皆心《みなこゝろ》である、外《そと》より見《み》ればこれ皆身《みなみ》、身《み》の生《せい》理的體制《りてきたいせい》ありて心《こゝろ》の活動《くわつどう》はあり、此《こ》の身《み》を離《はな》れて此《こ》の心《こゝろ》はなく、此《こ》の心《こゝろ》を離《はな》れて此《こ》の身《み》はないのである、されば此《こ》の二者《しや》もとより分離《ぶんり》する事《こと》の出來《でき》ないのは明《あきら》かなることではないか。

死後此《しごこ》の身躰《しんたい》は壞滅《くわいめつ》して靈魂《れいこん》のみ存在《そんざい》すると云《い》ふ事《こと》は何《ご》うしても推理《すゐり》し能《あた》はざる事《こと》

でぁつて、此《こ》の二者《しや》を分離《ぶんり》し、靈魂《れいこん》のみを以《もつ》て能《よ》く獨立《どくりつ》し感覺《かんかく》し、思考《しかう》し、行動《かうどう》する非物質的《ひぶつしつてき》の奇態《きたい》が演《えん》ぜられ得《う》るとしたならば、それこそ奇《き》も奇絶妙《きぜつみやう》である、然《しか》し靈魂《れいこん》は存在《そんざい》するものであると云《い》ふ思想《しさう》は、長《なが》く世人《せじん》の信仰《しんかう》を繋《つな》ぎ來《きた》つたのであるが、死《し》は決《けつ》して彼等《かれら》の想像《さう〴〵》するが如《ごと》き靈魂《れいこん》の脱《だつ》ではないのである、即《すなは》ち生活力《せいくわつりよく》の喪失《さうしつ》である。

吾々《われ〳〵》が生時《せいじ》に於《お》ては、我《わ》が身心《しん〳〵》は絶《た》えず外界《げかい》の作用《さよう》に對《たい》して調整《てうせい》を試《こゝろ》みて居《ゐ》るのである、食物《しよくもつ》の同化《どうくわ》、老廢物《らうはいぶつ》の排泄《はいせつ》、酸素《さんそ》の吸入《きふにふ》、炭酸瓦斯《たんさんがす》の呼出《こしゆつ》、其他《そのた》運動感覺等《うんどうかんかくとう》の作用《さよう》を營《いとな》める一定《てい》の體制《たいせい》を有《いう》して居《ゐ》るが、一度此《たびこ》の躰制《たいせい》が破《やぶ》れて、其活力《そのくわつりよく》を失《うしな》はるゝに至《いた》れば、茲《こゝ》に始《はじめ》て死《し》なる現象《げんしやう》を呈《てい》したのであつて、後《あと》には何物《なにもの》もないのである。

然《しか》しながら體制《たいせい》破《やぶ》れて我《が》と云《い》ふ身體《しんたい》もなく、活力《くわつりよく》失《う》せて心《こゝろ》なるものも殘存《ざんぞん》はしないけれども、死《し》は一切《さい》の終焉《しうえん》ではないのである、此《こ》の體制《たいせい》を組立《くみたて》たる原形質《げんけいしつ》は依然《いぜん》として存《そん》し居《ゐ》るのである、我《わ》が形體《けいたい》は變化《へんくわ》しても、しかも全《まつた》く斷滅《だんめつ》したのではない、物質《ぶつしつ》の不滅《ふめつ》なるが如《ごと》く不滅《ふめつ》に、勢力《せいりよく》の恒存《ごうそん》なるが如《ごと》くに恒存《ごうそん》である、體制《たいせい》は亡《ほろ》び、心《こゝろ》の活《くわつ》動《どう》は止《や》んでも、物《もの》と其力《そのちから》とは終《つひ》に止《や》むときはないのである。

吾々《われ〳〵》の身心《しんく》の不滅《ふめつ》はこればかりではない、親《おや》より子《こ》に、子《こ》より孫《まご》に、孫《まご》より曾孫《ひこ》にと云《い》ふ様《やう》に、順次《じゆんじ》に傳《つた》へらるゝ一種《しゆ》の繼續《けいぞく》は實《じつ》に吾等《われら》の身心《しんく》を永久《えいきう》に傳《つた》へて居《ゐ》るのである、此《こ》の繼續《けいぞく》せらるゝ内《うち》に因果律《いんぐわりつ》の制裁《せいさい》を受《う》けるから病氣《びやうき》も起《おこ》るのであつて、他《た》から無意味《むいみ》の野狐《やこ》などが憑依《ひようい》すると云《い》ふことは、信《しん》ずべからざる邪義《じやぎ》である。

故《ゆゑ》に狐明神勸請《きつねみやうじんくわんじやう》など云《い》ふことは、絶對《ぜつたい》に必要《ひつえう》のないことである、然《しか》るを狐《きつね》が憑依《ひようい》するなど云《い》ひ觸《ふ》らして愚夫愚婦《ぐふぐふ》を誑《たぶら》かして居《ゐ》るのは、手品師《てじなし》が種《たね》を使《つか》はねば手品《てじな》が出來《でき》ぬと同《おな》じ様《やう》なものである。

憑依狀態《ひよういじやうたい》は夢中意識《むちういしき》である、即《すなは》ち催眠的狀態《さいみんてきじやうたい》である、決《けつ》して一個《こ》の靈《れい》ではないのである、野狐《やこ》が憑《つ》いて乘《の》り移《うつ》るなどゝ云《い》ふことはどうしても信《しん》じられないことで、即《すなは》ち妄信《もうしん》、誤信《ごしん》、邪信《じやしん》、迷信等《めいしんとう》の觀念《くわんねん》が結晶《けつしやう》して野狐憑《やこつ》きの心象《しんしやう》になるのであるから、そんな虚妄《きよまう》の事《こと》を祭《まつ》つて信仰《しんかう》したからとて何《なん》の役《やく》にも立《た》つべきものではない、全《まつた》く明《みやう》神《じん》に勸請《くわんじやう》するとは理由《りいう》のなき事《こと》である。

元來狐明神《ぐわんらいきつねみやうじん》を勸請《くわんじやう》すると云《い》ふ事《こと》は非法《ひはふ》である、正義《せいぎ》を無視《むし》したやり方《かた》である、故《ゆゑ》に行者《ぎやうじや》の終焉《しうえん》は立往生《たちわうじやう》か、行倒《ゆきだふ》れか、木賃屋《きちんや》ホテルの一隅《ぐう》で死去《しきよ》する位《くらゐ》が關《せき》の山《やま》である、人間《にんげん》の精神内面《せいしんないめん》に醱酵《はつかう》した狐精《こせい》を勸請《くわんじやう》するは愚《ぐ》の極《きよく》である。

「一切業障《さいごふしやう》は皆妄想《みなまうさう》より生《しやう》ず、衆《もろ〳〵》の罪《つみ》は霜露《さうろ》の如《ごと》し、若《も》しサンゲせんと欲《ほつ》せば端座《たんざ》して實相《じつさう》を思《おも》へ、慧日《ゑにち》よく消除《せうじよ》す」

此《かく》の如《ごと》く、妄想《まうさう》より心的狐精《しんてきこせい》を起《おこ》して發言《はつげん》するのであるから、慧日《ゑにち》の靈性《れいせい》を確認《かくにん》すれば一切《さい》の狐精《こせい》は無《む》となるのである、試《こゝろみ》に朝露《あさつゆ》を見《み》よ、太陽《たいやう》の放光《はうくわう》と共《とも》に直《たゞ》ちに消《き》へるではないか……慧日能消除《ゑにちよくせうじよ》す……とは、靈性《れいせい》の智水《ちすゐ》が、煩惱《ぼんのう》の狐精《こせい》を照化《せうくわ》して仕舞《しま》ふのである、……狐明神《きつねみやうじん》の勸請《くわんじやう》のみならず、鬼子母神《きしもじん》や、不動《ふどう》や、摩利支天《まりしてん》などの存在《そんざい》する事《こと》をも、認《みと》める必要《ひつえう》を感《かん》じないのである。

以上述《いじやうの》べ來《きた》つた事《こと》により、狐明神《きつねみやうじん》の勸請《くわんじやう》は誤《あやま》れる思想《しさう》であると云《い》ふことが判明《はんめい》したであらうと思《おも》ふが、若《も》しまだ判明《はんめい》し得《え》ないとならば、試《こゝろみ》に狐明神《きつねみやうじん》を勸請《くわんじやう》した札《ふだ》や宮《みや》を糞壺《ふんつぼ》の中《なか》に放《はう》り込《こ》んで見《み》るがよい、糞壺中《ふんつぼちう》には何《な》にが棲息《せいそく》して居《ゐ》るか、只《たゞ》ウジ虫《むし》を見《み》るのであらふ、このウジ虫同様《むしどうやう》に何《なん》の不思議《ふしぎ》もないのである。

妄信《まうしん》、誤信《ごしん》、邪信《じやしん》、迷信等《めいしんとう》の結晶《けつしやう》から、猶醒《なほさ》めることが出來《でき》ない者《もの》は、丁度《ちやうど》ウジ虫《むし》が上《うへ》にあがらんとしては落《お》ち、上《あが》らんとしては落《お》ちるのと同樣《どうやう》の生活《せいくわつ》に此《こ》の世《よ》を終《をは》るのである、靈性《れいせい》の大放光《だいはうくわう》に接《せつ》する事《こと》が出來《でき》ずに、妄想《まうさう》の糞壺中《ふんつぼちう》に一生涯《しやうがい》を送《おく》ると云《い》ふのは、何《な》んと哀《あは》れなことではないか、只笑《たゞわら》ふべきのみである。

あらゆる狐明神信仰者《きつねみやうじんしんかうしや》よ、先《ま》づ心内《しんない》の改造《かいざう》を致《いた》せ。

八　狐の善惡見分け方

先《ま》づ狐憑者《きつねつき》があつたら、女《をんな》なら右《みぎ》の手《て》、男《をとこ》なら左《ひだり》の手《て》を仰《おふ》むけにさせて術者《じゆつしや》の手《て》の上《うへ》に乘《の》せて吹《ふ》いて見《み》よ、必《かなら》ず小指《こゆび》がピク〳〵動《うご》く筈《はず》である、若《も》し小指《こゆび》が動《うご》かなければ狐憑《きつねつき》ではない、小指《こゆび》が動《うご》くのは障碍脈《しやうげみやく》さすれば腰《こし》より下《しも》の病氣《びやうき》となし、色情的《しきじやうてき》に關《くわん》係《けい》するのであるから、之《こ》れを陰狐《いんこ》と云《い》ふのである、小指《こゆび》は腸《ちやう》の病《やまひ》、子宮病《しきうびやう》、淋病《りんびやう》、梅《ばい》毒《どく》、せんき、寸《す》白《はこ》等《とう》一切《さい》の病氣脈《びやうきみやく》であるから、概《がい》して陰氣《いんき》の病脈系《びやうみやくけい》である。

狐精《こせい》に變化《へんくわ》したのは食貪《じきとん》、金貪《きんとん》、色貪《しきとん》、名貪等云《めうとんとうい》ふ、一切《さい》の貪慾《とんよく》から心理狀態《しんりじやうたい》が狐《きつね》の様《やう》になつたのであつて、他《た》から狐《きつね》が侵入《しんにふ》して來《き》たのではないのである、多《おほ》くの迷信《めいしん》者《じや》は、狐《きつね》が他《た》から侵入《しんにふ》して來《く》るから、身體《しんたい》に觸《ふ》れてザワザワするなどゝ云《い》ふて、それを誤信《ごしん》して居《ゐ》るから言語道斷《ごんごだうだん》である。

又狐憑者《またきつねつき》を見分《みわ》けるにクンロクと云《い》ふ藥種《やくしゆ》がある、之《こ》れを二三錢《せん》も買《か》つて火鉢《ひはち》で燃《も》して見《み》ると直《す》ぐ判《わか》るのである、必《かなら》ず臭《くさ》いと云《い》ふてあらう、さすれば狐精《こせい》にチヤームされ居《ゐ》るのであるから、五指《し》を吹《ふ》いて見《み》れば尚《なほ》よく判明《はんめい》する、……病氣《びやうき》でなくて貪《とん》慾非道《よくひだう》なる人《ひと》は必《かなら》ず小指《こゆび》が動《うご》くのである、即《すなは》ち相場投機《さうはとうき》などで、人《ひと》の金《かね》を奪《うば》はんとするのは、高利貸《かうりかし》よりも業慾《ごうよく》であるから、狐精神《こせいしん》の貪慾心《とんよくしん》が小指《こゆび》に現《あら》はれ出《いづ》るのである。

貪欲心《とんよくしん》あるものは必《かなら》ず下部《しものはう》の病氣《びやうき》を患《わづら》ふものである、色慾《しきよく》も一夫《ぷ》一婦《ぷ》であれば正道《せいだう》であるが、一夫《ぷ》多妻主義《たさいしゆぎ》であれば色貪《しきとん》である、金貪《きんとん》が相場師《さうはし》であつて大食者《たいしよくしや》が食貪《じきとん》、政治屋《せいぢや》などは名貪《めうとん》である。

狐憑者《きつねづき》は常《つね》にヲドヲドして何《なん》となく人《ひと》が恐《おそ》ろしいと云《い》ふので、多《おほ》く暗室《あんしつ》にばかり居《ゐ》たがるものである、又物思《またものおも》ひに沈《しづ》んで、人《ひと》を見《み》てはキヨロキヨロする風《ふう》があつて、夏《なつ》でも蒲團《ふとん》を三四枚《まい》も被《かぶ》り寢《ね》て居《ゐ》て外出《ぐわいしゆつ》せないのである、即《すなは》ち先入觀念《せんにふくわんねん》となつて泌《し》み込《こ》んで居《ゐ》るため、之《こ》れを心外《しんぐわい》に取《と》り去《さ》る事《こと》が出來《でき》ないのである、世間《せけん》の精神病者《せいしんびやうしや》は悉《ことごと》く狐憑《きつねつき》であるから注意《ちうい》して見《み》るがよい。

病院《びやうゐん》などに徃《い》つて見《み》ると、窓口《まどぐち》などに立《た》つて居《ゐ》て「突然《とつぜん》お前《まへ》は何《なに》をして居《ゐ》るのであるか」と怒《おこ》つて居《ゐ》る者《もの》があるが、これは氣狂《きちがひ》になる前《まへ》に、壓迫《あつぱく》か脅迫《きやうはく》かのために、心《しん》靈上《れいじやう》に印象《いんしやう》されたのが、窓《まど》につかまつて居《ゐ》る時《とき》に雜念《ざうねん》が統《とう》一される刹那《せつな》……あゝ口惜《くや》しいお前《まへ》は誰《たれ》だ……など云《い》ふのであつて、夢中意識《むちういしき》と同《おな》じであるから、發散《はつさん》する度毎《たびごと》に病氣《びやうき》は輕《かる》くなるものである、之《こ》れを獨散意識《ぞくさんいしき》と云《い》ふのである。

余《よ》が祈禱研究中《きとうけんきうちう》に、大森《おほもり》の喜德敎會《きとくけうくわい》と云《い》ふ日蓮宗《にちれんしう》の敎會所《けうくわいじよ》で、毎日《まいにち》百人以上患者《にんいじやうくわんじや》を相手《あひて》にしたが、その敎會所《けうくわいじよ》の娘《むすめ》で、中根《なかね》いちと云《い》ふ織工上《しよくこうあが》りの女《をんな》が、喜德稻荷《きとくいなり》が憑《つ》いて居《ゐ》ると云《い》ふので之《これ》を祭《まつ》り、その眷屬《けんぞく》に保德稻荷《やすとくいなり》だとか、藤吉稻荷《とうきちいなり》だとか、云《い》ふて各《かく》別々《べつ〴〵》に祭《まつ》りあげて、氣狂《きちがひ》の集合所《しうがふじよ》となつて居《ゐ》たから、一ケ年程《ねんほど》余《よ》は入會《にふくわい》して整理《せいり》を行《おこな》つてやつたが、余《よ》が退去後《たいきよご》は遂《つゐ》に墮落《だらく》して仕舞《しま》つたのであつた。

その狐憑《きつねつき》の狀態《じやうたい》は瞑目《めいもく》せる眼《め》を明《あ》いて種々《しゆ〴〵》なる囈語《うはごと》を云《い》ふのであつた、此《こ》の憑狐者《きつねつき》に魅化《はか》されて居《ゐ》た者《もの》は千人位《にんくらゐ》もあつたであらうが、余《よ》は何時《いつ》でも集合《しうがふ》の時《とき》は迷信打破《めいしんだは》を絶叫《ぜつきう》して「人生《じんせい》の妖怪化《えうくわいくわ》」を叩《た》きこわして仕舞《しま》ふ積《つも》りであつた、其時彼等《そのときかれら》が行《おこな》ふて居《ゐ》た方法《はうはふ》を一應《おう》述《の》べて見《み》ることにせう。

「どなたです、この肉體《にくたい》に憑《つ》いて居《ゐ》るものは」

此《こ》の暗示《あんじ》にかゝるのを見《み》ると直《たゞ》ちに何等《なんら》か開口《かいこう》する、「私《わたし》は穴守稻荷《あなもりいなり》の三番目《ばんめ》の眷屬《けんぞく》です」と行者《ぎやうじや》に答《こた》へる、すると行者《ぎやうじや》は直《たゞ》ちに再問《さいもん》する。

「此《こ》の肉體《にくたい》の口《くち》をかりて名乘《なの》る穴守《あなもり》さんの眷屬《けんぞく》は何處《どこ》に住《す》んで居《ゐ》るのですか」

「宿《やど》なしです、人《ひと》の心《こゝろ》に住《す》んで精氣《せいき》を吸《す》ふて居《ゐ》るのだ」

「何年位前《なんねんくらゐまへ》から憑《つ》いて居《ゐ》るのですか」

「二十年前《ねんぜん》から憑《つ》いて居《ゐ》る」

「それでは生《うま》れた時《とき》から憑《つ》いて居《ゐ》るのですか」

「そうだ………」

「何故《なぜ》生《うま》れた時《とき》から憑《つ》いて居《ゐ》るのですか」

「母親《はゝおや》の心《こゝろ》が惡《わる》いから生《うま》れる時《とき》に憑《つ》いたのである」

「母親《はゝおや》の心《こゝろ》が惡《わる》いとは、どう云《い》ふ心《こゝろ》が惡《わる》いのでしたか」

「此《こ》の子供《こども》が生《うま》れたら女子《をんな》なら殺《ころ》して仕舞《しま》ふと云《い》ふ惡心《あくしん》があつたから、男《をとこ》の子《こ》が此者《このもの》に產《うま》れたのだ」

「それではお前《まへ》さんは誰《だ》れに頼《たの》まれたのですか」
「誰《たれ》にも頼《たの》まれないが母親《はゝおや》の心《こゝろ》の中《なか》に住《す》んで居《ゐ》るのだ」
「母親《はゝおや》の心《こゝろ》の中《なか》の何處《どこ》に住《す》んで居《ゐ》るのですか」
「心《こゝろ》の中《なか》と云《い》へば心《こゝろ》の中《なか》である……ウー……」
「それでは心《こゝろ》の中《なか》にどんな形式《けいしき》で住《す》んで居《ゐ》たのですか」
「催眠意識《さいみんいしき》と云《い》ふ處《ところ》に住《す》んで居《ゐ》たので穴守《あなもり》の眷屬《けんぞく》で家《いへ》なしです」
「母親《はゝおや》が穴守稲荷《あなもりいなり》を祈《いの》つた事《こと》がありますか」
「あるとも、あるとも、毎月參詣《まいげつさんけい》に來《き》て相場《さうば》の當《あた》ります樣《やう》にと祈《いの》つて居《ゐ》た」
「相場《さうば》で金《かね》を儲《もう》けさしてやりましたか」
「心《こゝろ》がけが惡《わる》いから儲《もう》けさせない……」
「穴守《あなもり》の三番目《はんめ》とはどう云《い》ふ譯《わけ》ですか」
「それは出《で》駄羅目《たらめ》である……」

「出駄羅目《でたらめ》を何故《なぜ》云《い》ふのか」

以上《いじやう》の如《ごと》くに喜徳狐憑《きとくきつねつき》のいちが、患者《くわんじや》を調《しら》べて居《ゐ》るうちに、患者《くわんじや》は言《ことは》がつまつて口《くち》がきけなくなつたのである、而《しか》して眼《め》をパッと開《あ》いて女行者《をんなぎやうじや》の顔《かほ》を見《み》て居《ゐ》たのである。

こんな問答《もんだふ》は患者《くわんじや》の妄想《もうさう》の發意《はつい》であつて何等《なんら》の根底《こんてい》がある譯《わけ》ではないのであるが、行者《ぎやうじや》も患者《くわんじや》も妄想《もうさう》とは思《おも》はないから、狐《きつね》が毛穴《けあな》からでも身《み》の内《うち》に這入《はい》つて居《ゐ》て、談話《はなし》をするのである位《くらゐ》に思《おも》ふて居《ゐ》るのである。

而《しか》して保徳稲荷《やすとくいなり》を掛合事《かけあひごと》に使用《しよう》するとか、藤吉稲荷《とうきちいなり》を産婆《さんば》に使用《しよう》するとか云《い》ふて、人々《ひと〴〵》に宣傳《せんでん》して居《ゐ》たから、余《よ》は全然之《ぜんぜんこ》れを非認《ひにん》して叩《たゝ》きこわしてやつたのである、眞《しん》の靈狐《れいこ》には何《な》んにも名《な》などはないのであつて、何事《なにごと》でも自由活動《じいうくわつどう》をするのである。

狐憑者《きつねつき》は必《かなら》ず開口《かいこう》一番《ばん》……此方《このはう》は何々明神《なに〳〵みやうじん》だと云《い》ふ豪《えら》さうな口調《くてう》を發《はつ》する、質問《しつもん》すると其方《そのはう》が……と云《い》ふ様《やう》な口調《くてう》である、疑《うたが》ひもなく正氣《しやうき》を以《もつ》て云《い》ふのではなくて、氣狂《きがひ》の口調《くてう》であることは明《あきら》かである、或時《あるとき》いちと云《い》ふ行者《ぎやうじや》が、夜中突然《やちうとつぜん》……火事《くわじ》だ……

と飛《と》び起《お》きたのであるが、本人《ほんにん》の眼《め》は据《すは》つて血《ち》走《はし》つて居《ゐ》た、……本人《ほんにん》を渇仰《かつごう》して居《ゐ》る者《もの》は喜徳稲荷《きとくいなり》が乘《の》つたのであると云《い》ふて居《ゐ》た。

余《よ》は本人《ほんにん》の背中《せなか》を三ツ程《ほど》強《つよ》く叩《たゝ》いてやつたら、其所《そこ》に倒《たふ》れたのである、そして其《その》まゝ寢《しん》についたのである、翌朝《よくあさ》本人《ほんにん》に質問《しつもん》したら何《な》にも知《し》らぬと云《い》ふのであつた、之《こ》れは日中《にっちう》湯殿《ゆどの》の所《ところ》に石油鑵《せきゆくわん》を置《お》き忘《わす》れたのを氣《き》にかけて寢《ね》に就《つ》いたのが、心靈《しんれい》に全精神《ぜんせいしん》が統《とう》一される時《とき》に突《つ》き放《はな》される爲《ため》に……石油鑵《せきゆくわん》が變《へん》じて火事《くわじ》だ……と云《い》ふ口調《くてう》になつて叫《さけ》んだまでゞあつて、つまり世間《せけん》で云《い》ふ火事《くわじ》の夢《ゆめ》を見《み》たのである。

狐《きつね》の善惡《ぜんあく》見分方《みわけかた》と云《い》ふと、何《な》んだか狐《きつね》が人間《にんげん》に憑《つ》く樣《やう》に思《おも》はれるが、實際《じつさい》は狐憑心《こひようしん》象《しやう》の見分《みわ》け方《かた》と云《い》ふ方《はう》がよいかも知《し》れない、今《いま》一歩《ほ》進《すゝ》むと狐《こ》とは個《こ》であつて、個人主《こじんしゆ》義《ぎ》の人心《じん〱》の見分《みわ》け方《かた》と云《い》ふてもよい、その個人主義《こじんしゆぎ》とは左《さ》の如《ごと》き例《れい》がある。

「余《よ》の知人《ちじん》の家《いへ》に飯炊老人《めしたきらうじん》が居《ゐ》た、禮儀作法《れいぎさはふ》の心得《こゝろえ》もなく、主人《しゆじん》の茶碗《ちやわん》で水《みづ》をガブガブ呑《の》み、主人《しゆじん》の箸《はし》で食物《しよくもつ》を食《く》ふ、下女《げぢよ》が見兼《みか》ねて「おぢいさん、それは旦那樣《だんなさま》のぢやないか」と注意《ちうい》すれば、ぢいさん一向平氣《かうへいき》で、「旦那樣《だんなさま》とて乞食《こじき》ぢやあるまいし」と云《い》ふ風《ふう》である……個人《こじん》を尊重《そんちやう》した氣分《きぶん》は自己中心《じこちうしん》である、即《すなは》ち大義名分《たいぎめいぶん》がないから狐精《こせい》を帶《お》びて居《ゐ》るのである。

又《また》こう云《い》ふのがある、無斷《むだん》で他人《たにん》の石鹼《せつけん》を使《つか》ひ、或《あ》る人《ひと》に怒《おこ》られたら、石鹼《せつけん》は菩薩《ほさつ》だから使《つか》はれて人《ひと》の垢《あか》を落《おと》すのである、石鹼《せつけん》の本義《ほんぎ》を盡《つく》して居《ゐ》るからよいではありませんか。

又或人客《またあるひときやく》に來《きた》りて象牙《ざうげ》の吐月峰《はいふき》を出《だ》され、烟管《きせる》でカチンとはたきたるに、主人《しゆじん》思《おも》はずハッと云《い》へば、客《きやく》は平氣《へいき》で「御主人御心配下《ごしゆじんごしんぱいくだ》さらずとも大丈夫《だいぢやうぶ》、烟管《きせる》は何《なん》とも御座《ござ》らぬから」と云《い》ふ。

今《いま》の時代《じだい》は此《こ》の個人主義《こじんしゆぎ》を、萬事表面《ばんじへうめん》に現《あら》はす故《ゆゑ》に、少《すこ》し相違《さうゐ》すると直《たゞ》ちに狐疑心《こぎしん》を出《だ》して貪慾《どんよく》を熾《さか》んにするのである、こんな狐疑心《こぎしん》も、狐憑《きつねつき》の本性《ほんしやう》を示《しめ》して居《ゐ》るのであるから、靈狐《れいこ》の使用《しよう》を徹底《てつてい》すれば心身《しんく〵》の改造《かいざう》が出來《でき》るのである、心《こゝろ》の海《うみ》に波《なみ》が荒立《あらだ》つとそこに狐《きつね》あり狸《たぬき》あり犬神《いぬがみ》あり天狗《てんぐ》あり蛇靈《じやれい》あり生靈《いきれう》あり死靈《しれう》ありであつて、幻覺《げんかく》、錯覺《さくかく》、妄覺《もうかく》を示《しめ》して靈狐《れいこ》の光明《くわうみやう》を蔽《おほ》ひかくすのである。

狐憑《きつねつき》に水《みづ》を飲《の》まして酒《さけ》と云《い》へば、顏《かほ》が赤《あか》くなつて酒《さけ》を飲《の》んだ時《とき》の樣《やう》になるものである、酒《さけ》を飲《の》ましても酒臭《さけくさ》くない、水《みづ》を飲《の》ましても酒臭《さけくさ》いと云《い》へば其通《そのとほ》りであるから、一寸妙《ちよつとみやう》のやうであるが、それは一種《しゆ》の精神的作用《せいしんてきさよう》であつて、丁度《ちやうど》催眠術《さいみんじゆつ》にかゝつた者《もの》に、水《みづ》を與《あた》へて藥《くすり》であると云《い》へば飲《の》みにくい顏《かほ》をなし、苦《にが》い藥《くすり》を與《あた》へて甘《あま》い砂糖水《さたうみづ》だと云《い》へば舌鼓《したづゝみ》打つて飲《の》むのと同《おな》じで、暗示《あんじ》に基《もと》づく精神《せいしん》の作用《さよう》である。

故《ゆゑ》に確固《かくこ》不拔《ふばつ》の精神《せいしん》を養《やしな》ふて、貪慾心《どんよくしん》より起《おこ》る狐精《こせい》を擊退《げきたい》する樣《やう》にせねばならぬ。

九　狐憑退散法の原理

狐憑《きつねつき》を治《なほ》すのに古來《こらい》祈禱《きとう》の精神療法《せいしんれうはふ》があつた、憑狐者《きつねつき》の偏執《へんしう》を打破《だは》して第《だい》二人格《じんかく》をして第《だい》一人格《じんかく》に復歸《ふくき》させるのである、されども若《も》し其《そ》の祈禱《きとう》に對《たい》する信念《しんねん》の薄《うす》き時《とき》は彼《か》れの心《こゝろ》を服《ふく》する力《ちから》足《た》らざるため、之《こ》れを治《なほ》す事《こと》が不可能《ふかのう》である、然《しか》し狐憑《きつねつき》などになるものゝ常《つね》として、祈禱《きとう》を信《しん》ずるの念《ねん》も亦篤《またあつ》いものであるから、其効《そのかう》を奏《そう》する事《こと》も多《おほ》いものである、が然《しか》しかゝる手段《しゆだん》を用《もち》ひずとも、余《よ》は憑狐者《きつねつき》を數多《あまた》治《なほ》してやつた例證《れいしよう》が澤山《たくさん》あるから、今之《いまこ》れを左《さ》に上記《じやうき》することにせう。

穴守稲荷《あなもりいなり》の附近《ふきん》で漁《れふ》を業《げふ》とする者《もの》の悴《せがれ》で、十五才《さい》の男子《をとこのこ》があつたが、或《あ》る神官《しんくわん》の祈禱《きとう》に依《よ》つて憑狐狀態《きつねつきじやうたい》となつたから、余《よ》は一喝《かつ》のもとに之《こ》れを治《なほ》してやつた、即《すなは》ち兩手《りやうて》を仰向《あふむ》けさせて余《よ》の拇指《おやゆび》と他《た》の四本《ほん》の指《ゆび》とで上下《うへした》から強《つよ》く壓《あつ》して置《お》き、本人《ほんにん》に對《たい》して「ヱイ」と一喝氣合《かつきあひ》をかけたら、指先《ゆびさき》に神官《しんくわん》が狐《きつね》を憑《つけ》たから……と云《い》つたから再《ふた》び一喝《かつ》したらば、それで三ヶ月《げつ》も入院《にふゐん》して居《ゐ》たのが、二度《ど》の氣合《きあひ》で治《なほ》つたのである。

又昔時《またむかし》清《し》水濱臣《みづはまをみ》の「泊々筆話《はくくひつは》」には左《さ》の如《ごと》き退散《たいさん》の記事《きじ》がある。

「橘《たちばな》の直枝《なほえ》は（中略）巽《たつみ》の角《すみ》に稲荷《いなり》の祠《ほこら》あり、直枝《なほえ》、思《おも》ふに祠《ほこら》こゝにありては家造《いへづく》りせんに便利《べんり》あしく、所《ところ》をかへばやと思《おも》へど、今《いま》までかく有《あ》り來《きた》りし事《こと》なれば、すておきぬ、かくて日頃《ひごろ》經《ふ》るに朝夕《てうせき》好《この》み飼《か》へる小鳥《ことり》、ともすれば失《しつ》すること幾度《いくたび》と云《い》ふ事《こと》なく、いといぶかしき事《こと》に思《おも》ひたるに、或《あ》る朝《あさ》小鳥《ことり》また失《う》せたり、こめおける籠《かご》も碎《くだ》けぬ、直枝《なほえ》いよ〳〵いぶかしみて、庭《には》の中《なか》此處《こゝ》彼處《かしこ》見《み》めぐり見《み》あるくに、稲荷《いなり》の祠《ほこら》のあたりに尾羽《をはね》散《ち》り亂《みだ》れたり、直枝《なほえ》怒《いか》りて、年久《としひさ》しく使《つか》ひならせる老奴《らうご》を呼《よ》び、とも〳〵に祠《ほこら》を取《と》り除《のぞ》けつゝ見《み》れば、狐《きつね》の住所《じうしよ》と見《み》えて穴《あな》あり、親狐《おやぎつね》は居《を》り合《あ》はせずして、生《うま》れ出《い》でて二日三日《か》を經《へ》るばかりの子狐《こぎつね》三つ四つ居《ゐ》たり、直枝《なほえ》怒《いか》りて、憎《につく》き奴《やつ》哉《かな》、小鳥《ことり》失せたるは此《こ》の親狐《おやぎつね》が仕業《しわざ》なりけり、此子狐《このこぎつね》ども疾《はや》く取《と》り捨《す》てよとて、彼《か》の老奴《らうご》をして此《こ》の狐《きつね》をみな近《ちか》き川《かは》に流《なが》させ穴《あな》を埋《う》め祠《ほこら》をこぼち燒《や》きすてさせけり、しかるに其夜《そのよ》より彼《か》の老奴《らうど》、心内《しんない》ぬるみほとりて物狂《ものくる》はしくなり、えも知《し》れぬ事《こと》ども云《い》ひさけびて、あな憎《につ》くき此《こ》の老奴《らうご》や、わがいつくしむ子《こ》どもを流《なが》し殺《ころ》して、我《わ》が棲《す》む所《ところ》をこぼちしことよ、いかにせん〳〵、今宵《こよひ》を過《すご》さず取《と》り殺《ころ》してんと大聲《おほごゑ》にさけぶ、直枝《なほえ》は聞《き》つけていよ〳〵怒《いか》りさけびつゝ、彼《か》の老奴《らうど》に向《むか》ひて言《い》ふやうは、狐《きつね》よ、汝《なんぢ》こそ理《り》なけれ、此處《こゝ》の居處《きよしよ》は公《きみ》より直枝《なほえ》に下《くだ》し給《たま》へる所《ところ》なり、直枝《なほえ》はあるじなり、されば祠《ほこら》をおかんもおかざるも直枝《なほえ》が心《こゝろ》なり、其《そ》のあるじの好《この》み飼《か》ふ小鳥《ことり》を奪《うば》ひ食《は》むは盗人《ねすびと》なり、やよ、ことわりなのくち狐《きつね》よ、子狐《こぎつね》を流《なが》し捨《す》て祠《ほこら》をこぼせしは直枝《なほえ》がさせしなり、老奴《らうど》が心《こゝろ》よりなしゝにはあらず、うらめしと思《おも》はゞ直枝《なほえ》にこそ訴《うつた》へなげかめ、老奴《らうど》に何《なん》の怨《うら》み心《こゝろ》を殘《のこ》さむ、放《はな》れよ、さらずはなほいみじきめをみすべし、と責《せ》めければ、ことわりさや思《おも》ひけむ、やがて放《はな》れにけりさぞ、其《その》をゝしき本性《ほんしやう》此《この》一事《じ》にておもひやるべし」

と記《しる》されてあるが、之《こ》れは老人《らうじん》の奴僕《ごぼく》が弱《よわ》き心《こゝろ》に狐害《こがい》を受《う》くべしとの觀念強烈《くわんねんきやうれつ》となりて、終《つひ》に憑依《ひようい》の狀態《じやうたい》を生《しやう》じたのであつて、即《すなは》ち觀念《くわんねん》が凝結《ぎようけつ》して催眠的狀態《さいみんてきじやうたい》を現《けん》し、無意識裡《むいしきり》に口走《くちはし》る樣《やう》になつたのである、然《しか》るに直枝《なほえ》の強《つよ》き心《こゝろ》に制《せい》せられて、此《こ》の觀念《くわんねん》が分散《ぶんさん》して脱退《だつたい》する事《こと》を得《え》たのであるが、……斯《かく》の如《ごと》く憑依者《ひよういしや》の多《おほ》くは心弱《こゝろよわ》きもの、迷深《まよひふか》きものに現《げん》ずるを常《つね》とするのである。

狐憑《きつねつき》の消散原理《せうさんげんり》は科學的《くわがくてき》に分別《ぶんべつ》しても容易《ようい》に解釋《かいしやく》を加《くは》へ得《う》るのであるが、それかと言《い》ふて直枝《なほえ》の老奴《らうど》如《ごと》き憑狐《きつねつき》のみではないから、狐憑者《きつねつき》の狀態《じやうたい》をよく直感《ちよくかん》して、その原《げん》理《り》を我靈性《わがれいせい》の鏡《かゞみ》に照《てら》して活斷《くわつだん》せねばならぬのである。

余《よ》は狐憑者《きつねつき》を審判《しんはん》する時《とき》には、必《かなら》ず其稻荷《そのいなり》の宮或《みやあるひ》は境內《けいだい》の立木《たちき》一切《さい》を仔細調査《しさいてうさ》して書《か》きつけ置《お》き、審判《しんはん》なり、壓迫《あつぱく》なりの時《とき》に、その道理《だうり》を強言的《きやうげんてき》に理解《りかい》させ、少《すこ》しは憑《きつ》狐者《つきき》の意《い》に落入《おちい》つた樣子《やうす》を見《み》て……ヱイ……と大喝《だいかつ》一聲氣合《せいきあひ》をかけて、手刀《てがたな》にて切《き》り込《こ》む事《こと》をするのである、……手刀《てがたな》とは人指中指《ひとさしなかゆび》の二本《ほん》であつて、あとの三本《ほん》は拇指《おやゆび》が上《うへ》になる樣《やう》に握《にぎ》るのである。

世間《せけん》の幽靈談《いうれいだん》には多《おほ》く虐殺等《ぎやくさつとう》の怨恨《えんこん》が伴《ともな》ひ居《ゐ》る如《ごと》く、憑狐者《きつねつき》にも多《おほ》く幻覺《げんかく》が伴《とも》ふて居《ゐ》る……心裡《しんり》の幻影《げんえい》……それが發《はつ》して外《ほか》にあるが如《ごと》く感《かん》ずるのである、淺草《あさくさ》の某寺《はうじ》で

こんな事《こと》があつた、某寺《はうじ》の主人《しゆじん》が後妻《ごさい》を迎《むか》へたが、其後妻《そのごさい》の連子《つれこ》に娘《むすめ》が居《ゐ》た、然《しか》るに

後《のち》には其娘《そのむすめ》が養父《やうふ》と通《つう》じて實母《じつぼ》を虐待《ぎやくたい》した、實母《じつぼ》は痛心《つうしん》の極《きよく》遂《つゐ》に病氣《びやうき》となつたが、無《む》道《だう》にも之《こ》れを二階《かい》の物置部屋《ものおきべや》に入《い》れ、食事《しよくじ》さへも充分《じうぶん》に與《あた》へずして、不倫《ふりん》の親子《おやこ》は少《すこ》しも之《これ》を顧《かへり》みず、死《し》ねよかしに取扱《とりあつか》ひて居《ゐ》た……憤怨《ふんえん》の極《きよく》……後妻《ごさい》は終《つひ》に縊死《いつし》を遂《と》げたのである、然《しか》るに此《こ》の虐待《ぎやくたい》は心強《こゝろづよ》き夫《をつと》の心《こゝろ》に印《いん》する事《こと》は淡《あは》かりしも、心弱《こゝろよわ》き娘《むすめ》の心《こゝろ》には……さぞ吾《われ》を怨《うら》みつらんとの觀念《くわんねん》……深《ふか》く心《こゝろ》にきざして、夜陰《やいん》に至《いた》れば「あれお母《つか》さんが」と言《い》ふ聲《こゑ》と共《とも》に、何者《なにもの》にか二階《かい》に引《ひ》き上《あ》げらるゝかの如《ごと》く駈《か》け上《あが》りて、バタ〳〵と落《お》ち、自《みづか》ら亡母《なきはゝ》の恐《おそ》ろしき姿《すがた》して我《われ》を引《ひ》き上《あ》ぐるの幻覺《げんかく》を生《しやう》じ、夜毎《よごと》に其《その》悲鳴《ひめい》を聞《き》きし附近《ふきん》の人《ひと》より聞《き》きし事《こと》がある。

祈禱者《きとうしや》は母《はゝ》の祟《たゝ》りなりと言《い》ひて讀經供養《どくきやうくやう》に赴《おもむ》くが、心理學者《しんりがくしや》は一の幻覺《げんかく》として料理《れうり》する、共《とも》に徹底《てつてい》した斷案《だんあん》ではないのである、……虐待《ぎやくたい》したのは業引《ごういん》でもなければ、本《ほん》能《のう》の發動《はつどう》でもない、坊主《はうず》の妻《つま》が死《し》んで後妻《ごさい》を入《い》れたのが因《いん》であつて、坊主《はうず》の色慾熾《しきよく〳〵さかん》にして獸的《じうてき》なりしが原《もと》である、此《こ》の相對間《さうたいかん》に起《おこ》りし因果律《いんぐわりつ》にして、即《すなは》ち佛敎《ぶつけう》で言《い》ふ末那《まな》識《しき》と云《い》ふ、催眠狀態的意識《さいみんじやうたいてきいしき》の相擊《さうげき》によつて起《おこ》りたるもので、奧底《しんそこ》には曇《くも》りなき心靈《しんれい》が照《て》り輝《かゞや》いて居《ゐ》る事《こと》を識《し》らぬが爲《ため》である、坊主《ばうず》の罪惡《ざいあく》が二人《ふたり》の犧牲者《ぎせいしや》を出《いだ》した譯《わけ》である。

狐憑退散《さつねつきたいさん》の原理《げんり》も之《こ》れと楯《たて》の兩面《りやうめん》である、藝者《げいしや》を狐《きつね》と言《い》ふ、之《こ》れを家庭《かてい》に入《い》れると必《かなら》ず百中《ちう》の九十九人迄《にんまで》は波瀾《はらん》を起《おこ》すのである、藝者上《げいしやあが》りの妻《つま》を帶《たい》した家庭《かてい》で姪《めい》と爭鬪《さうとう》を起《おこ》したものがあつたが、その間《かん》の心理狀態《しんりじやうたい》をカメラに撮《と》つたら蛇心《じやしん》、蛇身《じやしん》の焰《ほのほ》の如《ごと》き現象《げんしやう》が三本《ぼん》も出《で》た者《もの》がある、……狐憑者《きつねつき》も之《こ》れと同《おな》じくカメラに撮《と》れば、憑狐者《きつねつき》の心理狀態《しんりじやうたい》が分裂《ぶんれつ》して憑狐《きつねつき》の後方《こうはう》に狐《きつね》の躰形《たいけい》が映寫《えいしや》するのである。

熊澤《くまざは》と言《い》ふ武士《ぶし》が狐憑《きつねつき》を退散《たいさん》させた事《こと》が昔《むかし》から傳說《でんせつ》になつて居《ゐ》るが……狐憑《きつねつき》に向《むか》ひ突然《とつぜん》問《と》ふて曰《いは》く、論語《ろんご》の中《うち》に曰と言《い》ふ字《じ》が何個《なんこ》あるか……と憑狐《きつねつき》の娘《むすめ》に迫《せま》りしに、何《なん》の答《こた》へもなかつたので、大喝《だいかつ》一聲《せい》して大刀《たいとう》に手《て》をかけ拔打《ぬきうち》にせんとせしかば、此《こ》の觀《くわん》念《ねん》が延長《えんちやう》して娘《むすめ》は仰《おふ》むきに倒《たふ》れたのである、倒《たふ》れて七日《か》間程熟睡《かんほごじゆくすゐ》して覺醒《かくせい》し眞人間《まにんげん》になつたのである。

家《いへ》に歸《かへ》つて弟子《でし》共《ども》より、先生論語《せんせいろんご》の中《うち》に曰と云《い》ふ字《じ》は何個《なんこ》あつたのですか、と問《と》はれて熊澤《くまざは》が、已《お》れも知《し》らないのである、何個《なんこ》あるか調《しら》べて見《み》よと言《い》はれて弟子《でし》がその狐憑退散《きつねつきたいさん》の意義《いぎ》に應用《おうよう》した事《こと》が判《わか》つたが……其《そ》の原理《げんり》は弟子《でし》には解《わか》らなかつたのである、水戸光圀卿《みとみつくにきやう》も九寸《すん》五分《ぶ》を拔《ぬ》いて斬《き》らんとする形式《けいしき》にて狐憑娘《きつねつきむすめ》を治《なほ》した事《こと》がある。

狐憑《きつねつき》は催眠狀態的意識《さいみんじやうたいてきいしき》の分裂作用《ぶんれつさよう》であるから、心靈《しんれい》に基調《きてう》すべく、心靈《しんれい》より壓迫《あつはく》か、理解《りかい》か、頓智《とんち》かを以《もつ》てすれば必《かなら》ず退散《たいさん》するのである、即《すなは》ち催眠術《さいみんじゆつ》の暗示法《あんじはふ》がそれである、紙《かみ》を石《いし》と言《い》ひ、石《いし》を輕《かる》い紙《かみ》と言《い》ひて劣等意識《れつとういしき》の轉換《てんくわん》を期待《きたい》させるのである、其巧《そのこう》拙《せつ》は術者《じゆつしや》にあるのであつて、憑狐《きつね》者《つき》は別《べつ》に古《ふる》いも新《あたら》しいも關係《くわんけい》せぬのである。

術者《じゆつしや》の家《いへ》に這入《はい》る時《とき》に突然《とつぜん》……何《なん》だ何用《なによう》あつて來《き》た……と大喝《たいかつ》一聲《せい》やること〻……術者《じゆつしや》の家《いへ》より立歸《たちかへ》らんとする刹那《ぜつな》に大喝《たいかつ》一聲《せい》又壓迫《またあつはく》するのである、狐憑《きつねつき》は前《まへ》にも言《い》ふ如《ごと》く末那識《まなしき》即《すなは》ち催眠的意識《さいみんてきいしき》の自由活動《じいうくわつどう》であるから、狐憑者《きつねつき》の狀態《じやうたい》を察《さつ》して緩急《くわんきう》よろしきに致《いた》すのが術者《じゆつしや》の熟練《じゆくれん》にあるのである。

靈狐《れいこ》を使用《しよう》するには、是非《ぜひ》狐退散《きつねたいさん》の原理《げんり》を心得《こゝろえ》ておかねばならぬのである、記臆《きおく》して置《お》かぬと普通《ふつう》の狐憑《きつねつき》や、劣等《れつとう》の催眠術《さいみんじゆつ》や、太靈道《たいれいだう》の眞靈顯現《しんれいけんげん》の靈示《れいし》など丶混亂《こんらん》して仕舞《しま》ふからである、……「氣合術《きあひじゆつ》の江間式《えましき》などは、六根《こん》を一喝《かつ》で奪《うば》ふて七識《しき》を引張《ひつぱ》り出《だ》して、自分《じぶん》が化物《ばけもの》になつて或《あるひ》は狐憑《きつねつき》になつて追《お》ひ出《だ》して仕舞《しま》ふ」など丶言《い》ふ愚劣極《ぐれつきは》まる言語《げんご》を吐《は》いて居《ゐ》る。

狐憑《きつねつき》だの死靈《しれい》だのを退散《たいさん》させる原理《げんり》を識《し》らないで勝手《かつて》な事《こと》を言《い》ふて居《ゐ》るのが現代《げんだい》の靈術家《れいじゆつか》である、古《ふる》い祈禱《きとう》や狐狸使《こりづか》ひを改造《かいざう》すべく生《うま》れ出《で》たと言《い》ふ、靈術賣捌人《れいじゆつうりさばきにん》が、かへつて劣等《れつとう》な事《こと》を言《い》ふて居《ゐ》るには呆然《ぼうぜん》たらざるを得《え》ないのである。

狐憑《きつねつき》が死靈生靈《しれういきれい》を裏《うら》にして、表《おもて》が狐精《こせい》の躰現《たいげん》して居《ゐ》る者《もの》も澤山《たくさん》あるから注意《ちうい》を拂《はら》はねばならぬ、先《ま》づ如何《いか》なる狐憑《きつねつき》を退散《たいさん》させるにも、靈障脈《れいしやうみやく》を五本《ほん》の指《ゆび》で吹《ふ》き分《わ》けてから確定《かくてい》して置《お》き、如何《いか》なる靈《れい》の系統《けいとう》かを調《しら》べてから大喝《たいかつ》一聲《せい》すればよいのである。

それから外部《ぐわいぶ》の印象《いんしやう》から來《き》て居《ゐ》るのもあるし、傳統的《でんとうてき》に印象《いんしやう》して居《ゐ》るのもある、繪《くわい》畫《ぐわ》を見《み》てからそれが印象《いんしやう》されて居《ゐ》るのもあるし、伽《おと》ぎ話《はな》しから先入主《せんにふしゆ》となつて居《ゐ》るのもある、又夢《またゆめ》で見《み》てそれを信《しん》じて憑狐《きつねつき》になつて居《ゐ》る者《もの》もあると云《い》ふ風《ふう》で、其原因《そのげんいん》は種《しゆ》々様々《〻さま〻》で一様《やう》でないから、凡《すべ》て一律《りつ》には往《い》かぬけれども、先《ま》づ催眠的意識《さいみんてきいしき》の二重活動《ぢうくわつどう》として取扱《とりあつか》ひて教化《けうけ》せねばならぬのである、而《しか》して其原理《そのげんり》は大凡以上述《おほよそいじやうの》べ來《きた》つた事柄《ことがら》によつて了解《れうかい》されたであらうと思《おも》ふ。

十　科學上より觀たる靈狐

前來述《ぜんらいの》べ來《きた》りし所論《しよろん》は心靈科學《しんれいくわがく》より萬事《ばんじ》を說《と》いて來《き》たのであつて、世間普通《せけんふつう》の科學《くわがく》からではないのである、心靈《しんれい》のバロメータで力說《りきせつ》したから從來《じうらい》の狐使《きつねつか》ひとは天淵《てんえん》の相《さう》違《ゐ》である……世間《せけん》の淺薄《せんはく》な科學《くわがく》で靈狐《れいこ》を研究《けんきう》すれば、その歸着點《きちやくてん》が判《わか》らないであらうが、心靈科學《しんれいくわがく》より研究《けんきう》すれば條理整然《でうりせいぜん》として分別《ぶんべつ》されるのである。

世間《せけん》の科學《くわがく》は五官《くわん》に觸《ふ》れる丈《だけ》しか解釋《かいしやく》が出來《でき》ないのであつて、五官以上《くわんいじやう》の事《こと》は科學《くわがく》が關係《くわんけい》すべき場面《ばめん》ではないのである、然《しか》るを無理《むり》に心靈科學《しんれいくわがく》だなど丶云《い》ふてコヂツケて居《ゐ》るから、高等心靈科學上《かうとうしんれいくわがくじやう》より見《み》れば實《じつ》に哀《あは》れなものである。

普通《ふつう》の科學《くわがく》より靈狐《れいこ》と云《い》ふ問題《もんだい》を觀《み》れば、研究《けんきう》の結果《けつくわ》は無《む》と云《い》ふことに歸《き》するのであるけれども、心靈科學《しんれいくわがく》より靈狐《れいこ》を觀《み》れば必《かなら》ず本躰《ほんたい》に到達《たうたつ》する事《こと》が出來《でき》るのである、元來科學《ぐわんらいくわがく》と信仰《しんかう》とは其根本《そのこんぽん》に於《おい》ては合致《がつち》して居《ゐ》るのであるけれども、宗敎家《しうけうか》と云《い》ふ一種《しゆ》の偏執性《へんしうせい》を維持《ゐじ》した人々《ひと〴〵》は科學《くわがく》を無視《むし》して顧《かへり》みず、科學者《くわかくしや》は宗敎及信徒《しうけうおよびしんと》の信仰狀態《しんかうじやうたい》を蔑視《べつし》して居《ゐ》るのであるから、共《とも》に相合致《あひがつち》して向上《かうじやう》を計《はか》ることが出來《でき》ないのである。

科學《くわがく》と迷信《めいしん》……それは丁度晝《ちやうどひる》と夜《よる》との如《ごと》きものであつて、お化《ばけ》は昔《むかし》から夜出《よるで》るものと極《きま》つて居《ゐ》る、電灯《でんとう》が次第《しだい》に行《ゆ》き渡《わた》るに從《したが》つてお化《ばけ》か少《すく》なくなつたと同《おな》じ様《やう》に、科學的《くわがくて》研究《けんきう》の領分《りやうぶん》が擴《ひろ》まるに從《したが》つて、迷信《めいしん》も自然《しぜん》に消滅《せうめつ》に歸《き》すべきものであらうから、殊更《ことさら》に迷信征伐《めいしんせいはつ》などをやる必要《ひつえう》もなからうし、事新《ことあた》らしげに科學《くわがく》と迷信《めいしん》などを論《ろん》ずるのは寧《むし》ろ時代錯誤《じだいさくご》であるかも知《し》れないが、それにも拘《かゝは》らず科學上《くわがくじやう》より觀《み》たる靈狐《れいこ》……などゝ云《い》ふ問題《もんだい》を出《す》すのは……靈狐《れいこ》の妨害《ばうがい》となる雜多紛然《ざつたふんぜん》たる迷信《めいしん》がなほ存在《ぞんざい》して人心《じんしん》を毒《どく》して居《ゐ》るのであるから、それを一掃《さう》したいと云《い》ふ考《かんが》へから本問題《ほんもんだい》を出《だ》した次第《しだい》である。

文明《ぶんめい》だ開化《かいくわ》だなどゝ誇《ほこ》つて居《ゐ》る現代《げんだい》に、日々《びゞ》の新聞紙上《しんぶんしじやう》を見《み》れば、九星方位《せいはうゐ》を掲《かゝ》げて迷信《めいしん》を誘《さそ》つて居《ゐ》るのである、即《すなは》ち九星判斷《せいはんだん》が現《げん》に社會《しやくわい》の大部《だいぶ》分《ぶん》の人々《ひとびと》に信《しん》ぜられて居《ゐ》るためだと見《み》なければならない、又大本教《またおほもとけう》などにも智識階級《ちしきかいきふ》の者《もの》が數多《あまた》迷信《めいしん》に歸依《きえ》して居《ゐ》るし、豫言《よげん》や透視《とうし》や、星占《ほしうらなひ》や、卜筮《ぼくぜい》、神託《しんたく》などゝ、是等《これら》を信《しん》ずる人《びと》も亦智識階《またちしきかい》級《きふ》に少《すく》なくないのである。

學術《がくじゆつ》の進歩《しんぽ》、文化《ぶんくわ》の普及《ふきふ》と共《とも》に漸次《ぜんじ》に減少《げんせう》すべき筈《はず》であるにも拘《かゝは》らず、多《おほ》くの迷信《めいしん》が今日《こんにち》に至《いた》るまで尙存在《なほそんざい》し、而《し》かも近來《きんらい》に至《いた》つては却《かへつ》て幾分增進《いくぶんぞうしん》せる傾向《けいかう》あるが如《ごと》く見《み》ゆるのは、實《じつ》に情《なさけ》ないことであるが、大戰後《たいせんご》の人心《じんしん》不安《ふあん》なる欠陷《けつかん》に乘《じよう》じた事《こと》と、大《だい》震災後《しんさいご》の不安《ふあん》に對《たい》する迷信《めいしん》が胚胎《はいたい》された爲《た》めであろう、迷信《めいしん》の中《うち》には吉凶禍福《きつきようくわふく》を目的《もくてき》としたるものが大部分《だいぶぶん》を占《し》めて居《ゐ》る樣《やう》であるが、科學上《くわがくじやう》より見《み》れば、如何《いか》にも無理《むり》なる迷信的注文《めいしんてきちうもん》であつて、凶《きよう》を變《へん》じて福利《ふくり》を求《もと》めんとする其願望《そのぐわんよう》は是非《ぜひ》ないことでもあらうが、迷信《めいしん》によつて救《すく》はれんとするの愚《ぐ》は實《じつ》に笑《わら》ふべきではないか。

商人《しやうにん》を說《と》くには算盤《そろばん》を以《もつ》てするが如《ごと》く、吉凶禍福《きつきようくわふく》を問題《もんだい》にせる迷信家《めいしんか》に對《たい》しては、先《ま》づ說《と》くに利害《りがい》を以《もつ》てすべきであらう、故《ゆゑ》に靈狐《れいこ》なる名稱《めいしよう》に依《よ》る使用法《しようはふ》の如《ごと》きは、既成《きせい》の迷信家《めいしんか》が、今迄《いまゝで》行者《ぎやうじや》や坊主《はうず》などに僞瞞《ぎまん》されて居《ゐ》た者《もの》を、眞《しん》に靈的現象《れいてきげんしやう》にある處《ところ》の……靈境《れいきやう》に直感《ちよくかん》して迷信《めいしん》が正信《しやうしん》と變《へん》ずるのであるから、科學《くわがく》に笑《わら》はれて居《ゐ》た迷信《めいしん》が、靈狐《れいこ》を認《みと》め得《う》る樣《やう》になると科學《くわがく》の缺陷《けつかん》を補《おぎな》ひ得《う》ることになるのである。

由來科學《ゆらいくわがく》と迷信《めいしん》とは、明暗正邪《めいあんせいじや》全《まつた》く相反《あひはん》するものゝ如《ごと》くであるが、迷信《めいしん》にして吉凶《きつきよう》禍福《くわふく》を問題《もんだい》として居《ゐ》るものは、其目的《そのもくてき》に於《おい》ては全《まつた》く科學《くわがく》と同一《ごう》であると云《い》はなければならぬ、科學《くわがく》は畢竟組織立《ひつきようそしきた》ちたる方法《はうはふ》によりて周圍《しうゐ》の世界《せかい》を研究《けんきう》し、合理的《がふりてき》に吾人《ごじん》の福利《ふくり》を增進《ぞうしん》せんと努力《どりよく》して居《ゐ》るものに外《ほか》ならぬからである、科學《くわがく》は云《い》ふまでもなく、迷信《めいしん》を敵《てき》とし、これを絶滅《ぜつめつ》せんことを期《き》して居《ゐ》るのである、が然《しか》し、迷信家《めいしんか》は決《けつ》して科學《くわがく》に背《そむ》いてはならぬ、先以《まづもつ》て科學研究《くわがくけんきう》の結果《けつくわ》を聴《き》くやうにしなければならぬ筈《はず》である。

思想《しさう》の變調《へんてう》は人心《じんしん》の變動《へんどう》となり、人心《じんしん》の變動《へんどう》は擴大《くわくだい》されて宇宙《うちう》の大變動《だいへんどう》と表現《へうげん》して、大震大火災等《だいしんだいくわさいとう》となる、と云《い》ふことは科學者《くわがくしや》には判《わか》り得《え》ないのである、靈狐《れいこ》は科學《くわがく》の題材《だい》《ざい》とする偶然《ぐうぜん》の現象《げんしやう》なるものを解決《かいけつ》することが出來《でき》るのである、即《すなは》ち迷信征伐《めいしんせいばつ》の十字《じ》軍《ぐん》は靈狐《れいこ》の公開《こうかい》であるのである。

靈狐《れいこ》は人間《にんげん》の眞靈《しんれい》の活躍《くわつやく》であるが、人間《にんげん》は靈狐《れいこ》だなどと云《い》ふと、外界《ぐわいかい》より侵入《しんにふ》したものであるかのやうに思《おも》ふて、……狐使《きつねつか》ひが……と早合點《はやがつてん》をして仕舞《しま》ふのであるが、誠《まこと》に憫《あは》れむべきことどもである、人間《にんげん》を解剖《かいはう》して見《み》ると一番《はん》よく解《わか》るのである、人間《にんげん》の頭《あたま》の頂天《ちやうてん》から足《あし》の爪先《つまさき》までの骨《ほね》の數《かず》は二百四十六個《こ》であると云《い》ふ事《こと》は誰《た》れでも識《し》つて居《ゐ》ることであるが、この骨《ほね》の中《なか》に一貫《くわん》して居《ゐ》る靈《れい》なるものを認《みと》めるには餘《あま》りに兒戯《じぎ》的《てき》であるから、此《こ》の靈《れい》なる一種《しゆ》の正命躰《しやうめいたい》には未《いま》だ曾《かつ》て觸《ふ》れた科學者《くわがくしや》は一人《にん》もないのである、否《い》な一貫《くわん》したる靈《れい》などゝ認《みと》めることが出來《でき》ない故《ゆゑ》、地震等《ぢしんとう》の現象《げんしやう》も自然的發動《しぜんてきはつどう》であると結論《けつろん》するより外《ほか》はないのである、然《しか》しながら其生命體《そのせいめいたい》をして、眞《しん》の活動《くわつどう》をなさしめ、眞《しん》の理解《りかい》を與《あた》へ得《う》べきものは眞靈《しんれい》の働《はた》らきである、即《すなは》ち靈狐《れいこ》の威力《ゐりよく》であるのである。

人間《にんげん》には慾情《よくじやう》と云《い》ふ惡魔《あくま》がある、又《また》一方《はう》には大悟徹底《たいごてつてい》すると大偉力《だいゐりよく》ある靈性《れいせう》がある此《こ》の二つの相《さう》が具體化《ぐたいくわ》されたのが靈個《れいこ》の活作用《くわつさよう》に依《よ》つて萬事判明《はんじはんめい》するのである、釋尊《しやくそん》は慾情《よくじやう》を靈性化《れいせいくわ》した大覺者《だいかくしや》となつたが、靈性《れいせい》を慾情化《よくじやうくわ》することをしなかつた爲《た》めに、末世《まつせ》の者共《ものども》が迷《まよ》つて五十八宗《しう》などに分裂《ぶんれつ》して了《しま》つたのである、靈狐《れいこ》は實《じつ》に靈性《れいせい》の慾情《よくじやう》化《くわ》をする一つの方法《はうはふ》なのである。

女《をんな》を形體《けいたい》より見《み》ないで内面《ないめん》から觀察《くわんさつ》するのが靈性《れいせい》の慾情化《よくじやうくわ》である、昔《むかし》の祈禱上《きとうじやう》の口《く》傳《でん》とか、秘傳《ひでん》とか云《い》ふとなんだか有《あ》りがたさうであるが、靈狐《れいこ》の口傳《くでん》は何《なに》もありがたい事《こと》などは少《すこ》しもないのである、本來《ほんらい》あり得可《うべ》きものであることを知《し》らないから、それを知《し》らしむるまでの事《こと》である。

三千年前《ねんぜん》の釋迦《しやか》は、靈狐《れいこ》の本體《ほんたい》を認《みと》めて居《ゐ》たから、種々《しゆぐ》なる名稱《めいしよう》に依《よ》つて之《こ》れを力《りき》說《せつ》し、末代《まつだい》の人類《じんるゐ》に敎《をし》へを垂《た》れたのであつたが、惡僧《あくそう》や愚僧《ぐそう》が出《で》て、靈狐《れいこ》の光《ひか》りを蔽《おほ》ひかくして仕舞《しま》ふたのである、釋尊《しやくそん》が惡魔《あくま》を降服《こうふく》させて一元《げん》の靈境《れいきやう》に融合《ゆうがふ》させたのが靈狐《れいこ》であるから、諸氏《しよし》も靈狐《れいこ》を認《みと》めてそれを體現《たんげん》すれば、釋迦《しやか》同樣《どうやう》になれるのである。

余《よ》も十年間苦修練行《ねんかんくしうれんぎやう》の結果《けくつわ》靈狐《れいこ》を確信《かくしん》して、その靈狐《れいこ》の自由活動《じいうくわつどう》が、科學《くわがく》にて調理《てうり》が出來《でき》ぬと云《い》ふ事《こと》は解《かい》したが、靈狐《れいこ》の本體《ほんたい》に到達《たうたつ》するまでは科學《くわがく》のお世話《せわ》にならなければいけないと云《い》ふ事《こと》を認《みと》めたのである、日蓮《にちれん》も斷頭場裡《だんとうぢやうり》に於《おい》て靈狐《れいこ》の本體《ほんたい》に觸《ふ》れたから、大神通力《だいじんつうりき》を示《しめ》したのである。

「日蓮《にちれん》と云《い》ひしものは、九月《ぐわつ》十二日子丑《にちねうし》の刻《こく》に頸切《くびき》られて終《をは》つたが、靈狐《れいこ》の本體《ほんたい》は北《ほく》國佐渡《こくさご》に往《い》つて安全《あんぜん》なり」

と靈說《れいせつ》されたのである、親鸞《しんらん》の範宴《はんえん》は靈個《れいこ》の偉大《ゐだい》を認《みと》めることが出來《でき》ないで慾情化《よくじやうくわ》されて仕舞《しま》ふたのである、範宴《はんえん》が二十六歳《さい》の正月《しやうぐわつ》、新春《しんしゆん》の回禮《くわいれい》を終《を》へて、京都《きやうと》から叡山《えいざん》に歸《かへ》らふとするとき、修學院村《しうがくゐんむら》の赤山神社《あかやまじんじや》に於《お》いて、美《うつく》しい若《わか》い女《をんな》に出遇《であ》つて、その女《をんな》から「古來《こらい》の佛敎《ぶつけう》が女性《ぢよせい》と云《い》ふものを無暗《むやみ》に虐待《ぎやくたい》して居《ゐ》るのは實《じつ》に怪《け》しからぬ」と議《ぎ》論《ろん》を吹《ふ》きかけられて弱《よわ》つた、と云《い》ふ口實《こうじつ》を設《まう》けて……妻《つま》を得《え》んが爲めに……妻帶《さいたい》を自《じ》由《いう》にして慾情《よくじやう》の靈性化《れいせいくわ》の樣《やう》に見《み》せかけ、末代《まつだい》の人《ひと》を僞瞞《ぎまん》したのであつた。

否《いな》、末代《まつだい》の人《ひと》などはどうでもよい、自分即《じぶんすなは》ち範宴《はんえん》さへ妻帶《さいたい》すればいゝのであつた、然《しか》るに其眞意《そのしんい》を知《し》らずに、誰《た》れもが此《こ》の問題《もんだい》を格段《かくだん》に偉《えら》いと云《い》ふて居《ゐ》るから、親鸞《しんらん》を信《しん》ずるものは悉《ことごと》く助平連即《すけべいれんすなは》ち戀愛《れんあい》は神聖《しんせい》なりと云《い》ふ理窟《りくつ》をつける者《もの》のみであるやうである、京都《きやうと》だの名古屋《なごや》の眞宗《しんしう》の尼《あま》が、自由淫賣《じいうゐんばい》で墮落《だらく》して仕舞《しま》ふことは、能《よ》く人《ひと》の知《し》る處《ところ》であるが、京都《きやうと》の或信者《あるしんじや》は此《こ》の醜事《しうじ》を知《し》つて眞宗《しんしう》を中止《ちうし》した者《もの》もあると云《い》ふことである。

靈狐《れいこ》から之《こ》れを見《み》れば、女《をんな》も男《をとこ》も區別《くべつ》はない、悉《ことごと》く同《おな》じ靈個《れいこ》であるが、佛敎《ぶつけう》では女《によ》人《にん》を救《すく》ふためには非常《ひじやう》に苦心《くしん》されたのである、即《すなは》ち女《をんな》は地獄《ぢごく》の使《つか》ひと云《い》ひ。(唯識論《ゆゐしきろん》)には。

「女人《によにん》は地獄《ぢごく》の使《つか》ひなり、永《なが》く佛種子《ぶつしゆし》を斷《た》つ、外面《ぐわいめん》は菩薩《ぼさつ》に似《に》、內心《なんしん》は夜叉《やしや》を好《この》む」

と云《い》ふてある、與《あた》へて云《い》へば親鸞《しんらん》の範宴《はんえん》は、佛敎坊《ぶつけうばう》さんの肉食妻帶問題《にくじきさいたいもんだい》を解決《かいけつ》したと云《い》ふ丈《だ》けである、科學上《くわがくじやう》より之《こ》れを觀《み》れば、何《な》んでもない事《こと》であるが、それを彼《か》れ是《こ》れ後世《こうせ》の人《ひと》が愚痴《ぐち》の請賣《うけうり》をするのである、法華經《ほけきやう》に「甚痴也矣《はなはだちなりい》」と五百弟子授記品《でしじゆきほん》と云《い》ふのに出《で》て居《ゐ》るが、自分《じぶん》に偉大《ゐだい》なる靈狐《れいこ》のあるのを識《し》らず、乞食《こじき》して居《ゐ》る愚者《ぐしや》に敎《をし》へたと同《おな》じである。

科學《くわがく》は五官能丈《くわんのうだけ》を萬事滿足《はんじまんぞく》させればよいのであつて、七識以上《しきいじやう》八識乃至《しきないし》絕對《ぜつたい》の靈性《れいせい》に五官能《くわんのう》を基調《きてう》させて、靈狐《れいこ》として大神通《だいじんづう》を出《いだ》させる事《こと》は出來《でき》ないのである、然《しか》し心《しん》靈科學《れいくわがく》からすれば可能《かのう》なるは必然的《ひつせんてき》である。

心靈科學《しんれいくわがく》は理論《りろん》ではなく實行《じつかう》であるから、靈狐口傳《れいこくでん》を徹底《てつてい》すれば、何事《なにごと》も自由自在《じいうじざい》に應用《おうよう》が出來《でき》るのである、然《しか》して靈狐《れいこ》を傳《つた》へた連中《れんちう》が、昔時《むかし》から數多《あまた》あつたのであるが、それは靈狐《れいこ》でなくて、零狐《れいこ》であつた、眞《しん》の靈狐《れいこ》は外道《げだう》の法《はふ》ではない、普通《よつう》の靈狐《れいこ》は外道的《げだうてき》であるから、氣《き》を附《つ》けないと混交《こんかう》してしまう、日本《にほん》の傳敎《でんげう》と云《い》ふ坊《はう》さん丈《だ》けは、眞《しん》の靈狐《れいこ》を心得《しんとく》して傳《つた》へて居《ゐ》るが、餘人《よじん》は之《こ》れを知《し》らなかつた、その證據《しようこ》は、古老《こらう》の傳《でん》に

「この茶天《だてん》の法《はふ》は、東寺《とうじ》と三井寺《みゐでら》とに、委細《いさい》に相傳《さうでん》して山門《さんもん》にこれなし、其故《そのゆゑ》は山家《さんか》御相承《ごさうしやう》ありけれども、相輪塔《さうりんたふ》の下《もと》に此法《このはふ》と禪法《ぜんはふ》とは埋《う》められぬ、仍《よつ》て天臺流《てんだいりう》には賞翫《しやうぐわん》せずと申《まを》し傳《つた》へたり、黑谷流《くろやりう》には代々《だい〳〵》相傳《さうでん》して秘藏《ひざう》す」と(溪嵐拾葉集《けいらんじうえふしう》九)に出《で》て居《ゐ》たが、概《がい》して弘法《こうはふ》以來《いらい》傳《つた》へたらしい、稻荷神社考《いなりじんじやかう》下《げ》には、文德實錄《ぶんとくじつろく》仁壽《じんじゆ》二年《ねん》二月《ぐわつ》、越前守《えちぜんのかみ》藤原高房傳《ふじはらたかふさでん》を引《ひ》いて、天長《てんちやう》四年《ねん》の春《はる》、高房《たかふさ》が美濃介《みのゝすけ》を拜《はい》したとき、席田郡《せきだごほり》に妖巫《えうぶ》が居《ゐ》て、その靈《れい》が暗《くら》い所《ところ》を轉《ころ》び歩《ある》いて心臟《しんざう》を食《く》ひ、その被害者《ひがいしや》が非常《ひじやう》に多《おほ》

かつたが、昔《むかし》からの役人《やくにん》は皆恐《みなおそ》れてその部落《ぶらく》に入《い》る事《こと》をさへしなかつたのを、高房《たかふさ》は其同類《そのどうるゐ》を捕《とら》へて酷刑《こくけい》に處《しよ》したと云《い》ふことである、それは荼枳尼《だきに》の所業《しわざ》であると云《い》はれてあつた。

心靈科學《しんれいくわがく》が公開《こうかい》される樣《やう》になると、昔時《むかし》からの狐精問題《こせいもんだい》や、僞瞞的靈狐問題《ぎまんてきれいこもんだい》は一掃《さう》されて仕舞《しま》ふのである、心靈科學《しんれいくわがく》より之《こ》れを見《み》ると、實《じつ》に一笑《せう》にだも値《あた》ひせざることである、(南嶺子四《なんれいし》)に云《い》ふ

「人《ひと》として獸《けもの》や食人鬼《しよくじんき》に手《て》をつかへ中略吉凶禍福《きつきようくわふく》を狐《きつね》にまかする徒《やから》、まことに悲《かな》しむべし、金銀《きんぐ》は野狐《やこ》の細工《さいく》に成《な》るものにはあるべからず中略僧侶狐《そうりよきつね》の力《ちから》を假《か》りて加持祈禱《かじきとう》し、憑《たのみ》をたて、幣《へい》を搖《うご》かす、是僧即《これそうすなは》ち狐《きつね》の同類《どうるゐ》なり、……釋迦如來《しやかによらい》一代《だい》の諸經《しよきやう》に野《や》狐《こ》の力《ちから》を假《か》りて祈禱《きとう》せよとありや否《いな》や、かりそめの病人《びやうにん》をも人《ひと》のうらみと名《な》づけ、生靈《いきれう》の托《つき》しぞ、死靈《しれう》か云《い》ひしぞとおどしかけて狐《きつね》をつかふ、其僧心《そのそうしん》をとはばいかが答《こた》へん、經力《きやうりき》にてさやうの事《こと》もいのらるゝならば、何《なん》ぞ狐《きつね》の力《ちから》をからんや、各々《おのく》そ

の宗《しう》の經《きやう》までも人《ひと》にいやしまれ、狐《きつね》の力《ちから》にて不思議《ふしぎ》をなさんとするは、狐《きつね》よりつかはると云《い》ふものにて、人面獸心《にんめんじうしん》、それこそ獸《けだもの》より下《した》につく可《べ》きものか、人《ひと》としてけだものゝ下《した》に列《れつ》するさへあるに、是《これ》をたのみて信《しん》ずる徒《と》は、けだものより二等下《とうした》につく可《べ》きぞ」と

誠《まこと》によき訓誡《くんかい》である、是《かく》の如《ごと》き科學的斷案《くわがくてきだんあん》は、心靈科學《しんれいくわがく》に來《きた》つて一層《そう》光明《くわうみやう》を發《はつ》し「吉凶禍福《きつきようくわふく》は靈狐《れいこ》を確認《かくにん》するその日《ひ》より絕對《ぜつたい》の靈威《れいゐ》に吸集《きふしう》されて一元《げん》の靈個《れいこ》の力《ちから》にて無意識《むいしき》に發達《はつたつ》する事《こと》を認識《にんしき》するのである」と斷言《だんげん》する事《こと》が出來《でき》るのである。

南嶺子《なんれいし》が「金銀《きんぐ》は狐《きつね》の細工《さいく》に成《な》るものにある可《べ》からず」と云《い》ふ事《こと》も心靈科學《しんれいくわがく》よりすれば「寶《たから》に足《あし》なし自《みづか》ら來《きた》らず」故《ゆゑ》に「求《もと》めよ、さらば與《あた》へられん」と云《い》ふ事《こと》になつて、眞《しん》の靈個《れいこ》を認《みと》めると同時《どうじ》に……無意識《むいしき》の活動《くわつどう》……は軈《やが》てその善果《ぜんくわ》を芽《めざ》し來《きた》りて快哉《くわいさい》を叫《さけ》ぶ事《こと》になるのである、南嶺子《なんれいし》の云《い》ふ如《ごと》く「釋迦如來《しやかにょらい》一代《だい》の諸經《しよきやう》に、野狐《やこ》の力《ちから》を假《か》りて祈《き》禱《とう》せよとありや否《いな》や」とある如《ごと》く、心靈科學《しんれいくわがく》よりも加文《かぶん》して「釋尊《しやくそん》は靈個《れいこ》の自由活動《じいうくわつどう》

を説《と》いたのであつてそれ以外《いぐわい》は一字不説《じふせつ》であるから、既成《きせい》の狐精的問題《こせいてきもんだい》は全然放棄《ぜんくはうき》せねばならぬ」と斷《だん》じ置《お》くのである。

又南嶺子《またなんれいし》が「狐《きつね》よりつかわるゝと云《い》ふものにて、人面獸心《にんめんじうしん》」とあるは、實《じつ》に痛快《つうくわい》の言辭《げんじ》ではないか、心靈科學《しんれいくわがく》より加文《がぶん》すれば「昔《むかし》の狐使《きつねつか》ひも、今《いま》の狐使《きつねつか》ひの行者《ぎやうじや》や神官《しんくわん》は、重罪犯《ぢうざいはん》を毎日犯《まいにちおか》し居《ゐ》る者故《ものゆゑ》、國法《こくはふ》を以《もつ》て處斷《しよだん》し、中止《ちうし》して日本民族《やまとみんぞく》の現神思想《げんしんしさう》に復古《ふくこ》せねばならぬ」と斷《だん》ずべきである。

又南嶺子《またなんれいし》の「是《こ》れをたのみて信《しん》ずる徒《と》は、けだものより二等下《とうした》につく可《べ》きぞ」とあるが、心靈科學《しんれいくわがく》は加文《かぶん》して「ダーウインの如《ごと》く、猿《さる》の變化《へんくわ》したる狐《きつね》の同類故《どうるゐゆゑ》、人間《にんげん》が劣等動物《れつとうどうぶつ》に墮落《だらく》したのである、故《ゆゑ》に國外《こくぐわい》に放逐《はうちく》すべきである」と斷《だん》ずるのである。

十一 靈狐の口傳

前來述《ぜんらいの》べ來《き》たつた事柄《ことがら》によつて、靈狐《れいこ》なるものは、昔《むかし》より傳說《でんせつ》されて居《ゐ》る樣《やう》な野狐《やこ》、邪精狐《じやせいこ》、七狐《こ》、白狐《びやつこ》、金毛九尾狐《きんもうびこ》など云《い》ふ狐《きつね》が居《ゐ》て、人間以外《にんげんいぐわい》に存在《そんざい》しつゝあるかの如《ごと》き説《せつ》とは全然違《ぜんくちが》ふ事《こと》が了解《れうかい》されたであらう、……然《しか》して又昔《またむかし》から神々《かみ〴〵》の降臨《かうりん》とか、示現《じげん》とか、影現《けいげん》とか云《い》ふて神徳《しんとく》を説《と》き來《きた》つた事《こと》も、靈狐《れいこ》の口傳《くでん》に於《おい》ては絶對非認《ぜつたいひにん》すべきものであるから、之《こ》れも承知《しやうち》して置《おか》ねばならぬのである。

大本敎《おほもとけう》などて「二十六年《ねん》一日《にち》の如《ごと》く」とか「神命《しんめい》一下《か》すれば夜半《やはん》と雖《いへど》も起座《きざ》して筆《ふで》を執《と》る」とか云《い》ふて居《ゐ》るのは邪狐精《じやこせい》である、靈狐《れいこ》の本義《ほんぎ》は、人間《にんげん》が社會《しやくわい》の怒濤中《どとうちう》に突進《とつしん》せんとする時《とき》に必要《ひつえう》なるものであつて、先《さき》に進《すゝ》んで先《さき》に成功《せいこう》すると云《い》ふのが其大目的《そのだいもくてき》である、氣狂《きちがひ》の狀態《じやうたい》になつて仕舞《しま》ふやうな邪狐精《じやこせい》とは全然違《ぜんくちが》ふから心得置《こゝろえお》くべきである。

靈狐《れいこ》を使用《しよう》するには、七ヶ條《でう》の口傳《くでん》があるから暗記《あんき》して置《お》かねばならぬ、左《さ》に之《これ》を示《しめ》す。

(一)先《ま》づ古《ふる》い祈禱《きとう》及《およ》び信仰狀態《しんかうじやうたい》から一切《さい》脱却《だつきやく》して、生《うま》れたばかりの心持《こゝろも》ちになつて、何事《なにごと》も胸中《きようちう》に思《おも》ひ浮《うか》べざる事《こと》。

(二)自分一人《じぶんひとり》で靈狐《れいこ》を行《おこな》ふ事《こと》と、人《ひと》に行《おこな》ふ事《こと》と二樣《やう》ある事《こと》を記憶《きおく》する事《こと》。

(三)靈狐《れいこ》の通力《つうりき》で自分《じぶん》の病氣《びやうき》を癒《なほ》す事《こと》と、人《ひと》の病氣《びやうき》を治《なほ》す事《こと》と、遠方《ゑんぱう》の人《ひと》の病氣《びやうき》を治《なほ》す事《こと》とを記憶《きおく》する必要《ひつえう》。

(四)靈狐實行以後《れいこじつかういご》にその秘密《ひみつ》を人《ひと》に語《かた》らざる事《こと》と、人《ひと》より聞《き》かれても靈狐《れいこ》の意義《いぎ》を知《し》らざる者《もの》に話《はな》さゞること、及《およ》び施法《せはふ》の時人《ときひと》に見《み》せざる事《こと》。

(五)靈狐實行《れいこじつかう》は何時《いつ》でも差支《さしつかえ》ないが、一大事《だいじ》の事《こと》には朝《あさ》二時《じ》がよい、普通《ふつう》の事《こと》は何時《いつ》でも靜《しづ》かな室《しつ》で行《おこな》ふが宜《よろ》しい。

(六)靈狐實行《れいこじつかう》は古《ふる》き祈禱《きとう》の概念《がいねん》は少《すこ》しでも浮《うか》べては不成功《ふせいこう》に終《をは》る故《ゆゑ》決《けつ》して浮《う》かばせない事《こと》、又神前《またしんぜん》や佛前《ぶつぜん》にて行《おこな》はぬ事《こと》。

(七)靈狐《れいこ》は前《まへ》にも述《の》べた如《ごと》く、他《た》より侵入《しんにふ》して來《きた》る靈《れい》でない事《こと》を確信《かくしん》して座《ざ》にも就《つ》き、又被術者《またひじゆつしや》も座《ざ》せしめねばならぬ事《こと》、且又概《かつまたがい》して惡人征伐《あくにんせいばつ》と自己《じこ》の進退《しんたい》を決《けつ》する一大靈術《だいれいじゆつ》たる事《こと》を確認《かくにん》する事。

以上《いじやう》の七ヶ條《でう》が會得《ゑとく》がいつたならば、其内容《そのないよう》を左《さ》に示《しめ》すから、能《よ》く〳〵心得《こゝろえ》て置《おい》て靈法《れいはふ》を修得《しうとく》すればそれで宜《よろ》しいのである。

第《だい》一の……先《ま》づ古《ふる》い祈禱《きとう》及《およ》び信仰狀態《しんかうじやうたい》から、云々《うんぬん》……何事《なにごと》も胸中《きようちう》に思《おも》ひ浮《うか》べざる事。

古《ふる》い祈禱《きとう》で左《さ》の如《ごと》く云《い》ふて居《ゐ》る樣《やう》な迷境《めいきやう》は斷然意《だんぜんい》に置《お》かざる事《こと》（中山行者《なかやまぎやうじや》の迷謬《めいべう》）

「攝州能勢妙見山《せつしうのせみやうけんざん》と云《い》ふは、往昔《むかし》よりの靈所《れいしよ》である中略先年或婦人《せんねんあるふじん》が瀧行中《たきぎやうちう》一夜《や》夢《ゆめ》に吾《わ》れは白瀧明神《しらたきみやうじん》である、汝《なんぢ》を守護《しゆご》し取《と》らせるとの御告《おつげ》があつた、すると翌日《よくじつ》の白晝瀧《はくちうたき》に水行《すゐぎやう》して居《ゐ》る最中《さいちう》に美《うつく》し稚兒姿《ちごすがた》を以《もつ》て顯《あら》はれ姿《すがた》を見《み》せた、依《よ》つて修驗者《しゆけんじや》が之《こ》れを調《しら》べると、何《ご》うしても疑《うたが》ひの無《な》い程理《ほどり》も詰《つ》んで居《ゐ》たので、其人《そのつと》は瑞喜《ずゐき》の涙《なみだ》に咽《むせ》び」

以上《いじやう》の如《ごと》きは前述《ぜんじゆつ》した古《ふる》い祈禱《きとう》の迷境《めいきやう》であるから、こんな說《せつ》に僞瞞《ぎまん》されてはならぬ、白瀧明神《しらたきみやうじん》と云《い》ふのは、能勢妙見山《のせみやうけんざん》の守證神《しゆごじん》として五百年程前《ねんほごぜん》に現《あら》はれたと云《い》ひ、その原《もと》は下總國飯高檀林《しもふさのくにいひたかだんりん》の守護神《しゆごじん》であつたと云《い》ふてあるが、それは僧侶《そうりよ》から信者《しんじや》に誤傳《ごでん》された迷信觀念《めいしんくわんねん》の二重活動《ぢうくわつどう》であつて、妙見《みやうけん》もなければ白瀧《しらたき》もない有名無實《いうめいむじつ》である事《こと》を知《し》り得《う》ればよいのである。

第《だい》二の……自分一人《じぶんひとり》で行《おこな》ふ事《こと》と、他人《たにん》に行《おこな》ふ事《こと》と云々《うんぬん》……と云《い》ふのは先《ま》づ自分《じぶん》が靈狐《れいこ》の靈力《れいりよく》を體現《たいげん》して見《み》たいと思《おも》ふたら、毎夜《まいよ》二時《じ》に起《お》き三七日《にち》の間《あひだ》、合掌閉目《がつしやうへいもく》、精神統《せいしんとう》一をするのである、一時半《じはん》より二時半迄位略《じはんまでぐらゐほゞ》一時間《じかん》でよいから、正座《せいざ》して合掌《がつしやう》せねばならぬ、而《しか》して此間無念無想《このかんむねんむさう》、唯自己《たゞじこ》の本體《ほんたい》である靈《れい》の本性《ほんせう》を常識《じやうしき》が認《みと》める事《こと》を追念《つひねん》するのである。

右《みぎ》の如《ごと》くするの準備《じゆんび》は、鼻息《はないき》を數《かぞ》へて居《ゐ》る内《うち》に、自分《じぶん》の身體《しんたい》がピリリッと電氣《でんき》がかゝつた樣《やう》に振動《しんどう》を起《おこ》して來《く》る、その振動《しんどう》が體現《たいげん》すると心靈上《しんれいじやう》の雜念《ざうねん》が靈《れい》の本體《ほんたい》に統《とう》一されて、自我《じが》、利己《りこ》の分裂《ぶんれつ》の念《ねん》が無《む》となつて靈個《れいこ》の本體《ほんたい》に合致《がつち》した眞境《しんきやう》を實現《じつげん》する事《こと》となるから、自分《じぶん》が目的《もくてき》とする事件《じけん》を追念《つひねん》して見《み》るのである、必《かなら》ず閉目《へいもく》せる眼先《めさき》に展《てん》回《くわい》して來《き》て目的事《もくてきごと》の何等《なんら》かを誘發《いうはつ》し指導《しどう》する事《こと》になるのである。

初《はじ》めの内《うち》は心臟《しんざう》の鼓動《こどう》が判明《はんめい》して居《ゐ》るが、だん〳〵進《すゝ》んで行《ゆ》くと統《とう》一された心内《しんない》の大靈《たいれい》に融和《ゆうわ》されて、何《なん》とも云《い》へぬ精神狀態《せいしんじやうたい》を現《あら》はすのである、病氣《びやうき》の時《とき》は一切《さい》の病氣《びやうき》は恢復《くわいふく》して無病健康《むびやうけんかう》の身《み》となるのである、心靈内《しんれいない》が光明赫々《くわうみやうかく〳〵》として身體全部《しんたいぜんぶ》に放射《はうしや》能作用《のうさよう》を起《おこ》し、心身《しんく》の調和《てうわ》が出來《でき》て、自分《じぶん》の肉體《にくたい》が靈化《れいくわ》されるからである。

右《みぎ》の如《ごと》く毎夜《まいよ》一時間《じかん》づゝ二十一日間精神統一《にちかんせいしんとう》を實行《じつかう》すると、二十一日後《にちご》には以前《いぜん》の精神上《せいしんじやう》と大《だい》なる差別《さべつ》を生《しやう》じ、三七日前《にちぜん》に判《わか》らなかつた事《こと》が、二十一日後《にちご》には能《よ》く判決《はんけつ》され得《う》る様《やう》になるものである、是《こ》れは古《ふる》い昔《むかし》の話《はな》しの如《ごと》く、二十一日間絶食《にちかんぜつしよく》して不動《ふどう》樣《さま》から大劍《だいけん》を貰《もら》ふたと云《い》ふ祐天《いうてん》などより遙《はる》かに超越《てうえつ》して居《ゐ》るのであつて、偉聖日蓮《ゐせいにちれん》が二十一日間虚空藏堂《にちかんこくうざうどう》で絶食《ぜつしよく》し、凡氣《ぼんき》、邪氣《じやき》、慢氣等《まんきとう》の意識《いしき》の分裂作用《ぶんれつさよう》を靈狐《れいこ》に統《とう》一させた樣《やう》に成《な》り得《う》るのである。

昔《むかし》の研修法《けんしうはふ》は苦行《くぎやう》であつたから、平凡《へいぼん》の人間《にんげん》には容易《ようい》でないと思惟《しゐ》して居《ゐ》るために、多《おほ》くは面倒《めんだう》の事《こと》として修法《しゆはふ》を行《おこな》ふものは至《いた》つて稀《ま》れであるが、靈狐口傳《れいこくでん》の獨修法《どくしゆはふ》は單《たん》刀直入的《たうちよくにふてき》であつて、毎夜《まいよ》一時間《じかん》だけ二十一日修行《にちしゆぎやう》すれば、靈狐《れいこ》を認《みと》め得《う》るのであるから至《いた》つて簡單《かんたん》である、而《しか》して此《こ》の靈狐《れいこ》は、傳說《でんせつ》の如《ごと》き個體《こたい》ではなくて「之《こ》れを擴《ひろ》ぐれば六合《くに》に充《み》ち、捲《ま》げば密《みつ》に隱《かく》れる」と云《い》ふ絕對無限《ぜつたいむげん》の本體《ほんたい》であるのだから、閉目合掌《へいもくがつしやう》して居《ゐ》ても餘程注意《よほどちうい》しなければ判《わか》らぬのである、靈狐《れいこ》には金毛九尾《きんもうきうび》の如《ごと》き動物性《どうぶつせい》の毛《もう》光《くわう》を云《い》ふのではなく、光明皇宮《くわうみやうくわうぐう》の玉體《ぎよくたい》に放光《はうくわう》した樣《やう》な光素《くわうそ》を備《そな》へて居《ゐ》る本體《ほんたい》である。

然《しか》し一人《にん》に二靈《れい》あるのではない、勿論依憑狀態《もちろんいひやうじやうたい》でもない、况《いは》んや祈禱上《きたうじやう》の障礙《しやうげ》などでは尙更《なほさら》ない、あらゆる神理《しんり》、佛理《ぶつり》を超勝《てうしよう》した一元《げん》の本體《ほんたい》であるから、體現後《たいげんご》は一切《さい》の宗敎上《しうけうじやう》の觀念《くわんねん》に超越《てうえつ》して居《ゐ》る實際觀《じつさいくわん》である。

それから他人《たにん》に施《ほどこ》して靈體《れいたい》を體現《たいげん》させたいと思《おも》ふたら性質《せいしつ》の純《じゆん》なる者《もの》を選《えら》びて毎日《まいにち》時間《じかん》を定《さだ》め、午前《ごぜん》でも午後《ごご》でも宜《よろ》しいから施行《しかう》するがよい、然《しか》して本人《ほんにん》に靈個《れいこ》と云《い》ふことを意識《いしき》させるため、彼《か》れの常識《じやうしき》に向《むか》つて左《さ》の如《ごと》く申渡《まをしわた》すのである。

(一)おぎやーと生《うま》れた時《とき》の心靈狀態《しんれいじやうたい》に歸《かへ》りなさい、そして必《かなら》ず自分《じぶん》の慾望《よくばう》や世間《せけん》の人《ひと》の情的觀念《じやうてきくわんねん》を出《だ》してはいけません、と云ふ事《こと》……　精神狀態《せいしんじやうたい》に稻荷《いなり》だの神佛《しんぶつ》だのと云《い》ふ先入觀念《せんにふくわんねん》があつてはよくないから、悉《こと〴〵》く之《こ》れを脫却《だつきやく》させて直《たゞち》に主人《しゆじん》たる靈性《れいせい》を認《みと》めさせた方《はう》がよい。

(二)それから兩方《りやうはう》の手《て》をズット術者《じゆつしや》の方《はう》に出《だ》させ、胸《むね》の邊《へん》より合掌《がつしやう》を相方《さうはう》に開《ひら》いた如《ごと》くにして、その手《て》に精神《せいしん》を統《とう》一させるのである。術者《じゆつしや》は無言《むごん》のまゝ被術者後部《ひじゆつしやこうぶ》に廻《まは》り頭《あたま》の上《うへ》に右《みぎ》の平手《ひらて》をピタとあてゝ「爲悅衆生故《ゐえつしゆじやうこ》。現無量神力《げんむりやうしんりき》」と中音《ちうおん》で十遍《べん》位連唱《ぐらゐれんしやう》して居《ゐ》る内《うち》に、前《まへ》に出《だ》して居《ゐ》る手《て》がだん〳〵ピタと附《つ》くから、その時《とき》に……ヱイ……と一聲氣合《せいきあひ》をかけて双方《さうはう》の肩《かた》を後方《こうはう》より輕《かる》く叩《たゝ》くのである。

右《みぎ》の如《ごと》くにして毎日《まいにち》一時《じ》間位《かんぐらゐ》づゝ誠心誠意《せいしんせいい》に行《おこな》へば必《かなら》ず靈狐體現《れいこたいげん》するのである。

(三)神通力《じんつうりき》と云《い》ふても飛行機《ひかうき》の如《ごと》く飛《と》んで步《ある》くのではない、即《すなは》ち神靈《しんれい》の擴大表現《くわくだいへうげん》である、佛教《ぶつけう》では天眼《てんがん》、天命《てんめい》、他心《たしん》、神足《しんそく》、宿命《しゆくめい》を云《い》ひ、漏神通《ろうしんつう》を加《くは》へて六神通《しんつう》と云《い》ふのである、天眼通《てんがんつう》とは靈狐《れいこ》の〆體《ほんたい》を體現《たいげん》してから云《い》ふ事《こと》で、禪定《ぜんてい》して雜念《ざうねん》を統《とう》一してより得《う》る心眼《しんがん》を云《い》ふのである、此外《このほか》六ケ敷《し》い事《こと》が論《ろん》じてあるけれども、要《えう》するに偉大《ゐだい》の靈傳活躍《れいでんくわつやく》を云《い》ふより外《ほか》に出《で》ない。

第《だい》三の………靈狐《れいこ》の通力《つうりき》で自分《じぶん》の病氣《びやうき》も人《ひと》の病氣《びやうき》も治《なほ》すことが出來《でき》ると云《い》ふ事《こと》は、六神通《しんつう》を體得《たいとく》した心境《しんきやう》になるのであるから自他《た》を救《すく》ふことが出來《でき》る様《やう》になるのである、眼《め》、耳《み》、鼻《はな》、舌《した》、身《み》、意《い》、の六根《こん》が昔《むかし》の行者《ぎやうじや》や信者《しんじや》の様《やう》に狐精《こせい》に魅化《はか》されぬ事《こと》である、即《すなは》ち眞《しん》の心靈《しんれい》を認《みと》めて六根《こん》を淨《きよ》め、六塵《ぢん》を拂《はら》ひ、六煩惱《ぼんのう》を去《さ》り、六法《はふ》を念《ねん》じ、六苦行《くぎやう》をなし、六功徳《くどく》を修《をさ》むると云《い》ふのが靈個《れいこ》を認《みと》めた刹那《せつな》であると云《い》ふ事《こと》を識《し》るべきである。

第《だい》四の………靈狐實行以後《れいこじつかういご》はその秘《ひ》を人《ひと》に語《かた》らざる事《こと》………

これは初心《しよしん》の者《もの》は靈狐《れいこ》の意義《いぎ》を識《し》らぬからである。

第《だい》五の………靈狐《れいこ》實行《じつかう》の時刻《じこく》は條文《でうぶん》の如《ごと》くであるから別《べつ》に說明《せつめい》の要《えう》もあるまい。

第《だい》六の………靈狐《れいこ》實行《じつかう》は古《ふる》き祈禱《きたう》の概念《がいねん》は少《すこ》しでも浮《うか》べては不成功《ふせいこう》に終《をは》る云々《うんぬん》……

…は

誤《あやま》れる古《ふる》き祈禱《きたう》の概念《がいねん》を浮《うか》べるときは、靈狐《れいこ》の眞價《しんか》を傷《きづ》くることになるから文字通《もじどほ》り實行《じつかう》すればよいのである。

第《だい》七の………他《た》から侵入《しんにふ》したのでない事云々《ことうんぬん》は

靈狐《れいこ》の口傳《くでん》中尤《ちうもつと》も大切《たいせつ》なるのは第《だい》七であるから、決《けつ》して自體以外《じたいぐわい》より靈《れい》が侵入《しんにふ》するのでない事《こと》を徹底的《てつていてき》に認《みと》めねばならぬ。………而《しか》して惡人誅伐《あくにんちうばつ》の時《とき》は、毎晚《まいばん》二時頃《じごろ》に先方《せんはう》に靈狐《れいこ》の延長《えんちやう》を行《おこな》ふ樣《やう》にすれば、其効果《そのかうくわ》は一層顯著《そうけんちよ》である、それには先《さ》きに手紙《てがみ》を出《だ》して置《お》くか、或《あるひ》は直接面《ちよくせつめん》して申渡《まをしわた》し置《お》くのである、即《すなは》ち「君《きみ》がそんなに解《わ》からなければ、當方《たうはう》でも精神的《せいしんてき》に於《おい》て君《きみ》の靈性《れいせい》を動《うご》かすから、左樣《さやう》に心得玉《こゝろえたま》へ」と斷言《だんげん》して直《たゞ》ちに別《わか》れるのである。

即《すなは》ち我《わ》が正《せい》を苦《くる》しめる時《とき》は、我《われ》の靈個《れいこ》が必《かなら》ず延長《えんちやう》して先方《せんはう》の心域《しんゐき》にドシンと強《つよ》き波《は》動《ごう》が往《ゆ》きて病氣《びやうき》になるか、失心狀態《しつしんじやうたい》になるか、何等《なんら》かの現象《げんしやう》を示《しめ》すのである、當方《たうはう》で默《もく》して居《ゐ》ても波動《はどう》が往《ゆ》くことは確實《かくじつ》なる實感《じつかん》である。今其《いまその》一例《れい》を左《さ》に述《の》べて見《み》やう。

廣島縣賀茂郡《ひろしまけんかもごほり》に余《よ》の靈醫學研修《れいいがくけんしう》の門人《もんじん》がある、或時惡漢《あるときあくかん》に多大《ただい》の金錢《きんせん》を踏倒《ふみたほ》されんとする時《とき》に、先方《せんはう》に往《ゆ》きて前《まへ》の如《ごと》き申渡《まをしわた》しをして歸《かへ》り來《きた》り、其夜《そのよ》より毎晩《まいばん》二時《じ》に起《お》きて本人《ほんにん》の姓名《せいめい》を書《か》き、默念强禱《もくねんきやうとう》した所《ところ》が、三日目《め》に先方《せんはう》の家族《かぞく》一同大苦痛《ごうだいくつう》を感《かん》じたので、直《たゞ》ちに來《きた》つて解決《かいけつ》した事《こと》がある、債務者《さいむしや》の名前《なまへ》を出《だ》してもよいが、他人《たにん》の名譽《めいよ》を傷《きず》くることになるから特《とく》に秘《ひ》する事《こと》にする。

無線電信《むせんでんしん》の感《かん》ずる塔《たふ》が略《ほゞ》七百尺《しやく》ある、地下水《ちかすゐ》も七百尺《しやく》掘《ほ》り下《さ》げると噴水《ふんすゐ》する、人間《にんげん》も心靈上《しんれいじやう》には七識《しき》と云《い》ふ惡覺妄想《あくかくまうさう》を起《おこ》す惡靈《あくれい》がある、此《こ》の上《うへ》に九識《しき》と云《い》ふて最善《さいぜん》の心《しん》靈《れい》があるが、此《こ》の心靈《しんれい》が七識《しき》と云《い》ふ惡戯者《いたづらもの》を生捕《いけど》りにして仕舞《しま》へば、無線電信《むせんでんしん》の電波《でんぱ》が世界中《せかいぢう》に波動《はどう》して往《ゆ》く樣《やう》に、九識心靈《しきしんれい》の本性《ほんしやう》の靈《れい》が、誰《た》れにても感《かん》ずる事《こと》になるのである、七識《しき》が心靈本性《しんれいほんせい》に生捕《いけどり》になつて活動《くわつどう》するのを…………靈狐《れいこ》…………と云《い》ふので、心《しん》靈《れい》を忘《わす》れるか、心靈《しんれい》を無視《むし》して活動《くわつどう》するのが、邪狐《じやこ》である、野狐《やこ》であるのである。

地下水《ちかすゐ》も七百尺下《しやくした》に徃《ゆ》かなければ噴水《ふんすゐ》にならぬのであるが、心靈《しんれい》も七識以上《しきいじやう》が常住《じやうぢう》の法體心靈《ほつたいしんれい》であつて、即《すなは》ち靈狐《れいこ》の生命《せいめい》である、だから神《たましひ》を凝《こ》らせば必《かなら》ず通《つう》ずる事《こと》は確《たし》かである、然《しか》し不正《ふせい》は反《かへ》つて先方《せんぱう》に波動《はどう》して徃《ゆ》かないで當方《たうはう》に戻《もど》つて來《く》るものである…………人《ひと》を祈《いの》れば穴《あな》二ツ…………と云《い》ふ確言《かくげん》があるが、惡人《あくにん》は第《だい》七識《しき》の活動《くわつどう》であるから正《せい》の人《ひと》の心靈《しんれい》の活動《くわつどう》たる靈狐《れいこ》が延長《えんちやう》して徃《い》つて、惡人《あくにん》の邪狐精《じやこせい》を暗々裡《あん〳〵り》に征伐《せいばつ》して生《いけ》捕《ど》り、降服《かうふく》させれば玆《こゝ》に心機轉換《しんきてんくわん》をさせることが出來《でき》るのである。

靈狐法《れいこはふ》を行《おこな》ふ時《とき》に、術者《じゆつしや》の記憶心象《きをくしんしやう》や、被術者《ひじゆつしや》の記憶心象中《きをくしんしやうちう》に、或《あ》る稻荷《いなり》を信《しん》じたとか、又《また》は人《ひと》より稻荷《いなり》の札《ふだ》を貰《もら》ふたとか云《い》ふ事《こと》が、記憶《きおく》に殘《のこ》つて居《ゐ》るために、施法《せはふ》を行《おこな》ふ場合《ばあひ》その記憶《きおく》が、偶然發作的《ぐうぜんはつさてき》に體現《たいげん》する事《こと》がある、之《こ》れが爲《ため》二重人格《ぢうじんかく》になつて一日《か》でも四日《か》でも心配《しんぱい》する樣《やう》な事《こと》もあるが…………然《しか》しそれは或日《あるひ》統一《とう》狀態《じやうたい》になる準備《じゆんび》ある事《こと》もあるのである。

故《ゆゑ》に施法《せはふ》を行《おこな》ふ前《まへ》に、三日間位《かんぐらゐ》は能《よ》く敎化《けうけ》をして本人《ほんにん》の靈的慾求《れいてきよくきう》について審査《しんさ》を遂《と》げねばいけない、突然行《とつぜんおこな》ふ事《こと》は靈狐《れいこ》の口傳《くでん》を行《おこな》ふ順序《じゆんじよ》を缺《か》いて居《ゐ》るのである、靈狐《れいこ》は人間《にんげん》の生命體《せいめいたい》の前《まへ》に活動《くわつどう》して居《ゐ》る心靈作用《しんれいさよう》であるから、先《ま》づその本體《ほんたい》に第《だい》一番《ばん》に禮儀《れいぎ》をせねばならぬ、それには一日《にち》なり二日《か》なり本人《ほんにん》を敎化《けうけ》せねばならぬ、敎化《けうけ》は即《すなは》ち國《こく》王御幸《わうみゆき》の時《とき》の道掃除《みちさうぢ》や下檢分《したけんぶん》と同《おな》じである、本人《ほんにん》が心靈《しんれい》の意義《いぎ》をよく判《わか》つたら、それから行《や》つて見《み》るがよい、試驗《しけん》をして見《み》て其時身體《そのときからだ》に異變《ゐへん》があつたら本人《ほんにん》の心理狀態《しんりじやうたい》に質問《しつもん》して見《み》るべし、必《かなら》ずゾッと寒《さむ》いやうな氣《き》がするとか、熱《あつ》くなるとか、振《ふる》ひが來《き》たとか、何《な》んだか怖《おそ》ろしくなつたとか、誰《た》れか自分《じぶん》の側《そば》に据《すは》つて居《ゐ》る樣《やう》な氣《き》がするとかどしんと背後《うしろ》より突《つ》くやうな事《こと》があるとか、云《い》ふたらそれは先入觀念《せんにふくわんねん》がまごついて居《ゐ》るのであるから、こんな人《ひと》はよく敎化《けうけ》しさへすれば十四五回位《くわいぐらゐ》で成功《せいこう》する。

術者《じゆつしや》が「爲悅衆生故現無量神力《ゐ・えつしゆじやうこげんむりやうしんりき》」と數遍連唱《すうへんれんしやう》して居《ゐ》る内《うち》に、被術者《ひじゆつしや》の耳根《にこん》が次第《しだい》に遠《とほ》くなつて、術者《じゆつしや》が下《した》の方《はう》に居《ゐ》て、自分《じぶん》は拾丈《じやう》も上《うへ》に座《ざ》して居《ゐ》る様《やう》な觀念《くわんねん》になるのが正式《せいしき》である、而《しか》して右《みぎ》の如《ごと》き心靈状態《しんれいじやうたい》の時《とき》、ヅシンと身體《しんたい》が統《とう》一されて、眼耳鼻舌身《げんにびぜつしん》意《い》の六根《こん》が靈狐《れいこ》となる第《だい》七識《しき》に合《がふ》一し、第《だい》八識《しき》の支配心靈役《しはいしんれいやく》が一切《さい》を牽《ひき》ひて、心靈大《しんれいだい》生命《せいめい》に參加《さんか》して、茲《こゝ》に始《はじ》めて靈狐《れいこ》の活躍《くわつやく》が定《さだ》まるのである、……之《こ》れが正式《せいしき》であるが、此《こ》の境《さかひ》がないときは或《あるひ》は邪狐《じやこ》精《せい》の心理状態《しんりじやうたい》になるかも知《し》れないのであるから餘程《よほど》注意《ちうい》せねばならぬ要件《えうけん》である。

然《しか》し敎化《けうけ》する時《とき》に、被術者《ひじゆつしや》の右《みぎ》の手《て》なり左《ひだり》の手《て》なりを術者《じゆつしや》の拇指《ぼし》と他《た》の四本《ほん》の指《ゆび》とで上下《じやうげ》より挾《はさ》み持《も》ちながら（拇指《おやゆび》を被術者《ひじゆつしや》の掌《たなごゝろ》の處《とこ》に當《あ》て、四本《ほん》の指《ゆび》を手甲《てのかふ》に置《お》く様《やう》にする）「爲悅衆生故現無量神力《ゐえつしゆじやうこげんむりやうしんりき》」と七八遍連唱《へんれんしやう》して居《ゐ》る内《うち》に、被術者《ひじゆつしや》の身體《しんたい》がブルブル振《ふる》ふて來《く》るがそれは先入觀念《せんにふくわんねん》がある爲《た》めであるから、その試驗《しけん》をしてから敎化《けうけ》してもよいのである。

又手《またて》を上下《じやうげ》から受《う》けて居《ゐ》る時《とき》突然《とつぜん》被術者《ひじゆつしや》の大動脈《だいどうみやく》からピクピクと脈波《みやくは》が來《く》るのも先《せん》

入觀念《にふくわんねん》の迷信《めいしん》であるから、後《あと》で敎化《けうげ》することが肝要《かんえう》であるが、こんな人《ひと》は剛情《がうじやう》であつて、敎化《けうげ》を聞《き》かぬ人《ひと》が澤山《たくさん》にある故注意《ゆゑちうい》しなければならぬ、斯樣《かやう》な人《ひと》は眞個《しんこ》の靈狐使《れいこし》用者《ようしや》にはなり得《え》ない者《もの》が多《おほ》いのである、故《ゆゑ》に以上《いじやう》の如《ごと》き人《ひと》には靈狐《れいこ》など云《い》ふことを言《い》はずに「あなたの心靈《しんれい》を體現《たいげん》して拜謁《はいえつ》したい」と云《い》ふて座《ざ》に着《つ》かしむるのである。

重《かさ》ねて斷《ことは》つて置《お》くが、神靈《しんれい》が乘《の》り移《うつ》るとか、狐《きつね》が憑《つ》いたとか云《い》ふ既成宗敎信者《きせいしうけうしんじや》が云《い》ふ如《ごと》き迷信觀念《めいしんくわんねん》を放棄《はうき》せねばいけない、少《すこ》しでも此《こ》の觀念《くわんねん》が殘《のこ》つて居《ゐ》ると、靈狐《れいこ》は成《せい》功《こう》せないのである。

それから靈狐《れいこ》を體現《たいげん》させるのには、成《な》るべく其室内《そのしつない》は閑靜《かんせい》で且又何物《かつまたなにもの》も神佛《しんぶつ》の像《ざう》など安置《あんち》してない處《ところ》がよい、怖畏《ふゐ》の念《ねん》の出《で》ない樣《やう》にして、依賴心《いらいしん》の起《おこ》らぬ樣《やう》にするのである、被術者《ひじゆつしや》は無邪氣《むじやき》の者《もの》ほど體現《たいげん》が早《はや》い、然《しか》して劣等《れつとう》の靈狐《れいこ》は劇藥《げきやく》を吞《の》んだ樣《やう》なものであるから必《かなら》ずあとに害《がい》を殘《のこ》すのであるが、最高級《さいかうきふ》の靈《れい》が發《はつ》した靈狐《れいこ》は、施法《せはふ》の度《たび》每《ごと》に氣《き》持《も》ちよくなるものである。

凡《すべ》て靈狐法《れいこはふ》を行《おこな》ふには無病健全《むびやうけんぜん》の者《もの》がよい、成《な》るべく女子《ぢよし》がよいのである、男子《だんし》は餘《あま》り落《お》ち附《つき》がないから使用《しよう》してはならぬ、又女子《またぢよし》でも口《くち》のうるさい女子《ぢよし》は使用《しよう》せぬ方《はう》がよい、又花柳界《またくわりうかい》の女子《ぢよし》ならば半玉等《はんぎよくら》の無邪氣《むじやき》な者《もの》がよい、相場師《さうはし》なれば拾六七歳《さい》の娘《むすめ》がよく、佛敎信者《ぶつけうしんじや》なれば禪宗《ぜんしう》の家《いへ》の娘《むすめ》がよい、キリスト敎《けう》の信者《しんじや》なれば男《をとこ》でもよいが神《かみ》の觀念《くわんねん》を破壞《はくわい》してからでなければ宜《よろ》しくない、然《しか》して病者《びやうしや》に向《むか》つては靈狐法《れいこはふ》を行《おこな》ふてはならぬ。

それから催眠術《さいみんじゆつ》を行《おこな》ふた人《ひと》も駄目《だめ》である、氣合術《きあひじゆつ》を行《おこな》ふた人《ひと》も駄目《だめ》である、太靈術《たいれいじゆつ》の靈子作用《れいしさよう》を行《おこな》ふた人《ひと》も駄目《だめ》である、然《しか》し是等《これら》の人《ひと》も其先入觀念《そのせんにふくわんねん》を敎化《けうけ》して脫却《だつきやく》して仕舞《しま》ふてからなれば非常《ひじやう》に良好《りやうかう》である、然《しか》して「爲悅衆生故現無量神力《ゐえつしゆじやうこげんむりやうしんりき》」と云《い》ふ聖句《せいく》の口調《くてう》をよく練修《れんしう》せねばならぬ、音聲口調《おんせいくてう》が順調《じゆんてう》でないと耳根《じこん》を脫却《だつきやく》させる事《こと》が出來《でき》ないからである、左《さ》の發音順《はつおんじゆん》にする事《こと》を練修《れんしう》せられよ。

「キーヱツシユジヨオーコ、ゲンムリヨオーシンリキ」

此《こ》の發音《はつおん》は中音《なうおん》がよい、然《しか》して信者《しんじや》の經音《きやうおん》では宜《よろ》しくない、術者《じゆつしや》が唱《とな》ふるのである。

十二　靈狐は概して惡人を退ずる力あり

宗教《しうけう》だの靈術《れいじゆつ》だのあらゆる思想《しさう》は惡人《あくにん》を善人《ぜんにん》とすると云《い》ふより外《ほか》にないのである、因果應報《いんぐわおうはう》を說《と》いた佛教《ぶつけう》は因果《いんぐわ》の二法《はふ》を除《のぞ》いたらば無《む》となるのである。それに神道《しんだう》の如《ごと》きキリスト教《けう》は因果撥無《いんぐわはつむ》の傾向《けいかう》があるから、宗教《しうけう》としては價値《かち》はない樣《やう》であるが、それでも善惡《ぜんあく》は說《と》いて居《ゐ》る、惟神《かむながら》の大道《だいだう》は神道《しんだう》の根本《こんぽん》であるが、惟神《かむながら》の大道《だいだう》の中《うち》には、善惡共《ぜんあくとも》に神《かみ》の意《い》を體現《たいげん》すれば。究極《きうきよく》には善惡不二《ぜんあくふじ》となるのである、神《かみ》と惡魔《あくま》、佛《ぶつ》と鬼《おに》ゴットと、サタン悉《ことごと》く同《おな》じ意味《いみ》であるが、唯惡人敎化《たゞあくにんけうけ》の方法《はうはふ》が種々《しゆ〲》異《ことな》つて居《な》り又巧《またこう》拙《せつ》があるのである、而《しか》して日本《にほん》に於《お》ける善人《ぜんにん》も、外國《ぐわいこく》に行《ゆ》けば惡人《あくにん》となる事《こと》もあるし外國《ぐわいこく》に於《お》ける善人《ぜんにん》も日本《にほん》に來《き》て惡人《あくにん》となる事《こと》もある。即《すなは》ち思想《しさう》に依《よ》つて大《だい》なる相違《さうゐ》を生《しやう》ずるのである。

又科學的《またくわがくてき》に評定《へうじやう》する惡人《あくにん》が精神的《せいしんてき》には善人《ぜんにん》となり、精神的《せいしんてき》には惡人《あくにん》で科學的《くわがくてき》には善《ぜん》人《にん》となる事《こと》もある、而《しか》して此《こ》の善惡《ぜんあく》なるものが、世界共通《せかいきやうつう》の惡《あく》となり善《ぜん》となるものは何《なん》であるか、眞《しん》の靈狐使用《れいこしよう》に依《よ》つて別《わか》れるのである、即《すなは》ち靈狐使用《れいこしよう》の根本義《こんぽんぎ》は、惡人《あくにん》征伐《せいはつ》にあるのであるから、研究《けんきう》すればする程益々《ほどますます》其價値《そのかち》は大《だい》なるものである。

余《よ》の處《ところ》に左《さ》の如《ごと》き問題《もんだい》を質問《しつもん》に來《き》た者《もの》がある、參考《さんかう》になると思《おも》ふから左《さ》に記《しる》して置《お》こう。（質問者《しつもんしや》の姓名《せいめい》は憚《はゞか》る所《ところ》があるから秘《ひ》して變名《へんめい》を用《もち》ふることにする）

茨城縣稲敷郡阿見村大字若栗《いはらぎけんいなしきごほりあみむらおほあざわかぐり》　迷信愚連太郎君《めいしんぐれんたらうくん》

（一）狐《きつね》を使《つか》つて惡人《あくにん》を善化《ぜんくわ》させる方法《はうはふ》

（二）狐《きつね》を使《つか》つて商業繁昌《しやうげふはんじやう》する事《こと》の大秘法《だいひはふ》

（三）自分《じぶん》の思《おも》ふ事《こと》を先方《せんはふ》に狐《きつね》の力《ちから》で言《い》はせる事《こと》

（四）狐《きつね》を使《つか》つて人間各自《にんげんかくじ》の運命吉凶《うんめいきつきよう》を言《い》ひ當《あて》る事《こと》

(五)狐《きつね》を使《つか》つて自分《じぶん》の思《おも》ふ女《をんな》を引寄《ひきよ》せる事《こと》

以上《いじやう》が可能《かのう》なれば謝禮《しやれい》は何程《なにほど》でも致《いた》し候《そろ》至《し》急御回答《きふごくわいたふ》を乞《こ》ふ。

こんな質問《しつもん》を僞瞞《ぎまん》的《てき》の行者《ぎやうじや》や坊《ばう》さんが見《み》ると、直《たゞ》ちに僞瞞的回答《ぎまんてきくわいたふ》を與《あた》へて謝禮《しやれい》の澤《たく》山《さん》をせしめるのであるが、余《よ》は心王教《しんわうけう》と云《い》ふ日本民族《にほんみんぞく》の中心思想《ちうしんしさう》を宣傳《せんでん》して居《ゐ》るから此《こ》の人《ひと》に對《たい》して………心狐《しんこ》………を使用《しよう》したらよいではないか、心狐《しんこ》とは人間《にんげん》に内在《ないざい》の心靈作用《しんれいさよう》であるから自由自在《じいうじざい》に使用《しよう》が出來《でき》る、と返答《へんたふ》を與《あた》へてやつた、所《ところ》が誠《まこと》に不《ふ》滿足《まんぞく》らしく、却《かへ》つて伏見稻荷《ふしみいなり》や、最上稻荷《もがみいなり》や、豊川稻荷《とよかはいなり》等《とう》の如《ごと》き、僞瞞的《ぎまんてき》の虚構說《きよかうせつ》を說《と》き與《あた》へるのが、金《かね》を出《だ》しても本望《ほんもう》らしくであつたのである。

惡人《あくにん》は善人《ぜんにん》の對照《たいせう》であつて、釋迦《しやか》に提婆《だいば》、太子《たいし》に守屋《もりや》、國亂《くにみだ》れて忠臣現《ちうしんあらは》れ、家不幸《いへふかう》にして孝子《かうし》出《い》づ、とは千古《せんこ》の確言《かくげん》であるが、涙《なみだ》の忠《ちう》、涙《なみだ》の孝《かう》は餘《あま》り望《のぞ》ましからぬ現象《げんしやう》である、或《あ》る時代《じだい》に左《さ》の如《ごと》き討究《たうきう》があつた。

「孝《かう》は或《あ》る民族《みんぞく》に限《かぎ》られたる病的現象《びやうてきげんしやう》なるか、將又人類《はたまたじんるい》に普遍《ふへん》なる現象《げんしやう》なるか」

靈狐は概して惡人を退ずる力あり

こんな學究的議論《がくきうてきぎろん》は今敢《いまあへ》て關《くわん》する所《ところ》ではない、力《ちから》の忠力《ちうちから》の孝《かう》が遍《あまね》く行《おこな》はるれば初《はじ》めて四海《かい》一家《か》、和氣靄然《わきあいぜん》として、社會主義《しやくわいしゆぎ》も共産主義《きやうさんしゆぎ》も無《む》となるのである、然《しか》して力《ちから》の忠孝《ちうかう》は何《なん》によつて得《え》らるゝか、靈個《れいこ》を認識《にんしき》させるより外《ほか》に道《みち》はないのである。

惡人《あくにん》は概《がい》して利己主義《りこしゆぎ》が多《おほ》い、母親《はゝおや》と姉《あね》を救《すく》ひたいと云《い》ふて盜賊《たうぞく》を働《はたら》くものもあるし、人《ひと》を救《すく》ひたいと云《い》ふて强盜《がうたう》に這入《はい》り遂《つひ》に監獄《かんごく》に入《はい》れるものもある、又社會改造《またしやくわいかいざう》を主張《しゆちやう》して富豪《ふがう》から金《かね》を取《と》り勝手氣儘《かつてきまゝ》の振舞《ふるまひ》をする社會滅却主義者《しやくわいめつきやくしゆぎしや》もあれば、正義《せいぎ》の戰《たゝか》ひだなど云《い》ふて各自國《かくじこく》の占領地《せんれうち》を擴張《かくちやう》する利己主義《りこしゆぎ》の國《くに》も地球上《ちきうじやう》には澤山《たくさん》ある其他《そのた》正義《せいぎ》を主張《しゆちやう》しながら土民《どみん》を虐待《ぎやくたい》したり、他國《たこく》を非道《ひだう》に苦《くる》しめたりする國《くに》もある、殊《こと》に甚《はなは》だしきは無我愛主義者《むがあいしゆぎしや》なとは左《さ》の如《ごと》き無謀《むぼう》な事《こと》さへ云《い》つて居《を》る。

「金《かね》は何程《なにほど》借《か》り倒《たふ》してもよい、借《か》り倒《たふ》してやれば金《かね》など貸《か》す者《もの》はなくなる、人《ひと》は殺《ころ》しても差支《さしつかへ》はない、看《み》よ自然《しぜん》は大仕掛《おほじかけ》で人殺《ひとごろ》しをして居《ゐ》るではないか」

と云《い》ふ矛盾《むじゆん》した主張《しゆちやう》をして居《な》るものさへある、然《しか》し自然《しぜん》の仕事《しごと》は神靈《しんれい》の自由活動《じいうくわつどう》であるが、人間《にんげん》のする事《こと》は自然《しぜん》とは違《ちが》ふ、そのなすことは凡《すべ》て有意義《いういぎ》であるから必《かなら》ず害《がい》が殘《のこ》されるのである、彼《か》の大震災《だいしんさい》は民族《みんぞく》の精神上《せいしんじやう》の轉化向上《てんくわかうじやう》のために來《きた》りし熱火《ねつくわ》の大《だい》洗禮《せんれい》でありしが如《ごと》く、民族發展《みんぞくはつてん》の一大使命《だいしめい》を果《はた》す原動力《げんどうりよく》となつたのである。

惡人《あくにん》が人《ひと》を救《すく》ふと云《い》ふのは、自分《じぶん》の心靈《しんれい》が惡因《あくいん》を滅却《めつきやく》させる自由活動《じいうくわつどう》である、鼠小《ねずみこ》僧《ぞう》だとか小鼠吉五郎《こねずみきちらう》だとか云《い》ふのは、善惡打算《ぜんあくださん》のをさせられたのである、之《こ》れを心靈《しんれい》の究極觀《きうきよくくわん》から研究《けんきう》すれば、善《ぜん》もなければ惡《あく》もないのである。

法華經《ほけきやう》の觀音經《くわんおんきやう》には「人非人《にんぴにん》の者《もの》を得度《とくど》するには、人非人《にんぴにん》を現《げん》じて爲《ため》に法《はふ》を說《と》け」と云《い》ふてある、之《こ》れを考《かんが》へて見《み》れば「氣狂《きちがひ》を治《なを》すのには氣狂《きちがひ》になれ」と云《い》ふ事《こと》に當《あた》る思想《しさう》を改善《かいぜん》するには思想《しさう》を以《もつ》てせよ、と云《い》ふのが確論《かくろん》である如《ごと》く、罪人《ざいにん》を審判《しんぱん》するには、罪人《ざいにん》に一念《ねん》が發起《ほつき》した時《とき》の善惡《ぜんあく》に依《よ》つて眞理《しんり》を發見《はつけん》する樣《やう》にしなければならぬ。

若《も》し惡《あく》が重《かさ》なり審判《しんぱん》の方法《はうはふ》に困《こま》る時《とき》には、之《こ》れを善化《ぜんくわ》させる爲《た》め惡人《あくにん》の手指《しゆし》の五指《し》を仰向《あふむ》けにさして、術者《じゆつしや》でも審判者《しんぱんしや》でも其《その》五指《し》を強《つよ》く永《なが》く吹《ふ》いて見《み》れば、惡意識《あくいしき》の出《しゆつ》發點《はつてん》が直《たゞ》ちに判明《はんめい》するのである。

五指《し》を吹《ふ》く前《まへ》に罪人《ざいにん》と目《もく》する者《もの》の右手《みぎて》の拇指《おやゆび》と人指《ひとさしゆび》の間《あひだ》の處《ところ》を、術者《じゆつしや》も同《おな》じ拇指《おやゆび》と人指《ひとさしゆび》で押《おさ》へて、本人《ほんにん》の顔《かほ》を凝視《ぎやうし》しながら「エイ」と一喝《かつ》すると、額《ひた》いにピンと通《つう》じて顔色《かほいろ》が赤《あか》くなるか青《あを》くなるであらう、赤《あか》くなるのは小心者《せうしんもの》にて自白《じはく》も早《はや》いが。青《あを》くなるのは大膽者《だいたんしや》で自白《じはく》が遲《おそ》い、而《しか》して次《つぎ》に手《て》を出《だ》して見《み》よと云《い》ふて權威《けんゐ》を整《とゝの》へ五指《し》を吹《ふ》いて見《み》るのであるが、拇指《おやゆび》が振動《しんどう》すれば實直《じつちよく》なるものであるけれども、背景《はいけい》には老人《らうじん》が控《ひか》へて居《ゐ》て罪惡《ざいあく》を作《つく》らせて居《ゐ》ると見《み》ねばならぬ。人指《ひとさしゆび》が振動《しんどう》すれば背景《はいけい》には父母系《ふぼけい》の者《もの》があつて働《はたら》いて居《ゐ》ると見《み》る、中指《なかゆび》が振動《しんどう》すれば之《こ》れは自然的罪惡《じぜんてきざいあく》であるから先入觀念《せんにふくわんねん》か思想問題《しさうもんだい》を審判《しんぱん》して見《み》ると直《す》ぐ判明《はんめい》する。藥指《くすりゆび》は非常《ひじやう》に六ケ敷《し》い指《ゆび》であるから、餘程注意《よほどちうい》をしないと罪惡系《ざいあくけい》が判明《はんめい》しない、此《こ》の指振動《ゆびしんどう》するのは色情《しきじやう》の爲《た》めに發《はつ》する罪《つみ》もあれば、合同的罪惡《がふどうてきざいあく》の場合《ばあひ》もある故其時《ゆゑそのとき》の狀態《じやうたい》によつて見分《みわ》けねばならぬ。小指《こゆび》が振動《しんどう》すれば、之《こ》れは小心《せうしん》なる事《こと》が多《おほ》い、けれども亦色情的女子《またしきじやうてきぢよし》の背景《はいけい》があるから、その如《ごと》く審判《しんぱん》して大《おほい》に効果《かうくわ》があるのである。小指《こゆび》と樂指《くすりゆび》と合《がつ》した場合《はあひ》は將《まさ》に色情《しきじやう》關係《くわんけい》の失敗《しつはい》より自暴自棄《じばうじき》を起《おこ》した罪惡《ざいあく》と見《み》てよろしい。

然《しか》し以上《いじやう》は惡人《あくにん》に相對《あひたい》しての方法《はうはふ》であるが、若《も》し直接惡人《ちよくせつあくにん》に面會《めんくわい》して施法《せはふ》を行《おこな》ふ事《こと》が出來《でき》ない場合《はあひ》は、日時《にちじ》を期《き》して遠隔法《ゑんかくはふ》を行《おこな》ひて善化《ぜんくわ》させるより外《ほか》はないのである。

遠隔法《ゑんかくはふ》は前《まへ》にも述《の》べた如《ごと》く先《ま》づ先方《せんはう》に手紙《てがみ》を以《もつ》て左《さ》の如《ごと》く命令《めいれい》を下すのである。

「君《きみ》は社會《しやくわい》の爲《ため》に罪惡《ざいあく》を作《つく》るから、明日《あす》より一百日間君《にちかんきみ》の生命《せいめい》は精神的《せいしんてき》に滅却《めつきやく》させせる」

然《しか》して術者《じゆつしや》は毎晩《まいはん》二時《じ》惡人《あくにん》の寫眞《しやしん》(寫眞《しやしん》がなければ姓名札《せいめいふだ》でも宜《よろ》し)を、人《ひと》に知《し》られざる樣《やう》に机《つくえ》の上《うへ》に備《そな》へて、一時間位《じかんぐらゐ》づゝそれに向《むか》つて念力《ねんりき》を注入《ちうにふ》するのである、しかするときは、惡人《あくにん》と目《もく》さるものは必《かなら》ず精神狀態《せいしんじやうたい》に變化《へんくわ》を來《きた》す樣《やう》になるは確實《かくじつ》である。

然《しか》しながら術者《じゆつしや》の心《こゝろ》が邪義《じやぎ》であつては先方《せんはう》に直感《ちよくかん》さする事《こと》は出來《でき》ないのである。──殺多生《さつたしやう》と云《い》ふ如《ごと》く、國家《こくか》のためにとか、社會《しやくわい》のためにとか、團隊《だんたい》のためとか、對立《たいりつ》の正義《せいぎ》のためにとか云《い》ふ時《とき》には必《かなら》ず効果《かうくわ》を現《あら》はすものである、親《おや》の仇《あだ》を果《は》たさんとの一念《ねん》は石《いし》に矢《や》の立《た》つ例《れい》もあるではないか。

余《よ》は常《つね》に人《ひと》に壓迫《あつはく》される事《こと》はあるが、別《べつ》に呪咀《のろひ》などした事《こと》はない。然《しか》し壓迫《あつはく》を加《くは》へたものは、突然急病《とつぜんきふびやう》を發《はつ》して生命《いのち》を奪《うば》はれし者《もの》が幾人《いくにん》もある。余《よ》は身不肖《みふせう》なりと雖《いへど》も人類《じんるい》の幸福《かうふく》を計《はか》らんが爲《た》めに、心王敎《しんわうけう》を開基宣傳《かいきせんでん》するものであるから、惡《あく》を以《もつ》て壓迫《あつはく》を試《こゝろ》みた先方《せんはう》の高潔《かうけつ》なる心王《しんわう》は、余《よ》の心王《しんわう》と合《がふ》一して惡《あく》なる不正《ふせい》は壓迫者《あつはくしや》を犧牲《ぎせい》にして改過轉善《かいくわてんぜん》の表本《へうほん》にしたのである。

(心王《しんわう》と云《い》ふことは、心王宣傳書《しんわうぜんでんしよ》に詳記《せうき》しあるが、眞《まこと》の心靈《しんれい》と承知《しようち》して居《ゐ》て貰《もら》へば大差《たいさ》はない)

そこで心王《しんわう》と心王《しんわう》との共通《きやうつう》即《すなは》ち心靈《しんれい》と心靈《しんれい》との共通《きやうつう》……此《こ》の道理《だうり》を自覺《じかく》しさへすれば別《べつ》に惡人《あくにん》として怒《いか》る必要《ひつえう》もない「恨《うら》みに報《むく》ゆるに徳《とく》を以《もつ》てせよ」と云《い》ふ事《こと》があるが、之《こ》れは實《じつ》に眞理《しんり》である、如何《いか》なる惡人《あくにん》でも必《かなら》ず眞《まこと》の心靈《しんれい》はあるから、當方《たうはう》が徳《とく》を以《もつ》て報《むく》ゆる熱情《ねつじやう》があれば、先方《せんはう》の心靈《しんれい》は、着々《ちやく／＼》として惡《あく》なる精神狀態《せいしんじやうたい》に變化《へんくわ》を來《き》たさしめて遮惡持善《しやあくぢぜん》の目的《もくてき》を完成《くわんせい》させる事《こと》は確實《かくじつ》である。

キリスト敎《けう》などでも自分《じぶん》を信《しん》ずる者《もの》だけは善人《ぜんにん》と思《おも》ひ信《しん》ぜざる者《もの》は惡人《あくにん》と思《おも》ふから矛盾《むじゆん》がある。馬太傳《またいでん》に「カナンの婦基督《をんなきりすと》に參《まゐ》り、其病《そのやまひ》を癒《いや》せん事《こと》を請《こ》ひたるに」基督《きりすと》曰《いは》く「我《われ》は愛《あい》する我兒《わがこ》のパンを奪《うば》ふて之《こ》れを犬畜生《いぬちくしやう》に與《あた》へず」と、其意《そのい》はヘブリュー人《じん》は愛兒《あいじ》にてカナン人《じん》は犬畜生《いぬちくしやう》。と云《い》ふのである、ヱスにして果《はた》して神《かみ》なれば其靈《そのれい》力《りよく》は無限《むげん》であらねばならぬ、パンの如《ごと》く有限《いうげん》ではないされば、何故《なにゆゑ》に此《こ》の無限《むげん》の靈力《れいりき》を吝《をし》んでカナンの婦《をんな》を療法《りやうはふ》する事《こと》を拒《こば》みたるか……………と云《い》ふに是《こ》れラセロンの咎《とが》むる同胞《ごうはう》なれば、之《こ》れを愛《あい》し異邦人《ゐはうじん》は之《これ》を疎《うと》んじたるによるのであるが、實《じつ》に寛仁正義《くわんじんせいぎ》の風《ふう》を毒《がい》する者《もの》ではないか。

こんな思想《しさう》が諸所《しよく》に胚胎《はいたい》するから、惡思想《あくしさう》や惡人《あくにん》が出《で》たり、デモクラシー、が主張《しゆちやう》されたりするのである。故《ゆゑ》に惡人《あくにん》と見《み》たらば先方《せんはう》に手紙《てがみ》を出《だ》して於《お》いてから、熱心《ねつしん》に毎夜《まいよ》二時《じ》を定《さだ》めて靈個《れいこ》の延長《えんちやう》擴大《くわくだい》を行《おこな》へば、如何《いか》なる惡人《あくにん》でも心氣《しんき》轉《てん》じて自己《じこ》の本性《ほんせい》に歸《かへ》る事《こと》が出來《でき》る。

斯《か》くして惡人《あくにん》が無《む》となれば國家《こくか》に法律《はふりつ》は必要《ひつえう》なく、刑務所《けいむしよ》も裁判所《さいはんしよ》も、宗教《しうけう》も必要《ひつえう》を感《かん》じない事《こと》になるのである。

故《ゆゑ》に余《よ》は希望《きばう》する、悉《ことごと》く眞《まこと》の心靈《しんれい》を體現《たいげん》して惡人《あくにん》の一掃《さう》と共《とも》に、惡思想《あくしさう》の撃退《げきたい》、人種《じんしゆ》の差別《さべつ》全廢《ぜんはい》と靈狐《れいこ》の權威《けんゐ》認識《にんしき》、迷信《めいしん》雜亂《ざつらん》の撲滅《ぼくめつ》と、人心《じんしん》の向上《かうじやう》發展《はつてん》に資《し》せんことを。

十三　靈狐の口傳の奥傳

昔《むかし》から日本《にに》にはシヤマイズムと云《い》ふ神宣教《しんせんけう》の様《やう》なものがあつた、之《こ》れは滿洲《まんしう》、朝鮮《てうせん》方面《はうめん》で古《ふる》い昔《むかし》から行《おこな》はれて居《ゐ》たのである日本《にほん》では齊子《いちこ》と云《い》ふて内親王方《ないしんのうがた》が行《おこな》ふて居《ゐ》られたが、科學《くわがく》が普及《ふきふ》されない時代《じだい》には非道理《ひだうり》な事《こと》も認《みと》められたのである。昔《むかし》の人《ひと》はたきの如《ごと》く云《い》ふて居《ゐ》る。

「神《かみ》の降臨《かうりん》を願《ねが》ふに、神憑《かみが》りをすべき人若《ひともし》くは憑依《ひやうい》のものを出《だ》す人《ひと》を、巫子《みこ》、魅女《びこ》、憑代《つきしろ》と言《い》ふのは、催眠術《さいみんじゆつ》で云《い》ふ被術者《ひじゆつしや》と同《どう》一であるし、又憑依《またひやうい》の有《あ》る人其本人《ひとそのほんにん》を被《ひ》術者《じゆつしや》とする場合《はあひ》を直代《ぢきしろ》と言《い》ひ、他人《たにん》を使用《しよう》する場合《はあひ》を憑代亦《つきしろまた》は單《たん》に代人《だいにん》と言《い》ふのである」

こんな事《こと》が惡習慣《あくしふくわん》の傳說《でんせつ》となつて靈狐《れいこ》の發展《はつてん》を妨《さまた》げたのである、故《ゆゑ》に靈的研究《れいてきけんきう》に思《おも》ひ立《た》つ者《もの》は必《かなら》ず高山《かうざん》で行《ぎやう》をすると云《い》ふ事《こと》になつて人間《にんげん》の廢物《はいぶつ》たる…………行者《ぎやうじや》…………肉《にく》體的不具者《たいてきふぐしや》…………亡國民族《はうこくみんぞく》の坊主行者《はうずぎやうじや》…………などを出《だ》すのである。然《しか》るを虛構《きよかう》を設《まう》けて高山行中《かうざんぎやうちう》の出來事《できごと》を傳《つた》へて人間《にんげん》の人格《じんかく》を無視《むし》するのである。

「法華《ほつけ》の驗者《けんじや》が使用《しよう》する木劍《ほくけん》なるものは、元《もと》は天臺《てんだい》、眞言《しんごん》では、本式《ほんしき》の祈禱《きとう》となると眞劍《しんけん》を用《もち》ひたものだが、夫《そ》れを滿行院《まんかうゐん》が殺伐《さつばつ》の氣風《きふう》を厭《いと》ひ、四海備《かいそな》はれば木劍《ほくけん》にても同《おな》じであるとなし、或時法敵《まるときはふてき》の山伏《やまぶし》を追《お》ひ詰《つ》めた滿行院《まんかうゐん》は、山伏《やまぶし》が逃場《にげは》を失《うしな》ひ大釜《おほがま》を破《かぶ》りて、サア切《き》れるなら切《き》つて見《み》よと言《い》つたから、滿行院《まんかうゐん》が一聲《せい》叫《さけ》んで木劍《ぼくけん》で切《き》り込《こ》むと、釜諸共其山伏《かまもろともそのやまぶし》は見事《みごと》腦天《のうてん》より唐竹割《からたけわ》りとなつて相果《あひは》てた、之《こ》れが滿行院《まんかうゐん》の有名《いうめい》なる釜割《かまわ》りの木劍《ぼくけん》である」

と云《い》ふ樣《やう》な虚構《きよこう》を說《と》いて人心《じん〱》をチャームした時代《じだい》もあつたが、靈狐《れいこ》の口傳《くでん》はこんな怪《あや》しい法《はふ》ではないのである。

一體口傳《たいくでん》と云《い》ふものは面授口訣《めんじゆこうけつ》と云《い》ふて、口《くち》から口《くち》に傳《つた》へるのであつて文字《もじ》には書《か》き現《あら》はす事《こと》は出來《でき》ぬと云《い》ふのが、昔《むかし》から傳《つた》へられた說《せつ》で、昔《むかし》の宗敎《しうけう》や劍道《けんだう》によくあつたのである、……一子相傳《しさうでん》……などが即《すなは》ち之《こ》れである、だから昔《むかし》の祈禱《きとう》などでは

「邪念《じやねん》があると、其邪念《そのじやねん》を障礙《しやうげ》が利用《りよう》するにより間違《まちがひ》が生《しやう》ずる事《こと》が度々《ど〱》ある」

と云《い》ふ樣《やう》に何《な》んでもかでも客觀的《きやくくわんてき》に見《み》て居《ゐ》るのである、荒木又右衛門《あらきまたうゑもん》と柳生但馬守《やぎふたじまのかみ》の眞影流《しんかげりう》の奥傳直授《おくでんちよくじゆ》は、相方《さうはう》の氣《き》と氣《き》と合《がつ》した刹那《せつな》に直授《じきじゆ》したとの事《こと》であるが、口傳《くでん》と云《い》ふ文字《もじ》は迷信《めいしん》を吸集《きふしう》するに都合《つがふ》のよい文字《もんじ》であるらしい事《こと》は日本《やまと》民族《みんぞく》の腦裡《のうり》に泌《し》

み込《こ》んで居《ゐ》る先入觀念《せんにふくわんねん》であるから、余《よ》も亦《また》この口傳《くでん》と云《い》ふ語《ご》をかり出《だ》したのである。

口傳《くでん》の內容《ないよう》

(一)變態心理《へんたいしんり》と靈狐《れいこ》、幻覺錯覺《げんかくさくかく》と靈狐《れいこ》。

(二)憑依心象《ひょういしんしゃう》と靈狐《れいこ》、妖魔《えうま》の惡戯《あくぎ》と靈狐《れいこ》。

(三)神力《しんりき》、法力《はふりき》、行力《ぎやうりき》、信力《しんりき》は別《べつ》に必要《ひつえう》でない事《こと》。

(四)靈狐《れいこ》は轉生說《てんしやうせつ》を非認《ひにん》し心靈《しんれい》以下《いか》を滅《めつ》となす。

之《これ》をよく心得《こゝろえ》て置《お》かねば靈狐《れいこ》の應用《おうよう》が出來《でき》ぬのであると云《い》ふ事《こと》を識《し》らねばならぬ。

變態心理《へんたいしんり》は大本敎《おほもとけう》の出口直婆《でぐちなほばあ》さんが始《はじ》めて行《おこな》つた樣《やう》に中村古峽《なかむらこけふ》さんは云《い》ふて居《ゐ》るが天理敎《てんりけう》のおみき婆《はあ》さんでも、蓮門敎《れんもんけう》のみつ子婆《こはあ》さんでも、月讀敎《つきよみけう》の婆《はあ》さんでも、悉《ことごと》く變態心理《へんたいしんり》の發現《はつげん》したのである、本源《ほんげん》の靈性《れいせい》に達《たつ》せぬ者《もの》は左《さ》の如《ごと》く云《い》ふて居《ゐ》る。

「人體《じんたい》の憑依《ひょうい》か、それとも狐狸《こり》の襲來《しうらい》か」

と云《い》ふて狐狸《こり》が人心內《じんくない》に侵入《しんにふ》して惡戯《あくぎ》をなすと云《い》ふ樣《やう》に誤信《ごしん》して居《ゐ》るから、變態性《へんたいせい》のため靈狐《れいこ》を信《しん》ぜられぬのである、之《こ》れが嵩《こう》ずると幻覺《げんかく》となり錯覺《さくかく》となりて靈狐《れいこ》をそれと同《おな》じ物《もの》の様《やう》に思《おも》ふから、靈個《れいこ》即《すなは》ち靈《れい》の本體《ほんたい》が見《み》られぬのである。

憑依心象《ひよういしんしやう》……靈狐《れいこ》の口傳中《くでんちう》で最《もつと》も注意《ちうい》すべきは憑依《ひようい》である、佛教《ぶつけう》でも神道《しんだう》でもキリスト敎《けう》でも、既成宗敎《きせいしうけう》の信者《しんじや》の心理《しんり》は悉《こと〴〵》く憑依心象《ひよういしんしやう》となつて居《ゐ》るから、靈狐體現者《れいこたいげんしや》にするには、先《ま》づ一二週間試驗《しうかんしけん》をせねばならぬ。

その試驗《しけん》をするには、第《だい》十一の靈狐《れいこ》の使用法口傳中《しようはふくでんちう》に記載《きさい》してある如《ごと》き方式《はうしき》を行《おこな》ひ隔日《かくじつ》に試驗《しけん》する内《うち》には身體《しんたい》と心靈上《しんれいじやう》に變化《へんくわ》が生《しやう》じて來《く》る、此《こ》の變化《へんくわ》か來《く》るのは其質良《そのしつりやう》好《かう》とは云《い》はれないのである、一二週間行《しうかんおこな》つても無事泰平何等《ぶじたいへいなんら》變化《へんくわ》のない穩健《おんけん》なるものは必《かなら》ず成功《せいこう》する。

進《す》んだり沈默《ちんもく》したり變化《へんくわ》して來《く》るのは憑依心象強《ひよういしんしやうつよ》き爲《ため》であるから中止《ちうし》するがよい、靈狐體現《れいこたいげん》は不成功《ふせいこう》に終《をは》るものである。

妖魔《えうま》の惡戲《あくぎ》と靈狐《れいこ》……變態性《へんたいせい》から憑依《ひやうい》となり、次《つぎ》に妖魔《えうま》の惡戲《あくぎ》の感覺《かんかく》を起《おこ》さしむるのが既成《きせい》の宗教《しうけう》などの誤《あやま》りであつたのである、……アヽ向《むか》ふの雪《ゆき》の中《なか》に八大龍王《だいりうわう》が金《こん》色《じき》の姿《すがた》を現《あら》はして走《はし》つて行《ゆ》く……などゝ云《い》ふのが既《すで》に其意識《そのいしき》は妖魔的《えうまてき》に陥入《おちい》つて居《ゐ》るのであつて、靈狐《れいこ》に遠《とほ》ざかること幾千里《いくり》だか知《し》れないのである、こんな意識《いしき》のものは養成《やうせい》しても駄目《だめ》であるが、右《みぎ》の行爲《かうゐ》の時突然《ときとつぜん》エイと一喝壓迫《かつあつはく》を加《くは》へて見《み》るがよい、さすれば跋扈《はつこ》して居《ゐ》る其意識《そのいしき》は、中心《ちうしん》の心靈《しんれい》に統《とう》一せられるから、本人《ほんにん》はゾツトして身《み》振《ぶる》ひをする事《こと》がある。

神力《しんりき》、法力《はふりき》、行力《ぎやうりき》、信力《しんりき》は靈狐《れいこ》使用《しよう》には必要《ひつえう》がない、古宗教《こしうけう》には必要《ひつえう》としてあるが靈狐《れいこ》は最高《さいこう》の心理學《しんりがく》の研究《けんきう》であるから、却《かへ》つて邪魔《じやま》となるのである。

又靈狐《またれいこ》は轉生《てんせう》と云《い》ふ事《こと》は絶對《ぜつたい》に否認《ひにん》するのである、轉生《てんせう》などゝ云《い》ふのは、前生《ぜんせう》に於《おい》て善《よ》い事《こと》をしたから、今生《こんせう》には善良《ぜんりやう》なる稲荷明神《いなりみやうじん》に生《うま》れ更《かは》つたのである、と云《い》ふのがそれである、斯《か》る迷信《めいしん》は絶對《ぜつたい》に禁《きん》せねばならぬ。

白狐《びやくこ》が法華經《ほけきやう》を聽聞《ちやうもん》した爲《ため》に人間《にんげん》に生《うま》れたとか、或《あるひ》は狐《きつね》が人間《にんげん》の處《ところ》に嫁《よめ》に往《い》つて赤《あか》兒《ご》を產《う》んでから何處《ごこ》かに姿《すがた》を隱《かく》した、など〻云《い》ふ虛構《きよこう》の話《はな》しは、靈狐《れいこ》研究《けんきう》には全然《ぜん〳〵》邪《じや》魔物《まもの》である、故《ゆゑ》に以上《いじやう》四通《とほ》りの道理《だうり》を心得《こゝろえ》て置《お》かぬと、自分《じぶん》で單獨《たんどく》に行《おこな》ふても、他人《たにん》に行《おこな》つても迷境《めいきやう》に陷入《おちい》り易《やす》いから注意《ちうい》せねばならぬ。

◉口傳《くでん》の奧傳《おくでん》とは

靈狐《れいこ》を體現《たいげん》して先入觀念《せんにうくわんねん》が少《すこ》しもなくとも、術者《じゆつしや》の方《はう》で、靈狐《れいこ》が御降《おくだ》りになつたなど云《い》ふ迷謬《めいべう》があると、靈狐《れいこ》は體現《たいげん》せないのである、又國常立命《またくにとこたちのみこと》だとか、鬼子母神《きしもじん》の眷屬《けんぞく》だとか、伏見稻荷《ふしみいなり》の眷屬《けんぞく》だとか云《い》ふて開口《かいこう》したならば、絕對《ぜつたい》に中止《ちうし》して靈狐《れいこ》應用《おうよう》に使用《しよう》してはいけない。

又靈狐《またれいこ》體現《たいげん》の時《とき》、兩耳《りやうみゝ》に外部《ぐわいぶ》の事《こと》が聞《きこ》えてはいけない、眞《しん》に靈狐《れいこ》體現《たいげん》すれは耳《みゝ》も聞《きこ》えなくなるのである、あらゆる意識《いしき》を超越《てうえつ》した絕對靈格《ぜつたいれいかく》の體現《たいげん》を示《しめ》すのであるから、靈狐方式《れいこはうしき》を行《おこな》ふて後寒《のちさむ》くなつたり、熱《あつ》くなつたりして身體《しんたい》が振《ふる》へるのは未《いま》だ靈狐《れいこ》の發《はつ》現《げん》には少《すこ》し時期《じき》が早《はや》いのである、こんな意識《いしき》の人《ひと》を靈狐《れいこ》體現《だいげん》に使用《しよう》すれば、時《とき》に或《あるひ》はおさき狐《ぎつね》だの、飯綱狐《いひつなぎつね》などゝ云《い》ふ誤謬《ごびう》の體現《たいげん》になるから、斯《かゝ》る場合《はあひ》は絶對《ぜつたい》に中止《ちうし》した方《はう》がよいのである。

斷《ことは》つて置《お》くが、おさきだの、飯綱《いひつな》だの、くだ狐《ぎつね》だのと云《い》ふ傳說《でんせつ》があるが、之《こ》れは傳《でん》說《せつ》に魅化《はか》されて、傳說《でんせつ》が傳說《でんせつ》を生《う》むのであつて、悉《こと〴〵》く催眠意識《さいみんいしき》（潜在意識《せんざいいしき》）の分裂作用《ぶんれつさよう》であるから、よく〳〵心得《こゝろえ》て置《おか》かねばならぬ、決《けつ》して他《た》からヒヨコヒヨコ侵入《しんにふ》して來《く》るのではない、傳說暗示《でんせつあんじ》のために、おさき狐《ぎつね》などが眼先《めさき》に見《み》へる樣《やう》に云《い》ふのであつて、つまり心《こゝろ》の弱《よわ》き者《もの》ばかりが魅化《はか》されるのである。

こんな狀態《じやうたい》があつたらば、家長《かちやう》たるべき者《もの》が誠心誠意《せいしんせいい》に大喝《だいかつ》一聲《せい》エイ、エイ、エイ、と三度位《さぐらゐ》氣合《きあひ》をかけて見《み》れば直《たゞち》に判明《はんめい》する、或《あるひ》は後方《こうはう》より術者《じゆつしや》の右平手《みぎひらて》を頭上《づじやう》にピタとあてゝ氣合《きあひ》を發《はつ》すれば必《かなら》ず手《て》なり指《ゆび》なりを上《うへ》に擧《あ》げるから、擧《あ》げたら双肩《さうけん》を輕《かる》く打《う》つて中止《ちうし》せよ、手《て》を擧《あ》げなければ分裂《ぶんれつ》して居《を》らぬ證據《しようこ》であつて、邪狐精《じやこせい》や先入觀念《せんにふくわんねん》がない純然《じゆんぜん》たる心理狀態《しんりじやうたい》であるから、こんな人《ひと》なら靈狐《れいこ》の活躍《くわつやく》が出來《でき》るのである。

靈狐《れいこ》體現《たいげん》を自分《じぶん》で行《おこな》はんとする時《とき》は、別《べつ》に六ケ敷《し》き方法《はうはふ》を用《もち》ゆることはいらない、靜《しづか》なる室《しつ》に坐《ざ》して三十分乃至《ぶんないし》一時間位《じかんぐらゐ》有《あら》ゆる先入觀念《せんにふくわんねん》を脫却《だつきやく》して、左《さ》の如《ごと》き最高《さいかう》の觀念《くわんねん》を連續《れんぞく》させるのである。

人間《にんげん》の本生命《ほんせいめい》……心王《しんわう》(眞《しん》の心靈《しんれい》のこと)

人間《にんげん》の活動心靈《くわつどうしんれい》……第《だい》七識《しき》の末那《まな》即《すなは》ち自我《じが》の本能《ほんのう》。

人間《にんげん》の常《つね》の意識《いしき》。

人間《にんげん》の觸官《しよくくわん》となる眼耳鼻舌身《げんにびぜつしん》。

人間《にんげん》の活動心靈《くわつどうしんれい》と常《つね》の意識《いしき》の間《あひだ》に活動《くわつどう》して居《ゐ》る何千萬《なん》と云《い》ふ無數《むすう》の潛在意識《せんざいいしき》(睡眠《すいみん》狀態《じやうたい》に於《おい》て活動《くわつどう》する意識《いしき》と同《おな》じ)が、あらゆる分裂《ぶんれつ》した心靈《しんれい》に統合《とうがふ》することを……

第《だい》八番目《はんめ》の阿賴耶識《あらやしき》と云《い》ふ、吸集役《きよしうやく》の心靈《しんれい》が、第《だい》七識《しき》の申《まを》し出《い》でによつて憑依《ひようい》、憑《ひよう》靈《れい》、邪精狐《じやせいこ》等《とう》あらゆる靈的行爲《れいてきかうゐ》を合併《がつぺい》して、常《つね》の意識《いしき》とも相談《さうだん》して觸官《しよくくわん》も合同《ごうどう》させ

第《だい》八識《しき》の阿賴耶識《あらやしき》が、本生命《ほんせいめい》の心王《しんわう》に參《さん》じて其命《そのめい》を受《う》けてから活動意識《くわつどういしき》が正式《せいしき》に活《くわつ》

動《こう》するのが……靈狐《れいこ》であると云《い》ふ事《こと》が眞實《しんじつ》に認《みと》められたら、この觀念《くわんねん》を連續《れんぞく》して居《ゐ》る内《うち》に正靈《せいれい》が自由活動《じいうくわつどう》するのである、と云《い》ふ。

この間《かん》の順序《じゆんじよ》を心得《こゝろえ》ねばならぬのである、略《りやく》して之《これ》を分解《ぶんかい》すれば。

正守護神《せいしゆごじん》……………心王無意識《しんわうむいしき》の智力《ちりよく》

副守護神《ふくしゆごじん》…………阿賴耶識集合大役《あらやしきしふごうたいやく》

活動守護神《くわつどうしゆごじん》……第七識末耶識《だいしきまなしき》

平守護神《へいしゆごじん》……………第《だい》六常《つね》の意識《いしき》

附屬活動神《ふぞくくわつどうじん》……眼耳鼻舌身《げんにびぜつしん》

以上《いじやう》を合一《ごう》して心靈《しんれい》と云《い》ふのである、之《こ》れが分裂《ぶんれつ》して活動《くわつどう》するときが邪精狐《じやせいこ》となり、憑靈《ひようれい》となるのである、此間《このかん》の活動理《くわつどうり》を心得《しんとく》すれば、昔《むかし》から流行《りうかう》して居《ゐ》る狐使《きつねつか》ひとか、イチコとか、稻荷《いなり》の託宣《だくせん》とか云《い》ふ神靈境《しんれいきやう》が徹底的《てつていてき》に解《わか》つて僞瞞《ぎまん》されぬ樣《やう》になる、而《しか》して眞《しん》の靈狐《れいこ》が認《みと》められて自由自在《じいうじざい》に豫言《よげん》でも除病《じよびやう》の力《ちせら》でも發揮《はつき》する事《こと》が出來《でき》るのである。

「注意《ちうい》」

世間《せけん》に稻荷《いなり》や辨天《べんてん》及《およ》び七面明神《めんみやうじん》が鍵《かぎ》と如意寶珠《によいほうしゆ》を持つて居《ゐ》るのは……心王《しんわう》（眞《まこと》の心《しん》靈《れい》）の扉《とびら》を開《ひら》いて、中《なか》なる心王《しんわう》に拜謁《はいえつ》するので、その準備《じゆんび》の姿《すがた》である。

燕石雜志《えんせきざつし》一に「稻荷《いなり》の社壇《しやだん》に置《お》く木狐《もくこ》に玉《たま》と鍵《かぎ》とを銜《ついはめ》たるは、稻倉魂《うけみたま》のたまを象《かたど》り、鍵《かぎ》はこの神《かみ》五穀《こく》を主《つかさど》り給《たま》ふと云《い》へば、倉廩《さうりん》を守《まも》る義《ぎ》を表《へう》する也《なり》」とは多少懷疑《たせうくわいぎ》はあるが、心王《しんわう》を白米《はくまい》とし倉廩《さうりん》をアラヤ識《しき》となし、鍵《かぎ》を末那識《まなしき》となし、鍵《かぎ》にて開《ひら》かんとするを五官六意識《くわんいしき》とするのである。

鍵《かぎ》をして心王《しんわう》の命《めい》に服《ふく》さしむるは常識《じやうしき》と阿賴耶心靈《あらやしんれい》である、而《しか》して一切《さい》の心靈活躍《しんれいくわつやく》が心王《しんわう》の許可《きよか》に依《よ》つて末那識《まなしき》に集《あつま》りて茲《こゝ》に……靈狐《れいこ》……の活動《くわつどう》が開始《かいし》されるのである

それから尚左《なほさ》の件《けん》に注意《ちうい》せねばならぬ。

爲悅衆生故《ゐえつしゆじやうこ》、現無量神力《げんむりやうしんりき》、の聖句《せいく》は即《すなは》ち鍵《かぎ》であるから、この聖句《せいく》を連唱《れんしやう》されると末

那識《なじき》がどうしても活動《くわつどう》して、恰《あだか》も國粹團《こくすゐだん》のやうに心王《しんわう》の嚴律《げんりつ》に服從《ふくじう》せねばならなくなるのである、此《こ》の間《かん》に起《おこ》る相擊《さうげき》が即《すなは》ち靈狐《れいこ》の發現準備《はつげんじゆんび》として身體靈動《しんたいれいどう》となるのであつて、心身《しんく》の維新《ゐしん》となつてから、玆《こゝ》に始《はじ》めて靈狐《れいこ》の自由活動《じいうくわつどう》を示《しめ》す事《こと》となるのである。

十四　奥傳の雜錄

(一)單獨《たんどく》に靈狐即《れいこすなは》ち靈個《れいこ》の本體《ほんたい》に合《がふ》一したいと修行《しゆぎやう》して二十一日間努力《にちかんどりよく》しても、尚充分《なほじうぶん》に感受《かんじゆ》して來《こ》ないのは、先入觀念《せんにふくわんねん》の迷信《めいしん》があるからである故《ゆゑ》、オブラートに左《さ》の聖《せい》句《く》を七遍重《へんかさ》ね書《きが》して水《みづ》にて呑《の》むがよい。………書《か》くには淸《きよ》き筆《ふで》を用《もち》ひて紅《べに》にて書《か》くのである、而《しか》して呑《の》むのは單獨法《たんどくはふ》を行《おこな》ふ一時《じ》間位前《かんぐらゐまへ》が宜《よろ》しい。

「念 念 勿 生 疑」……これをオブラートの眞中《まんなか》に重《かさ》ね書《がき》するのである。

(二)他人《たにん》に施法《せはふ》を行《おこな》ふた時《とき》、正《たゞ》しき靈狐體現《れいこたいげん》でなく、怪《あや》しき現象《げんしやう》を示《しめ》したる時《とき》は、先《ま》づ被術者《ひじゆつしや》の双肩《さうけん》を術者《じゆつしや》の平手《ひらて》で輕《かる》く叩《たゝ》いて覺醒《かくせい》させ、然《しか》る後被術者《のちひじゆつしや》の身體《からだ》を試驗《しけん》して見《み》るがよい、それは左《さ》の如《ごと》き場《は》所《しよ》を驗《けん》するのである。

一、こめかみ。二、兩脇《りやうわき》。三、耳《み》の附根《つけね》。四、片腹《かたはら》。五、胸《むね》。六、腕《うで》。七、腰《こし》。

八、尻《しり》。九、背中《せなか》

以上《いじやう》の場《ば》所《しよ》を術者《じゆつしや》の中指《なかゆび》にて輕《かる》く觸手《しよくしゆ》して見《み》るのである、此《こ》の時《とき》は被術者《ひじゆつしや》に閉目《へいもく》させて靜《しづ》かになさしめ、術者《じゆつしや》も靜《しづ》かにして三四五分間《ふんかん》觸手《しよくしゆ》して居《ゐ》ると被術者《ひじゆつしや》はピクリと患部《くわんぶ》に感《かん》ずるのである。感《かん》じたならば術者《じゆつしや》は時《とき》を移《うつ》さず直《たゞ》ちに被術者《ひじゆつしや》に向《むか》つて、「エイ」と一喝氣合《かつきあひ》をかけねばならぬ、さうすると被術者《ひじゆつしや》の心靈《しんれい》は統《とう》一されるのである。

以上《いじやう》の如《ごと》く觸手《しよくしゆ》に依《よ》つてビクリとするのは、未《ま》だ被術者《ひじゆつしや》の先入觀念《せんにふくわんねん》の迷信《めいしん》が脱却《だつきやく》せざる證據《しようこ》なのである。

(三)單獨研究《たんどくけんきう》の場合《ばあひ》でも、他人《たにん》に施法《せはふ》を行《おこな》ふ時《とき》でも、施法中何《せはふちうなん》となく悲《かな》しき樣《やう》な心持《こゝろもち》がするのは、先入觀念《せんにふくわんねん》のある證據《しようこ》であるから、先《ま》づ此《こ》の觀念《くわんねん》を脱却《だつきやく》しなければならぬそれには單獨《たんどく》の際《さい》は先《ま》づ兩手《りやうて》の拇指《おやゆび》を内《うち》にして其上《そのうへ》を四本《ほん》の指《ゆび》にて輕《かる》く握《にぎ》り締《し》め、正座《せいざ》して兩膝《りやうひざ》の處《こころ》に兩手《りやうて》をピタリと附《つ》けて下《か》腹部《ふくぶ》に深呼吸《しんこきふ》を七八回《くわい》行《おこな》ひ直《ただ》ちに「エイ、エイ、エイ」と三遍程《べんほど》氣合《あひ》をかけるのである、さうすると以前《いぜん》の悲《かな》しき心象《しんしやう》は無《な》くなつて來《く》る。而《しか》して此《こ》の法《はふ》を行《おこな》ふときは閉目《へいもく》してするのである。他人《たにん》に施術《ぜじゆつ》する時《とき》、悲《かな》しくて涙《なみだ》の出《で》る樣《やう》な被術者《ひじゆつしや》には先《ま》づ正座《せいざ》して閉目合掌《へいもくがつしやう》させ、術者《じゆつしや》は後部《こうぶ》に廻《まは》りて平手《ひらて》にて被術者《ひじゆつしや》の頭上《づじやう》にピタと觸手《しよくしゆ》して左《さ》の句《く》を三遍連唱《べんれんせう》するのである。

「樹甘露法雨《じゆかんろはふう》。滅除煩惱焔《めつじよほんなうえん》」

右《みぎ》の句《く》を三遍連唱《べんれつ》したならば、直《ただ》ちに「エイ」と一喝氣合《かつきあひ》をかくると涙《なみだ》の出《で》るのは止《と》まるのである若《も》しこれにても尚止《なほとま》らぬ時《とき》は常識《じやうしき》の時《とき》敎化《けうけ》するがよろしい、心《こころ》の底《そこ》に悲觀《ひくわん》して居《ゐ》る事《こと》があるために、靈狐《れいこ》に悲雲《ひうん》がかゝつて居《ゐ》るのであるから涙《なみだ》がこぼれるのである故《ゆゑ》、こんな人《ひと》は一時的中止《じてきちうし》して三四日後《かご》再《ふた》び行《おこな》ふがよろしい。

(四)單獨修研中《たんどくしうけんちう》、合掌《がつしやう》が放《はな》れなかつたり、頸《くび》を振《ふ》つて來《き》たり、身體《からだ》が靈動《れいどう》して來《き》たりするのは、靈狐《れいこ》が體現《たいげん》せんとする時《とき》と、邪狐精《じやこせい》と心靈《しんれい》とが相撃《さうげき》する時《とき》とに起《おこ》ることもあるから、此《こ》の場合《ばあひ》は餘《よ》程注意《ほどちうい》せねばならぬのである。

又單獨《またたんどく》でも被術者《ひじゆつしや》でも、非常《ひじやう》に開口《かいこう》したき心《こゝろ》の生《しやう》ずるのは、先入主《せんにふしゆ》の迷信《めいしん》があるか又《また》は被術者《ひじゆつしや》の肉身《にくしん》か、或《あるひ》は友人知人《いうじんちじん》の死《し》の刹那《せつな》の觀念《くわんねん》が、記臆心象《きおくしんしやう》にあるために、それが突放《つきはな》されんとする故《ゆゑ》に、開口《かいこう》したくてならぬのである。これは一應開口《おうかいこう》させてもよいけれども、一度不正確《ごふせいかく》の開口《かいこう》をさせると後《あと》に害《がい》が殘《のこ》つて二重人格《ぢゆうじんかく》の如《ごと》きになることが度々《たびく》あるから、開口《かいこう》させないやうに双肩《さうけん》を叩《た》いて覺醒《かくせい》さする方《はう》が安全《あんぜん》である。

(五)靈狐《れいこ》を體現《たいげん》せしめてから後《のち》に毎日《まいにち》その時間《じかん》になると身體中何處《からだぢうどこ》か一ケ所痛《しよいた》むことがあるが、それは先入主《せんにふしゆ》の迷信《めいしん》が完全《くわんぜん》に脱却《だつきやく》せぬ爲《た》めであるから、單獨《たんどく》ならば自分《じぶん》の平手《ひらて》を以《もつ》て其痛《そのいた》む患部《くわんぶ》にピタと當《あ》て、五分《ふん》か十分左《ぶんさ》の句《く》を默誦《もくよう》すればよろしい。

「心念不空過《しんねんふくうくわ》、能滅諸有苦《のうめつしようく》」

必《かなら》ず痛《いた》む處《ところ》は消滅《せうめつ》して快氣《くわいき》を催《もよほ》すのである、若《も》し被術者《ひじゆつしや》であれば、右《みぎ》の如《ごと》く術者《じゆつしや》の平手《ひらて》を以《もつ》て被術者《ひじゆつしや》の患部《くわんぶ》に觸手《しよくしゆ》してやればよろしいのである。

(六)單獨《たんどく》にて先方《せんぽう》に我靈狐《わがれいこ》の直感《ちよくかん》をなさんとする時《とき》には、先《ま》づ「具足神通力《ぐそくしんつうりき》、廣修智方便《こうしうちほうべん》」……と云《い》ふ句《く》を書《かい》て之《こ》れを封《ふう》じて無名《むめい》にて送《おく》るのである、然《しか》して當方《たうはう》にては、毎夜《まいよ》二時《じ》に起《お》きて三十分位《ぶんぐらゐ》その觀念《くわんねん》を延張《えんちやう》すべく熱心《ねつしん》に默念《もくねん》するのである。さすれば先方《せんはう》の眼廓《ぐわんかく》に必《かなら》ず波動《はどう》が直通《ちよくつう》して靈夢《れいむ》を見《み》るのである、これ即《すなは》ち「無思《むし》」虫《むし》が知《し》らせると云《い》ふ心理作用《しんりさよう》の實現《じつげん》である。

(七)單獨《たんどく》でも他人《たにん》でも、靈狐法《れいこはふ》を行《おこな》ひたるために狂態《けうたい》を現《げん》ずる樣《やう》な場合《はあひ》は、靜座《せいざ》させて「ヱイ、ヱイ、ヱイ」と三遍《べん》でも四遍《へん》でも氣合《きあひ》をかけて心内《しんない》を鎭靜《ちんせい》にさせるがよい。又走《またはし》りたがる樣《やう》な時《とき》は敎化《けうけ》をして居《ゐ》る時《とき》、突然《とつぜん》「ヱイ」と氣合《きあひ》をかけるのがよい。然《しか》し施法《せはふ》の第《だい》一日目《にちめ》に質《しつ》の善惡《ぜんあく》を試驗《しけん》してから、第《だい》二日目《かめ》より行《おこな》ふがよろしい、然《しか》らざれば失敗《しつはい》に終《をは》るから餘程注意《よほどちうい》をせなくてはならぬ。

(八)他《た》の人《ひと》が祈禱《きたう》して昔《むかし》の神係《かみがゝり》狀態《じやうたい》や寄代《よりだい》の狀態《じやうたい》や、憑靈狀態者《ひようれいじやうたいしや》を、靈狐者《れいこしや》に使用《しよう》せんとするには、先《ま》づ七日《か》間位《かんぐらゐ》試驗《しけん》せなければ突然《とつぜん》使用《しよう》してはいけない、突然《とつぜん》使用《しよう》すると、増上慢《ぞうじやうまん》の狂態《けうたい》を演《えん》じて術者《じゆつしや》を困《こま》らせるから、先《ま》づ危險《きけん》なるものとして一回丈《くわいだけ》試驗《しけん》の上《うへ》行《おこな》ふて見《み》るがよろしい。

(九)靈狐《れいこ》を研究《けんきう》する人《ひと》は大《おほい》に注意《ちゆうい》せねばならぬ要點《えうてん》があるから左《さ》に列記《れつき》することにする

一、佛敎《ぶつけう》の一派《は》であつて最《もつと》も多《おほ》く俗信《ぞくしん》を混《こん》じた喇嘛敎《しまけう》では、種々《しゆ〳〵》荼枳尼天《だきにてん》(即《すなは》ち日本《ほん》の稲荷《いなり》と同《おな》じ鬼神《きじん》の意義《いぎ》)を崇拜《すうはい》して居《ゐ》る信者《しんじや》と、日本《にほん》の御嶽敎《みたけけう》の雜亂信仰者《ざうらんしんかうしや》や、眞言日蓮等《しんごんにちれんとう》の雜亂《ざつらん》祈禱《きたう》渇仰者《かつがうしや》や、天理敎《てんりけう》や大本敎《おほもとけう》等《とう》の淫祠《いんし》連《れん》は、靈狐《れいこ》と云《い》ふ最高級心靈《さいかうきうしんれい》の發現狀態《はつげんじやうたい》は、迚《と》ても修得《しうとく》する事《こと》が出來《でき》ないから、こんな誤迷信《ごめいしん》の人《ひと》には斷然中止《だんぜんちうし》して施法《せはふ》を行《おこな》はぬがよろしい。

二、又催眠術《またさいみんじゆつ》や、靈子術《れいしじゆつ》や、氣合術《きあひじゆつ》や、其他《そのた》流行《りうかう》して居《ゐ》る精神療法《せいしんりやうはふ》に溺醉《できすゐ》している連中《れんちう》は、迚《と》ても靈狐《れいこ》に到達《たうたつ》する事《こと》は六ヶ敷《し》いから、之《こ》れも中止《ちうし》した方《はう》がよろしい三叉《またり》理性《せい》にのみ趨《はし》つて靈體《れいたい》を無視《むし》するハイカラ連中《れんちう》と、蠻《ばん》カラ連中《れんちう》は同《おな》じく靈狐《れいこ》への到達《たうたつ》が出來《でき》ないのであるから、之《こ》れも中止《ちうし》する方《はう》がよい、然《しか》し靈狐《れいこ》の意義《いぎ》に對《たい》して質問《しつもん》を求《もと》めて來《く》る連中《れんちう》はまだ見込《みこみ》があるから、試驗的《しけんてき》に一回施法《くわいせほふ》して見《み》るもよろしい。

それには先《ま》づ男《をとこ》は左《ひだり》、女《をんな》は右《みぎ》の手《て》を靜《しづ》かに出《だ》させて仰向《あふむ》けになし、術者《じゆつしや》の掌《てのひら》の上《うへ》に乘《の》せて、被術者《ひじゆつしや》の指先《ゆびさ》きを力強《ちからづよ》く吹《ふ》いて見《み》るのである、……この吹《ふ》き方《かた》は術《じゆつ》者《しや》は息《いき》を深《ふか》く臍下丹田《へそしたたんだ》(下腹部《かふくぶ》)に吹《す》ひ込《こ》み、充分壓搾《じうぶんあつさく》した息《いき》をフウと細《ほそ》く長《なが》く冷《つめた》く強《つよ》く指先《ゆびさき》に吹《ふ》きかけるのである。……斯樣《かやう》にして拇指《おやゆび》から小指《こゆび》迄《まで》五本《ほん》の指《ゆび》を強《つよ》く吹《ふ》くときは、何《ど》の指《ゆび》かがピクピク動《うご》き出《だ》すのであるが、(甚《はなは》だしきは指《ゆび》が曲《まが》るともある）拇指《おやゆび》が動《うご》けば成功《せいこう》である、人指《ひとさしゆび》が動《うご》けば遲《おそ》くも成功《せいこう》するが、中指《なかゆび》が動《うご》けば不成功《ふせいこう》である。藥指《くすりゆび》が動《うご》けば疑心《ぎしん》があるから實驗《じつけん》の上施《うへほどこ》せば成功《せいこう》する、小指《こゆび》が動《うご》けば充分《じうぶん》なりとは云《い》ひがたきも多少《たせう》は成功《せいこう》する方《はう》である

(一〇)口傳《くでん》の奥傳《おくでん》と云《い》ふ事《こと》について會得《ゑとく》するには鯛《たひ》を食《しよく》して見《み》るがよい、必《かなら》ず鯛《たひ》の鯛《たひ》がある鯛《たひ》の骨《ほね》をシャブルと鯛《たひ》の鯛《たひ》があると云《い》ふことを認識《にんしき》するであらう、靈狐《れいこ》は鯛《たひ》の全《ぜん》體《たい》ではないが、人間《にんげん》の身體《からだ》の中心靈性《ちうしんれいせい》である個在《こざい》の眞靈《しんれい》を云《い》ふのであつて、此《こ》の個《こ》在《ざい》の眞靈《しんれい》は、鯛《たひ》の鯛《たひ》の生命《せいめい》であると云《い》ふ事《こと》を認《みと》めれば、それが軈《やが》て鯛全體《たひぜんたい》になつて活躍《くわつやく》するのであると云《い》ふ事《こと》が解《わか》れば、口傳《くでん》の奥傳《おくでん》が解《わか》るのである。

(一一)余《よ》が靈狐研究時代《れいこけんきうじだい》に、或時會員兩人《あるときくわいいんりやうにん》が商業上《しやうげふじやう》の爭鬪《さうたう》のために大喧嘩《おほげんくわ》をしたのである、其時余《そのときよ》の母《はゝ》は靈狐發現《れいこはつげん》の施法《せはふ》を行《おこな》ふたのであるが、三寸位《さんぐらゐ》の火《ひ》の玉《たま》がピシンと割《わ》れて兩人《ふたり》の間《あひだ》に展開《てんかい》した。それは喧嘩《けんくわ》と云《い》ふものゝ意味《いみ》が一つの物《もの》を兩方《りやうはう》で奪《うば》はんとする相對的《さうたいてき》であつたから、中心《ちうしん》の靈性發露《れいせいはつろ》の研究《けんきう》のためには爭鬪《さうたう》は罪惡《ざいあく》であると云《い》ふ事《こと》を示《しめ》されたらば兩人共閉目中頓首合掌《ふたりともへいもくちうとんしゆがつしやう》して無言《むごん》であつた。

(一二)口傳《くでん》と云《い》ふ事《こと》は口《くち》から口《くち》に傳《つた》へるのであつて、文字《もんじ》の上《うへ》に傳《つた》へるのではないが、文《もん》字《じ》がなければ口傳《くでん》も活用《くわつよう》せないのである。奥傳《おくでん》と云《い》ふのは間髪《かんはつ》を容《い》れずと云《い》ふのであるから、法式《はふしき》や儀式《ぎしき》を超越《てうえつ》した直感《ちよくかん》であらねばならぬ、故《ゆゑ》に面授口訣《めんじゆこうけつ》と云《い》ふのである、例《たと》へば子供《こども》を生《う》む事《こと》は、兩親《りやうしん》よりの口傳《くでん》を受《う》けなくとも、人間《にんげん》を始《はじ》め凡《すべ》ての動植物《どうしよくぶつ》は悉《ことごと》く知得《ちとく》して居《ゐ》るのである、これと同《おな》じく口傳《くでん》も奥傳《おくでん》も文字《もんじ》を離《はな》れた刹那境《せつなきやう》の實感《じつかん》、實驗《じつけん》であつて文字《もんじ》には盡《つく》されないのである、然《しか》し實行《じつかう》してみれば茲《こゝ》に始《はじ》めて實驗《じつけん》の價値《かちよく》は認《みと》められるのである。

(三)靈狐使用《れいこしよう》と云《い》ふ事《こと》は、日本《にほん》では未《いま》だ曾《かつ》て行《おこな》つた人《ひと》はないのであるから、始《はじ》めての人《ひと》には餘《あま》り信《しん》じられないであらうが、了解《れうかい》が出來《でき》ると非常《ひじやう》に簡單《かんたん》で明確《めいかく》なるに驚《おどろ》くであろう。

靈狐《れいこ》は日本人《にほんじん》が信《しん》ずる昔《むかし》の神《かみ》とは何等《なんら》の關係《くわんけい》もないのである、否關係《いなくわんけい》がないのみならず昔《むかし》のシヤマイズム即《すなは》ちシヤマ敎《けう》と云《い》ふ神占敎《しんせんけう》が、ヨーロッパ人《じん》にも行《おこな》はれて居《ゐ》たのと、日本《にほん》の昔《むかし》に行《おこな》つて居《ゐ》たのと密接《みつせつ》の關係《くわんけい》がある樣《やう》に思《おも》はれると云《い》ふ人々《ひと〲》が信《しん》じて居《ゐ》るシヤマ敎《けう》の根本《こんぽん》を發揮《はつき》して之《これ》を眞境《しんきやう》に向上《かうじやう》させる權威《けんゐ》があるのである。

今《いま》シャマと云《い》ふ事《こと》について少《すこ》しく述《の》べて見《み》よう、これを說《と》けば靈狐使用《れいこしよう》と神占《しんせん》とは大《おほい》に異《こと》なつて居《ゐ》ることが瞭然《りやうぜん》と判明《はんめい》するのである、……シャマと云《いふ》のは滿洲《まんしう》の昔《むかし》、即《すなは》ち女眞《によしん》の時代《じだい》に女《をんな》の巫《みこ》の事《こと》を云《い》つたものである、それから言葉《ことは》の意味《いみ》が移《うつ》つて、今《いま》の滿洲《まんしう》では神《かみ》を代表《だいへう》させる杆《かん》を矢張《やは》りシャマと云《い》ひ、又歐羅巴人《またようろつぱじん》がシャマイズムと云《い》ふのはそれから取《と》つた言葉《ことは》であつて、即《すなは》ちシャマの敎《けう》と云《い》ふ事《こと》である、それでシャマ敎《けう》は女巫《みかんなぎ》の敎《をし》へであつて神杆《しんかん》を立《た》てゝ神《かみ》を祭《まつ》ることが特色《とくしよく》とされてある。

然《しか》るに日本《にほん》の昔《むかし》でも其宗敎《そのしうけう》は矢張《やは》り女巫《みかんなぎ》の宗敎《しうけう》であつた、多少《たせう》の變化《へんくわ》はあつたが矢《や》張《は》り滿洲《まんしう》のやうに神《かみ》の杆《かん》を用《もち》ひたと思《おも》はれる形跡《けいせき》が無《な》いでもない、……日本《にほん》では昔《むかし》の神主《かんねし》は多《おほ》く女《をんな》であつて、男《をとこ》の神主《かんねし》は至《いた》つて少《すく》なかつたやうである、それ故齋主《ゆゑさいしゆ》を齋姫《いつきひめ》とも云《い》ふて居《ゐ》た、中頃支那《なかころしな》の文明《ぶんめい》を輸入《ゆにふ》したので、だんだん日本文明《にほんぶんめい》が支那流《しなりう》になつて來《き》たが、それでも女巫《みかんなぎ》の宗敎《しうけう》であつた時代《じだい》の遺風《ゐふう》として、其時代《そのじだい》にも御巫《みかんなぎ》と云《い》ふのは女《をんな》であつた、娘《むすめ》で神《かみ》を祭《まつ》る事《こと》が出來《でき》る資格者《しかくしや》を採《と》つたのである、祝《はふり》と云《い》ふのは神主《かんぬし》のやうなものであるけれども、これも中世迄《ちうせいまで》は女《をんな》が多《おほ》く、祝《はふり》と禰宜《ねぎ》とを一つの社《やしろ》に並《なら》べて置《お》いたときも、祝《はふり》禰宜《ねぎ》も男《をとこ》より女《をんな》の方《はう》が多《おほ》かつた、中古《ちうこ》でさへもこんな風《ふう》であつたから、其昔《そのむかし》は女《をんな》が多《おほ》く宗教《しうけう》に携《たづさ》はつたことは勿論《もちろん》の事《こと》である、故《ゆゑ》に大昔《おほむかし》は猿女君《さるめのきみ》などと云《い》ふて、女《をんな》を以《もつ》て神《かみ》に仕《つか》へる事《こと》を職《しよく》とした種族《しゆぞく》もあつた、皇室《くわうしつ》でも天照大神《あまてらすほほみかみ》を祭《まつ》り、大國魂神《おほくにたまかみ》を祭《まつ》るのは、皇女《わうぢよ》の御役《みやく》であつた、神《かみ》に仕《つか》へる女《をんな》を巫《かんなぎ》と云《い》ひ、男《をとこ》で神《かみ》に仕《つか》へるものを男巫《をかんなぎ》と云《い》ふて居《ゐ》た、始《はじ》めは神《かみ》に仕《つか》へるのは女《をんな》であつたから巫《かんなぎ》と云《い》へば女性《にょせい》であることが分《わか》り、男《をとこ》は後《のち》に出來《でき》たから男《をとこ》の一字《じ》を冠《くわん》して男巫《をかんなぎ》としたのである。

「日本《にほん》は始《はじ》めは女巫《みこ》の宗教《しうけう》の國《くに》であつたと云《い》ふ事《こと》が明白《めいはく》である」

女性《にょせい》が宗教《しうけう》を掌《つかさど》るのは日本《にほん》ばかりではない、琉球《りうきう》も昔《むかし》から女巫《みこ》が宗教《しうけう》を掌《つかさど》つた國《くに》であるといふ事《こと》は支那人《しなじん》も書《か》いて居《ゐ》るが、今日《こんにち》朝鮮《てうせん》の田舍《ゐなか》などに行《い》つて見《み》ると、婆《ばあ》さんで吉凶禍福《きつきようくわふく》を説《と》いて居《ゐ》る巫《かんなぎ》の類《るゐ》がある、朝鮮《てうせん》の向《むか》ふの満洲《まんしう》は今現《いまげん》に昔《むかし》の通《とほ》りシヤマ敎《けう》がある、地理《ちり》の上《うへ》からいふと日本《にほん》、朝鮮《てうせん》、滿洲《まんしう》、義古《もうこ》と續《つゞ》くことになるが、何《いづ》れも女巫《みかんなぎ》の世界《せかい》であつた。

次《つぎ》に神杆《しんかん》の事《こと》は滿洲《まんしう》の神《かみ》の杆《かん》は鈴《すゞ》は附《つ》けないが、滿洲《まんしう》でも神《かみ》を祭《まつ》るときは鈴《すゞ》を鳴《な》らして祭《まつ》り、又腰《またこし》に鈴《すゞ》を附《つ》けて舞《ま》ひながら鳴《な》らすのもある、又手《またて》に鈴《すゞ》を以《もつ》て鳴《なら》しながら舞《ま》ふのもある。(日本《にほん》の御神樂《おかぐら》と同《おな》じやうに)

昔《むかし》の朝鮮《てうせん》の事《こと》を書《かい》たものを見《み》ると、昔《むかし》ば朝鮮《てうせん》でも大《おほ》きな木《き》を立《た》つて神《かみ》を祭《まつ》る習慣《しふくわん》があつたといふ事《こと》で、其木《そのき》には鈴《すゞ》を懸《か》けて居《ゐ》たのである、或《あるひ》は又鼓《またつゞみ》を懸《か》けた事《こと》もある滿洲《まんしう》では杆《かん》を立《た》てゝ神《かみ》を祭《まつ》り、鈴《すゞ》を振《ふ》つて日本《にほん》の御神樂《おかぐら》と同《おな》じ樣《やう》な事《こと》をして居《ゐ》るのである。

斯樣《かやう》に朝鮮《てうせん》も滿洲《まんしう》も、木《き》を立《た》てゝ神《かみ》を祭《まつ》り鈴《すゞ》を懸《か》けたり振《ふ》つたりする事《こと》は、同一風《ごうふう》俗《ぞく》であるから朝鮮《てうせん》も滿洲《まんしう》より移入《ゐにふ》したものである事《こと》は明《あきら》かである、日本《にほん》て神《かみ》を祭《まつ》るに賢木《さかき》と云《い》ふ木《き》を立《た》て、其木《そのき》に玉《たま》や鏡《かゞみ》や木綿《かぢ》、麻《あさ》の類《るゐ》を懸《か》けて神《かみ》を敬《うやま》ふ意《い》を表《へう》するのと、神杆《しんかん》を立《た》てるのとは能《よ》く似通《にかよ》つて居《ゐ》る、故《ゆゑ》に昔《むかし》より滿洲《まんしう》も朝鮮《てうせん》も日本《にほん》も神《かみ》を祭《まつ》るに同《どう》一風俗《ふうぞく》であつたと言《い》ふことが出來《でき》るのである。

これだけでは日本《にほん》の信仰《しんかう》シャマイズムと關係《くわんけい》があつたと斷定《だんてい》は出來《でき》ぬが、歐羅巴《ようろつは》の歷史家《れきしか》の研究《けんきう》する所《ところ》によると、シャマイズムは、古《ふる》いのでも、新《あた》らしいのでも、又《また》どんな所《ところ》に行《おこな》はれて居《ゐ》るのでも、凡《すべ》て宇宙《うちう》を三界《がい》に立《た》て、說明《せつめい》するといふて居《ゐ》る、一つは天《てん》、一つは地《ち》、一つは下界《げかい》であつて、然《しか》してそれを掌《つかさど》る各々《おのおの》の神《かみ》があると說《と》いて居《ゐ》る、滿洲《まんしう》、蒙古《もうこ》のシャマ敎《けう》も矢張《やは》り同樣《どうやう》である。

天《てん》の國《くに》と地《ち》の國《くに》と黃泉國《よみのくに》と此《こ》の三つを立《た》てる日本《にほん》の昔《むかし》の神話《しんは》を見《み》ると、同《おな》じく三界《かい》が立《た》つて居《ゐ》る、高天原《たかまがはら》といふのが天神《てんじん》の御在所《いますところ》、それから顯國《うつしくに》、それは天《あま》が下《した》ともいひ傳《つた》へるが地面《ちめん》の事《こと》である、即《すなは》ち人《ひと》の住《す》む所《ところ》である、それから地面《ちめん》の下《した》の國《くに》を黃《よみ》泉《の》國《くに》とも、或《あるひ》は根之堅洲國《ねのかたすくに》とも、或《あるひ》は根國《ねのくに》とも、底國《そこのくに》とも言《い》はれて居《ゐ》る、人《ひと》が死《し》んで其魂《そのたましひ》の天《てん》に往《い》く事《こと》が出來《でき》ない者《もの》が其所《そこ》に墮《お》ちる、膿《のう》の沸《わい》て虫《むし》の流《なが》れて居《ゐ》る汚《きたな》い國《くに》だとしてある、殊《こと》におかしいのは、シャマ敎《けう》では下界《げかい》の神《かみ》は、一體《たい》は天《てん》の神《かみ》であつたのだが、惡《わる》い事《こと》をしたので罰《はつ》せられて下界《げかい》に逐《お》ひ下《おと》されたのであるといふ事《こと》を言《い》ふて居《ゐ》る。

日本《にほん》の黃泉國《こうせんこく》を掌《つかさど》る素盞嗚尊《すさなうのみこと》は天《てん》の神《かみ》であつたのだが、過《あやま》ちがあつて天上《でんじやう》を逐出《おひだ》されて下界《げかい》に落《お》ちたと云《い》ふことで、シャマ敎《けう》の說《と》く所《ところ》と全《まつた》く同《おな》じである、殊《こと》に驚《おどろ》くのはシャマ敎《けう》では天神《てんじん》と云《い》ふものは身《み》を現《あら》はさない神《かみ》で、即《すなは》ち形《かたち》を取《と》つて現《あら》はれない隱身《かくれみ》の神《かみ》だと云《い》ふて居《ゐ》る、日本《にほん》の神《かみ》も天神《てんじん》は隱身《かくれみ》の神《かみ》で、身體《しんたい》を現《あら》はさない神《かみ》だと云《い》ふ事《こと》は神話《しんわ》に書《か》いてあるのである。

女巫《みこ》の敎《けう》であると云《い》ふ事《こと》と、杆《さほ》を立《た》てると云《い》ふ事《こと》とが同《おな》じで、三界《かい》を立《た》てると云《い》ふ事《こと》が又同《またおな》じである、下界《げかい》の神《かみ》は過《あやま》ちを犯《をか》して落《お》ちた神《かみ》だと云《い》ふ事《こと》と、天神《てんじん》は隱身《かくれみ》であると云《い》ふ事《こと》が總《すべ》てシャマイズムも日本《にほん》の神話《しんは》と同《おな》じであるのみならず、日本《にほん》と朝《てう》鮮《せん》、滿洲《まんしう》と蒙古《もうこ》とは隣同士《となりどうし》で人類《じんるゐ》の往來《わうらい》も自由《じいう》であつたと云《い》ふ事《こと》を考《かんが》へれば、日本《にほん》の神《かみ》の信仰《しんかう》は大陸《たいりく》のシヤマイズムと大關係《だいくわんけい》の有《あ》ると云《い》ふ事《こと》は疑《うたが》ひない話《はな》しであると云《い》ふ事《こと》が出來《でき》るのである。

シヤマイズムが日本《にほん》にも行《おこな》はれたとして考《かんが》へて見《み》ると、亞細亞《あじあ》大陸《たいりく》、朝鮮全島《てうせんぜんたう》、それから日本島《にほんたう》に、昔《むかし》拜《おが》まれた神《かみ》の中《なか》には、屹度《きつと》同《おな》じものがあつたに相違《さうゐ》ないのである、……それは、宗教《しうけう》が大陸《たいりく》から半島《はんたう》に、半島《はんたう》から島《しま》に移《うつ》つたと云《い》ふ事《こと》が事實《じじつ》であれば、其宗教《そのしうけう》が奉《ほう》じた神《かみ》も矢張《やは》り同《おな》じ道《みち》を通《とほ》つて日本《にほん》に來《き》たと云《い》ふ事《こと》は、しかく信《しん》ぜらるべき筈《はず》である。

例《なと》へば太陽《たいやう》はシヤマイズムを信仰《しんかう》する人民《じんみん》は、何處《いづこ》のものでも拜《おが》んだもので、其働《そのはた》らきの偉大《ゐだい》なることに依《よ》つて、宗教的崇拜《しうけうてきすうはい》の中心《ちうしん》になつて居《ゐ》る、蒙古《もうこ》の大汗《たいかん》オクダイが、汗《かん》の位《くらゐ》に即《つ》いたときに太陽《たいやう》を三度拜《たびおが》み、さうして諸酋長《しよしうちやう》を其前《そのまへ》に列《なら》べて誓約《せいやく》させたと云《い》ふことがある。

それは蒙古《もうこ》に太陽崇拜《たいやうすうはい》の風習《ふうしう》が有《あ》つたことを證明《しようめい》するに足《た》るものであるが、朝鮮半《てうせんはん》島《たう》の方《はう》でも、高麗《こま》でも、百濟《くだら》でも祖先《そせん》の神《かみ》は太陽《たいやう》の子《こ》だと言《い》つて居《ゐ》る、新羅《しらき》でも日《ひ》の神《かみ》、月《つき》の神《かみ》を拜《をが》んだと云《い》ふ事《こと》が支那《しな》の古書《こしよ》に記《しる》されてある、して見《み》ると朝鮮全島《てうせんぜんたう》にも昔《むかし》は太陽《たいやう》を拜《をが》む風《ふう》があつた事《こと》は推定《すゐてい》されるのである。

斯樣《かやう》な風《ふう》であつたから、日本《にほん》では太陽《たいやう》を拜《をが》んで、さうして太陽《たいやう》は天《てん》の國即《くにすなは》ち高天原《たかまがはら》を治《をさ》むる一番貴《ばんとうと》い神《かみ》であるとした事《こと》は、啻《たゞ》に日本《にほん》に限《かぎ》つた信仰《しんかう》ばかりではなくて、昔《むかし》は滿洲《まんしう》、蒙古《もうこ》、朝鮮全島《てうせん〳〵だう》を通《つう》じて拜《おが》まれたものであるらしい、此《こ》の外《ほか》にも種々《しゆ〳〵》なる神《かみ》の傳說《でんせつ》はあるが、要《えう》するに太陽《たいやう》の神《かみ》の意義《いぎ》さへ判明《はんめい》すれば、靈狐《れいこ》の本義《ほんぎ》と其口《そのく》傳及使用法《でんおよびしようほふ》が昔《むかし》のシヤマ教《けう》の遺傳《ゐでん》とか燒直《やきなほ》しとかでない事《こと》が判《わか》ればよいのである。

それから昔《むかし》のシヤマイズムが神憑《かみがゝり》と云《い》ふことを大《おほい》に行《おこな》つたが、現代《げんだい》でも大本教《おほもとけう》や、天理教《てんりけう》や、日蓮祈禱《にちれんきとう》や、御嶽教《みんたけゝけ》の降神《かうしん》、交靈《かうれい》の方法《はうはふ》など之《こ》れと同《おな》じである、それは前《まへ》にも澤山《たくさん》述《のべ》た通《とほ》り、神《かみ》が人間《にんげん》に憑《のりうつ》ると云《い》ふ誤信《ごしん》から來《き》たもので、神《かみ》が人間《にんげん》に憑《のりうつ》つて神《かみ》の心《こゝろ》を人《ひと》に言《い》はせると云《い》ふのであるが、その方法《はうはふ》は、……例《れい》せば女巫《みかんなぎ》が襷《たすき》をかけ、鬘《かつら》を附け、或《あ》る一定《てい》の身形《みなり》をして中《なか》の空《から》の桶《をけ》を伏《ふ》せて、其桶《そのをけ》の上《うへ》に乗《の》つて、ドン／＼踏《ふ》み鳴《な》らして、何《なに》か演伎《しばい》の様《やう》な事《こと》をして居《ゐ》る間《ま》に、ポーツとして自分《じぶん》が自《じ》分《ぶん》を忘《わす》れると云《い》ふ精神的状態《せいしんてきじやうたい》になる、さう云《い》ふ時《とき》に神《かみ》が其處《そこ》に憑《のりうつ》つて、いろ／＼な事《こと》をさせるのだと誤信《ごしん》されて居《ゐ》るのである、これも神《かみ》に託宣《たくせん》を求《もと》むる一つの方法《はうはふ》であるが、單獨《たんどく》の場合《はあひ》であるから即《すなは》ち自己《じこ》催眠《さいみん》の状態《じやうたい》にあるのである。

又琴《またこと》を弾《ひ》いて神主《かんぬし》たる女巫《みかんなぎ》を失心状態《しつしんじやうたい》にさせて審神者《さには》が質問《しつもん》するのもある、此《こ》の外《ほか》二三の方法《はうはふ》があるが、要《えう》するに催眠的意識《さいみんてきいしき》と常識《じやうしき》とを統《とう》一させて、しかく演《えん》ずるものであるが、其當時《そのたうじ》は其意義《そのいぎ》が判明《はんめい》しなかつたのであるから、神《かみ》が憑《の》つたものと誤《ご》信《しん》されて居《ゐ》たのである、……靈狐《れいこ》は此《こ》の太陽崇拝《たいやうすうはい》を内面《ないめん》の眞靈《しんれい》に歸《き》して、あらゆるシヤマイズムを眞靈《しんれい》によつて覺醒《かくせい》せしめ、然《しか》る後其《のちそ》の活躍《くわつやく》を認《みと》めさせるのである。

（四）昔《むかし》の人《ひと》が人間《にんげん》の精神《せいしん》に、二人以上《にんいじやう》の人格《じんかく》が、人間《にんげん》一人《にん》の心靈《しんれい》の中《なか》に宿《やど》つて居《ゐ》ると云《い》ふ様《やう》な事《こと》も云《い》ふて居《ゐ》るのである、心靈研究《しんれいけんきう》や靈狐研究《れいこけんきう》には注意《ちうい》すべき問題《もんだい》である、人間《にんげん》の心《こゝろ》の中《なか》には。

和《にぎ》—魂《たま》、荒《あら》—魂《たま》、幸《さち》—魂《たま》、奇《くし》—魂《たま》。

と云《い》ふが如《ごと》き、ヤサしい魂《たま》もあるし、恐《おそ》ろしい魂《たま》もあるし、幸福《かうふく》を與《あた》へる魂《たま》もあるし、不思議《ふしぎ》な現象《げんしやう》をなす魂《たま》もあるし、平和《へいわ》の時《とき》に現《あら》はれる魂《たま》もあるとしたのである然《しか》しながら佛教《ぶつけう》で云《い》ふ肉團心《にくだんしん》、縁慮心《ゑんりよしん》、集起心《しうきしん》、賢實心《けんじつしん》と同《おな》じである、奇魂《くしたま》と云《い》ふのが狐精《こせい》などを示《しめ》し、變態心理《へんたいしんり》を示《しめ》すのである、シャマイズムの女巫《みかんなぎ》が體現《たいげん》するのも奇魂《くしたま》と云《い》ふ催眠意識《さいみんいしき》の分裂作用《ぶんれつさよう》である。

此《こ》の四つの種類《しゆるゐ》の上《うへ》に、中心力《ちうしんりよく》の眞靈《しんれい》なる靈性《れいせい》を認《みと》めなければ、四種心象《しゆしんせう》の活動《くわつどう》の生命《せいめい》がないのである、シャマイズムは太陽崇拜《だいやうすうはい》で、自然《しぜん》を崇拜《すうはい》したのであるが、心《しん》靈科學《れいくわがく》の宣明《せんめい》に依《よ》つて其眞僞《そのしんぎ》は一切氷解《さいひようかい》して仕舞《しま》ふのである、眞靈即《しんれいすなは》ち余《よ》が宣傳《せんでん》する心王《しんわう》を認《みと》め得《う》れば、八百萬神《やをよろづのかみ》の意義《いぎ》も解《かい》することが出來《でき》るのである、即《すなは》ち心王《しんわう》を認《みと》めた後《のち》の莊嚴《さうごん》なる犧牲《ぎせい》の大精神《だいせいしん》の實行者《じつかうしや》が八百萬《やをよろづ》の神《かみ》となるのが正解《せいかい》である。

さすればシャマイズムの落伍者《らくごしや》がいちこ〻云《い》ふ二重人格《ぢうじんかく》の活動《くわつどう》も、靈個《れいこ》のポスター位《ぐらゐ》と云《い》ふ事《こと》に許《ゆる》して置《お》いてもよい事《こと》になる、ダルウヰンは「おれは餘《あま》り科學《くわがく》に心《こゝろ》を寄《よ》せた結果《けつくわ》、音樂《おんがく》だの美術《びじゆつ》だの詩賦《しふ》だのを樂《たのし》む事《こと》が出來《でき》なくなつた」と痛歎《つうたん》したと云《い》ふけれども、現代人《げんだいじん》は宇宙絶對《うちうぜつたい》の心靈《しんれい》を識《し》らざるのみならず、宇宙《うちう》の美《び》に驚《おどろ》かない、又自然《またしぜん》の偉大《ゐだい》なる力《ちから》に驚歎《きやうたん》せない、……實《じつ》に鈍感《どんかん》、無神經《むしんけい》になつたと云《い》はねばならぬ、それに比《くら》べると、シャマイズムの大本教《おほもとけう》や祈禱《きとう》の寄代等《よりだいとう》のシャマイズムの墮落《だらく》であつても靈《れい》を信《しん》ずると云《い》ふ事《こと》は科學以上《くわがくいじやう》である、況《いは》んや昔《むかし》のシャマイズムが自然《しぜん》を崇拜《すうはい》したのは、寧《むし》ろ彼等《かれら》の心《こゝろ》の健全《けんぜん》を證《しよう》するものである、自然《しぜん》は實《じつ》に崇拜《すうはい》すべきものであつて、太陽《たいやう》は今《いま》でも深《ふか》く考《かんが》へると實《じつ》に神々《かうぐ》しいものである、彼《か》の天《てん》の眞中《まんなか》から宇宙《うちう》を照《て》らす力《ちから》を放射《はうしや》して、其溫熱《そのをんねつ》に依《よ》つて萬物《はんもつ》を化育《くわいく》して居《ゐ》る其偉大《そのゐだい》なる力《ちから》は、思《おも》へば實《じつ》に不思議《ふしぎ》である。

シャマイズムの昔《むかし》の信者《しんじや》は、此《こ》の自然《しぜん》の偉大《ゐだい》なる力《ちから》を深《ふか》く感《かん》じ、其力《そのちから》に強《つよ》く動《うご》かされて之《こ》れを崇拜《すうはい》したのであるから、決《けつ》して無理《むり》ではない、釋迦《しやか》も大《だい》ビルシヤナ佛《ぶつ》を自分《じぶん》の眞靈《しんれい》に比《くら》べて唯心論《ゆゐしんろん》の確實《かくじつ》なる佛敎《ぶつけう》を說《と》かれたのである、日蓮《にちれん》はそれを實驗《じつけん》して斷頭場裡《だんとうぢやうり》の活劇《くわつげき》を示《しめ》したのであるから、あらゆるシヤマイズムが、太陽崇拜《たいやうすうはい》の完成《くわんせい》を期待《きたい》されたのである。

余《よ》が心王敎《しんわうけう》は個體《こたい》に歸《かへ》り、個體中《こたいちう》の心王《しんわう》なる太陽《たいやう》を認《みと》めさせて、偉大《ゐだい》、絕對《ぜつたい》を識《し》らせてから直《たゞ》ちに擴大表現《くわくだいへうげん》した太陽觀《たいやうくわん》をなさしめるのである、然《しか》して日本《やまと》民族《みんぞく》が世界《せかい》的《てき》に權威《けんゐ》ある天照太神《あまてらすおほみかみ》の日《び》の神《かみ》の崇拜《すうはい》……即《すなは》ち心王《しんわう》の正式發展《せいしきはつてん》に稽首《けいしゆ》するのが精《せい》神的《しんてき》に一致《ち》すれば、國民思想《こくみんしさう》が善處《ぜんしよ》されると云《い》ふ事《こと》になるから、それに歸趨《きすう》さすべく靈狐《れいこ》……即《すなは》ち靈個《れいこ》の口傳《くでん》を敎述《けうじゆつ》するのである。

(五)眞靈《しんれい》なる靈個《れいこ》は……神《かみ》の人《びと》と……云《い》ふ事《こと》に氣《き》がつけば萬事《はんじ》が了解《れうかい》せられるのである釋迦《しやか》が出《で》ると佛敎《ぶつけう》の信者《しんじや》は遂《つゐ》に之《こ》れを拜《おが》み崇《あが》むるの極《きは》み、彼《かれ》を「佛陀《ぶつだ》」にしてしまひ、孔子《こうし》の後《のち》に生《うま》れた者《もの》は孔子《こうし》を人間《にんげん》の最上《さいじやう》の模範《もはん》とした、ヤソの門人《もんじん》もヤソをして

「神《かみ》なる人《ひと》」として仕舞《しま》つた。

日本《にほん》の古《ふる》い神《かみ》の話《はな》しに現《あら》はれた信仰《しんかう》の重要《ぢうえう》なる點《てん》は何《なん》であるかと云《い》ふと、我々《われ／＼》の國《くに》を治《をさ》め玉《たま》ふた天皇《てんわう》を初《はじ》め、其天皇《そのてんわう》に事《つか》へた所謂《いはゆる》五部の長《いつとものをかしら》は、皆神《みなかみ》であると云《い》ふ信仰《しんかう》である、これは人《ひと》を神《かみ》として拜《をが》んだのである、即《すなは》ち「ゴットマン」を信仰《しんかう》したのである。

此《こ》の信仰《しんかう》は佛教《ぶつけう》の法華經《ほけきやう》に於《おい》て正解《せいかい》されたから日蓮《にちれん》がそれに加文《かもん》した「日蓮《にちれん》は上行《じやうき》の再誕《さいたん》なり即《すなは》ち我《わ》れは神《かみ》なり」と云《い》ふのである、神《かみ》の子《こ》、神《かみ》の人《ひと》を向上《かうじやう》させたのが日蓮《にちれん》であつて斷頭場裡《だんとうぢやうり》の活劇《くわつげき》がそれの實驗《じつけん》である、神《かみ》の力《ちから》、否《いな》、心王《しんわう》即《すなは》ち眞靈《しんれい》の靈《れい》力試驗《りよくしけん》であつた。

人《ひと》の事業《じげふ》の中《なか》に萬人《はんにん》の心《こゝろ》を集《あつ》めるのに足《た》りるものがあれば、其事業《そのじげふ》は之《これ》を神業《しんげふ》と云《い》つて差支《さしつかえ》ないのである、今《いま》の世《よ》の中《なか》ではさう云《い》ふ從順《じうじゆん》の心《こゝろ》も敬虔《けいけん》の念《ねん》もなくなつて仕舞《しま》つたから、さう云《い》ふ事《こと》を輕蔑《けいべつ》する樣《やう》になつたが、能《よ》く考《かんが》へて見《み》ると人《ひと》の中《なか》に眞《しん》靈《れい》の現《あらは》れた神《かみ》は常《つね》に働《はた》らいて居《ゐ》るのである、日蓮《にちれん》は斷頭場《だんとうぢやう》裡《り》で、人間《にんげん》が作《つく》つた刃《やいは》が頸《くび》に當《あた》る刹那《せつな》に折《お》れたと云《い》ふ時《とき》に「日蓮《にちれん》が頭《かう》べに大覺世尊《だいかくせそん》宿《やど》らせ給《たま》ふ昔《むかし》も今《いま》も一同《ごう》なり」と云《い》つたのは、人《ひと》と神《かみ》とが合《ごう》一して居《ゐ》る事《こと》を示《しめ》したのである。

釋迦牟尼佛《しやかむにぶつ》即毘盧舍那《そくびるしやな》と云《い》ふのも、慧日《ゑにち》（即《すなは》ち心王《しんわう》）が能《よ》く煩惱《ぼんのう》の苦患《くげん》を消除《せうじよ》す、と云《い》ふのも潜在意識《せんざいいしき》即《すなは》ち催眠的意識《さいみんてきいしき》を心王《しんわう》（絶對心靈《ぜつたいしんれい》）の大智慧《だいちゑ》の水《みづ》にて苦《く》を起《おこ》す煩惱《ぼんのう》の焰《ほのう》を消除《せうじよ》するのである。

昔本多平八郎忠勝《むかしほんだへいはちらうたゞかつ》が或《あ》る戰場《せんぢやう》で非常《ひじやう》に働《はたら》いたのを、徳川家康《とくがはいへやす》が稱讃《しようさん》して「今日《けふ》は平《へい》八郎《らう》が働《はたら》いたのではない、八幡大菩薩《まんだいぼさつ》が現《あら》はれたものだ」と言《い》はれたことがある、之《こ》れは皇室《くわうしつ》に對《たい》して矛盾《むじゆん》した八幡大菩薩《まんだいぼさつ》の譽《ほ》め樣《やう》であるが、さう云《い》ふ場合《はあひ》に「人《ひと》を通《つう》じて神《かみ》が働《はた》らく」とも云《い》へる、一歩《ほ》迷評《めいひやう》すると「神《かみ》が人《ひと》の形《かたち》を取《と》つて働《はたら》く」と云《い》ふ事《こと》になる。

英雄崇拜心《えいゆうすうはいしん》はこんな心《こゝろ》より來《きた》るのであるが、靈個《れいこ》の口傳《くでん》を心得體現《しんとくたいげん》すればこんな心《しん》理狀態《りじやうたい》で居《ゐ》る連中《れんちう》より大《おほ》ひに進歩《しんぽ》した、否《いな》、三千年前《ねんぜん》から心《こゝろ》の謎《なぞ》を説《と》く事《こと》の出來《でき》なかつた事《こと》が直《たゞ》ちに判明《はんめい》する事《こと》になる、さうすると現代思想《げんだいしさう》を通《つう》じて世界的《せかいてき》に靈個《れいこ》の思想《しさう》が發揮《はつき》する事《こと》になるのである。

靈狐口傳《れいこくでん》の奥傳《おくでん》の肝要《かんえう》な點《てん》は

(一)シヤマイズムの信《しん》じた太陽崇拜《たいやうすうはい》の向上《かうじやう》。

(二)日本帝國《にほんていこく》を建設《けんせつ》された至尊《しそん》、それと共《とも》に働《はたら》いた英雄豪傑《えいゆうがうけつ》を神《かみ》として拜《をが》んだ古人《こじん》の心理《しんり》の向上《かうじやう》。

(三)佛教《ぶつけう》の教《をし》へた根本《こんぽん》が絶對《ぜつたい》の眞靈《しんれい》である故靈狐《ゆゑれいこ》の口傳《くでん》は之《こ》れに歸着向上《きちやくかうじやう》すること。

此《こ》の三大意義《だいいぎ》は日本民族《やまとみんぞく》が靈狐《れいこ》の口傳《くでん》を研究《けんきう》するに就《つい》て必要條件《ひつえうでうけん》である事《こと》を心得《こゝろえ》ておかれたい、之《こ》れが全部解《ぜんぶわか》るやうになれば、日本《にほん》は世界《せかい》一の權威者《けんゐしや》である、軈《やが》ては此《こ》の三大思想《だいしさう》の合《がう》一した教基《けつき》、即《すなは》ち余《よ》の宣傳《せんでん》する心王教《しんわうけう》で、米國人《べいこくじん》の如《ごと》き物質萬能《ぶつしつはんのう》利己主義者《りこしゆぎしや》を教導《けうだう》する事《こと》になるのである、先《ま》づ拾年前後《ねんぜんご》即《すなは》ち大正《たいしやう》二十二三年頃《ねんごろ》になれば、米國《べいこく》も心王教《しんわうけう》に歸依《きえ》して絕對《ぜつたい》の自由《じいう》と平等《びやうどう》を識《し》る事になり、キリストなどの博愛《はくあい》などが無《む》價値《かちよく》であつた事《こと》に氣附《きづ》くであらう。(心王教《しんわうけう》を玆《こゝ》に說《と》くのは問題《もんだい》が異《ちが》ふ樣《やう》であるが、然《しか》し靈個《れいこ》即《すなは》ち靈狐《れいこ》は大關係《だいくわいけい》ある心王《しんわう》の働《はた》らきであるから雜錄《ざつろく》を借《か》りて記《しる》すのである)。

「心王《しんわう》は絕對《ぜつたい》にして宇宙《うちう》を總該《そうがい》す」

との大人格《だいじんかく》を認《みと》める事《こと》になるのである、嘉永《かえい》六年《ねん》米國《べいこく》が日本《にほん》を訪《と》ふて門戶《もんこ》を叩《たゝ》いた爲《ため》に、日本《にほん》は現下《げんか》の進展《しんてん》をいたしたのである、然《しか》るに大正《たいしやう》十三年《ねん》七月《ぐわつ》一日《じつ》の排日法《はいにちはふ》案《あん》の實施《じつし》は、將《まさ》に日本《にほん》をして東洋《とうやう》の盟主《めいしゆ》……大亞細亞《だいあじあ》民族《みんぞく》心王《しんわう》總聯盟《そうれんめい》の組織《そしき》を早《はや》めたのであつて、之《こ》れが實行《じつかう》の上《うへ》は世界《せかい》の四大民族《だいみんぞく》に對抗《たいこう》して、亞細亞《あじあ》民族《みんぞく》の靈威《れいゐ》を認《みと》めさせるのである、米國《べいこく》の排日《はいにち》は、米國人《べいこくじん》の心王《しんわう》即《すなは》ち眞靈《しんれい》が、日本《にほん》に向《むか》つて一日《にち》も早《はや》く心靈的《しんれいてき》墮落《だらく》せる米國人《べいこくじん》を救《すく》ふてもらいたいと云《い》ふ要求《えうきう》である、と云《い》ふ事《こと》を日《やま》本《と》民族《みんぞく》も未《いま》だ識《し》るものはないであらう、之《こ》れを識《し》るのは余輩《よはい》一人《にん》である、米國《べいこく》の神《しん》學士《がくし》淺原慈《あさはらじ》郎君《らうくん》は心王敎《しんわうけう》に歸依《きえ》して、これが宣傳《せんでん》の先覺者《せんかくしや》として大活動《だいくわつどう》をして居《ゐ》るのである。

「敵國外冠《てきこくぐわいくわん》なければ國常《くにつね》に滅《ほろ》ぶ」とは唐人《とうじん》の寢言《ねごと》ではない、靈狐《れいこ》の口傳《くでん》は斯《かく》の如《ごと》き問題《もんだい》をも解決《かいけつ》するのであるから、個人《こじん》の些々《さゝ》たる慾求《よくきう》や煩悶《はんもん》などは、解決《かいけつ》するに何《なん》の雜作《ざうさ》もなく直《たゞ》ちに出來《でき》るのである。

神通自在　靈狐使用の口傳（終）

附　錄

靈狐はんだん家庭のたのしみ

靈狐《れいこ》はんだん家庭《かてい》のたのしみは、靈狐《れいこ》の活動《くわつどう》ぶりを證明《しやうめい》するものである、人間《にんげん》の個《こ》在《ざい》の靈性《れいせい》が無意識中《むいしきちう》に萬事《はんじ》の出來事《できごと》を直感《ちよくかん》するのであつて、神《たましひ》を凝《こ》らし思《おも》ひを凝《こら》せば通《つう》ぜざる所《ところ》なしと云《い》ふのである。然《しか》し彼子《あのこ》が可愛《かあい》から我物《わがもの》にしたい、彼奴《あいつ》が憎《にく》らしいから殺《ころ》してやりたいでは、如何《いか》に手《て》に印象《いんしやう》を組《く》み、口《くち》に眞言《しんごん》を唱《とな》へ、心《こゝろ》は三摩地《さんまち》に住《ぢう》するとも能《あた》ふ可《べ》き道理《だうり》はないのである、………なぜないか………それは我慾《がよく》だからである、なぜ我慾《がよく》は通《つう》ぜぬか、純《じゆん》一でないからである、なぜ純《じゆん》一でなければ貫徹《くわんてつ》せないのか。

靈個《れいこ》心王《しんのう》の光《ひか》る所無雜《ところむざつ》清淨《しやうじやう》ならざればなり………然《しか》らば我《わ》が願《ねが》ふ所我慾《ところがよく》は一も聞《き》届《と》けられないのか、そんなら靈《れい》に祈《いの》る必要《ひつえう》もない筈《はず》であるが、然《しか》しこゝに一つの味方《みかた》がある……天道《てんだう》は正《せい》に與《くみ》す……と即《すなは》ち之《こ》れである、故《ゆゑ》に我正《わがせい》の人不正《ひとふせい》に苦《くる》しめらるゝ時《とき》、我是《がぜ》の人《ひと》、不是《ふぜ》に傷《きづ》けらるゝ時《とき》、一心不亂《しんぷらん》に其人《そのひと》を祟《たゝ》るのは必《かなら》ず感應《かんのう》あるべき筈《はず》なのである。

人《ひと》の爲《た》めに、國《くに》の爲めに乃至《ないし》無我無心《むがむしん》に天下《てんか》の神品《しんぽん》を出《いだ》さんがために神思《しんし》を凝《こ》る、必《かなら》ず其處《そこ》に靈個《れいこ》の感應《かんのう》がなくてはならぬ、易者《えきしや》、靈覺者《れいかくしや》、千里眼《りがん》等《とう》一切《さい》の靈的現象《れいてきげんしやう》は皆此間《みなこのかん》の消息《せうそく》を語《かた》るものである。

科學《くわがく》の進歩《しんぽ》は年々《ねん〳〵》元素《げんそ》を増《ま》し、もう大概研究濟《たいがいけいきうず》みと思《おも》ふ位《くらゐ》であるが、心靈界《しんれいかい》の謎《なぞ》は一向《かう》に埒明《らちあ》かない。唯最《たゞもつと》も俗《ぞく》めいた「虫《むし》が知《し》らせる」と云《い》ふ一感應《かんのう》は世人《せじん》がよく知《し》る所《ところ》であるが、是《こ》れは如何《いか》なる作用《さよう》に因《よ》るのであるか、我《わ》が心《こゝろ》の底《そこ》の金線《きんせん》に觸《ふ》るゝものがあるが如《ごと》き知覺《ちかく》は、古來神占《こらいしんせん》と稱《しよう》する一種《しゆ》の磁氣作用《じきさよう》ではあるまいか、靈狐《れいこ》はんだん家庭《かてい》のたのしみは、是等《これら》の道理《だうり》に依《よ》る人間個性《にんげんこせい》の直感《ちよくかん》を致《いた》すの道《みち》を教《をし》へるのである、論《ろん》より證據《しようこ》先《ま》づ左《さ》の順序《じゆんじよ》に依《よ》つて判斷《はんだん》を試《こゝろ》みられよ、必《かなら》ず的中疑《てきちううたが》ひなしである、然《しか》し眞《しん》に的中《てきちう》させるには無念無想《むねんむさう》我慾《がよく》を去《さ》つてせねばならぬ、心《こゝろ》に野心《やしん》を抱《いだ》き又《また》は雜《ざつ》念《ねん》を漲《みなぎ》らして行《おこな》ふことは失敗《しつぱい》に終《をは》ると承知《しようち》せねばならぬ。

そこで判斷《はんだん》の方法《はうはふ》を左《さ》に說《と》くことにするが、左圖《さづ》の如《ごと》き圓形《ゑんけい》の圖《づ》を紙《かみ》に書《か》き「是好良藥今留在此」の八字《じ》を配《はい》するのである、然《しか》して中央《ちうあう》の小穴《こあな》に指針《ししん》を附《ふ》したる小《ちい》さき棒《ぼう》を立《た》て、圓形《ゑんけい》の占盤上《せんはんじやう》にクルクル廻《まは》しながら左《さ》の經文《きやうもん》を眼《め》を閉《と》ぢて數回默唱《すうくわいもくしよう》し約《やく》一分《ぶん》の後手《のちて》を放《はな》すのである、しかするときは、中央《ちうあう》に立《た》てたる棒《ぼう》の指針《ししん》は八字《じ》の內何《うちいづ》れかを指《さ》して居《ゐ》るのである、その指《さ》したる字《じ》に依《よ》つて左記判斷《さきはんだん》の部《ぶ》にある該當《がいたう》の所《ところ》を見《み》て、其《そ》のを占《うらな》はんとする項《かう》を見《み》ればよいのである。

例《たと》へば願望《ぐわんまう》を占《うらな》はんとして、前記《ぜんき》の指針《ししん》が是《ぜ》の字《じ》を指《さ》して居《ゐ》たならば、判斷《はんだん》の部《ぶ》で是《ぜ》の部《ぶ》の願望《ぐわんまう》を見《み》ればよい、即《すなは》ち「願《ねが》ひ事《ごと》は急《いそ》ぐによろしからず、急《いそ》がずとも必《かなら》ず成《じやう》就《じゆ》するなり、一四九の日《ひ》に通達《つうたつ》する」と云《い》ふ事《こと》になる。若《も》し又緣談《またえんだん》を占《うらな》はんとして、前述《ぜんじゆつ》の方法《はうはふ》により指針《ししん》が好の字《じ》を指《さ》したとすれば、好の部《ぶ》の緣談《えんだん》の所《ところ》を見《み》ればよい。

即《すなは》ち「金性《きんせい》と火性《くわせい》の者《もの》吉《きち》とす、木性《もくせい》と水性《すゐせい》のものは和合《わがふ》せず、口舌争論《こうぜつさうろん》あるべし、縁《えん》談《だん》は十月《ぐわつ》十一月《ぐわつ》を吉《きち》とす」とある。以下《いか》凡《すべ》て是《こ》れに準《じゆん》じて判断《はんだん》を求《もと》むればよろしい。

經文《きやうもん》　ゼーコウリヨウヤクコンルーザイシー」

この經文《きやうもん》を數回默唱《すくわいもくしよう》して左圖《さづ》の指針《しこん》をクルクル廻《まは》すのである。

指針

此指針を圓盤の中央なる小孔に立てること

占盤

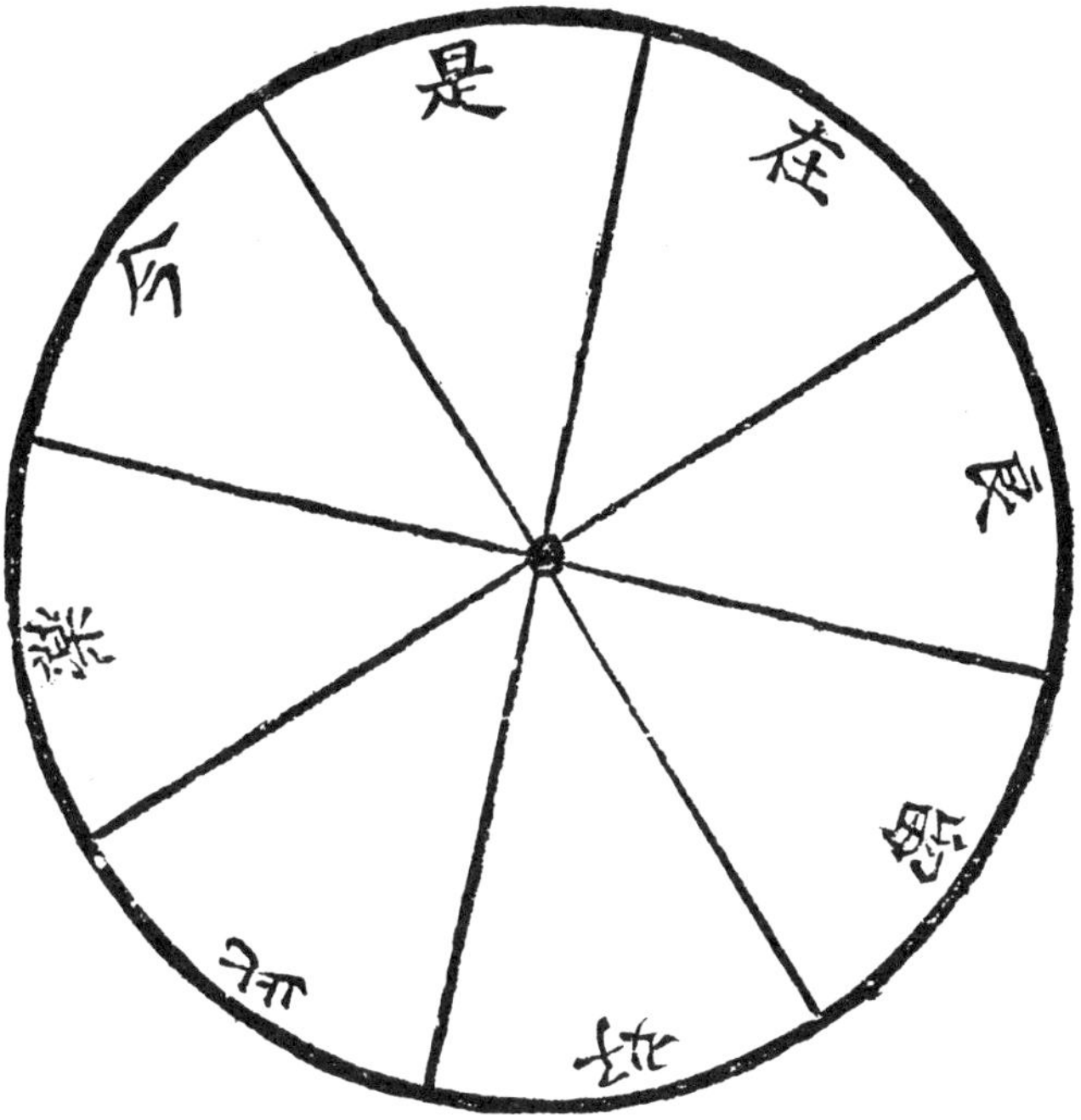

上《うへ》の占盤《せんはん》及《およぴ》指針《しゝん》はを適宜《てきぎ》に造《つく》りて用《もち》ゐられよ

○是の部……一六〇頁
○好の部……一六四頁
○良の部……一六八頁
○藥の部……一七二頁
○今の部……一七五頁
○留の部……一七八頁
○在の部……一八二頁
○此の部……一八五頁

◉是の部

△願望《ぐわんもう》　願《ねが》ひ事《ごと》は急《いそ》ぐによろしからず、急《いそ》がずとも必《かなら》ず成就《じやうじゆ》するなり、一四九の日《ひ》通達《つうたつ》する。

△進退《しんたい》　人事《じんじ》を盡《つく》して天命《てんめい》を俟《まつ》、若《も》し進退《しんたい》を決《けつ》せんとせば小事《せうじ》は十五日前大事《ぜんだいじ》は八

九月《がつ》とす。

△賣買《ばい〱》株式《かぶしき》、期米《きまい》及《およ》び一切商況《さいしやうきやう》の氣配《きはい》は騰貴《とうき》すべし、されども人氣《にんき》あまり高《たか》き時《とき》は安直《やすね》を見《み》て買《か》ふべし、飛付買《とびつきがひ》は禁物《きんもつ》なり。

△病氣《ひやうき》肺病《はいびやう》、頭痛《づつう》、煩悶《はんもん》、熱病《ねつびやう》、不眠症《ふみんしやう》は注意《ちうい》すべし、平日《へいじつ》多慮《たりよ》多思《たし》なる性《しやう》は病《やま》ひ重《おも》るべし。

△醫方《いはう》醫師《いし》は戌亥《いぬゐ》の老練家《らうれんか》を吉《きち》とす、或《あるひ》は高臺《たかだい》に住居《ぢうきよ》する老練《らうれん》の醫師《いし》か熟練《じゆくれん》の若《わか》い醫師《いし》吉《きち》。

△縁談《ゑんだん》水性《みづしやう》と土性《つちしやう》の者《もの》吉《きち》とす、火性《ひしやう》の者《もの》和合《わがふ》せず、木性《きしやう》の者《もの》は精力缺乏《せいりよくけつぼふ》するなり縁談《ゑんだん》は八九月頃《ぐわつごろ》より十二月迄《ぐわつまで》を吉《きち》とす。

△運命《うんめい》運氣《うんき》は幼少吉《えうせうきち》、中年苦勞《ちうねんくらう》多《おほ》し、四十歳後《さいごおほい》大に吉運《きちうん》となる、されど商業《しやうげふ》の撰《せん》擇《たく》に依《よ》るなり。

△讀心《どくしん》人《ひと》と交際《かうさい》するに先方《せんぽう》が剛情《がうじやう》と知《し》るべし、故《ゆゑ》に下手《したで》に出《で》れば吉《きち》とす。

△方角《はうがく》　何事《なにごと》も戌亥即《いぬゐすなは》ち西北《せいはく》の間《あひだ》を吉《きち》とす、高《たか》き場《ば》所《しよ》或《あるひ》は名勝《めいしよう》の地《ち》を吉《きち》とす、混雑《こんざつ》したる場《ば》所《しよ》は運氣《うんき》に妨《さまた》げあるべし。

△失物《うせもの》　西北《にしきた》の間《あひだ》より高貴《かうき》の人《ひと》に依《よつ》て發見《はつけん》せらるゝなり、或《あるひ》は目《め》上《うへ》の老翁《らうをう》等《ら》が見出《みだ》すなり。

△勝負《しようぶ》　必《かなら》ず勝《か》つ、されど焦《あせ》つては負《まけ》となる。

△人氣《にんき》　人氣《にんき》は非常《ひじやう》に吉《きち》なり、神佛《しんぶつ》の利《り》と云《い》ふ意味《いみ》なれば効驗《かうけん》あると云《い》ふべし。

△姓名《せいめい》　姓名《せいめい》を赤子《あかご》に附《つけ》んとするには金傍《かねへん》を帯《お》ぶる名《な》をつけるを吉《きら》とす、或《あるひ》は土傍《つちへん》をも吉《きち》とす。

△天氣《てんき》　天氣《てんき》なり、されども朝曇《あさくも》る事《こと》あり、後晴天《のちせいてん》となる、出行《でぎやう》は心配《しんはい》なし、夏《なつ》は非常《ひじやう》に暑《あつ》し、又時《またとき》としては雹降《へうふ》る事《こと》あれども直《たゞち》に天氣《てんき》となる。

△走人《はしりびと》　正月《しやうぐわつ》家出《いへで》したる者《もの》は四月《ぐわつ》か八九月頃《ぐわつごろ》に歸《かへ》るべし、西北《にしきた》の間《あひだ》より便《たより》あるなり。

△職業《しよくげふ》 適業《てきげふ》は官吏《くわんり》、教育家《けういくか》、軍人《ぐんじん》、宗教家《しうけうか》、醫師《いし》、高貴《かうき》なる商工業《しやうこうげふ》吉《きち》なり、永遠《えいゑん》の事業《じげふ》も吉《きち》とす。

△待人《まちびと》 一、四、九の日《ひ》に來《く》る。

△訴訟《そしよう》 永《なが》びく、早《はや》く進《すゝ》む時《とき》は損《そん》あり、長《なが》びけば必《かなら》ず勝利《しようり》となる、一切《さい》の掛合事《かけあひごと》は先方強《せんぱうつよ》き故譲歩《ゆゑじようほ》して出《い》づれば必《かなら》ず成《な》る。

△試驗《しけん》 學業試驗《がくげふしけん》は必《かなら》ず成功《せいこう》すべし、急激《きふげき》なる進《すゝ》み方《かた》は注意《ちうい》、老人《らうじん》より助《たす》けを受《う》るなり。

△旅行《りよかう》 遠《とほ》き旅行《りよかう》は樂《たのし》みあり、短期《たんき》の旅行《りよかう》は途中難《とちうなや》みあると知《し》るべし、四月《ぐわつ》か九月《ぐわつ》前後《ぜんご》の旅行《りよかう》は吉《きち》なり。

△人相《にんさう》 丸《まる》くして面《おもて》に權威《けんゐ》ある相《さう》なり、ベツタりした相《さう》、黑光《くろびか》りの相《さう》なり。

△住居《すまゐ》 田舍《ゐなか》の高《たか》き處《ところ》か、市《し》の閑靜《かんせい》なる處吉《ところきち》とす、公廟《こうべう》の如《ごと》き邊《ほとり》もよし。

△食物《しよくもつ》 馬肉類《はにくるゐ》、乾物《ひもの》の辛辣物《からきもの》、木果《きのみ》、乾肉骨多《ほしにくほねおほ》き物吉《ものきち》なり。

△數理《すうり》　一、四、九、數理《すうり》は絶對《ぜつたい》の零《れい》を意味《いみ》す。
△色彩《しきさい》　大《おほ》ひに赤《あか》し、玄黄《くらき》、赤《あか》く光《ひか》る、放光體《はうくわうたい》。
△物體《ぶつたい》　鏡《かゞみ》、鏡餅《かゞみもち》、滑《なめら》かなる物《もの》、ベッタリした物《もの》。
△體質《たいしつ》　肺《はい》、首《くび》、骨《ほね》。
△貴賤《きせん》　最貴《さいき》なるは最卑《さいひ》となるを注意《ちうい》、最卑《さいひ》なるは最貴《さいき》となるの喜《よろこ》びあり。
△有無《うむ》　目《め》に見《み》えぬ理《り》、又變化《またへんくわ》して消失《せうしつ》したる意《い》あり。
△射覆《あてもの》　老人《らうじん》が馬《うま》に乘《の》りたる象《かたち》、高貴《かうき》な人《ひと》が立《た》ちたる象《かたち》、仙人《せんにん》の變化自在《へんくわじざい》を意味《いみ》す
即《すなは》ち大悟徹底《たいごてつてい》した釋迦《しやか》の如《ごと》き心靈《しんれい》の活動自由《くわつどうじいう》を意味《いみ》するなり。

◉好の部

△願望《ぐわんまう》　願《ねが》ひ事《ごと》は獨力《どくりよく》にて叶《かな》ひがたし、必《かなら》ず識者《しきしや》の智惠《ちゑ》をかりて成《な》る、目上《めうへ》の婦人《ふじん》
に力《ちから》となる者《もの》あり。

△進退《しんたい》　迷《まよ》ひやすきなり、利《り》に迷《まよ》ひ名《な》に迷《まよ》ひて爲《た》めに進退決《しんたいけつ》せられず、共同《きようどう》してなすを吉《きち》とす。

△賣買《ばい〳〵》　株式諸商況《かぶしきしよしやうきやう》は下落《げらく》すべし、されど餘《あま》り始《はじ》めより安《やす》き時《とき》は高値《たかね》を待《ま》ちて賣《う》るに利《り》あり。

△病氣《びやうき》　腹病《ふくびやう》一切《さい》、脾胃病《ひゐびやう》、食滯《しよくたい》、晝輕《ひるかる》くして夜重《よるおも》し、揚梅瘡《やうばいさう》、吐瀉《としや》、西南《にしみなみ》より醫《い》師《し》を頼《たの》むべし、人《ひと》のために勞《らう》して患《わづら》ふ、産安《さんやす》し、血《ち》の病《やまひ》あり。

△醫方《いはう》　西南《にしみなみ》の間《あひだ》に住《す》む女醫《ぢよい》を頼《たの》むべし、若《も》し女醫《ぢよい》在《あ》らざるときは四十歳過《さいす》ぎの老《らう》醫《い》を吉《きち》とす。

△縁談《ゑんだん》　金性《かねしやう》と火性《ひしやう》の者《もの》吉《きち》とす、木性《きしやう》と水性《みづしやう》のものは和合《わがふ》せず、口舌爭論《くぜつさうろん》あるべし縁談《ゑんだん》は十月《ぐわつ》十一月《ぐわつ》を吉《きち》とす。

△運命《うんめい》　運氣《うんき》は幼少《えうせう》より中年迄《ちうねんまで》吉《きち》とす、老年《らうねん》に至《いた》れば苦勞《くらう》あり信仰《しんかう》すべし。

△讀心《どくしん》　先方《せんはう》は氣勢弱《きせいよわ》く何事《なにごと》も當方《たうはう》の自由《じいう》なり、されど餘《あま》り侮《あなど》りては反《かへ》つて敗《はい》を取《と》

る。

△方角《はうがく》　何事《なにごと》も未申《ひつじさる》の方《かた》を吉《きち》とす、平地《へいち》にして繁華《はんくわ》なる場所《はしよ》を大《おほ》ひに吉《きち》とす。

△失物《うせもの》　西南《にしみなみ》の間《あひだ》の婦人《ふじん》の手《て》に依《よ》つて發見《はつけん》せらるゝなり、或《あるひ》は目上《めうへ》の老婦《らうふ》が見出《みだ》すべし。

△姓名《せいめい》　姓名《せいめい》は官音《くわんおん》及《およ》び土姓《どせい》を帶《お》ぶ名《な》を吉《きち》とす。

△天氣《てんき》　陰氣《いんき》にして曇《くも》り勝《が》ちなり、霧氣《きりけ》あり、されども早朝霧《さうてうきり》非常《ひじやう》にあれば陰《いん》の極《きよく》變《へん》じて晴天《せいてん》となる。

△走人《はしりびと》　常《つね》に秘密《ひみつ》を以《もつ》て婦人《ふじん》の處《ところ》に隱《かく》れて居《ゐ》る、未申《ひつじさる》の方《かた》から家《いへ》出《で》したる日《ひ》より十五日目《にちめ》か五十日目《にちめ》に便《たよ》りあり、或《あるひ》は婦人同伴《ふじんどうはん》で來《きた》る事《こと》あり。

△職業《しよくげふ》　敎官《けうくわん》、農職《のうしよく》、樂人《がくじん》、多人數《たにんず》集合《しふがふ》の場所《ばしよ》に出入《しゆつにふ》する業吉《げふきち》、金物《かなもの》、火《ひ》を扱《あつか》ふ業《げふ》八百屋《やほや》等吉《とうきち》。

△待人《まちびと》　五、十の日《ひ》に來《く》る。

△訴訟《そしよう》　訴訟事《そしようごと》は見合《みあは》すべし、若《も》し強《しひ》てなせば必《かなら》ず敗《はい》を取《と》るなり、掛合事《かけあひごと》は萬事下《はんじした》手《で》に出《で》るか、極力上手《きよくりよくうはて》に出《で》る力《ちから》にて成《な》る、婦人《ふじん》を使用《しよう》して掛合《かけあ》へば最《もつと》も早《はや》し。

△試驗《しけん》　學業試驗《がくげふしけん》は西　南《にしみなみ》に住《ぢう》する老練《らうれん》の師《し》か、或《あるひ》は先輩《せんぱい》に復習《ふくしふ》を受《う》けて成功《せいこう》すべし。

△旅行《りよかう》　旅行《りよかう》に出《で》れば方角《はうがく》に迷《まよ》ふ事《こと》あり、されど後《のち》に利益《りえき》を得《う》る事《こと》あり。

△人相《にんさう》　四角《かく》の樣《やう》な相《さう》なり、而《しか》して面《おもて》に權威《けんゐ》なし、何處《どこ》となく野卑《やひ》の相《さう》あり、黑《くろ》き顔《かほ》なり、しみだらけの顔《かほ》なり、鼻尖《はなとが》りたると鼻《はな》の先《さき》に黑子《ほくろ》あり。

△住居《すまゐ》　多人數《たにんず》の集《あつま》る處吉《ところきち》、倉庫《さうこ》の近傍吉《きんばうきち》、村舍《そんしや》も吉《き》、土藏《どざう》の家吉《いへきち》、煉瓦《れんぐわ》の家吉《いへきち》、コンクリート建吉《だてきち》。

△勝負《しようぶ》　先方《せんはう》が柔和《にうわ》の氣《ぎ》なれば勝《か》つ、豪氣《がうき》なれば負《ま》ける也《なり》。

△人氣《にんき》　人氣《にんき》は大《おほい》に集《あつま》る、されども餘《あま》り利益《りえき》にならずと知《し》るべし。

△食物《しよくもつ》　肉食吉《にくしよくきち》、土中物《どちうもの》、甘味《あまみ》、筍《たけのこ》、野味《やみ》、薯等吉《いもとうきち》。

△數理《すうり》　五、八、十。

△色彩《しきさい》　黃《き》又《また》は黑《くろ》。

△時期《じき》　夏《なつ》と秋《あき》の間《あひだ》を推《お》す。

△物體《ぶつたい》　必《かなら》ずしも四角《かく》に泥《なず》むべからず、總《すべ》て廉立《かどだ》ちて極《きま》りの附《つ》きたる意《い》とす、天圓《てんゑん》地方《ちはう》の說味《せつあぢは》ふべし、人《ひと》の多《た》數行列《すうぎやうれつ》又《また》は數多《あまた》並《なら》べたる物《もの》の類《るゐ》、マバラの意《い》、處々《しよ〳〵》に模樣《もやう》の有《あ》る物《もの》、又《また》は小紋《こもん》の類《るゐ》推《お》すべし、袋物類《ふくろものるゐ》、カバン、バスケット。

△體質《たいしつ》　肉《にく》とす、胃《ゐ》、身《しん》、腹《はら》、脾《ひ》。

△射覆《あてもの》　四角《かく》の物《もの》、柔《やはら》かき物《もの》、絲綿《いとわた》、五穀《こく》、乘物《のりもの》、釜《かま》、瓦器《かはらき》、柄《え》のある物《もの》、服《ふく》、鞄《かばん》梯子《はしご》の類《るゐ》、据《すわ》り能《よ》き物《もの》、空洞《がらんどう》の物《もの》。

◉良の部

△願望《ぐわんもう》 願《ねが》ひ事《ごと》は餘《あま》り急速《きふそく》にすれば聲《こゑ》あつて形《かたち》なきが如《ごと》し、三四月頃《ごろ》目的《もくてき》を立《た》てたる願《ねが》ひ事《ごと》は必《かなら》ず成《な》る。

△進退《しんたい》 進退《しんたい》は萬事《ばんじ》決斷《けつだん》にあり、人《ひと》に動搖《どうえう》せられて自己《じこ》も亦動搖《またどうえう》すれは凶《きよう》なり、精《せい》力《りよく》を第《だい》一とし怒《いか》りを愼《つゝし》むべし。

△賣買《ばい〱》 氣配《きはい》は高《たか》く上《あが》り又下《またさが》り又上《まだあが》り一定《てい》せず、値巾《ねはゞ》は三八の數《すう》を目的《もくてき》となすべし。

△病氣《びやうき》 震《ふる》ひある病《やまひ》、狂者《きやうしや》、癪氣《しやくき》、胸《むね》に衝上《つきあが》る症《やまひ》、精力絶《せいりよくた》ゆる事《こと》なき故全快早《ゆゑぜんくわいはや》し。

△醫方《いはう》 醫方《いはう》は東方《ひがしかた》の元氣盛大《げんきせいだい》なる三十歳臺《さいだい》の人《ひと》を賴《たの》むべし、諸病《しよびやう》に適《てき》す。

△緣談《ゑんだん》 水性《みづしやう》と火性《ひしやう》の者適《ものてき》す、金性《かねしやう》は和合《わがん》せず、土性《つちしやう》は精氣缺乏《せいきけつはふ》す、緣談《ゑんだん》は三四月《ぐわつ》頃吉《ごろきち》とす。

△運命《うんめい》 運氣《うんき》は晩成《ばんせい》なり、されど大概《たいがい》は中年《ちうねん》の無理《むり》より晩成《ばんせい》を得《う》る者《もの》なし、中年大《ちうねんたい》切《せつ》なり。

△讀心《どくしん》　先方《せんぱう》は怒氣《どき》を以《もつ》て向《むか》ふ故《ゆゑ》、當方《たうはう》にても上《うへ》に出《い》でゝ掛合《かけあ》ふ如《ごと》くすれば心《こゝろ》の根《こん》本《ほん》弱《よわ》きなり。

△方角《はうがく》　東《ひがし》の方《かた》何事《なにごと》も吉《きち》とす。

△失物《うせもの》　東方《ひがしかた》の勞働者《らうどうしや》より出《いづ》るなり、家中《かちう》なれば長男《ちやうなん》の手或《てあるひ》は番頭支配人《ばんとうしはいにん》より發見《はつけん》する。

△姓名《せいめい》　木傍《きへん》を帶《お》ぶる姓《せい》及《およ》び商角音《しやうかくおん》を吉《きち》とす。

△天氣《てんき》　冬《ふゆ》は晴《は》れ夏《なつ》は雷氣《らいき》あり、雨《あめ》あれども直《たゞ》ちに天氣《てんき》となる。

△走人《はしりびと》　市場《いちば》及《およ》び株式市場等《かぶしきしぢやうとう》に混入《こんにふ》して居《ゐ》る、三四月頃《ぐわつごろ》歸《かへ》る、三日《か》か八日《か》の朝發見《あさはつけん》す。

△職業《しよくげふ》　祭官《さいくわん》、號令官《がうれいくわん》、豫言者《よげんしや》、郵便夫《いうびんふ》、勞働者《らうどうしや》、料理店及《れうりてんおよび》花柳界《くわりうかい》吉《きち》、水《みづ》に緣《えん》ある商工業《しやうこうげふ》、火《ひ》に緣《えん》ある仕事《しごと》吉《きち》。

△待人《まちびと》　三、八、四の日《ひ》に來《く》る。

△訴訟《そしよう》　宗教上《しうけうじやう》の觀念《くわんねん》ある人《ひと》を中《なか》に入《い》れてなすべく、仲人《ちうにん》が惡《わる》ければ損失《そんしつ》あり、掛合事《かけあひごと》は精力家吉《せいりよくかきち》とす。
△試驗《しけん》　學事《がくじ》試驗《しけん》は決斷《けつだん》よき人《ひと》に從《したが》つて復習《ふくしふ》すべし、始《はじ》めは非常《ひじやう》に成績《せいせき》よき樣《やう》なれど終《をは》りに注意《ちうい》せざれば結果《けつくわ》惡《あ》しくなる。
△旅行《りよかう》　徒歩《とほ》旅行《りよかう》が非常《ひじやう》に快《くわい》なり、或《ある》は自轉車《ひじてんしや》旅行《りよかう》面白味《おもしろみ》あり、永《なが》き旅中《りよちう》に驚《おどろ》く事《こと》あり注意《ちうい》。
△勝負《しようぶ》　始《はじ》め勝《か》つたら中止《ちうし》すべし、後《のち》には敗《はい》を取《と》るなり。
△人氣《にんき》　人氣《にんき》はパッと集《あつま》つてあとなき雷《らい》の如《ごと》くなり、人氣《にんき》集《あつま》つた時《とき》要心《えうじん》して財《ざい》を蓄《たくは》ふべし。
△人相《にんさう》　額角《ひたひかく》にして角《かど》あるが如《ごと》き人相《にんさう》なり。
△住居《ぢうきよ》　市内《しない》の繁華《はんくわ》なる處吉《ところきち》。
△食物《しよくもつ》　山林《さんりん》の野味《やみ》、野菜《やさい》、果酸味《くだものゝみ》、わらび、土筆《つくし》の類吉《るゐきち》。

△數理《すうり》　八、三、四。
△時期《じき》　三四月頃《ぐわつごろ》とす。
△射覆《あてもの》　角《つの》あるもの、蓋《ふた》なき虚器《きよき》、寺鐘《てらがね》、布《ぬの》、車《くるま》、電氣《でんき》、弓《ゆみ》、樂器《がくき》、走《はし》る馬《うま》、龍《りう》、蛇《へび》、百足《むかで》、善鳴馬《よくなくうま》、勇士《ゆうし》、兩足並《りやうあしなら》べたる象《ざう》。

◉藥の部

△願望《ぐわんまう》　願《ねが》ひ事《ごと》は神佛《しんぶつ》なれば七日間《かん》の四日目《かめ》に叶《かな》ふ、人《ひと》に頼《たの》む事《こと》なれば酒食《しゆしよく》を與《あた》へて成《な》る、されど注意《ちうい》せざれば後《のち》に憂《うれひ》あり。
△進退《しんたい》　萬事目上《はんじめうへ》の心《こゝろ》の中《なか》に入《い》り奴隷《どれい》の如《ごと》くして心《こゝろ》に締《しま》りあれば成《な》る、人《ひと》をだます心《こゝろ》を出《だ》せば進退《しんたい》に迷《まよ》ひあり。進退非常《しんたいひじやう》に變化《へんくわ》する性《しやう》を注意《ちうい》。
△賣買《はいく》　氣配《きはい》は始《はじ》め安《やす》くして後非常《のちひじやう》に上《あが》る。
△病氣《びやうき》　股《また》の病《やまひ》、風疾《ふうしつ》、梅毒《はいどく》の類《るゐ》、癪氣《しやくき》、テンカン病《びやう》、感冒《かんばう》、コウガン炎《えん》、女好《をんなず》き

男好《をとこず》き病《やまひ》。

△醫方《いはう》　南東《みなみひがし》の間《あひだ》に親切《しんせつ》なる醫師《いし》あり、女醫者《ぢよいしや》にても吉《きち》とす、行者《ぎやうじや》の親切《しんせつ》なる者《もの》も吉《きち》とす、氣《き》が靜《しづ》まる。

△緣談《ゑんだん》　再緣者《さいゑんしや》とす、初緣《しよゑん》は更《かは》り易《やす》し、水性《みづしやう》火性《ひしやう》の者《もの》吉《きち》、金性《かねしやう》は和合《わがふ》せず、土性《つちしやう》は精力缺乏《せいりよくけつぼふ》す。

△運命《うんめい》　運氣《うんき》は種々《しゆぐ》に變更《へんかう》す、されど運氣《うんき》よき事度々《ことたびく》あり、程《ほど》よくすれば一生安穩《しやうあんおん》なり、然《しか》し男《をとこ》は女《をんな》の爲《ため》に損《そん》し、女《をんな》は男《をとこ》のために害《がい》あり。

△讀心《ざくしん》　先方《せんはう》は愛敬《あいけう》ありて交際上手《かうさいじやうず》なり、故《ゆゑ》に損害《そんがい》を注意《ちうい》する事《こと》。

△勝負《しようぶ》　始《はじ》めの出樣《でやう》に依《よ》つて勝《か》つ、先方《せんはう》の氣勢《きせい》にはいれば勝《か》つ、人《ひと》より三倍利《ばいり》がある。

△人氣《にんき》　人氣《にんき》は人《ひと》より三倍《ばい》あり、金錢非常《きんせんひじやう》に集《あつ》まるなり、集《あつ》まれども亦散《またざん》ずる事多《ことおほ》し。

△方角《はうがく》　南東《みなみひがし》の間《あひだ》吉《きち》とす。

△失物《うせもの》　東方《ひがしかた》より南方《みなみがた》にかけて美人《びじん》の手《て》より出《いづ》る、俳優《はいゝう》或《あるひ》は藝人《げいにん》の手《て》より出《で》る。

△姓名《せいめい》　木傍《きへん》を帯《お》ぶる姓名及《せいめいおよ》び愛嬌《あいけう》ある名吉《なきち》とす。

△天氣《てんき》　雨《あめ》なし、風《かせ》ありて晴天《せいてん》なり。

△走人《はしりびと》　藝妓《げいぎ》の處《ところ》か女郎屋《ぢよらうや》、料理店等《れうりてんとう》の手《て》にて出《で》る、辰巳《たつみ》の方《かた》に注意《ちうい》すべし、三十歳前後《さいぜんご》の婦人《ふじん》より發見《はつけん》す。

△職業《しよくげふ》　豫言者《よげんしや》、敎育家《けういくか》、際物商賣《きはものしやうばい》、八百屋《やをや》、花園經營《はなぞのけいえい》、飛行家《ひかうか》、電車汽車運轉手《でんしやきしやうんてんしゆ》等《とう》、幇間持吉《たいこもちきち》。

△待人《まちびと》　三、八、四の日來《ひきた》る。

△訴訟《そしよう》　世相《せさう》に通《つう》じたる人《ひと》を中《なか》に入《い》れゝば勝利《しようり》あり、掛合事《かけあひごと》は親戚《しんせき》の中年婦人《ちうねんふじん》を介《かい》して吉《きち》。

△試驗《しけん》　學事試驗《がくじしけん》は大《おほ》ひに吉《きち》なり、されど女《をんな》について試驗《しけん》を失敗《しつぱい》する事《こと》あり。

△旅行《りよかう》　女伴《をんなづ》れ吉《きち》とす、然《しか》らざれば途中《とちう》にて女難《ぢよなん》あり、永《なが》き旅行《りよかう》は女《をんな》の盗難《とうなん》あり注《ちう》意《い》。

△食物《しよくもつ》　鳥肉《とりにく》、百禽肉《きんにく》、魚肉《ぎよにく》、野菜《やさい》、酸味《さんみ》。

△數理《すうり》　八、三、五。

△時期《じき》　三四月頃《ぐわつごろ》とす。

△色彩《しきさい》　青《あを》、綠《みどり》。

△物體《ぶつたい》　女《をんな》の立《た》ちたる姿《すがた》、三本足《ほんあし》の五徳《とく》の類《るゐ》、自轉車《じてんしや》の類《るゐ》、色情狂《しきじやうきやう》の女《をんな》のモデル像《ざう》。

△射覆《あてもの》　鳥《とり》、禽類《きんるゐ》、寺《てら》、色情狂者《しきじやうきやうしや》、俳優《はいいう》、藝妓娼妓《げいぎしやうぎ》、仙人《せんにん》、白眼《しろめ》多《おほ》き人《ひと》、豫言者《よげんしや》僧侶《そうりよ》、魚《うを》。

◉今の部

△願望《ぐわんもう》　願《ねが》ひ事《ごと》は心丈《こゝろだけ》通《つう》ず即《すなは》ち心願成就《しんぐわんじやうじゆ》と云《い》ふなり、物《もの》を得《え》んとする願《ねが》ひは非常《ひじやう》なる苦心《くしん》を要《えう》す、然《しか》して中途迄《ちうとまで》成《な》る。

△進退《しんたい》　萬事《ばんじ》先《さき》に人《ひと》の爲《ため》になりてから自己《じこ》の爲《ため》を計《はか》るべし、然《しか》れば必《かなら》ず進退決《しんたいけつ》する妙案出《めうあんいづ》るなり。

△賣買《ばい〱》　氣配始《きはいはじ》め非常《ひじやう》に安《やす》ければ高値《たかね》を賣《う》るべし、されど大下落《だいげらく》なれば注意《ちうい》せぬと損失《そんしつ》あり。

△病氣《びやうき》　水氣《すゐき》、狗攣《けいれん》、心臟《しんざう》、腎虚《じんきよ》、難産《なんざん》、惡寒《をかん》、胃冷水瀉《ゐれいすゐしや》、血病《ちのやまい》、冷病《ひえびやう》。

△醫方《いはう》　北《きた》の方《かた》によき醫《い》あり。

△縁談《ゑんだん》　金性《かねしやう》、木性《きしやう》の者吉《ものきち》とす、土性《つちしやう》は和合《わがふ》せず、火性《ひしやう》の者《もの》は精氣缺乏《せいきけつぼふ》す、再縁《さいゑん》の女吉《をんなきち》。

△運命《うんめい》　運氣《うんき》は苦心《くしん》して開《ひら》く晩年《ばんねん》は吉《きち》なり、されど常《つね》に強情《がうじやう》を注意《ちうい》せざれば世人《せじん》に棄《すて》らるゝなり。

△讀心《どくしん》 先方《せんはう》は口《くち》の惡《わる》き者《もの》なれども心《こゝろ》は潔白《けつはく》なり、始《はじめ》は惡口《あくこう》を云《い》ふとも當方《たうはう》にて怒《おこ》らず注意《ちうい》すべし。

△方角《はうがく》 北方乃至《ほくはうないし》西倚《にしよ》りより丑寅倚《うしとらよ》りを吉《きち》とす。

△姓名《せいめい》 水傍即《みづへんすなは》ち三ズイの姓名及羽音《ぜいめいおよびはおん》。

△失物《うせもの》 北方《ほくはう》に隱《かく》しあり、若者《わかもの》の手《て》より出《い》づ、或《あるひ》は惡戯《いたづら》より隱《かく》したるならん。

△走人《はしりびと》 不良少年及《ふりやうせうねんおよ》び無賴漢《ぶらいかん》の仲間《なかま》に居《を》る、北方《ほくはう》の知人《ちじん》より出《いづ》る、或《あるひ》は同類《ごうるゐ》のおだてあるべし。

△職業《しよくげふ》 金物《かなもの》、鑄物《ゐもの》、陶器《たうき》、官吏《くわんり》、支配人《しはいにん》、大衆《たいしう》に使役《しえき》せられ大衆《たいしう》を使役《しえき》する商工《しやうこう》業吉《げふきち》。

△勝負《しようぶ》 勝負事《しようぶごと》は負《まけ》るなり、されど人《ひと》の後援《こうゑん》あれば勝《か》つ。

△人氣《にんき》 人氣《にんき》は餘《あま》りよろしからざれど金《かね》は集《あつま》るなり。

△待人《まちびと》 一、六の日《ひ》に來《きた》る、夜《よる》ならん。

△訴訟《そしよう》中間《ちうかん》に邪魔物《じやまもの》ありて妨《さまた》げをなす故《ゆゑ》、それを看破《みやぶ》りて勝利《しようり》となる。

△試驗《しけん》苦學生《くがくせい》は必《かなら》ず成功《せいこう》す、金錢豊《きんせんゆた》かなるものは落第《らくだい》するなり。

△旅行《りよかう》二人《ふたり》の女伴《をんなづ》れ旅行大《りよかうおほ》ひに吉《きち》なり、途中盗難《とちうとうなん》あり注意《ちうい》すべし。

△食物《しよくもつ》豚肉《とんにく》、酒《さけ》、冷《つめた》き物《もの》、酸《す》い味《もの》、魚類《ぎよるゐ》、鹽物《しほもの》、吸《す》ひ物《もの》、毒物注意《どくぶつちうい》、酢《す》の物吉《ものきち》。

△數理《すうり》一、六。

△物體《ぶつたい》天秤棒《てんびんぼう》にてかつがれる象《ざう》、凡《すべ》て反《そ》りある物《もの》、シメクヽリ書像《ぐわぞう》、鍔《つば》ある物《もの》、堅《かた》くして心多《しんおは》き木《き》、刺《とげ》ある木《き》。

△天氣《てんき》雨《あめ》、冬《ふゆ》は雪《ゆき》。

△射覆《あてもの》若物馬《わかものうま》に乗《の》る象《ざう》、弓《ゆみ》、釜《かま》の如《ごと》き一切鍔《さいつは》あるもの、大勢《おほせい》に擁《よう》せられた象《ざう》、扇《あふぎ》の要《かなめ》、井戸《ゐど》、帯《おび》、水晶《すゐしよう》、盗人《ぬすびと》、熊《くま》、狐《きつね》、鳥《とり》、馬《うま》、獸類《じうるゐ》、四足《そく》の一切《さい》。

●留の部

△願望《ぐわんまう》　神佛《しんぶつ》に祈願《きぐわん》する事必《ことかなら》ず成《な》る、南方《なんはう》の神佛《しんぶつ》を吉《きち》とする、人《ひと》に依頼《いらい》する事《こと》は南《なん》方《はう》の智識《ちしき》ある人《ひと》に頼《たの》めば吉《きち》とす。

△進退《しんたい》　識者《しきしや》に從《したが》ひ進退《しんたい》すべし、南方《なんはう》に識者《しきしや》あり、時代《じだい》の思想《しさう》に通達《つうたつ》した人《ひと》を大《おほ》ひに吉《きち》とす、必《かなら》ず進退決《しんたいけつ》す。

△賣買《はい〱》　氣配《きはい》は上《あが》る、先《さき》に高値出《たかねい》づれば再《ふた》び下《さが》りたる處《ところ》を見《み》て買方針勝利《かひはうしんしようり》あり。

△病氣《びやうき》　發熱《はつねつ》、飲食毒《いんしよくどく》の鬱熱《うつねつ》、心《こゝろ》の患《なや》み、心臟《しんざう》、目《め》の病《やまひ》、暑氣《しよき》に中《あた》る。

△醫方《いはう》　南方《なんぱう》に尋《たづ》ぬべし、眼病《がんびやう》の醫師《いし》に名醫《めいゝ》あり。

△縁談《ゑんだん》　金性《かねしやう》は和合《わがふ》せず、されど奴隷《どれい》の如《ごと》き心《こゝろ》を以《もつ》て服從《ふくじう》すれば吉《きち》、土性《つちしやう》、木性《きしやう》は吉《きち》、水性《みづしやう》は相互《さうご》の苦心《くしん》を致《いた》すなり、一生涯苦勞《しやうがいくらう》に終《をは》る。

△運命《うんめい》　運氣《うんき》は中年前後吉《ちうねんぜんごきち》なり、故《ゆゑ》に注意《ちうい》すべし、少年時代《せうねんじだい》に大切《たいせつ》にされた者《もの》は中《ちう》年惡《ねんわる》し、晩年吉《はんねんきち》なり。

△讀心《どくしん》　先方《ぜんはう》は識者《しきしや》なれば尊敬《そんけい》して交際《かうさい》すべし。

△方角《はうがく》　南方吉《なんはうきち》。

△姓名《せいめい》　火音及立心傍吉《くわおんおよびりつしんべんきち》、微音《びおん》も吉《きち》なり。

△失物《うせもの》　南方《なんはう》の高窓《たかまど》か識者《しきしや》の手《て》にて發見《はつけん》するなり、發見《はつけん》する時間《じかん》は眞晝即《まひるすなは》ち十二時《じ》前後《ぜんご》なり。

△走人《はしりびと》　學者《がくしや》の家《いへ》に居《ゐ》る、南方《なんはう》の知人及《ちじんおよ》び學生《がくせい》、學者《がくしや》、宗敎家《しうけうか》、本屋等《ほんやとう》に緣《ゑん》して尋《たづ》ぬべし、夏土用中歸《なつどようちうかへ》る、一寸出《ちよつとで》た者《もの》は二、三、七の日歸《ひかへ》る。

△職業《しよくげふ》　土工《どこう》、土《つち》に緣《ゑん》ある商賣《しやうばい》、共同事業《きようどうじげふ》、會社經營《くわいしやけいえい》、美術《びじゆつ》、書店等《しよてんとう》。

△待人《まちびと》　二、三、七の日來《ひきた》る、或《あるひ》は他《た》に美女《びぢよ》あるべし。

△訴訟《そしよう》　學者《がくしや》、神官《しんくわん》、僧侶《そうりよ》の仲介《ちうかい》にて和合《わがふ》すべし、されども一度《ご》は斷《だん》じて獄《ごく》と定《さだ》めざれば調和《てうわ》せず。

△試驗《しけん》　學事試驗《がくじしけん》は目上《めうへ》の識者《しきしや》に從《したが》ひ敎習《けうしふ》すべし、されど常《つね》に復習《ふくしふ》すれば成績善良《せいせきぜんりやう》なり。

△勝負《しようぶ》　愛敬《あいけい》ある人《ひと》なれば勝《か》つ、或《あるひ》は對等《たいとう》の勝負《しようぶ》ならん。

△天候《てんこう》　晴天《せいてん》、ひでりの事《こと》あり。

△人氣《にんき》　人氣《にんき》あり人《ひと》に可愛《かあい》がられる、金《かね》は充分《じうぶん》はいらない、店先《みせさき》を賑《にぎや》かにする事《こと》を好《この》む人《ひと》。

△旅行《りよかう》　旅行《りよかう》は娘《むすめ》を同伴《ごうはん》すべし、南方《なんぱう》の旅行《りよかう》は利益《りえき》あり、暑中《しよちう》の旅行《りよかう》特《とく》に快《くわい》あり。

△食物《しよくもつ》　總《すべ》て火《ひ》にかけたる物吉《ものきち》、雉肉《きじにく》、龜《かめ》、スッポン、蟹《かに》、螺《さゞえ》、蛤《はまぐり》、一切貝類《さいかひるゐ》。

△數理《すうり》　二、三、七。

△色彩《しきさい》　合併《がつぺい》した色《いろ》、日光《につくわう》の如《ごと》き光輝《くわうき》ある色《いろ》。

△物體《ぶつたい》　文書《ぶんしよ》の類《るゐ》、透《すか》しある物畫《ぶつぐわ》、甲冑《かつちう》の類《るゐ》、弓《ゆみ》の的《まと》、南《みなみ》の寺《てら》、赤色物《あかいろもの》、花木《はなき》、籠目《かごめ》の類《るゐ》、乾燥物《かんさうぶつ》。

△的覆《あてもの》　蓋《ふた》ある物《もの》、貴《たつと》き物《もの》、圓《まる》き物《もの》、書類《しよるゐ》、甲冑《かつちう》、旗《はた》、きぬ糸《いと》、窓《まど》に美女《びぢよ》の立《た》ちたる象《ぞう》、盲目《めくら》の女《をんな》、大腹《おほはら》の人《ひと》即《すなは》ちほていの類《るゐ》、電光《でんくわう》、虹霓《にじ》。

◉在の部

△願望《ぐわんまう》 願《ねが》ひ事《ごと》は半《なか》ば叶《かな》ひ又《また》破《やぶ》れ後《のち》叶《かな》ふなり、されども餘《あま》りに目先《めさき》の慾《よく》に溺《おぼ》るれば資産《しさん》を失《うしな》ふ、人《ひと》に願《ねが》ひ神《かみ》に願《ねが》ふも半《なか》ばにて止《とゞ》むべし。

△進退《しんたい》 何事《なにごと》も止《とゞま》り勝《が》ちなり、僧侶《そうりよ》の指導《しだう》を受《う》けて吉《きち》、或《あるひ》は宗敎上《しうけうじやう》に熱心《ねつしん》なる人《ひと》に依《よ》つてなせば進退決《しんたいけつ》す。

△賣買《はいぐ》 氣配《きはい》は高《たか》けれども大《おほ》ひに持合《もちあ》ひの氣味《きみ》あり、故《ゆゑ》に注意《ちうい》して賣買《はいぐ》せざれば損《そん》あり。

△病氣《びやうき》 卒中風《そつちうふう》の身體不髓症《しんたいふずゐしやう》を具《そな》へ大概治《たいがいぢ》せず、長病《ちやうびやう》、腕《うで》、手《て》、腰《こし》の症《やまひ》、できもの、坊主《ばうず》の死靈《しりやう》、産《さん》は難《なや》む、歩行叶《ほかうかな》はぬ病《やまひ》、外《そと》は能《よ》く内惡《うちわる》し。

△醫方《いはう》 北《きた》と東《ひがし》の間《あひだ》に善《よ》き醫師《いし》あり。

△緣談《ゑんだん》 金性《かねしやう》と火性《ひしやう》の者吉《ものきち》とす、水性《みづしやう》、木性《きしやう》は和合《わがふ》せず、宗敎家《しうけうか》の仲人《ちうにん》なれば良《よ》き

縁談《ゑんだん》あり、十月頃吉《ぐわつごろきち》。

△運命《うんめい》　運命《うんめい》は二十歳《さい》より四十歳迄《さいまで》に成功《せいこう》するなり、されども吝《りん》の性《しやう》ある者《もの》は他《た》より害《がい》を招《まね》く、僧侶《そうりよ》の如《ごと》きに心《こゝろ》を持《も》てば進歩《しんぽ》して吉運《きちうん》と成《な》る。

△讀心《どくしん》　先方《せんはう》は目《め》先慾深《さきよくふか》き者故《ものゆゑ》、その氣《き》を呑《の》んでかゝれば萬事《ばんじ》成《な》る。

△方角《はうがく》　北東《きたひがし》の間吉《あひだきち》とす。

△時期《じき》　土用《どよう》、冬春《ふゆはる》の交《かう》だ。

△數理《すうり》　五、七、十。

△色彩《しきさい》　黄《き》。

△失物《うせもの》　北東《きたひがし》の邊《へん》にあり、或《あるひ》は机《つくゑ》の近傍《きんばう》にあり。

△走人《はしりびと》　寺門《じもん》或《あるひ》は山嶽《さんがく》の寺《てら》、墳墓《ふんぼ》番人《ばんにん》の家等《いへとう》に居《ゐ》る、十月頃歸《ぐわつごろかへ》る、一寸出《ちよつとで》た者《もの》は五、七、十の日《ひ》に歸《かへ》る。

△天候《てんこう》　曇《くも》り、曇《くも》り甚《はなは》だしければ晴《は》れる、概《がい》して曇《くも》る、半晴《はんせい》、雲《くも》あり、霧《きり》、嵐等時《あらしとうとき》

にあり。

△職業《しよくげふ》　土工《どこう》、學者《がくしや》、辯護士《べんごし》、僧侶《そうりよ》、勞働者《らうどうしや》、金物《かなもの》、陶器《たうき》、農事《のうじ》に緣《えん》ある業《げふ》。

△待人《まちびと》　五、七、十の日《ひ》に來《きた》る。

△訴訟《そしよう》　訴訟《そしよう》は中止《ちうし》するを吉《きち》とす、無理《むり》にすれば敗訴《はいそ》となる、掛合事《かけあひごと》も中止《ちうし》して先《せん》方《はう》より來《きた》るを待《ま》つべし。

△試驗《しけん》　學事試驗《がくじしけん》は成功《せいこう》すれども中途《ちうと》にして慾《よく》のために女人《によにん》の惑亂《わくらん》にあふ事《こと》あり、それに遇《あ》はざれば必《かなら》ず大《だい》なる成功《せいこう》を致《いた》す。

△旅行《りよかう》　旅行《りよかう》は下僕《げぼく》を同伴《どうはん》するに吉《きち》なり、獨《ひと》り旅行《りよかう》はだまされる事《こと》あり注意《ちうい》。

△食物《しよくもつ》　諸《もろ〳〵》の獸肉《じうにく》、土中物《どちうもの》、墓畔筍屬《ほはんたけのこるゐ》、野味《やみ》、精進料理等《しやうじんれうりとう》。

△物體《ぶつたい》　珠數《じゆず》、石《いし》、机《つくへ》、果實《くわじつ》、長《なが》き物《もの》、覆《かぶ》せたる皿器《さらき》、本狹《もとせま》く末廣《すゑひろ》く、毛織物《けをりもの》、貴《き》物《ぶつ》。

△勝負《しようぶ》　勝負事《しようぶごと》は止《やめ》るに吉《きち》なり、强《しひ》てすれば損害《そんがい》あり。

△人氣《にんき》　人氣《にんき》は中吉《ちうきち》なれど半《なか》ば面白《おもしろ》からず、されど中也《ちうなり》。

△射覆《あてもの》　坊主《ばうず》、山中《さんちう》の人《ひと》、鼻高《はなたか》き人《ひと》、手長《てなが》き人《ひと》、胸出《むねいで》たる人《ひと》、指細《ゆびほそ》き女《をんな》の如《ごと》き姿《すがた》、狗《いぬ》、虎《とら》、鼠《ねづみ》、百禽《きん》、黒《くろ》き嘴《くちはし》ある鳥獸類《てうじうるゐ》、鼻嘴長《はなはしなが》き獸類《じうるゐ》。

◉此の部

△願望《ぐわんもう》　願《ねが》ひ事《ごと》は始《はじ》め叶《かな》ひがたし後《のち》に叶《かな》ふ、人《ひと》に依賴《いらい》したる望《のぞ》み事《ごと》は大事業《だいじげふ》は八月《ぐわつ》に叶《かな》ふ、小事業《せうじげふ》は二、四、九の日《ひ》叶《かな》ふ、金談等《きんだんとう》は女子《ぢよし》及《およ》び妾《めかけ》に依《よつ》て成《な》る。

△進退《しんたい》　何事《なにごと》も辯舌《べんぜつ》にて述《の》べ、而《しか》うして一心《しん》に運動《うんどう》すれば進退決《しんたいけつ》す、中途《ちうと》にして挫折《ざせつ》する事《こと》あれば注意《ちうい》す可《べ》し。

△賣買《はいぐ》　氣配《きはい》は高《たか》く挫折《ざせつ》す、秋《あき》は非常《ひじやう》に暴落《ばうらく》あり、毎日《まいにち》の氣配《きはい》なれば朝高《あさたか》く晝頃安《ひるごろやす》く午後持合安《ごごもちあひやす》し。

△病氣《びやうき》　飮食《いんしよく》の毒《どく》とす、邪熱《じやねつ》、溜飮《りういん》、せき、口《くち》の病氣《びやうき》。

△醫方《いはう》　西《にし》の方《はう》に名醫《めいゝ》あり、女醫《ぢよい》最《もつと》も吉《きち》とす。

△縁談《ゑんだん》　水性《みづしやう》と土性《つちしやう》の者《もの》吉《きち》とす、火性《ひしやう》は和合《わがふ》せず、木性《きしやう》は精力缺乏《せいりよくけつぼう》す、されども心《こゝろ》和合《わがふ》して信仰《しんかう》すれば返《かへ》つて木性發展《きしやうはつてん》す。

△運命《うんめい》　運命《うんめい》は時々《じゞ》刻々《こくこく》挫折《ざせつ》す、故《ゆゑ》に出發點《しゆつはつてん》を堅《かた》くして進退《しんたい》せば後成《のちな》る、金錢《きんせん》をむだに支出《しゆつ》するものはよき運命《うんめい》を開《ひら》く事能《ことあた》はず。

△讀心《どくしん》　先方《せんはう》は精神《せいしん》時々《じゞ》變化《へんくわ》する故《ゆゑ》能《よ》く呑《の》み込《こ》みてなすべし、必《かなら》ず思《おも》ひの儘《まゝ》なり。

△方角《はうがく》　西《にし》の方萬事吉《かたばんじきち》なり。

△時期《じき》　秋《あき》、八月晩《ぐわつおそく》とす。

△姓名《せいめい》　商音《しやうおん》、口《くち》を帯《お》ぶる名《な》、金字《かねじ》を傍《へん》とする姓名《せいめい》。

△失物《うせもの》　西方《せいはう》の書籍《しよせき》の中《なか》にあり、或《あるひ》は不淨物《ふじやうぶつ》の中《なか》にあり。

△勝負《しようぶ》　勝負《しようぶ》はかけ聲《ごゑ》一つなり、即《すなは》ち言論《げんろん》の力《ちから》を出《だ》すなり。

△人氣《にんき》　人氣《にんき》は辯舌好《べんぜつよ》き者《もの》は必《かなら》ず盛大《せいだい》なり、駄辯《だべん》は失敗《しつぱい》する。

△天候《てんこう》 大雨《たいう》あり、夕立《ゆふだち》。

△數理《すうり》 二、四、九。

△走人《はしりびと》 少女《せうぢよ》或《あるひ》は妾《めかけ》か發見《はつけん》するなり、或《あるひ》は豫言者《よげんしや》の知《し》れるか、行者等《ぎやうじやら》の家《いへ》に出入《しゆつにふ》するなり。

△職業《しよくげふ》 刄物《はもの》、豫言者《よげんしや》、樂器商《がくきしやう》、歌妓《かぎ》、廢物利用《はいぶつりよう》、金錢出納係《きんせんすゐたうがゝり》、辯護士《べんごし》、演説家《えんぜつか》、活動辯士《くわつどうべんし》。

△待人《まちびと》 二、四、九の日《ひ》來《きた》る。

△訴訟《そしよう》 訴訟事《そしようごと》は善《よ》き辯護士《べんごし》に遇《あ》へば必《かなら》ず勝利《しようり》あり、掛合事《かけあひごと》は口利《くちき》きを仲《なか》に入《い》れて調和《ちようわ》す。

△試驗《しけん》 學事《がくじ》試驗《しけん》は大海《たいかい》に衆寶《しうほう》がある如《ごと》く、充分經驗《じうぶんけいけん》して、蓄《たくは》へ糸《いと》を出《だ》す如《ごと》くだんだん出《だ》せば必《かなら》ず成《な》る、女人《によにん》を注意《ちうい》すべし。

△旅行《りよかう》 旅行《りよかう》は秋《あき》を吉《きち》とす、常《つね》の旅行《りよかう》は遠近《ゑんきん》にかゝはらず途中金錢上《とちうきんせんじやう》に於《おい》て人《ひと》より

苦情《くじやう》あり注意《ちうい》すべし。

△食物《しよくもつ》　羊肉《やうにく》、澤中物《たくちうのもの》、辛辣物《からきもの》、他家《たけ》にて馳走《ちさう》。

△射覆《あてもの》　羊《ひつじ》、新月《しんげつ》即《すなは》ち三日月《づき》、星《ほし》、娼《しやう》、藝妓《げいぎ》、澤《さは》の中《なか》の魚《うを》、口《くち》ある器《うつは》、四角《かく》の器物《きぶつ》刄物《はもの》、樂器《がくき》。

△人相《にんさう》　銀光《ぎんぴか》りの色《いろ》ある顏《かほ》、美男子《びだんし》、美人《びじん》の相《さう》、子供《こども》らしい相《さう》。

以上《いじやう》は靈狐《れいこ》の口傳《くでん》とは何等《なんら》の關係《くわいけい》がある譯《わ》けではないが「是好良藥今留在此」の句《く》に合《あは》せて獨《ひと》りはんだんを家庭《かてい》にて應用《おうよう》すれば非常《ひじやう》に趣味《しゆみ》がある故《ゆゑ》。附録《ふろく》として載《の》せたのである。

◉眼《め》はんだん

△大《おほ》きな眼《め》は一般《はん》に觀察《くわんさつ》はうまいが、精密《せいみつ》な事《こと》に注意《ちうい》が行屆《ゆきとど》かない、但《たゞ》し是《これ》は瞭然《はつきり》した眼《め》とは異《ちが》つて聊《いさゝ》か大《おほ》き過《す》ぎる眼《め》を云《い》ふのである。

△小《ちい》さくて常《つね》に餘《あま》り開《ひら》いて居《ゐ》ない眼《め》は微細《びさい》な事《こと》には能《よ》く氣《き》が附《つ》くが、廣《ひろ》い一般《はん》の方《はう》面《めん》の觀察《くわんさつ》に缺《か》ける事《こと》が多《おほ》い、小《ちい》さな眼《め》の人《ひと》に大事件《だいじけん》を任《ま》かするな。

△深《ふか》くくぼんだ眼《め》は觀察精鋭《くわんさつせいえい》にして物《もの》を觀《み》るに徹底《てってい》しなければ止《や》まず、印象《いんしよう》も確實《かくじつ》である。

△常《つね》にまぶたで半《なか》ば蔽《おほ》はれて居《ゐ》る樣《やう》な眼《め》は確乎《かくこ》たる信念《しんねん》がなく、明《あき》らかなる識見《しきけん》が乏《とぼ》しいので、兎角《とかく》行動《かうどう》が一致《ち》しないのである。

△二重《ぢう》まぶたで細長《ほそなが》い眼《め》は、優《やさ》しい正直《しやうぢき》な女《をんな》であるが、意志《いし》が弱《よは》いので往々《わう〳〵》にして人《ひと》に欺《だ》まされて不幸《ふかう》な運命《うんめい》に陷入《おちい》る事《こと》が度々《どゞ》あるから要心《えうじん》せよ。

△少々《せう〳〵》茶色《ちやいろ》がかつた眼《め》は何《いつ》れかと云《い》ふと哲理的《てつりてき》の考察力《かうさつりよく》に富《と》んで居《ゐ》て決斷力《けつだんりよく》がある但《たゞ》し人《ひと》から冷靜《れいせい》な人《ひと》と思《おも》はれ、眞《しん》の心《こゝろ》から尊敬《そんけい》される事《こと》が少《すく》ないのである。

△黑《くろ》い眼《め》は情《じやう》に激《げき》し易《やす》し、嫉妬《しつと》深《ふか》く又餘《またあま》り陽氣《ようき》でない、其代《そのかは》り情《じやう》に激《げき》しても怒《おこ》ることなく、直《すぐ》に涙《なみだ》で人《ひと》の心《こゝろ》を動《うご》かさんとする、いづれかといへば可憐《かれん》な女《をんな》である。

●病氣《びやうき》の顔《かほ》を見《み》て生死《せいし》を知《し》る事《こと》

病者《びやうしや》の面色異常《かほいろゐじやう》を呈《てい》し、齒黑《はくろ》くなるものは、三十日《にち》を出《い》でず死《し》する也《なり》。

面《おもて》に赤色《せきしよく》を帶《お》びて而《しか》も眼《め》に黄色《きいろ》を發《はつ》するは即時《そくじ》に死《し》す。

小便《せうべん》して覺《おぼ》へず唇《くちびる》忽《たちま》ち黑《くろ》く變《へん》じて乾《かは》き、舌《した》まき、兩肩《りやうかた》の間《あひだ》ちゞむは皆死相《みなしさう》なり。

いかなる病氣《びやうき》も鼻《はな》の下《した》のくぼみに暗黑《あんこく》の氣《き》あらはるれば危篤《きとく》なりと知《し》るべし。

口《くち》の邊《へん》より黑氣《こくき》出《い》で、耳《みゝ》に向《むか》ひて進《すゝ》むは七日《か》前後《ぜんご》に死《し》す。

下唇《したくちびる》の邊《へん》より腮《あご》にかけ、黑赤色《くろあかいろ》或《あるひ》は黑青色《くろあをいろ》あらはれ、光澤《くわうたく》を失《しつ》したるは毒藥《どくやく》を服《ふく》したるか、又《また》は藥違《くすりちが》ひ等《とう》の證作《しようさ》さす、若《も》し服藥《ふくやく》せざるものは食毒《しよくどく》にあたりたる兆《てう》なり。

重病危篤《ぢうびやうきとく》に陷入《おちい》るも鼻頭《びとう》に美色《びしよく》ありて光澤《くわうたく》あるは死《し》せず、朦氣《もうき》のかゝりたる如《ごと》くなるは必《かなら》ず死《し》す。

病輕《やまひかる》きも黒氣《こくき》の如《ごと》き色《いろ》、耳前又《みゝまへまた》は眼邊或《めのへんあるひ》は鼻上《はなうへ》に起《おこ》りて小指《こゆび》の先《さき》にて水《みづ》をつけて引《ひ》きたる如《ごと》くなりて口《くち》に向《むか》ひたるは遂《つひ》に死《し》を免《まぬ》かれず。

病者《びやうしや》の面青黒色《おもてあをくろいろ》を帯《お》び、枯《か》れて光澤《くわうたく》なく、人中反《じんちうそ》る者《もの》は三日《か》の内《うち》を出《い》でず死《し》す相《さう》なり。

凡《およ》そ病者《びやうしや》の足《あし》の裏腫《うらは》れ身《み》重《おも》く、大便持《だいべんも》たず、瞳《ひとみ》を轉《てん》ぜず、身體惡臭《しんたいわるぐさ》きは死病《しびやう》なり、まぶた落入目鼻耳《おちいりめはなみゝ》に黒《くろ》く面白《かをしろ》く明《あきら》かならずして囈言《うはこと》し、又《また》は一向《かう》に言《い》はず口巻《くちま》き入《い》る者《もの》、久病兩《きうびやうりやう》の頬赤《ほうあか》き者《もの》、口《くち》を開《ひら》き張《は》り息《いき》すくむ者《もの》。面赤《おもてあか》く眼白《めしろ》、面青《おもてあを》く目《め》黄《きは》み眼《め》の光《ひかり》なし、始《はじめ》は面青《おもてあを》く終口黒《をはりくちぐろ》くなる、歯《は》ぐき黒《くろ》く人中《じんちう》のあとなし、唇青《くちびるあを》く身冷《みひえ》て痺《しび》れ尿《ひはり》す、手《て》の内《うち》の皺《しわ》なし、以上《いじやう》は悉《ことごと》く死《し》相也《さうなり》。

●神光《かみひかり》ひとりはんだん

神光《かみひかり》とは人間《にんげん》の魂《たましい》の光《ひかり》りである、神佛《しんぶつ》の力《ちから》を假《から》ず、一切《さい》の人力《じんりよく》を假《か》らずして人間自《にんげんじ》身《しん》の心靈《しんれい》の光明《くわうみやう》に依《よ》つて萬事《ばんじ》を判斷《はんだん》するのである、然《しか》し誠心誠意《せいしんせいい》に行《おこな》はなければ光《ひかり》をはんだんする事《こと》が出來《でき》ぬから、熟練《じゆくれん》を要《えう》するのである、靈狐《れいこ》……即《すなは》ち靈狐《れいこ》の放《はう》光《くわう》であるから末節《まつせつ》に記《しる》して一助《ぢよ》とする。

先《よ》づ一室《しつ》の電燈《でんとう》及《およ》びランプ等《とう》を消《け》して一室《しつ》に正座《せいざ》せよ、然《しか》して中指《なかゆび》にて兩眼《りやうがん》の眼尾《がんび》を輕《かる》く押《お》すやうにして打《う》つのである、光《ひか》りが輪《わ》になつてピカリピカリと閉目《へいもく》せる眼《め》先《さき》に出《で》る、而《しか》して其色《そのいろ》

青《あを》きは驚《おどろ》きあり。

白《しろ》きは憂《うれひ》あり。

黑《くろ》きは大凶《だいきよう》なり。

紫色《しゝよく》は病氣《びやうき》永《なが》びくも治《ぢ》す。

紅黄《こうくわう》は大吉《だいきち》とす。

赤《あか》きは逆上《のぼせ》の兆《てう》。

光《ひか》り見《み》へざれば危《あや》うし。七日《か》間《かん》に二日《か》見《み》ゆれば心氣《しんき》消沈《せうちん》したのであるから養生《やうじやう》すればよい。

先《ま》づ何事《なにごと》にも神光《しんかう》を利用《りよう》して萬事《ばんじ》進退《しんたい》すると、靈狐《れいこ》の口傳《くでん》の使用法《しようはふ》に並《なら》んで力強《ちからづよ》いのである、………概《がい》して紅黄色《こうくわうしよく》を萬事《ばんじ》の大吉《だいきち》とするのである、病人《びやうにん》は紅黄《こうくわう》を認《みと》めれば近日《きんじつ》に全治《ぜんち》するから喜《よろこ》びあり、事業《じげふ》掛合事《かけあひごと》等《とう》一切《さい》紅黄《こうくわう》なれば大吉報來《だいきつはうきた》るなり。

以上《いじやう》は能《よ》く的中《てきちう》するが、萬事熟練《ばんじじゆくれん》が第一《だい》である。

附　録（終）

解題

本書は大正、昭和前期に活躍した霊術家・西村大観の『心源術秘書』『霊脈判定術』『神通自在霊狐使用の口伝』を合冊復刻したものである。

大観は明治四年生まれ、二十四歳のときに催眠術、山下式紅療法、玄米療法、岡田静座法、霊子術などあらゆる霊術、祈祷法を研鑽して、母親の胃ガンを治癒し、以来二十余年、先祖伝来の田畑を犠牲にして研究を続け、独自の霊術＝心源術を確立、大正十年正月から心王教を名乗り活動した。

心源術は一種の人格転換による治療、占い、未来予知の技法で、霊脈判定術はこれを発展させ、圧搾した霊気によって五本の指を吹き、施術者の霊性と被術者の霊性が刹那に合致した瞬間に、指先に顕現する霊動から「霊脈」を判定し、もってその人の運気、吉凶、禍福を覚知するというユニークな術で、西村の霊術家としての名声を確固たるものにした。『霊狐使用の口伝』は、霊狐とはいうものの、実体としての霊獣の存在を否定し、すべてを心の作用とする解釈によるものであるが、一種のこっくりさんによる占術技法を体系化したものとして参考になるので収録した。

大観門下からは多くの霊術家、宗教家が育ったが、のちの大本幹部で『九鬼文書の研究』『ユダヤ問題と裏返して見た日本歴史』（三村三郎名義）で有名な三浦一郎もその門下であった。以下は、三浦の『心王霊医学基本教科書』（昭和四年・心王教本院）からの抜粋である。

昭和三年十一月廿九日夜十時五十五分末世の大導師西村大観翁は率然として遷化しぬ。享年五十八歳、明治四年六月廿八日東京本所原庭町に生る。長ずるに及び仏門に帰依し、深く真理探求に志し或いは寒中滝行、或いは百二十余日の長期間断食等凡ゆる苦修練行の結果豁然として大悟し、ここに大正十年正月元旦心王教を開教す。以来七春秋東奔西走南船北馬席暖なる暇もなく、口にペンに教えを宣べ道を伝えて今日に及びぬ。

師を慕うて門を叩く者、遠く支那満州朝鮮台湾等より蝟集し来たり、師の著一度世に出るづるや之を耽読する者二十万を超え、直接師の啓示を乞う者亦数千の多きに達し、支部を開設する事実に全国三百有余ヶ所、人皆相伝えて其の徳を讃し、漸く其の道繁からんとする時に当り、悼むべし、師は大心王の命に帰せり。然れども師や死すと雖も師の道は死なず。慧日大心王の光明は恒久に光を放ちて滅せず。永く法界の雲を払って迷えの闇を破すぬべし。

師逝いて我等の使命愈々大なり。常に心王を念持して懈怠なく師の道を履践し、師の教えを服膺し師の如く斯道に精進せん事を誓わん。而して師の御鴻恩に報ぜん事を諸君と共に師の英霊に対して請願せん。

昭和三年十二月五日

編集部

定価　四五〇〇円＋税

西村式霊術叢書

平成十三年十月三十日　復刻版発行

著者　西村大観

発行　八幡書店
東京都品川区上大崎二—十三—三十五
ニューフジビル二階
電話　〇三（三四四二）八一二九
振替　〇〇一八〇—一—九五一七四